U0921173

北京文化艺术年鉴

BEIJING CULTURE-ART YEARBOOK

2010

《北京文化艺术年鉴》编辑部 编

方志出版社

图书在版编目（CIP）数据

北京文化艺术年鉴. 2010/《北京文化艺术年鉴》编辑部编. —北京：方志出版社，2010. 12
ISBN 978-7-5144-0024-3

Ⅰ. ①北… Ⅱ. ①北… Ⅲ. ①文化事业-北京市-2010-年鉴 Ⅳ. ①G127. 1-54

中国版本图书馆 CIP 数据核字（2010）第 258711 号

北京文化艺术年鉴（2010）

编　　者：《北京文化艺术年鉴》编辑部
责任编辑：陈　颖

出 版 者：方 志 出 版 社
（北京市建国门内大街 5 号中国社会科学院科研大楼 12 层）
邮编　100732
网址　http：//www. fzph. org
发　　行：方志出版社发行部
（010）85195814　　85196281
经　　销：各地新华书店
法律顾问：北京市大禹律师事务所
排　　版：北京高升伟业文化发展有限公司
印　　刷：北京印刷集团有限责任公司印刷二厂

开　　本：787×1092　　1/16
印　　张：25. 25
彩插印张：6
字　　数：911 千
版　　次：2010 年 12 月第 1 版　2010 年 12 月第 1 次印刷

ISBN 978-7-5144-0024-3/K·22　　定价：150. 00 元

市委书记刘淇参观第四届中国北京国际文化创意产业博览会木偶剧院展台

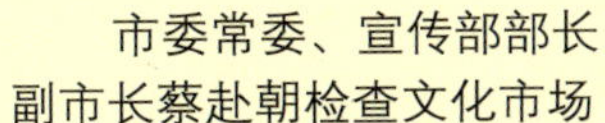

市委常委、宣传部部长、副市长蔡赴朝检查文化市场

副市长黄卫为中国建筑图书馆揭牌

国庆60周年游行队伍

国庆60周年游行队伍

国庆60周年天安门广场联欢晚会

国庆60周年天安门广场联欢晚会

国庆60周年天安门广场联欢晚会

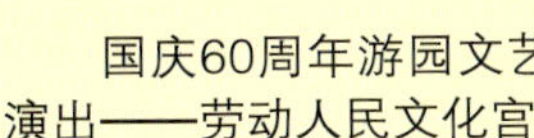

国庆60周年游园文艺
演出——劳动人民文化宫

国庆60周年游园
文艺演出——大观园

国庆60周年游园文艺
演出——龙潭公园

国庆60周年游园文艺演出——朝阳公园

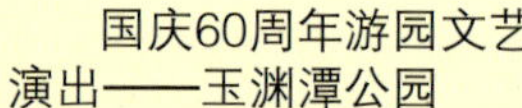
国庆60周年游园文艺演出——玉渊潭公园

国庆60周年游园文艺演出——地坛公园

《北京志・文化艺术志》编委会成立

《北京志・非物质文化遗产志》编委会成立

北京演艺集团有限公司成立揭牌

市委宣传部常务副部长陈启刚看望中国木偶剧院演职人员

纪念中朝建交60周年朝鲜民主主义人民共和国图书、图片及美术展览

西城区文化馆赴澳大利亚进行文化交流

中国非物质文化遗产传统技艺大展

北京市文化局艺术档案展览

北京传统手工艺项目赴欧洲展演

市文联赴美交流团与美中友协负责人在展厅前合影

北京民间艺术家在美国中学展示鼻烟壶内画技艺

北京民间艺术家在日本举办北京民间艺术展览

北京作协举办阮章竞代表作发表60周年纪念活动

凌力长篇历史小说《北方佳人》研讨会

北京作协举办韩小蕙散文研讨会

新世纪第四届《北京文学》奖暨第三届《北京文学·中篇小说月报》奖颁奖大会

北京作家向德国科隆市立图书馆赠书

北京作家参观云南和顺“中国第一个乡村图书馆”

北京作家瞻仰云南省腾冲抗日将士陵园

东方少年小作家协会宣武红领巾分会授牌仪式

中国话剧艺术发展论坛

北京青年戏剧节开幕式

刘老根大舞台

繁星戏剧村

话剧《窝头会馆》 北京人民艺术剧院

话剧《知己》 北京人民艺术剧院

话剧《秦王政》中央戏剧学院

话剧《风雪漫过那座山》 沈阳军区政治部前进文工团

总政版话剧《日出》宣传画

小剧场话剧《关系》北京人民艺术剧院

小剧场话剧《向左爱 向右爱》北京市演出有限责任公司、北京市对外文化交流有限责任公司出品

欢甚喜剧《来世许你个今生》北京言鼎盛佳文化传媒有限公司

大型音乐互动儿童剧《红孩子》 北京儿童艺术剧院股份有限公司

大型广场儿童剧《北京传说》
北京儿童艺术剧院股份有限公司

益智儿童剧《三只小猪·变变变》
中国儿童艺术剧院

神话舞台连续剧《西游记》
（第二部）中国儿童艺术剧院

童话剧《魔方大厦》 中国儿童艺术剧院

儿童剧《堂吉诃德冒险故事——银河天马》 台湾纸风车剧团

2009年北京市科技周科普木偶戏展演

四川省什邡市中小学生在中国木偶剧院活动

北京京剧院建院三十周年庆祝大会

京剧艺术大师梅兰芳诞辰115年纪念演出海报

京剧《金锁记》 台湾国光京剧团

京剧《穆桂英大战洪州》 国家京剧院

联合国秘书长潘基文夫人访问北方昆曲剧院

小剧场昆曲《陶然情》北方昆曲剧院

昆曲《红泥关》浙江昆剧团

袁敏宣诞辰百年暨复社三十周年纪念演出《牡丹亭·惊梦》北京昆曲研习社

评剧表演艺术家谷文月、刘萍从艺五十年座谈会

评剧《钟馗》 中国评剧院

评剧《白毛女》 中国评剧院

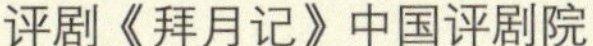

评剧《拜月记》中国评剧院

评剧《意中缘》 中国评剧院

评剧《乾坤带》 黑龙江省评剧院

越剧《红楼梦》 上海越剧团

越剧《三看御妹》 浙江省绍兴小百花越剧团

北京市河北梆子剧团“星火工程”下乡演出

北京市河北梆子剧团“星火工程”下乡演出

北京市河北梆子剧团在北京科技大学演出

河北梆子传统经典剧目《王宝钏》北京市河北梆子剧团

北京曲剧优秀剧目演出季新闻发布会

曲剧《少年天子》北京市曲剧团

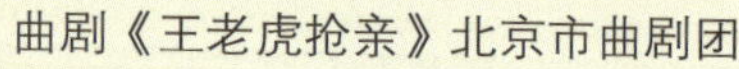
曲剧《王老虎抢亲》北京市曲剧团

北京曲剧经典剧目展演论坛

“天桥杯”鼓曲擂台赛专业组金奖获得者合影

“天桥杯”鼓曲擂台赛

新年新相声晚会 中国铁路文工团说唱团

新年新相声晚会 中国铁路文工团说唱团

北京曲艺家协会第四届会员代表大会开幕式

周末相声乐苑演出

“新笑声客栈”演出

北京快板邀请赛 群口快板表演

中国杂技家协会五届五次主席团会议

北京杂技家协会第四次会员代表大会

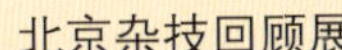

北京杂技回顾展

杂技音乐剧《再见，飞碟》中国杂技团有限公司

新星杯魔术大赛舞台金奖节目

新星杯魔术大赛近景金奖节目

新中国成立60周年杂技展演

新中国成立60周年杂技展演

中国杂协主席夏菊花为获得2009年北京世界魔术大会近台魔术冠军的加拿大魔术师肖恩颁奖

2009年北京世界魔术大会开幕式上，国际魔术联盟各国代表与参会者见面

"欢乐下基层"赴门头沟清水镇慰问演出

和谐之声艺术团下乡演出

北京电影家协会成立

北京大学生电影节

朝阳区农村数字电影固定影厅建设工作会

宣武区“双一百工程”电影进工地

昌平区为打工子弟学校放映电影

农村数字电影固定影厅放映员培训

电影《建国大业》海报

电影《惊天动地》海报

“漫步经典”音乐会 中央歌剧院交响乐团

北京合唱节开幕式音乐会

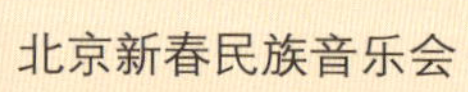

北京新春民族音乐会

“首都各界爱国歌曲大家唱”大型演唱会

歌剧《山村女教师》中央歌剧院、国家大剧院联合制作

歌剧《卡门》中央歌剧院

歌剧《乡村骑士》中央歌剧院

鸟巢版歌剧《图兰朵》北京市演出有限责任公司、北京市对外文化交流有限责任公司制作

北京新年音乐会

大型交响合唱《大地安魂曲》
国家交响乐团合唱团、中央歌剧院

迎国庆、庆中秋“水立方巨星”演唱会

大型情景合唱音乐会 “五星红旗迎风飘扬” 国家交响乐团合唱团

国家大剧院首部原创歌剧《西施》

国家科学技术奖励大会专场音乐会

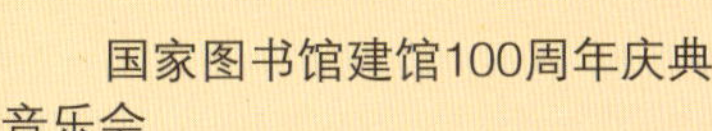

国家图书馆建馆100周年庆典音乐会

门德尔松戏剧版《仲夏夜之梦》中央歌剧院

第四届“中泰一家亲”音乐歌舞晚会

菲律宾东方大学合唱团在国家大剧院演出

普契尼歌剧《艺术家生涯》国家大剧院、中央歌剧院联合制作

“红旗颂——庆祝建党88周年音乐会”《黄河大合唱》中国国家交响乐团等

献给中国改革开放三十周年舞蹈精品晚会

中国舞协成立60周年舞蹈精品晚会

全国新农村少儿舞蹈展演

舞蹈《我可喜欢你》河南省心连心少儿艺术团

第11届北京舞蹈大赛

北京市第三届国标舞大赛

歌舞《金舞银曲》中国歌剧舞剧院

少儿舞蹈《京韵花翎》西城区少年宫

以色列芭蕾舞团现代芭蕾精品荟萃

梦幻水立方大型全景芭蕾《天鹅湖》俄罗斯皇家芭蕾舞团等、北京市演出有限责任公司出品制作

芭蕾舞《驯悍记》德国斯图加特芭蕾舞团

芭蕾舞《帕基塔》法国巴黎歌剧院芭蕾舞团

民族舞剧《西施》无锡歌舞剧院

大型衍生态打击乐舞《云南的响声》云南响声文化传播有限公司

舞蹈《使命》四川省军区国防艺术团

舞蹈《云水洛神》河南歌舞剧院

大型音乐舞蹈史诗《复兴之路》

新中国美术60年绘画展

第十一届全国美术作品展览

全国回族书画精品展

“华彩北京”美术作品展开幕式

雕塑百家联展

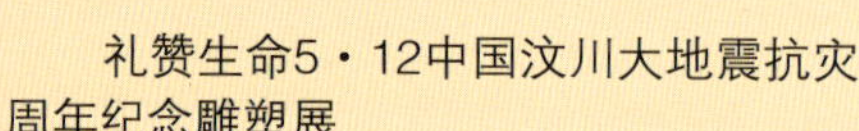

礼赞生命5·12中国汶川大地震抗灾周年纪念雕塑展

“灵感高原”画展

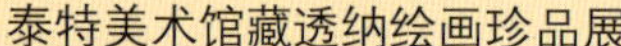

泰特美术馆藏透纳绘画珍品展

"造化天工"吴作人写生作品展开幕式

李苦禅诞辰110周年作品展

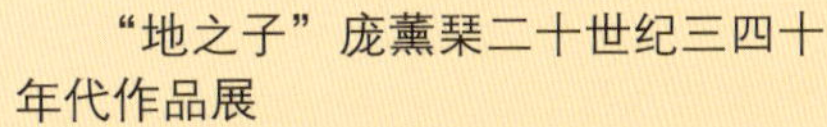

"地之子"庞薰琹二十世纪三四十年代作品展

"实者慧"邹佩珠、李小可、李珠、李庚捐赠李可染作品展开幕式

北京书法家协会第五次会员代表大会

北京书法家给启功先生扫墓

北京书协慰问总后直属供应保障局

中国书协西部书法教育基地第八期高研班师生合影

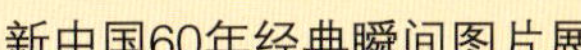

新中国60年经典瞬间图片展

“中华全家福——56个民族共同走过”摄影展开幕式

“北京——我们可爱的家”摄影展开幕式

“爱北京照北京”摄影展

中美建交30周年图片展

北京市郊区县摄影精品展开幕式

西藏50年展览

奥运一周年精彩图片巡回展

“晚清碎影”摄影展

“战争中的世界”大型摄影图片展

国庆专刊、天安门老照片联展

小记者眼中的新北京摄影展

大兴区纪念改革开放三十年、新中国成立六十周年摄影展

第十二届中国国际照相机械影像器材与技术博览会

艾永厚朝鲜映像画册首发式暨影展开幕式

美中友协与北京市对外友协、北京摄影家协会负责人在芝加哥合影

市委党校图书馆

宣武区图书馆

石景山少年儿童图书馆

丰台二中图书馆

育英学校图书馆

中国国家数字图书馆军事科学院分馆揭牌暨网站开通仪式

全军院校图书馆工作

全国文化信息资源共享工程“中央党校版”开通仪式

全国公共图书馆讲座工作研讨会

百年守望——国家图书馆特藏精品展

中国古典文献学国际学术研讨会

北京市公共图书馆六十年成就展

世界读书日广场活动

国家图书馆交通运输部分馆成立

中国建筑图书馆揭牌

北京化工大学北方学院新图书馆开馆

北京明德少儿英文图书馆开馆

“首图讲坛·乡土课堂”新年开讲仪式

2009年图书馆年鉴工作会

文化部全国文化信息资源建设管理中心、首都图书馆到打工子弟学校赠送数字光盘

北京建筑工程学院举办“开卷有你”读书活动

地坛庙会

厂甸庙会

龙潭庙会

北京大观园庙会

中共中央宣传部举办百团万人颂中华大型歌咏会

中央国家机关“歌唱祖国”大型歌会

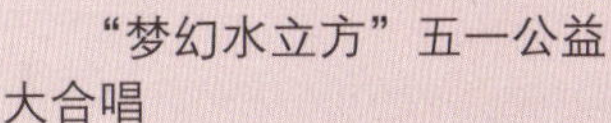

“梦幻水立方”五一公益大合唱

全国优秀少儿合唱歌曲进校园活动

第五届北京群众广场舞蹈电视邀请赛

舞蹈《小狮子滚绣球》北京史家胡同小学金帆舞蹈团

舞蹈《凤飞扬》中国人民大学附属中学舞蹈团

第17届北京“天使杯”国标舞、交谊舞城市友好邀请赛

大学生戏剧节开幕式

情景剧《兵团战士的一天》
北京荒友艺术团

北京市京、评、梆现代戏曲
票友大赛

“歌颂祖国”朗诵比赛

庆祝新中国成立60周年
北京民间艺术展

第四届百姓博览会——小人书展览

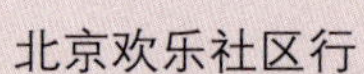

北京欢乐社区行

风筝艺术家在美国学校介绍
中国风筝艺术

北京文化艺术年鉴（2010）

主　　编　降巩民

顾　　问　鲁　刚

执行主编　徐恒进

特邀编审　赵庚奇　陈世崇

副 主 编　（按姓氏笔画为序）

王鸣铎　刘启泰　吴　扬

张燕鹰　陈予一　梁国海

图片摄影及供稿者（按姓氏笔画为序）

王文澜　王树宪　左　娜　叶　进　朱燕蓉　朱海斌　祁长松
纪　鸣　李　克　李俊玲　杨建业　吴赣生　张小野　张飞云
张连元　张宏宇　张佳鹏　陈佳蕾　林凤兰　郑明光　郑秋莲
庞力平　冼跃生　赵秋青　胡广文　胡永利　费　斌　耿大鹏
黄　杰　焦爱民　解万幸　蔡树文　霍　飞

图片提供单位

北京市文联　北京作家协会　北京美术家协会
北京戏剧家协会　北京书法家协会　北京音乐家协会
北京舞蹈家协会　北京摄影家协会　北京曲艺家协会
北京杂技家协会　北京民间文艺家协会　北京文学月刊社
北京市文联研究部　北京电影家协会　北京京剧院
北京画院　北方昆曲剧院　北京市曲剧团
北京交响乐团　北京戏曲艺术职业学院　北京市艺术研究所
北京市河北梆子剧团　北京文化艺术活动中心　首都图书馆
中国评剧院　北京人民艺术剧院　中国杂技团有限公司
北京市演出有限责任公司
北京市对外文化交流有限责任公司
中国木偶艺术剧院有限责任公司
北京儿童艺术剧院股份有限公司
中国儿童艺术剧院　国家大剧院

东城区文委　西城区文委　崇文区文委
宣武区文委　朝阳区文委　海淀区文委
丰台区文委　石景山区文委　通州区文委
顺义区文委　怀柔区文委　平谷区文委
昌平区文委　门头沟区文委　房山区文委
大兴区文委　密云县文委　延庆县文委
燕山文化卫生分局

前　　言

谁说岁月无痕，我们的年鉴就是要给岁月留下痕迹。

转眼间年鉴已编了五年，这是第六个年头。有时随手翻阅那些过往岁月的痕迹，竟会生出许多感慨。时光飞逝，世事变迁，岁月留下了痕迹，我们也在书中留下了自己的影子。

真不敢说我们做得最好，但五年来我们兢兢业业，不敢有分毫懈怠，自觉问心无愧。功过留后人评判。

2009 年，这是激情澎湃的一年。六十年曲折而又辉煌的征程，是一首永远唱不完的咏叹调，既咏叹过去，也咏叹未来。这一年北京的文化艺术事业空前繁荣，六十年，人们有太多的话要说，有太多的情感要表达。文学、戏剧、电影、曲艺、美术、摄影、音乐、舞蹈、杂技、书法、篆刻等领域都有思想性和艺术性俱佳的作品涌现。许多作品在群众中有广泛影响，有的作品获得国际媒体赞誉。图书馆事业迅速发展。特别值得一提的是这一年的群众文化活动，真是光芒四射，大放异彩。围绕国庆游行和国庆联欢晚会展开的群众文化活动几乎覆盖了整个 2009 年，成为当年最壮美的文化史诗。这一年，北京的公共文化活动也有长足进步，多项支持和扶植公共文化活动政策的出台，公共财政投入的加大，都起到了引领和助推的作用。加上很多社会资本的踊跃挺进，使北京的公共文化活动在全市范围内呈现前所未有的蓬勃态势。

此外，文化体制改革在这一年继续深化和推进，并获得显著成绩与多方面的经验，使北京文化事业进入高速发展轨道。

有时想，置身在北京这座城市也真是幸福，能时时呼吸着、沐浴着她的文化气息，古老的现代的，典雅的通俗的，灿烂浑厚，无边无际。这本年鉴就是要记录和留存这座城市每年的文化印痕。同时，我们又倍感责任重大。虽然这本 2010 卷，已经是第六本年鉴，但我们并未有轻车熟路之感，大家仍觉得如履薄冰，需要小心翼翼，尽量不出或少出差错，免得留下抹不去的遗憾，哪怕只是很小。

所幸年鉴编辑队伍比较稳定，各个门类的责任编辑基本上都是那个学科学有所长并取得一定成绩的研究人员，而且多年来我们不断总结改进，所以年鉴质量也在逐年向上。我们经常互相勉励，要用实际工作为这座城市留下美好的印记，也为自己留下美好的印记。

年鉴的鉴字，据《说文解字》，本意为可以盛水的大盆，后来逐渐引申为镜子及借鉴的意思。从这个意义上说，这本年鉴就是我们的镜子，应当经常照一照自己。

编 辑 说 明

一、《北京文化艺术年鉴》是一部大型文化艺术类工具书和史料文献，由北京市文化局主办，北京市文学艺术界联合会支持，《北京文化艺术年鉴》编辑部组织编写。本年鉴以马列主义、毛泽东思想、邓小平理论和“三个代表”重要思想为指导，贯彻落实科学发展观，力求准确、客观地反映北京地区文化艺术的发展和现状。

二、本年鉴采用条目和文章两种体裁，以条目体为主，直陈其事，文字力求言简意赅。

三、本年鉴从2005年开始，为配合续修《北京志·文化艺术志》，逐年编纂。2010年卷为第六本。当年出版的年鉴，记述上一年度北京地区文化艺术各门类（按照《北京志·文化艺术志》的编写体例，目前暂不含电视、文物内容，下同）的发展和变化，为国内外各方面人士了解和研究北京文化艺术提供最新的信息，为文化艺术发展留存宝贵资料，为领导决策提供可资参考的依据。

四、本年鉴以北京市属文化艺术企事业单位情况为主，对中央、部队在京文化企事业单位的情况也适当记述。

五、本年鉴正文内容包括：法规规章规范性文件目录、大事记、综合、文学、戏剧、曲艺、杂技魔术、电影、音乐、舞蹈、美术、书法篆刻、摄影、图书馆、群众文化和区县文情，共16个部类。

六、本年鉴所刊载的文章和条目内容，主要来源于各文化艺术单位提供的资料，均经该类目撰稿人及责任编辑核实。

七、本年鉴反映2009年1月1日~12月31日期间北京文化艺术界的情况。凡在这一时限内发生的事情，均直书月、日，不再注明年份。部分内容因跨年度前后延伸的，则写明年份。

八、本年鉴目录按16个部类顺序排列；索引按笔画、拼音分别排序，检索范围仅限于条目内容。

中英文对照目录

(Contents)

目　　录

法规、规章、规范性文件目录

大　事　记

综　　合

文　　学

戏　　剧

曲　　艺

杂技　魔术

电 影

音　　乐

舞 蹈

美　术

书法 篆刻

摄 影

图　书　馆

群众文化

区　县　文　情

法规、规章、规范性文件目录

名　　称	发布日期	实施日期
北京市财政局、北京市文化局关于印发《北京市舞台艺术创作生产专项扶持资金管理暂行办法》的通知	2009 年 5 月 26 日	发布之日起 30 日后
北京市文化局关于保留、废止、失效行政规范性文件的决定	2009 年 6 月 8 日	2009 年 6 月 8 日
北京市文化局关于修改并重新发布《区县文化委员会行政许可事项和行政许可程序》的通知	2009 年 10 月 13 日	2009 年 10 月 13 日
北京市文化局、北京市财政局、北京市国家税务局、北京市地方税务局转发文化部、财政部、国家税务总局关于《动漫企业认定管理办法（试行）》等文件和印发《北京市动漫企业认定管理工作实施方案》的通知	2009 年 10 月 19 日	2009 年 10 月 19 日
北京市文化局关于修改并重新发布北京市文化局行政许可事项和行政许可程序的通告	2009 年 10 月 28 日	2009 年 10 月 28 日
北京市文化局关于印发《北京市农村文艺演出星火工程专项资金管理暂行办法》的通知	2009 年 10 月 30 日	2009 年 10 月 30 日
北京市文化局、北京市公安局、北京市工商行政管理局、北京市文化市场行政执法总队关于印发《北京市关于进一步加强游艺娱乐场所管理工作的实施意见》的通知	2009 年 12 月 1 日	2009 年 12 月 1 日

大 事 记

2009年北京文化艺术大事记

1 月

2008年12月26日~2009年1月2日，“纪念中国改革开放30周年”全国美术作品展览优秀作品展在中国美术馆展出。

2008年12月27日~2009年1月5日，第3届全国青年美术作品展在中国美术馆展出。

1月1日~3日，第1届打工文化艺术节在皮村社区活动中心举行。

1月3日，“郎朗搜狐之夜”新年音乐会在国家体育馆举行。

1月4日，中国国家图书馆方志馆正式挂牌。

1月5日，《中国国粹艺术读本》首批30种图书在京举行首发仪式。

1月5日，北京舞蹈学院举行首届艺术硕士研究生毕业典礼。

1月5日，“盛世华章”纪念改革开放30周年中国电视剧“飞天奖”获奖作品音乐会在人民大会堂举行。

1月5日~6日，北京军区政治部战友歌舞团的民族舞剧《红楼梦》在国家大剧院上演。

1月8日~13日，中国杂协应邀派员赴德国参加在辛德芬格举办的大型魔幻节。

1月9日，改革开放30年电影文学创作研讨会在京举行。

1月10日，“百花迎春”2009年中国文学艺术界大联欢在人民大会堂举办。

1月10日，中国音协打击乐学会新春年会在中国人民解放军军乐团军乐厅召开。

1月10日，北京舞蹈学院的小剧场先锋创意舞蹈剧《女阅》在北京舞蹈学院上演。

1月10日~11日，2009年第6届中国文化产业新年国际论坛在京举行。

1月10日~12日，中国文联第八届主席团第四次会议在京召开。

1月10日~2月10日，中国工艺美术大展在中国美术馆展出。

1月11日，中国法学会法制文学研究会在京成立。

1月11日~14日，中国杂技家协会五届七次主席团会议暨2009年理事扩大会议在京召开。

1月12日，国家图书馆收藏《圆明园四十景图卷》仿真画仪式在京举行。

1月12日，2009年全国文化厅局长会议在京召开。

1月12日~17日，“三十年后再回首”纪念中美建交30周年图片展在民族文化宫展出。

1月13日，中国作家协会新春联谊会在京举行。

1月13日，英国伯明翰皇家芭蕾舞团的童话芭蕾舞剧《美女与野兽》在国家大剧院演出。

1月13日，杂技界2009年新春联谊会在北京稻香湖酒店举行。

1月13日，2008年中国书法进万家工作总结会在京举行。

1月14日~30日，广州杂技团的杂技剧《西游记》在北京展览馆剧场演出。

1月15日，中国服务贸易协会文化贸易专业委员会在京成立。

1月15日～2月21日，中国美术馆藏少数民族题材美术展在该馆展出。

1月16日，北京文化发展基金会“艺术北京专项基金”启动仪式举行。

1月16日，凌空评剧团创排的贺岁评剧《灶王爷》在中国评剧大剧院首演。

1月17日，2009北京新春音乐会在人民大会堂举行。

1月18日，首届（2007年度）中国作家鄂尔多斯文学奖颁奖仪式在京举行。

1月18日，U2北京摄影俱乐部成立。

1月19日，中国铁路文工团杂技团新创的杂技专场晚会《东方的律动》在京丰剧场演出。

1月19日，中国歌剧舞剧院的大型史诗时尚舞剧《绝代佳人》在天桥剧场演出。

1月20日，曲艺界新春大联欢在北京饭店举行。

1月21日，2009年军民迎新春文艺晚会“万众一心向前进”在中国剧院举行。

1月21日，“刘兰芳艺术生活五十年”座谈会在北京新闻大厦举行。

1月21日，非物质文化遗产保护工作部际联席会议在京举行。

1月21日，“共和国六十年”中国书画非物质文化遗产大会在京举行。

1月21日，联合国总部大楼举行联合国中国甲骨文书法展开幕酒会。

1月21日～22日，市公共图书馆总结工作会召开。

1月24日，“龙凤呈祥——全球华人音乐盛典2009”在国家大剧院歌剧厅举行。

1月28日，中国铁路文工团杂技团王强、丛利宝表演的《命运的摇摆——双人晃管》在巴黎第30届法国“明日”国际杂技比赛中获得金奖。

1月，北京市第8届乡村歌手大赛落下帷幕。

春节前夕，中共中央政治局常委李长春看望文化界理论工作者及知名人士。

2　月

2月1日，青海省民族歌舞剧院演出的大型音画歌舞《秘境青海》在保利剧院首演。

2月2日～8日，“今日中国”艺术周在埃及举行。

2月3日，电影《高兴》在京举行全国首映发布会。

2月3日，“缅怀敬爱的老舍主席诞辰110周年”纪念大会、座谈会、图片展览等系列活动在北京文联大厦举办。

2月4日，“2009中国瞬间”暨尼康杯中国新闻摄影大赛（第3届）揭晓。

2月4日～13日，浙江曲艺杂技总团制作出品的大型魔幻剧《美猴王》在保利剧院上演。

2月6日，“CROWN皇冠杯”竹韵人生摄影大赛颁奖典礼在京举行。

2月6日，北京市星级农家书屋表彰仪式暨农民选书会在通州区召开。

2月7日，“我和我的祖国”2009北京新春民族音乐会在国家大剧院举行。

2月9日～23日，中国非物质文化遗产传统技艺大展系列活动在京举行。

2月10日，作曲家田光在京逝世。

2月10日，解放军艺术学院中国红星合唱团在日本东京歌剧院举行音乐会。

2月10日，2009年度中国作家协会产业团体会员工作会议在京举行。

2月12日～14日，无锡市歌舞团在国家大剧院上演新古典舞剧《西施》。

2月13日～14日，芝加哥交响乐团音乐会在国家大剧院举行。

2月14日，温家宝总理邀请舞蹈表演艺术家刀美兰到中南海总理办公室做客。

2月14日，殷承宗钢琴独奏音乐会在美国新泽西州罗格斯大学尼古拉斯音乐厅举行。

2月14日，中曲清音小剧场开幕演出暨姜昆相声专场在北京茶宫正式举行。

2月14日，乐丰斋相声茶馆在中国评剧大剧院正式开张。

2月14日～23日，中国美术馆藏华君武漫画作品选展在该馆展出。

2月14日～23日，中国美术馆藏力群版画作品展在中国美术馆展出。

2月15日，人人电影公司在京成立。

2月15日，电影表演艺术家项堃在京逝世。

2月15日～21日，伊朗伊斯兰共和国30周年国庆文化艺术展在首都图书馆展出。

2月16日，北京德云社创始人之一、相声老艺人张文顺在京逝世。

2月17日，中国作家协会第七届主席团第七次会议在京召开。

2月19日，小剧场建设与发展座谈会在京召开。

2月20日，中国图书馆学会七届八次常务理事会在京召开。

2月20日~21日，全国净化社会文化环境工作会议在京举行。

2月26日，龙马社推出的首部话剧《操场》在首都剧场首演。

2月27日，2009年区县文化工作沟通协调会在北京会议中心召开。

2月27日，“我的祖国”首都各界妇女庆三八迎国庆文化活动在中国剧院举行。

2月27日，第4届北京春节庙会·灯会文化活动评选结果揭晓。

2月27日~3月22日，澳门艺术博物馆藏澳门美术作品展在中国美术馆展出。

2月28日~3月7日，纪念西藏民主改革50周年演出周在京举办。

2月28日~3月29日，冰心逝世10周年系列纪念活动在京举行。

2月，《中国书法艺术》获2008年度美国人文学科优秀图书奖和最佳艺术类图书奖。

3 月

3月3日，国际图书馆协会联合会中文语言中心在中国国家图书馆正式成立。

3月4日~15日，“时代芳华”中国女画家系列展在北京画院美术馆展出。

3月5日，贺岁片学术研讨会在京召开。

3月6日~8日，广州芭蕾舞团在国家大剧院歌剧院上演芭蕾舞剧《梅兰芳》。

3月7日，智友摄影俱乐部在京成立。

3月8日，西藏歌舞团演出的大型歌舞《天上西藏》在中国剧院上演。

3月8日，全国人大代表、政协委员摄影联谊会在京举行。

3月10日，北京歌剧舞剧院和中国歌剧舞剧院联合制作的歌剧《孔子》在北京大学百年讲堂举行首演。

3月10日~19日，中央美院第一届研修班画展在中国美术馆展出。

3月12日，市教委在北京市第109中学召开“京剧进课堂”研讨会。

3月12日，第2届数字图书馆与开放源码软件学术研讨会在中国科学院国家科学图书馆召开。

3月15日~22日，爱尔兰文化节在京举办。

3月16日，小提琴教授林耀基在京逝世。

3月16日~17日，周末相声俱乐部2009年创作会议在伊士顿国际酒店召开。

3月16日~20日，2009年澳大利亚文学周在北京和成都举办。

3月17日，中华诗词学会会长孙轶青在京逝世。

3月18日~28日，“嘻哈包袱铺”在中国评剧大剧院推出相声剧《山了寨了》。

3月20日~22日，北京舞蹈学院的中国古典舞剧《铜雀伎》在保利剧院上演。

3月21日，2009年度全国诗歌公益活动“春天送你一首诗”在京启动。

3月21日~31日，“见证西藏民主改革”蓝志贵西藏1950~1970摄影作品展在中国美术馆展出。

3月23日，《北京市文化创意产业担保资金管理办法（试行）》发布。

3月23日，“华鼎之夜”第2届中国演艺名人公众形象满意度调查发布荣誉典礼在京举行。

3月23日，首都京胡艺术研究会在京成立。

3月24日，全国公安书法家协会在京成立。

3月24日，全国公安摄影家协会在北京成立。

3月24日，2009年北京市红领巾读书活动工作会议在首都图书馆召开。

3月25日~26日，2009中国交响乐峰会在京召开。

3月26日~4月2日，中国画名家手卷作品展在中国美术馆展出。

3月28日，刘玉玲从艺京梆子50周年专场演出在长安大戏院举行。

3月31日，北京市广播电视局更名为北京市广播电影电视局挂牌仪式在京举行。

3月，《北京文化艺术年鉴》2008年卷出版。

4 月

4月1日~5月1日，北京京剧院纪念建院30周年活动在京举办。

4月2日，“别样课堂在首图”国际儿童图书节暨第3届“中国儿童阅读日”主题活动在首都图书馆举行。

4月3日~11日，第2届全国工笔重彩小幅作品展在中国美术馆展出。

4月3日~6月23日，“2009法国戏剧荟萃”在9剧场举行。

4月4日~5日，第2届“‘同心结华夏’两岸四地大学生魔术交流大会”在北京欢乐谷华侨城大剧院举行。

4月5日，贾作光从艺70年筹备恳谈会暨生日会在北京会议中心举行。

4月6日~26日，第16届北京大学生电影节在北京师范大学举办。

4月8日，首届网络小说创作大赛在京举行颁奖典礼。

4月8日，2009年曲艺精品创作班开班仪式在京举行。

4月8日~12日，北京当代芭蕾舞团的舞剧《惊梦》在9剧场之TNT小剧场演出。

4月9日，第二批北京市级非物质文化遗产项目代表性传承人揭晓。

4月9日，北京市文化志愿者服务中心挂牌。

4月10日，北京化工大学北方学院图书馆新馆正式开馆。

4月10日，大可乐剧社推出的荒诞严肃剧《将话剧进行到底》在朝阳9剧场之切CHE·行动剧场首演。

4月11日，小说家林斤澜在京逝世。

4月13日~28日，蒙古国艺术作品展在中国美术馆举办。

4月14日~30日，“心连心”中韩女性中国艺术作品展在韩国首尔举行。

4月15日，中国建筑图书馆在北京建筑工程学院揭牌。

4月15日~19日，第2届北京现代舞展演周在东方先锋剧场举办。

4月15日~7月2日，国家大剧院首届歌剧节举行。

4月16日，文化部和北京市人民政府正式签署《推动首都文化建设战略合作框架协议》。

4月16日，京剧艺术传承与发展研讨会在京举办。

4月16日~27日，“人文北京·翰墨风采”北京市文史研究馆庆祝新中国成立60周年馆员书画作品展在中国美术馆展出。

4月16日~5月3日，“辉煌十年”盛世音乐文化周在中山公园音乐堂举办。

4月16日~5月18日，“晚清碎影——汤姆逊眼中的中国（1868~1872）”中国巡回摄影展在中华世纪坛世界艺术馆展出。

4月17日，杨晓阳被任命为中国国家画院院长。

4月17日，2008年度中国作家鄂尔多斯文学奖在京揭晓。

4月17日~19日，“不能说的秘密”国际顶级近台魔术秀在保利剧院演出。

4月20日，中国电影乐团成立60周年庆典音乐会在世纪剧院举行。

4月23日，温家宝总理到国家图书馆二期新馆出席世界图书日活动。

4月23日，第14个“世界读书日”，北京各图书馆开展读书活动。

4月24日，文化部副部长周和平到西城区图书馆调研。

4月25日，歌德—席勒国际学术研讨会在京召开。

4月25日，北京人艺话剧《知己》在首都剧场首演。

4月25日~10月29日，北京市第7届职工艺术节举行。

4月26日，中国楹联学会名誉会长马萧萧在京逝世。

4月26日~30日，“影像北京”亚洲首个当代影像艺术博览会在全国农业展览馆举办。

4月28日~5月29日，第9届“相约北京”联欢活动在京举行。

4月30日，话剧《你在红楼我在西游》在9剧场首演。

4月30日~5月3日，爱尔兰踢踏舞团在保利剧院演出踢踏舞剧《凯尔特传奇》。

4月30日~5月8日，中国“5·12”大地震抗灾主题雕塑展在中国美术馆展出。

4月30日~5月8日，雕塑百家联展在中国美术馆展出。

5 月

5月1日，“信心中国、龙的传人”成龙和他的朋友们2009北京大型演唱会在国家体育馆举行。

5月1日，人偶剧《喜羊羊与灰太狼之记忆大盗》在中国木偶剧院花果山剧场首演。

5月1日~29日，国家大剧院五月音乐节举行。

5月4日，李长春在京观看大型诗歌朗诵会“红色箴言”。

5月6日，第9届电影频道数字电影百合奖揭晓。

5月8日，总政歌舞团的音乐舞蹈《我为伟大祖国站岗》在中国剧院上演。

5月9日，相声表演艺术家李文华在京逝世。

5月10日，现代军事题材京剧《红沙河》在北京军区礼堂演出。

5月10日，大型京剧杂技剧《粉墨》在保利剧院上演。

5月10日，电影《锡林郭勒·汶川》在人民大会堂举行首映式暨捐赠仪式。

5月11日，由武警文工团创作排演的大型音乐剧《一路寻找》在国安剧院演出。

5月11日，第5届中国京剧优秀青年演员研究生班开学典礼在中国戏曲学院小剧场举行。

5月11日~6月8日，首届北京端午文化节在京举办。

5月12日，国内首个数字巨幕放映机落户UME华星国际影城2号巨幕影厅。

5月12日，交响乐《大地安魂曲》在国家大剧院举行世界首演。

5月12日，北川羌族歌舞团推出的诗画歌舞《风从羌山来》在全国政协礼堂上演。

5月12日~17日，“北京·什邡心连心”书法作品展在北京画院美术馆举办。

5月13日，空政文工团的舞蹈诗《我们的天空》在蓝天剧院上演。

5月15日，日本“狂言”《三番叟》等剧目在长安大戏院举行访华友好公演。

5月15日，第3届京剧学国际学术研讨会在京举行。

5月15日，周末相声俱乐部石景山分号在山姆电影院挂牌成立。

5月15日~18日，纪念京剧大师杨宝森诞辰100周年系列演出在国家大剧院戏剧场举行。

5月16日，中国少年京剧团在京成立。

5月16日，2009首都高校京剧论坛在首都师范大学举行。

5月16日~22日，2009北京科普电影周举行。

5月17日~25日，靳尚谊捐赠作品展在中国美术馆展出。

5月17日~25日，“汶川记忆”张桐胜“5·12”地震及北川孤儿在北京摄影展在中国美术馆展出。

5月18日，“2009~2010中美图书馆员专业交流项目”中国启动仪式暨图书馆专业研讨会在中国国家图书馆举行。

5月18日~21日，第4届亚洲戏剧教育研究国际论坛在中央戏剧学院举行。

5月19日，民间腰鼓大赛在北京大观园举行。

5月19日，由北京市组织编排、北京高校大学生参与编演的话剧《大学生村官》在北大百周年讲堂公演。

5月20日~26日，2009北京现代音乐节在中央音乐学院举办。

5月21日~23日，以色列黑光剧场梦幻舞台剧《梦·幻》在国家大剧院演出。

5月22日，世界著名歌剧院高峰会议暨歌剧论坛在京举行。

5月22日~27日，第4届北京九门爵士节在中山公园音乐堂举行。

5月22日~27日，国际魔术联盟国际主席埃瑞克·埃斯文等人到京进行工作访问。

5月23日，全国优秀流行歌曲原创大赛落幕。

5月23日，军队院校图书馆建设与发展理论研究专题论证会在国防大学召开。

5月24日，曲艺演出社团燕春社在康龄轩书茶馆进行首演。

5月24日，优秀少儿歌曲创作推广理论研讨会在京召开。

5月26日，第三批国家级非物质文化遗产项目代表性传承人名单公布。

5月26日，市财政局、市文化局联合下发《北京市舞台艺术创作生产专项扶持资金管理暂行办法》。

5月26日，“翱翔的凤凰”纪念郭沫若新诗创作90周年暨郭沫若题词（匾）大展启动文化活动在京举行。

5月26日，音乐剧作品《空中花园谋杀案》在蜂巢剧场首演。

5月26日，纪念小提琴协奏曲《梁祝》诞生50

周年音乐会在人民大会堂举行。

5月26日，北京市财政局、北京市文化局下发关于印发《北京市舞台创作生产专项扶持资金管理暂行办法》的通知，该办法自发布之日起30日后执行。

5月26日，漫画家丁聪在京逝世。

5月27日，北京演艺集团有限责任公司成立。

5月27日~6月7日，第9届中国铜版、石版、丝网版画展在中国美术馆展出。

5月28日，鸣乐汇相声吧在宣武区文化馆开业。

5月28日，大型儿童剧《北京传说》在水立方首演。

5月29日，中美法律信息及图书馆研讨会在京举行。

5月29日~30日，第4届“帕拉天奴”杯作曲比赛决赛在京举行。

5月30日，第7届北京国际大学生影像展暨“半夏的纪念颁奖典礼”在中国传媒大学举行。

5月30日，北京黑白摄影学会成立。

5月30日~6月1日，大型情景魔术晚会《李宁魔法传奇——魔幻之旅》的儿童版在长安大戏院演出。

5月31日，京剧文化体验推广工程在国家京剧院正式启动。

5月31日~6月30日，中外盲人摄影作品展在北京三里屯 Village 酒吧展出。

5月31日~10月31日，四川省德阳杂技团与俄罗斯马戏大师共同合作的《马戏王国》在奥林匹克嘉年华演出。

5月~10月，第9届全军文艺会演在北京等地举行。

5月~10月，第4届首都大学生创意文化节举办。

6　月

6月1日，北京明德少儿英文图书馆正式开馆。

6月2日，话剧《未完待续!!!》在东方先锋剧场首演。

6月3日~16日，歌剧《太阳雪》在解放军歌剧院上演。

6月5日，国标舞剧版《长恨歌》在保利剧院演出。

6月5日，儿童剧《堂吉诃德冒险故事——银河天马》在国家大剧院戏剧场演出。

6月5日~7日，威尼斯凤凰歌剧院和国家大剧院联合制作的新版《蝴蝶夫人》在国家大剧院上演。

6月5日~7日，第5届法国钢琴节在中山公园音乐堂举行。

6月5日~7日，2009新闻摄影高峰论坛在北京钓鱼台大酒店举办。

6月6日，“为伟大祖国骄傲”北京市庆祝新中国成立60周年系列文化活动启动。

6月7日，乡土中国现代化转型与乡土文学创作学术研讨会在京召开。

6月8日，北京市文化局公布《北京市文化局关于保留、废止、失效行政规范性文件的决定》。

6月8日~10月31日，“向祖国汇报”庆祝中华人民共和国成立60周年献礼演出活动在京举办。

6月9日~13日，恭王府昆曲演出周在恭王府大戏楼举行。

6月10日，中国网络诗歌研讨会在京举行。

6月10日，第6届海淀文化节暨北京电影学院动画学院第8届漫画节颁奖典礼在北京电影学院举行。

6月10日~14日，中国曲艺家代表团参加在日本东京举行的第4届日中友好“笑语欢歌”交流演出活动。

6月10日~19日，2009中国国家画院学术邀请展在该院美术馆展出。

6月10日~20日，京澳百名书法家《澳门基本法》书法展在北京文联展览厅举办。

6月11日，“视野与立场：新语境下军事题材影视作品的阐释”学术研讨会在京召开。

6月11日，文化部在京召开文化体制改革工作领导小组会议。

6月11日，话剧《开心麻花——书桌里的“铜锣湾”》在海淀剧场首演。

6月11日，美国国家交响乐团访华首演音乐会在国家大剧院举行。

6月12日~20日，全国少数民族作家“祖国颂”创作研讨班在京举办。

6月12日~22日，中国宜兴陶瓷艺术展在中国美术馆展出。

6月12日~8月9日，北京人艺第2届经典剧目演出季在京举办。

6月13日，中国区域少数民族民俗舞蹈研究论坛在京举行。

6月13日，益智儿童剧《三只小猪·变变变》在中国儿艺假日经典小剧场首演。

6月13日，国家珍贵古籍特展在国家图书馆开幕。

6月14日，中国硬笔书法协会教育培训中心揭牌仪式在京举行。

6月14日~15日，北京曲艺家协会第四届代表大会举行。

6月16日，动画片《马兰花》在京首映。

6月16日~21日，文化部第一期全国文化站站长培训班在京举办。

6月17日，纪录片《漫步罗马——莫言的罗马游记》首映式在京举行。

6月18日，首届首都文化创意产业发展论坛开幕。

6月18日，国家图书馆博士后科研工作站在国图总馆南区文津厅正式揭牌。

6月19日，国家大剧院首部原创话剧《简·爱》在国家大剧院首演。

6月19日，第6届北京市文学艺术奖获奖名单公示。

6月19日~20日，北京杂技家协会第四届会员代表大会在京召开。

6月20日，中国爱乐乐团2008~2009音乐季闭幕音乐会在保利剧院举行。

6月20日，北京舞蹈学院的舞剧《第五朵金花》在保利剧院演出。

6月20日，北京现代音乐学院的原创街舞剧《把阳光还给青春》在北京现代音乐学院演播大厅演出。

6月23日，曲艺家刘学智在京逝世。

6月23日，大型音乐舞蹈《向着太阳的誓言》在中国剧院上演。

6月23日，“残长城摄影展”在市残疾人活动中心举行。

6月23日~7月2日，中国摄影家协会代表团访问澳大利亚、新西兰。

6月24日~25日，全国参考咨询工作会议在国家图书馆召开。

6月24日~7月5日，中国少年京剧艺术团赴澳门和香港演出。

6月25日，北京市第11届舞蹈大赛的决赛落下帷幕。

6月25日，网络文学十年盘点揭榜仪式在京举行。

6月26日，第3届中华铁人文学奖颁奖大会在京举行。

6月26日，首届戏文学科战略发展研讨会在京召开。

6月26日，中国大学生戏剧创演基地在京成立。

6月26日~7月13日，第2届中国国际青年艺术周在京举行。

6月26日~12月20日，“同唱一台戏——北京越剧大舞台”演出活动在长安大戏院举办。

6月27日，“茅盾与时代思潮”学术研讨会在京举行。

6月27日，为纪念德国著名作曲家门德尔松诞辰200周年，“永恒的门德尔松”专场音乐会在国家大剧院音乐厅举行。

6月28日，博纳悠唐国际影城在京开业。

6月29日，第4届北京中青年文艺工作者德艺双馨奖颁奖大会在京举行。

6月30日~9月30日，“当代中国的农业农村和农民”图片展在中国农业博物馆展出。

6月，第13届《小说月报》百花奖（2007年度~2008年度）揭晓。

7 月

7月1日，傅庚辰作品研讨会在京召开。

7月1日，北京华彬艺术品产权交易所在京揭牌。

7月1日~8月5日，“盛世华章——为伟大祖国骄傲”北京市庆祝新中国成立60周年优秀剧（节）目展演在京举行。

7月2日，全国（天津）相声新作品大赛作品拍卖会在北京新闻大厦举行。

7月2日~7日，人民政协成立60周年书画展在中国美术馆展出。

7月2日~8日，杨丽萍打造的衍生态舞蹈《云南的响声》在京首演。

7月3日，舞台连续剧《西游记》第二部在中国儿童剧场首演。

7月3日~6日，第3届中国剧院团论坛在京举办。

7月3日~9日，2009俄罗斯电影展在京举行。

7月5日，“相声群乐园”相声专场在劲松电影院进行首场演出。

7月7日，3D版《冰河世纪3：恐龙的黎明》在北京新世纪影院举行首映活动。

7月7日，纪念中国曲艺家协会成立60周年暨全国中青年曲艺家创作会议在二十一世纪饭店举行。

7月8日，“笑声与时代”庆祝中国曲艺家协会成立60周年专场晚会在世纪剧院上演。

7月8日，知识青年上山下乡60周年主题书画邀请展在中国人民革命军事博物馆开幕。

7月9日，大型历史剧《秦王政》在中戏逸夫实验剧场首演。

7月9日～10日，市公共图书馆馆长工作会议召开。

7月9日～17日，全国文化系统职工书画展在中国美术馆展出。

7月10日，中影集团电影惠民系列公益活动在北京启动。

7月10日，“向祖国汇报”郭淑珍从艺从教62周年学生音乐会在人民大会堂举行。

7月10日～15日，中国曲艺家代表团赴日本进行文化交流访问。

7月11日，“辛苦耕耘桃李满天下”金铁霖从教45周年学生音乐会在人民大会堂举行。

7月11日，中国文学思想史学术研讨会在京举行。

7月11日，国家图书馆原馆长、著名学者任继愈逝世。

7月11日～8月8日，2009北京合唱节举行。

7月12日，北京管乐交响乐团在国家大剧院举行建团后的首场演出。

7月12日，2009年北京市民网络摄影大赛正式启动。

7月12日～20日，第4届北京国际管乐节在京举办。

7月12日～10月11日，“向祖国汇报”庆祝新中国成立60周年儿童戏剧展演暨2009中国儿童戏剧演出季在京举行。

7月15日，电影《哈利波特与混血王子》在京首映。

7月15日～11月22日，“我心中的经典电影形象”评选活动在京举行。

7月16日，中国舞剧艺术研讨会在京举行。

7月17日，纪念中国文学艺术界联合会成立60周年大会在京召开。

7月17日～18日，北京摄影家协会第五次会员代表大会召开。

7月17日～20日，全国艺术职业教育声乐教学交流研讨暨成果展演在京举行。

7月18日，北京雷动天下现代舞团二团在798尤伦斯当代艺术中心举行建团后首次对外演出。

7月21日～23日，中国金奖魔术节目展演暨2009年北京世界魔术大会开幕式晚会预演在保利剧院举行。

7月23日，电影《大内密探零零狗》在京举行首映礼。

7月23日，纪念中国音协成立60周年座谈会在京举行。

7月23日～26日，2009年北京第2届国际长号艺术节在中央音乐学院举行。

7月24日，中国盲人数字图书馆网络测试培训在西城区图书馆举行。

7月24日～26日，北京书法家协会第五次会员代表大会召开。

7月25日，全国新农村少儿舞蹈展演在京举行。

7月26日，北京国粹传承志愿者协会曲艺分会成立大会在湖广会馆举行。

7月26日，中国金融摄影家协会第二届全国理事会第一次会议在京召开。

7月26日～31日，国际魔术联盟第24届2009北京世界魔术大会在京举行。

7月26日～31日，首届北京国际古筝音乐节在国家体育馆举行。

7月27日～29日，2009年北京世界魔术大会魔术嘉宾演出在京举行。

7月27日～29日，2009年北京世界魔术大会近台魔术比赛在国家会议中心学术报告厅举行。

7月27日～30日，2009年北京世界魔术大会舞台魔术比赛在国家会议中心四楼小剧场举行。

7月28日，2009国际天使艺术节暨第6届全国青少年儿童文化艺术展评活动总决赛与颁奖大会在京举行。

7月28日～30日，北京剧协第五次会员代表大会召开。

7月29日，中国文化产业发展战略学术研讨会在京举行。

7月29日~8月6日，“共庆辉煌”庆祝中华人民共和国成立60周年、纪念人民政协成立60周年民进全国书画展在中国美术馆举办。

7月31日，日本卡通电影《哆啦A梦·大雄与绿巨人传》首映式在北京星美国际影城举行。

7月31日，3D动画电影《飞屋环游记》在北京UME双井影城举行首映式。

7月31日~11月30日，“前进！前进！前进！进！”庆祝新中国成立60周年电影系列活动在中国电影博物馆举办。

7月，《中国古典幻术——剑丹豆环》由中国文联出版社出版。

8 月

8月1日，京剧表演艺术家景荣庆在京逝世。

8月1日~8日，《至尊魔幻》大师展演在北京展览馆剧场举行。

8月1日~11月30日，“银幕上看祖国”活动在京举行。

8月2日，第25届中日友好少年书法交流大会在京举行。

8月4日，国内首个“Barco·3D巨幕”在蓝色港湾传奇时代影城落户。

8月6日~7日，2009年国家艺术院团创作工作会议在京召开。

8月6日~9日，空政文工团的舞剧《红梅赞》在国家大剧院上演。

8月7日，“中华神韵——庆祝建国60周年”李慕良作品暨京剧经典唱段音乐会在国家大剧院戏剧场举办。

8月7日，澳门嘤鸣合唱团、北京英文唱经团、天爱合唱团在宣武门天主教堂联袂演出，庆贺澳门特别行政区成立10周年。

8月8日，中国笑星艺术团在美国洛杉矶举行首场曲艺专场演出。

8月8日~16日，“为伟大祖国骄傲”2009北京快板邀请赛在崇文区文化馆举行。

8月8日~9月17日，“无与伦比的盛典”北京2008奥运会残奥会大型摄影图片展在北京奥林匹克公园展出。

8月9日，“记忆·情深”王昆从事革命文艺工作70周年师生演唱会在国家大剧院举行。

8月9日，舞剧《随想三部曲——红、黑、白》在解放军艺术学院礼堂演出。

8月9日，花市影联百老汇影城在崇文门国瑞城开业。

8月9日~23日，2009年大学生戏剧节在京举办。

8月10日，2009年“舞颂天地情”第5届世界青年大自然之舞观摩赛在首都工人体育馆举行。

8月10日，“北京——我们可爱的家”摄影展在澳大利亚墨尔本澳华历史博物馆开展。

8月11日~12日，全国公共图书馆讲座工作研讨会在京召开。

8月11日~28日，“向祖国献礼——庆祝新中国成立60周年”河南省优秀剧目北京展演月活动在京举行。

8月12日，北京动漫游戏产业联盟成立。

8月15日~9月2日，2009首届北京798双年展在798艺术区举行。

8月16日~10月31日，2009北京青少年公益电影节在京举办。

8月17日~30日，“友谊合作的一甲子”纪念中蒙建交60周年图片展在首都博物馆展出。

8月18日，作家版权保护座谈会在京召开。

8月18日，作家、文学评论家舒芜在京逝世。

8月18日，国庆60周年《北京纪事》征文颁奖会在京举行。

8月18日~29日，“永远的小平”主题影展系列活动在京举行。

8月19日，“摄影的历程”纪念摄影术发明170周年展览在北京“大众影廊”展出。

8月20日~22日，北京音协第五次代表大会在京召开。

8月20日~12月31日，庆祝新中国成立60周年“向祖国汇报”重点国产影片展映展播活动在京举行。

8月21日~9月14日，新中国美术60年展览在中国美术馆展出。

8月22日，袖珍人皮影舞台剧《红孩儿》在海淀剧院小剧场首演。

8月25日，大型新民乐演奏会《木兰乐章》在天桥剧场上演。

8月26日，《般若波罗蜜多心经》中国名家篆刻艺术大观新闻发布会在全国政协礼堂举行。

8月26日，肖像画家李琦在京逝世。

8月27日，文化部表彰在国际芭蕾舞赛场上摘金夺银的我国芭蕾舞演员。

8月27日～28日，2009年全国散文作家论坛和征文大赛颁奖大会在京召开。

8月28日，中国动画电影市场营销研讨会在国家中影数字制作基地举行。

8月29日，国有文艺演出院团体制改革研讨会在京举行。

8月29日，第13届中国电影华表奖颁奖典礼在京举行。

8月29日～9月25日，北京曲剧经典保留剧目展演在长安大戏院举行。

8月30日，中国爱乐乐团2009～2010音乐季在中山公园音乐堂开幕。

8月31日，“打开艺术之门”闭幕式音乐会在中山公园音乐堂举行。

8月31日，音乐教育家、音乐学家缪天瑞在京逝世。

9　月

9月1日，“百年守望”国家图书馆特藏精品展在国家图书馆展览厅开幕。

9月1日～10月31日，“城市记忆——北京人”摄影展在首都博物馆展出。

9月1日～11月30日，“飞羽瞬间”中国野生鸟类图片展在国家动物博物馆展出。

9月1日～11月30日，国庆观影活动在京举办。

9月2日，评剧电影《西柏坡》首映式暨新闻发布会在人民大会堂举行。

9月2日～6日，中国广播艺术团纪念新中国成立60周年系列演出暨中国广播艺术团第6届艺术周在保利剧院举行。

9月2日～8日，首届亚欧文化艺术节在京举行。

9月3日，话剧《堂吉诃德》在国家大剧院首演。

9月3日，中国交响乐团2009～2010音乐季开幕式音乐会在国家大剧院音乐厅举行。

9月4日～8日，2009艺术中关村国际博览会在京举行。

9月5日～10日，“向祖国汇报”庆祝新中国成立60周年曲艺精品系列展演在民族文化宫大剧院举行。

9月5日～11月5日，中国摄影家协会网精华作品展在北京新光天地展出。

9月7日，纪念女高音歌唱家、声乐教育家喻宜萱诞辰100周年座谈会在人民大会堂举行。

9月7日～27日，2009年度北京青年戏剧节在京举行。

9月8日，新世纪第4届《北京文学》奖在京颁奖。

9月8日，第3届《北京文学》中篇小说月报奖在京颁奖。

9月8日，海外华人歌唱家颂祖国音乐会在国家大剧院音乐厅举行。

9月8日，首届中国原创冒险文学研讨会在京召开。

9月8日，“百年记忆”国家图书馆馆史展在国家图书馆总馆南区原工具书阅览室开展。

9月8日～13日，“北京——我们可爱的家”摄影展在首都图书馆展厅展出。

9月9日，海外中国学文献研究中心在国家图书馆总馆南区正式揭牌。

9月9日，国家图书馆建馆100周年庆祝大会在京举行。

9月9日，娱乐场所点歌系统开机提示宣传片安装启动仪式在京举行。

9月10日，大型话剧《远山烛光》在中国戏曲学院首演。

9月10日，中央芭蕾舞团交响乐团纪念门德尔松诞辰200周年音乐会在国家大剧院音乐厅举行。

9月10日～15日，第5届北京国际体育电影周在京举行。

9月11日，王昆从事革命文艺工作70周年暨王昆声乐艺术研讨会在人民大会堂举行。

9月11日～15日，2009朝鲜电影周在京举办。

9月12日，京剧表演艺术家杨秋玲在京逝世。

9月13日，中国电影博物馆2009学术年会在中国电影博物馆举办。

9月13日，澳门中乐团“民乐·新时代”音乐会在北京音乐厅举行。

9月14日，大型民族歌舞《四川依然美丽·天地吉祥》在天桥剧场演出。

9月14日～18日，第34届ISSN国家中心主任会议在中国国家图书馆召开。

9月15日～10月14日，“大地芳华”中国民族民间文艺集粹展览在京举办。

9月17日，话剧《塞纳河少女的面模》剧本朗读会在蓬蒿剧场首演。

9月18日，海淀相声俱乐部在海淀文化馆小剧场举行开业演出。

9月18日，“中国当代文学六十年”国际学术研讨会在京召开。

9月19日，中国辽金文学学会第5届年会暨学术研讨会在京举行。

9月19日~20日，北京电影家协会成立暨第一次会员代表大会在北京会议中心召开。

9月20日，景山合唱节决赛在景山公园“绮望楼”前举行。

9月20日~25日，琉森音乐节在国家大剧院举行。

9月20日~10月4日，“新中国60年经典瞬间”大型图片展在中华世纪坛展出。

9月21日，第11届精神文明建设“五个一工程”获奖名单揭晓，北京获多个奖项。

9月21日，《共和国书法大系》出版座谈会在中国艺术研究院召开。

9月22日~25日，“航向新中国”和“辉煌60年”政协委员摄影作品展在全国政协礼堂展出。

9月22日~10月22日，“庆祝新中国成立60周年”北京市文化局艺术档案成果展在首都图书馆举行。

9月22日~12月31日，“老舍与新中国”大型图片展在老舍故居展出。

9月23日，全国乡镇少儿文化站活动在京启动。

9月23日，中国22个申报项目被联合国教科文组织批准列入《人类非物质文化遗产代表作名录》。

9月23日~10月20日，国家重大历史题材美术创作工程作品展在中国美术馆展出。

9月24日，庆祝新中国成立60周年老杂技工作者座谈会在北辰洲际酒店会议厅举行。

9月24日，国家图书馆二期新馆入选新的北京十大建筑。

9月25日，首都交警摄影协会成立。

9月25日，“百团万人颂中华”国庆60周年大型合唱歌咏会在“水立方”举行。

9月25日，话剧《窝头会馆》在首都剧场首演。

9月25日~10月5日，庆祝新中国成立60周年全军摄影展暨第一届全军摄影展在中国人民革命军事博物馆展出。

9月25日~10月8日，“爱北京照北京”摄影展暨获奖作品颁奖仪式在中华世纪坛举行。

9月26日~10月6日，“光影！电影！国家！中国电影的产生：1949~1966”电影展映活动在美国举行。

9月26日~12月底，中央歌剧院举办首届国际歌剧季。

9月27日，中国影片《南京！南京!》在第57届西班牙圣塞巴斯蒂安国际电影节获最佳电影金贝壳奖。

9月28日，大型音乐舞蹈史诗《复兴之路》在人民大会堂演出。

9月28日，第7届中国舞蹈“荷花奖”揭晓，北京多名选手获奖。

9月29日~10月29日，聚焦中国文化遗产摄影展暨第二届第三次全国文物普查摄影图片展在北京国子监博物馆展出。

10 月

10月1日，全军首份官方摄影类电子杂志《解放军摄影》正式面世。

10月1日，《北京市婚纱摄影服务合同》全面推行。

10月1日~3日，美国旧金山芭蕾舞团首次到京演出。

10月1日~8日，第3届国际魔术节在欢乐谷举行。

10月1日~10日，第4届北京国际钢琴艺术节在中国音乐学院举办。

10月2日，大歌舞《人民胜利万岁》纪念座谈会在京举行。

10月2日，中国民族音乐巡礼百场系列在京拉开帷幕。

10月2日，童话剧《魔方大厦》在中国儿艺假日经典小剧场首演。

10月2日~4日，第2届北京欢乐谷杯魔术大赛在北京欢乐谷奥德赛广场举办。

10月6日，鸟巢版《图兰朵》在国家体育场举行世界巡演首站演出。

10月8日，北京市杂技学校在世纪剧院举行建校10周年庆典仪式。

10月9日~12日，“庆祝中华人民共和国成立60周年”国家重点京剧院团优秀折子戏展演在梅兰芳大剧院举行。

10月9日~19日，“中华全家福1949~2009·56个民族共同走过”大型摄影展览在王府井大街展出。

10月10日，第3届中国女性文学奖在京揭晓。

10月10日~30日，第12届北京国际音乐节在京举行。

10月11日，“十部文艺集成志书”全部出版总结表彰大会在人民大会堂举行。

10月11日，首届中国戏剧奖·终身成就奖在京颁奖。

10月11日，庆祝新中国成立60周年暨中国戏剧家协会成立60周年纪念大会在京召开。

10月11日，“望京乐园”曲艺晚会在望京国际商业中心举行首场演出。

10月11日~18日，2009北京传统音乐节在中国音乐学院举行。

10月12日，第三批北京市级非物质文化遗产名录公布。

10月12日~18日，世界华人摄影名家联展巡展第二站在国家体育场（“鸟巢”）展出。

10月13日，北京市文化局下发《北京市文化局关于修改并重新发布〈区县文化委员会行政许可事项和行政许可程序〉的通知》。

10月14日，全国动漫游戏产业发展与管理工作座谈会在京召开。

10月14日，新版歌剧《魔笛》在国家大剧院歌剧厅上演。

10月15日~20日，2009亚洲诗歌节在京举行。

10月15日~22日，中国剧协梅花奖艺术团应邀首次赴美国进行演出和文化交流活动。

10月16日~25日，中国代表团出席第22届东京电影节。

10月16日~26日，第2届北京大学生戏剧节在京举行。

10月17日~19日，2009中国散文年会在京召开。

10月18日，北京舞蹈学院庆祝建校55周年系列活动在京举行。

10月18日~20日，庆贺汪毓和教授80华诞暨中国近现代当代音乐史学科建设研讨会在中央音乐学院举行。

10月18日~11月6日，梅兰芳诞辰115周年纪念演出活动在京举办。

10月19日，市文化局等联合下发《北京市文化局、北京市财政局、北京市国家税务局、北京市地方税务局转发文化部、财政部、国家税务总局关于〈动漫企业认定管理办法（试行）〉等文件和印发〈北京市动漫企业认定管理工作实施方案〉的通知》。

10月20日，长篇评书《话说泰山》在中央人民广播电台开播。

10月20日，动画片《阿童木》在京举行全球首映式。

10月21日，第3届“我心中的澳门”全球华文散文大赛新闻发布会在京联合召开。

10月22日，“郭沫若诗歌散文奖”颁奖仪式在京举行。

10月23日，中国民族乐器科技创新研讨会在京举行。

10月24日~25日，“社会变迁与国家形象”新中国电影60周年论坛在京举行。

10月24日~25日，新疆艺术北京特展在京举行。

10月24日~26日，中国戏曲理论国际学术研讨会在京举行。

10月24日~27日，中国国际影像文化节在京举行。

10月26日，百年南社纪念雅集在京举行。

10月26日，中国网络文学节在京举办。

10月26日，第12届“庄重文文学奖”在京举行颁奖典礼。

10月26日，伊拉克国家民间歌舞团在北京首都图书馆小剧场演出。

10月26日~11月18日，首届中国动漫艺术大展在京举办。

10月27日，《北京志·文化艺术志》编委会成立。

10月27日，北京舞蹈家协会第五次会员代表大会在京召开。

10月27日，摄影家徐肖冰在京逝世。

10月27日~30日，第13届“北京放映”活动在京举行。

10月28日，北京市文化局发布《北京市文化局关于修改并重新发布北京市文化局行政许可事项和行政许可程序的通告》。

10月28日，发展杂技高等教育研讨会在北师大艺术与传媒学院举行。

10月28日，百老汇电影中心在东直门外万国城当代MOMA开业。

10月29日，文学创作座谈会在京召开。

10月30日，北京市文化局下发《北京市文化局关于印发〈北京市农村文艺演出星火工程专项资金管理暂行办法〉的通知》。

10月30日，舞蹈创作与研究学术研讨会在北京舞蹈学院召开。

10月30日，第7届人民文学奖颁奖典礼在京举行。

10月30日，“与祖国同脉动”北京市公共图书馆60年成就展开幕式在首都图书馆举行。

10月30日~11月8日，第5届CCTV舞蹈大赛在中央电视台一号演播大厅举办。

10月30日~12月16日，第7届北京国际戏剧·舞蹈演出季在京举行。

10月31日~11月4日，中国—新西兰音乐国际学术研讨会在京举行。

10月31日~11月5日，第3届北京国际书法双年展在京举办。

10月31日~11月30日，“江山多娇”庆祝中华人民共和国成立60周年篆刻艺术精品展、中日篆刻艺术展在恭王府举行。

10月，中国杂协派员赴美国进行考察。

10月，中国戏曲学院实验剧团恢复成立。

11　月

11月1日，“中国现代文学新史料的发掘与研究”国际学术研讨会在京召开。

11月1日~6日，第4届华语青年影像论坛在京举行。

11月2日，2009年华语文学艺术创作论坛在京举行。

11月2日~16日，2009年第2届新人电影节在京举办。

11月3日，第1届中国法制文学原创作品大赛表彰大会在京举行。

11月3日~13日，“北京之夜”专题摄影展览在西北大学举办。

11月3日~15日，“盛世辉煌”中华人民共和国成立60周年庆典图片展在国家奥林匹克公园举办。

11月4日~8日，庆祝新中国成立60周年全国手机摄影大展在民族文化宫展出。

11月4日~15日，“威廉·亚力山大的乾隆帝国”画展在今日美术馆展出。

11月5日，中华诗词六十年高峰论坛暨创作研讨会在京举行。

11月5日~12月4日，第2届欧盟电影展分别在北京、成都举办。

11月6日，庆祝新中国60华诞北京曲剧经典剧目展演论坛在京举办。

11月6日~9日，首届艺术北京2009·经典艺术博览会在全国农业展览馆举办。

11月6日~15日，“朋友·伙伴·兄弟——中国摄影家眼中的非洲”采风作品展在中国人民革命军事博物馆展出。

11月8日~14日，第8届国际学生影视作品展在京举办。

11月9日~10日，欧阳予倩120周年诞辰纪念活动在京举行。

11月10日，后先锋反转喜剧《单反爱情主义》在人艺小剧场首演。

11月10日，第二炮兵美术书法研究院在京成立并举办首届院展。

11月11日，总政歌舞团在日本东京学习院创立百周年纪念会馆演出中国歌剧《木兰诗篇》。

11月11日~23日，“为祖国放歌”2009年全国公安系统文艺汇演在京举行。

11月12日，中国东方演艺集团有限公司在京成立。

11月12日，中国文化传媒集团有限公司在京成立。

11月12日，中国动漫集团有限公司在京成立。

11月12日，中国电影学第10届博士论坛在中国传媒大学举行。

11月13日，电影《2012》在万达影城举办首映活动。

11月13日，第9届全军文艺会演颁奖大会在京举行。

11月13日，中国艺术研究院中国当代艺术院（CAAC）成立。

11月13日，第7届全国残疾人艺术汇演颁奖晚会在京举行。

11月13日～14日，全国公共图书馆评估工作会在京召开。

11月13日～15日，中国古典文献学国际学术研讨会在京举行。

11月14日，清代古谱《弦索备考》全本音乐会在中国音乐学院国音堂举行。

11月14日，第4届北京国企来京务工人员卡拉OK大赛总决赛举行。

11月14日～15日，2009年首届“怀柔杯”国标舞全国公开赛暨WSDA规范交谊舞全国公开赛在怀柔一中体育馆举行。

11月15日，第4届“笔歌中国”BTV北京电视书法大赛结束。

11月16日～23日，陕西秦腔文化周在京举行。

11月17日，中国北方昆曲剧院和日本NPO法人奈良能联合演出的日本传统剧目《竹取物语》在日本东京荒川珍珠会馆大剧场首演。

11月17日，庆祝中华人民共和国成立60周年北京市区县（局）文联先进工作者表彰大会召开。

11月18日，中国相声榜研讨会在京举行。

11月19日，繁星戏剧村在京开幕。

11月20日，“放歌60年”征文颁奖会在京举行。

11月20日，“世界儿童与儿童世界”大型影展在北京金融街都城隍庙开幕。

11月20日，北京市公共文化工作座谈会召开。

11月20日～22日，影视剪辑与中国电影发展论坛在京举办。

11月20日～23日，京澳两地职工书画摄影联展在北京市劳动人民文化宫举行。

11月20日～12月9日，“景观·静观”中国当代摄影专题展在中央美术学院美术馆展出。

11月21日，“为伟大祖国骄傲”2009年北京市民网络摄影大赛颁奖。

11月21日～27日，“外国摄影家拍北京”图片展在来福士广场展出。

11月23日，全国优秀童谣评选活动揭晓。

11月23日，翻译家、外国文学研究专家、诗人杨宪益在京逝世。

11月23日～26日，亚欧国家电影家协会主席论坛暨世界电影联盟2009年年会在京举行。

11月24日，全国文化先进单位、全国文化系统先进集体和先进工作者表彰大会在京召开。

11月24日，话剧《壹光年》在东方先锋剧场首演。

11月24日，第3届Con Tempo中国青年作曲家室内乐作曲比赛获奖及颁奖音乐会在京举行。

11月24日～12月19日，“延时”中瑞媒体艺术联展在中国美术馆举办。

11月25日，第8届造型表演艺术成就奖颁奖典礼在京举行。

11月25日～26日，北京市古籍保护工作研讨会召开。

11月25日～29日，第4届中国北京国际文化创意产业博览会在京举办。

11月26日，“我与文联”大型征文活动颁奖座谈会在京召开。

11月26日～12月1日，中国舞蹈发展论坛暨第2届全国舞蹈大师班在京举办。

11月27日，首届中国传记文学创作与法律维权学术研讨会暨中国传记文学学会法律维权委员会成立大会在京举行。

11月27日，中国舞蹈“终身成就奖”在人民大会堂颁发。

11月27日，北京相声会堂在北京地质礼堂开业。

11月27日，第7届中国音乐金钟奖揭晓。

11月27日～29日，台湾云门舞集当代舞团的舞剧《行草》在国家大剧院上演。

11月27日～30日，“盛世梨园群英会”首届全国京剧票友大会在京举行。

11月28日，北昆原创昆曲小剧场现代戏《陶然情》在宣武区文化馆首演。

11月28日，庆祝中国舞协成立60周年舞蹈精品晚会在人民大会堂举行。

11月28日，雷动天下现代舞团的舞剧《芸生》在海淀剧院演出。

11月28日，竞园图片产业基地落户北京。

11月29日，戏剧家马少波在京逝世。

11月29日，文化创意产业和品牌城市国际论坛（2009）在京举行。

11月30日，2009北京高校青春歌会决赛举行。

11月30日～12月6日，“北京七日”摄影大赛图片展在北京青年宫展出。

11月，第12届“北京杂文奖”评选揭晓。

11月，京津相声交流月在北京、天津同时举行。

12 月

12月1日，北京市文化局等发布《北京市文化局、北京市公安局、北京市工商行政管理局、北京市文化市场行政执法总队关于印发〈北京市关于进一步加强游艺娱乐场所管理工作的实施意见〉的通知》。

12月1日，北京长乐黄梅戏演出团在京成立。

12月1日～31日，中央芭蕾舞团建团50年系列演出在京举行。

12月3日，北京市残疾人曲艺培训基地在老舍茶馆正式挂牌。

12月3日，舞蹈教育家、理论家、编导家孙颖逝世。

12月3日～10日，中国艺术研究院主办的“水墨形相”中国艺术研究院水墨人物画八人展在中国美术馆展出。

12月4日，纪念翁偶虹先生诞辰100周年暨脸谱艺术研讨会在京召开。

12月4日～8日，纪念首批华人移民抵达秘鲁160周年文献和图片展在北京皇城艺术馆展出。

12月5日，第9届动画学院奖颁奖典礼在京举行。

12月5日～6日，第4届北京市学生校外艺术节展演活动举行。

12月8日，全国部分城市青少年绘画比赛颁奖暨展览启动仪式在北京市青年宫举行。

12月8日，第4届中国文化产业（国际）论坛在京举行。

12月8日，“人民喜爱的艺术家”颁奖典礼暨官网启动仪式在京举行。

12月8日，北京大学白先勇昆曲传承计划在京启动。

12月8日～9日，全军院校图书馆工作会议在国防大学召开。

12月9日，话剧《培尔·金特》在保利剧院首演。

12月9日～10日，北京市非物质文化遗产保护工作座谈会召开。

12月9日～15日，“百年—瞬间”纪念克拉克考察队穿越陕甘一百周年摄影展在中国民俗博物馆展出。

12月10日～21日，首届风马牛草根戏剧节在北京红方剧场举行。

12月11日，中国国家数字图书馆军事科学院分馆揭牌暨网站开通仪式在军事科学院军事图书资料馆举行。

12月11日～16日，“亚洲脸谱”中日韩三国纪实摄影展在北京韩国文化院举办。

12月11日～19日，中央民族大学美术学院成立50周年师生作品展在中国美术馆展出。

12月12日，“迎新春 谢导师”纪念马季先生“古贝春”相声小品晚会在民族文化宫大剧院举行。

12月12日，中国电影博物馆第3届青年论坛之青年电影发行人论坛在中国电影博物馆举办。

12月12日～16日，IDOCS国际纪录片论坛在京举行。

12月14日，贺岁片《十月围城》在北京政协礼堂举行首映仪式。

12月14日，“现实与文艺”2009北京文艺论坛在京举办。

12月15日，文化部首届优秀保留剧目大奖表彰大会在京举行。

12月15日，昆曲《李香君》研讨会在中国戏曲学院召开。

12月15日～16日，2009年度全市文化馆馆长会议在京召开。

12月15日～17日，中国音协第七次全国代表大会在京召开。

12月16日，京剧艺术家陈永玲诞辰80周年系列活动在京举行。

12月17日～18日，第4届马思聪学术研讨会在京举办。

12月17日～21日，杂技音乐剧《再见，飞碟》在北京展览馆剧场演出。

12月19日，青春严肃话剧《接班人》在北京枫蓝国际小剧场首演。

2009年12月19日～2010年1月2日，纪念评剧百年系列演出活动在中国评剧大剧院举行。

12月21日，《北京志·非物质文化遗产志》编委会成立。

12月22日，大型原创歌剧《山村女教师》在国家大剧院首演。

12月22日，第5届文津图书奖在国家图书馆揭晓。

12月23日，新中国60年优秀中短篇报告文学奖在京颁奖。

12月23日，全国电影素材工作会在京召开。

12月24日，文学网站“榕树下”改版上线启动仪式在京举行。

12月24日~25日，2009全国电影发行市场研讨班在京举办。

12月25日~29日，2009全国中青年书法20家作品展在中国人民革命军事博物馆举行。

12月26日，“看中国”网络摄影大赛评选结果在京揭晓。

12月28日，2010新年相声祈福会音乐相声专场在民族文化宫大剧院上演。

12月28日，2010年首都大学生新年音乐会在海淀剧院举行。

12月28日，北京书法院成立。

12月29日，全国书画名家作品邀请展在中国人民革命军事博物馆开幕。

12月30日，北京市庆祝新中国成立60周年文艺作品征集评奖结果揭晓。

12月30日，话剧《办公室有鬼之谈谈情、跳跳槽》在9剧场首演。

12月30日，新年京剧晚会在国家大剧院举行。

12月31日，3D立体电影《阿凡达》在京举行首映礼。

12月，中国民族文化产业研究中心在京成立。

12月，文化部党组成员、副部长周和平出任国家图书馆馆长。

（张燕鹰）

综　合

2009年，北京文化系统在中共北京市委、市政府的领导下，完成了新中国成立60周年庆祝活动的各项任务。同时，在公共文化服务体系建设、文化创意产业的发展、文化体制改革、非物质文化遗产保护以及对外文化交流等各个方面都取得了新的进展。

2009年，是新中国的60华诞。北京文化系统整合资源，完成了群众游行的艺术策划、设计工作，组织了国庆庆典晚会群众联欢活动、国庆游园文艺演出和群众文化互动活动，举办了优秀舞台剧目展演活动和北京市庆祝新中国成立60周年系列文化活动。

加强公共文化服务体系的建设，提高首都群众的文化生活质量。2009年，围绕人文北京这一理念，建立了北京市文化志愿者服务中心，并围绕迎接新中国成立60周年的各项重大活动和区县文化广场、图书馆、文化馆、文化站日常阵地的活动，开展了多项文化志愿者服务活动。在农村，以综合数字影厅建设为依托，建设完成了3859个集科普教育、文化信息、书报刊、文艺演出、数字放映等内容于一体的乡镇、行政村多媒体综合文化中心。实施了以“周末场演出计划”、“农村文艺演出星火工程”为核心的文化惠民工程，共完成了6700余场文艺演出，提高了首都群众的文化生活质量。完善公共图书馆服务体系建设，公共图书馆服务网点达4067个。推进北京市文化信息资源共享工程建设，全市已有市级、区县级、街道乡镇及行政村的共享工程分中心和基层服务点近4300个。

加强行业监管，推动文化创意产业和文化市场的有序发展。2009年，北京市文化局、北京市文化市场行政执法总队制定了关于加强和规范营业性演出监管工作有关事宜的文件，规范了北京市游艺娱乐场所的管理和秩序。促成了国家级动漫游戏产业园——中国动漫游戏城落户北京，成立了北京动漫游戏产业联盟和北京市动漫企业认定管理工作领导小组，启动了动漫企业认定工作。调整了市文化局机关处室，强化服务意识，加强公共文化服务和社会管理职能。与市财政局联合制订了《北京市舞台艺术创作生产专项扶持资金管理暂行办法》，北京文化艺术基金会资助“打开艺术之门”、北京国际音乐节、北京国际戏剧·舞蹈演出季等演出123场。推动成立了北京演艺集团有限责任公司，将市文化局已转制单位国有资产划归北京演艺集团有限责任公司管理。制定了《北京市文化局属艺术表演团体事业经费投入管理办法（试行）》，促使市文化局所属院团提高创作能力和演出水平。2009年，全市61家主要营业性演出场所（不含100座以下的小剧场）共演出16397场，观众1167万人次，演出收入近9.33亿元。与上年同期相比，演出场次增加23.9%，观众人次增加44%，演出收入增长48.8%。

深入开展非物质文化遗产保护、研究工作。2009年，公布了北京市级非物质文化遗产第三批项目名录、第二批扩展项目名录和第二批代表性传承人名录；30人进入第三批国家级非物质文化遗产代表性传承人名录。建立了非物质文化遗产项目专题博物馆19个、民俗博物馆等6个、项目传习所51个。启动了第二轮地方志修志工作，成立了《北京志·文化艺术志》编委会和《北京志·非物质文化遗产志》编委会。

积极开展文化交流活动。举办了第七届北京国际戏剧·舞蹈演出季，19个国家和地区的专业演出团体和艺术家演出了19台风格迥异、各具特色的中外戏剧与舞蹈精品。全年共受理出访国外及港澳台地区文化交流项目181批1800人次。其中，北京市文化局系统56批737人次，归口管理单位125批1063人次。引进国外及港澳台地区共114批1498人次。其中，北京市文化局系统4批45人次，归口管理单位110批1453人次。

2009年，随着文化艺术的发展和繁荣，关于文化艺术、文化改革、文化产业、文化市场、文化发展战略等文化艺术问题的论坛、研讨、评论相当活跃。

（张燕鹰）

机　构

【北京市文化局】　北京市文化局是北京市政府的组成部门。主要职责：（一）贯彻执行国家关于文化艺术和文化市场方面的方针、政策和法律、法规、规章，起草本市相关地方性法规草案、政府规章草案，依法监督检查执行情况。（二）拟订本市文化艺术事业发展规划并组织实施；推动文化艺术领域的体制机制改革。（三）管理本市文学艺术事业，指导艺术创作与生产，推动各门类艺术的发展；管理重大文化活动。（四）推进本市文化艺术领域的公共文化服务，规划、引导公共文化产品生产，指导重点文化设施建设和基层文化设施建设。（五）拟订本市文化艺术产业发展规划，指导、协调文化艺术产业发展，推进对外文化产业交流与合作。（六）拟订本市非物质文化遗产保护规划，起草有关法规草案，组织实施非物质文化遗产保护和优秀民族文化的传承普及工作。（七）管理本市社会文化事业，指导群众文化工作；管理图书馆事业，指导图书馆、文化馆（站）和基层文化建设。（八）拟订本市文化市场发展规划，负责对文艺演出、文化娱乐和文化艺术品市场以及其他有关文化市场进行监管；负责对从事演艺活动民办机构的监管工作。（九）负责本市文艺类产品网上传播的前置审核工作，负责对互联网上网服务营业场所实行经营许可证的管理，对网络游戏服务进行监管（不含网络游戏的网上出版前置审核）。（十）拟订本市动漫、游戏产业发展规划并组织实施，指导协调动漫、游戏产业发展以及产业基地、项目建设、会展交易和市场监管工作。（十一）拟订本市文化科技发展规划并组织实施，推进文化科技信息建设。（十二）管理本市对外及港澳台的文化交流工作，负责组织大型对外文化交流活动。（十三）依法对本市文化艺术行业的安全生产工作承担管理责任，对以市文化局名义组织的各类活动的安全工作承担主体责任。（十四）承办市政府交办的其他事项。内设机构：办公室、政策法规处（文化产业处）、演出艺术发展处、公共文化事业发展处（非物质文化遗产处）、综合业务安全处、动漫及网络文化发展处、文化娱乐及艺术品发展处、外事处（港澳台事务办公室）、计划财务处、人事处、组织宣传处。主要领导有：局党组书记、局长降巩民，局党组副书记、副局长何昕，副局长王珠、李恩杰（1月免）、王明明、王文光、王鹏、关宇（8月任），纪检组组长崔国红。

（刘启泰）

【北京市文学艺术界联合会】　北京市文学艺术界联合会（以下简称北京市文联）是北京市各文艺家协会，各区、县文联，市属各局、各产业文联组成的人民团体，是党和政府联系全市文艺家的桥梁和纽带。北京市文联实行团体会员制。北京市各文艺家协会和各区、县文联为北京市文联的团体会员；北京市市属各局文联和产业文联在提出申请并经北京市文联主席团批准后，可成为北京市文联团体会员。截至2009年底，北京市文联有团体会员37个。北京市文联对各文艺家协会负有联络、协调、服务和管理的职责；对各区、县文联及各局文联、产业文联负有联络、协调、服务和业务指导的职责。北京市文联的经费来自于国家拨款、会员会费和社会捐助等。北京市文联的宗旨是，在中共北京市委的领导下，以马克思列宁主义、毛泽东思想、邓小平理论和“三个代表”重要思想为指导，贯彻落实科学发展观，团结北京市文艺界，坚持党的“一个中心，两个基本点”的基本路线，坚持文艺为人民服务、为社会主义服务的方向和百花齐放、百家争鸣的方针，致力于繁荣和发展社会主义的文艺事业，为建设社会主义精神文明和实现社会主义现代化而努力奋斗。北京市文联下设办公室、人事保卫部、组织联络部、事业发展部、机关党委，以及北京作家协会、北京美术家协会、北京戏剧家协会、北京书法家协会、北京影视艺术家协会、北京音乐家协会、北京舞蹈家协会、北京摄影家协会、北京曲艺家协会、北京杂技家协会、北京民间文艺家协会、北京电影家协会。

所属事业单位有北京文学月刊社、北京纪事杂志社、东方少年杂志社、研究部、机关服务中心、文艺中心管理处和老干部活动站。主要领导有：主席金铁霖，党组书记、常务副主席朱明德，副主席吕浩材、王学勤、王明明、叶用才、刘恒、吕艺生、李廷芝、李金斗、张学津、陈世崇、陈志强、陈祖芬、林岫、降巩民、赵书、郭启宏、谭利华、濮存昕，驻会副主席黎晶、索谦。

（张燕鹰）

【中国服务贸易协会文化贸易专业委员会成立】 1月15日，中国服务贸易协会文化贸易专业委员会在京成立。中国服务贸易协会是经国务院批准成立，由商务部主管的全国性、非营利社会团体。此次成立的文化贸易专委会由中国对外文化集团公司、中国电影集团公司、中国国际电视总公司、中国出版集团公司等单位发起，首批会员由21家国有、民营、股份制文化企业和相关社会机构组成。

（王晓燕）

【北京演艺集团有限责任公司成立】 5月27日，北京演艺集团有限责任公司成立，揭牌仪式在歌华大厦举行。北京演艺集团有限责任公司是市政府直属的国有独资文化公司，融艺术创作、生产、演出、人才培养以及综合市场开发为一体，承担着经营管理全市综合性文化资产、国有控股参股表演艺术团体及其他文化体育企业的职能。北京市委常委、宣传部部长、副市长蔡赴朝出席揭牌仪式并致辞。公司拥有中国杂技团有限公司、北京歌舞剧院有限责任公司、中国木偶艺术剧院有限责任公司、北京文化艺术音像出版社、北京市电影股份有限公司、北京市演出有限责任公司、北京对外文化交流公司、北京儿童艺术剧院股份有限公司、北京保利紫禁城剧院管理有限公司9家文化企业，注册资本4.3亿元，关联资本达到11.8亿元。康伟任党委书记、董事长，李恩杰任总经理，杨洪义任党委副书记、纪委书记、监事长，李龙吟、王颖任副总经理，宋杰任财务总监。公司下设党委办公室、办公室、人力资源部、研究发展部、财务审计部、基础建设部、项目运营部、艺术生产管理部和资产管理部等9个部门，主营业务为文艺演出。

（王晓燕）

【本市举行“国家动画产业基地”授牌仪式】 6月27日，市广播电影电视局举行北京市“国家动画产业基地”授牌仪式，将国家广电总局颁发的“国家动画产业基地”牌匾授给海淀、石景山和通州三个文化创意产业集聚区。

（王晓燕）

【北京动漫游戏产业联盟成立】 8月12日，在市文化局指导下，经市社会建设工作办公室和市社会团体管理办公室核准，北京动漫游戏产业联盟成立大会在京召开。文化部文化产业司司长刘玉珠，北京市文化局局长降巩民，石景山区区委书记荣华、区长周茂非以及近200家动漫游戏企业的代表参加了成立大会。大会讨论通过了《北京动漫游戏产业联盟章程》，选举产生了联盟第一届理事会和监事会。北京联盟影业投资有限公司董事长郝亚宁当选会长，北京水晶石数字科技有限公司董事长兼总经理卢正刚、北京电影学院党委副书记兼动画学院院长孙立军、北京联众电脑技术有限责任公司副总裁关粤、北京金山软件有限公司副总裁邹涛、北京卡酷动画卫视副总经理缪东当选副会长，北京火星时代集团有限公司董事长王琦当选监事长，北京科讯科技有限公司董事长刘春刚当选副会长兼秘书长。

（王晓燕）

【《北京志·文化艺术志》编委会成立】 10月27日，《北京志·文化艺术志》编委会成立大会在北京戏曲艺术职业学院排演场举行。北京市地方志编委会常务副

北京演艺集团有限责任公司成立挂牌仪式

主编、《北京志》主编段柄仁，市地方志办公室主任王铁鹏，市地方志办公室市直处处长运子微，市文化局副局长关宇，市文化局原副巡视员徐恒进，市文联副主席（正局级）陈世崇等40人出席。徐恒进宣布《北京志·文化艺术志》编委会成立，宣读编委会名单。陈世崇宣读《北京志·文化艺术志》编纂方案。《北京志·文化艺术志》编委会主任降巩民，副主任朱明德；主编徐恒进、陈世崇，副主编刘启泰、陈予一、吴扬、张燕鹰，编辑部主任张燕鹰，编委会办公室主任刘启泰。

（王晓燕）

【文化部三家文化企业在京成立】 11月12日，中国东方歌舞团转企改制组建的中国东方演艺集团有限公司，中国文化报社转企改制组建的中国文化传媒集团有限公司，文化部文化市场发展中心、中国演出管理中心转企改制共同组建的中国动漫集团有限公司同时在京成立。三家公司是文化系统首批由经营性文化事业单位直接转制为国有独资公司的中央文化企业。文化部党组副书记、副部长欧阳坚在成立大会上讲话。文化部党组成员、副部长王文章宣读了有关任职文件。中国东方演艺集团有限公司董事长兼总经理田军利，中国文化传媒集团有限公司董事长兼中国文化报社社长孔繁灼，中国动漫集团有限公司董事长兼党委书记梁钢及三家集团公司领导班子接受任命书。中国对外文化集团公司（2004年转企改制成立的国有独资企业）董事长兼总经理张宇及集团公司领导班子也在大会上接受了任命书。

（王晓燕）

【《北京志·非物质文化遗产志》编委会成立】 12月21日，《北京志·非物质文化遗产志》编委会成立大会在北京市文化局召开。市地方志编纂委员会常务副主任、《北京志》主编段柄仁，市地方志办公室主任王铁鹏，市文化局副巡视员阮兰玉，市文化局原副巡视员徐恒进等领导以及编委会和编辑部成员约30人出席会议。《北京志·非物质文化遗产志》编委会主任降巩民，副主任阮兰玉、徐恒进、赵书，主编千容，常务副主编石振怀，副主编刘启泰、刘燕，编辑部主任石振怀。

（李颖君）

【中国民族文化产业研究中心成立】 12月，中国民族文化产业研究中心于第4届中国文化产业（国际）论坛在京举行期间成立。中国民族文化产业研究中心由北京师范大学、民盟中央文化委员会、国家发改委国际合作中心等单位发起成立，机构设在北京师范大学。主要工作包括研究、梳理、论证中国民族文化产业发展方向，扶持少数民族文化产业发展，并从理论、项目特别是人才培养角度全方位地整合资源，助力文化产业振兴。

（王晓燕）

文化艺术市场

【2008年中国艺术品市场十大事件评出】 1月17日，由文化部等部门主办的“2008年中国艺术品市场十大事件”评选活动在京揭晓。十大事件包括：艺术品界赈灾义拍激情汹涌，短时间筹集善款近2亿元；全国博物馆等文博单位全部免费开放，实现和保障人民群众的基本文化权益；“中国画卷”惊艳2008年奥运开幕式，向世界展现中华民族的非凡历史；圆明园兽首铜像被拍卖再创民族情感，社会各界呼吁尽快建立文物回归机制；汶川大地震破坏文物的程度前所未有，四川被毁珍贵文化遗产实物上万件；

《北京志·非物质文化遗产志》编委会成立大会

当代前卫艺术在金融海啸中节节败退，能否重新“洗牌”成为人们明天的期待；文化部高度关注现当代艺术文化，实施“中国现当代艺术推广项目”；中国申请世界级“非遗”代表作名录，宣纸和徽墨制造技艺入选；国家将启动涉台文物保护工程，中央财政支持的工程涉及祖国大陆十余个省份；“齐白石版权案”敲响警钟，提高著作权保护意识刻不容缓等。

（王晓燕）

【市娱乐演出场所安全检查工作】 1月23日，市委常委、宣传部部长、副市长蔡赴朝带队，对娱乐场所、演出场所安全生产情况进行检查。先后到国奥体育馆、当代芭蕾舞团、糖果俱乐部KTV歌厅、星光现场、东方先锋剧场等处，检查了各场所紧急疏散通道、安全生产工作制度，询问了节日期间安全生产措施落实情况，在东方先锋剧场现场断电检查了剧场应急照明设施。市文化局局长降巩民、副局长王文光，市文化市场执法总队书记张朱，市安监局副局长刘春锋，市公安消防局副局长骆原等有关单位领导和工作人员参加检查工作。

（王晓燕）

【市领导检查红剧场消防安全】 2月11日，市委常委、宣传部部长、副市长蔡赴朝带队抽查了崇文区红剧场的消防安全。检查了红剧场的应急预案，进行了安全演练，查看了应急灯、应急广播和消防设备的使用情况。他指出，安全是各项工作的重中之重，文化娱乐场所人流密集、安全责任重大，各部门要高度重视，立即行动起来，制定严密的应急预案，认真排查安全隐患，确保各项措施落实到位。市委宣传部常务副部长陈启刚，市文化局局长降巩民、副局长王鹏及崇文区领导陪同检查。

（张燕鹰）

【文化娱乐场所安全检查】 2月，市文化局落实市委宣传部2月10日安全工作紧急会议精神，下发了《北京市文化局关于做好文化娱乐场所安全工作紧急通知》，部署在文化系统开展安全检查工作，制订了《北京市文化局领导分路检查方案》，局领导带队，分四路对文化娱乐场所进行安全检查，至2月20日共出动检查1974人次；检查场所1727家，召开各种会议、培训、演练368场，督促整改各类安全问题和隐患98件。

（王晓燕）

【北京原创动漫获文化部扶持】 3月10日，经文化部组织有关专家审查、初评、终评及公示，最终确定了“原创动漫扶持计划（2008）”扶持的作品、创作者（团队）。北京的动漫企业有11项作品和14个创作者（团队）获文化部“原创动漫扶持计划（2008）”的支持。获得扶持的作品是：漫画作品《丢丢侠》，动漫演出作品《福娃》《办公室有鬼》《十二生肖》《东郭 猎人 狼》，网络动漫作品《功夫兔系列》《燕尾蝶》《十牛图》《神奇蚂蚁纯洁篇——年》《小石狮》，手机动漫作品《出水莲》；获得扶持的创作者（团队）是：漫画创作者（团队）北京颜开文化发展有限公司（三剑客动漫工作室）、熊亮、权迎东动漫工作室，动漫演出创作者（团队）田沁鑫李东工作室、北京恒艺文化交流中心、北京千色境界动漫文化传播公司、神话cosplay社团，网络动漫创作者（团队）彼岸天（北京）文化有限公司、北京其欣然数码科技有限公司、北京市东城区隆马动画创作中心、北京妙音动漫艺术设计有限公司，手机动漫创作者（团队）北京迪漫科技有限公司、北京龙文鼎盛国际传媒科技有限公司、北京鑫联必升动画（北京鑫联必升文化发展有限公司）。

（张燕鹰）

【《北京市文化创意产业担保资金管理办法（试行）》颁布】 3月23日，市文化创意产业领导小组办公室正式发布《北京市文化创意产业担保资金管理办法（试行）》，这是北京市为解决文化创意企业融资难问题、推动文化创意产业发展的一项重要举措。

（王晓燕）

【动漫企业座谈会】 5月20日，市文化局召开了动漫企业座谈会，北京市获文化部“原创动漫扶持计划（2008）”支持的动漫企业和个人20余人参加了座谈会。市文化局副局长王珠、文化部文化产业司动漫处的宋奇慧、齐斌出席了会议。会上宣布了北京市获得文化部“原创动漫扶持计划（2008）”扶持的作品、企业和个人名单，并向获扶持的企业和个人颁发了证书与扶持资金。座谈会上，与会企业代表和个人就企业的基本情况、重点研发创作的项目及作品进行了交流和座谈，并对动漫产业发展、政府主管部门如何更好地支持行业发展提出了建议。

（张燕鹰）

【文化娱乐场所安全生产公开课】 6月30日，市文化局与市安监局联合在首都图书馆大报告厅举办了以“弘扬安全文化、构建和谐北京”为主题的文化娱乐场所安全生产大型公开课。市安监局专家俞胜章针对娱乐场所安全管理制度建立较为薄弱的问题，作了关于“文化娱乐场所如何建立安全生产管理制度”的专题讲座。市文化局巡视员吴然出席并讲话。各区、县文委主管主任、市场（审批）科长，部分文化娱乐场所经营单位法定代表人或主要负责人，行业协会负责人共计400余人参加了讲座。

（张燕鹰）

【北京华彬艺术品产权交易所揭牌】 7月1日，北京华彬艺术品产权交易所在京正式揭牌。该交易所是中国首家艺术品产权交易所；同时，“华彬艺术品市场指数”也正式对外发布。该交易所旨在对中国艺术品市场的健康、规范发展起到积极作用，对北京市文化创意产业的发展起到推动作用；同时还将促进中国艺术品的收藏、保管；尽快摸清流失文物的情况；尽力普及“文化财产”的概念，保护艺术品原创作者的正当权益。全国政协副主席白立忱，中央有关部门及北京市有关领导，国内文物界、艺术品收藏界的专家学者参加了揭牌仪式。

（王晓燕）

【艺术品产权交易专题研讨会】 8月19日，市文化局会同文化部市场司召开艺术品产权交易有关事宜专题研讨会。会议邀请清华大学国家文化产业研究中心主任熊澄宇、北京产权交易所董事长熊焰、北京文化产业研究中心彭中天、长江商学院梅建平，以及北京东方文化经济发展集团有限公司、文化部文化市场发展中心、华彬集团、华彬艺术品交易所、北京演艺集团等单位的负责人，围绕艺术品产权交易所建立的意义、艺术品产权交易所经营模式及构想进行研讨。市文化局局长降巩民、文化部市场司司长李雄参加会议。

（张燕鹰）

【市文化局等检查文化娱乐场所】 9月9日，市文化局、市文化市场行政执法总队、市公安局治安总队、市工商局执法大队组成联合检查组，分三组集中突击检查了全市文化娱乐场所。检查组认真查阅了文化娱乐场所安全生产各项制度，询问并查阅夜间值班制度落实情况和处置突发事件应急预案情况、演练情况，检查了安全措施、应急照明、消防设备、应急灭火情况等。对存在的安全隐患要求立即解决，不能立即解决的限时解决，并要求属地文化行政部门监督跟踪回访，不解决问题不放手。同时要求文化娱乐场所负责人要把安全生产工作放在首位，严格执行安全生产相关规定；要求文化场所经营单位定期组织各种消防演练，加强经营单位员工消防安全技能培训，做到会报警、会使用各类灭火装置、会简单处置突发情况。

（张燕鹰）

【娱乐场所点歌系统开机提示宣传片安装启动仪式】 9月9日，市公安局、市文化局、市文化市场行政执法总队在世纪金源饭店举行娱乐场所点歌系统开机提示宣传片安装启动仪式。市公安局治安管理总队副总队长李忠义，市文化局副局长王鹏，市文化市场行政执法总队相关部门领导，各区县公安分局、文化委员会主管领导及相关人员，部分娱乐场所法人代表等约140人参加了仪式。各参会领导分别提出了相关工作要求。王鹏代表市文化局作了讲话，指出：在全市娱乐场所统一安装娱乐场所点歌系统开机提示宣传片很重要，宣传片制作有特点、有创新、人性化、针对性强。进出文化娱乐场所的人员复杂，宣传片的安装必将对文化行政管理部门的工作起到很好的促进作用；市区两级文化管理部门要加强与公安、文化执法总队的密切配合，把娱乐场所经营单位监管好，给新中国成立60周年庆祝活动创造更加健康、和谐的安全环境。仪式上播放了宣传片，并向部分参会娱乐场所法人代表赠送了开机提示宣传片光盘。

（张燕鹰）

【保利2009仲夏拍卖会举办】 9月，北京保利2009仲夏（第8期）精品拍卖会在京举办，成交额9600余万元。保利在此次拍卖会中提升了拍品质量，推出了一系列价值高的拍品，如古董珍玩部分的“清内洒蓝描金外蓝地珐琅彩桃纹碗”拍得207.2万元；中国书画部分涌现了一批过百万元的拍品，如林风眠《芦塘飞雁》179.2万元、傅抱石《观瀑图》168万元、徐悲鸿《竹报平安》162.4万元、齐白石《鸟子藤花》112万元、黄胄《新疆少女》112万元、徐悲鸿《鹰》101.92万元、王雪涛《牡丹富贵》100.8万元等。

（王晓燕）

【北京下发《北京市动漫企业认定管理工作实施方案》的通知】 10月19日，市文化局与市财政局、市国税局和市地税局联合下发《北京市动漫企业认定管理工作实施方案》的通知。通知决定成立北京市动漫企业认定管理工作领导小组和办公室，领导小组和办公室均设在市文化局。通知还确定了认定管理工作机构主要职责、认定标准和认定程序，以及认定受理时间和年审制度等。

（张燕鹰）

【中国嘉德2009秋季拍卖会举办】 11月18日～23日，中国嘉德2009秋季拍卖会在京举办。此次拍卖会推出涵盖中国书画、瓷器玉器工艺品、现当代陶瓷及雕刻艺术、油画雕塑影像、古籍善本、邮品钱币铜镜、珠宝翡翠等门类的共17个专场，共呈现拍品超过6600件，总成交额达15.33亿元。

（王晓燕）

【北京26家动漫企业通过首批认定】 12月30日，文化部文化产业司在京组织召开了全国部分动漫企业工作座谈会。会上公布了全国首批认定的100家动漫企业名单，北京市26家动漫企业通过首批认定。它们分别是：北京随手互动信息技术有限责任公司、华益天信科技（北京）有限公司、北京青青树动漫科技有限公司、北京千雅文化传播有限公司、北京万幸星数码科技有限公司、北京魔屏科技有限公司、北京阳光加信科技有限公司、北京妙音动漫艺术设计有限公司、北京神笔动画制作有限公司、北京百穗文化传媒有限公司、北京水晶石影视传媒科技有限公司、北京迪生通博科技有限公司、北京洋洋兔文化发展有限责任公司、北京华映星球国际文化发展有限公司、北京华娱无线科技有限公司、开软科技（北京）有限公司、北京龙文鼎盛国际传媒科技有限公司、北京东方万象文化有限公司、北京卡酷全卡通动漫文化有限公司、北京蓝月谷文化传媒有限公司、北京三浦灵狐动画设计有限公司、北京浩昊科技发展有限公司、北京动漫梦工场影视文化有限公司、央视动画有限公司、北京梦幻动画科技有限公司和北京辉煌动画公司。

（张燕鹰）

【文化娱乐场所安全抽查】 12月，市文化局联合公安、消防等部门，对海淀区地下空间文化娱乐场所经营单位进行安全抽查。本次重点检查了地下空间文化娱乐场所审批、备案情况，应急疏散预案规章制度的建立，以及疏散通道、装修材料等是否存在安全隐患，并对查出的隐患提出限期整改要求。

（王晓燕）

【文化市场经营单位】 截至2009年底，北京地区共有：艺术表演团体341家（其中，市属11家、区县属4家、文化部及中央其他部委属17家、部队院校15家，民营社办294家）。营业性演出场所88家，其中营业性专业剧场50家（机构数）。演出经纪机构793家。统计显示，互联网上网服务营业场所1091家，歌舞娱乐场所823家，电子游艺经营场所55家。

（程　青）

文化体制改革

【中央文化体制改革工作领导小组到京督察】 5月31日～6月1日，由新闻出版总署署长柳斌杰率领的中央文化体制改革工作领导小组第五督查组，对北京市文化体制改革工作进行督查。市委书记刘淇、市长郭金龙与督查组成员座谈。柳斌杰充分肯定了北京推进文化体制改革所取得的成就和积累的经验，希望北京市进一步加大力度，加快新业态的开发研究，建设全国性的文化产业群、产业带，进一步壮大自身实力。督查组到王府井新华书店、北京歌华有线网络有限责任公司、北京出版集团有限责任公司和中国木偶艺术剧院股份有限公司等单位进行了实地考察，并听取了相关情况汇报。

（李颖君）

【文化部文化体制改革工作领导小组会议召开】 6月11日，文化部召开文化体制改革工作领导小组会议。会议由文化部党组副书记、副部长欧阳坚主持。文化部党组书记、部长蔡武出席会议并讲话。他强调，要坚持以科学发展观指导改革工作，积极稳妥地推进直属单位改革发展，把改革与发展有机结合起来，以改革促进发展，以发展带动改革。文化部文化体制改革工作领导小组成员等出席会议。会议分别听取了中国东方歌舞团、中国文化报社、文化部文化市场发展中心、中国演出管理中心4家直属单位的转企改制工作情况汇报。

（丁　琳）

【北京文化体制改革受到表彰】 8月14日～16日，在南京召开的全国文化体制改革经验交流会上，中央宣传部、文化部、国家广电总局、新闻出版总署决定对率先完成改革任务的12个试点地区和积极推进体制机制改革的58个文化企业予以表彰。全国文化体制改革先进地区12家，其中有北京市；全国文化体制改革先进企业58家，其中北京地区的有中国对外文化集团公司、中国电影集团公司、央视国际网络有限公司、中国出版集团公司、中国科学出版集团有限责任公司、中国电力出版社有限公司、北京师范大学出版社、北京儿童艺术剧院股份有限公司、北京歌舞剧院有限责任公司、中国杂技团有限公司、中国木偶艺术剧院有限责任公司等。

（张燕鹰）

【国有文艺演出院团改制研讨会在京举办】 8月29日，由北京大学文化产业研究院和中国传媒大学文化产业研究院主办的“国有文艺演出院团体制改革研讨会”在京举行。文化部体制改革办有关负责人出席会议并介绍了相关情况。研讨会以7月27日中宣部和文化部发布的《关于深化国有文艺演出院团体制改革的若干意见》为议题，探讨了国有文化院团改革应遵循的原则和改革路径等问题。来自中国社科院、清华大学等机构和高校的专家学者，以及中国东方歌舞团等国有院团的有关负责人参加了研讨会。

（丁　琳）

文化建设

【“艺术北京”专项基金启动】 1月16日，北京文化发展基金会“艺术北京”专项基金启动仪式举行。“艺术北京”基金是北京文化发展基金会下设的专项基金，主要用于支持“艺术北京”这一文化品牌的推广，策划学术展览，邀请海外收藏家、媒体，资助一级市场——画廊的展览及相关项目。2009年，基金会投入500万元，资助一部分画廊参加“艺术北京”当代艺术博览会。

（李颖君）

【市文化局领导向媒体介绍农村文化工作】 2月11日，市文化局局长降巩民和相关工作人员就近年来市文化局围绕“支农、惠农、促进农业经济增长，推动农村文化繁荣”主题所采取的一系列政策措施向《北京日报》《北京晚报》《北京青年报》等7家市属媒体的记者进行了介绍。市文化局演出及娱乐发展处、电影及网络文化发展处领导，北京文化艺术活动中心主任王鸣铎，首都图书馆馆长倪晓建等就为广大农民服务的周末场演出计划、文艺演出星火工程等演出惠农项目、文化信息共享工程、北京市公共图书馆在本市农村地区开展的公共文化服务措施和公共图书馆在乡村的网点建设、农村群众文化活动开展、农村文化骨干培训、文化志愿者进行农村文化援建活动、农村数字影厅建设、数字电影放映情况等农村文化建设情况进行了介绍。市文化局局长降巩民对整体农村文化工作进行了总结概括，指出：农村文化工作的核心是文化政策问题，要给予广大经济欠发达的农村地区一定的政策倾斜，延续文化福利政策和以政府补贴为导向的文化市场消费政策，提高农村文化生活水平，逐步培育农村文化消费市场，带动周围文化经济发展，更好地繁荣农村文化生活。

（张燕鹰）

【北京市文化志愿者服务中心挂牌】 4月9日，经北京市机构编制委员会办公室批准，北京文化艺术活动中心加挂北京市文化志愿者服务中心牌子，并增加承担文化志愿者的服务和管理的相关工作的职责。

（王晓燕）

【全国人大教科文卫委员在京调研】 4月14日～15日，全国人大教科文卫委员会副主任委员李树文等一行18人，对北京市公共文化建设和图书馆立法情况进行调研。调研组听取了市文化局局长降巩民关于北京市公共文化建设和图书馆立法及实施情况的汇报，观看了首都图书馆自主创建的数字文化服务品牌“北京记忆”大型多媒体数据库的演示，参观了地方文献中心、历史文献中心。委员们还到朝阳区金盏乡皮村社区文化活动中心、朝阳区文化馆、西城区图书馆进行了调研。市人大常委会副主任吴世雄、市人大常委会教科文卫体办公室主任梁平、市政府副秘书长侯玉兰、市政府办公厅副主任吴大仓、市文化局巡视员叶重辉等陪同调研。

（张燕鹰）

【文化部与市政府签署《推动首都文化建设战略合作框架协议》】 4月16日，文化部和北京市人民政府正式签署《推动首都文化建设战略合作框架协议》。文化部党组书记、部长蔡武和北京市委副书记、市长郭金龙分别代表文化部和北京市人民政府在战略合作协议文本上签字。这一战略合作协议的签署，标志着中央文化部门和北京市在启动资源整合、加强战略协调、创新工作机制、全面推动首都文化建设上取得重要突破。文化部党组副书记、副部长欧阳坚主持签字仪式。文化部党组成员、副部长赵少华，文化部党组成员、部长助理丁伟，文化部文化产业司司长刘玉珠，文化市场司司长李雄，北京市委常委、宣传部部长、副市长蔡赴朝，市政府副秘书长侯玉兰，市委宣传部副部长陈冬，市文化局局长降巩民、副局长王珠等参加签字仪式。

（张燕鹰）

【北京出台舞台艺术创作生产专项扶持资金管理办法】　5月26日，市财政局、市文化局联合下发了《北京市舞台艺术创作生产专项扶持资金管理暂行办法》，并于6月30日召开了新闻发布会，市文化局副局长王文光参加。市文化局还举行了专项扶持资金的情况说明会，出席会议的有北京京剧院、北方昆曲剧院、北京交响乐团、中国评剧院、北京儿艺等市属院团及改制单位的负责人，也有北京现代舞团、龙马社等民营院团和艺术机构的代表。该专项基金具体的扶持对象是能够代表北京舞台艺术创作水平、在社会上产生广泛影响、进入国际演出市场并取得良好效益、成为文化创意产业品牌的剧（节）目，以及政府指令性的剧目生产。凡在京注册的北京市演出行业协会会员单位均可于每年两次申报时间内提交剧本等相关材料，再由艺术专家委员会对上报剧目的艺术水平做出审定。

（张燕鹰）

活　动

·综合性文化艺术活动·

【2009年军民迎新春文艺晚会】　1月21日，2009年军民迎新春文艺晚会“万众一心向前进”在中国剧院举行。党和国家领导人胡锦涛、吴邦国、温家宝、贾庆林、李长春、习近平、李克强、贺国强、周永康等与首都军民欢聚一堂，共贺新春。晚会演出了歌舞《喜迎春》《祖国春光好》《梦圆》《金色的收获》《大地春风》，舞蹈《沙场雄风》，歌曲《你是我的父母我是你的兵》《祖国，请检阅》《永远跟你走》《洒向人间都是爱》，表演唱《帕米尔向导巴亚克》，杂技《中国结》，短剧《羌寨情》，小品《俺是航天人》等，热情讴歌了军队和人民群众心连心、同呼吸、共命运的鱼水深情。王刚、王兆国、王岐山、回良玉、刘淇、刘云山、刘延东、李源潮、张德江、徐才厚、郭伯雄、何勇、李建国、梁光烈、马凯、白立忱和中央军委委员陈炳德、李继耐、廖锡龙、常万全、吴胜利观看了演出。观看演出的还有中央和国家机关有关部门、全国双拥工作领导小组成员单位、北京市和解放军四总部、驻京部队各大单位、武警部队、军委办公厅的负责人，以及全国双拥模范城（县）、双拥模范单位和个人及驻京部队官兵代表。由全国双拥工作领导小组、民政部、广电总局和解放军总政治部联合举办的军民迎新春文艺晚会，从1990年开始举办。

（张燕鹰）

【李长春看望文化界知名人士】　春节前夕，中共中央政治局常委李长春分别看望了理论工作者金冲及，新闻工作者邵华泽，艺术家欧阳中石、吴祖强、乔羽、吕厚民、詹建俊、梅葆玖、谢芳、李前宽等文化界知名人士，代表胡锦涛总书记和党中央向他们致以节日问候和良好祝愿。李长春向这些文化界知名人士送上鲜花，与他们亲切交谈，仔细询问他们的身体和生活情况，祝福他们健康长寿，永葆活力。李长春指出：今年是新中国成立60周年，希望文化界知名人士团结带领广大文化工作者，以深入学习实践科学发展观为强大动力，进一步解放思想、实事求是、与时俱进，贴近实际、贴近生活、贴近群众，努力推出一批精品力作，充分展示新中国成立以来特别是改革开放以来取得的巨大成就，充分展示历史和人民是怎样选择了马克思主义、选择了中国共产党、选择了社会主义道路、选择了改革开放，激励广大干部群众为开创中国特色社会主义事业新局面、实现中华民族伟大复兴而努力奋斗。文化界知名人士对胡锦涛总书记和党中央的关心深表感谢。他们表示，将继续发挥作用，创造新的业绩，为推动社会主义文化大发展大繁荣作出更大贡献。

（张燕鹰）

【第9届“相约北京”联欢活动】　4月28日~5月29日，文化部、国家广电总局和北京市人民政府共同主办的综合性大型国际艺术节第9届“相约北京”联欢活动在京举行。本届主题为“艺术创意与现代生活”。活动集中展示新中国成立60年来文化繁荣发展取得的显著成就以及中外艺术家互动交流的盛况。在持续一个月的时间内，来自20多个国家和地区50多个中外艺术团的近600名艺术家，展开大规模公益演出、广场联欢、文化讲座等活动。

（李颖君）

【第9届全军文艺会演】　5月~10月，第9届全军文艺会演在北京、甘肃、新疆、四川、西藏、云南、广东、山东、江苏、辽宁等地举行，全军19个文艺单位共选送49台节（剧）目参加会演。会演分为三个阶段：5月8日～6月30日为巡回审看阶段，由专家组成的评委会赴各大单位巡回审看参演节（剧）目并进行评奖。7月下旬～9月为调京展演阶段，选调部分优秀节（剧）目在京举办展演活动。10月为总结表彰阶段，在各单位认真总结的基础上，在京召开会演颁奖大会。

（李颖君）

【“历史的天空”文艺晚会】 6月27日，“历史的天空”纪念中国共产党成立88周年著名艺术家朗诵演唱会暨中华人民共和国成立60周年大型庆典晚会在人民大会堂举办。演出汇集了演唱、朗诵、电影片段、京剧等艺术形式。谢芳、田华、吴雁泽、杨在葆等以表演红色经典而闻名的演员相继登台。当晚大部分节目的伴奏，由现场200人的交响乐队担当，120人的合唱团为京剧《沙家浜》等经典唱段伴唱。

（李颖君）

【“打开艺术之门”暑期艺术节】 7月9日～8月31日，“打开艺术之门·2009暑期艺术节”在中山公园音乐堂举行。本次艺术节共演出63场，在京的所有国家级交响乐团、民乐团、戏曲院团都参与其中，演出内容涵盖古典音乐、爵士乐、芭蕾、民谣，以及中国民乐、戏曲、木偶、相声、杂技等多种艺术形式，同时推出京剧夏令营、打击乐夏令营、魔术夏令营和小画家夏令营。“打开艺术之门”创办于1994年，最初名为“打开音乐之门”，自1999年起，艺术节一直坚持10元最低票价，吸引普通观众，已经成为北京市民生活中一个标志性文化品牌。

（李颖君）

【“深巷北京”夏季艺术节】 8月15日～21日，“深巷北京”夏季艺术节在北京最新文艺地标方家胡同46号（原中国机床厂厂址）举办。艺术节期间，有北京现代舞团《北京意向》的首演，热力猫俱乐部（Hot Cat Club）的And Jazzers乐队的演出，以及Ray言、So团体和龙井等艺术家和团体演出。

（张燕鹰）

【中国广播艺术团第6届艺术周】 9月2日～6日，中国广播艺术团纪念新中国成立60周年系列演出暨中国广播艺术团第6届艺术周在保利剧院举行。本届艺术周共5台节目，分别为：“我爱你中国”大型歌舞晚会、“快乐人生”刘全和与刘全利幽默滑稽小品专场晚会、“越来越好”新相声小品专场晚会、“春华秋实”大型民族音乐会、“大海啊故乡”王立平影视作品音乐会。

（张燕鹰）

【第7届北京国际戏剧·舞蹈演出季】 10月30日～12月16日，第7届北京国际戏剧·舞蹈演出季在京举行。参与本届演出季的有中国、英国、德国、韩国、美国、西班牙、挪威7个国家和中国香港、澳门、台湾地区的艺术家。歌剧《西施》《魔笛》，音乐剧《我曾有梦》，话剧《罗密欧与朱丽叶》《阴谋与爱情》《风声》《培尔·金特》《梅兰芳》，京剧《弄臣》，昆曲《玉簪记》，芭蕾舞剧《堂吉诃德》，舞蹈《波莱罗》《奔月》《情·色》《行草》《卡门》《月人》，以及“舞·乐·天——传统与现代舞蹈精品荟萃”、“何塞·利蒙百年诞辰纪念演出”和“当代芭蕾集锦”等剧（节）目分别在国家大剧院、解放军歌剧院、保利剧院、首都剧场、梅兰芳大剧院、北京大学百周年纪念讲堂演出。

（张燕鹰）

【庆祝澳门回归10周年献礼演出】 11月17日～21日，为庆祝澳门回归祖国十周年，国家大剧院举办“魅力澳门回归十周年”系列文艺演出。演出以“金莲花盛开怒放、乐与舞竞艳飘香”为主题，上演澳门青年舞蹈团的原创舞剧《奔月》，以及澳门乐团与澳门中乐团的两场音乐会。此次演出代表着澳门文艺界的最高水平，展现了十年来澳门文化艺术建设的新成就。

（李颖君）

·展　览·

【林莽诗画展】 1月7日～12日，“纪念诗歌创作四十周年”林莽诗画展在北京朝阳文化馆举行。该展览由《诗探索》编辑部、《星星》诗歌理论月刊、《中关村》杂志等单位联合主办，共展出林莽画作和书法家、诗人手书林莽作品近百幅及林莽创作的诗集、散文集10余部。牛汉、袁鹰、柳萌、邵燕祥、杨匡满、吴思敬、食指、芒克、叶延滨等200多位诗人、学者出席了1月11日下午的朗诵酒会。

（丁　琳）

【首届中国动漫艺术大展】 10月26日～11月18日，首届中国动漫艺术大展在北京中国美术馆举办。该展览由文化部、财政部、教育部、科技部、工信部等10个部委联合主办，扶持动漫产业发展部际联席会议办公室承办。本

首届中国动漫艺术大展

届大展以动漫为核心，横跨美术、影视、演出等多个艺术门类，全景式、立体化地展示新中国成立以来动漫领域的精品力作。此次大展除主题展览之外，还包括学术研讨会、动漫剧展演、动画电视片展播、动画电影展映等活动。

（丁　琳）

【新世纪中国艺术的八个关键形象展览】　11月15日~12月15日，大型群展“中坚：新世纪中国艺术的八个关键形象”在尤伦斯当代艺术中心展出。此次展览以“中坚”命名，是因参展艺术家的艺术思想和实践正趋成熟，他们也是中国新世纪以来艺术现象与创造活力重要的代表。此次展览还试图描绘中国当代艺术的未来景观。展览展出了曹斐、储云、邱志杰等八位中国当代艺术家的绘画、摄影作品、装置艺术乃至行为艺术。

（丁　琳）

【第4届北京国际文博会】　11月25日~29日，由文化部、广电总局、新闻出版总署和北京市政府共同主办的第4届中国北京国际文化创意产业博览会在国际展览中心举办。本届文博会以“激发文化创新活力，促进经济持续增长”为主题，举办了展览会、论坛峰会、推介交易、创意活动、文艺演出五大系列的数十场活动。来自经合组织、国际知识产权联盟、联合国教科文组织等10个国际组织，以及美国、英国、德国、西班牙等30个国家和地区参加了文博会。本届文博会共签署文艺演出、出版发行、版权贸易、影视节目制作交易、设计创意、动漫与网络游戏研发制作、古玩艺术品交易、文化旅游等合作意向、协议322个，总金额55.2亿美元。其中，亿元以上的项目32个，占签约总数的10%；北京签约总额占55%。

（丁　琳）

·会　议·

【中国文联主席团八届四次会议】　1月10日~12日，中国文联第八届主席团第四次会议在京召开。全国政协副主席、中国文联主席孙家正，中国文联党组书记、副主席胡振民，党组副书记、副主席覃志刚等出席会议。会议由孙家正主持。会议审议并通过了《中国文联第八届全国委员会第四次会议议程》，审议并确认了第八届全国委员会委员更替、增补事宜；审议了《在中国文联第八届全国委员会第四次会议上的工作报告（审议稿）》和《中国文联2009年工作要点（征求意见稿）》。

（丁　琳）

【全国文化厅局长会议】　1月12日，2009年全国文化厅局长会议在京召开。会议的主要任务是：以党的十七大精神为指导，深入贯彻落实科学发展观，传达贯彻中央领导关于文化工作的重要指示精神和全国宣传部长会议精神，认真总结2008年文化工作，全面部署2009年文化工作，努力开创文化建设新局面。文化部党组书记、部长蔡武出席会议并讲话。他强调，要充分认识当前我国文化建设面临的新形势新任务，进一步增强责任感、光荣感、紧迫感，进一步解放思想，转变观念，以科学发展观统领文化建设，抓住关键，突出重点，积极推动文化建设取得新成效。文化部党组副书记、副部长欧阳坚主持会议。党组成员、副部长陈晓光、周和平、赵维绥、赵少华、王文章等，中央有关部门，各省、自治区、直辖市文化厅（局）负责人参加了会议。

（丁　琳）

【整治互联网低俗之风工作会议】　2月6日，整治互联网低俗之风专项行动工作会议在京召开，中共中央政治局委员、书记处书记、中宣部部长刘云山在会上强调要以更坚定的信心、更有力的措施，坚持不懈地把整治互联网低俗之风专项行动引向深入。会议对专项整治行动下一步工作作了部署，强调要进一步加大工作力度。

（丁　琳）

【全国净化社会文化环境会议】 2月20日～21日，全国净化社会文化环境工作会议在京举行。中共中央政治局常委李长春对会议作出批示，指出：净化社会文化环境、促进未成年人健康成长，是党中央从党和国家事业长远发展出发作出的重大决策部署。刘云山及中共中央政治局委员、国务委员刘延东出席会议并讲话。中央文明委成员单位，各省（区、市）和新疆生产建设兵团党委宣传部、文明办负责人参加会议。

（丁　琳）

【2009年区县文化工作沟通协调会】 2月27日，2009年区县文化工作沟通协调会在北京会议中心召开。会上，市文化局相关领导分别介绍了区县文化专项资金转移支付情况，“周末演出计划”、“星火工程”工作安排，基层文化干部培训和文化志愿者工作计划，中心图书馆的建设问题以及文化市场综合执法改革调研，美术馆的评估，农村影院建设等工作。市文化局局长降巩民，副局长何昕、王文光，以及18个区县文委主任参加了会议。

（张燕鹰）

【国家艺术院团创作工作会议】 8月6日～7日，由文化部举办的2009年国家艺术院团创作工作会议在京召开。会议的主要任务是：研究和探讨如何创作出具有时代精神和艺术魅力的剧（节）目，如何进一步推出精品力作，使国家艺术院团真正成为代表国家最高水准、肩负建设国家主流文化战略任务的专业艺术院团，充分发挥国家艺术院团在全国的导向性、代表性和示范性作用，促进和带动全国的文艺创作繁荣发展。文化部党组书记、部长蔡武出席并讲话。文化部有关司局、9家国家艺术院团以及中国美术馆、中国国家画院的主要负责人和专业创作人员参加会议。会议期间，与会者结合各院团的实际情况，深入交流了艺术创作的思路和设想。

（丁　琳）

【“辉煌60年”文化发展专题报告会】 8月28日，由中宣部、中直机关工委、中央国家机关工委、教育部、解放军总政治部、中共北京市委联合举办的“辉煌60年”系列形势报告会在人民大会堂举行。文化部党组书记、部长蔡武就新中国成立60年来文化发展成就作专题报告。蔡武指出，60年来，我国文化建设取得了辉煌成就，一代又一代的文化工作者以昂扬的精神状态、出色的艺术创造，热情歌颂全国各族人民的伟大实践，为推动我国社会发展进步、弘扬民族精神和时代精神、满足人民群众的文化需求、促进人的全面发展付出了辛勤劳动，进行了艰苦探索，做出了重要贡献。

（丁　琳）

【动漫游戏产业发展与管理座谈会】 10月14日，全国动漫游戏产业发展与管理工作座谈会在京举行，会议由丁伟主持，欧阳坚发表讲话。本次会议旨在更多、更详尽地了解动漫游戏产业的发展现状，更好地对动漫网络游戏加以管理、研究制定政策，为企业提供服务，进而推动动漫游戏产业健康、快速发展。文化部文化产业司司长刘玉珠、副司长孙若风，文化市场司副司长庹祖海，以及来自全国动漫游戏界近百家企业的代表出席会议。

（丁　琳）

·非物质文化遗产保护·

【非物质文化遗产保护联席会议】 1月21日，非物质文化遗产保护工作部际联席会议在京举行。文化部副部长周和平出席会议并讲话，科学技术部副部长刘燕华、工业和信息化部副部长欧新黔及国家发改委、国家民委等成员单位代表出席了会议。周和平通报了2008年非物质文化遗产保护工作的进展情况。部际联席会议成员单位代表纷纷发言，充分肯定了近年来非物质文化遗产保护工作的成果，并就各自的工作领域提出了相关建议。

（丁　琳）

【中国书画非物质文化遗产大会】 1月21日，由中国非物质文化遗产促进会、中国书画史学会、中国画研究会等单位主办的“共和国六十年”中国书画非物质文化遗产大会在京举行。全国政协原副主席张怀西与娄师白、邹佩珠、李铎、张飚等来自全国各地的100多名书画家出席。会议展示了当代中国书画的最新成就，反映了新中国成立60年来中国书画的发展轨迹。大会为30位在书画领域做出突出贡献并深有影响的书画家授予“中国书画非物质文化遗产功勋人物”荣誉称号。与会书画家展示了作品，并就中国书画艺术的发展进行了探讨。

（丁　琳）

【“非遗”专家委员会迎春座谈会】 1月22日，国家非物质文化遗产保护工作专家委员会迎春座谈会在京举行。文化部部长蔡武出席会议并讲话。文化部副部长周和平主持会议，并向委员们通报了2008年非物质文化遗产保护工作和2009年工作安排。专家委员会副主任委员资华筠、刘魁立、乌丙安、周小璞及来自非物质文化遗产各门类共59名委员参加会议。

（丁　琳）

【非物质文化遗产系列活动在京举行】 2月9日～23日，由文化部等举办的中国非物质文化遗产传统技艺大展系列活动在北京农业展览馆举行。此次展览是新中国成立以来规模最大、种类最全、内容最丰富的一次传统技艺大展，共有1176位民间艺人参与，展出了2322件珍贵实物。这次活动由五部分组成，包括传统技艺大展、产品销售订货会、传统烹饪和副食加工技艺展演、元宵节民俗踩街活动和非物质文化遗产生产性方式保护论坛。

（丁　琳）

中国非物质文化遗产技艺大展

【第二批北京市级非物质文化遗产项目代表性传承人揭晓】 4月9日，第二批北京市级非物质文化遗产项目代表性传承人揭晓。全市18个区县推荐市级“非遗”代表性传承人9类共177名。经专家论证会评审论证并向社会公示之后，最终确定市级“非遗”项目代表性传承人65名。其中，民间音乐1人、民间舞蹈7人、传统戏剧21人、曲艺5人、杂技与竞技5人、民间美术5人、传统手工技艺15人、传统医药5人、民俗1人。

（张燕鹰）

【第三批国家级非物质文化遗产项目代表性传承人名单公布】 5月26日，第三批国家级非物质文化遗产项目代表性传承人名单公布，共706名。其中北京市有7大类34人名列其中。包括传统音乐1人，传统舞蹈1人，传统戏剧9人，曲艺1人，传统美术5人，传统技艺15人，传统医药2人。

（张燕鹰）

【中国民族民间文艺集粹展】 9月15日～10月14日，由文化部、国家民委、中国文联共同主办的“大地芳华——中国民族民间文艺集粹”展览在京举办。本次展览是国家重大科研项目“十部文艺集成志书”全部出版总结表彰活动的一部分，围绕着十部文艺集成志书，运用文、图、音、像、数字、实物等多种方式，展出105件乐器实物、174幅配有文字说明的精美图片，全面呈现了丰富多彩的民族艺术。

（丁　琳）

【第三批北京市级非物质文化遗产名录公布】 10月12日，市政府正式向社会公布了第三批北京市级非物质文化遗产名录共计59项，第二批市级非物质文化遗产扩展项目名录4项。此次入围名录的项目包括传统美术中的北京绢人、毛猴制作技艺，彩塑“兔儿爷”；传统舞蹈中的高跷秧歌；曲艺类中的数来宝、太平歌词；传统技艺中的古琴制作技艺；民俗中的花市元宵灯会等。

（李颖君）

【羌族非物质文化遗产展】 11月5日～19日，由佳能（中国）有限公司主办、国家大剧院承办的“感动羌魂、云影共生”羌族非物质文化遗产佳能数字化保护成果展在国家大剧院举办。在展览开幕式上，佳能（中国）向中国艺术研究院·中国非物质文化遗产保护中心捐赠了羌族影像数据库。此次展览共展出了200余幅有关羌族美景、羌绣、羌笛、瓦尔俄足节、释比文化等羌族文化的图片，以及羌绣、羌族服饰、具有羌族特色的日常生活用品等近百件实物。

（丁　琳）

【市“非遗”保护工作座谈会】 12月9日～10日，北京市非物质文化遗产保护工作座谈会在密云县召开。会议由市文化局“非遗”处处长主持，市文化局副巡视员阮兰玉及各区县主管“非遗”工作的20多人参加会议。阮兰玉传达了文化部召开的全国非物质文化遗产保护督查工作会议精神，介绍了当前非物质文化遗产保护工作取得的成绩、存在的问题和2010年的重点工作，并结合北京市非物质文化遗产保护工作实际提出了具体的要求。各区县分别介绍了2009年的主要工作和2010年的工作要点。与会人员还就“非遗”保护机构建设问题进行了讨论，一致认为要切实解决机构设置、人员保障和经费落实等问题。会议对北京市非物质文化遗产保护各项工作做了具体安排。

（张燕鹰）

·评 奖·

【全国文联表彰文艺舆情信息工作】 3月26日～28日，全国文联文艺舆情信息工作会议在云南昆明召开，2个全国性专业协会和6个省级文联被评为2008年度舆情信息工作先进集体，8名个人被评为2008年度舆情信息工作先进个人。北京地区有中国杂协、中国美协被评为先进集体；中国文联国内联络部调研员林平，中国戏剧家协会理论研究室干部安宁，中国曲艺家协会研究部干部杨晓雪和北京市文联办公室干部窦风华被评为先进个人。

（张燕鹰）

【第6届北京市文学艺术奖获奖名单公示】 6月19日，第6届北京市文学艺术奖评审工作结束。第6届“北京市文学艺术奖”评选活动自2008年10月启动以来，共收到申报作品96部，涵盖电影、电视剧、动画片、戏剧、广播剧、音乐作品、文学作品和其他艺术类作品，最终遴选出25部获奖作品。公示的获奖名单中包括电影《集结号》《隐形的翅膀》《一个人的奥林匹克》；动画片《福娃奥运漫游记》《家有儿女（动漫版第一部）》；京剧《下鲁城》；音乐作品《北京欢迎你》《我和你》《生死不离》《天空》；文学作品包括长篇小说《八月狂想曲》《我是我的神》《北方佳人》，中篇小说《豆汁记》，纪实文学《党·建筑》；摄影画册《擎起奥运大厦的人们》；杂技《圣斗——地圈》《一品一三绝》；油画《结局》。另外，还有4部电视剧、2部广播剧。

（丁 琳）

【第4届北京中青年文艺工作者德艺双馨奖颁奖】 6月29日，市委宣传部、市人力资源和社会保障局与市文联共同举办的北京市“第4届北京中青年文艺工作者德艺双馨奖”颁奖大会在文联剧场举行。本届最终产生的15名获奖者是：曹氏风筝传人孔炳彰、北京舞蹈学院演员刘岩、中国武警文工团演员刘朝、北京电视台文艺中心副主任齐建彤、北京人艺副院长任鸣、北京京剧院演员迟小秋、顺义区文联副主席李宗印、北京杂技团副团长宋思敏、中国杂技团有限公司演员邸慧、全总文工团相声演员孟凡贵、北京二中艺体中心主任孟艳、国家京剧院干部孟繁禧、北京作协驻会专业作家徐坤、北京交响乐团团长谭利华和清华美术学院教授魏小明。

（丁 琳）

【2009国际天使艺术节颁奖】 7月28日，由文化部、教育部、华夏文化纽带工程组委会等单位联合主办的2009国际天使艺术节暨第6届全国青少年儿童文化艺术展评活动总决赛与颁奖大会在京举行。本届活动共收到了国内外各分赛区推荐的5000多名选手的2万多件参赛作品，来自全国各地以及海外国家和地区的300多名青少年儿童选手，参加了在北京举行的总决赛，最终60名优秀选手分别获本次展评活动设置的书画、动漫、表演三大类别的金奖。

（丁 琳）

【北京地区推荐作品获“五个一工程”奖】 9月21日，中共中央宣传部宣布了第11届精神文明建设“五个一工程”（2007～2009）的获奖名单。此次共评出组织工作奖8个，获奖作品164部。其中北京市委宣传部和解放军总政治部获得组织工作奖，北京市委宣传部推荐的电影《铁人》《集结号》，电视剧《金婚》，动画片《福娃奥运漫游记》，戏剧《红孩子》（儿童剧），歌舞剧《猴王·花果山》（人偶奇幻剧），歌曲《我和你》《北京欢迎你》，广播剧《京城第一家》，文艺类图书《八月狂想曲》获奖。此外，还有分别由广电总局、解放军总政治部、武警总部政治部、中直工委、公安部、文化部、中国出版集团公司、中共中央统战部等推荐的电影《梅兰芳》《霓虹灯下新哨兵》，电视剧《彭雪枫》《台湾1895》《警察故事》，动画片《三国演义》，话剧《生命高度》，京剧《泸水彝山》，歌曲《当代革命军人核心价值观之歌》《最亲的人》，广播剧《吹破天的婚事》，文艺类图书《红翻天》《天行者》《中国海军三部曲》等获奖。

（丁　琳）

【第9届全军文艺会演颁奖】 11月13日，第9届全军文艺会演颁奖大会在京举行。中共中央政治局委员、中央军委副主席徐才厚会见获奖单位和个人代表，代表胡锦涛主席和军委其他领导，向获奖者表示祝贺，并向全军广大文艺工作者表示诚挚问候。中央军委委员、总政治部主任李继耐出席会议并一同会见。这次会演，全军和武警部队共推出49台节（剧）目，各类演出超过1000场。会演评出了27台优秀节（剧）目，还有一大批节目和创作表演人员分获各单项奖。

（丁　琳）

【北京市表彰区县文联先进工作者】 11月17日，庆祝中华人民共和国成立60周年北京市区县（局）文联先进工作者表彰大会在市文联小剧场召开，44位区县（局）文联先进工作者受到表彰。他们是（以姓氏笔画为序）：于永香、山建宁、卫汉青、王成成、王春光、王春伟、王笑波、王燕芬、史长义、吕奉林、吕顺河、吕铁智、刘明耀、刘姝平、刘望鸿、刘惠强、杜希贤、李金明、杨海森、吴玉生、冷万里、宋青松、张健、张广富、张光林、张延增、张金生、范庆海、林道云、周振华、赵虹、赵思敬、胡广星、郗丙义、秦大唐、夏冬、高希祥、高若虹、黄晓伟、韩玉良、韩玉莲、窦志强、魏书亮、魏增宇。市委宣传部文化处处长荣大力，市文联主席金铁霖，市文联党组书记朱明德，副书记黎晶、索谦、张占琴、王德新等出席表彰大会。与会领导为获奖者颁发了奖杯、证书。

（丁　琳）

【北京1单位2人获全国文化系统先进称号】 11月24日，人力资源和社会保障部、文化部在京召开全国文化先进单位、全国文化系统先进集体和先进工作者表彰大会。65个“全国文化先进单位”、150个“全国文化系统先进集体”和253名“全国文化系统先进工作者”受到表彰。中共中央政治局委员、国务委员刘延东接见了与会代表，并在表彰大会上讲话。受表彰的各省、自治区、直辖市以及新疆生产建设兵团的代表和文化部门负责人共600余人参加了表彰大会。北京市崇文区文化委员会获得“全国文化系统先进集体”称号，西城区文化委员会主任张宏达与朝阳区文化委员会副主任、文化馆馆长徐伟获得“全国文化系统先进工作者”称号。此外，在京的故宫博物院获“全国文化先进单位”称号，中国东方歌舞团演出中心、中外文化交流中心大型项目部获得“全国文化系统先进集体”称号；中国艺术研究院中国油画院院长、教授杨飞云，国家图书馆国家古籍保护中心办公室主任、研究馆员陈红彦，中国国家博物馆展览二部主任、研究馆员曹欣欣，中央芭蕾舞团团长、一级演员冯英，中国交响乐团团长、一级作曲关峡获得“全国文化系统先进工作者”称号。

（丁　琳）

【第8届造型表演艺术成就奖颁奖】 11月25日，由中国文联主办的第8届造型表演艺术成就奖颁奖典礼在京举行。中国文联党组书记、副主席胡振民，中国文联党组成员、副主席冯远，造型表演艺术创作研究基金理事会理事长潘震宙，造型表演艺术成就奖捐资人、日本友人深见东州，以及中国剧协、中国音协、中国美协、中国舞协、中国摄协、中国书协等单位负责人，本届成就奖评委、获奖艺术家等出席颁奖典礼。第8届造型表演艺术成就奖评委会由13位专家学者组成，经过评议，投票选出10位艺术家获奖：王琦、方成、华夏、宋忠元、陈勃、李铎、吴良镛获造型艺术成就奖，刀美兰、吴素秋、周小燕获表演艺术成就奖。

（丁　琳）

【评选“人民喜爱的艺术家”活动颁奖】 12月8日，由人民网主办的“人民喜爱的艺术家”评选活动颁奖典礼暨官网启动仪式在京举行，彭丽媛、李双江、王晓棠、刀美兰、于蓝、欧阳中石等60位艺术家获奖。人民日报社社长张研农、中国文联党组书记胡振民、国家广电总局副局长张丕民、人民日报社副总编辑马利及文化部、解放军总政治部、中国文联和中国影协等相关部门负责人出席颁奖典礼并为获奖艺术家颁奖。“人民喜爱的艺术家”官网同时启动。

（丁　琳）

·交　流·

【比利时艺术家个展在京举办】 1月17日，比利时艺术家汉斯·欧普·德·贝克作品展在北京常青画廊举办，共展出了巨形装置、影像、动画影片、雕塑、绘画、摄影等多种作品。艺术家设想并构建虚构的当代都市场景及情形，有时也描绘进一些人物，其视觉语言是肃静而缄默的，从而引发观众在沉默中思考。

（丁　琳）

【北京组团赴欧洲举办春节庆祝活动】　1月22日～30日，受北京市政府委托，在中国驻爱沙尼亚和芬兰大使馆的协助下，市文化局副巡视员郭玉河率北京二中舞蹈团、中国木偶艺术剧院有限责任公司一行43人赴爱沙尼亚塔林市及芬兰赫尔辛基市举办“2009中国春节庆祝活动”。1月24日，爱沙尼亚塔林市的中国春节庆祝活动演出在市中心Kadriorg公园举办。北京二中表演了舞蹈《红扇》《巧妞》《紫气京华》《舞动青春》，中国木偶艺术剧院有限责任公司演出了《孙悟空招亲》《天鹅曲》，约有5万人（约占塔林人口的1/8）参加了中国春节的庆祝活动。1月25日（除夕），庆祝活动在芬兰赫尔辛基市中心广场举行。除了北京演出团演出的中国舞蹈、木偶、武术、舞狮外，当地市民也粉墨登场表演中国艺术，小朋友们用中文演唱了《小星星》《1234567》《找朋友》，表演了京剧打击乐和京剧《三岔口》。中国驻芬兰大使马克卿说：“中国文化软实力的世界影响正在日益增大，我们感到振奋、激动和自豪。”

（张燕鹰）

【今日中国艺术周在埃及举办】　2月2日～8日，由中国文联、埃及文化部、中国驻埃及大使馆主办的“今日中国”艺术周在埃及开罗、亚历山大举行。艺术周包括“时代风采”综艺晚会、“同一个世界”中国画家彩绘联合国大家庭艺术大展、“中国风”时装展示3个板块，从不同侧面展示了中国博大精深的传统文化和当前艺术发展的最新成果。

（丁　琳）

【伊朗文化艺术展】　2月15日～21日，由中华人民共和国文化部和伊朗伊斯兰共和国驻华使馆共同主办的“伊朗伊斯兰共和国30周年国庆文化艺术展”在首都图书馆1号展厅展览。此次展出的百余件手工艺艺术精品集中反映了伊朗古老文化的艺术亮点，荟萃极具伊朗特色的镶嵌、铜雕、木雕、珐琅工艺及伊斯法汗布料绘画和细密画工艺。除了制作精美细腻的艺术佳品外，四位来自伊朗的手工艺艺术家还在现场展示拿手绝活，包括木雕、铜雕、镶嵌及电烙画工艺等。

（王　媛）

【纪念西藏民主改革50周年演出周】　2月28日～3月7日，文化部在京举办“纪念西藏民主改革50周年演出周”，在天桥剧场、中国剧院上演话剧《扎西岗》和舞剧《红河谷》、大型歌舞《天上西藏》，三个剧目从不同侧面展现了西藏独特的风土人情和民族特色。

（李颖君）

【北京组团赴澳大利亚演出】　2月，由北京市文联和谐之声艺术团、北京市侨联共同组成的演出团赴澳大利亚，为当地华人华侨奉献了高水平的演出，带去了祖国人民的新春问候和祝愿。2日，演出团在墨尔本为华侨华人举行专场文艺演出，刘珊、李初建、吴泽琦、苏雪冰等的表演都深受好评。6日，在悉尼月亮公园举办了“亲情中华 相聚悉尼”演出活动，中国驻悉尼总领事胡山观看了演出。

（丁　琳）

【爱尔兰文化节在京举行】　3月15日～22日，为庆祝中国与爱尔兰建交30周年，爱尔兰文化节在北京举办，此次文化节包括舞蹈、音乐和戏剧表演等多项内容。其中，爱尔兰竖琴艺术家凯蒂·亚当带来了精彩的竖琴演奏；斐岗和瑞·墨菲在清华大学美术学院举办“我们的书籍我们的生活”和“城市”联展；海伦·斯蒂尔在爱尔兰大使馆举办了作品展。

（丁　琳）

【“中朝友好年”开幕式在京举办】　3月18日，“中朝友好年”开幕式在国家大剧院举行，中国总理温家宝和朝鲜总理金英日共同出席开幕式并观看演出。200多名来自两国艺术团体的艺术家联袂演出，共同展示两国在艺术领域所取得的丰硕成果。此次中朝文化年还包括双方签署两国政府《2009～2011年文化交流执行计划》、中国艺术团赴朝参加第27届朝鲜“四月之春”友谊艺术节、中方邀请朝鲜血海歌剧团复排的大型歌剧《红楼梦》到华演出，以及文化部邀请朝鲜文化界人士到华研讨培训，促进两国文化界人士的直接交流与沟通等内容。

（丁　琳）

【中韩女性艺术作品展在首尔举行】　4月14日～30日，“心连心”中韩女性中国艺术作品展在首尔举行。该活动由韩中文化友好协会主办，是旨在加深两国青少年之间相互理解和友好交流的公益性活动。参加活动的女性艺术家把智慧融入到日常生活中，创作了既充满了艺术气息、又富有实用意义的作品，为韩国民众提供了一个近距离欣赏、体验中国文化的机会。

（丁　琳）

【第二届中国国际青年艺术周】　6月26日~7月13日，第二届中国国际青年艺术周在京举行。活动由中国对外文化交流协会、中国对外文化集团公司主办，北京中演圣大文化传播有限公司和世纪演出公司共同承办。本届艺术周以“激情熔铸艺术，创新点亮未来”为主旨，展现世界青年风貌。开幕式晚会《名校之夜·青春华彩》特邀英国剑桥大学、奥地利萨尔茨堡莫扎特音乐大学、清华大学、北京大学等校学生加盟演出。艺术周期间，还举办了“青年艺术家精英提名展”、“环保论坛”等活动。

（李颖君）

【海峡两岸当代艺术展在京举办】　7月23日~8月13日，由中华文化联谊会、财团法人台湾美术基金会、中国美术馆、台湾美术馆共同主办的“讲·述”2009海峡两岸当代艺术展结束了在台湾美术馆的首展后，在中国美术馆展出。此次展览共展出58位艺术家的58件（组）绘画、装置、摄影、影像作品。展览分为三部分：历史与记忆、现实与反思、个人经验与公共空间。作品既涉及历史演变、社会状况、文化传统等“宏大”叙事，也体现个体感受、经验及思考的“微观”语态。

（丁　琳）

【首届亚欧文化艺术节在京举行】　9月2日~8日，首届亚欧文化艺术节在京举行，艺术节以“多样文化创意共享”为主题，跨越音乐、舞蹈、戏剧、艺术展览、电影、图书音像等不同文化门类，整合剧场、广场和电视媒体等不同文化展示平台，还以文化论坛形式加强亚欧两大文明对话。

（丁　琳）

【新疆艺术北京特展】　10月24日~25日，新疆艺术北京特展在798艺术区举行。此次展出的主题为“最美的还是我们新疆”，展出了百余件各艺术门类的展品，包括阿不都克里木·纳斯尔丁、张雷震等画家的画作，李学亮、陈志峰等摄影家反映新疆风光、民俗的摄影作品和单秀梅的布艺作品等。

（丁　琳）

【中瑞媒体艺术联展在京举办】　11月24日~12月19日，中国美术馆和瑞士比尔当代艺术博物馆合办的“延时——中瑞媒体艺术联展”在中国美术馆举办。该展是瑞士文化基金会开展的“中瑞创新艺术”交流与合作项目之一。此次展览援引“延时”这一摄影术语，试图剖析数字媒体的构成因素，激发观者细察在不同时空下的文化构建。张培力、邱志杰、曹斐、金江波、Peter Aerschmann、Arthur Clay、Alexander Hahn等13位艺术家参展，作品多为影像、装置，从不同的角度阐释了“延时”这一主题。

（丁　琳）

·研究、评论·

【第6届文化产业新年国际论坛】　1月10日~11日，由北京大学主办的2009年第6届中国文化产业新年国际论坛在京举行，全国政协副主席厉无畏、文化部副部长赵少华等出席论坛。论坛以“改革开放30年：世界经济形势与中国文化产业机遇”为主题，邀请逾百名专家学者共同探讨世界经济形势下国家文化战略、文化产业与城市发展、文化产业投融资价值等热点问题。论坛还举行了“纪念改革开放30年”中国创意城市文化名片颁奖晚会，北京、上海、贵阳等38个城市获奖。

（丁　琳）

【《文艺研究》创刊30年研讨会】　6月13日~14日，中国艺术研究院在北京举办了“反思与发展：中国文艺研究三十年暨纪念《文艺研究》创刊30周年”学术研讨会。文化部副部长、中国艺术研究院院长王文章，以及李希凡、陈平原、阎国忠等40余位专家学者出席了会议。与会者在发言中就《文艺研究》30年的历史与改革开放以来中国文艺理论的发展进行了广泛探讨。

（丁　琳）

【首都文化创意产业发展论坛】　6月18日，由市政协主办，市文联和北京文化发展基金会协办的首届首都文化创意产业发展论坛开幕。市政协主席阳安江出席并讲话。论坛以“机遇与发展思路”为主题，首都文化创意产业领域具有代表性的管理者、企业家、投资人代表在论坛上就艺术集聚区管理、演艺产业发展、剧场经营、文化体制改革、电影产业发展、媒体投资分析等问题介绍了各自的经验。部分市政协委员、各区县文化创意产业主管负责人和各文化产业集聚区负责人参会并与演讲者进行了交流。

（丁　琳）

【中国文化产业30人论坛】　6月20日，由中国传媒大学、北京大学、清华大学、上海交通大学、中国社会科学院五家单位联合主办的“中国文化产业30人论坛”在京召开。中国传媒大学校长苏志武、副校长丁俊杰，国家行政学院副院长周文彰，中共北京市委宣传部副部长陈冬，国家文化创新与发展基地办公室主任胡惠林等出席了会议。全国政协副主席厉无畏在开幕式上作了题为《创意经济与创意社区》的主旨发言。中宣部文化体制改革办公室副主任高书生就文化产业“渠道”和“内容”改革做了发言。文化部产业司司长刘玉珠、广电总局宣传管理司司长金德龙、教育部社科司司长杨光、中国社科院文化研究中心常务副主任张晓明等相关领导围绕“文化产业下一个10年”的主题，发表了各自的观点。

（丁　琳）

【后奥运艺术与创意高层研讨会】 7月12日，由北京人文奥运研究基地、中国人民大学人文北京研究中心主办的“继承伟大遗产：北京后奥运的艺术与创意”高层研讨会在中国人民大学举行。李建平、尹学龙、金元浦等专家围绕北京奥运留下的宝贵经验与艺术创意，后奥运时代的人文精神与人文北京，奥运文化艺术遗产保护、继承与发扬，后奥运时代的城市形象等议题进行深入探讨。

（丁　琳）

【中国文化产业发展战略学术研讨会】 7月29日，由中国艺术研究院主办的“中国文化产业发展战略”学术研讨会在京举行。中宣部文化体制改革和发展办公室副主任高书生、国务院研究室教科文卫司副司长侯万军、中国艺术研究院副院长刘茜等出席了研讨会。张晓明、熊澄宇、金元浦等30多位专家学者参加了研讨会。与会专家回顾了中国文化产业发展的经验与教训，围绕如何建立中国文化产业的应对风险机制、保证中国文化产业的国际竞争力、打造具有国际影响力的文化产品品牌、改进现有的文化产业政策与策略等多个议题，探讨了中国文化产业发展、繁荣的现实路径，为建立中国文化产业科学、长久的发展机制提出了建设性意见，并共同展望了中国文化产业的未来前景。

（丁　琳）

【扶持动漫产业发展座谈会】 8月，中国文化报社在京举办了扶持动漫产业发展座谈会。会议邀请了文化部文化市场司有关领导与动漫业的原创作者、企业界人士以及专家学者进行座谈。与会者围绕动漫产业在建设国家文化软实力、传承弘扬中华民族优秀文化和培育新的文化业态等方面能够发挥怎样的作用，以及动漫基地、动漫展会过多过热、加强动漫产业链建设等议题进行了深入的交流。

（丁　琳）

【文艺评论60年座谈会】 9月18日，由文艺报社主办的新中国文艺评论60年座谈会在京举行。座谈会旨在回顾和总结60年来中国文艺评论的成就和经验，探讨新形势下更有效地开展文艺评论的新举措，努力创造文艺评论事业的新局面。多位评论家、理论家及《文艺报》的新老作者、编辑出席会议，并就文艺评论滞后文艺创作，文艺批评忽视美学原则，文艺批评回避热点、难点问题，评论家商业化倾向等当下存在的问题进行了批评与探讨。

（丁　琳）

【2009全球艺术品收藏论坛】 10月9日～11日，北京市文化艺术基金会与华彬集团、英国战略研究院联合主办的“2009全球艺术品收藏论坛”在京举行。市委常委、宣传部部长、副市长蔡赴朝，市文化局局长降巩民，副局长王文光、王明明，巡视员叶重辉、吴然参加论坛及相关活动。该论坛肇始于英国，其核心是由英国战略对话研究院创设的“全球化背景下的艺术”（The Arts in the Global Society）主题论坛。它邀请全球顶级的收藏家、艺术基金会、艺术捐助人或机构、美术馆与博物馆的策展人或馆长、艺术院校院长、知名专家等收藏界顶尖人物，以及与艺术品创作、收藏有关的政府机构首脑参与。论坛始于2004年，已举办5届，会址均设在伦敦市中心的斯宾塞宫。本届论坛是第一次在英国以外的国家举办。本届论坛包括闭门会议、公共论坛和中国艺术特展。闭门会议的议题是“金融风暴里的世界收藏——东西方对话”。公共论坛邀请了国内外政府机构代表以及相关学术界、财经界、投资界、收藏界、艺术媒体、艺术市场人士就中国收藏界的发展前景、中西方收藏观念与模式等议题进行了多场公开交流。中国艺术特展则举办了“碰撞——关于中国当代艺术实验的30个案例”和“中国艺术精品展”等多个主题展览。参加此次论坛的有外方人员31人，中方人员38人。

（张燕鹰）

【文化产业发展座谈会】 10月，文化部举行了文化产业发展座谈会，北京大学、清华大学、中国人民大学、中国艺术研究院等单位的10余位专家学者出席会议。文化部党组成员、部长助理丁伟出席会议并讲话。与会的专家学者围绕加快文化产业发展的重要性和紧迫性，文化产业发展的指导思想、基本原则和主要目标，文化产业的发展方向和发展重点，加快文化产业发展的主要任务，完善文化产业发展的保障措施等问题展开了深入讨论，并就文化精品生产、人才培养、知识产权保护、文化品牌打造、文化投资体系建设等问题提出了建设性意见。

（丁　琳）

【中国文化创意产业发展国际论坛】　11月26日，第4届中国北京国际文化创意产业博览会主论坛——中国文化创意产业发展国际论坛在京举办。本届主论坛以“提升文化竞争力，促进创意经济发展”为主题，国内外文化创意界的高端人士围绕文化创意产业与经济持续增长、资本市场与文化创意、世界文化创意产业的发展模式及可借鉴的经验等话题进行讨论，共同论道产业发展。孟加拉文化部部长普罗蒙德·曼金，波兰前第一副总理兼财政部部长、经济学家科勒德克等出席会议。中共北京市委常委、宣传部部长、副市长蔡赴朝，天津市副市长张俊芳，内蒙古自治区副主席刘新乐等出席本届主论坛并发表讲话。

（丁　琳）

【“文化创意产业和品牌城市”国际论坛】　11月29日，由文化部文化产业司和中国人民大学联合主办的“文化创意产业和品牌城市”国际论坛（2009）在中国人民大学举行。文化部文化产业司司长刘玉珠、中国人民大学党委常务书记牛维麟、欧盟首脑会议英国代表团团长布莱恩·雷纳德爵士等出席论坛并发表讲话。本次国际论坛的总主题是“文化创意产业：金融危机中的逆势扩张”，下设三个分议题：金融危机背景下的文化创意产业发展战略、文化创意产业促进城市发展的国际经验、文化创意产业促进品牌城市建设的典型案例。

（丁　琳）

【第4届中国文化产业（国际）论坛】　12月8日，由中央国家机关青联、民盟中央文化委员会等单位主办的“第4届中国文化产业（国际）论坛”在北京世纪金源大饭店举行。全国政协副主席、民盟中央第一副主席张梅颖出席并发表讲话。作家梁晓声、中央国家机关青联副主席张璐、韩国驻华大使馆公使参赞也分别在论坛上发表讲话。中央国家机关青联部分委员应邀参加了论坛。本届论坛围绕“机遇与挑战——中国民族文化产业在振兴中前进”主题，进行了专题研讨。会后，张梅颖作为名誉主任，为中国民族文化产业研究中心的成立及《中国五十六个民族文化产业现状调研报告》的开题揭幕。

（丁　琳）

【2009北京文艺论坛】　12月14日，由北京市文联与北京大学中文系联合主办的“现实与文艺”2009北京文艺论坛在京举办。“北京文艺论坛”是北京市文联在文艺理论评论方面大力推进的一项工作，已连续举办5届。本次论坛邀请了来自全国各地的文艺理论评论家30余人，及北京大学、清华大学等校的学生300余人，就文艺关注现实的伟大传统、当下文艺创作与现实的关系、现实生活与艺术想象、“底层写作”的现实关怀与问题、文艺与社会公共事务、如何评价当代文艺的娱乐性狂欢、现实主义文艺在新时代的发展等多个专题进行了讨论与对话。

（张燕鹰）

·纪　念·

【老舍诞辰110周年纪念活动】
2月3日，北京市文联、北京老舍文艺基金会、北京市老舍研究会在文联大厦举办“缅怀敬爱的老舍主席诞辰110周年”纪念大会、座谈会、图片展览等系列活动。老舍是北京市文联第一、二、三届主席，也是唯一一位被北京市人民政府授予“人民艺术家”称号的艺术家。他一生创作了大量反映北京普通百姓生活的文艺作品，共计800余万字。纪念大会上，老舍之子、中国现代文学馆原馆长舒乙特意送来了追忆老舍先生的文章。北京市委常委、宣传部部长、副市长蔡赴朝，中国文联党组副书记李牧，北京文联主席金铁霖，北京文联常务副主席、党组书记朱明德等出席大会并发表讲话。

（张燕鹰）

【庆祝西藏解放50周年文艺晚会】　3月28日，由中共中央统战部、全国政协办公厅、中央电视台共同主办的“走向阳光”庆祝西藏百万农奴解放50周年文艺晚会在中央电视台一号演播大厅举行。晚会演出了舞蹈《百万农奴站起来》，歌曲《翻身农奴把歌唱》《再唱山歌给党听》《我和我的祖国》《青藏高原》《天路》《一个妈妈的女儿》《爱我中华》，歌组合《迷人的西藏我的家》，歌舞《望果踏歌》和原生态歌舞《堆谐》等。中共中央政治局常委、全国政协主席贾庆林，中共中央政治局常委、中央政法委书记周永康，以及王刚、回良玉、刘云山、刘延东、马凯、孟建柱、杜青林、帕巴拉·格列朗杰、陈奎元、钱运录和热地等与首都各界近千名群众一同观看了演出。

（张燕鹰）

【中国文联成立60周年庆祝大会】 7月17日，纪念中国文学艺术界联合会成立60周年大会在人民大会堂召开。中共中央政治局常委李长春发来贺信，中共中央政治局委员、中央书记处书记、中宣部部长刘云山出席会议并讲话。在庆祝大会上，中国文联向从事新中国文艺工作60年的文艺工作者颁发了荣誉证章和证书。大会之后是“百花赋”纪念中国文学艺术界联合会成立60周年文艺晚会，来自全国各民族的军地艺术家代表，表演了观众耳熟能详的红色经典艺术作品。

（李颖君）

·培　训·

【演艺高级经理人研修班】 3月27日，2009年北京大学演艺高级经理人研修班在北京大学开班。市委宣传部副部长陈冬，市文化局局长降巩民参加开班仪式。该研修班由市委宣传部、市文化局委托北京演出行业协会具体承办，与北京大学艺术学院、北京大学文化产业研究院共同定制研修培训项目，旨在解决北京蓬勃发展的演出市场与高级演艺经营管理人才匮乏的矛盾。本期研修班从3月27日开始至10月24日结束，历时半年时间，利用每月第二、四周的周五、周六进行培训。参加培训的学员共44人，学员中绝大多数是演出院团的团长、副团长和演出公司的总经理、副总经理。

（张燕鹰）

【文化娱乐及艺术品发展工作培训会】 11月18日～19日，市文化局召开文化娱乐及艺术品发展工作培训会，邀请文化部文化市场司副司长张新建、北京大学艺术研究院副院长彭吉象、中央美术学院人文学院副院长赵力，围绕艺术品相关问题作了专题讲座。市文化局副局长何昕出席开班仪式并作动员讲话。

（张燕鹰）

【北京市动漫市场专项整治培训班】 12月16日～17日，市文化局在九华山庄举办北京市动漫市场专项整治培训班，聘请文化部文化市场司、文化产业司、市财政局、市国税局和市地税局的领导以及北京银行、中关村担保公司、隆安律师事务所的律师授课。市文化局副局长关宇，各区、县文委主管主任、执法队长、市场科长、北京动漫游戏产业联盟及企业代表120余人参加了培训。

（张燕鹰）

庆祝新中国成立60周年文化活动

【北京市庆祝新中国成立60周年系列文化活动】 4月～10月，为庆祝新中国成立60周年，北京市开展形式多样的群众性文化活动。“花样年华”歌舞大赛、“我的北京我的事”2009迎国庆北京市民DV大赛、第6届“舞动北京”电视广场舞蹈邀请赛、群众原创文艺作品大赛、“盛世欢腾”北京七日摄影大赛、“椿树杯”京剧票友大赛等各种文艺赛事连连，吸引广大市民踊跃参与。同时举办内容丰富的各种展览，主要有北京博物馆60年成就展、“城市记忆”百姓家居展览、“见证辉煌”考古与发现展览、“早期中国”中华文明起源展等。舞台及影视展演也是庆祝活动的主要内容，包括庆祝新中国成立60周年文艺作品评奖及汇演、2009北京合唱节、“盛世华章，为伟大祖国骄傲”庆祝新中国成立60周年优秀剧目展演、“银幕上看祖国”庆祝新中国成立60周年爱国主义影片及国庆献礼影片展映活动、“为伟大祖国骄傲”庆祝新中国成立60周年优秀电视剧展播、“歌唱祖国”新中国成立60周年大型金曲盛典、大型文化电视纪事片《百花》、“送欢乐、下基层”市文联和谐之声艺术团下基层百场演出等。此外，还举办了“60年胡同传奇”故事征集、北京文艺广播《新中国60年功勋艺术家系列访谈》、首都文艺家庆祝新中国成立60周年创作精品展、庆祝新中国成立60周年文学作品征集等活动。

（李颖君）

【“为伟大祖国骄傲”系列文化活动启动】 6月6日，“为伟大祖国骄傲”北京市庆祝新中国成立60周年系列文化活动正式启动。该活动有优秀剧目展演、博物馆城市记忆展览等23项全市性重点活动，文化广场演出、千人笔会等222项各区县开展的活动。市委副书记、市长郭金龙在启动仪式上致辞。市委常委、宣传部部长、副市长蔡赴朝主持启动仪式。市领导李士祥、吴世雄、陈平，市政府秘书长黎晓宏出席。活动围绕庆祝新中国成立60周年的主线，突出“为伟大祖国骄傲，唱响共产党好、社会主义好、改革开放好、伟大祖国好、各族人民好”的时代主旋律，展示新中国成立60年首都文化建设成就及北京繁荣、文明、和谐、宜居的良好形象，激发广大人民群众积极投身建设人文北京、科技北京、绿色北京的热情，为新中国成立60周年营造喜庆热烈、欢乐祥和、文明和谐的文化氛围。活动立足城市社区、农村、企业、学校、军营等基层单位，利用文化广场、公园、图书馆、剧场、电影院等公共文化设施，开展各具特色、生动活泼的群众性文化活动，吸引人民群众广泛参与。

（张燕鹰）

【庆祝中华人民共和国成立60周年献礼演出】 6月～10月，中宣部、文化部举办“向祖国汇报——庆祝中华人民共和国成立60周年献礼演出”活动。自6月8日起至10月底，来自全国各地的110余台优秀剧（节）目在北京各大剧场连续上演近400场。参演的剧（节）目大都是新中国成立60年来特别是改革开放以来创作演出的经典剧目，体现了中国舞台艺术繁荣发展的巨大成果。献礼演出规模大，持续时间长，参演剧目涵盖我国主要的舞台艺术门类。中直院团、31个省（市、自治区）、港澳台地区、解放军系统、各少数民族，以及部分民营演出团体和在文化体制改革中改制的院团都有代表性的剧（节）目参加。演出题材广泛、形式多样、名家荟萃，是我国舞台艺术优秀作品的一次集中展示。献礼演出活动坚持公益性原则，面向社会，面向群众，演出票价普遍低于一般性商业演出，力求使广大人民群众共享艺术发展的成果。同时还组织部分参演院团和著名艺术家深入厂矿、社区、学校，为基层群众、外来务工人员、首都建设者、大中小学生慰问演出。献礼演出场所包括国家大剧院、保利剧院、天桥剧场等14个北京市内具有代表性的剧场。

（李颖君）

【文化部领导视察彩车村】 9月12日晚7时，文化部部长蔡武一行到位于朝阳体育中心的国庆60周年群众游行彩车村视察。文化部机关党委丁和祥，第四分指挥部彩车处处长温和，第27方阵（“文化繁荣”方阵）总队总队长、首都师范大学党委书记张雪，方阵常务副总队长、市文化局巡视员吴然，常务副总队长、首都师范大学党委副书记陈宁以及彩车村负责人等陪同。蔡武在第27方阵总队领导陪同下，乘坐彩车村巡检车察看了整个彩车村各项工作情况，对双休日仍在加班加点工作的各彩车技术保障人员及彩车岗位工作人员的工作给予充分肯定。他重点听取了“文化繁荣”方阵总队领导有关方阵训练及天安门广场合练情况，对市文化局与首都师范大学共同负责的“文化繁荣”方阵全体人员所付出的努力和工作表示满意和充分肯定。并嘱咐在场的方阵总队领导和工作人员要发扬成绩，再接再厉，继续做好后续工作。要协调多方力量，克服困难，尽快解决彩车合练中所遇到的技术性难题，以最佳状态迎接国庆60周年，圆满完成游行指挥部下达的任务。

（张燕鹰）

【市文化局艺术档案成果展在京举办】 9月22日～10月22日，“庆祝新中国成立60周年”北京市文化局艺术档案成果展在首都图书馆举办。该展览由市文化局主办、北京戏曲艺术职业学院和北京市艺术研究所承办。展览共展出了北京京剧院、北方昆曲剧院、北京戏曲艺术职业学院、北京市艺术研究所等14家艺术单位600余幅图片和部分实物。此次展出的档案包括：各种剧（节）目创作中不同版本的剧本原稿，舞美设计图，道具设计手稿，乐谱，场记，党和国家领导人接见著名艺术家的照片等。其中不乏珍贵的艺术档案。

（丁　琳）

【民间艺术精品展在京举办】 9月24日～10月9日，由中国文联、中国美协、中国书协等单位主办的“向祖国汇报”庆祝新中国成立60周年暨纪念中国文联成立60周年美术书法摄影民间艺术精品展在民族文化宫举办。参展的400多幅艺术作品主题鲜明、形式多样、题材广泛、技艺精湛，展现了新中国60年特别是改革开放30年来的辉煌成就和宝贵经验。

（丁　琳）

【中国文联老同志书画摄影展】 9月28日，由中国文联离退休干部局举办的“庆祝新中国成立60周年”中国文联老同志书画摄影作品展览在中国文联机关二层多功能厅开幕。中国文联党组书记、副主席胡振民，党组副书记、副主席覃志刚、李牧，党组成员、书记处书记廖奔出席开幕式并剪彩，三个艺术门类的老艺术家代表吕厚民、刘艺、雷正民也一同剪彩。这次展览荟萃了中国文联系统的38位老艺术家和59位参加比赛获奖的老同志的100幅书画摄影作品。

（丁　琳）

【市文联召开纪念新中国成立60周年大会】 9月28日，北京市文联召开“庆祝新中国成立60周年纪念大会”。会上，市文联党组书记朱明德讲话。市文联党组副书记黎晶主持大会，市文联党组成员索谦、张占琴、王德新、程惠民，文联机关各部室干部职工共120人参加纪念大会。会后，作为首都艺术家们向祖国献上的一份厚礼——“书法、美术、摄影、民间艺术大展”也正式开展。在展览开幕式上，举行了老舍、曹禺、杨沫、管桦四位艺术家的铜像揭幕仪式。240件展品，展示了北京文化艺术的发展及最新成果。

（丁 琳）

【港澳台特色节目进京演出】 9月，为庆祝新中国60华诞，澳门、香港特别行政区和台湾地区携其特色经典节目进京献艺。9月12日～13日，成立于1987年的澳门中乐团在北京音乐厅演出了《盛开的金莲花》大型民族音乐会和《民乐·新时代》音乐会。9月16日～18日，香港芭蕾舞团在保利剧院演出古典芭蕾名剧《吉赛尔》。9月23日～24日，台湾汉唐乐府在梅兰芳大剧院演出古典梨园歌舞剧《韩熙载夜宴图》。

（丁 琳）

【北京市庆祝新中国成立60周年文艺作品征集评奖揭晓】 12月30日，北京市庆祝新中国成立60周年文艺作品征集评奖结果揭晓。国庆文艺作品征集评奖是北京市委宣传部自国庆35周年开始举办的，每5年一次，由市文联、市文化局、市广电局等联合主办。本次评选活动集中展示了5年来首都文化界的创作成就，内容涵盖了文学、戏剧、书法、美术、摄影、民间文艺、音乐、舞蹈、曲艺、杂技、电视、电影等12个艺术门类，最终评出优秀奖61个、佳作奖149个、荣誉奖98个。

（丁 琳）

出版物

【《中国国粹艺术读本》首批图书面世】 1月5日，由中国文联组织、中国文联出版社策划，历时两年编撰，中国文联出版社出版的《中国国粹艺术读本》首批30种图书在北京举行首发仪式。该书由国内知名艺术家担任分卷主编，汇集了近百名国内各艺术门类知名艺术家和权威专家学者编写。系列丛书全部为彩色印刷，其中不乏作者珍藏的私人照片，且大部分都是首次公开发表，生动记录了国粹艺术几千年来跌宕起伏、精彩纷呈的发展历程。首批30种图书包括书画卷（《中国画》《壁画》《书法》）、曲艺杂技卷（《杂技》《魔术》《相声》《评书》《鼓曲与快书》）、音乐卷（《古筝》《古琴》《侗族音乐》《二胡》）、舞蹈卷（《秧歌》《花灯》《腰鼓》《舞龙舞狮》）、戏曲卷（《京剧》《越剧》《豫剧》《评剧》《黄梅戏》《粤剧》）等。

（丁 琳）

【《北京文化艺术年鉴》2008年卷出版】 3月，《北京文化艺术年鉴》2008年卷由方志出版社出版。该年鉴由北京市文化局主办，北京市文学艺术界联合会支持，《北京文化艺术年鉴》编辑部组织编写，主编降巩民。该年鉴记述了2007年北京市文化艺术界的各种演出、展览、会议、文化交流，以及其他各种文化艺术活动和新的文艺作品。内容包括法规规章规范性文件目录、大事记、综合、文学、戏剧、曲艺、杂技魔术、电影、音乐、舞蹈、美术、书法篆刻、摄影、图书馆、群众文化和区县文情共16个栏目。全书约82万字，400余幅照片。

（张燕鹰）

【《群言揽粹》】 6月，由文化部民族民间文化发展中心编辑的《群言揽粹——文艺集成志书学术论文集》由学苑出版社出版发行。文化部原代部长周巍峙任编委会主任，并题写序言。该书为32开本，55万字。全书共收集各个艺术领域，其中包括论文43篇以及10部文艺集成的子报告。

（李 宏）

【《北京市文化创意产业集聚区发展研究报告》出版】 10月1日，由中国人民大学党委常务副书记牛维麟主编的《北京市文化创意产业集聚区发展研究报告》由中国人民大学出版社出版。该书从理论思考和实践探索两个方面开展研究工作，创新性地建立了文化创意产业集聚区评价指标体系，深入剖析北京市文化创意产业集聚区的核心竞争力和社会影响力，客观探讨了北京市文化创意产业集聚区的发展模式和规划思路，并在此基础上，为北京市文化创意产业集聚区的建设和发展提出了独到的政策意见和建议。

（丁 琳）

【“十部文艺集成志书”全部出版】 10月11日，文化部、国家民委、中国文联、全国哲学社会科学规划领导小组、全国艺术科学规划领导小组在人民大会堂举行“十部文艺集成志书”全部出版总结表彰大会。“中国民族民间文艺集成志书”（简称“十部文艺集成志书”）编纂出版工程，是由文化部、国家民委、中国文联共同发起并主办的一项文化基础建设工程。自1979年陆续展开，经过全国数十万文艺工作者近30年的努力，“十部文艺集成志书”于2009年10月全部出版。这一工程全面反映了我国各地各民族戏曲、曲艺、音乐、舞蹈、民间文学状况，总计298卷，400册，约5亿字。这是改革开放以来我国在民族民间文化抢救与保护方面所取得的标志性成果。

（李颖君）

【《构筑文化长城的人们》】 10月，由文化部民族民间文化发展中心编辑的《构筑文化长城的人们》由中国文联出版社出版。文化部原代部长周巍峙为该书题写书名并作了序。全书共分为四编：一、艰辛历程；二、筑城之士；三、采风；四、探索 经验 体会，辑录了各类文章100余篇，是对已经全部完成的10部文艺集成的回顾与总结。

（李　宏）

【《中国公共文化服务发展报告2009》出版】 10月，由中国社科院文化研究中心和深圳市文化局共同编写的《中国公共文化服务发展报告2009》由社会科学文献出版社出版。该报告指出，2009年，中央财政的文化事业经费投入大幅增加，城乡公共文化服务基层网络不断完善，博物馆、纪念馆免费开放之举开创公共文化服务新局面。该报告对于公共文化服务的未来发展，提出继续推进文化体制改革、缩小国家财政直接供养的公共服务部门规模、开放社会力量参加公共服务等建议。

（丁　琳）

文　　学

2009 年，是新中国的 60 华诞，北京的文学事业、文学创作都获得了大面积丰收。

2009 年，长篇小说的类型化趋势进一步发展，职场、励志、推理以及幻想类作品大量出现，构成文学阅读的不同热点。弘扬民族精神和时代精神的作品，得到了社会较一致的认可。

传统型长篇小说创作在数量持续增长的同时，质量上也在不断攀升。对于乡土题材作品，一些实力派作家作出了自己饶有新意的探索，刘震云的《一句顶一万句》是这种写作的一个典型代表。高建群的《大平原》、成一的《茶道青红》都有其独特之处。张爱玲《小团圆》的出版，使“张爱玲热”再度升温。

长篇小说写人的命运，很多与国家民族兴亡有关，如宗璞的《西征记》；有的凸显个人视角，关护个性的成长，以探究命运的方式关注个体的生存，如苏童的《河岸》。

官场小说一直没有摆脱摹写现实的窠臼。2009 年，这种状况有了一定的改观。王晓方的《公务员笔记》、张效友的《国家誓言》等都有新的探索。

涉及现实与变革的作品，在 2009 年中为数不少，如刘醒龙的《天行者》。小说围绕民办教师的转正问题传达了作者对乡土社会发展中面临的多种复杂问题的反思。

2009 年，在金融海啸声中，中国文学发出了自己的声音。王刚的《福布斯咒语》讲述了一个地产传奇原罪故事，描绘了一部当代资本家心灵史和新世纪中国富豪宿命，展现了一幅现时代的名利场。

2009 年，中短篇创作也有很多的收获。徐坤的《通天河》以诙谐幽默的笔调，讲述了时代巨变在一个普通人的生活中产生的影响。

短篇小说，无论数量还是质量，2009 年仍然是一个稳产年。铁凝的《伊琳娜的礼帽》，把故事浓缩在机场和机舱，生动地表现了特定环境下人与人的关系。郭文斌的《清明》写一个乡间耕读家庭对传统节日的敬虔持守。陈世旭的《立冬·立春》展现了两代“乡村教师”的人格魅力。

2009 年的散文关注历史，关注当下社会，倾注人文关怀，写作向深度开拓，主要作品有阎连科的《我与父辈》、张承志的《敬重与惜别》、陈祖芬的《看到你知道什么是美丽》等。北京市文联、《北京文学》联合举办的“周振华《跪拜大地》散文作品集研讨会”和北京作协主办的“韩小蕙散文理论暨散文的可能性研讨会”，促进了散文写作和理论向纵深发展。

2009 年，网络写作与传统写作进入全面融合期。主要作品有《凰宫：滟歌行》《斗罗大陆》等。文学理论评论界、传统文学媒体与网络文学搭建了全新的对话交流平台，由中国作协《长篇小说选刊》与中文在线 17K 文学网主办的“网络文学十年盘点”，中国诗歌学会、中国诗歌网主办的“中国网络诗歌研讨会”，《文艺报》和盛大文学主办的“起点四作家作品研讨会”，对中国网络文学的发展进行了总结和梳理，对网络文学的健康发展具有重要意义。

2009 年，当代文学诞生 60 周年。有关当代文学 60 年的话题，成为 2009 年文学研究重要内容，而这些内容涉及历史、当下与未来，呈现的是中国当代文学学科整体性推进的轨迹。中国作家协会主办了“歌唱祖国”新中国 60 年文学成就展。首都师范大学文学院、中国当代文学研究会和文艺争鸣杂志社共同主办的“中国当代文学六十年”国际学术研讨会，就文学史研究、文学现状与文本研究、文学生产机制等问题进行了探讨。汇聚百余部当代文学名著的《共和国作家文库》，是文学界向新中国成立60周年最大的献礼工程，文库囊括了当代具有广泛影响的近百位重要作家的代表作品，展现了共和国60年风雨历程和现实画卷。

2009年是首都文学加快“走出去”的一年，中国作家协会组织了百人作家团大力度参与法兰克福书展中国主宾国活动，在论坛、签售、联谊等环节中均彰显了中国作家的实力，也显示了北京作家积极面向世界的自信，开拓了首都文学工作的国际视野，对首都文学的带动和鼓舞都极有意义。

（王凌雨）

机　　构

【中国法学会法制文学研究会成立】　1月11日，由北京法制文学研究会发起，中国法学会党组批准成立的中国法学会法制文学研究会在京成立。该研究会致力于法制文学理论研究和创作、国内外学术交流，以及以文学的形式进行普法宣传教育。司法部原部长邹瑜等出席了成立大会。全国首届中国法制文学原创作品大赛同时启动。

（王凌雨）

【中国诗歌研究中心朗诵艺术团成立】　4月17日，首都师范大学中国诗歌研究中心与国际文化学院联合主办的“中国诗歌研究中心朗诵艺术团成立暨朗诵会”在京举行。汪葆明为该团团长。

（王凌雨）

【新版中国作家网正式上线】　9月4日，在由中国作协举办的“中国作家网改版暨中国作协与新浪网战略性合作签约仪式”上，李冰、张抗抗和中国作协书记处书记陈崎嵘，新浪执行副总裁、新浪网总编辑陈彤共同点击启动键，新版中国作家网正式上线。

（王凌雨）

【中国传记文学学会法律维权委员会成立】　11月27日，由中国传记文学学会与德恒律师事务所共同举办的“首届中国传记文学创作与法律维权学术研讨会暨中国传记文学学会法律维权委员会成立大会”在京举行。中国传记文学学会副会长、德恒律师事务所主任、中国传记文学学会法律维权委员会主任王丽，在会上宣布德恒律师事务所向中国传记文学学会法律维权委员会捐资10万元，作为维权工作启动资金，并用于建立学会会员和传记文学作家法律维权工作的网络工作平台，为作家、学者、编剧等著作权权利人提供法律服务。

（王凌雨）

【新版“榕树下”上线】　12月24日，盛大文学和欢乐传媒为文学网站“榕树下”改版上线举行了启动仪式。新版“榕树下”由盛大文学控股，12月25日正式上线。

（王凌雨）

·小　说·

【《大商无界》】　长篇小说，作家出版社1月出版，作者张坚军。全书以黄、李、张三姓家族在宁波兴商贸、开钱庄、举实业为主线，重点刻画以毛承章为首的钱庄通过族产继承、发行太平通券、借资兴办船厂、抵御洋纱等一系列事件，展示出宁波商人“大商无界，立市皆商，轻利重义，和则生财”的人生境界与商业智慧。1月10日，中国作协创研部、宁波市文联、作家出版社在京共同举办了该作品研讨会。

（白　莲）

【《苍河白日梦》】　长篇小说，作家出版社1月出版，作者刘恒。清末民初，江南小镇，曹家深宅大院内无怪不吃的老爷曹如器、有私生子的曹夫人、把持家中大权却无子嗣的大少爷、迫于父命娶了世仇郑家大小姐的二少爷，这些充满了压抑与痛苦的曹家人，演绎了一桩桩离奇的故事。

（白　莲）

【《走西口》】　长篇小说，作家出版社1月出版，作者俞智先、廉越。小说讲述民国初年，山西祁县书生田青因家庭变故和生活所迫，背井离乡走西口的故事。

（白　莲）

【《北风那个吹》】　长篇小说，作家出版社1月出版，作者高满堂。小说讲述了在上山下乡的年代，月亮湾“铁姑娘”牛鲜花遇见并爱上了知青帅子，两人由此开展了一段跨越20年的姐弟情缘。

（白　莲）

【《使命：黑白道前传》】　长篇小说，作家出版社1月出版，作者朱维坚。作品展现了真实的基层公安生活。尖锐的社会现实矛盾，一位公安局局长对祖国和人民的忠诚与热爱，皆渗透在曲折复杂的故事中。

（白　莲）

【《花姑娘》】　长篇小说，作家出版社1月出版，作者高和。一条农家母狗和一个城里男人被命运流放到了荒芜的原野。于是，在狗与人之间，演绎出了一幕幕大悲大喜的故事。

（白　莲）

【《台上台下》】　长篇小说，作家出版社1月出版，作者晋原平。小说以一个浸淫官场多年的知识分子视角，回溯了一个家族和城乡的百年变革。

（白　莲）

【《市长秘书前传二》】　长篇小说，作家出版社1月出版，作者王晓方。主人公雷默为实现自己的政治抱负，煞费苦心成了市长秘书，经过官场的洗礼之后，雷默反思人生、反思生命的历程，对生命的意义有了新的理解。

（白　莲）

【《梦想与疯狂》】　长篇小说，作家出版社1月出版，作者周梅森。小说塑造了三个置身资本世界的典型人物。他们抱着迥异的理想闯入资本市场，在股市带来的梦想与疯狂中，演绎着各自纠缠不休的欲望和情感故事。

（白　莲）

【《茶道青红》】　长篇小说，作家出版社1月出版，作者成一。小说讲述了康乾盛世时的山西商帮，凭自身之力，开辟出一条从江南产茶地到恰克图口岸的万里商道，将华茶出口的产、运、销统掌于一手的故事。小说通过描写康家的兴衰沉浮，写出了立足于乡土与传统的晋商文化。

（白　莲）

【《省府大院》】　长篇小说，作家出版社1月出版，作者纳川。因为一个偶然的机遇，党校教师张青云成为市委书记王天成的钦点秘书，并随着王天成出任省长而成为省长秘书。小说刻画了张青云置身权力场面中，对种种诱惑的经历与内心抉择。

（白　莲）

【《死刑贪官》】　长篇小说，作家出版社1月出版，作者尚剑。小说描写某市为了争夺一个区委书记的空缺所引发的一场波及全市的贪腐狂潮。从市委书记到一般干部，几十名官员和商人搅在行贿受贿的漩涡中，一步步滑向深渊。

（白　莲）

【《广告部主任》】　长篇小说，作家出版社1月出版，作者北极苍狼。金牛电视台广告部主任边七意外遭到枪击。大难不死的边七在病房里运筹帷幄。事业的成功，引来了国税地税的无理查账、同行的倾轧、领导的压制。边七最终辞职，成立自己的私人创意公司。

（白　莲）

【《蘑菇七种》】　长篇小说，作家出版社1月出版，作者张炜。林场的老丁身边有一条丑陋的野性难驯的凶狗，他们与三个被派驻林场担任助手的年轻人，加上调查队参谋长、女书记，以及乡村教师，一群人从蘑菇演化出万千故事。小说具有浓重的魔幻现实主义色彩。

（白　莲）

【《我的心跳给你一半》】　长篇小说，作家出版社1月出版，作者王文华。婚姻失败的台湾男子李德民受友人之邀，到上海散心，与网友小番茄见面并同去西湖、黄山游玩。就在李德民为小番茄心动之时，一系列出人意料的事情发生了。作者以纯净的语言讲述一个都市爱情故事。

（白　莲）

【《中国式燃烧》】　手机短信日记体长篇小说，中国青年出版社1月出版，作者谢望新。故事发生在中国南方两个城市。男主人公大智慧偶遇后来称之为小妻子的女人，两人一见钟情。之后，互发短信，展开追恋，小说记录了他们相识一年的生命与爱的经历。8月29日，中国作协创作研究部和广东省作协在京共同举办了该作品的研讨会。

（白　莲）

【《市委办主任》】　长篇小说，作家出版社2月出版，作者阙庆安。作品围绕市委办主任方东展开了一系列矛盾纠葛，涉及权力、正义与邪恶，廉洁与腐败，亲情与爱情等话题。

（白　莲）

【《寄居者》】　长篇小说，新星出版社2月出版，作者严歌苓。“二战”中，华裔MAY、犹太人彼得和杰克先后来到了20世纪40年代的上海，并卷入了复杂的人性冲突之中。三人内心的真正隐痛不在战争，而在于旧上海族群身份所形成的等级观念，在于身为“寄居者”的漂泊感和无助感。

（白　莲）

【《利剑》】　长篇小说，作家出版社3月出版，作者胡杨。作者以真人真事为原型，通过主人公充满传奇色彩的战斗英雄李卫国在沙场、官场、情场的经历，讲述应急机动作战部队——陆军“王牌师”军人的传奇故事。

（白　莲）

【《琉璃时代》】　长篇小说，作家出版社3月出版，作者崔曼莉。

作品讲述了在民国时期的上海滩，才女方凤仪在商场争斗、政治风云与爱情激励中的成长与追求，写出了民族工商业开创与发展的艰辛历程。

（白 莲）

【《飞往莫斯科》】 长篇小说，作家出版社3月出版，作者王为建。小说描写了“我”大伯和流亡的俄国伯爵夫人养女瓦莲金娜在抗日战争中的生死相恋，讴歌了中俄两国人民之间的友谊和忠贞爱情。

（白 莲）

【《边街》】 长篇小说，作家出版社3月出版，作者吾春。小说描写了川西小城边街生活着的普通居民的众生相，用极具地方色彩的人物形象勾勒出一幅活色生香的浮世绘。

（白 莲）

【《东江向东方》】 长篇小说，作家出版社3月出版，作者朱榜明、赵江。小说浓缩了改革开放30年来人们生活状态的巨大变迁，同时又将岭南文化的清新闲适融入跌宕的历史书写当中。

（白 莲）

【《夫人们2》】 长篇小说，作家出版社3月出版，作者雪静。小说描写了省委副书记的夫人祁有音、市委副书记的夫人郝从容、副县长夫人邢小美等，反映了这群身处特殊阶层女性的生活轨迹与心路历程。

（白 莲）

【《桃花鱼》】 长篇小说，解放军文艺出版社3月出版，作者李东华。作品讲述了黄道川、黄安慧父女两代人的情感故事，揭示了两代人爱而不能的人生困境。

（白 莲）

【《国税局长》】 长篇小说，作家出版社4月出版，作者周建武。小说刻画了官场内外的各色人物，对官场可意会不可言传的潜规则进行了大胆而深刻的揭示，展现了今日官场的底色和原生态。

（白 莲）

【《偏方》】 长篇小说，作家出版社4月出版，作者窦应泰。小说讲述民国年间，双河镇“药膳神医”王梦惆的传奇经历，反映其在苦难中的友情、爱情以及诠释民族大义的爱国情。

（白 莲）

【《山西煤老板》】 长篇小说，作家出版社4月出版，作者王进。小说透过山西煤老板的真实生活，揭露官煤勾结、官场腐败。

（白 莲）

【《伪幸福》】 长篇小说，作家出版社4月出版，作者温亚军。小说描写了都市生活中形形色色的人物，反映了在时代变迁中，普通百姓复杂的人情纠葛，价值观的巨大转变，以及面对新生活的困惑和迷茫。

（白 莲）

【《十爱》】 中篇小说，作家出版社4月出版，作者张悦然。小说讲述了10个关于爱情的故事。

（白 莲）

【《河岸》】 长篇小说，人民文学出版社4月出版，作者苏童。在“文化大革命”时期，烈士后代库文轩因其烈属身份遭到质疑，投河自尽。为了让父亲能与奶奶的纪念碑永远在一起，库文轩的儿子库东亮把象征历史光荣的纪念碑背到了船上。故事通过库文轩、库东亮父子的命运，展现了生命的卑微与顽强，通过库东亮的成长史，展现了成长的烦恼与历史的荒诞不经。

（白 莲）

【《小团圆》】 长篇小说，北京出版社4月出版，作者张爱玲。小说以嘲讽的细腻工笔，刻画出作者最深知的人生素材，通过主人公九莉串联起在她的历史中那些辛酸往事和现实人物，最终实现了历史的团圆。

（白 莲）

【《潜伏·1936》】 长篇小说，作家出版社5月出版，作者马营。故事描写1936年在西安，中统、军统、中共特科、日本人、中央军、东北军、西北军情报特工人员相互争夺的故事。

（白 莲）

【《远远地爱着你》】 长篇小说，作家出版社5月出版，作者李然。小说以同是军人出身的冷玉萱夫妇婚姻情感与事业危机为主线，描写了一群军人在大变革时代所面临的困境和冲突，展现了独特的人生感悟和丰厚意蕴。

（白 莲）

【《代号》】 长篇小说，作家出版社5月出版，作者龙一。小说以天津为背景，通过主人公，中共地下情报人员、天津英租界警务处副处长冯九思，在国共两党联合抗日期间错综复杂的关系结构中智斗游走的经历，展现了中共情报人员的超人智慧。

（白 莲）

【《新县长》】 长篇小说，作家出版社5月出版，作者航宇。县委书记陆平爱上了小学教师薛红并发展为情人关系。为满足薛红不断提出的要求，陆平做了很多违规之事，最终被绳之以法。

（白 莲）

【《中国式饭局》】 长篇小说，作家出版社5月出版，作者高和。金州市接待处原处长钱亮亮流落到南方城市鹭门。他当捏脚工，邂逅性感的擦鞋女，被老板看重筹建“中国式饭局”高级会所并任总管。在与形形色色人物的交往过程中，发生了很多意味深长的趣事。

（白 莲）

【《手上的冰凌花》】 长篇小说，作家出版社5月出版，作者王晓云。作品讲述了某大城市的12名中学生在“文化大革命”的特殊年代，各自怀着美好的理想，在长白山深处的林区小村插队落户的故事。

（白 莲）

【《升迁》】 长篇小说，作家出版社5月出版，作者王刚。作者讲述了一个人物关系错综复杂的现代官场故事。小说讽刺和批判了官场中存在的跑官要官买官等现象，描绘了一幅现代官场升迁图。

（白 莲）

【《国家誓言：市府大院》】 长篇小说，作家出版社5月出版，作者张效友。盐川市市长孟浩君因贪污受贿被处决后，财政局局长窦维兴也猝然死于非命。刑警大队大队长垣岩柏被贬调乡下，为官清廉的市委副书记江海云突然被通知赴省党校学习。其幕后黑手，便是市委书记寇昌雄。小说披露了腐败分子的恶行，发人深省。

（白 莲）

【《大国医》】 长篇小说，作家出版社5月出版，作者孟宪明。河南郭氏平乐正骨第四代传人郭一山，为延续香火，迎娶了山村姑娘云大妮。他让妻子识文习医，取名云鹤鸣。云鹤鸣掌握了郭氏祖传的正骨之术和医病秘方，撑起了郭家的天，周旋于土匪、日本鬼子和国民党军阀之间，并最终把郭家五代祖传的正骨秘方公之于众。

（白 莲）

【《天行者》】 长篇小说，人民文学出版社5月出版，作者刘醒龙。小说围绕着山区小学里几位民办教师的转正问题，展示了乡村知识分子无奈和琐碎的生活，表现了他们执著、坚韧而又质朴的精神，演绎了他们无奈而又无望的命运际遇。

（白 莲）

【《西征记》】 长篇小说，人民文学出版社5月出版，作者宗璞。作品是四卷本小说《野葫芦引》的第三卷。小说以抗日战争时期西南联大的生活为背景，描写了滇西大反攻期间，明仑大学学生投笔从戎参加远征军赴滇西与日本侵略者作战的故事。

（白 莲）

【《福布斯咒语》】 长篇小说，人民文学出版社5月出版，作者王刚。小说从20世纪90年代写起，讲述地产商冯石与海归女孩姜青在共同经历的创业过程中绝处逢生的故事。

（白 莲）

【《公务员笔记》】 长篇小说，作家出版社6月出版，作者王晓方。作品描写了东州市政府的秘书群体。通过一场惊心动魄的肃贪斗争对杨恒达、许智泰、黄小明等普通公务员命运的影响，揭示了蛰伏于人心灵深处的危机，展现了当下官场日常情态的艰窘生态和公务员制度存在的问题。

（白 莲）

【《查账》】 长篇小说，作家出版社6月出版，作者闫星华。小说讲述了某些民营企业大发“银行财”，围绕着查账与反查账、解除合同与反解除合同的故事，揭示了银行与企业之间盘根错节的复杂关系，再现了当代中国的银行与银行人的生存状态与精神世界。

（白 莲）

【《市委书记》】 长篇小说，作家出版社6月出版，作者纳川。东亭市市委书记和市长因为腐败问题被“双规”，王志飞出任东亭市委书记兼代理市长。小说描写了他面对各种势力逐渐成熟的从政技巧。

（白 莲）

【《烟村》】 长篇小说，作家出版社6月出版，作者王以培。作品以谭氏两兄弟的爱情故事为主线，真实展现了一幅长江边的历史画卷。

（白 莲）

【《冲天记》】 长篇小说，作家出版社6月出版，作者刘庆贵。50年前，正在朝鲜战场上作战的某兵团秘密回国，接受新的任务。50年后，一座世界一流的现代化航天港屹立在荒无人迹的戈壁滩，把六名航天员送上太空，实现了中华民族的飞天梦。作者通过典型人物、典型事件，描绘了航天人创造的中国航天史诗。

（白 莲）

【《太阳最红》】 长篇小说，解放军文艺出版社6月出版，作者何存中。小说以“黄麻起义”为素材，再现了红四方面军早期艰苦卓绝的革命奋斗史。8月15日，中国作家协会创研部、文艺报社、湖北省作家协会、解放军文艺出版社、黄冈市委宣传部和黄冈市文化局、市文联在京联合举办了该作品研讨会。

（白 莲）

【《晚春》】 长篇小说，作家出版社7月出版，作者樟叶。小说叙述了民国一段被遮蔽的历史——西安围城之役。作者借小说人物之口讲述了这一战役的来龙去脉，论证了它对北伐战争乃至后来的西安事变的影响。

（白　莲）

【《金山》】　长篇小说，北京十月文艺出版社7月出版，作者张翎。作者以细腻的笔触，通过方家三代人在加拿大数十年的艰辛闯荡，在波澜壮阔的历史画卷中，凸现了华人极为顽强的开拓精神与生命中特有的韧性，也揭开了北美现代文明发展的另一种轨迹。8月11日，由《人民文学》、中国作协创研部、北京十月文艺出版社在京联合主办了该作品研讨会。

（白　莲）

【《全金属青春》】　长篇小说，解放军文艺出版社7月出版，作者王凯。小说通过对军校学员生活的描写，刻画了一群来自不同社会阶层的年轻人激昂与热烈的青春生活。

（白　莲）

【《小车司机》】　长篇小说，作家出版社8月出版，作者姚有赳。小说描写驾校教练田江被初恋情人徐丽娜利用关系调到县民政局小车班当司机，为王副局长开车。在机关里，田江凭借心计，步步高升，最终爬到了局长助理的位置。

（白　莲）

【《狗狼》】　长篇小说，作家出版社8月出版，作者张永军。淘金把头杨十一夜宿野外被一伙胡子抢劫，他和兄弟在一群黄毛狗的帮助下杀死胡子，并得到一条传说中的狗狼。但他暗送黄金之事也被兄弟发现。随即，他经历了兄弟的欺骗和美女的诱惑，被卷进一场淘金把头之间的内斗，由此他和狗狼走进了一场与命运抗争的悲壮争斗。

（白　莲）

【《一朝权在手》】　长篇小说，作家出版社8月出版，作者南台。小说描写“文化大革命”时期，县委三个当权派曹兀龙、刘忠、孙铁之间的相互斗争和文戈、肖宗泉、杨红砚等年轻人在“文化大革命”的官场斗争中生长着的爱情之花。

（白　莲）

【《所谓大学》】　长篇小说，作家出版社8月出版，作者史生荣。小说通过对拥有权力、职称、金钱、美女的大学教授朱增泉的刻画，勾勒出一幅当今大学校园生活的全景画面。

（白　莲）

【《用心活着》】　长篇小说，作家出版社8月出版，作者蓝昊、吴旋。作品通过对主人公张跃遭遇的人生与事业双重危机的描写，告诉人们：唯有自救，才能真正走出心灵阴霾。

（白　莲）

【《建国大业》】　长篇小说，作家出版社8月出版，作者王兴东、陈宝光。作品描写第一届中国人民政治协商会议的召开前后，以毛泽东为首的中共中央在1948年发布“五一口号”，呼吁召开政治协商会议。整个小说结构集中在毛泽东与宋庆龄、李济深、张澜这三位后来当选为国家副主席的非中共人士的关系上，情节起伏，情感浓重，再现了中国共产党人与中国民主党派在漫长的革命岁月里结下的深厚情谊。

（白　莲）

【《狙击手》】　长篇小说，作家出版社9月出版，作者丁丁、王宛平。接受过德国军校特殊训练的狙击手龙绍钦回国后投身国民党军队抗日。他与八路军神枪手大春和九儿并肩作战，配合默契，逐渐成长为一个弹无虚发的抗日英雄。然而抗战刚结束，国共开战，龙绍钦被军统特务头子下令射杀。

（白　莲）

【《官员生活》】　长篇小说，作家出版社9月出版，作者关仁山。小说以国际金融危机为背景，写出了一位中国北方某钢铁城市市委书记面对低迷的经济形势、复杂的官场风云，经历的一种沧桑多变的政治生活和私人生活。

（白　莲）

【《泡沫》】　长篇小说，作家出版社9月出版，作者蔡萱。故事描述了金融危机对电讯业的影响：公司裁员、做假账欺骗员工……作品构筑了金领阶层华人的普通生活，揭示了他们的生存状态以及内心的困惑、思索与追求。

（白　莲）

【《异乡人》】　长篇小说，作家出版社9月出版，作者滕刚。故事以异乡人的独特视角，审视现实的困惑与矛盾，塑造了一群鲜活生动的社会底层人物，铺陈了世俗社会的阴阳百态。每个故事既独立成篇，又浑然一体。

（白　莲）

【《女同志》】　长篇小说，作家出版社9月出版，作者范小青。小说讲述大学生万丽毕业后进入市妇联宣传科当了一名干部，主人公在良心与升职、进步与背叛、正直与卑鄙之间不停地做出协调和选择，几度升降，慢慢从科员成为副市长候选人的职场经历及内心隐秘。

（白　莲）

【《父亲的战争》】 长篇小说，作家出版社9月出版，作者野夫。小说通过一群生动的人物，重塑了20世纪50年代初清匪反霸战争中的一代无名英雄，并通过对不同匪类的刻画，重新诠释旧中国形成而遗留的各种人生悲剧。

（白　莲）

【《敦煌遗书》】 长篇小说，作家出版社9月出版，作者冯玉雷。英国人斯坦因，以低廉价格购买到12箱敦煌藏经洞文书，在世界范围内引起巨大轰动。不久欧洲市场上出现假文书。为了弄清真相，斯坦因一次次地探险荒原。伴随他的探险历程，小说展现了一幅悲怆苍凉的西部壮美画卷。

（白　莲）

【《最后的99天》】 长篇小说，作家出版社9月出版，作者张策。小说讲述了新中国成立前夕，在距新政协预定的会期还有99天之际，中共派往上海递送绝密情报、接应民主人士北上的人员被捕叛变。为了争夺民主人士，在同父异母的共产党人肖昆和国民党军官肖鹏兄弟之间，展开了一场殊死的搏斗。

（白　莲）

【《预警》】 长篇小说，北京十月文艺出版社9月出版，作者周大新。小说通过描写机密作战部队998部队作战局局长孔德武在高度警惕中最终失足，展现了国际背景之下军事官场的严酷斗争。

（白　莲）

【《啊，青春》】 长篇小说，作家出版社9月出版，作者雪小禅。小说描写一对17岁的少年冯小唐与周七的初恋经过。小说涉及少年的暗恋、师生恋。

（白　莲）

【《哎嗨哟》】 长篇小说，作家出版社10月出版，作者劳马。20世纪60年代，北方偏远的小山村里生活着一群少年，在共同经历了动荡岁月之后，随着时代的变迁，走上了完全不同的道路。他们变幻莫测的命运交织出一幅半个多世纪以来中国社会的全景式画卷。

（白　莲）

【《李文戈升官记》】 长篇小说，作家出版社10月出版，作者孙浩。小说通过李文戈升官的历程，告诉人们：在当今的官场中，靠一个人的德行与智慧，不靠背景、不靠钱财、不靠美色，一样可以当官。

（白　莲）

【《世相》】 长篇小说，作家出版社10月出版，作者杨牧之。小说自20世纪70年代起笔，以杨笑天30年生活历程中的际遇为轨迹，深刻地揭示着中国社会生活的重大变迁，以及社会各个层面种种人的心理演变。

（白　莲）

【《空巢》】 长篇小说，作家出版社10月出版，作者周雁羽。小说描写了当代都市精英阶层的情感生活，作品于人物命运、故事情节之中充满了对现实、人生、爱情、伦理的透视。

（白　莲）

【《大平原》】 长篇小说，北京十月文艺出版社10月出版，作者高建群。小说讲述了20世纪20年代末陕西一个普通农家高氏家族三代人历经种种苦难和不幸，在顽强生存的同时努力捍卫自己尊严的感人故事。11月24日，中国作协创研部、北京十月文艺出版社、十月杂志社在京联合举办该作品研讨会。

（白　莲）

【《守望Manhattan》】 长篇小说，中国青年出版社11月出版，作者池冰。小说讲述了一个北京女孩爱比去美国留学的故事，以及由此生发出来的恩怨情仇。

（白　莲）

【《夜生活》】 长篇小说，作家出版社11月出版，作者高和。小说以时空交错的结构叙述了几对“50后”和“80后”父子两代人的情感生活和心理状态，描写了这两代人在婚姻、性观念、工作状态等方面巨大的时代差异。

（白　莲）

【《驻京办主任（四）》】 长篇小说，作家出版社11月出版，作者王晓方。小说通过驻京办主任丁则成被双规时对犯罪过程的回忆，揭示了人性在强大体制面前的弱小。

（白　莲）

【《争锋——世界顶级企业沉浮录》】 职场小说，人民文学出版社11月出版，作者凌语嫣。小说女主角衣云孤身在大都市奋斗，从单纯懵懂的女大学生，迅速成长为全球顶级公司的最佳销售。这是一个关于欲望以及欲望如何实现的故事。

（白　莲）

【《住房简史》】 中篇小说，载《北京文学》第1期，作者阿成。小说讲述了南一民的居住条件从集体宿舍，到有8平方米的房屋、34平方米的住房，再到100多平方米的私人产权房的巨大改变，以及其间的酸辣苦辛。

（白　莲）

【《大登殿》】 中篇小说，载《民族文学》第1期，作者叶广岑。小说有两条线索，一条从母亲的洞房花烛夜写起，新娘晚上就闹着回娘家，只为要做妻，而不做妾。另一条线索，则切入现实，引出当代一位时尚聪慧的姑娘给人做“小”的故事。

（白　莲）

【《百鸟朝凤》】　中篇小说，载《当代》第2期，作者肖江虹。小说讲述一个遵从父命四处拜师的“我”与最后成为“我”生命中的信念的唢呐之间的故事。小说旨在探索乡村现代化进程如何能在物质丰富的同时使精神不致渐行渐远。

（白　莲）

【《一句顶一万句》】　长篇小说，载《人民文学》第2、3期，作者刘震云。小说从民国一直叙述到现在，展示了杨百顺一家三代人从“出走”到“回归”的过程，带有很强的寓言色彩。6月2日，中国作协创研部、人民文学杂志社等在京联合主办了该作品的研讨会。

（白　莲）

【《琴断口》】　中篇小说，载《十月》第3期，作者方方。米加珍与杨小北结婚，但她无法推开蒋汉的阴魂，同时也无法躲避另一当事人马元凯的谴责，更不能拒绝来自心中的歉意与忏悔。两个伤痕累累的恋人之间的爱情随着白水桥的垮塌归于终结。

（白　莲）

【《倾国倾城》】　中篇小说，载《人民文学》第3期，作者滕肖澜。小说讲述了两个有机会晋升的男人和围绕他们各怀心机的4个女人。在外人看来的好夫妻，却与对方机关算尽，争夺银行中层升高管的职位。作品揭示了爱情背后暗藏的权力、欲望与邪恶。

（白　莲）

【《伊琳娜的礼帽》】　短篇小说，载《人民文学》第3期，作者铁凝。“我”在飞机上遇到了带儿子萨沙旅行的少妇伊琳娜。在九个小时的行程中，“我”目睹了瘦男人与伊琳娜的调情。小说表面上是写飞机上伊琳娜的出轨，实则写出了“我”的心路历程。

（白　莲）

【《桃花渡》】　短篇小说，载《人民文学》第4期，作者叶弥。主人公“我”在桃花渡口爱上了清云寺的居士清定，于是三次到清云寺去寻找清定居士，都未如愿。后来“我”得知清定居士曾碰到了一个梦中出现过的女人。当他与这个女人相遇之后，出家了。清定遇见女人的时间，恰是“我”第一次碰见清定的时间。

（白　莲）

【《清明》】　短篇小说，载《人民文学》第4期，作者郭文斌。清明时节，五月、六月一双小儿女背诵着似懂非懂的《朱子家训》与父亲一起去为爷爷上坟。作品描绘了一个乡间耕读家庭对传统节日的敬虔持守。

（白　莲）

【《岁月如诗》】　中篇小说，载《中国作家·文学版》第4期，作者林希。小说讲述了南苑大学号称“七大泰斗”的教授的爱国行为，以及孟露、马克等青年知识分子在地下党领导下，在1948年天津解放前夕与国民党做斗争的故事。

（白　莲）

【《暧昧》】　中篇小说，载《十月》第5期，作者南飞雁。小说展现了20世纪50年代生人到80年代生人对爱情的不同态度。

（白　莲）

【《立冬·立春》】　短篇小说，载《人民文学》第5期，作者陈世旭。小说通过何教授和何来庆对村委会选举和孩子的态度，展现了两代“乡村教师”的人格魅力。何教授对基层民主和价值观的专注与执著，何来庆对孩子们的爱、对教育事业的热爱，让人动容。

（白　莲）

【《睡觉》】　短篇小说，载《人民文学》第5期，作者毕飞宇。小美大学毕业当了“二奶”。包养她的“先生”的目的是要小美为他生个男孩。小美以各种方法避免自己在这场金钱与青春的交易中吃亏。小美在遛狗时结识了一位陌生的小伙子，唤起了她大学时一次“疑似恋爱”的心跳回忆。她突发奇想，花钱请这个陌生人如当年大学的“白马王子”那样在草地上陪自己“睡觉”，小说到此戛然而止。

（白　莲）

【《通天河》】　中篇小说，载《人民文学》第6期，作者徐坤。小说写京城小老百姓与房地产商斗法的故事，旨在探求人性摆脱迷失途径。

（白　莲）

【《我们的村庄》】　中篇小说，载《十月》第6期，作者刘庆邦。小说揭示了一个青壮农民何以落入到撬锁、偷羊、破坏大棚、干扰旋地、不思上进的“二流子”地步的原因。

（白　莲）

【《虬枝引》】　中篇小说，载《中国作家》第6期，作者胡学文。外出打工的农民乔风回乡，欲与妻子离婚。然而当他回到记忆中的家乡，却发现他的妻子与仅有13户人家的“一棵树”村不见了。于是乔风开始找寻返乡的路，离婚的主题演变为寻乡的主题。

（白　莲）

【《春茶》】　中篇小说，载《人民文学》第7期，作者东紫。一个中年已婚女人放到废品间的茶叶，被其他同事误以为是别人送来的礼物，大家把茶叶分了，并各自送人，结果惹出了新麻烦。于是众人一起怀疑这是那个女人设下的计谋，在众人的穷追不舍中，女人的婚外恋秘密败露了，那个她恋慕的男人也轻蔑地扔掉了邮来的茶叶。

（白　莲）

【《昨日的枪声》】　中篇小说，载《人民文学》第10期，作者杨少衡。小说描写解放战争之后的剿匪运动。作者于不动声色的言语之中讲述了一个惊心动魄的故事。

（白　莲）

【《变》】　中篇小说，载《人民文学》2009年第10期，作者莫言。主人公“我”由农民变为军人而至作家，时代给了机遇，但同时，也拿走了许多东西，比如青春、亲密、单纯。

（白　莲）

【《幸福之州》】　长篇小说，载《青年文学》第11期，作者李师江。小说以晚清到民初的中国为历史背景，采取两条线索交叉叙事：一条讲述商贾大户阙家三公子由“不肖”的顽皮少年成长为献身于国家的航空专家的历程；另一条线索讲述平民少年船仔由懵懂少年成长为民族英雄的壮烈一生。

（白　莲）

【《赶马的老三》】　中篇小说，载《人民文学》第11期，作者韩少功。老三，是一个不被人注意的普通农民。他或许“落后”或者“愚昧”，可供“启蒙”。但是他的真纯、正直与可爱却正是这一时代值得珍视的品质。

（白　莲）

【《沙捞越战事》】　长篇小说，载《人民文学》第12期，作者陈河。“二战”中，没有加拿大国籍的周天化加入盟军，远征沙捞越。因为没有族群身份的优势，他总是被当做一颗棋子，派往最危险的地带。尽管他对扭转盟军的丛林战事发挥了巨大作用，但战争结束后，他却被历史迅速遗忘。

（白　莲）

【《望断南飞雁》】　中篇小说，载《人民文学》第12期，作者陈谦。小说描写了一个20世纪80年代以“陪读太太”身份出国的大陆女性南雁在家庭责任和自我实现之间辗转挣扎的心路历程。

（白　莲）

【《老康的哲学》】　中篇小说，载《人民文学》第12期，作者袁劲梅。小说以老康对“我”的爱情追求开始，到历尽艰辛终成眷属结束。小说从“我”得以近距离观察“老康”的视点和角度，展现了老康的性格及其文化成因。

（白　莲）

·诗　歌·

【《南宋庄》】　组诗，载《人民文学》第1期，作者刘希全。诗人在怀念父亲的同时，探究了乡愁与亲情这一抒情主题中所包含的复杂经验和心灵疑难，从而重新建立了这一主题与人的生命疼痛的真实联系。

（白　莲）

【《花开中国》】　诗歌，载4月29日《人民日报》，作者李瑛。诗人抚今追昔，既回顾了新中国建立前后的艰辛历程及改革开放政策的制定，又抒写了新中国60年政治、经济、文化建设的成就，表达了作者对祖国的感念与热爱。

（白　莲）

【《祭父帖》】　诗歌，载《人民文学》第5期，作者雷平阳。这是一个孝子缅怀、安葬父亲的诗。作品以个体生命折射了一个时代的本质，展现了中国农民所经历的苦难，描绘了新时期农民命运的转折。

（白　莲）

【《最初的年代》】　诗歌，载《人民日报》7月22日，作者雷抒雁。作品把在故土解放、农民翻身的日子，自己和父老乡亲的切身感受鲜活地表现出来，将宏大的主题具象化，具有鲜明的个性和泥土气息。

（白　莲）

【《美庐》】　载《人民文学》第10期，是《庐山不再开会》组诗之一，作者朱增泉。作品描写了蒋介石与宋美龄于庐山别墅之中的情境。

（白　莲）

【《诗七首》】　组诗，载《人民文学》第10期，作者牛汉。诗歌以冷静、简练的笔触袒露对生活的观察、思索与追问，具有质朴深长的智慧风貌和思想品质。

（白　莲）

【《大地飞虹》】　长诗，人民文学出版社10月出版，作者商泽军。作品以特高压工程建设为背景，以工程参建者的真实故事为素材，展现了建设者的精神风貌，讴歌了他们胸怀大局、勇于创新、脚踏实地、无私奉献的时代精神。7月7日，中国作协创作研究部和英大传媒集团联合在京举办作品研讨会。

（白莲　王凌雨）

【《北纬30°线》】　诗歌，载《西湖》第11期，作者邵燕祥。诗人从带着神秘感、灾难频出的北纬30°线写起，涉及自然、社会、人的遭际，以及痛苦永存的人类命运。

（白 莲）

·散文、随笔·

【《芳心似火》】 散文集，作家出版社1月出版，作者张炜。作品从生命欲望、男女情事谈起，辨析究竟什么才是世间的“芳心”。

（白 莲）

【《敬重与惜别》】 散文集，中国友谊出版社1月出版，作者张承志。作品叙述了作家20世纪80年代后几次居留日本的经历。以良知与自省为武器，把中国作为剖析和批判的对象，大声疾呼着历史的大义、国家的和平，以及民族精神的升华。

（白 莲）

【《在半岛上游走》】 散文集，作家出版社1月出版，作者张炜。文集以率真质朴的性情，体现了作家对故土的至深挚爱和精神上的自我救赎。

（白 莲）

【《看到你知道什么是美丽》】 散文集，作家出版社1月出版，作者陈祖芬。作家以女性多情的眼睛，敏感的耳朵，捕捉生活中无处不在的美，用生动的笔触向读者娓娓道来。

（白 莲）

【《惊异是美丽的》】 散文集，作家出版社1月出版，作者铁凝。书中收录了作者60篇散文精品。生活气息浓郁，饱含对生活的情意、坦诚、悲悯，带给读者猝不及防的精彩与撞击。

（白 莲）

【《蒹葭集——顾骧散文随笔选》】 散文集，作家出版社1月出版，作者顾骧。作品表现了对人生况味的思索，对战争岁月的追怀，对旧梦的重温，对故国的思念，对人性的呼唤。

（白 莲）

【《最合宜的位置》】 散文集，作家出版社3月出版，作者周国平。书中收录作者1999～2008年间撰写的散文，表露了作者10年来的生活状态——享受亲情和阅读。

（白 莲）

【《追寻梦土》和《蒙文课》】 两部散文集分别于3月、4月由作家出版社出版，作者席慕蓉。是作者根据自己多年在蒙古高原上长途跋涉的经历所谱成的追寻之歌。

（白 莲）

【《一滴水有多深》】 长篇散文，作家出版社4月出版，作者刘醒龙。作者以“乡土乡村”为主题，在记忆与现实的时光交错中，抒发着满腔的乡土情结，并对城市与乡村的关联有深层次的思考与追问。

（白 莲）

【《口红集》】 散文集，作家出版社4月出版，作者刘索拉。该书内容涵盖广泛，话题涉及男女、音乐、时尚闲谈、游记散文等。

（白 莲）

【《窗前的眼》】 散文随笔集，作家出版社5月出版，作者亚静。书中以随笔形式记述了董文华、舟舟、贺鹏飞等一批名人的故事。

（白 莲）

【《我与父辈》】 长篇散文，云南人民文学出版社5月出版，作者阎连科。作者通过对童年和青少年时光的追忆，追索了生活在偏僻农村里的父亲、大伯、四叔等父辈的人生和命运。文字中体现了父辈对子女浓浓的亲情，自己在亲情之下获得的滋养及对这种亲情的感恩。

（白 莲）

【《河流的秘密》】 散文随笔集，作家出版社8月出版，作者苏童。全书分为三部分：“记忆碎片”记载了苏童的童年生活、南方记忆，“文字生涯”收录了作家的创作感想、阅读所得，“生活传奇”描摹了市井俚俗、人生百态。

（白 莲）

【《小说密码》】 随笔集，作家出版社10月出版，作者马原。该书以中外文学大师的代表作品为线索，对小说创作与欣赏中涉及的方方面面，分主题进行探讨。

（白 莲）

【《电影密码》】 随笔集，作家出版社10月出版，作者马原。该集以电影赏析为中心，以中外电影大师的代表作品为线索，涉及剧本创作、机位运用、镜头剪辑等。

（白 莲）

【《小镇示范》】 散文，载《人民日报》6月22日，作者蒋子龙。文章通过天津荒草坨镇几经改造，终于在2005年成为“中国首例示范小城镇”的故事，讴歌了新中国的伟大成就。

（白 莲）

【《大地的语言》】 散文，载《新华文摘》第6期，作者阿来。作者通过对乡村风物的描述，寄托了对农业文明的遐思和依恋，以及对狭隘的人类中心主义的经济社会的理性批判。

（白 莲）

【《王小波，晚上能来喝酒吗》】 散文，载《学习博览》第7期，作者刘心武。文章是作者怀念王小波的倾情之作，展现了王小波生活的侧影。

（白 莲）

【《审判童年》】 散文，载《人民文学》第8期，作者蒋方舟。作品探究童年和人世的端倪，对于一系列基本的人生关系和文学主体作出了别开生面的阐释。

（白　莲）

【《二〇〇八上课记》】 散文，载《人民文学》第9期，作者王小妮。作者以大学教授手记的形式，记录了她眼中的“90后”，也对中国教育进行了审视。

（白　莲）

【《帝王的文化》】 散文，载《青年文学》第12期，作者顾伯冲。文章纵横2000年，通过对皇帝的梳理，分析了没有传统文化束缚的枭雄容易成功和有才情的帝王偏易成昏君的原因。

（白　莲）

·报告文学、纪实文学·

【《我们的故事2》】 纪实文学，作家出版社1月出版，作者贾宏图。作品反映了20世纪六七十年代的知识青年上山下乡运动和被卷入这场运动中的两千多万中学毕业生及其家庭。

（白　莲）

【《猎贼》】 长篇纪实文学，作家出版社1月出版，作者字向东。作品描写了出没在北京各条公交线路上的便衣警察与手段翻新、花样繁多的扒手斗智斗勇的故事。

（白　莲）

【《东方光芒》】 长篇纪实文学，作家出版社1月出版，作者何建明、朱子峡。作品记述了东莞改革开放30年来，从一个农业县到一个世人瞩目的现代大都市的发展和变革历程。2月16日，中国作协创研部、作家出版社、中共东莞市委宣传部和东莞文学艺术院在京联合举办了该作品研讨会。

（白　莲）

【《我的天堂》】 报告文学，江苏教育出版社5月出版，作者何建明。作品以“人间天堂”苏州为叙述对象，把苏州30多年的发展与国家的进步紧密联系在一起，写出了文脉昌盛之地经济腾飞的历史必然。

（白　莲）

【《中山路》】 长篇报告文学，人民文学出版社5月出版，作者杨黎光。作品以遍布全国的“中山路”为切入点，以孙中山的人生轨迹为主要线索，回顾、探讨了近代中国的现代化之路。7月12日，中国作协创研部、人民文学出版社等主办了该作品研讨会。

（白　莲）

【《英雄路漫漫》】 长篇报告文学，大众文艺出版社5月出版。作品生动记述了战斗英雄史光柱在双目失明的情况下，勤奋好学、顽强拼搏、不断进取、默默奉献的感人事迹。

（白　莲）

【《昆曲之路》】 长篇报告文学，人民文学出版社6月出版，作者杨守松。作品再现了昆曲艺术600年间兴衰荣辱的历程，展现了新中国60年来的社会变迁和文化繁荣。11月23日，中国作协重点作品扶持办公室、人民文学出版社、江苏省作协在京主办该作品研讨会。

（白　莲）

【《十三亿人乐了》】 长篇报告文学，作家出版社6月出版，作者王鸿鹏。该作从一个医院的改革入手，反映了医疗对人的关爱、呵护，凸显了在人口压力背景下的医疗问题。

（白　莲）

【《中国基层选举报告》】 长篇纪实文学，作家出版社7月出版，作者魏荣汉。作品记述了1998年至2007年间，从农村民主选举到全国人大代表选举中的种种现象，反映了中国基层选举制度的现状。

（白　莲）

【《大巴山的女儿》】 报告文学，载《中国作家·纪实》第3期，作者郝敬堂。作品真实刻画了四川省巴中市南江县原纪委书记王瑛“做党的忠诚卫士、当人民的贴心人”的感人形象。

（白　莲）

【《寻找黛莉》】 长篇纪实文学，载《中国作家·纪实》第12期，作者赵瑜。作家从古董商处得到1937年前后巴金致山西少女黛莉的7封信。作者根据这7封信开始了对黛莉的找寻。作品展现了大师的情怀、新女性的命运和一个山西大家庭的沉浮。

（白　莲）

·电影文学·

【《贫民窟的百万富翁》】 外国电影文学，作家出版社3月出版，作者［印］斯瓦鲁普，译者楼焉、寄北。作品描写自小失去双亲在孟买贫民窟长大的18岁青年贾马尔·马利克，参加了一档名为“谁想成为百万富翁”电视节目所引发的故事。

（白　莲）

·网络文学·

【《凰宫：滟歌行》】 长篇小说，红袖添香网2月首发，作者莲赋妩771。庶出的妹妹郁清尘替正房的姐姐郁红泪“顶包”，进入皇宫。从一个中等官吏之家到后宫，空间的挪移带来的是生存法则和人生命运的根本转换。郁清尘一入宫就如同一个在职场上身经百战的女子一样理智、清醒、务实，靠自己的手腕、计谋，在“争宠”之战中成为最后的赢家。

（白　莲）

【《斗罗大陆》】　长篇小说，逐浪网3月发表，作者唐家三少。唐门外门弟子唐三，因偷学内门绝学而为唐门所不容，于是跳崖，却来到了一个属于武魂的世界——斗罗大陆。小说描写唐三在斗罗大陆环境下的成长历程。

（白　莲）

【《南北英雄志》】　长篇小说，起点中文网4月发表，作者赫连勃勃大王（梅毅）。小说展现了两晋南北朝300年动荡的历史。

（白　莲）

【《黑道风云20年》】　长篇小说，腾讯网5月发表，作者孔二狗。小说讲述了1986年以来东北某市黑道组织触目惊心的发展历程。

（白　莲）

【《狩魔手记》】　长篇小说，逐浪网10月发表，作者烟雨江南。作品背景是核战之后的地球，讲述一个少年“苏”在魔兽丛生、人心崩坏的环境里，通过个人的奋斗来争夺生存空间的故事。

（白　莲）

活　　动

【中国作协新春联谊会】　1月13日下午，中国作家协会新春联谊会在京举行。首都作家千余人欢聚一堂，共迎新春佳节。全国人大常委、外事委员会主任李肇星，中宣部副部长焦利，全国人大常委、教科文卫委员会副主任、中国作协副主席金炳华等出席。

（王凌雨）

【“中国作家北大行”系列演讲活动】　3月19日，散文家王充闾走进北京大学，以一场题为《历史文化散文的现实关怀》的报告，开启了“中国作家北大行”系列演讲活动。

（王凌雨）

【“春天送你一首诗”活动在京启动】　3月21日，由中国作家协会诗刊社发起，并与首都师范大学诗歌研究中心、公益中国网、人民铁道报社、朝阳区文化馆、中韩书画家联谊会等单位主办的2009年度全国诗歌公益活动“春天送你一首诗”，在朝阳区文化馆启动，首届书法写新诗展、“书法写新诗”创作研讨会同时举办，全国近20多座城市和40多所学校参与活动。

（王凌雨）

【回眸“五四”活动】　4月26日，北京师范大学五四文学社举行“对话名人，回眸五四”主题活动。本次活动以诗人西川关于“五四”精神与文化传承的讲座以及五四文学社纪念册的发布为主要内容。20余位诗人与诗评家参加了活动。

（王凌雨）

【《无声的力量》诗歌朗诵会】　5月12日，“牵挂”——“5·12”汶川大地震周年祭暨傅强年诗集《无声的力量》诗歌朗诵会在北京鲁迅中学举行。此次活动由北京鲁迅中学和大众文艺出版社、中国灾害防御协会联合举办。

（王凌雨）

【中国作协采访团走进二炮】　8月17日，中国作协党组副书记、书记处书记张健率领中国作协采访团前往第二炮兵部队某训练基地进行采访，亲身体验和感受部队生活。

（王凌雨）

【红袖添香网站倡议设立“数字阅读日”】　8月20日，红袖添香网站在其10周年文学盛典上宣布，将联合新浪读书、搜狐读书、腾讯读书、网易读书、榕树下、逐浪网等6家网站联合倡议，把每年8月20日设立为数字阅读日。新闻出版总署版权管理司司长王自强等出席了盛典。白烨、海岩、郭敬明与红袖添香网站作者就创作进行了对话。

（王凌雨）

【“歌唱祖国”新中国60年文学成就展】　2009年9月28日~2010年3月，由中国作家协会主办的“歌唱祖国”新中国60年文学成就展在中国现代文学馆举办。该展览以“鼓舞与鞭策”、“红色经典小说”、“文学的春天”等为主题，收集了上千张作家照片和一千多种文学著作版本，全面回顾了新中国文学所走过的道路与辉煌成就。

（王凌雨）

【中华吟诵周】　10月12日~16日，由首都师范大学、北京语言大学、中国音乐学院、中国语文现代化学会吟诵分会（筹）联合主办的“吟我经典·诵我中华”中华吟诵周在京举行。吟诵周期间举办了吟诵演出、学术论坛、吟诵进校园等活动。

（王凌雨）

【2009亚洲诗歌节】　10月15日，由中国诗歌学会、中坤诗歌发展基金、诗刊社、北京大学中文系、北京大学新诗研究所、中日诗歌交流基金、日本思潮社“现代诗手帖”杂志社联合主办的

“2009 亚洲诗歌节”在北京大学百周年纪念讲堂开幕。诗歌节持续到 10 月 20 日，来自中国大陆、港台地区及日本、蒙古、韩国、印度和土耳其的 31 位诗人和 9 位专家学者，在北京、安徽桐城市和黟县等地进行了诗歌对话交流和诗歌朗诵会等活动。

（王凌雨）

【中国作家进警营采风活动】 11 月 5 日，由中国作协、公安部监所管理局、公安部宣传局、全国公安文联主办的“中国作家进警营系列活动之走进公安监管场所”采风活动在北京市西城区看守所启动。中国作协副主席、党组成员、书记处书记高洪波，公安部相关领导参加了此次活动。

（王凌雨）

【“文学走进大学校园”活动在京启动】 11 月 8 日，中国作家出版集团与首都高校文学社团联谊暨“文学走进大学校园”活动启动仪式在京举行。中国作协党组成员、书记处书记、中国作家出版集团党委书记兼管委会主任何建明等出席了启动仪式。

（王凌雨）

【中国作家协会产业团体会员工作会议】 2 月 10 日，2009 年度中国作家协会产业团体会员工作会议在京举行。高洪波及 11 个作协产业团体会员单位的代表出席会议。

（王凌雨）

【中国作协七届七次主席团会议】 2 月 17 日，中国作家协会第七届主席团第七次会议在京召开。中宣部副部长焦利，中国作协主席铁凝，中国作协党组书记李冰，中国作协副主席金炳华等出席会议。李冰在会上回顾了中国作协 2008 年的工作，部署了 2009 年的工作。148 名全委会委员出席会议。会议增补李冰为中国作协第七届全委会副主席、委员，增补杨承志为中国作协第七届主席团委员。

（王凌雨）

【作家版权保护座谈会】 8 月 18 日，由中国作家协会、国家版权局共同举办的作家版权保护座谈会在京召开。新闻出版总署等有关领导出席座谈会并讲话。本次会议的主题是“加强版权保护，打击盗版侵权，维护作家权益”。与会者探讨了新形势下作家版权保护的新现象、新问题和新办法。

（王凌雨）

【2009 中国散文年会】 10 月 17 日～19 日，由中国散文年会组委会主办的“2009 中国散文年会”在京召开。雷达等作家、评论家出席。年会评出了“2009 年度中国百篇散文奖”和“2009 年度中国最佳作品奖”，阎连科的《我与父辈》、陈奕纯的《泼墨绵山》、余光中的《铜山崩裂》等 150 余篇散文作品获奖。

（王凌雨）

【文学创作座谈会】 10 月 29 日，中国作协在京召开文学创作座谈会，中共中央政治局委员、中央书记处书记、中宣部部长刘云山出席会议并讲话。铁凝，以及李敬泽、贾平凹、雷达、次仁罗布、周大新、张悦然、崔道怡等 80 余位文学工作者参加座谈会。

（王凌雨）

赛事、奖项

【21 世纪年度最佳外国小说（2008）微山湖奖揭晓】 1 月 16 日，由人民文学出版社与中国外国文学学会联合主办的“21 世纪年度最佳外国小说（2008）微山湖奖”在京举行颁奖大会。铁凝、中国作协主席团委员莫言、中国出版集团总裁聂震宁以及外国文学评论家、出版界人士出席。诺贝尔文学奖得主［日］大江健三郎《优美的安娜贝尔·李寒彻颤栗早逝去》，［英］拉塞尔·塞林·琼斯《太阳来的十秒钟》，［澳大利亚］亚历克斯·米勒《别了，那道风景》获奖。

（王凌雨）

【首届中国作家鄂尔多斯文学奖颁奖】 1 月 18 日，首届（2007 年度）中国作家鄂尔多斯文学奖颁奖仪式在京举行。本届获奖作品共有 11 部（篇），其中叶广芩的长篇小说《青木川》获得 2007 年度中国作家鄂尔多斯文学奖，胡学文《装在瓦罐里的声音》、鲁敏《颠倒的时光》、迟子建《起舞》、薛舒《天亮就走人》、王华《后坡是片柏树林》、梁静秋《恋爱课》等中篇小说，铁流《支书和他的村庄》、纪红建《哑巴红军》、张秉毅《与天地共生》等长篇纪实文学和袁鹰的散文《春草池塘盼远人消息》获优秀奖。

（王凌雨）

【首届网络小说创作大赛颁奖】 4 月 8 日，由中国文联、中共北京市委宣传部指导，北京网络媒体协会携手北京市文学艺术界联合会共同主办的“首届网络小说创作大赛”在京举行颁奖典礼。共有19部作品获奖。其中特等奖1名，一等奖2名，二等奖6名，三等奖10名。中国文联副主席、书记处书记李牧，北京市委副秘书长肖培，北京市委宣传部副部长严立强出席颁奖典礼，并为获奖者颁奖。

（王凌雨）

【2008年度中国作家鄂尔多斯文学奖揭晓】 4月17日，2008年度中国作家鄂尔多斯文学奖在京揭晓。蒋子龙的长篇小说《农民帝国》获中国作家鄂尔多斯文学奖；赵瑜、李杜合著长篇报告文学《晋人援蜀记》，宗璞短篇小说四篇《惚恍小说》等，雪漠中篇小说《豺狗子》，周晓枫散文《夏至》获优秀作品奖；张惠雯、王十月、林森、马小淘、刘明银获新人奖。

（王凌雨）

【宜万铁路有奖征歌颁奖】 6月16日，由中国少数民族作家学会、民族文学杂志社、中国民族摄影艺术出版社和湖北恩施州铁路建设委员会办公室联合主办的“宜万铁路有奖征歌颁奖仪式暨《百年梦想》首发式”在京举行。共评选出获奖作品12首，谈焱焱、王敬东的《盼了一百年》，丁春华的《巴山蜀水游巨龙》获二等奖，云泽的《一条玉带空中走》等10首获优秀作品奖。获奖歌词和部分征集到的歌词作品被收入《百年梦想》丛书。中国作家协会党组原副书记、作家玛拉沁夫，中国作协党组原副书记王巨才，中国作家协会副主席蒋子龙，以及文艺界专家学者、宜万铁路建设指挥部的领导、获奖诗人代表及各民族作家、新闻媒体编辑、记者共140余人参加了颁奖仪式。

（王凌雨）

【“网络文学十年盘点”揭榜】 6月25日，“网络文学十年盘点”闭幕式和揭榜仪式在京举行。江南的《此间的少年》、慕容雪村的《成都，今夜请将我遗忘》、阿越的《新宋》等获十佳优秀作品奖，烟雨江南的《尘缘》、老猪的《紫川》、晴川的《韦帅望的江湖》等获十佳人气作品奖。

（王凌雨）

【第3届“中华铁人文学奖”颁奖】 6月26日，第3届“中华铁人文学奖”颁奖大会在京举行。50部作品和8名个人获奖。该奖和铁人文学专项基金的创立者焦力人获特别贡献奖，《部长与国家》等3部作品获特别奖，冯敬兰等7人获个人荣誉奖。《共和国不会忘记》等作品获荣誉奖，《印度散记》等获提名奖。石油工业部原部长、世界石油大会高级副主席、铁人文学基金会名誉会长王涛，中国作协党组书记、副主席李冰等出席颁奖大会。

（王凌雨）

【第13届《小说月报》百花奖揭晓】 6月，第13届《小说月报》百花奖（2007年～2008年度）揭晓，共有10部中篇小说和10部短篇小说获奖，《北京文学》（精彩阅读）刊发的中篇小说《英雄血》（蒋韵）、《男女关系之悲喜剧》（万方）、《万箭穿心》（方方），短篇小说《一看就是一个新警察》（陈世旭）、《八月十五月儿圆》（刘庆邦）、《灶上还有绿豆羊肉汤》（须一瓜）、《湘绣旗袍》（薛媛媛）榜上有名。

（王凌雨）

【《北京纪事》征文颁奖】 8月18日，国庆60周年《北京纪事》征文颁奖会在京举行。高移生的《洗出的人情味儿——回忆鑫园澡堂》获特等奖，郭大龙的《叶光丽：我初恋的单相思》等4篇获一等奖，赵博渊的《流淌在“头发”里的记忆》等9篇获二等奖，王海滨的《走过北京的桥》等6篇获三等奖。李琨获老作者特等奖，另有14人分获老作者一、二、三等奖。

（王凌雨）

【《北京文学》入选中国北方十佳期刊奖】 8月24日，由中国期刊协会和东北、华北、西北三个地区省（市、区）新闻出版局、期刊协会共同主办，辽宁省新闻出版局、辽宁省期刊协会承办的第3届“中国北方优秀期刊奖”颁奖会在沈阳举行。《北京文学》入选“中国北方十佳期刊奖”。

（王凌雨）

【全国散文作家论坛和征文大赛颁奖】 8月27日～28日，由中国散文学会、北京市写作学会、华夏博学国际文化交流中心等单位主办的“2009年全国散文作家论坛和征文大赛颁奖大会”在京召开，中宣部原部长王忍之，中国作协书记处书记张胜友，中国散文学会副会长石英等领导，以及来自全国各地的散文作家出席了大会。大赛按社会组和学生组评出一、二、三等奖和优秀奖若干名。并评出10名“论坛最佳散文奖”和10名“论坛新秀散文奖”。

（王凌雨）

【新世纪第4届《北京文学》奖颁奖】 9月8日，北京文学月刊社举办的新世纪第4届《北京文学》奖在京颁奖。获奖的有中篇小说《哑炮》（刘庆邦）、《逍遥津》（叶广芩）、《草原》（迟子建）、《万箭穿心》（方方）、《状态》（戈悟觉）；短篇小说《谁能说出真相》（范小青）、《第四十三页》（韩少功）、《灶上还有绿豆羊肉汤》（须一瓜）、《一看就是个新警察》（陈世旭）、《伐木人遥远的微笑》（巴音博罗）；报告文学《天堂上的云朵》（朱玉）、《1978：春雷响起的地方》（何建明）、《留守在北大荒的知青》（朱晓军）、《香港回归祖国10周年回眸》（长江）、《田凤山：一个省部级高官的畸形人生》（泽津）；新人新作奖《烟》（陈爱军）、《照样风光》（王洪勇）、《老同学》（葛佳）；读者最喜爱的一篇报告文学奖《农村留守孩子，中国跨世纪之痛》（阮梅）。

（王凌雨）

【第3届《北京文学·中篇小说月报》奖颁奖】 9月8日，北京文学月刊社举办的第3届《北京文学·中篇小说月报奖》在京颁奖。《骄傲的皮匠》（王安忆）、《豆汁记》（叶广芩）、《逝者的恩泽》（鲁敏）、《姹紫嫣红开遍》（滕肖澜）、《最慢的是活着》（乔叶）、《余震》（张翎）、《莉莉》（笛安）、《老解》（季栋梁）、《致无尽关系》（孙惠芬）9篇作品获奖。

（王凌雨）

【2009年度“诗探索奖”揭晓】 9月25日，由首都师范大学中国诗歌研究中心、海南省澄迈县人民政府联合主办的“2009年度澄迈·诗探索奖”在海南澄迈揭晓并颁奖。王小妮、庞培、霍俊明、张文武分获杰出成就奖、年度诗人奖、评论奖、翻译奖，青年诗人肖水、乌鸟鸟分享新锐奖。谢冕、赵敏俐、杨匡汉、吴思敬、罗振亚、李少君等30余位诗人、评论家出席颁奖会。

（王凌雨）

【第3届“我心中的澳门”全球华文散文大赛揭晓】 10月21日，澳门基金会、澳门特别行政区政府驻北京联络办公室与百花文艺出版社《散文海外版》杂志在京联合举办了第3届“我心中的澳门”全球华文散文大赛揭晓新闻发布会。刘登翰的《骰声灯影背后的澳门》获一等奖。大赛还评出二等奖作品2篇、三等奖作品3篇、优秀奖作品10篇。

（王凌雨）

【“郭沫若诗歌散文奖”颁奖】 10月22日，“郭沫若诗歌散文奖”颁奖仪式在京举行。李瑛的组诗《爱的抒情》获一等奖，雷抒雁的组诗《和声：二重唱》、何西来的散文《居庸关漫兴》获二等奖，李茹的散文《魂断重阳》、庞天舒的散文《龟兹岁月》、商泽军的组诗《中国精神》获三等奖，《一个人从这里走远》等4篇散文、《白庆国的诗》等2个组诗获优秀奖。

（王凌雨）

【中国网络文学节奖项揭晓】 10月26日，作为“第2届中国国际版权博览会”的主题活动之一，中国网络文学节在京举办。通过评选，盛大文学旗下《温暖的弦》的作者安宁被评选为年度最佳作者，起点中文网、红袖添香、晋江原创网等获评年度最佳文学网站。

（王凌雨）

【第12届庄重文文学奖颁奖】 10月26日，由中华文学基金会主办的第12届庄重文文学奖在京举行颁奖典礼。获得本届“庄重文文学奖”的作家是乔叶、徐则臣、李浩、金仁顺、鲁敏、李朝全、李美皆、李骏虎。铁凝出席颁奖仪式。

（王凌雨）

【第7届人民文学奖揭晓】 10月30日，第7届人民文学奖颁奖典礼在京举行。王树增的《解放战争》和徐坤的《通天河》获特选作品奖，刘震云的《一句顶一万句》获优秀长篇小说奖，袁劲梅的《罗坎村》和东紫的《春茶》获优秀中篇小说奖，铁凝的《伊琳娜的礼帽》和张炜的《东莱五记》获优秀短篇小说奖，王小妮的《二〇〇八上课记》和蒋方舟的《审判童年》获优秀散文奖，牛汉的《诗七首》和刘希全的《南宋庄》获优秀诗歌奖。

（王凌雨）

【第1届法制文学原创作品大赛颁奖】 11月3日，由中国法学会法制文学研究会主办的“第1届中国法制文学原创作品大赛表彰大会暨第2届中国法制文学原创作品大赛启动仪式”在京举行。高洪波及文学界、司法界、社科界人士近百人出席了颁奖仪式。第1届中国法制文学原创作品大赛共有34部（篇）作品36名作者获奖，作品涵盖文学理论、小说、散文随笔等领域。11部作品入选原创作品获奖书系，由中国人民公安大学出版社出版。

（王凌雨）

【“放歌60年”征文颁奖】 11月20日，由人民日报社和中国作家协会联合举办的“放歌60年”征文颁奖会在京举行。20篇作品获征文精品奖。中国作协党组书记、副主席李冰，人民日报社社长张研农出席颁奖会并讲话。获奖作家代表、评委代表、特约编辑，以及文学界、新闻界共120余人参加了颁奖会。

（王凌雨）

【全国优秀童谣评选结果揭晓】 11月23日，中央宣传部、中央文明办、教育部、团中央、全国妇联开展的全国优秀童谣评选活动揭晓。《忙坏老出租》等10首童谣获一等奖，《小企鹅上学》等10首童谣获二等奖，《量词歌》等20首童谣获三等奖，《竹简》等40首童谣获优秀奖。

（王凌雨）

【“我与文联”征文颁奖座谈会】 11月26日，“我与文联”大型征文活动颁奖座谈会在京召开。座谈会通报了征文活动情况，宣读了征文活动获奖名单。才旦卓玛、张海、周小燕、姜昆、徐肖冰5人获特等奖，于蓝等10人获一等奖，山翀等20人获二等奖，丁慰南等35人获三等奖。

（王凌雨）

【第12届“北京杂文奖”评选揭晓】 11月，由北京市杂文学会与《北京日报》等联合举办的第12届“北京杂文奖”评选揭晓。一等奖8篇、二等奖11篇、三等奖18篇。有3篇作品获新人奖。

（王凌雨）

【新中国60年优秀报告文学奖颁奖】 12月23日，“新中国60年优秀中短篇报告文学奖”在京颁奖，林韦的《记中央人民政府成立盛典》，魏巍的《谁是最可爱的人》，穆青、冯健、周原的《县委书记的榜样——焦裕禄》，徐迟的《哥德巴赫猜想》等30篇作品获奖。

（王凌雨）

交　流

【澳大利亚文学周】 3月16日~20日，2009年澳大利亚文学周在北京和成都举办。此次文学周围绕“追溯历史”的主题，设多场文学对话和专题讨论，通过风格各异的澳大利亚当代文学作品展现该国的多元文化、文化的发展历程。首届澳大利亚文学周于2008年在中国举行。

（王凌雨）

【作家赴娄底采风】 6月3日~7日，由中国作协创联部和湖南省娄底市委、市政府联合举办的“中国著名作家看娄底”采风创作活动举行。陈建功、谭谈、陈世旭、韩少功、刘庆邦、韩小惠、蒋子丹、徐怀谦、夏申江、唐浩明、罗成琰、弘征、龚政文、梁瑞郴、奉荣梅等参加活动。

（王凌雨）

【“中国诗歌万里行·走进黑茶之乡”活动】 6月18日~20日，中国诗歌学会组织诗人、作家和评论家到湖南，参加“益阳·中国诗歌之乡”授牌暨“中国诗歌万里行·走进黑茶之乡”活动。湖南省文联、湖南省作协有关领导参加了活动。

（王凌雨）

【中华传记文学（香港）国际学术研讨会】 7月22日~24日，以中国传记文学学会会长万伯翱为团长的中国传记文学学会代表团赴港参加了“中华传记文学（香港）国际学术研讨会”。此次会议由香港艺术发展局主办，香港大学中文学院协办，旨在推广中国传记文学的创作和研究。参加这次研讨会的有来自中国、韩国、美国等国家和地区的传记文学作家、评论家50余人。

（王凌雨）

【北京作协赴鹤岗采风】 8月10日~16日，北京作协组织合同制作家、编辑、记者、青年作家等15人赴黑龙江鹤岗采风。作家们参观了煤矿，深入到地下800米深的工作面，了解煤矿的生产情况；还与鹤岗矿区的文学爱好者

北京作协组织作家赴黑龙江鹤煤集团采访，和矿领导一起深入到800米深的矿井下

举行座谈会，就煤矿题材文学创作进行交流。

（王凌雨）

【陈映真创作50年学术研讨会】 9月18日，由全国台联和中国作协联合主办的“陈映真先生创作50年学术研讨会”在京举行。全国政协原副主席、全国台联名誉会长张克辉出席会议并讲话。中国作协副主席陈建功、全国台联会长梁国扬分别代表主办单位致辞。陈映真夫人陈丽娜代表康复中的陈映真出席。大陆文学界专家学者、在京台胞及有关方面人士近50人参会。与会者就陈映真作品的思想价值与艺术境界进行了研讨。陈映真是第一个以小说形式表现台湾20世纪50年代白色恐怖时期革命者斗争的作家。1988年，他发起成立“中国统一联盟”，并任主席。

（王凌雨）

【中国作家出席法兰克福书展】 德国当地时间10月14日，法兰克福国际书展中国主题馆内，余华、莫言、苏童、李洱、葛水平和须一瓜6位国内知名作家同时在新闻发布会亮相，与到场读者进行了交流。这6位作家是中国当代作家走向世界的代表，他们的作品被译成多种文字，在世界各地拥有众多读者。

（张燕鹰）

【蒙古国作家代表团访华】 11月2日，蒙古国作家代表团访问中国作协，就中蒙文学现状与中国作家代表进行了深入交流。中国作协党组成员、书记处书记杨承志，诗人张同吾，以及作家郭雪波、高叶梅、谭旭东参加座谈。以蒙古国作协主席、诗人孟克其其格·高为团长的作家代表团一行四人，先后访问了上海、浙江、北京，参观了鲁迅故居、鲁迅纪念馆和中国现代文学馆，并与当地作家进行了文学交流。

（王凌雨）

纪念

【《橄榄绿》公开发行10周年研讨会】 2月13日，由武警总部政治部宣传部举办的《橄榄绿》文学期刊公开发行10周年研讨会在京举行。《橄榄绿》是武警部队唯一的文学性期刊。武警总部政治部副主任张补旺、总政宣传部艺术局局长秦威、总政宣传部新闻出版局副局长齐忠亮、《解放军文艺》主编王瑛以及作家、评论家雷达、冯敏、王占君、高津滔、李鑫、丁临一、施战军、曹宇翔、徐剑等出席，并就《橄榄绿》10年来所走过的路程进行了研讨。

（王凌雨）

【冰心逝世10周年纪念活动】 2月28日~3月29日，由中国现代文学馆、福建省文学艺术界联合会、中共长乐市委市政府、冰心研究会和冰心文学馆联合主办的冰心逝世10周年系列纪念活动在京举行。活动包括“永远的冰心”冰心逝世十周年纪念展览和冰心文学系列讲座。

（王凌雨）

【孙轶青逝世】 3月17日，中华诗词学会会长孙轶青在京逝世，终年87岁。孙轶青，1922年生于山东乐陵。1938年加入中国共产党。新中国成立后，历任团中央常委，全国青联副主席，中国青年报社社长兼总编辑，《北京日报》党委书记兼总编辑，《人民日报》党的核心领导小组副组长、副总编辑，国家文物局局长、第六届全国政协副秘书长等职。他自幼爱好书法与传统诗词，善行草，诗书结合。著有《开创诗词新纪元》《孙轶青诗词集》《孙轶青书法作品选》等。2008年被中华诗词学会授予“中华诗词终身成就奖”。

（王凌雨）

【新田园诗歌大赛活动开展15周年座谈会】 3月21日，新田园诗歌大赛活动开展15周年座谈会在京召开。与会者就新田园诗歌创作的发展历程与当下写作状况进行研讨。新田园诗歌创作致力于歌颂我国农村经济改革的成就，展现改革开放以来广大农村出现的新气象。

（王凌雨）

【林斤澜逝世】 4月11日，小说家林斤澜因病在京逝世，享年86岁。林斤澜，1923年生于浙江温州，原名林庆澜。1945年毕业于国立社会教育学院。新中国成立后，在北京市文联创作组从事剧本创作，曾任《北京文学》主编、中国作协北京分会副主席等职。代表作为《十年十癔》系列、《门》系列。著有剧作集《布谷》，小说集《春雷》《山里红》《满城飞花》《林斤澜小说选》《矮凳桥风情》，文论集《小说说小》，散文集《舞伎》等。

（王凌雨）

【马萧萧逝世】 4月26日，被誉为中国对联界泰斗的马萧萧在京逝世，享年88岁。马萧萧，1921年生于山东安丘，原名马振。1948年毕业于西北农学院，同年转入延安大学。1952年调入团中央。曾任中国青年出版社、中国少儿出版社美术编辑室主任，中国民间文艺家协会书记处书记兼中国民间文艺出版社总编辑。离休后创办了中国楹联学会，历任常务副会长、会长、名誉会长。著有《石牌坊的传说》《翠笛引》《马萧萧诗稿》《马萧萧联稿》等。

（王凌雨）

【纪念鲁藜逝世10周年学术研讨会】 5月，纪念鲁藜逝世10周年学术研讨会在京召开。各地诗人、作家、学者60余人参加了研讨会。吴思敬等专家学者从诗歌美学、诗史地位、战士人品与艺术品格等诸多方面对鲁藜的人生道路和创作成就进行了研讨。

（王凌雨）

【纪念郭沫若新诗创作90周年文化活动】 5月26日，由中国文联主办、郭沫若纪念馆等单位承办的“翱翔的凤凰”纪念郭沫若新诗创作90周年暨郭沫若题词（匾）大展启动文化活动在京举行。全国政协原副主席孙孚凌，中国文联党组成员、书记处书记廖奔，中国书协顾问张飙，以及文学、书法、演艺、教育、工商、新闻界出席了活动。

（王凌雨）

【葛翠琳文学创作60周年座谈会】 6月6日，作家葛翠琳从事文学创作60周年座谈会由中国现代文学馆等主办。陈建功出席座谈会并讲话。葛翠琳现任北京作家协会专业作家、冰心奖评委会副主席兼秘书长。60年来，葛翠琳出版了童话集《野葡萄》、散文集《十八个美梦》、长篇童话《幸运明星》等作品，获得过第2届全国儿童文学创作奖一等奖和第3、第7届全国优秀儿童文学奖。

（王凌雨）

【中国科普作家协会庆祝成立30周年】 8月14日，中国科普作家协会成立30周年庆祝大会暨繁荣科普创作论坛在京举行。新闻出版总署副署长李东东、中国科普作家协会理事长刘嘉麒院士以及社会各界领导、来宾和中国科普作家协会会员代表共计200多人出席大会。大会向87名会员授予荣誉奖，同时还举办了“繁荣科普创作论坛”和中国科普作家协会会员科普作品展。

（王凌雨）

【舒芜逝世】 8月18日，作家、文学评论家舒芜因病在京逝世，享年87岁。舒芜，原名方管。曾任国立女子师范学院、江苏学院、南京师范学院副教授、教授。新中国成立后，任广西文学艺术界联合会研究部长、南宁市文联副主席。1952年到北京，历任人民文学出版社编辑、编辑室副主任、编审，中国社会科学杂志社编审。主要著作有《挂剑集》《说梦录》《周作人概观》《舒芜集》等。

（王凌雨）

【王度庐百年诞辰纪念座谈会】 8月20日，由北京市社会科学院满学研究所和文学研究所联合举办的“纪念王度庐先生诞辰100周年座谈会”在京举行。来自全国十多所高校、科研机构、媒体的学界同仁以及王度庐的亲属参加了会议。与会者研讨了王度庐的文学风格和艺术贡献。王度庐，1909年生于北京，满族，原名葆祥（后改为“翔”），字霄羽，笔名“度庐”。著有《河岳游侠传》《宝剑金钗记》《剑气珠光录》《紫电青霜录》《舞鹤鸣鸾记》《卧虎藏龙传》《铁骑银瓶传》《古城新月》《落絮飘香》《虞美人》《海上虹霞》等，20世纪40年代与还珠楼主、白羽、郑证因、朱贞木并称“北派五大家”。1977年去世。

（王凌雨）

【《文艺报》创刊60年茶话会】 9月25日，《文艺报》创刊60周年茶话会在京举行。文艺报社离退休干部、报社全体职工共50余人与会，回首报社60年的历程，展望文学界的明天。中国作协、中国作家出版集团、管委会相关领导出席茶话会。

（王凌雨）

【《俄罗斯文艺》创刊30周年学术研讨会】 10月17日，由北京师范大学外文学院与俄罗斯文艺杂志社共同主办的“‘俄罗斯文学在中国的传播’暨《俄罗斯文艺》创刊三十周年学术研讨会”在京举行。中国俄罗斯研究会会长石南征、俄罗斯驻中国大使馆官员等90多人出席研讨会。与会者就《俄罗斯文艺》的创刊史和学术价值等问题作主题发言。从不同视角对俄罗斯文学与文论在中国的传播及研究展开讨论。

（王凌雨）

【南社百年纪念活动】 10月26日，南社与柳亚子研究会在京举行百年南社纪念雅集，张炯、王飚、李锐、康奉、范用等出席活动。南社是中国近代史上第一个大规模革命文化团体，1909年11月13日由同盟会会员陈去病、高旭和柳亚子在苏州虎丘张公祠发起成立。南社以研究文学、提倡气节为宗旨，致力于弘扬爱国热情，光大中华民族传统文化。“雅集”是南社的主要活动形式，从1909年至1922年，南社先后举行过18次雅集。11月28日，中央文史研究馆和中华诗词学会在京联合举办了纪念南社成立100周年座谈会。

（王凌雨）

【纪念《人民文学》创刊60周年茶话会】 10月28日，纪念《人民文学》创刊60周年茶话会在京举行。中国作协党组副书记、书记处书记张健代表铁凝、李冰和作协党组书记处向《人民文学》创刊60周年表示热烈祝贺，向60年来为文学事业发展付出辛勤劳动的老同志表示崇高的敬意。

（王凌雨）

【杨宪益逝世】 11月23日，翻译家、外国文学研究专家、诗人杨宪益在京逝世，享年95岁。杨宪益，1915年生于天津。1934年到英国牛津大学墨顿学院留学，研究古希腊罗马文学、中古法国文学及英国文学。1940年回国，历任重庆大学副教授，贵阳师范学院英语系主任，成都光华大学英文教授，在重庆北碚及南京任编译馆编纂。新中国成立后，任北京外文出版社翻译，曾与夫人戴乃迭合作翻译《魏晋南北朝小说选》《唐代传奇选》《宋明平话小说选》《聊斋选》《儒林外史》《红楼梦》等，另著有《译余偶拾》。

（王凌雨）

评论与研究

【《通向询构批评——当前文学批评的一种取向》】 载《当代文坛》第1期，作者王一川。文章探讨了质询与建构中濡染文学素养的批评方式。

（白　莲）

【《戎马吟》出版座谈会】 3月17日，由国防大学政治部主办的赵可铭上将诗词集《戎马吟》出版座谈会在京举行。该书收录了47首诗和53首词，展现了一名军人从普通战士成长为共和国上将的宽广胸怀，反映了军旅人生如诗如画的广阔画卷。中国作协、中国文联、中华诗词学会等有关单位的艺术家和专家学者等近百人出席了座谈会。

（王凌雨）

【金涛科学文艺创作学术研讨会】 4月17日，中国科普作家协会科学文艺委员会等单位联合举办“金涛科学文艺创作学术研讨会”。金涛自20世纪50年代开始科学文艺创作，创作了《月光岛》等当代科学文艺作品。

（王凌雨）

【歌德—席勒国际学术研讨会举行】 4月25日，由中国社会科学院外国文学研究所、中国外国文学学会德语文学研究会主办的“歌德—席勒国际学术研讨会”在京召开，会议的主题是“文化视域里的歌德、席勒和德国古典文学时代”。

（王凌雨）

【《中国诗词年鉴（2009）》定稿会暨霍松林、刘征线装文集出版座谈会】 5月20日，由线装书局主办的《中国诗词年鉴（2009）》定稿会暨霍松林、刘征线装文集出版座谈会在京举行。出席会议的有文化部副部长、故宫博物院院长郑欣淼，中央文史馆馆长、北京大学文学院院长袁行霈等20余人。

（王凌雨）

【《新中国马克思主义文艺理论六十年》】 载《文艺理论与批评》第5期，作者董学文。文章对新中国60年马克思主义文论研究进行了概括和总结，描述了马克思主义文论的中国化。

（白　莲）

【乡土中国现代化转型与乡土文学创作研讨会】 6月7日，在由中国青年政治学院中文系、中国人民大学文艺思潮研究所与当代作家评论杂志社共同主办的“乡土中国现代化转型与乡土文学创作学术研讨会”在京召开。会议就乡土文学创作中出现的一些现象、乡土文学所面临的问题和未来发展趋势等问题进行了探讨与论争，20多位作家、学者参加了研讨。

（王凌雨）

【中国诗歌学会举办网络诗歌研讨会】 6月10日，由中国诗歌学会中国诗歌网主办的“中国网络诗歌研讨会”在京举行，与会者就当前中国网络诗歌的现状与发展、中国诗歌网开通五年来的成绩和不足进行探讨。

（王凌雨）

【《中国作家》座谈“评论栏目”】 6月14日，《中国作家》召开该刊“评论栏目”座谈会。中国作协党组成员、中国作家出版集团党委书记兼管委会主任何建明出席座谈会。评论家、学者谢冕等参加了座谈会。与会评论家、学者对《中国作家》的“评论栏目”给予了充分肯定，并对“评论栏目”的前景、切实推进中国文学的原创性以及文学评论的深入性研究等进行了研讨。

（王凌雨）

【网络四作家作品研讨会】 6月15日，由《文艺报》和盛大文学共同主办的“起点四作家作品研讨会”在京举行，胡平、阎晶明、彭学明、白烨、贺绍俊、张颐武、王干、邵燕君、石一宁、胡殷红、马季等评论家以及盛大文学总裁吴文辉等出席研讨会。与会专家以我吃西红柿、跳舞、唐家三少和血红4位网络文学作家的创作为切入点，对网络文学发展历程进行了总结和梳理，提出网络文学写作的优势和不足。

（王凌雨）

【张之路儿童幻想作品研讨会】 6月22日，由中国科普作家协会科学文艺委员会和北京师范大学中国儿童文学研究中心共同组织的“张之路儿童幻想作品研讨会”在京举行。高洪波致信祝贺。中国作协儿童文学委员会副主任张之路曾获得国际安徒生奖提名奖和中国安徒生奖，被国际儿童读物联盟中国分会任命为中国推广儿童阅读大使。其作品曾获中国图书奖一等奖。

（王凌雨）

【“茅盾与时代思潮”研讨会】 6月27日，中国茅盾研究会主办的“茅盾与时代思潮”学术研讨会在京举行。与会者就茅盾的创作与文学思潮、社会思潮以及茅盾的创作个性等问题展开深入研讨。

（王凌雨）

【《从“启蒙”到“启蒙后”——“中国批评”之转变》】 载《文学评论》第6期，作者部元宝。文章尝试梳理现当代中国文学批评从“启蒙”到“启蒙后”的总体脉络。

（白　莲）

【中国文学思想史学术研讨会】 7月11日，中国文学思想史学术研讨暨罗宗强八十寿辰纪念会在京举行。傅璇琮等专家学者就中国文学思想史研究以及罗宗强在该方面的学术成就及学术特色发表了见解。

（王凌雨）

【当前文学发展状况研讨会】 8月18日，由文艺报社和中国作协创研部联合主办的“当前文学发展状况研讨会”在京召开。陈建功出席了会议。范咏戈等18位评论家就当前文学发展面临的形势、挑战和存在的问题以及应该如何应对等问题展开探讨。

（王凌雨）

【柯岩创作生涯60周年座谈会】 8月27日，由中国作协主办的“柯岩创作生涯60周年暨《柯岩文集》首发式座谈会”在京举行。刘云山发来贺信。中宣部副部长翟卫华宣读了贺信。铁凝等相关方面领导和著名作家、学者200余人出席座谈会。铁凝在座谈会上致辞，并代表中国作协为柯岩颁发了“从事文学创作60年”证章和证书。

（王凌雨）

【《文学批评的新境遇与新挑战》】 载《文艺研究》第8期，作者白烨。作者认为：进入新世纪之后，由于经济基础、文化环境和传媒手段发生了变异，文学批评遇到了新境遇与新挑战。

（白　莲）

【首届中国原创冒险文学研讨会】 9月8日，由中国轻工业出版社青少部主办的“首届中国原创冒险文学暨《冒险大王》研讨会”在京召开。中宣部出版局副局长刘建生等50余人参加了研讨会。与会者围绕“世界类型化文学作品的影响力”、“中国儿童文学类型化创作的发展”以及《中国原创冒险文学书系》的出版价值和意义等进行了研讨。

（王凌雨）

【《走进特高压》首发座谈会】 9月10日，由中国作家协会创研部、英大传媒集团联合举办的长篇报告文学《走进特高压》首发座谈会在京举行。作品由古清生、黄传会联袂创作。作品真实地记录了在特高压工程建设中，决策组织、科技创新、施工建设、管理营运等诸多环节上所发生的故事，展示了“国家电网人”的风采。

（王凌雨）

【“中国当代文学六十年”国际学术研讨会】 9月18日，由首都师范大学文学院、中国当代文学研究会和《文艺争鸣》杂志社共同主办的“中国当代文学六十年”国际学术研讨会在京召开。杨匡汉、陈晓明、毕光明、张学军、王光明、李怡、白烨、邵燕君、程光炜、汪守德、吴翔宇等人出席了研讨会。与会者就文学史研究、文学现状与文本研究、文学生产机制等问题进行了探讨。

（王凌雨）

【辽金文学学会第5届年会暨学术研讨会】 9月19日，由中国辽金文学学会（筹）、中国传媒大学文学院、《民族文学研究》编辑部联合主办，由中国传媒大学文学院和中国传媒大学审美文化研究所承办的中国辽金文学学会第5届年会暨学术研讨会在京举行。与会专家学者回顾了60年来辽金文学研究的成就，对近期辽金文学研究的热点现象和新问题进行了探析。

（王凌雨）

【科学与诗歌研讨会】 9月22日，中国科普作家协会科学文艺委员会、中国科学院文学艺术联合会、北京师范大学中国儿童文学研究中心、科学时报社在京召开科学与诗歌研讨会。研讨会上，中国科学院院士丁夏畦、戴汝为、严加安、李邦河与科学诗人、科普作家郭曰方、居云峰、颜基义、刘洪海、王直华、吴岩、尹传红、郑培明、星河、涂明求等围绕科学与诗歌的关联和创作体会、60年科学诗发展的经验和未来路径等展开讨论。

（王凌雨）

【商泽军长诗《飞翔的中国》研讨会】 9月23日，时代出版传媒股份有限公司、安徽少年儿童出版社主办的商泽军儿童抒情长诗《飞翔的中国》作品研讨会在京召开，高洪波出席研讨会。作品回顾了中国共产党的诞生以及新中国成立以来的辉煌历程，讴歌了新中国成立60年尤其是改革开放30年以来在各个方面取得的巨大成就。

（王凌雨）

【《六十年与六十部——共和国文学档案》研讨会】 9月28日，由杨匡汉、杨早主编的《六十年与六十部——共和国文学档案》研讨会在京举行。该书包括小说、诗歌、散文及报告文学、话剧4个文学体裁门类下的60部作品，展现了新中国文学60年的整体风貌。与会者认为，这本书着意于“史”的考量，以点带面、述论兼顾，在个案分析的同时，也融合了作品论、作家论和文学史写作。该书为了解和研究新中国文学发展提供了借鉴。

（王凌雨）

【《走向新境：中国当代文学理论60年》】 载《文艺争鸣》第9期，作者童庆炳。文章描述了新中国60年文学理论发展的三个时期。

（白　莲）

【《北方佳人》研讨会】 10月20日，由中国作家协会重点作品创作扶持办公室、北京市新闻出版局、北京作家协会和北京出版集团有限责任公司联合主办的“《北方佳人》（北京出版社出版）研讨会”在京举行。该书被北京市评为重点图书、重点扶持项目。近50位作家、评论家、出版人以及文化记者与会，从不同角度对这部作品的思想艺术成就及其对当代历史小说发展的贡献进行了探讨。

（王凌雨）

【《中国军旅文学50年》研讨会】 10月23日，由全国社科基金项目规划办公室、中国作协重点作品扶持办公室、总政宣传部艺术局、解放军出版社和解放军艺术学院等单位联合举办的“《中国军旅文学50年》暨当代军旅文学研讨会”在京行。铁凝出席并讲话。该书由解放军艺术学院原副院长朱向前主持完成。与会者以该书为话题，总结了60年来军旅文学创作与军旅文学批评的成就与得失，并就新世纪军旅文学的发展走向进行了分析与展望。

（王凌雨）

【“天籁之韵——幼儿文学60年”研讨会】 10月25日，由中国作家协会儿童文学委员会和中国少年儿童新闻出版总社主办，低幼读物出版中心承办的“天籁之韵——幼儿文学60年研讨会”在京召开。中国儿童文学委员会主任高洪波，中国少年儿童新闻出版总社社长李学谦出席会议并讲话。来自全国各地的儿童文学作家、文学评论家、儿童教育专家、绘本阅读推广人、儿童插画家、儿童读物出版家等参加了研讨会。与会者围绕新中国成立60年来幼儿文学的发展历程，幼儿文学的现状，期刊和图书等不同媒体传达的幼儿文学、原创图画书的出版现状及未来展望等方面进行了讨论。

（王凌雨）

【袁可嘉诗歌创作与诗歌理论研讨会】 10月31日，由中国当代文学研究会、首都师范大学中国诗歌研究中心联合举办的“袁可嘉诗歌创作与诗歌理论研讨会”在京举行，屠岸等来自全国各地的专家、学者40余人进行了广泛而认真的研讨。袁可嘉的夫人程其芸、女儿袁晓敏与会并致辞。袁可嘉是“九叶派”著名诗人，曾参加《毛泽东选集》的英译工作，著有《西方现代派文学研究》《现代派论英美诗论》《论新诗现代化》《半个世纪的脚印——袁可嘉文选》等。

（王凌雨）

【“中国现代文学新史料的发掘与研究”国际学术研讨会】 11月1日，由中国现代文学馆和中国现代文学研究会联合主办的“中国现代文学新史料的发掘与研究”国际学术研讨会在京召开，来自海内外的100多位现代文学研究界的专家学者与会。此次研讨会对中国现代文学领域近年来的学术成果作了梳理和总结，对新史料发掘与研究中面临的问题也进行了深入的分析和探讨。

（王凌雨）

【“祖国好”华语文学艺术创作论坛】 11月2日，2009年华语文学艺术创作论坛在京举行。与会专家、学者和获奖文艺家就如何加强华语文学艺术的创作与交流，当代华语文学艺术的发展方向和目标的确立进行研讨。

（王凌雨）

【张胜友政论作品研讨会】 11月5日，由中国作家协会重点作品扶持办公室、文艺报社、人民文学杂志社、人民文学出版社和五洲传播出版社编辑室联合主办的“张胜友政论作品研讨会”在京举行。研讨会以研讨报告文学《行走的中国》《珠江，东方的觉醒》为主，同时关注其政论影视文学作品。陈建功出席会议并讲话。与会者对张胜友的政论影视文学作品进行了深入研讨，并对政论影视文学这一文体的发展发表了各自的看法。

（王凌雨）

【中华诗词60年高峰论坛】 11月5日，由首都师范大学中国诗歌研究中心主办的“中华诗词六十年高峰论坛暨创作研讨会”在京举行。来自全国各地的诗词作者和有关方面领导100余人参加了研讨会。与会学者就60年来中华诗词的发展与演变、当代中华诗词成就的综合研究、当代诗词重要作家和重点社团研究、当代诗词创作现状等问题展开讨论和探究。会上，由中国文史出版社出版的《中华六十年诗人大典》三卷本正式发行。

（王凌雨）

【顾随诗词研讨会】 11月7日，中华诗词研究院在京举办了以“缅怀恩师品德，传承文化精髓”为主题的顾随诗词研讨会。顾随的学生，台湾文化艺术界联合会理事主席陆炳文和来自海峡两岸及香港地区的学者数十人参加了研讨会。与会者缅怀了顾随毕生教书育人、传承文化的业绩。

（王凌雨）

【周振华《跪拜大地》散文作品集研讨会】 11月10日，北京市文联和《北京文学》编辑部召集30余位作家评论家联合举办“周振华《跪拜大地》散文作品集研讨会”。与会者认为周振华散文富有灵性，直抒胸臆，情感真切，取名“跪拜大地”，是对家乡、祖国、大地感恩的真情流露。

（王凌雨）

【韩小蕙散文理论研讨会】 12月9日，由北京作协主办的“韩小蕙散文理论暨散文的可能性研讨会”在京召开。韩小蕙多年来担任《光明日报》文荟副刊主编，并从事散文创作。邓友梅等与会者认为，韩小蕙的散文创作态度真诚，散文评论中体现出视角的独特和知识的广博。她对新时期散文的梳理见证了当代新散文创作的发展历程，有一定的文献价值。

（王凌雨）

培训、调研

【中国作协开办外国文学系列讲座】 3月19日，中国作协开办的外国文学系列讲座首场讲座在京举行。中国社会科学院外国文学研究所李永平博士为中国作协相关领导和相关专业技术人员作了关于德国文学的讲座。

（王凌雨）

【中国作协开展作家挂职深入生活的主题调研】 5月25日~6月2日，高洪波率领中国作协调研小组一行赴陕西、河北，就作家挂职深入生活的情况进行调研。

（王凌雨）

【全国少数民族作家“祖国颂”创作研讨班】 6月12日~20日，中国作家协会民族文学杂志社、中国少数民族作家学会联合主办的全国少数民族作家“祖国颂”创作研讨班在京举办。全国55个少数民族各有1~2名代表参加了这次研讨班。他们多在《民族文学》发表过作品，经由各省区作协推荐，具有一定创作成果，年龄多在40岁以下，其中包括具有一定创作潜质的“80后”“90后”作家。

（王凌雨）

【《儿童文学》举办首届少年作家讲习班】 7月19日~23日，由儿童文学杂志社主办的《儿童文学》首届少年作家讲习班活动在京举行。受邀参加这次活动的小作家是《儿童文学》杂志从全国优秀少年作者中遴选出的。讲习班邀请了金本等儿童文学作家授课。

（王凌雨）

【刘一达举办“京味文学”讲座】 10月24日，京味作家刘一达与读者见面会在京举行。见面会上，刘一达作了题为《京味文学与北京方言》的讲座。刘一达从1980年起开始文学创作，出版发行了40多部、1000多万字的反映北京文化和北京人生活的京味儿报道及纪实文学作品。

（王凌雨）

捐赠、收藏

【林庚稿本手迹专著捐赠中国现代文学馆】 6月9日，已故诗人、文学史家、教育家林庚的一批稿本、手迹及诗歌类专著由其亲属捐赠给中国现代文学馆收藏。中央文史研究馆馆长、北京大学国学院院长袁行霈，中国作协副主席、中国现代文学馆馆长陈建功，中国现代文学馆常务副馆长李荣胜等出席捐赠仪式。

（王凌雨）

【台湾作家捐献影音资料】 10月17日，台湾作家、摄影家王璞将自己历时10年拍摄的127位台湾作家的录影传记和300多次作家艺文活动影像资料共416张光盘，无偿捐赠给中国现代文学馆。

（王凌雨）

出版物

【《文学多维度》】 文学评论集，作家出版社1月出版，作者张炯。该集分作家评论、作品解读、历史透视和理论探讨，并以史家的眼光对我国20世纪和新中国的文学进行回顾和透视。

（白　莲）

【《审美的激变》】 文学评论集，作家出版社1月出版，作者陈晓明。该书分为上下两编，汇集了作者20世纪80年代末以来有代表性的论文。

（白　莲）

【《游牧的文学时代》】 文学评论集，作家出版社1月出版，作者孟繁华。该书包括文学史研究、文学思潮研究以及文学现象评论。

（白　莲）

【《为文学申辩》】 文学评论集，作家出版社1月出版，作者李敬泽。该书收选了作者2003年～2006年间的文论，包括对文学现象、文化现象的分析和作家作品研究。

（白　莲）

【《中国报告文学的凝思》】 文学评论集，作家出版社1月出版，作者李炳银。该书研究了中国报告文学的历史流变与现实状态。

（白　莲）

【《彼岸的诱惑》】 文学评论集，作家出版社1月出版，作者吴义勤。该书包括研究中国当代文学思潮、当代作家作品以及各种文学现象的论文。

（白　莲）

【《文学的常道》】 文学评论集，作家出版社1月出版，作者谢有顺。论文集从中国当代文学入手，重艺术阐释，也重对文学精神发展大势的批判。

（白　莲）

【《我愿小说气势如虹》】 文学评论集，作家出版社1月出版，作者阎晶明。评论集包括关于对当代文学批评理论和最新文学潮流与态势的分析和探讨，以及对最新文学创作的追踪和品评。

（白　莲）

【《演变与挑战》】 文学评论集，作家出版社1月出版，作者白烨。作品分两辑。一是思潮追踪，侧重于对文学历程的梳理与解析；二是创作评论，从年度综评和作家作品两个角度，系统论述了长篇小说的长足演进。

（白　莲）

【《当前文学症候分析》】 文学评论集，作家出版社1月出版，作者雷达。该书通过对中国当代文学审美趋向的宏观俯瞰，对当今文学的精神生态、资源危机、创作症候的分析，对原创力匮乏的深思，以及对新世纪前后中国长篇小说代表作进行了评价。

（白　莲）

【《人民文学》推出新锐专号】 7月，《人民文学》出版的第600期推出新锐专号，收录以郭敬明为代表的一批“80后”作家的作品。

（王凌雨）

戏　　剧

2009年是中华人民共和国成立60周年的喜庆之年，为庆贺这一伟大节日，北京的戏剧舞台从新年伊始，便呈现出一派繁荣景象。

在戏曲团体表演方面，国家话剧院、中央戏剧学院、北京人民艺术剧院的话剧创作，尤其是小剧场话剧的创作和演出十分活跃、突出，总政话剧团、空政话剧团、战友文工团、武警文工团、煤矿文工团、铁路文工团及国家大剧院、东方先锋剧场推出的演出季占据着北京话剧舞台的重要位置。在国有话剧表演团体处于话剧演出的主导地位的同时，其他话剧表演团体也发挥着重要作用。中国儿童艺术剧院、北京儿童艺术剧院股份有限公司、中国木偶艺术剧院有限公司依然是北京儿童剧创作演出的主要团体。北京京剧院和中国京剧院作为国家级的重点京剧院团，无论是在创作方面还是在演出方面，都占据重要位置，而北京军区战友文工团也发挥着重要作用。北方昆曲剧院、中国评剧院、北京市河北梆子剧团和北京市曲剧团作为各个剧种的代表性表演团体，有着不可替代的主要作用。

在戏剧作品方面，北京地区的戏剧表演团体新创作了大量剧目。其中，话剧作品占据了主要地位。国家话剧院创演了《荒原与人》《大过年》《塞纳河少女的面膜》等。北京人艺创演了《知己》《窝头会馆》等。中央戏剧学院创演了《秦王政》；总政文工团创演了《毛泽东在西柏坡的遐想》；空政文工团创演了《雷霆玫瑰》；武警文工团创演了《独生女——让你任性》；煤矿文工团创演了《我不流泪》；铁路文工团创演了《回忆》等新编剧目。国家大剧院、先锋剧场等演出场所还推出《操场》《越狱》《简·爱》《黄金时代》《将话剧进行到底》《大学生村官》《堂吉诃德》《培尔·金特》等剧目。

2009年，尤为突出的是小剧场艺术，它不但自成体系、自成规模，而且支撑起北京演出市场的半壁江山。为了引导小剧场艺术的发展，为北京的戏剧发展和繁荣提供更多的展示平台，北京市文化局专题召开了“小剧场建设与发展”座谈会，各表演团体也纷纷推出了新创作的小剧场剧目《剩女郎》《开心开心的农场》《马前马前》《远山烛光》《你在红楼我在西游》等。

2009年的戏曲演出市场，继承传统、升华经典，在以优秀年轻演员和优秀传统经典剧目为主的同时，推陈出新，创作了一些新剧目。如战友京剧团的《红沙河》，凌空评剧团创排的贺岁评剧《灶王爷》，北方昆曲剧院编排的《陶然情》，丰富了北京的戏曲舞台。

2009年的北京戏剧还有几大亮点：一是高层次的学术交流研讨会多。如京剧艺术传承与发展研讨会、第3届京剧学国际学术研讨会、2009首都高校京剧论坛、第4届亚洲戏剧教育论坛、首届戏文学科战略发展研讨会、小剧场建设与发展座谈会、中国戏曲理论国际学术研讨会、第3届剧院团论坛等学术研讨活动。另外，国际文化艺术交流活动也很活跃，如第2届法国戏剧荟萃系列活动，日本能剧在长安大戏院上演昆曲、能乐合演《竹取物语》等。台湾儿童剧《堂吉诃德冒险故事——银河天马》在京巡演，也给北京戏曲舞台增光添彩。二是京剧进入大、中、小学系列活动。继市教委“京剧进课堂”研讨会在109中学召开后，又有中国少年京剧团成立、2009京剧夏令营开营、中国大学生戏剧创演基地在海淀区挂牌、京剧启蒙读本成为文美教科书之一等等。这标志着京剧这一古老传统艺术后继有人。三是纪念活动多。如纪念欧阳予倩诞辰120周年、纪念梅兰芳诞辰115周年、纪念马连良从艺100周年、纪念翁偶虹诞辰100周年、纪念杨宝森100年诞辰、纪念陈永玲80周年诞辰等。

（李双来）

机　构

【正乙祠戏楼重新开业】　1月21日，位于前门外西河沿的正乙祠戏楼经过修缮后重新开业。正乙祠戏楼是北京著名古戏楼之一，正乙祠原为明代古寺，清代成为官、商、绅三位一体的会馆。许多梨园界堪称泰斗级的表演艺术家都曾在这里登台献艺。这次修缮本着整旧如旧的原则进行，力求恢复原貌。重新开业当天，梅葆玖、谭正岩、李金斗等在这里举行的新春团拜会上献艺。

（李双来）

【首都京胡艺术研究会成立】　3月23日，首都京胡艺术研究会成立大会在国家大剧院举行。首都京胡艺术研究会由燕守平、王鹤文、李明正、李祖铭、迟延春、李之祥、王彩云、王世荣等35名理事组成。同时还聘请了李慕良、何顺信、姜凤山、黄天麟、吴炳璋、尤继舜等京胡老前辈以及著名作曲家、指挥家、京剧表演艺术家作为艺术顾问。

（李双来）

【刘老根大舞台北京剧场开业】　5月2日，刘老根大舞台北京剧场在北京阳平会馆开业。阳平会馆内设有戏楼一座，始建于清嘉庆七年（1802年），占地面积近1000平方米，另外还配有200平方米的扮戏房。这座戏楼建筑形式独特，是北京唯一一座位于民间却具有皇家气派的戏楼。戏楼分三层，上有孔洞，下有地道，便于演神怪戏时演员“上天入地”。戏楼内部的彩画是清代我国最高形式的彩画——和玺彩画。重新修缮后的阳平会馆大戏楼由“刘老根大舞台”驻演。剧场共有320个座位，其中包括二楼分别以赵本山出品的电视剧和小品命名的包厢7个：6人包厢4个（拜年厅、相亲厅、乡村爱情厅、马大帅厅），11人包厢2个（不差钱厅、火炬手厅），13人包厢1个（刘老根厅）。“刘老根大舞台”是小品演员赵本山投资兴建的以演出“二人转”为主的演出场所。刘老根大舞台北京剧场是“刘老根大舞台”在全国的第9家连锁演出场地。

（张燕鹰）

【中国少年京剧团成立】　5月16日，中华文化促进会、中国戏曲学院、中国戏曲学院附中联合在中国戏曲学院大剧场举行了中国少年京剧团揭牌仪式。文化部、北京市教育工作委员会、北京市教委、北京市文化局的相关领导及中华文化促进会、中国戏曲学院的领导，华彬集团总裁出席了此次活动。文化促进会主席高占祥、华彬集团董事长严彬博士为中国少年京剧团揭牌，中国戏曲学院院长杜长胜分别向团长徐超、名誉团长严彬、名誉顾问王金璐、顾问于魁智和傅谨颁发了聘书。

（李双来）

【大学生戏剧创演基地挂牌】　6月26日，由北京魔山影视文化有限公司和海淀工人文化宫联合创建的中国大学生戏剧创演基地在海淀区挂牌，并结成“中国大学生戏剧创演联盟”，33所大学、40个校园剧社近4000名在校学生首批加盟。该基地把每周一设为“优秀校园剧公演日”，将为大学生剧团免费提供对外演出场所。

（李双来）

【中国戏曲学院实验剧团恢复成立】　10月15日～18日，中国戏曲学院实验剧团恢复成立后的首次演出在长安大戏院举行。中国戏曲学院实验剧团首次成立于20世纪50年代，时称实验京剧团，主要成员为中国戏曲学院第一批毕业生，如刘秀荣、钱浩梁、刘长瑜、李长春、朱秉谦等，“文化大革命”时被迫停办。“文化大革命”后，再次成立。20世纪80年代末又一次解散。此次恢复成立的剧团不再称“京剧团”而称“剧团”，涵盖面比较广，学院的各个剧种、各个系处都可以通过实验剧团来展示各自的教学水平和教学成果。

（李双来）

【朝阳区国声京剧艺术团成立】　11月8日，朝阳区国声京剧艺术团成立。该团是朝阳区一个群众性的业余文艺团体。朝阳区有经常活动的京剧票房50余个，票友1000余人。为进一步推动和提升京剧票友活动的质量，该团以“繁荣文化，传承国粹，服务基层”为宗旨，目的是进一步推进京剧艺术在朝阳区的普及与发展。

（李双来）

【繁星戏剧村开幕】　11月19日，全国首家民营小剧场集群——繁星戏剧村在京开幕。戏剧村坐落于北京市宣武门内大街，拥有5个小剧场，其中200座剧场2个，150座剧场1个，80座剧场2个。它是一家集戏剧创作、小剧场演出、艺术展览、主题餐饮、咖啡酒吧、图书、禅茶为一体的综合性文化艺术园区。

（李双来）

【中国京剧艺术基金会理事会换届】 11月24日，中国京剧艺术基金会在京召开理事会换届会议，产生了第3届理事会，京剧表演艺术家刘长瑜担任理事长，林瑞康担任副理事长兼秘书长，赵振丰担任监事。

（李双来）

【北京长乐黄梅戏演出团成立】 12月1日，北京长乐黄梅戏演出团在广德楼成立。该团是在安徽黄梅戏学校支持下，由北京长乐文化传播有限公司创办，首都第一家由来自黄梅戏家乡的艺术家组建的黄梅戏专业表演团体。剧团演员全部从戏校表演系历届毕业生中精选。团长兼首席主演林蜜蜜曾获安徽省“小梅花”戏剧大赛一等奖、全国少儿戏剧大赛二等奖。该公司总经理陈永东表示：演出团将以“展示黄梅风采、愉悦首都观众”为己任，与安徽黄梅戏学校合作，通过演出传统戏和新创剧目，不断为首都广大黄梅戏戏迷奉献艺术精品。

（李双来）

作品

·话剧·

【话剧《将爱情进行到底》】 1月4日，春天戏剧工作室的话剧《将爱情进行到底》在9剧场首演。毕业十年，曾经的六个好朋友再次聚首，已然今非昔比。但友谊依旧，他们还在爱。编剧饶晓志、刘婧，导演饶晓志，主演程怡、刘陆、杨亚星、范翔、邓飞、钮宝平。

（李双来）

【小剧场话剧《剩女郎》】 1月20日，小剧场话剧《剩女郎》在东方先锋剧场上演。故事主人公张小姐是一位“3S”女（Single：单身，Seventies：生于20世纪70年代，Stuck：被卡住了）。她同大多数“望三”一样，渴望婚姻。但其男友不能令其满意。她的女友莉莉鼓励她情感跳槽。于是张小姐尝试了网络情感带来的欣喜与烦恼，由此引发出一系列啼笑皆非的故事。编剧张巍，导演李伯南，主演张丹妮、杨婷婷、谢砚箫。

（李双来）

【话剧《操场》】 2月26日晚，龙马社推出的首部话剧《操场》在首都剧场首演。迟老师3天都坐在操场上，思索着诸如妻子对现实生活的不满；自己带的女研究生的论文答辩没有通过，原因是有一些关于他与女学生的暧昧猜想……他想释放这些痛苦。有人告诉他，看台下的黑板后边有一个死人。迟老师发现是自己用不负责任的语言，最后杀死了这个人。编剧邹静之，导演徐昂，主演陈小艺、韩童生。

（李双来）

【话剧《回忆》】 3月20日，由中国铁路文工团话剧团打造的三幕话剧《回忆》在中央戏剧学院实验剧场演出。该剧以苏联、俄罗斯文化为背景，讲述一位年迈的俄罗斯老作家回忆起他一生中和三位性格各异的女性的情感故事。编剧苏雷，导演段泽生，主演马诗红、娟子。

（李双来）

【话剧《越狱》】 4月1日，话剧《越狱》在东方先锋剧场演出。该剧讲述了3个从监狱里逃出来的被冤枉的男孩，面对社会所遇到的尴尬与彷徨。编剧裴魁山、胡畔，导演李伯男，主演吴泽涛、李鹏、王成思。

（李双来）

【话剧《黄金时代》】 4月10日，话剧《黄金时代》在解放军歌剧院演出。作品根据王小波的同名小说改编，以20世纪70年代知识青年上山下乡运动为背景，塑造了一个满脑子逻辑分析甚至看上去有些傻乎乎的人物王二，在浑然不讲逻辑世界里的遭遇，反讽了那个动乱年代里的荒唐和滑稽。改编、导演夏波，主演史可、赵奎娥、董路等。

（李双来）

【话剧《将话剧进行到底》】 4月10日，由大可乐剧社推出的荒诞严肃剧《将话剧进行到底》在9剧场之切CHE·行动剧场首演。该剧讲述了一个执意要写出一部惊天动地剧本的剧作家，在交稿的期限截止之际却没有写出半个字来。于是他走进了空荡荡的剧院，迷茫之中开始了与演员、观众等各种角色的跨时空对话。导演颜永祺，领衔主演任松铭、陈旭。

（李双来）

【话剧《李小红》】 4月22日，戏道堂的话剧《李小红》在北京人艺实验剧场上演。女主角李小红本性善良，但是由于家庭的关系，不得已只能以顽主大姐大的形象来伪装自己。文弱的男主角孙峰为了保护她，手拿板砖冲向一群小流氓……后来，在为李小红捉蝴蝶时坠崖身亡。十年后，李小红依然保持单身。一次偶然的相亲，她从另外的一个男人身上找到熟悉的影子。她毅然决然地跟这个她不爱的人结婚，只为实现曾经未做完的梦。编剧丁东杰，导演关皓月，主演刘霓霓、胡乐民、屈爽、赵纲、丁东杰、沈超。

（李双来）

【话剧《知己》】 4月25日，北京人艺话剧《知己》在首都剧场首演。讲的是清康熙年间，吴兆骞受科举案牵连，被流放松花江畔宁古塔。词人顾贞观视其为知己，苟且偷生于宰相府门下，竭尽全力营救之。明珠府公子纳兰性德钦佩其气节与对知己的忠义，多番协助。历经几度春秋，吴兆骞终于返京，却堕落为一个屈从于肮脏势力的小人。顾贞观失望痛心，最后离开了吴兆骞。编剧郭启宏，导演任鸣，主演冯远征、张志忠。

（李双来）

【话剧《你在红楼我在西游》】 4月30日，由北京浩海天宇和《北京青年》栏目合作的话剧《你在红楼我在西游》在9剧场首演，该剧根据同名音乐专辑改编。贾宝玉来到取经路上，先是对白骨精一见倾心，后又与女儿国国王和嫦娥姐姐纠缠不清。唐僧到了大观园，无福消受姐姐妹妹们的偏爱。二人共同来到菩提树下祈求佛祖赐予奇迹。佛祖显灵：爱情虽未圆满，两人却都有所顿悟。编剧阿顺，导演李珊、阿顺、金秋，主演付聪、唐夏娃、李嘉佳、史长清、吴嵩、刘璇、白金铂、王紫璇、叶项明。

（李双来）

【话剧《大过年》】 5月6日，国家话剧院话剧《大过年》在中国儿童剧场演出。除夕，何家三代人各怀心事地坐到餐桌前。离休干部何光明因日渐浮躁的社会陷入重重困惑；长子何大明被卡在了理想与现实的夹缝之中；次子何二明对社会上的种种黑幕深恶痛绝，但为了生存却不得不同流合污，在良心的拷问下不断挣扎；小儿子何晓明非法集资的事行将败露，而唯一掌握证据并以此相要挟的人却是他的外甥小剑。何晓明决定陪父母度过最后一个除夕后出逃国外；而知情的何大明却有意向父母隐瞒真相，以期弟弟能在最后一刻迷途知返。编剧孟冰，导演吴晓江，主演雷恪生、王慧源、李志新。

（李双来）

【话剧《大学生村官》】 5月19日，由北京市组织编排，市委教育工委、市教委主办，北京教育新闻中心联合北京1998国际青年艺术剧团携手打造，北京高校大学生参与编演的话剧《大学生村官》在北大百周年讲堂公演。该剧讲述时尚和闪亮等大学生村官初到农村时，满怀雄心壮志要大展宏图，在推广苹果种植以及改建旅游农家院时，受到村民们乃至村干部的质疑。他们在母校专家顾问团的有力支持下，抛弃沮丧，重新振作，经过三年努力，最终取得成功并决定继续留在农村奋斗，服务基层。中共北京市委副书记王安顺，教育部部长助理、党组成员林蕙青和1500余名北京高校大学生观看了演出。

（李双来）

【话剧《未完待续!!!》】 6月2日，北京由甲申艺术中心出品的话剧《未完待续!!!》在东方先锋剧场首演。故事讲述一个28岁的女人莫莉正在面对一个重大的人生挑战：必须找到一件自己生命中“最有意义”的东西。在找寻的奇趣路途中，莫莉遇到了“工作狂”、“考研机器”、“购物狂”、“健身狂”等朋友，她狂欢，她笑闹，她疯狂，她上蹿下跳，但是，她仍然没有找到。编剧王彩练，导演黄盈，主演刘正直、李雅葯、张潇、江佳奇、莫莉。

（李双来）

【话剧《开心麻花·书桌里的“铜锣湾”》】 6月11日，话剧《开心麻花·书桌里的“铜锣湾”》在海淀剧场首演。在大学校园里，主人公小枫从阳光少年到压抑男生，又从幻想的激荡江湖中获取了重塑自我的勇气。他受人欺负，却自诩是除暴安良的大英雄；他腼腆害羞，却自认是美丽校花的小情人。在现实与幻想之间，小枫经历着一个男孩到男人的成长蜕变。在幻想的“铜锣湾”里他找到了自己的爱情和自由，在现实的校园里他也找到了自己的爱情和自由。导演潘安子，主演秦枫、黄锐、常远、陈宣宇。

（李双来）

【话剧《独生女——让你任性》】 6月15日，由武警部队政治部文工团创演的喜剧《独生女——让你任性》在北京国安剧院演出。非常任性的独生女何豆豆，在部队学医。她脸上经常起痘，却总用一些民间偏方，结果越治越糟糕。同班的姐妹们一起帮她想办法祛痘，由于替她着急，很多人的脸上也都纷纷起痘了。通过指导员的几堂课，未来的军中天使们发现每个人都有优缺点，应该相互关爱，相互鼓励，并且要接受别人的帮助。编剧、导演王宝社，主演蒋小涵、买红妹。

（李双来）

【摇滚话剧《那一夜，我们搞音乐》】 6月17日，十三月唱片公司推出的摇滚话剧《那一夜，我们搞音乐》在解放军歌剧院演出。该剧讲述在冠名为“金猪超级音乐颁奖”的晚会上，各色人等，鱼龙混杂，上演了一出闹剧。你能看到幕后的各种暗箱操作，看到口水歌的大行其道，看到摇滚乐作为排行榜遮羞布的无奈，看到有才华的音乐人得不到重视的尴尬，看到“大牌歌手”莫名其妙地发作，看到李宗盛所说的“酒囊饭袋”，看到这个行业的所有现状。编剧王艺，导演邵泽辉，主演秋野、马丽。

（李双来）

【话剧《毛泽东在西柏坡的遐想》】 6月21日，由总政话剧团创作演出的政论体话剧《毛泽东在西柏坡的遐想》在八一剧场上演。该剧展现了1948年5月26日至1949年3月23日这段时间，毛泽东、朱德、刘少奇、周恩来、任弼时等在西柏坡召开全国土地工作会议、中共七届二中全会、指挥决定中国命运的三大战役等历史事件。在毛泽东的遐想中，有同列宁、费孝通、郭沫若、黄炎培、蒋介石等的交谈。编剧孟冰，导演宫晓东，主演魏积安、郭达、孙涛、刘劲、翟万臣、王丽云。

（李双来）

【话剧《简·爱》】 6月19日，国家大剧院首部原创话剧《简·爱》在国家大剧院首演。这是夏绿蒂·勃朗特的同名文学经典首次搬上国内话剧舞台。简·爱父母早亡，寄居在舅舅家。舅舅病逝后，舅母把她送进孤儿院，受尽欺负。长大后，简·爱来到桑恩费尔德庄园，为庄园男主人罗彻斯特的养女担任家庭教师。罗彻斯特虽谙熟世情，但十分傲慢。单纯的简·爱如清风一般虏获了他的心，两人坠入爱河。两人结婚当天，简·爱意外得知罗彻斯特的夫人并没有死，而是疯了，仍被关在庄园里。简·爱最终选择了离开。再次回到桑恩费尔德庄园，简·爱发现那里已经变成一片废墟，罗彻斯特也已经变成盲人。看着仍在庄园不愿离开的罗彻斯特，简·爱扑进了他的怀里。编剧喻荣军，导演王晓鹰，领衔主演袁泉、王洛勇。

（李双来）

【话剧《雷霆玫瑰》】 6月24日，由空军政治部电视艺术中心创作演出的大型话剧《雷霆玫瑰》在解放军歌剧院上演。作品讲述了5名性格迥异、家庭背景不同的女学员进入航校，从最基础的体能、跳伞训练，到初教机、歼击机学习，直至蓝天飞翔的成长之路。编剧王俭，导演王向明，主演殷桃、闫妮、林永健、吴京安、刘思言、谭涛、刘敏。

（李双来）

【话剧《熊出没注意!》】 7月2日，艺洋天（北京）文化传播有限公司出品的话剧《熊出没注意!》在9剧场之TNT剧场上演。该剧讲述一个本来看似幸福的家庭，因为老父亲的突然辞世而变得风波不断。财迷二哥和老姑娘大姐为父亲留下的大房子争得不可开交，干儿子高律师和小儿子从中来往穿梭。编剧陈风，导演韩冰，主演孙立石、于方圆、郝金、刁成禹、朱梦思、李冰。

（李双来）

【话剧《我不流泪》】 7月14日，小剧场话剧《我不流泪》在煤矿文工团的安源演播厅公演。剧情围绕温婷和肖娅两个家庭的命运展开。两个家庭的男人是做宝石生意的伙伴，一次酒后，温婷的丈夫失手打死了肖娅的丈夫，他也因此锒铛入狱。在历经种种磨难之后，温婷把肖娅母女接到自己家，她们决定不再流泪，要用自己的力量重新撑起两个破碎的家。编剧楚建，导演吴晓江，主演杜宁林。

（李双来）

【话剧《秦王政》】 7月9日，由中央戏剧学院、润景翔盛影视（北京）有限公司共同出品的话剧《秦王政》在中戏逸夫实验剧场首演。该剧讲述了嬴政力破五国合纵军、平定嫪毐之乱、罢黜吕不韦相国之职，扫清一切阻力，由一位少年傀儡成长为成熟、坚毅的秦王政的过程。编剧黄维若、兰晓龙，导演廖向红，中央戏剧学院2006级导演系本科班演出。

（李双来）

【话剧《拿什么整死你我的亲人》】 8月5日，由“红·剧坊”和“北京星河艺彩文化传媒”联袂打造的小剧场话剧《拿什么整死你我的亲人》在人艺实验剧场上演。该剧主要演绎了经历爱情波折的孙六一和李多婚后在孕育爱情结晶路上所遇到的种种坎坷。是婆媳间的相互摩擦、碰撞后的亲情诠释、夫妻生活中小纷争的集中展现，揭示了都市男女心里的小秘密。导演高亮、贾立珠，领衔主演卢澜戈、韩笑。

（李双来）

【袖珍人皮影舞台剧《红孩儿》】 8月22日，由北京龙在天皮影俱乐部出品，将皮影戏和话剧表演相结合的袖珍人皮影舞台剧《红孩儿》在海淀剧院小剧场首演。全剧根据《西游记》中红孩儿的故事改编。牛魔王和铁扇公主变成进城做买卖的务工人员，红孩儿变成无人管教的留守儿童。随着舞台灯光暗下，皮影戏表演开始，身高不足1.3米的袖珍人在后台紧张地操作影人。随着剧情展开，红孩儿带着一帮“小妖”闹得无法无天，舞台上灯光亮起，操纵皮影的袖珍演员就扮成自己操纵的影人来到台前，真人话剧舞台表演开始了。之后，表演几次在皮影戏和真人话剧间转换。出品人林中华，高芳芳、田宸光、陈婵等演出。

（李双来）

【话剧《堂吉诃德》】 9月3日，话剧《堂吉诃德》在国家大剧院首演。作品讲述没落贵族堂吉诃德因迷恋古代骑士小说，竟像古代骑士那样用破甲驽马装扮起来，以丑陋的牧猪女作美赛天仙的崇拜贵妇，再以矮胖的农民桑丘·潘札做侍从，3次出发周游全国，去创建扶弱锄强的骑士业绩的故事。这期间他闹出不少笑话，到处碰壁受辱，被打成重伤或被当做疯子遣送回家。最后，堂吉诃德被化装成白月骑士的朋友打败，放弃行侠游历，回家不久后病逝。改编康赫，导演孟京辉，领衔主演郭涛。

（李双来）

【话剧《明天我要嫁给你之“恐婚学校”》】 9月9日，BTV打造的话剧《明天我要嫁给你之“恐婚学校”》在9剧场之切CHE·行动剧场演出。故事讲述了当代北京四位患有“恐婚症”的年轻人，分别带着同现在恋人的四段情感故事，自愿或非自愿地加入一所“恐婚学校”的学习，希望能在一个月后，可以修成婚姻的正果。编剧俞露儿，导演秦鹏，主演冯瓅、石佳灵、富江、王咪佳、薛其龙。

（李双来）

【话剧《爱的蹦极》】 9月9日，话剧《爱的蹦极》在海淀剧院上演。故事讲述了花花公子楚留香被老情人推下天台，莫名其妙地穿越时空来到了战国时期的北赵边关，成了将军府里的一名奴才。而将军唯一的女儿杜鹃儿竟然也来自现代。两人产生了爱情。隐藏在将军府里的致命的定时炸弹彻底轰散了这对苦命鸳鸯。楚留香每次从悬崖或楼顶穿越，总能穿越时空，却没能保住爱人的生命。最终这对相爱的人只能在天上相见。编剧、导演周大勇，领衔主演瞿颖、周大勇。

（李双来）

【话剧《远山烛光》】 9月10日，由市委教育工委、市教委主办，北京教育新闻中心和北京一九九八青年国际剧社出品的大型话剧《远山烛光》在中国戏曲学院首演。作品根据首都优秀山区教师的真实事迹编写，讲述的是一位毕业于知名高校的毕业生放弃优越生活、扎根山区、潜心从教20余年的感人故事。市委常委、教育工委书记赵凤桐，市人大常委会副主任刘新成，副市长黄卫，以及首都教育系统老干部、优秀教师代表、师范院校师生700余人观看了演出。

（李双来）

【话剧《塞纳河少女的面模》】 9月17日，由蓬蒿剧场出品制作的话剧《塞纳河少女的面模》剧本朗读会在蓬蒿剧场首演。根据冯至的散文《塞纳河畔的无名少女》和诗歌《那时》改写而成。描述的是一段动人的心路历程：20世纪30年代在欧洲留学时，冯至无意中买下了一个少女的面模。虽历经磨难，冯至一直将这具面模珍藏在身边，却在“文化大革命”期间被毁。编剧童道明，表演梁国庆、杨青、濮存昕。

（李双来）

【话剧《窝头会馆》】 9月25日，北京人艺原创大戏《窝头会馆》在首都剧场首演。故事讲述1948年的夏天、秋天和冬天，在北平南城一个号称“窝头会馆”的小四合院里，住着几户挣扎在社会底层的小市民。他们形形色色而性格迥异。在黎明前的黑暗之中，这些小人物穷困潦倒，饱受折磨。哀伤之后，曙光悄悄降临。编剧刘恒，导演林兆华，主演濮存昕、宋丹丹、何冰、杨立新、徐帆。

（李双来）

【话剧《北平·1949》】 10月2日，由北京市政协策划、数位政协委员参与创作和制作的大型历史题材话剧《北平·1949》在国家大剧院上演。该剧以平津战役等一系列重大历史事件为时代背景，表现了毛泽东统一战线思想使傅作义走向和平道路，展现了傅作义和毛泽东之间的感情。编剧王兴东，导演任鸣，主演陈逸恒、李克俭。

（李双来）

【话剧《开心·开心的农场》】 11月4日，小剧场话剧《开心·开心的农场》在9剧场之TNT剧场上演。该剧讲述了三个白领的故事。花心男周旋于多个女人的感情旋涡之中；单身女上司盛气凌人、事业有成，却仍然渴望得到更多金钱和帅哥男朋友；痴心男认真工作、努力赚钱，可远在英国留学的女友却态度坚决地要跟他分手。一阵电闪雷鸣之后，他们来到一个陌生的农场，实现了他们许久以来就痴心妄想的事情。当他们返回自己的办公室，仿佛做了一个长梦，经历了开心农场的奇幻之旅，他们彼此发现了全新的自己。编剧王亚娜，导演何少伟，主演马振朝、何继兵、王硕、孙岩、高晓菲、闫妮、王聪。

（李双来）

【话剧《单反爱情主义》】　11月10日，北京传世荣耀传媒文化有限公司出品的后先锋反转喜剧《单反爱情主义》在人艺小剧场首演。话剧采用倒叙的手法，讲述了两对普通恋人在面对婚姻时的思考与抉择。导演张志鹏，主演张然、朱敏、李金哲、周岩、李云鹏、田长龙。

（李双来）

【话剧《马前马前》】　11月11日，青年导演黄盈的“京味儿三部曲”收官之作京味喜剧《马前马前》在国家话剧院小剧场上演。作品虚构了忽必烈的威尼斯酿酒师、修建永乐大殿的越南工匠和他的未婚妻、清末天桥的艺人、民国时期建设北京城市的普通工人等人物，展现了北京城的悠久历史。

（张燕鹰）

【话剧《杜拉拉》】　11月18日，话剧《杜拉拉》在保利剧院上演。作品根据李可的小说《杜拉拉升职记》改编而成。剧中主人公杜拉拉没有背景，受过较好的教育，靠个人奋斗获取成功。从一个朴实的销售助理，成长为一个专业干练的HR经理。编剧舒心、石俊，导演何念，领衔主演姚晨，主演龚晓、雷佳音、朱杰、李超、陈赫、刘鹏。

（李双来）

【话剧《壹光年》】　11月24日，三拓旗剧社的作品《壹光年》在东方先锋剧场首演。该剧讲述了老太太、大儿子、二女儿、孙子和猫咪老三的三段故事。女儿夏夏在医院偶遇了曾经的恋人小峰，却发现对方已经站在了生死鸿沟的另一面；身为出租司机的大儿子，得知自己的胖儿子豆豆喜欢上了一个女孩，便出“车”相助，却惹来大祸；老太太心爱的猫咪老三跑丢了，固执的她便逃出养老院独自踏上寻找之路。编剧、导演赵淼，主演秦枫、唐夏娃、吴迪、彭梓珩、王茜、朱荔莘。

（李双来）

【话剧《培尔·金特》】　12月9日，话剧《培尔·金特》在保利剧院首演。作品根据挪威戏剧家、诗人易卜生的同名剧作改编。主人公培尔·金特是一个富于幻想的人物，被认为是“挪威浮士德”。他放纵好色、见异思迁，长期离家在外冒险、游荡，晚年病弱潦倒，最后死在始终忠于他的未婚妻索尔·维格的怀中。改编、导演王延松，主演孙海英、吕丽萍。

（李双来）

【话剧《接班人》】　12月19日，青檬网络电台策划创作的青春严肃话剧《接班人》在北京枫蓝国际小剧场首演。《接班人》通过一个跨度60年的故事讲述了三代青年人的人生选择都紧扣时代的脉搏，旨在回顾新中国成立60年来一代代青年爱党、爱国、爱人民的动人故事，展现新一代青年昂扬奋发、与祖国共奋进的精神面貌。编剧丁东杰、刘迟，导演关皓月，主演杨舒枫、宋庆楠、孟尉、战宇、陈宣宇、宋子卓、于菲、孔微娜。

（李双来）

【话剧《办公室有鬼之谈谈情、跳跳槽》】　12月30日，话剧《办公室有鬼之谈谈情、跳跳槽》在9剧场之大剧场首演。一个极尽抠门、爱占小便宜的老板VC高，在公司面临倒闭准备跳楼、命悬一线之际，意外地碰到一个风度翩翩、有无限魔力的死神白度兰。看似无所不能的白度兰竟是一个胆怯的灵魂在苦寻往日恋人；看似不近人情的VC高却在关键时刻决定“换个死法”造福员工。两个曾经和正在胆怯的“人”签下了一纸魔幻的契约——出卖自己的灵魂来拯救员工，收购别人的灵魂来找寻爱人。办公室里有了鬼，是留下还是逃跑？“能力有限”公司里的男男女女，放弃种种自私的念头，最终齐心创造了连“鬼”都不信的无限可能。剧本改编郭郭、赵晓曦，导演郭郭，主演赵梓冲、田雷、周铁男、甘露、吴敏、赵杨。

（李双来）

·京　剧·

【京剧《红沙河》】　5月10日，北京军区政治部战友文工团创作演出的现代军事题材京剧《红沙河》在北京军区礼堂演出。该剧通过讲述两支陆军机械化部队在对抗训练中发生的故事，反映了中国军队的现代化进程。总导演王群，主要演员安平、张建峰、王玉兰。

（李双来）

·昆　曲·

【小剧场昆曲《陶然情》】　11月28日，北昆根据高君宇、石评梅真实故事集体创编的原创昆曲小剧场现代戏《陶然情》在宣武区文化馆首演。作品讲述了高君宇与石评梅之间的爱情故事。导演方彤，作曲王大元，主演周好璐、扬帆。

（张燕鹰）

·评　剧·

【评剧《灶王爷》】 1月16日，凌空评剧团创排的贺岁评剧《灶王爷》在中国评剧大剧院首演。该剧讲述了赵老汉的儿子赵避牛好逸恶劳，整日赌博，弄得家中大乱。灶王爷夫妇一改上天只言好事习俗，通过让赵避牛娶妻、抛妻、发迹、破落、乞讨，最后立志改恶从善重新做人的变故来劝人向善，达到家庭团聚、社会和谐的美好愿望。编剧刘敏庚，导演宋强，唱腔设计黄兆龙，主演张开妍、盖宗耀。

（李双来）

·儿童剧·

【儿童剧《北京传说》】 5月28日，北京儿艺推出的大型儿童剧《北京传说》在水立方首演。该剧讲述了三个小主人公哪吒、机器人妹妹和龙龙勇敢地与恶势力烈龙斗争的故事。该剧一大特点是根据水立方的场地情况，并根据剧情和观众特点，量身打造了个性化的舞台美术。作品由陈蔚与雅典奥运会开幕式总导演帕帕约安努、北京奥运会开幕式舞美总设计师马克·菲舍联手打造。

（李双来）

【儿童剧《三只小猪·变变变》】 6月13日，中国儿艺与日本道化剧团合作的趣味益智儿童剧《三只小猪·变变变》在中国儿艺假日经典小剧场首演。上半场以各种日常生活用品变化成孩子们想象不到的生命体为主，在“变化”的基础上，更加入了“魔术”的元素，三个演员在两块可以滑动的背板后面快速变换站立的位置；下半场，三位演员化身为“三只小猪”，用变化多端的布偶，演绎小猪妈妈不在家的时候，三只笨笨的小猪如何对付“笨贼”大灰狼的故事。中方演员韩文亮、唐妍、王倬，日方演员长岛宏、川口佐代子、楠瀨规夫。

（李双来）

大型广场儿童剧《北京传说》

【舞台连续儿童剧《西游记》第二部】 7月3日，由中国儿童艺术剧院排演的舞台连续剧《西游记》第二部在中国儿童剧场首演。该剧分为“三打白骨精”和“真假孙悟空”两段故事，在继承原著风格的基础上，还加入了说唱、踢踏舞、变脸等动感元素。编剧陈传敏，导演张奇虹。

（李双来）

【童话剧《魔方大厦》】 10月2日，童话剧《魔方大厦》在中国儿艺假日经典小剧场首演。该剧取材郑渊洁同名作品。该剧选取了“瓜国葬礼”、“锁国秘事”和“吹气马戏团”三个章节，原著中的小男孩“莱克”改成了“皮皮鲁”和“鲁西西”。“鲁西西”的笑容被魔方偷走了，为了寻找笑容，他们走进魔方，历经魔幻。主人公在“瓜国”、“马戏国”和“锁国”的历险充满魔幻色彩。

（李双来）

【童话剧《小木偶的三滴泪》】 10月30日，由北京动动鞋子儿童剧团联手台湾鞋子儿童实验剧团共同打造、爱佑华夏慈善基金会支持的亲子童话剧《小木偶的三滴泪》在解放军歌剧院上演。该剧讲述患有心脏病的小女孩儿爱丽莎，住在修道院里，没有朋友，只有修女姐姐在照顾她。于是，她向上帝祈祷，希望能够有一个朋友，陪她说话、玩游戏。但是，上帝不小心打了个盹，没有听到爱丽莎的祈祷，反而是魔鬼听到了爱丽莎的祈祷，他跟爱丽莎说：“我可以给你一个玩偶，不过你要答应我的条件。”爱丽莎一口答应了“魔鬼的条件”。导演李明华，北京动动鞋子儿童剧团演出。

（李双来）

·木偶剧·

【动漫人偶剧《喜羊羊与灰太狼之记忆大盗》】 5月1日，中国木偶剧院与广东原创动力联手打造的动漫人偶剧《喜羊羊与灰太狼之记忆大盗》在中国木偶剧院花果山剧场首演。故事讲述羊儿们在羊羊村里建了一个“羊羊剧场”，在那儿每天都有精彩的节目上演。可是讨厌的灰太狼和红太狼还是惦记着小肥羊们的美味，总是找机会对付小羊们。这次它们请来了一个非常可怕的坏朋友，它的名字叫做“记忆大盗”，据说它的本领是可以在瞬间让羊儿们失去记忆，这样一来灰太狼就可以随心所欲地抓羊了。羊羊村危在旦夕，喜羊羊和它的朋友们积极开动脑筋对付灰太狼和记忆大盗。

（李双来）

活　动

·演出、会议·

【中国剧协2009年迎新春联谊会】 1月14日下午，一年一度的中国剧协迎新春联谊会在人民大会堂大宴会厅举办。中宣部、中国文联领导，中国剧协分党组、主席团成员与顾问，全国各地团体会员负责人以及首都各大院团的老中青戏剧工作者代表、新闻界代表约1200余人欢聚一堂，共叙友情，喜迎新春。

（李双来）

【中外名家名票新春京剧联谊会】 1月18日，中外名家名票新春京剧联谊会在北京安徽大厦多功能厅举行。联谊会由京剧社会活动家、老生名票张金华发起并策划，江磐教授，中央电视台副总编辑、中国电视剧制作中心主任张华山，京剧表演艺术家杜近芳，京剧教育家蔡英莲出席了联谊会。郭伟、储兰兰、李阳鸣，丁晓君、马力、陈静等多位优秀青年京剧演员及名票登台献艺。

（李双来）

【京剧名家名段新春演唱会】 1月26日（大年初一）、27日（大年初二）晚，国家京剧院·京剧名家名段新春演唱会在中山公园音乐堂上演。演出剧目有《苏武牧羊》《胭脂宝褶》《大登殿》《九江口》《怜香伴》《范进中举》《凤还巢》《红灯记》《杜鹃山》等剧的选段，参加演唱的演员有冯志孝、谭孝曾、阎桂祥、陈真治、温如华、张建国、陈淑芳等。

（李双来）

【低收入群体进剧场看戏】 2月~3月，继“周末场演出计划”和“文艺演出星火工程”等主要在京郊开展的公益性演出活动之后，市文化局又推出了“让低收入群体进剧场看戏”的文化惠民措施，其服务对象主要是城区的低收入人群。其核心内容是由政府买单、企业搭台、院团唱戏、低收入群体免费观看高水平演出。目的是让低收入群体能够走进剧场，实实在在地共享文化成果。2月1日（大年初七），在长安大戏院举行了首场演出，剧目是京剧优秀传统剧目《龙凤呈祥》，观众为东城区的773位低收入家庭的成员。2月27日，在中国评剧大剧院演出了评剧《花为媒》；3月6日，在长安大戏院演出了京剧《龙凤呈祥》；3月9日，在民族宫大剧院演出了京剧《新白蛇传》。4场演出共有东城区、丰台区、崇文区、西城区3100多名低收入人群免费观看了演出。

（张燕鹰）

【2009双休日百场演出首演】 3月29日，北京戏曲艺术职业学院举行了2009年“双休日百场演出”的首场演出。该院由戏曲系京剧班的新秀登台演出。北京戏曲艺术职业学院的“双休日百场演出”已经运作了13年，宗旨在于“推新人，弘扬京剧艺术”，不仅锻炼了京剧学生，也培养了一些戏曲观众，并成为京城独具特色的一块文化品牌。

（李双来）

【京剧电影《袁崇焕》在北京首映】 3月29日，京剧电影《袁崇焕》首映式在国家大剧院举行。该片根据同名京剧改编，讲述了明末抗清名将袁崇焕悲壮的人生故事。电影以同名京剧原班人马出演，13名国家一级演员参演，最大限度地保持了原汁原味的京剧魅力。导演萧锋。市委宣传部常务副部长陈启刚、国家广电总局电影局副局长张宏森，以及中影集团董事长韩三平、电影频道节目中心主任阎晓明等影片投资方负责人参加了首映活动。

（李双来）

【恭王府昆曲演出周】 6月9日~13日，由文化部恭王府管理中心主办的“恭王府昆曲演出周”在恭王府大戏楼举行。演出周开幕当天，北方昆曲剧院演出了昆曲《白蛇传》。考虑到恭王府大戏楼容量有限，因此对全本《白蛇传》作了删减，将断桥、水漫金山等著名唱段和武戏作为重点加以渲染。

（李双来）

【第二届北京人艺经典演出季】 6月12日～8月9日，北京人艺第二届经典剧目演出季举办。在2008年的经典演出季中演出的是《茶馆》《雷雨》《天下第一楼》等招牌剧目，本届演出季演出的是《哗变》《李白》和《鸟人》，整个演出季票房收入400万元。

（李双来）

【北京市庆祝新中国成立60周年优秀剧目展演】 7月1日～8月5日，由中共北京市委宣传部、北京市文化局、北京演艺集团有限公司、北京人民艺术剧院、国家大剧院联合主办的“盛世华章——为伟大祖国骄傲”北京市庆祝新中国成立60周年优秀剧（节）目展演活动在长安大戏院、国家大剧院、首都剧场举行。演出的有：北京京剧院的《杜鹃山》《龙凤呈祥》《红灯记》《下鲁城》、京剧名家名段演唱会，国家大剧院、北京京剧院的《赤壁》，北方昆曲剧院的《西厢记（上、下部）》《关汉卿》《十五贯》，北京人民艺术剧院的《鸟人》，中国杂技团的《李宁魔法传奇——魔幻之旅》，北京交响乐团的“盛世华章”交响音乐会，共12台剧（节）目。

（李双来）

【庆祝新中国成立60周年儿童戏剧展演】 7月12日～10月11日，由文化部艺术司、中国儿童艺术剧院、中国儿童戏剧研究会共同主办的“向祖国汇报”庆祝新中国成立60周年儿童戏剧展演暨2009中国儿童戏剧演出季在中国儿童剧场举行。全国18家儿童剧院团、32台优秀儿童剧，共演出105场，10多万名观众观看了演出。中国儿童戏剧研究会为参加演出的18个剧院团颁发了“优秀演出奖”证书。

（李双来）

【北京剧协第五次会员代表大会】 7月28日～30日，北京剧协第五次会员代表大会在怀柔钟磬山庄召开。大会选举产生了新一届理事会和主席团，北京人民艺术剧院副院长、表演艺术家濮存昕当选主席；编剧万方，北京京剧院演员迟小秋，北京人艺副院长、导演任鸣，中央戏剧学院副院长廖向红，中国戏曲学院副院长周龙，北方昆曲剧院副院长杨凤一，北京演艺集团副总经理李龙吟当选副主席，北京戏剧家协会秘书长杨乾武当选为驻会副主席。

（李双来）

【李慕良作品暨京剧经典唱段音乐会】 8月7日，“中华神韵”国庆60周年李慕良作品暨京剧经典唱段音乐会在国家大剧院戏剧场举办。音乐会分为序曲、红色经典、杨柳新枝、根深叶茂、大韵无疆5个篇章，演奏了京胡交响协奏曲《长征颂》、器乐人声化京胡交响协奏曲《夜深沉》、京胡钢琴畅想曲《黄河》等京胡音乐作品，演唱了《红灯记》《沙家浜》《杨门女将》《海瑞罢官》《赵氏孤儿》《贵妃醉酒》等京剧选段，以及毛主席诗词《和郭沫若同志（七律）》等。李祖铭、倪楠、李杨、王继辉、何健、艾兵、舒健等著名琴师演奏，国家京剧院三团乐队伴奏，指挥刘奉德。

（李双来）

【北京曲剧经典保留剧目展演】 8月29日～9月25日，北京曲剧经典保留剧目展演在长安大戏院举行。本次展演汇聚了北京曲剧50多年来的10部优秀剧目。首先上演的是曾获“五个一工程奖”的《烟壶》。此外，还演出了《杨乃武与小白菜》《啼笑因缘》《珍妃泪》《少年天子》《龙须沟》《茶馆》《北京人》《正红旗下》和《“王老虎”抢亲》。此次展演还推出一本介绍北京曲剧历史、艺术特色的画册，以及10台优秀剧目的光盘和个性化邮票。

（李双来）

【北京青年戏剧节】 9月7日～27日，由市文联、国家话剧院、北京剧协主办，北京贯辰传媒有限公司、北方公园戏剧文化有限公司联合承办的2009年度北京青年戏剧节在京举行。戏剧节有22个展演剧目，8个朗读文学剧本，3天4场5个主题戏剧论坛话题，以及有众多音乐人参与的戏剧音乐会和视觉传达艺术家参与的视觉引导戏剧展。展演剧目在北京蜂巢剧场、东方先锋剧场、北京人艺实验剧场等10个剧场演出了87场，共有3万余人参与了本届戏剧节的观摩及相关活动。

（李双来）

【庆“十一”名家名段京剧演唱会】 10月7日，“盛世中华·梅韵飘香”庆“十一”名家名段京剧演唱会在梅兰芳大剧院举办。此次演唱会最大的特点是以坤生、乾旦、女花脸为主，男旦梅葆玖、刘铮和女老生王珮瑜、女花脸裘芸登台献艺，刘长瑜、张建国等京剧名家也都亮嗓展示。

（李双来）

【国家重点京剧院团优秀折子戏展演】 10月9日～12日，由文化部主办，文化部艺术司承办，国家京剧院、北京京剧院、梅兰芳大剧院协办的“庆祝中华人民共和国成立60周年·国家重点京剧院团优秀折子戏展演”在梅兰芳大剧院举行。国家京剧院、北京京剧院、天津京剧院、天津市青年京剧团、上海京剧院、山东京剧院、沈阳京剧院、黑龙江省京剧院、江苏省演艺集团京剧院、湖北省京剧院、云南省京剧院的老中青演员争相亮相，演出了京剧发展历程中具有代表性的优秀剧目。

（李双来）

【国家话剧院小剧场重新开幕】 11月10日，国家话剧院小剧场重启并举办了青年戏剧人PK营活动，展演优秀青年导演的4部小剧场作品。国家话剧院小剧场1993年启用，是京城第一家小剧场。自国家话剧院的前身实验话剧院时代起，这里就上演过众多真正具有“实验精神”的戏剧，培养了众多著名导演和一线明星。

（李双来）

【风马牛草根戏剧节】 12月10日~21日，以主打草根、原创为特色的“首届风马牛草根戏剧节”在北京红方剧场举行。《我们结婚吧》《神也别得瑟》《奋斗1992》的演员以白领、老师、自由职业者居多，但灯光、舞美及导演、制片角色上则仍由专业顾问团队加盟。

（李双来）

【新年京剧晚会】 12月30日晚，新年京剧晚会在国家大剧院举行。党和国家领导人胡锦涛、吴邦国、贾庆林、李长春、习近平、李克强、贺国强、周永康，与首都近千名群众一起观看演出，喜迎2010年的到来。

（李双来）

·评 奖·

【第4届中国昆曲节北昆获奖】 6月18日~26日，在苏州举行的第4届中国昆曲艺术节上，北方昆曲剧院的《西厢记》（上、下本）获优秀剧目奖，魏春获优秀表演奖，王成保、丛兆桓、侯少奎获昆曲优秀理论研究人员奖。

（张燕鹰）

【首届中国戏剧奖·终身成就奖颁发】 10月11日，在戏剧界庆祝新中国成立60周年暨中国戏剧家协会成立60周年纪念大会上，中国文联书记处书记廖奔宣读了《关于颁发首届中国戏剧奖·终身成就奖的决定》。获得首届中国戏剧奖·终身成就奖的有李默然、郭汉城、马少波、陈伯华、赵寻、刘厚生、胡可、袁雪芬、红线女、于是之、方掬芬、徐晓钟等12位老戏剧家。

（李双来）

【京剧《三打陶三春》等获首届优秀保留剧目大奖】 12月15日，文化部首届优秀保留剧目大奖表彰大会在京举行，文化部部长蔡武、副部长王文章为18个获奖剧目颁发奖牌。每个获奖剧目还得到100万元的资助奖励。本次评选活动，以1978年以来首演并超过400场为起点，对改革开放30年来的舞台艺术创作成果进行了一次全面的调查和筛选。在各地申报的351部作品中，有18部作品获“优秀保留剧目大奖”，包括戏曲9部、话剧2部、儿童剧2部、木偶剧1部、歌舞杂技类组品4部。北京京剧院的京剧《三打陶三春》、中国儿童艺术剧院的新版儿童剧《马兰花》，以及北京军区战友文工团的大型声乐套曲《长征组歌》名列其中。

（张燕鹰）

·交 流·

【梅花奖艺术团赴唐山开滦演出】 1月5日~6日，在中国剧协分党组书记董伟的带领下，中国文联、中国剧协“送欢乐、下基层”梅花奖艺术团赶赴范各庄矿和唐山矿为煤矿工人们送上新年的祝福。

（李双来）

【京剧《吉庆街生活秀》进京演出】 1月7日，武汉京剧院编排的京剧《吉庆街生活秀》在梅兰芳大剧院演出。该剧改编自池莉的小说《生活秀》。该剧在第5届中国京剧艺术节上获一等奖。编剧王海涛，导演杨小青，唱腔设计李连璧，主演刘薇、关栋天。

（李双来）

【《成败萧何》进京演出】 1月9日，上海京剧院新编历史剧、获得第5届中国京剧艺术节金奖的《成败萧何》首次进京，在国家大剧院演出。“麒派”演员陈少云饰演萧何，“裘派”演员安平饰演韩信。

（李双来）

【京剧《孙安动本》进京演出】 1月9日~10日，吉林省京剧院的京剧《孙安动本》在长安大戏院演出。该剧根据山东柳子戏改编，在第5届中国京剧艺术节上获得一等奖。

（李双来）

【国家京剧院到基层慰问演出】 从1月10日起，国家京剧院分别奔赴天津的海鸥手表厂、北辰区、塘沽区、河西区；北京的大兴区庞各庄和河北承德市、平泉县、隆化县、承德县等基层社区和县市，进行了14场以“深入革命老区、民族地区、边疆地区和贫困地区”为主题的系列慰问演出。

（李双来）

【京剧《丝路花雨》进京演出】 1月11日，在第5届中国京剧艺术节上获奖的甘肃省新编京剧

《丝路花雨》在梅兰芳大剧院上演。舞剧《丝路花雨》是甘肃省的重要文化名片，而京剧《丝路花雨》对其进行了新的诠释。主演马少敏、杜喆。

（李双来）

【梅花奖艺术团赴邢台演出】
1月16日～18日，中国剧协梅花奖艺术团赴河北邢台，举行了两场慰问演出。中国文联党组副书记、副主席李牧，文化部副部长周和平，中国剧协分党组书记董伟，河北省委常委、宣传部部长聂辰席，河北省文化厅厅长冯少慧，河北省文联党组书记赵景之等领导及当地群众近5000人观看了演出。

（李双来）

【京剧《宝莲灯》进京演出】
1月22日，第5届中国京剧艺术节浙江获奖的剧目《宝莲灯》在长安大戏院演出。该剧展现了海派京剧的表演特色和武打场面。

（李双来）

【国家京剧院赴西柏坡演出】
2月10日，国家京剧院一行60人赴河北省平山县西柏坡演出。此次演出由院长吴江带队，汇聚了张建国、陈淑芳、袁慧琴、江其虎等众多一级演员和年轻新秀。他们的精彩演出给老区人民献上了一份京剧盛宴。

（李双来）

【2009法国戏剧荟萃】 4月3日～6月23日，由北京剧协、北京文化艺术活动中心、中国传媒大学影视艺术学院主办的“2009法国戏剧荟萃”在9剧场举行。本届活动共包括《正午的分界》《灯官油流鬼》《车间》《三十年无声岁月》等7部戏，2个戏剧工作坊，1个戏剧研讨会以及1个诗歌朗诵会；参与该活动的中法剧社团体有近10个，整个活动的时间跨度达两个半月以上。

（李双来）

【话剧《鹿鼎记》进京演出】
4月8日～12日，话剧《鹿鼎记》在首都剧场演出。该剧由宁财神编剧，何念执导，郭京飞、钱芳等主演。

（李双来）

【话剧《英雄战士》进京演出】
5月12日，在四川汶川特大地震1周年之际，由济南军区政治部文工团创作排演的抗震救灾题材话剧《英雄战士》在京演出，中共中央政治局委员、中央军委副主席徐才厚出席观看。中央军委委员、总政治部主任李继耐一同观看。

（李双来）

【话剧《万世根本》进京演出】
5月13日～14日，由安徽省委宣传部、安徽省文化厅重点打造，安徽省话剧院创作编排的大型话剧《万世根本》在国家大剧院演出。至此，查明哲优秀现实主义戏剧作品系列演出活动圆满结束。中宣部文艺局局长杨新贵、文化部艺术司司长董伟观看了14日的演出。

（李双来）

【日本“狂言”到京演出】 5月15日，被誉为日本“人间国宝”的狂言大师野村万作及其子野村万斋、长孙裕基，携日本传统舞台艺术“狂言”《三番叟》等三段剧目，在长安大戏院举行了访华友好公演。万作在记者会上说：“中国是狂言的故乡。前年我获得了‘人间国宝’的称号，此次是衣锦还乡地公演。”

（李双来）

【以色列黑光剧《梦·幻》到京演出】 5月21日～23日，以色列黑光剧场梦幻舞台剧《梦·幻》在国家大剧院演出。该剧描述一个年轻人深深睡去，陷入了梦乡。舞台上所有的表演都是他在梦中看到的景象。整场演出中，十名舞者隐形于全黑的舞台上，负责操控所有的道具和布景。其中有些隐形演员还会不时换上紫外线反光的衣服，在隐形和现身的两种角色间互换。尽管视野有限，但舞者可以在完全黑暗的情况下自由上下舞台，准确、及时地变换场景。以色列的“梦·幻”剧团成立于2003年，由一群年轻而充满天赋的剧场演员和舞者组成，一直在位于以色列里雄莱锡安的“莫非”剧院内的黑光剧工作室常驻演出。

（李双来）

【国家京剧院与吉林省京剧院实施战略合作】 5月26日，经文化部及吉林省委宣传部牵线搭桥，国家京剧院在长春与吉林省京剧院签订了战略合作协议。根据协议，今后3年，两院将在剧目生产、人才培养与交流、业务指导、演出市场开发等方面通力合作，互通有无，资源共享，进而实现双方院团的互惠互利。

（李双来）

【台湾儿童剧《堂吉诃德冒险故事——银河天马》进京演出】 6月5日，台湾纸风车剧团的儿童剧《堂吉诃德冒险故事——银河天马》在国家大剧院戏剧场演出。这是“2009国际儿童戏剧演出季”的演出剧目。纸风车团长任建成认为：《堂吉诃德》不仅奇幻，更是对小朋友进行爱的教育，能培养孩子们的勇敢精神。

（李双来）

【梅花奖艺术团赴宁夏演出】
6月19日，由中国剧协、宁夏回

族自治区党委宣传部、宁夏文联主办的“中国剧协梅花奖艺术团京剧名家宁夏行”大型演出在银川举行。宁夏回族自治区党委常委、宣传部部长杨春光，中国剧协分党组书记、秘书长季国平，宁夏文联主席、党组书记郑歌平等领导观看演出。

（李双来）

【豫剧《山野秀才》进京演出】 6月20日～21日，湖北省豫剧团的现代豫剧《山野秀才》连续在民族宫大剧院演出。该剧由湖北省豫剧团（县级剧团）演出，是文化部组织的“向新中国成立六十周年献礼”展演的110余台节目中唯一一个由县级剧团表演的剧目。

（李双来）

【话剧《三国·龙凤呈祥》进京演出】 6月23日，镇江市艺术剧院出品的改编自传统京剧《龙凤呈祥》的话剧《三国·龙凤呈祥》在保利剧院首演。该剧除依托三国的背景和人物外，说的都是现实的故事：刘皇叔不爱江山爱美人；赵云代言难受的“中层干部”；周瑜是精于算计的“优等男人”；尚香公主青春自做主。编剧、导演尹韬，主演王全有、魏春荣、李剑、张博。

（李双来）

【中国少年京剧艺术团赴港澳演出】 6月24日～7月5日，为迎接新中国成立60周年、澳门回归祖国10周年、香港回归祖国12周年，由中国京剧艺术基金会主办、江苏省戏剧学校和天津艺术职业学院组成的中国少年京剧艺术团一行65人，在中国京剧艺术基金会名誉理事长、名誉团长高占祥，理事长、团长、京剧表演艺术家刘长瑜等率领下，先后赴澳门和香港举行系列庆祝演出。其间，与澳门基金会共同主办的“迎接澳门回归祖国十周年京剧专场晚会”，6月25日～27日在澳门永乐大戏院演出；6月29日在香港北角新光戏院，为香港东区议会举办庆祝香港特别行政区成立12周年文艺晚会。还在香港大会堂公演3场。在两地分别上演的3台传统京剧剧目均为：《三岔口》《霸王别姬》《钓金龟》《扈家庄》《文昭关》《闹龙宫》；《金钱豹》《击鼓骂曹》《下山》《三家店》《秋江》《赤桑镇》《盗仙草》；《时迁偷鸡》《坐宫》《乾元山》《拾玉镯》《铡美案》《女起解》《雁荡山》等。

（李双来）

【北京越剧大舞台】 6月26日～12月20日，“同唱一台戏——北京越剧大舞台”演出活动在长安大戏院举办。首场演出是由浙江省越剧团创作演出的现代越剧《红色浪漫》。中共中央政治局原常委、书记处书记、中纪委书记尉健行，全国政协副主席、中国文联主席孙家正，全国人大教科文卫委员会副主任委员金炳华等观看演出。在近半年的时间里，浙江省越剧团、绍兴小百花越剧团、福建省芳华越剧团等知名越剧团演出了《红楼梦》《情探》《狸猫换太子》《红色浪漫》《九斤姑娘》《江姐》《西施断缆》《天道正义》《王老虎抢亲》《盘妻索妻》《玉蜻蜓》《王羲之》等20多场大戏，吴凤花、陈飞、王君安、李敏、黄美菊、郑曼莉等越剧名家也都登台亮相。

（李双来）

【梅花奖艺术团陕西行专场演出】 6月28日，中国剧协梅花奖艺术团陕西行专场演出——“梅花绽放秦之声”在西安举行。中国剧协分党组书记、秘书长季国平，中共陕西省委宣传部副部长、文联党组书记刘斌，省委宣传部副部长、广播电影电视局局长任贤良等观看了演出。

（李双来）

【花鼓戏《村官本是打工仔》进京演出】 6月28日～29日，湖南花鼓戏《村官本是打工仔》分别在北京海淀剧场和朝阳剧场上

越剧《红楼梦》

演。湖南临湘市龙源乡梅池村党支部书记汤大海放弃打工生活，回乡带领全村乡亲艰苦奋斗，用自己打工中积累的新知识、新观念、新思想帮助乡亲们脱贫致富，在新农村建设中作出了感人的贡献。根据这一真人真事编创的现代花鼓戏《村官本是打工仔》，情节感人、艺术表现生动，让京城百姓感受到了地方戏曲的生命活力。

（李双来）

【北京市河北梆子剧团赴港演出】 7月3日~5日，北京市河北梆子剧团在香港大会堂剧院进行了河北梆子专场演出，演出剧目有《窦娥冤》《牙痕记》，以及折子戏《活捉三郎》《杀妻》《寇准背靴》《杜十娘》，主要演员有彭艳琴、王洪玲、王英会、刘凤香、张四刚、高德敏、张树群等。这是由香港中国文化艺术传播有限公司举办的"中国梆子戏系列香港演出"活动的一个组成部分。该项活动于2009年7月~9月在香港陆续举行，除了河北梆子专场演出外，还有山西梆子专场演出和中国梆子艺术展演。

（张燕鹰）

【话剧《红叶旅途》进京演出】 7月14日，由四川人民艺术剧院排演的话剧《红叶旅途》在长安大戏院上演。全剧以四川省巴中市南江县县纪委书记王瑛的儿子与母亲的心灵对话为纽带，撷取王瑛绚丽而短暂人生的几个片段，艺术化地再现了她光辉的一生。

（李双来）

【陕北秧歌剧《米脂婆姨绥德汉》进京演出】 7月16日，陕北榆林市民间艺术团的陕北秧歌剧《米脂婆姨绥德汉》在国家大剧院戏剧场演出。该剧以真挚动人的爱情故事、热情奔放的陕北民歌和质朴强劲的秧歌舞蹈，生动展现了陕北黄土高原上深厚的黄土精神、雄浑的人文气质和独特的风土人情。

（李双来）

【梅州山歌剧《桃花雨》进京演出】 7月18日~19日，由广东省梅州市山歌剧团为改革开放三十周年献礼的大型山歌剧《桃花雨》在天桥剧场上演。该剧以客家山村桃溪村的变迁为背景，描写了当代客家人在改变命运过程中的欲望、观念和道德的碰撞。

（吕　杰）

【河南省优秀剧目北京展演月】 8月11日~28日，中共河南省委宣传部、河南省文化厅、河南省人民政府驻京办在北京国家大剧院、长安大戏院、全国政协礼堂、民族文化宫大剧院举办连续演出21场的"向祖国献礼"庆祝新中国成立60周年河南省优秀剧目北京展演月活动。展演剧目有省豫剧三团的豫剧现代戏《朝阳沟》《香魂女》；河南小皇后豫剧团表演的豫剧现代戏《铡刀下的红梅》；郑州市歌舞剧院的原创舞剧《风中少林》；省豫剧二团的古装豫剧《清风亭上》；济源市豫剧团的新编古装寓言豫剧《愚公移山》；周口市豫剧团的豫剧现代戏《都市长虹》；省话剧院的方言话剧《宣和画院》；平顶山市豫剧团的新编历史剧《李清照》。

（李双来）

【绍剧《生命的飞翔》进京演出】 8月13日~14日，由成都军区政治部宣传部、中国剧协、浙江省绍兴市文化广电新闻出版局联合制作的绍剧现代戏《生命的飞翔》在中国剧院上演。该剧以抗震救灾英雄邱光华机组的英模事迹为原型，用戏曲艺术的形式，塑造了邱光华机组在党和人民最需要的时刻，英勇无畏、勇于奉献的英雄主义群像，热情讴歌了伟大抗震救灾精神。

（李双来）

【话剧《灿烂的阳光》进京演出】 8月25日，中国福利会儿童艺术剧院制作演出的话剧《灿烂的阳光》在海淀剧院上演。作品讲述智障人士在"阳光之家"张秋娅老师及社区志愿者的帮助下快乐成长的故事。编剧杜村，导演蔡金萍，主演余亚、杨玉天、杨宝龙。

（李双来）

【国家京剧院赴承德慰问演出】 9月1日~3日，国家京剧院二团应中共承德市委宣传部、承德市文化局邀请，组织了近50人的演出团赴承德为当地群众演出了京剧《名段选萃》演唱会。

（李双来）

【话剧《风雪漫过那座山》进京演出】 9月9日，由沈阳军区政治部文工团排演的军旅话剧《风雪漫过那座山》在国家大剧院戏剧场演出。作品反映了抗联将士在严酷的自然环境和严峻的斗争形势下，与日寇浴血奋战、壮烈牺牲的感人故事，表现了革命先烈丰富动人的心灵世界。

（李双来）

【昆剧《红泥关》进京演出】 9月11日，浙江昆剧团的昆剧《红泥关》在天桥剧场上演。这部新版昆剧《红泥关》对经典京剧《虹霓关》进行了颠覆性的改编，将原剧令人唏嘘的悲剧结尾，变成了大团圆的结局。

（李双来）

【话剧《生命高度》进京演出】　9月21日，由成都军区战旗文工团创作演出的大型军旅话剧《生命高度》在国家大剧院上演。该剧以在高海拔地区进行的一次课题研究性演练为背景，通过对某旅旅长雷东视使命为生命的刻画，对战士李二娃忠诚神圣使命献出自己年轻生命崇高精神的展现，对藏族军官索朗丹增不忘党的培育之恩誓死报效祖国的描写，生动诠释了当代革命军人核心价值观的丰富内涵和深刻意义。

（李双来）

【儿童剧《山里的泥鳅》进京演出】　9月23日，安徽省话剧院的儿童剧《山里的泥鳅》在中国儿童剧场上演。该剧选取了当下突出的社会问题，故事围绕农民工子弟进城展开，童趣浓郁，情感真挚，拓展了儿童剧的表现题材，把握了时代脉搏。

（李双来）

【台湾梨园歌舞剧《韩熙载夜宴图》进京演出】　9月23日～24日，“汉唐乐府”作为文化部新中国六十周年献礼庆典演出中唯一受邀的台湾团体，在梅兰芳大剧院上演了大型古典梨园歌舞剧《韩熙载夜宴图》。该剧以南唐画家顾闳中《韩熙载夜宴图》为题材，融合了南音古乐与梨园舞蹈两大传统艺术形式创作而成。

（吕　杰）

【“京剧之花——梅兰芳展”在日本举办】　9月28日～11月4日，由中国对外文化交流协会、日中友好会馆、梅兰芳纪念馆主办的“京剧之花——梅兰芳”展览系列活动在东京日本日中友好会馆举办。活动以纪念梅兰芳为主题，包括展览、研讨会、纪念演出等。

（李双来）

【梅花奖艺术团首次赴美演出】　10月15日～22日，应美国亚洲传媒集团的邀请，中国剧协梅花奖艺术团首次赴美国纽约、波士顿进行演出和文化交流活动。

（李双来）

【话剧《吼叫水》进京演出】　10月18日，由兰州军区政治部文工团排演的大型话剧《吼叫水》作为第9届全军文艺会演优秀剧目在北京解放军歌剧院演出。该剧着力塑造了基层村党支部书记叶龙泉的生动形象，他带领乡亲们在缺水的大西北农村找水、打井，以实际行动诠释了中国共产党深入贯彻落实科学发展观、坚持以人为本的执政理念，具有很强的西北地域特色。

（李双来）

【京剧《金锁记》进京演出】　10月21日，由中国戏剧“梅花奖”获得者、台湾京剧演员魏海敏主演的根据张爱玲同名小说改编的京剧《金锁记》在国家大剧院上演。整出戏不仅成功演绎了张爱玲笔下复杂扭曲的悲剧女性曹七巧，还将“打麻将”、“裹小脚”、“抽大烟”等以往京剧中从未出现过的元素搬上了舞台。无论演员表演还是舞美风格，都体现出了张爱玲作品的深刻内涵及“华丽而苍凉”的独特韵味。

（李双来）

【黄梅戏《江姐》进京演出】　10月30日，由安徽省马鞍山市黄梅戏剧团排演的黄梅戏《江姐》在长安大戏院演出。该剧使用的是阎肃创作的剧本，由时白林作曲、李仕龙导演、吴琼主演。该剧着力突出黄梅戏唱腔的韵味和旋律美，舞美追求写意和写实相结合，力求做到让新老观众都能接受。

（李双来）

【上海“京剧流派传承班”进京演出】　10月31日～11月2日，“京剧流派传承班·上海班麒派专场”在梅兰芳大剧院上演。京剧流派是京剧表演艺术的精华。为了保证流派艺术传承和发展，上海开设了“京剧流派传承班”，以加大流派人才的培养力度。周信芳创立的麒派艺术是上海京剧的一面旗帜，此次进京举行的“京剧流派传承班·上海班麒派专场”，是“2008～2009周信芳艺术传承研习班”的成果汇报演出。

（李双来）

【粤剧《风雪夜归人》进京演出】　11月9日，深圳市粤剧团携全新打造的现代粤剧《风雪夜归人》在保利剧院演出。新版粤剧《风雪夜归人》由深圳市宣传文化发展基金资助，改编自著名剧作家吴祖光的同名话剧，讲述了万人追捧的红戏子魏连生和出身青楼的玉春，不甘屈辱与束缚，渴望自由与尊严，20年分离，20年相思，演绎了一段生死不渝、凄美动人的爱情故事。

（李双来）

【陕西秦腔文化周在京举行】　11月16日～23日，由陕西省文化厅主办的陕西秦腔文化周在梅兰芳大剧院、中央戏剧学院实验剧场、解放军歌剧院等剧场举行。演出了《杜甫》《三滴血》《桥弯弯·月圆圆》《浣花溪赋》《母子恨》等5台秦腔精品剧目。文化周期间，陕西省文化厅还在京召开了秦腔研讨交流座谈会，与京秦两地专家学者以及秦腔爱好者进行交流，进一步推动陕西戏曲的传承与发展。

（李双来）

【昆曲、能乐合演《竹取物语》】 11月17日，由中国北方昆曲剧院和日本NPO法人奈良能联合演出的日本传统剧目《竹取物语》在日本东京荒川珍珠会馆大剧场首演。此次演出是中国文化部和中国驻日本使馆主办的“中国文化节”的项目之一。

（李双来）

【国家京剧院送京剧进校园】 11月17日～26日，作为教育部、文化部、财政部开展的高雅艺术进校园活动的组成部分，国家京剧院三团一行40余人在剧院党委书记刘孝华、副院长尹晓东和三团团长张建国的带领下，赴重庆和昆明，先后在重庆邮电大学、重庆科技学院、西南大学、云南财经大学、云南民族大学、昆明冶金高等专科学校、西南林学院演出8场，近万名师生观看了演出。

（李双来）

【青春版《玉簪记》进京演出】 12月15日，由白先勇打造的青春版昆曲《玉簪记》在北大百年讲堂演出。新版昆曲《玉簪记》是2007年度国家昆曲艺术抢救、保护和扶持工程项目，全剧共分《投庵》《情挑》《问病》《偷诗》《催试》《秋江》六个篇章，整场演出约两个半小时，由苏州昆剧院演出，担任主演的仍旧是青春版《牡丹亭》的领衔主演——俞玖林、沈丰英。

（李双来）

【话剧《男人与女人之战争与和平》进京演出】 12月23日，香港话剧导演林奕华新戏《男人与女人之战争与和平》在保利剧院演出。该剧旨在探讨现代社会之中的两性关系。编剧王继尧，主演王耀庆、何韵诗、林依晨。

（李双来）

·纪　念·

【刘玉玲从艺50周年纪念活动】 3月9日～28日，由中国剧协、北京市文联和北京剧协联合主办的京梆子代表人物刘玉玲从艺50年纪念活动在北京举行。先后在中国评剧院剧场、密云剧场和长安大戏院举行三次专场演出，演出剧目有《柜中缘》《状元打更·责夫》《大登殿》等。3月29日，北京市文联党组书记朱明德、党组副书记索谦，以及众多戏曲界的专家出席了刘玉玲从艺京梆子50周年研讨会。北京戏剧家协会副主席、著名京梆子表演艺术家、“二度梅”获得者刘玉玲，到场畅谈其创作体会以及50年从艺道路的心路历程。

（李双来）

【北京京剧院庆祝建院30周年系列活动】 4月1日～5月1日，北京京剧院纪念建院30周年活动在京举办。4月1日，在长安大戏院举行30周年院庆开幕仪式，向为剧院作出杰出贡献的老艺术家与传承流派艺术贡献突出的中年艺术家颁奖。从4月6日起，分别在长安大戏院和人艺小剧场演出23台剧（节）目。

（李双来）

【纪念杨宝森诞辰100周年系列活动】 5月15日～18日，纪念京剧大师杨宝森诞辰100周年系列演出在国家大剧院戏剧场举行。此次纪念活动由国家大剧院主办，天津京剧院承办，中国国家京剧院、北京京剧院、天津京剧院、上海京剧院等9大实力院团加盟。5月15日推出“一轮明月”纪念京剧大师杨宝森诞辰100周年名家演唱会，5月16日～18日邀请全国京剧名家联合演出杨宝森的3个代表剧目——《杨家将》《失空斩》《伍子胥》。同时，杨派艺术研讨会、杨宝森生平展、杨宝森传人座谈会、杨宝森艺术讲座等多种形式的纪念活动也在国家大剧院同期举行。

（李双来）

【景荣庆逝世】 8月1日，京剧表演艺术家景荣庆因病医治无效在京逝世，终年85岁。景荣庆（1925—2009），原名景端成，河南开封人，京剧净角演员。幼入中华戏校学戏，改名景永成。后入荣春社，改名景荣庆。新中国成立后，曾加入首都实验京剧团，后加入中国京剧团。在京剧舞台上，他是一位杰出的、技艺全面、极其规范的架子花脸和武花脸表演艺术家。有“活曹操”之誉。他与梅兰芳、谭富英、李少春、言慧珠、叶盛兰、杜近芳、李和曾、谭元寿等合演的《穆柯寨》《战宛城》《除三害》《逍遥津》《阳平关》《徐龙打朝》等堪称典范。

（李双来）

【杨秋玲逝世】 9月12日，国家级非物质文化遗产传承人、国家京剧院艺术指导委员会顾问、京剧表演艺术家杨秋玲因病在京逝世，享年72岁。她1950年入中国戏曲学校学习，是新中国培养出来的第一批京剧表演人才之一。毕业后到中国京剧院任主要演员，在《杨门女将》中成功塑造了巾帼英雄穆桂英的形象。

（李双来）

【中国剧协成立60周年纪念大会召开】 10月11日，戏剧界庆祝新中国成立60周年暨中国戏剧家协会成立60周年纪念大会在京召开。全国政协副主席、中国文联主席孙家正发来贺信。中国文联党组书记、副主席胡振民，中国文联党组副书记、副主席李牧，中国文联党组成员、书记处书记廖奔，中国剧协主席尚长荣，中国剧协名誉主席李默然，文化部艺术司司长董伟，中宣部文艺局副局长汤恒，总政宣传部艺术局局长秦威，中国剧协顾问马少波、方掬芬、刘厚生、刘锦云、红线女、李世济、何孝充、胡可、赵寻、徐晓钟、郭汉城、阎肃、薛若琳，中国剧协副主席王晓鹰、白淑贤、刘长瑜、李维康、孟冰、濮存昕、瞿弦和，中国文联各文艺家协会、各直属单位、机关各部室、首都各大院团有关负责人，以及中国剧协在京理事、会员、戏剧艺术家代表等及200余名戏剧界代表出席会议。

（李双来）

【梅兰芳诞辰115周年纪念演出】　10月18日～11月6日，由北京市委宣传部、北京市文化局、梅兰芳纪念馆、中国京剧艺术基金会、北京京剧院、北京梅兰芳艺术基金会、梅兰芳大剧院、国家大剧院、长安大戏院共同主办的梅兰芳诞辰115周年纪念演出，陆续在梅兰芳大剧院、国家大剧院和长安大戏院推出。演出包括《洛神赋》《穆桂英挂帅》等13场经典名剧及1场名家名段演唱会。梅葆玖、谭元寿、毕谷云、刘长瑜、张学津、叶少兰等老中青艺术家及梅派弟子传人登台献艺。承演单位是北京京剧院梅兰芳京剧团和青年京剧团。参演单位有国家京剧院、解放军战友文工团，上海京剧院、中国戏曲学院、大连京剧院、江苏省京剧院、青岛京剧院、天津京剧院、天津青年京剧团、北京戏曲艺术职业学院、台湾国光剧团、浙江杭州京剧团、北京国联交响乐团。

（李双来）

【汪健君纪念曲会在北大举行】　11月7日，“曲家汪健君先生仙逝十周年纪念曲会”在北京大学举行。汪健君传人、著名曲家杨忞与青年昆曲曲友在曲会上演绎了《牡丹亭·拾画》《长生殿·闻铃》《玉簪记·琴挑》《南柯记·花报》等昆曲名段，表达对汪健君的怀念和对昆曲事业的传承。89岁高龄的曲家杜荣、99岁高龄的曲家邵怀民等昆曲界前辈参加了曲会并为曲会题诗。

（李双来）

【欧阳予倩120周年诞辰纪念活动】　11月9日～10日，为纪念戏剧艺术家、戏剧教育家、中国文联原副主席、中国剧协原副主席、中国舞协原主席、首任中央戏剧学院院长、首任中央实验话剧院院长欧阳予倩120周年诞辰，由中国文联、中国剧协、中央戏剧学院联合主办的欧阳予倩120周年诞辰纪念活动在京举行。活动包括纪念大会和纪念演出。中国文联党组副书记、副主席李牧以及蔺永钧、徐晓钟、刘厚生、胡可、赵寻、方掬芬、李维康、季国平、刘国富、徐翔、杜长胜、王永德、刘立滨、柳秀文等来自首都戏剧界、电影界、舞蹈界的代表，欧阳予倩的亲友和学生100余人出席了在中央戏剧学院举行的纪念大会。中央戏剧学院实验剧场演出了由刘桂成编剧、卢昂执导的桂剧《欧阳予倩》。该剧是广西壮族自治区为纪念欧阳予倩120周年诞辰、西南剧展65周年专门排演的新戏。

（李双来）

【马少波逝世】　11月29日，中国文联荣誉委员、中国剧协顾问、戏剧家马少波因病在京逝世，享年92岁。马少波，1918年出生于山东莱州。1931年考入山东省立第九中学，“七七”事变后参加中华民族解放先锋队，1939年参加中国共产党。历任八路军山东纵队第五支队司令部秘书长、胶东文化协会会长。新中国成立后，曾任中华全国戏曲改革委员会秘书长，文化部党组成员，中国戏曲研究院党总支书记、副院长兼中国京剧团团长，中国京剧院党委书记、副院长，中国文联全国委员会委员，辅仁大学中文系特邀教授，北京市戏曲研究所所长，中国艺术语言研究会会长，中国戏曲学会副会长，中国京剧艺术基金会副会长，文化部振兴京剧指导委员会副主任，中国戏曲学院名誉教授，《中国京剧史》及《中国京剧百科全书》编委会主任。主要戏剧作品有京剧《正气歌》《闯王进京》《坂本龙马》《明镜记》《宝剑归鞘》《宝烛记》《蝴蝶梦》《孪生兄弟》，昆曲《西厢记》，话剧《岳云》等。主要著作有《戏曲改革论集》《戏曲改革散集》《看戏散笔》《花雨集》《马少波新剧作》《马少波戏剧代表作》《马少波研究文集》《马少波近作选》《戏曲艺术论集》《写戏偶得》《马少波文集》，散文集《从征拾零》，与夫人李慧芳合作的《东耕园诗二百首》等。

（李双来）

纪念翁偶虹先生诞辰100周年暨脸谱艺术研讨会

【纪念翁偶虹诞辰百年研讨会】 12月4日，由北京民间文艺家协会、中国京剧杂志社主办的纪念翁偶虹先生诞辰100周年暨脸谱艺术研讨会在京召开。李滨声、钮骠、邓元昌、吴玉璋、胡金兆等专家学者，翁偶虹之子翁武昌，翁门弟子田有亮和再传弟子共50余人出席。与会者共同追忆了翁偶虹为京剧事业所做的杰出贡献，并着重研讨了其在戏曲脸谱艺术收藏、研究、绘制等方面的探索与成就。

（李双来）

【纪念陈永玲诞辰80周年系列活动】 12月16日，由中国剧协、甘肃省委宣传部、中国京剧艺术基金会、甘肃省文联主办的纪念著名京剧艺术家陈永玲先生诞辰80周年系列活动在京举行。中国剧协主席尚长荣，中国剧协分党组书记、秘书长季国平，甘肃省文联党组书记马少青等领导，钮骠、孙毓敏等艺术家以及陈永玲弟子斯琴高娃参加了纪念座谈会。会上，大家共同缅怀了为京剧事业做出了不朽贡献的京剧名旦陈永玲。当晚，陈永玲诞辰80周年纪念演出在长安大戏院举行，尚长荣、梅葆玖、刘长瑜、邢金沙、陈霖苍、关栋天、马少敏、常秋月等京剧表演艺术家同台献艺，斯琴高娃作为陈永玲的弟子演出了京剧《醉酒》。

（李双来）

【中国评剧院纪念评剧百年系列演出】 2009年12月19日～2010年1月2日，中国评剧院在中国评剧大剧院推出15天17场的纪念评剧百年系列演出活动。本次活动以中国评剧院为主，演出剧目有《杨三姐告状》《秦香莲》《花为媒》《包公赔情》《向阳商店》《夺印》《闹严府》《马本仓当官记》《白毛女》《白蛇传》等。最后一天，中国评剧院、沈阳评剧院、天津评剧院的刘萍、谷文月、戴月琴、李惟全、冯玉萍、曾昭娟、崔连润、宋丽、张俊玲等演出了两场名家名段演唱会。

（李双来）

【袁敏宣百年诞辰纪念演出】 12月20日，袁敏宣百年诞辰暨北京昆曲研习社复社30周年纪念演出在北京举行。北京昆曲研习社的社员及特邀嘉宾演出了《天官赐福》《牡丹亭·游园》《西厢记·佳期》《贩马记·写状》《牡丹亭·惊梦》等昆曲名段。众多曲界名家与昆曲爱好者通过观看演出追思昆曲前辈袁敏宣，并回顾了北京昆曲研习社复社30年来的发展历程。中国文联原主席周巍峙，北京市京昆振兴协会会长孙毓敏，中国戏曲学院教授赵景勃，艺术家曹颖、张继青、周万江、马玉森、张毓文等观看了演出。

（李双来）

·评论、研究·

【刘玉玲为京梆子正名】 2月9日，刘玉玲在《北京日报》发表文章，为京梆子正名。她说，荀慧生大师在世时，听人说他原来是唱“河北梆子”的，当场纠正说，他唱的是梆子，不叫河北梆子。在他们看来，把北京的梆子叫“京梆子”，剧团叫“北京梆子剧团”都是再自然不过的事。“河北梆子”而不是“京梆子”成为北京市的非物质文化遗产，仍然难以融入北京文化，更难以深入北京人的心。北京梆子要发展，必须先正名。

（李双来）

【小剧场建设与发展座谈会】 2月19日，小剧场建设与发展座谈会在市文化局召开。北京小剧场从业人员代表参加会议。与会的各演出单位、剧场负责人就现有剧场情况进行介绍，并对小剧场演出场所的布局提出建议；就2008年本单位创作、演出及经营等情况进行了介绍；对2009年剧目创作及演出规划情况作了汇报，并提出希望政府在排练演出场地、宣传资源空间等方面给予支持。龙马社负责人、剧作家邹静之，朝阳文化馆馆长徐伟，北京人艺艺术处处长吴文霞，东方先锋剧场经理、制作人傅维伯，泛剧场制作人老象，孟京辉戏剧工作室制作人戈大立，开心麻花文化发展有限公司副总张晨，北京市演出公司总经理李勤，戏逍堂娱乐文化发展有限公司制作人关皓月，哲腾文化传播有限公司制作人傅若岩，北京现代舞团团长张长城，北京演出协会秘书长杨红斌等出席。市文化局局长降巩民、副局长王文光、市委宣传部副巡视员陈建文，以及文化处处长荣大力等出席了此次会议。

（王晓燕）

【市教委召开“京剧进课堂”研讨会】 3月12日，市教委在北京市第109中学召开研讨会，教育部体卫司领导和北京市教委主管领导及各区中小学音乐教师参加了会议。市教委体美处处长王军主持了会议，北京教科院基教研究中心音乐教研室主任沈一民就2008年启动“京剧进课堂”以来，在10个试点区22所中小学校的实施情况做了汇报。一年来，有近50位音乐教师接受了京剧知识和演唱技能方面的培训，对课堂教育热情实践，而市教科院音乐教研室通过随堂听课、召开座谈会、向任课教师和学生问卷调查等多种形式进行了调研、监控和指导。

（李双来）

【京剧艺术传承与发展研讨会】 4月16日，在北京京剧院建院30周年“京剧艺术传承与发展”研讨会上，戏剧界专家学者围绕新形势下京剧院团的生存发展与经营管理进行了深入探讨。他们认为，京剧艺术既是一门突出个性的艺术，也是一门综合性的集体艺术，京剧要在竞争激烈的文化市场中占据一席之地，就必须重视京剧院团整体的经营管理。

（李双来）

【第3届京剧学国际学术研讨会】 5月15日，由中国戏曲学院主办的“京剧与现代中国社会”第3届京剧学国际学术研讨会在京举行。来自全国各地包含港澳台地区及美国、日本的140多位专家学者出席研讨会，交流了各自的研究成果并进行了深入的探讨。

（李双来）

【2009首都高校京剧论坛举行】 5月16日，2009首都高校京剧论坛在首都师范大学举行。这是由全国政协京昆室与首都师范大学共同举办的首个走进大学校园的高层京剧论坛，多名戏曲专家和京剧表演艺术家围绕“京剧舞台价值取向”这一主题，就京剧的变与不变进行了深入的探讨。

（李双来）

【第4届亚洲戏剧教育论坛】 5月18日~21日，第4届亚洲戏剧教育研究国际论坛在中央戏剧学院举行。教育部、文化部和联合国教科文组织的相关领导及专家出席了大会并致辞。中国、美国、日本、韩国、新加坡、印度、澳大利亚、乌兹别克斯坦、马来西亚等13个国家和地区的25所戏剧院校参加。论坛的主题为“戏剧现状·戏剧教育·戏剧未来”。除了四场专题研讨会之外，论坛还安排中央戏剧学院、韩国中央大学校、印度国立戏剧学院、蒙古艺术文化大学等4校进行了专场演出。

（李双来）

【首届戏文学科战略发展研讨会】 6月26日，中国戏曲学院、中央戏剧学院、上海戏剧学院在京召开首届戏文学科战略发展研讨会，就课程设置、培养定位、生源及资源共享等问题进行了探讨，达成合作及共建意愿，并宣布筹备成立中国戏剧文学教育会及设立戏剧文学学院奖。

（李双来）

【第3届中国剧院团论坛】 7月3日~6日，中国文化报社在京举办第3届中国剧院团论坛，文化部原副部长赵维绥发表讲话，中国文化报社社长孔繁灼在开幕式上致辞。来自全国文化管理部门和演出机构、演出场所的领导和负责人近200人出席。本届论坛从宏观的角度对演艺业的现状与发展进行描述与评析，演讲讨论内容涉及艺术表演团体的体制改革、机制创新、政策环境、市场竞争、文化品牌建立等方面。论坛还专门安排了观摩剧目、参观演出设施、举行洽谈酒会等多种交流形式。论坛由中国文化报社直属的北京市远东文化经济开发总公司具体策划实施，北京协创经研文化艺术交流有限公司承办，北京星光影视设备科技股份有限公司协办。

（李双来）

【“建国60周年中国话剧艺术发展论坛”】 10月16日~19日，由文化部主办，中国话剧艺术研究会、北京市东城区人民政府承办的“建国60周年中国话剧艺术发展论坛”在京举行。来自全国的话剧从业者、专家90余人参加了论坛。论坛的议题包括新中国成立60年中国话剧发展的历史思考；话剧创新的文化思考；话剧创作面对市场的观念变化；话剧创作的精品战略与市场运作；话剧院团改革的实践与理论思考，以及民营戏剧的创作与市场运作等。此次论坛共有三个举办地，除北京举办外，8月、9月已分别在辽宁抚顺和上海举办。

（张燕鹰）

【中国戏曲理论国际学术研讨会】 10月24日～26日，由中国艺术研究院主办，中国艺术研究院戏曲研究所承办的中国戏曲理论国际学术研讨会在北京长白山国际酒店举行。来自中国、韩国、日本、新加坡、美国、德国等国及中国香港、澳门和台湾地区的近50位专家学者围绕中国戏曲理论本体、美学内涵、戏曲表演理论体系的构建、中外戏剧比较研究、戏曲改革与当代戏曲发展、戏曲文化与传播、非物质文化遗产及地方戏保护等议题进行了8个场次的研讨，对中国戏曲理论建设中的重要命题、当前戏曲发展中的重点、热点等问题进行探索。

（李双来）

【北京曲剧经典剧目展演论坛】 11月6日，北京市文联召开“庆祝新中国60华诞北京曲剧经典剧目展演论坛”，针对北京市曲剧团9月在京举办的优秀剧目演出季的新老剧目，从北京曲剧的编剧、导演、作曲、表演、舞美、历史发展、剧种风格以及与北京文化的关系等方面进行了深入的探讨。与会专家一致认为，北京曲剧是北京文化的重要部分，北京曲剧一定要保持曲艺味。

（李双来）

【“京剧启蒙”国粹传承研讨会】 11月11日，北京少儿京昆艺术教育学会在市文联举行“京剧启蒙”国粹传承新闻发布暨教育学术研讨会。北京少儿京昆艺术教育学会会长汪锦生汇报了学会成立以来所做的大量工作，特别提到学会在诸多京剧艺术家、教育家的指导帮助下，成功地编写了《京剧启蒙》套书。有关领导对少儿京昆艺术教育学会所做的工作，给予了充分的肯定，对《京剧启蒙》的出版及其作用，给予了高度的评价。与会者就学会的工作及《京剧启蒙》的编写、出版工作进行了热烈的讨论。大家一致认为：学会的成立是必要的、及时的，该书的出版也填补了少儿学习京剧用书的空白，希望得到社会的认可与支持。

（李双来）

【陕西秦腔文化周专家座谈会】 12月2日，中国戏剧家协会和陕西文化厅在京举行北京“陕西秦腔文化周”专家座谈会。王蕴明、薛若琳、李春喜等20余名专家、陕西省文化部门和艺术院团相关负责人参加了座谈会。专家认为，秦腔艺术扎根深厚的文化土壤，从未离开广大的基层观众。在文艺创作氛围空前良好和艺术院团不断深化体制改革的背景下，秦腔文化周充分展示秦腔艺术界在保护和传承国家“非遗”项目方面取得的成就，对当前中国戏曲艺术的继承和发展具有重要意义。本次文化周演出的名剧《三滴血》、新编现代戏《桥弯弯，月圆圆》、历史剧《浣花溪赋》等展示了秦腔各种题材剧目的精神面貌，体现了古老秦腔的强大生命力。

（李双来）

【昆曲《李香君》北京演出研讨会】 12月15日，由中国戏曲学院和台湾戏曲学院共同主办的昆曲《李香君》研讨会在中国戏曲学院召开。台湾戏曲学院校长郑荣兴、中国戏曲学院院长周龙出席座谈会。两所院校的有关专家教授，以及北京师范大学、北京语言大学、中国传媒大学、首都师范大学和中国艺术研究院等单位的专家学者参加了研讨。会上，专家学者对《李香君》的艺术成就给予了充分肯定，称赞它是一部原汁原味的昆剧，同时，专家也对该剧在音响、配乐和伴奏效果等方面提出了一些建设性意见。《李香君》是台湾戏曲学院进京展演的代表作，根据清代剧作家孔尚任的《桃花扇》改编而成，讲述了李香君与侯方域的爱情故事。

（李双来）

·培训、传承·

【邓沐玮、张建国收徒】 1月16日，邓沐玮、张建国在晋阳饭庄举行收徒仪式。邓沐玮所收谭帅、赵隆基二人均为国家京剧院三团演员。张建国收徒王旭、黄佳、陶涛、吴佳明四人，其中本团演员二人，石家庄京剧团一人，票友一人。拜师完后，又有清唱。邓沐玮、张建国二人合作了《将相和》的精彩对唱。

（李双来）

【刘秀荣收徒】 3月15日，著名京剧表演艺术家刘秀荣收徒刘玮珊的仪式在全国政协举行。仪式由康秉钧主持，前来祝贺的嘉宾有全国政协京昆室主任赵景发，国家京剧院党委书记刘孝华、副书记刘惠平、副院长宋官林、三团团长张建国，还有奚派传人、著名书法家欧阳中石和著名影视演员王铁成，著名相声演员侯耀华，画家李燕、李滨声，京剧名家刘雪涛、江新蓉、钮骠、吴吟秋、陈志清、孙明珠，及刘秀荣的弟子于兰、王艳、马帅、宋奕萱等。

（李双来）

【刘玉玲收徒】 3月17日，北京河北梆子表演艺术家、国家级非物质文化遗产传承人刘玉玲在京收北京市河北梆子剧团优秀青年演员刘凤香为徒。刘凤香是国家一级演员、中国戏剧家协会会员，2004年获得全国戏曲“红梅”大赛金奖。

（李双来）

【第二期全国重点京剧院团表演人才培训班】 4月7日～23日，由文化部艺术司举办的第二期（青衣、刀马旦、小生、老生）表演人才培训班委托国家京剧院承办。本期培训班以传授具体剧目和讲解表演理论及技巧相结合的培训方式，邀请著名京剧表演艺术家刘秀荣、张春孝、朱秉谦传授经典剧目《穆桂英大战洪州》。第二期培训班扩大了培训范围，在原来的11个国家级重点京剧院团基础上又增加了17个省级重点京剧院团，本次培训班共有来自全国各地28家京剧院团的70余位青年演员参加。

（李双来）

【孙明珠收张娟为徒】 4月14日，中国戏曲学院表演系副教授张娟拜京剧艺术大师、“四大名旦”之一尚小云先生的关门弟子、尚派传人孙明珠为师，成为尚派第三代传人之一。梅葆玖、尚长荣等京剧名家到场恭贺。

（李双来）

【张学津收赵华为徒】 5月6日，天津京剧院实验团青年演员赵华拜京剧表演艺术家、马派传人张学津为师，拜师仪式在北京举行。谭元寿、姜凤山、马崇仁、迟金声、钱江、孙毓敏、刘秀荣、张春孝、李维康、耿其昌、燕守平、高长德、刘连群等到场祝贺。

（李双来）

【国家京剧院“高雅艺术进校园”活动】 5月10日～13日，按照教育部、文化部、财政部的统一部署，国家京剧院2009年“高雅艺术进校园”活动在院长吴江、一团团长于魁智的带领下，国家京剧院一团60余人先后走进山东大学、山东艺术学院、山东师范大学等高校，开展了演出、讲座、座谈等一系列活动。

（李双来）

【第5届中国京剧青研班开学】
5月11日，第5届中国京剧优秀青年演员研究生班开学典礼在中国戏曲学院小剧场举行。本届青研班共招生40名，学员年龄多数25岁上下，学制3年。他们全都是“第6届全国青年京剧演员电视大奖赛”中的获奖选手。典礼上，著名京剧表演艺术家王金璐、谭元寿、李维康、刘长瑜、孙毓敏、张学津等为学生们致辞鼓劲。

（李双来）

【京剧走进小学校园】 5月26日，北京市房山区官道中心校黑古台民族小学开展了北京市“京剧进课堂——人人精彩”小学音乐工作室展示活动。活动中，两位教师进行了精彩的京剧展示。曹育竹老师有板有眼地表演了《穆桂英挂帅》的经典唱段“猛听得……”陈艳红老师讲授了《铡美案》一剧包龙图的经典唱段。京剧进课堂让教师走进了国粹，让孩子理解音乐文化，通过专家的点评、领导的亲临指导，房山区京剧进课堂活动走在了实验校的前面。2009年，该校获得了全国新课改首届小学优秀课例评比一等奖、第3届北京市教育教学优秀成果二等奖。

（李双来）

【叶蓬收徒杨万庆】 5月29日，京剧名家、教育家叶蓬教授收天津名票杨万庆为徒的仪式在北京建国门华润大厦美林阁酒家举行。参加仪式的有王金璐、刘雪涛、马长礼、李甫春等老艺术家，也有叶蓬教授多年的老校友、老朋友，以及各院团、院校的叶氏门生和专程从天津赶来的票界朋友。

（李双来）

【京剧文化体验推广工程启动】
5月31日，“京剧文化体验推广工程”在国家京剧院正式启动。从6月6日开始，参与者可在周六，通过一厂、一馆、一院、一剧的实地体验，全方位地感受京剧文化的魅力，在一天之内过足“京剧瘾”。参与者可以在北京剧服厂观看并亲自体验设计、扎样、刷样、色印、刺绣、道具制作等过程；走进梅兰芳纪念馆或梅兰芳故居感受京剧艺术大师的真实生活；在国家京剧院内的首个国家级京剧艺术博物馆，可以欣赏到惟妙惟肖的与真人同比例的京剧人偶以及微缩版京剧人偶。国家京剧院还为文化体验推广活动专门准备了经典剧目。此项目由北京领航旅行社独家运营，每周六定期组织散客拼团，单位团组随时组织。此项目共研发出四项京剧文化旅游产品，分为一日游、半日游等。

（李双来）

【侯宇、王金钟拜师】 6月28日，侯宇、王金钟拜师仪式在北京长安大戏院二楼潮好味酒楼举行。北京京剧院老旦演员侯宇拜李鸣岩、赵葆秀为师，老生演员王金钟拜张学津为师。拜师仪式由张关正主持，北京京剧院的有关领导王玉珍、刘胜利、刘侗、迟小秋、王蓉蓉，及京剧界前辈王金璐、李甫春和陈志清、杨少春、马小曼、燕守平、罗长德、黄德华、李红宾等人到场祝贺。

（李双来）

【“梅花奖获得者”中国戏曲学院研究生课程进修班结业】 7月6日，中国戏曲学院继续教育部举办的“梅花奖获得者”研究生课程进修班结业。该进修班于2007年5月8日开班，进修班学员均为当今各个剧种的中坚力量，全部为梅花奖获得者，其中不乏所在院团的领导。

（李双来）

【京剧夏令营】 8月7日，参加“打开艺术之门”京剧夏令营的100名小营员，在国家京剧院进行了汇报表演。此次夏令营由中山公园音乐堂与国家京剧院共同推出，包括“京剧我知道”、“学段拿手戏”、“后台也精彩”、“现在我登台”4个单元。在夏令营中，小营员们被分为老生、花旦、青衣、花脸、丑角、把子功6个行当。

（李双来）

【中国戏曲学院豫剧本科班开班】 9月12日，中国戏曲学院2009级豫剧表演专业本科班正式开班。本届共有24名来自全国各地的学生，其中表演专业20名，器乐专业4名。为办好此班，学院特聘著名豫剧表演艺术家马金凤为名誉教授，李金鸿、李维康、刘长瑜、李玉芙、李树建等京剧、豫剧界名师、名家担纲主讲教师。豫剧本科班不仅意味着这些刚刚入学的豫剧新苗们在不久的将来会成为全国学历层次最高的豫剧人才，而且标志着在戏曲专业教学上一直以京剧为主的中国戏曲学院，正式拉开京剧以外多剧种办学的帷幕。

（李双来）

【“杨门薪传”拜师仪式在京举行】 10月8日，“杨门薪传”拜师仪式在国家京剧院举行。杨宝森的亲传弟子、中国戏曲学院教授叶蓬一气收下了包括著名京剧演员于魁智在内的30名来自全国各重点院团、艺术院校的专业弟子。谭元寿、梅葆玖、马长礼、李世济、赵葆秀等京剧名家以及全国各地17家重点院团、7所艺术院校的专家、领导均出席到场，著名艺术家范曾还特地为“杨门薪传”题词祝贺。

（李双来）

【梅葆玖收单娜为徒】 10月19日，梅葆玖收浙江京剧团青年演员单娜为徒的仪式在北京梅兰芳大剧院举办。29岁的单娜毕业于辽宁省大连市艺术学校，主攻青衣、花衫，先后向汤小梅、闻占平、孙荣蕙等老师学演了《生死恨》《穆柯寨》等剧目，为继承梅派艺术打下了坚实的基础。

（李双来）

【梅葆玖收陈燕丽为徒】 11月6日，“纪念京剧艺术大师梅兰芳诞辰115周年系列演出”之海内外名票专场暨著名京剧表演艺术家梅葆玖先生收徒津城京剧票友陈燕丽仪式在长安大戏院举行。受北京京剧院和梅兰芳基金会的邀请，陈燕丽演唱了京剧名段《凤还巢》一折，演出后，举行了收徒仪式。在主持人李扬的主持下，陈燕丽向梅葆玖先生行拜师礼，梅葆玖受拜后将梅兰芳全套名段演唱光盘赠送给陈燕丽。

（李双来）

【北京大学白先勇昆曲传承计划启动】 12月8日，北京大学白先勇昆曲传承计划在京启动。该计划由北京大学文化产业研究院与白先勇共同发起。第一阶段计划用五年时间，从“学研”“新知”“推鉴”三个方面入手，包括在北京大学开设昆曲公选课，举办昆曲文化周、优秀昆曲项目展演，推动数字昆曲工程，成立百位名人昆曲倡议大联盟，建立昆曲传承扶持基金等内容。

出　版　物

【《美不胜收是京剧》出版】 5月，北京文化艺术音像出版社出版了《美不胜收是京剧》京剧知识讲座DVD光盘。主讲是国家京剧院院长吴江。讲座分为10讲：京剧的形成、世界三大戏剧体系、京剧形象的宣传、京剧的特点、京剧虚拟性、京剧程式性、京剧的四功——唱念做打、京剧的板腔体、京剧的曲牌、京剧是绿色的娱乐方式。

（李双来）

【曾永义戏曲新著出版】 5月，台湾著名戏曲研究学者曾永义教授的新著《曾永义学术论文自选集》（甲编、乙编）、《戏曲源流新论》和《戏曲腔调新探》分别由中华书局和文化艺术出版社出版。

（李双来）

【《昆曲之路》出版】 6月，长篇报告文学《昆曲之路》由人民文学出版社出版，作者杨守松。作品再现了昆曲艺术600年间兴衰荣辱的历程，展现了新中国60年来的社会变迁和文化繁荣。

（张燕鹰）

【《京剧大师马连良》大型画册首发式】 7月22日，由市委宣传部、市文化局、中国京剧艺术基金会等主办的纪念京剧大师马连良先生从艺100周年大会暨《京剧大师马连良》大型画册首发式，在华彬紫金剧院举行。这部辑录了900余张照片的画册，全面展示了马连良秉承传统、承上启下、开拓创新、独树一帜的艺术人生。

（李双来）

【《孟小冬：氍毹上的尘梦》出版】 9月，《孟小冬：氍毹上的尘梦》由东方出版社出版，作者万伯翱、马思猛。该书着重介绍孟小冬在京剧艺术上无比艰难和极其勤奋的探索，以及她在艺术生涯中取得的卓越成就。书中还详细介绍了梅兰芳、孟小冬、杜月笙的关系，对杜月笙在孟小冬一生中至关重要的作用予以重笔描述。此外，书中涉及许多鲜为人知的20世纪三四十年代的菊坛掌故、趣事奇闻。

（李双来）

【《京剧启蒙》系列读本新闻发布会】 11月4日，《京剧启蒙》系列读本出版新闻发布会在北京市文联小剧场举行。《京剧启蒙》系列读本是一套能够让少儿对京剧艺术建立最初概念的入门书籍，由北京少儿京昆艺术教育学会会长汪锦生在诸多京剧艺术家、教育家的指导帮助下编写而成。该书对广大少儿及京剧爱好者初步接触、了解、学习京剧有着积极的作用。它涉及了京剧的生、旦、净、丑等各种角色，让读者联系现实生活去认知这些角色，使新的知识并不陌生，且容易理解记忆。该书分“三阶”，每一阶两册，由浅入深、图文并茂。

（李双来）

曲　　艺

2009年，北京的曲艺稳步向前发展。中国曲艺家协会与相关单位联合召开了中国曲艺理论高峰论坛和“中国相声榜”研讨会，并举办了曲艺精品创作班，周末相声俱乐部也针对曲艺作品召开了创作会议。

在北京周末相声俱乐部、德云社等演出组织的基础上，遍布京城的演出场所纷纷成立，其中包括中曲清音小剧场、石景山周末相声俱乐部、乐丰斋相声茶馆、鸣乐汇相声吧等不同形式的演出场所。特别是由中国曲艺家协会、北京茶宫联合主办的“中曲清音小剧场”，在一年的时间里，举办了10多位曲艺名家的个人专场演出，涵盖了多个不同的曲种，外地进京的曲艺演出也有很多在这里举办，为曲艺的传播与发展搭建了新的展示和交流的平台，同时也丰富了北京百姓的文化生活。

在曲艺的传承方面，政府部门实施了相关的举措。4月，第二批北京市级非物质文化遗产项目代表性传承人揭晓，岔曲、五音大鼓、平谷调、北京评书、联珠快书等5个曲种的传承人榜上有名。5月，田连元、单田芳、刘兰芳、连丽如等4位北方评书表演艺术家又入选为第三批国家级“非遗”代表性传承人。曲艺界的各级组织和民间的有志之士，为保护民族民间文化艺术的发展，于7月26日成立了“北京国粹传承志愿者协会曲艺分会”，在专家顾问的指导和帮助下，紧紧依靠会员，开展了丰富多彩的活动，如研讨、讲座、演出、培训、票房等，为传承曲艺艺术、弘扬民族曲艺文化做出了贡献。11月26日，中国曲协召开了新闻发布会，筹备在宣武区马连道茶缘茶宫建立中国曲艺非物质文化遗产博物馆。为保证曲艺事业后继有人，卓有成就的曲艺家们纷纷收徒，将自己的艺术传授给下一代，所收弟子不仅有北京的，还有很多外省市的，这种支脉的延伸扩展了曲艺的传承。

近年来，由于相声创作过程的艰苦以及酬金偏低、著作权得不到保护等一系列原因，使得原本就不兴盛的创作队伍一再分流，一些有实力的作者有的改行写起小品，有的则加入影视圈、写起了电视剧本。相声创作一直处于低谷，缺乏好作品，导致了演出市场的不景气。为了维护创作者的合法权益、提高相声作者的报酬、激发他们的创作积极性、写出更多更好的相声作品，不断壮大相声创作队伍，6月29日，由中国曲艺家协会和天津市委宣传部共同主办，在北京新闻大厦二层多功能厅举行了“全国（天

建立中国曲艺非物质文化遗产博物馆新闻发布会

津）相声新作品大赛作品拍卖会”新闻发布会，7月2日，相声新作品拍卖敲响了“第一锤”。通过商业运作模式将相声作品推向市场，打破了以往相声作者与表演者之间薪酬不合理的固有定式，对今后的相声创作和相声演出将起到深远的影响。相声创作走上产业之路以摆脱困境，对促进和实现相声艺术的繁荣发展，可谓一种新鲜而有益的尝试。

北京曲艺界在对外交流方面，也在做着积极的努力。在国内，由中国曲协的艺术家们组成的送欢笑演出小分队先后到安徽、江苏、湖北、湖南、甘肃、海南、黑龙江、重庆等省和直辖市进行了慰问演出，为全国各地的人民群众送去了欢笑，扩大了曲艺艺术在全国的影响。北京市为加强京津两地小剧场之间的沟通与交流，北京海淀相声俱乐部和天津“谦祥益”茶楼在11月共同主办了“京津相声交流月”，每周相互派出有代表性的演员交换演出。在国外，中国的艺术家在法国的巴黎、日本的东京、美国的洛杉矶、加拿大的多伦多进行了多场演出，中国的曲艺“洋教头”丁广泉还带领自己的洋弟子，到新加坡演出相声专场，受到了当地群众和华人华侨的热烈欢迎。

（李　宏）

机　构

【中曲清音小剧场】　2月14日，由中国曲艺家协会、北京茶宫联合主办的“中曲清音小剧场”开幕演出暨姜昆相声专场在北京茶宫正式举行。中曲清音小剧场位于宣武区马连道茶缘茶城内的北京茶宫，原为清音阁剧场。2008年底与中国曲协合作，正式定名为“中曲清音小剧场”，由书画家范曾题字。“中曲清音小剧场”的开办，旨在宣传和弘扬曲艺艺术，为曲艺表演艺术家、中青年优秀曲艺演员搭建专场演出的平台，让首都观众又多了一处欣赏曲艺的好场所。姜昆相声专场作为“中曲清音小剧场”开幕的首场演出，特邀唐杰忠、李建华、戴志诚助演，拉开了“中曲清音小剧场”的帷幕。每周六的下午，都有专场演出举行。

（李　宏）

【乐丰斋相声茶馆】　2月14日，乐丰斋相声茶馆在中国评剧大剧院正式开张，其前身为群英相声会。乐丰斋在每个周末都有固定的演出，有很多优秀的年轻演员活跃在这里。乐丰斋还不定期邀请相声名家和明星客串，如冯巩、李菁等，已经带来了相当的人气。

（李　宏）

【石景山周末相声俱乐部】　5月15日，周末相声俱乐部石景山分号在山姆电影院挂牌成立。周末相声俱乐部主要在东城、崇文等几个城区设场表演，虽然在大兴也开有分号，但在京西尚属首次。与东城的本部相比，石景山分号主要由青年演员挑大梁。同时，石景山分号每周的演出都会请一两位观众熟知的相声名家“压轴”。

（李　宏）

【鸣乐汇相声吧开业】　5月28日，由中国广播艺术团相声演员李鸣宇领衔的鸣乐汇相声吧在宣武区文化馆开业。开业当晚，冯巩、巩汉林、金珠、李伟健、武宾、刘惠等曲艺名家前来助兴演出。李鸣宇是相声演员冯巩的弟子，其代表作品有《爱情36计》《甲方乙方》《你的世界我做主》《新卖挂票》《新口吐莲花》等。

（李　宏）

【北京国粹传承志愿者协会曲艺分会成立】　7月26日，北京国粹传承志愿者协会曲艺分会成立大会在湖广会馆举行。北京市社会建设办公室、北京市政府办公厅、北京市团委、宣武区团委等部门的有关领导和曲艺界的知名学者、专家、艺术家等数十人到场祝贺。北京国粹传承志愿者协会创立于2009年5月，曲艺分会的成立，得到了京城曲艺工作者和曲艺爱好者的大力支持。为庆贺协会成立，当天还进行了一场曲艺展演。

（李　宏）

【“嘻哈包袱铺”开新址】　11月2日，“80后”相声演出团体“嘻哈包袱铺”喜开新址，特邀请到常宝华、张志宽、崔琦、李立山、宋德全等曲艺名家到场助阵。随着“嘻哈包袱铺”规模的不断壮大与发展，广茗阁早已不能满足广大观众的需求。在广茗阁演出的同时，经过协商又在东风乡新庄甲27号开设新的剧场，剧场能够容纳400名观众，除原班人马登台演出外，还聘请了其他知名青年相声演员，在节目的形式上也有所突破创新，节目内容更为丰富多彩。

（李　宏）

【北京相声会堂】　11月27日，随着京城相声市场的日趋火爆，北京相声界又推出了新的品牌。由李金斗挑头创办的北京相声会堂，在北京地质礼堂开业。北京相声会堂开张后，每周五晚由相声名家登台献艺，常宝华、孟凡贵、李金斗、石富宽、赵炎、侯耀华、李国盛、王谦祥、李增瑞、刘洪沂、李嘉存、付强等相声演员相继登台。

（李　宏）

【残疾人曲艺培训基地挂牌】　12月3日，北京市残疾人曲艺培训基地在宣武区的老舍茶馆正式挂牌。随着对残疾人文化艺术生活关注力度的不断加大，各级政府陆续投资兴建了一大批文化活动场所。宣武区自身有着丰厚的传统文化积淀，随着残疾人曲艺培训基地的建立，在传授残疾人曲艺技能的同时，丰富和活跃了人们的文化生活。

（李　宏）

活　动

·演出、会议·

【北京市曲艺团赴京郊】　1月6日，北京市曲艺团赴京郊顺义区赵全营镇，为农村基层干部及广大村民演出了精彩的文艺节目。演出包括相声、口技、双簧、戏曲、变脸等表演形式，受到了群众的欢迎。

（李　宏）

【曲艺界新春大联欢】　1月20日，由中国曲艺家协会和北京曲艺家协会联合主办的曲艺界新春大联欢在北京饭店举行。中宣部文艺局、中国文联、北京市委宣传部、中国曲协、北京曲协的领导与曲艺界人士大联欢，互送新春祝福。联欢活动由牛群、鞠萍、雅娟共同主持。中国曲协分党组书记、副主席姜昆致辞。刘兰芳、姜昆、李金斗、李伟健、巩汉林、金珠、牛群、戴志诚、宋德全、王玉、马增蕙、唐杰忠、赵保乐等曲艺名家在联欢活动中表演了精彩的节目。

（李　宏）

【“刘兰芳艺术生活五十年”座谈会】　1月21日，由中国文联和中国曲协联合主办的“刘兰芳艺术生活五十年”座谈会在北京新闻大厦举行。百余位曲艺界、文艺界人士共聚一堂，座谈刘兰芳的评书艺术特色与艺术成就，共同祝贺刘兰芳从事曲艺工作五十周年。座谈会由中国曲协分党组书记、副主席姜昆主持。中国文联党组书记、副主席、书记处书记胡振民在讲话中对刘兰芳给予高度评价。中共中央政治局委员、书记处书记、中宣部部长刘云山发来贺信。全国政协副主席、中国文联主席孙家正，全国政协副主席陈奎元，全国人大常委会原副委员长李铁映、许嘉璐、顾秀莲，全国政协原副主席孙孚凌，为活动题词。文化部副部长陈晓光，中国文联党组成员、副主席冯远，中宣部艺术局局长杨新贵，中国文联荣誉委员、中国曲协名誉主席罗扬出席了座谈会。袁阔成、单田芳、田连元、徐勍等众多评书界同仁也到场祝贺。

（李　宏）

【中国曲艺网春节联欢会】　1月26日～30日，中国曲艺网举办了2009年春节联欢会。节目内容包括：大年初一“笑口常开”相声专场；大年初二“争奇斗艳”曲艺综合场；大年初三“娃娃爱曲艺”少儿曲艺专场；大年初四“说的好听”曲艺专场；大年初五“别开生面”大曲艺专场。

（李　宏）

【崔琦曲艺专场】　2月28日，崔琦曲艺专场在北京茶宫中曲清音小剧场举行。中国曲协主席刘兰芳，分党组书记、副主席姜昆出席并讲话。崔琦演出了快板《宠孩子》，评书《吕后篡权》，并与李立山、应宁合说了传统群口相声《金刚腿》，郝元、王淑玲、杨菲演唱了崔琦创作的曲艺作品。常祥霖、王印权、赵玉明、马玉萍、种玉杰等曲艺家观看了演出。

（李　宏）

【种玉杰曲艺专场】　3月14日下午，京韵大鼓表演艺术家、北京曲协副主席种玉杰曲艺专场演出在北京茶宫中曲清音小剧场举行。中国曲艺家协会的相关领导和多位曲艺前辈出席了此次活动，丰台区卢沟桥乡的多位领导也光临现场观看了演出。种玉杰是京韵大鼓表演艺术家孙书筠的徒弟。崔琦主持了整场节目，种玉杰演唱了《博望坡》《七星灯》《大西厢》，杨菲、张曦文友情出演了《花木兰》《丑末寅初》等曲目。

（李　宏）

【周末相声俱乐部创作会议】　3月16日～17日，周末相声俱乐部在伊士顿国际酒店召开了2009年创作会议，会议由周末相声俱乐部主席李金斗主持。东城区文委领导和东城文化馆负责人参加了会议，周末相声俱乐部秘书长宋德全在会上作了年度总结。周末相声俱乐部自成立已经演出278场，出版相声曲艺文集11本，举办慈善义演以及各种公益演出多场，丰富了首都市民的文化生活，也培养了一批中青年相声演员。参会人员进行了积极的讨论，确定了为迎接新中国成立60周年大庆搞好新节目创作的计划。

（李　宏）

【"嘻哈包袱铺"推出相声剧《山了寨了》】 3月18日～28日，"嘻哈包袱铺"在中国评剧大剧院推出相声剧《山了寨了》。在山寨里，有一个嘻哈包袱屯，屯里生活着民风质朴的村民。这一天村委会开会，评选2008年最囧人物奖，周凡龙、王冠希、藏地硕、张二元、金傻、斯琴一咯吱就乐、李大鹏等重新演绎雷人场面，由此引发出一系列新闻搞笑回顾。编剧高晓攀，导演李林，演员赵宇、侯珏、李欧、连旭、李林、赵臣、尤宪超、宋伯朝、张汀、孙奇、刘雅琼、张晓夕、高晓攀等。

（李 宏）

【周炜相声专场】 3月21日，青年相声演员周炜在中曲清音小剧场举行相声专场演出。周炜1975年生于天津，先后在中国北方曲艺学校、解放军艺术学院学习。1994年进入第二炮兵政治部文工团成为一名军旅演员。其本人及作品曾获全国相声大赛最佳逗哏奖、全国相声小品邀请赛一等奖、全军曲艺比赛一等奖、央视春节晚会观众评选我最喜爱节目二等奖等。此次专场演出了相声《我惯着他》《闲疙瘩》《评述趣谈》《出口成章》《求名心切》等，赵炎为其助演。

（李 宏）

【贾伦相声专场】 3月28日，贾伦的相声专场在中曲清音小剧场举行，中国煤矿文工团的多位领导出席，与200多名京城的曲艺爱好者共同观看了这次专场演出。贾伦、连春建合作表演了相声《信不信由你》《说说唱唱》，他的六位徒弟表演了《超级畅听》《论拳》《数来宝》等节目。

（李 宏）

【李世儒快板专场】 4月4日，快板沙龙主席李世儒的曲艺专场演出在中曲清音小剧场举行。李世儒是高凤山的入室弟子。他的快板演唱，在继承高派快板艺术精髓的基础上，又溶入了"李派"（李润杰）、"王派"（王凤山）的演唱风格，2006年底创办了"快板沙龙"，很大程度扩大了快板艺术的群众基础，对快板艺术的普及和提高起到了很大的推动作用，得到了曲艺界领导和前辈的认可与支持。本次专场表演了快板《双锁山》《斩堂弟》《愁》《夸儿子》《立井架》等曲目。

（李 宏）

【康松广、王辅庭相声专场】 4月11日，康松广、王辅庭的相声专场在中曲清音小剧场举行。快板名家张志宽现场发表了祝词。康松广师从王长友，王辅庭师从陈涌泉，2005年两人开始正式合作。在第3届CCTV全国相声大赛上，两位艺术家合作表演的相声《颠三倒四》获得了专业组二等奖。本次专场演出的节目有《上网须知》《丢人》《颠三倒四》《哭的艺术》《笑口常开》等，宋德全和王玉助演。

（李 宏）

【杨菲鼓曲专场】 4月25日，杨菲梅花大鼓专场在中曲清音小剧场上演，梅花大鼓名家花五宝专程赴京为爱徒捧场。杨菲与花五宝的女儿罗香合唱了梅花大鼓《黛玉思亲》，阚泽良表演了单弦《风波亭》片段，关键演唱了京韵大鼓《连环计》。戴宏森、常祥霖、郑克康、刘焕荣、殷长海、王辅庭等曲艺界人士到现场观看了演出。

（李 宏）

【武警文工团曲艺小品晚会】 5月9日，为庆祝中华人民共和国成立60周年暨参加第9届全军文艺汇演，武警部队政治部文工团在北京国安剧院演出了"卫士风采"曲艺小品晚会。整台晚会由相声、小品、快板、山东快书、故事等多种艺术形式组成。节目包括：对口快板《说哨位》，山东快书《紧急刹车》，相声《磨刀石》《第52块金牌》，小品《练兵》《大阅兵》《冰雪弯道》《胃口问题》和故事《花名册》等。作品主要表现广大武警官兵抗击雨雪冰冻灾害、抗震救灾、奥运安保等内容，从不同侧面和角度反映了武警官兵的火热生活和战斗风采。

（李 宏）

【二炮文工团曲艺小品晚会】 5月14日，为庆祝中华人民共和国成立60周年暨参加第9届全军文艺汇演，第二炮兵政治部文工团在二炮机关礼堂演出了"我们的光荣"曲艺小品晚会。晚会由曲艺联唱《我们的光荣》，相声《值不值》，西河大鼓《将军轶事》，小品《年夜饭》《不眠之夜》《洒满阳光的道口》，快板快书《羌藏并蒂英雄花》，快板与评弹《生命的价值》等节目组成，曲种多样，形式新颖。潘长江、魏兰柱、周炜、范雷、管琳娜等参加了演出。

（李 宏）

【战友文工团曲艺小品晚会】 5月15日，北京军区政治部战友文工团在北京军区礼堂演出了"我的军营我的家"曲艺小品晚会。晚会共推出小品《爱情童话》《一枚勋章》《十九岁》《星光》《永远的光荣》《黎明时刻》和相声《喊山》等7个节目。作品题材广泛，内容新颖，视角独特，集中展现了现代军营生活。主要演员有吴军、冯国庆、高志强、牟洋、于海伦、张文甫、李志强等。

（李　宏）

【王文长快板专场】 5月16日，快板名家王文长个人专场暨王文长师徒快板书展演在中曲清音小剧场举行。王文长是北京曲艺团快板书演员，1970年拜张志宽为师学习快板书艺术。擅演节目有《劫刑车》《武松打店》《鲁达除霸》等。中国曲艺家协会顾问、军旅曲艺家朱光斗，中华曲艺学会会长常祥霖以及周见崳、郝爱民、阎月明、刘洪沂、宋德全、贾伦等曲艺界人士到场祝贺。

（李　宏）

【郝元鼓曲专场】 5月23日，青年单弦演员郝元的个人专场在中曲清音小剧场上演。郝元先后演唱了单弦《金山寺》《疾风骤至》《宝玉探晴雯》。曲艺家朱光斗、单弦表演艺术家赵玉明、曲艺表演艺术家李绪良，以及郝元的老师张蕴华观看了演出。京韵大鼓表演艺术家种玉杰、梅花大鼓表演艺术家王玉兰、相声新秀付强到场祝贺，并即兴助演。

（李　宏）

【燕春社首演】 5月24日，燕春社在鼓楼西大街鸦儿胡同甲21号后院的康龄轩书茶馆进行首演。燕春社是新成立的曲艺演出社团，演出的节目有评书、快板、单弦、联珠快书、京韵大鼓、西河大鼓等多种曲艺形式。燕春社的演出旨在发扬北京传统说唱艺术，丰富首都群众的业余文化生活。

（李　宏）

【宋德全、王玉相声专场】 6月6日，宋德全、王玉在中曲清音小剧场举行了专场相声演出。宋德全师从苏文茂，王玉师从侯耀文，二人现均为中国煤矿文工团相声演员，合作已达十年之久，多次在全国各类相声大赛中获奖。此次专场演出，他们表演了《酒的研究》《姓名学》《改唐诗》《谁是北京人》《对对子》等节目。评书表演艺术家、中国曲协主席刘兰芳，相声表演艺术家、中国曲协分党组书记、副主席姜昆以及煤矿文工团的领导到现场表示祝贺并观看了演出。

（李　宏）

【李想鼓曲专场】 6月13日，李想鼓曲专场在中曲清音小剧场举行。此次专场表演的曲目有《剑阁闻铃》《击鼓骂曹》《伯牙摔琴》等。中国曲协主席刘兰芳、京韵大鼓表演艺术家陆倚琴、中国曲协快板专业委员会会长张志宽等出席，与200多名京城曲艺爱好者观看了演出。

（李　宏）

【“北票联”传承鼓曲演唱会】 6月13日，为庆祝我国第四个文化遗产日，北京曲艺票友联谊会在新街口街道社区服务中心举行了传承鼓曲演唱会，展示了近年来组织传承遗产、培养后继人才的阶段性成果。会上演出了《疾风骤至》《秋景〔黄鹂调〕》《梨花成堆》《灯儿下卸残妆》《赤壁赋》《赵云截江》《蜈蚣岭》等经典传统曲目。刘兰芳、戴宏森、常祥霖、于万海、包澄洁、栾桂娟、张蕴华等曲艺界领导、专家，以及资深票友王金凤、章学楷、赵俊良、律宁、李燕生等到会祝贺。

（李　宏）

【北京曲协聘李燕夫妇为艺术顾问】 6月14日，在北京曲艺家协会召开的第四届会员代表大会上，清华大学美术学院教授、画家李燕和夫人孙燕华被聘为北京曲协艺术顾问。李燕和孙燕华多年来一直致力于北京曲艺的发掘和保护工作，自费拍摄了纪实电视片《胡同古韵》，使一些濒临消亡的曲种留下了珍贵的影像资料。该片在北京电视台播出后，获得了专家和观众的好评。李燕曾经多次呼吁保护和发掘曲艺这一文化遗产，并在教学中引进了一些曲艺的表现形式，为传统曲艺的传承做出了贡献。

（李　宏）

【李金斗连任北京曲协主席】 6月14日～15日，北京曲艺家协会第四届代表大会在京举行，200多名北京的曲艺表演艺术家、曲艺理论家、曲艺活动家出席。大会审议了北京曲协工作报告，通过了协会修改章程，并经过民主选举产生了新一届的理事会和主席团。相声表演艺术家李金斗再次当选为北京曲艺家协会主席，贾德丰、笑林、王谦祥、种玉杰、李立山、邵军、郝金明、李伟健、崔琦当选为副主席。中国曲艺家协会主席刘兰芳、分党组书记姜昆及北京市委宣传部、北京市文联的领导分别参加了此次代表大会的开幕式和闭幕式。

（李　宏）

【张蕴华、马小祥“北票联”教岔曲】 6月20日，单弦表演艺术家张蕴华与弦师马小祥来到新街口社区，为“北票联”的20余位票友们演示教唱。张蕴华在现场为大家示范演唱了《春至河开》《疾风骤至》《太虚幻境》《毛主席诗·冬云》，并进行讲解。其后，她向“北票联”赠送了25盒岔曲录音带、3部作品集《单弦岔曲500首》，刘晶代表“北票联”回赠了参考教材《岔曲选萃》合订本和CD光盘。

（李　宏）

【相声新作品拍卖会新闻发布会】 6月29日，由天津市委宣传部、中国曲艺家协会主办，天津市文联、天津市曲艺家协会和中国曲协相声艺术委员会、北京华辰拍卖有限公司共同承办的“全国（天津）相声新作品大赛作品拍卖会发布会”在北京新闻大厦二层多功能厅举行。天津市委常委、宣传部部长肖怀远，中国文联副主席、书记处书记冯远，中国曲协主席刘兰芳，分党组书记姜昆，天津市文联党组书记、秘书长孙福海，中国曲协相声艺术委员会主任常贵田，北京曲协主席李金斗，北京华辰拍卖有限公司、新华社、人民日报社、北京电视台、新华网等40多家媒体和近百位曲艺界知名人士出席了本场发布会。与会人员一致认为，本次相声新作品大赛作品拍卖会对相声创作的发展非常重要，对推动新世纪曲艺事业的发展具有指导性的作用。姜昆特别强调，这次活动从根本上捋顺了曲艺演员和曲艺作者的关系，调动了相声创作者的积极性，为相声事业的发展起到了推动作用。

（李　宏）

【相声俱乐部进北大】 7月1日，以相声表演艺术家李金斗、孟凡贵、李建华、付强和笑星莫岐等为班底的曲艺表演团队，在北大百年讲堂举办了相声曲艺专场演出。这是相声俱乐部在北大开设分部后的首场演出。《捧逗争论》《北京轶事》《训徒》等相声段子以及双簧、单弦等传统曲艺节目很受北大师生欢迎。相声俱乐部进驻北大后，还要增设传统曲艺知识培训班，演员们将向学子们征集剧本和“包袱儿”，以此推动传统艺术发展进步。

（李　宏）

【中国相声作品拍卖敲响“第一锤”】 7月2日，全国（天津）相声新作品大赛作品拍卖会在北京新闻大厦举行。16部相声作品最终均以高价拍出。本次拍卖会的首部作品，天津相声老作家王鸣禄创作的《城管与地摊》以20万元的价格被天津买家拍得。此外，王鸣禄与刘景州共同创作的《时空隧道》也以20万元的价格成交，创下拍卖会出价的最高纪录。作家丁润洪的《艾折腾》成交价格为18.5万元，北京作者孙晨的《可怜有钱人》拍出了6.1万元，跻身此次拍卖会的二、三名。其他12件作品也都以高出底价数倍的价格成交。

（李　宏）

【相声群乐园首场演出】 7月5日，名为“相声群乐园”的相声专场在劲松电影院进行了首场演出，参加的演员有王凯、刘岚、刘涛、郭伟、王政、吕嘉强、孟欣、甄齐、李然、应宁、王玥波、贾伦和连春建等。由于北京东部地区处于曲艺演出的一个空白，组织者经过实地调研，与剧场方面达成共识后，相声群乐园正式开始运营。

（李　宏）

【李鸣宇说科幻相声】 7月6日，在宣武文化馆的“先锋相声根据地”鸣乐汇相声吧，李鸣宇推出了相声版《变形金刚》，这也是鸣乐汇推出的第一部科幻相声。这段带有十足科幻色彩的相声，通过跨越时空和无厘头的搞笑，让观众仿佛在地球与其他星球间穿梭。更精彩的是李鸣宇还当场献上了变形金刚舞，以此表达对巨星杰克逊的喜爱与怀念。

（李　宏）

【纪念中国曲协成立60周年会议】 7月7日，纪念中国曲艺家协会成立60周年暨全国中青年曲艺家创作会议在北京二十一世纪饭店举行。来自全国各地的曲艺界代表和嘉宾200余人参加了会议。全国政协副主席、中国文联主席孙家正，中国文联名誉主席周巍峙，中国文联党组书记、副主席胡振民，中国曲协主席刘兰芳，中国曲协分党组书记、副主席姜昆，以及其他各文艺家协会领导出席了开幕式。中国曲协分党组成员、秘书长刁惠香宣读了社会各界发来的贺信。

（李　宏）

【中国曲协庆典晚会】 7月8日，“笑声与时代”庆祝中国曲艺家协会成立60周年专场晚会在北京世纪剧院上演。全国人大常委会副委员长、全国妇联主席顾秀莲，中国文联党组书记、副主席胡振民，中国曲协主席刘兰芳，分党组书记姜昆等领导出席并观看了晚会。晚会上，由马增蕙领衔，多位鼓曲新星共同演唱了单弦经典曲目《风雨归舟》，侯耀华、刘亚津、莫岐、李嘉存等人共同表演的话匣子的故事作为晚会的主要脉络，串联起了整场节目。张志宽、李少杰表演了快板书《一代宗师》，刘兰芳演出了评书《岳飞传》片段，单田芳、姜昆、戴志诚、李伟健、武宾、张保和、高洪胜、董怀义、大兵、赵卫国、冯巩、李志强、崔艺东等曲艺名家都进行了精彩的表演。常宝华、朱光斗、姜昆、赵炎分别发表了对中国曲艺风雨60年心路历程的感言，在缅怀已逝曲艺艺术家的同时，对观众多年来的支持表示由衷的感谢。

（李　宏）

【曲艺精品展演周】　9月5日～10日，由中国文联、中国曲协主办，第二炮兵政治部文工团、山西省曲协、山西省曲艺团、中国广播艺术团、江苏省文联、江苏省曲协、天津市文联、天津市曲协、山东省曲协、济南市曲艺团分别承办的“向祖国汇报”庆祝新中国成立60周年曲艺精品系列展演在民族文化宫大剧院举行。演出周包括周炜的相声专场“炜炜道来”，“晋曲情声”山西曲艺专场，“快乐人生”刘全和刘全利幽默滑稽小品专场，“茉莉情韵”江苏评弹晋京展演专场，全国（天津）相声新作品专场，以及济南曲艺团演出的《茶壶就是喝茶的》等节目。

（李　宏）

【海淀相声俱乐部开业演出】　9月18日，海淀相声俱乐部的开业演出在海淀文化馆小剧场举行。俱乐部创建人为徐德亮和王文林。相声名家王学义、李增瑞、孟凡贵、王玥波、宋德全、王玉、应宁、王磊等助兴演出。节目有王玥波的《舞台轶事》、应宁和王磊的《语言的艺术》、宋德全和王玉的《歪批唐诗》、王学义和李增瑞的《同仁堂》，最后由徐德亮和王文林“攒底”表演了新创作的相声《买楼奇遇记》。

（李　宏）

【宣南书馆红色题材评书专场】　10月6日，由中共北京市委宣传部、北京市文联发起，北京曲协主办，北京宣南书馆承办的庆祝新中国60周年华诞、缅怀革命先烈丰功伟绩的“红色题材评书专场”在宣武区文化馆演出。北京曲协主席李金斗，副主席贾德丰、马玉萍、崔琦、李立山、李伟健以及主持人大鹏、梁宏达等出席了本次活动。祝兆良表演的《肖飞买药》改编自红色经典小说《烈火金刚》，是袁阔成的代表作品之一；吴荻表演的《一代名伶程砚秋》是根据真实故事改编的一段作品；李菁表演的评书《史更新刀劈二寇》改编自红色经典小说《烈火金刚》，这段书是评书大家李鑫荃的代表作品；王玥波表演的《突破乌江》是评书大师连阔如的代表作品。

（李　宏）

【“望京乐园”曲艺晚会】　10月11日，“望京乐园”曲艺晚会在望京国际商业中心B座6层举行首场演出。李金斗、石富宽、李建华、王谦祥、李增瑞、徐德亮等曲艺名家登场献艺。此后，每周五、六晚，名为“望京乐园”的曲艺晚会在这里定期开演。相声、评书等曲艺传统文化节目的演出，不仅弘扬了中国的传统文化，同时也填补了社区文艺舞台的空白。

（李　宏）

【《话说泰山》开播】　10月20日，由评书表演艺术家刘兰芳播讲的百集长篇评书《话说泰山》在中央人民广播电台开播。这部评书精选了泰山数千年文化发展中的重大事件、神话故事、民间传说等素材，融故事性、知识性、趣味性于一体，以通俗易懂、喜闻乐见的艺术形式引领广大听众神游泰山。

（李　宏）

【曲协领导参观曲艺网】　11月5日，中国曲艺家协会分党组书记姜昆、副书记黄启钧、秘书长刁惠香等到中国曲艺网参观并指导工作。他们听取了工作人员对中国曲艺网网站建设及工作成果的介绍。姜昆在肯定成绩的前提下，对目前工作中出现的问题、遇到的困难和今后的发展方向提出了建设性意见。他说：中国曲艺网作为中国曲协的官方网站承担着中国曲协及曲艺事业的宣传、报道任务，同时对传承曲艺文化、民族艺术精粹、促进曲艺事业的发展起到了推波助澜的作用。随后，大家也从各自不同的角度为曲艺网的发展献计献策。

（李　宏）

【中国相声榜研讨会在京举行】　11月18日，由中央人民广播电台、中国曲艺家协会共同主办，中央人民广播电台央广都市文化传播有限公司承办的“中国相声榜”研讨会在北京举行。中国曲协分党组书记姜昆，中央人民广播电台副总编杨文延、刘晓龙，中国广播艺术团副团长张希和，央广都市文化传播有限公司总经理孟昕出席了会议。相声名家常宝华、唐杰忠、常贵田、郝爱民、赵炎、刘洪沂等参加了研讨会，对中央人民广播电台即将推出的“中国相声榜”栏目提出了各自的建议和意见。最后，到会领导向部分曲艺名家颁发了聘书，向中国曲艺网等19家合作单位颁发了“中国相声榜”战略合作伙伴的牌匾。

（李　宏）

【杨娇河南坠子专场演出】　12月5日，由中国曲艺家协会、北京歌剧舞剧院等单位举办的“青年曲艺演员杨娇河南坠子专场演出”在北京举行。张志河、姚兰英、马玉萍、温淑萍等河南坠子专业人士及曲艺界各门派名家和近百名曲艺爱好者一起观看了演出。北京市曲艺家协会副主席、“曲坛杂家”崔琦主持了这次演出活动。杨娇于2003年考入北京戏曲艺术职业学院鼓曲专业，师从河南坠子演唱艺术家马玉萍学习鼓曲表演。在2007年和2009年，分别获得“宝丰杯”全国鼓曲邀请赛一等奖、第5届“天桥杯”北京鼓曲擂台赛金奖。在这场演出中，杨娇表演了《穆桂英指路》《借髢髢》《哭玉》等河南坠子传统曲目。河南坠子演奏家李云祥以及王树材等中青年曲艺演员、演奏员也表演了精彩的节目。

（李　宏）

【2010新年相声祈福会】　12月28日，由中国铁路文工团说唱团演绎的“2010新年相声祈福会”音乐相声专场在民族文化宫大剧院上演。新年相声晚会是该团的品牌节目，这场演出云集了石富宽、奇志、陈寒柏、王敏等说唱团的优秀演员，侯耀华、师胜杰作为特邀嘉宾加盟演出。演出节目有《瞧这一家子》《幽默与生活》《功到自然成》《该塑谁》《打眼》《海选》等作品。

（李　宏）

·评　奖·

【北京快板邀请赛】　8月8日~16日，由北京文化艺术活动中心、北京曲艺家协会、崇文区文化委员会主办，北京快板沙龙、崇文区文化馆承办的“为伟大祖国骄傲”2009北京快板邀请赛在崇文区文化馆二层多功能厅举行。赛会共收到报名参赛作品100余个，近百名选手参赛。本次大赛具有参与人员广泛、节目内容新颖、女性选手众多等特点。经过4天7场的激烈角逐，共评选出最佳节目奖8名、最佳表演奖6名、最佳创作奖4名、最佳新人奖5名以及大赛优秀奖20名。大赛于16日在“刘老根大舞台”举办了颁奖仪式和汇报演出。

（李　宏）

【第5届“天桥杯”北京鼓曲擂台赛】　6月19日~10月16日，北京曲协与天桥街道办事处、北京文艺台联合举办了第5届“天桥杯”北京鼓曲擂台赛。百余名选手参与了初赛、复赛、决赛共22场的激烈争夺。经梁厚民、常祥霖、崔琦、李增瑞、种玉杰、贺洪凯、赵玉明、马玉萍、张蕴华、李绪良等评委的认真评选，共评出金奖16名（专业组8名、非专业组8名），银奖20名，铜奖8名，入围奖8名。10月16日，中国曲协领导刘兰芳、黄启钧、刁慧香，北京文联党组书记朱明德，中共宣武区委常委、宣传部部长谭晓枫，北京曲协领导李金斗、王谦祥、李伟健，北京文艺台副台长唐琮等作为开奖及颁奖嘉宾出席了颁奖活动。

（张燕鹰）

·交　流·

【中国曲艺家赴巴黎献艺】　2月1日，由法国华商会、法国《欧洲时报》、巴黎中国文化中心以及中国曲艺家协会共同主办的慰问演出在法国巴黎举行。中国曲协代表团为华侨华人和法国友人带去了精彩的演出以及节日的问候。歌曲、舞蹈、相声、二人转、二人台等表演形式多样，精彩纷呈，使观众感受到纯正的中国文化气息以及浓浓的中国春节气氛。法国华商会会长卓旭光表示，能够在海外看到如此高水平的演出非常荣幸，法国华侨华人永远不会忘记民族文化，永远会留住自己的根。中国曲协副主席姜昆表示，此次表演的节目具有民族民间色彩，希望能够在春节期间给大家送去欢乐。

（李　宏）

【“送欢笑”小分队赴安徽】　3月8日，由姜昆带领的“送欢笑”演出小分队来到安徽淮南国投新集公司，与矿工们共庆企业开发建设20周年。小分队在新集公司的发祥地——新集一矿广场为热情的工人奉上了一场精彩的晚会。朱少宇、张露曦的相声《我要当明星》，张文甫、于海伦的小品《考演员》，刘全利、刘全和的哑剧小品，温淑萍的含灯大鼓，吴靖苹的独唱，石富宽、师胜杰的相声《笑口常开》，牛群、大牛的相声《牛年牛》，姜昆、戴志诚的相声，让到场观众大饱眼福和耳福。

（李　宏）

【北京曲协赴台北交流演出】　4月17日~26日，北京曲协与台北曲艺团精心筹备达三个月之久的、两岸优秀曲艺演员联袂打造的2009“台北活力，北京风味”在台北著名文化古迹“红楼”连演9场。北京曲协由秘书长、驻会副主席贾德丰带队，率李绪良、张蕴华、崔琦、姚振声、马小祥等参加了此次交流演出活动。

（张燕鹰）

【曲艺家“送欢笑”到钟祥】　4月27日，由中国曲艺家协会、湖北省文联、湖北钟祥市人民政府主办，湖北省曲艺家协会协办的“送欢笑下基层——走进钟祥”系列演出活动在位于汉江中游的历史文化名城钟祥市举行。演出小分队由中国文联副主席、中国曲协主席刘兰芳，分党组书记姜昆，秘书长刁惠香及知名艺术家牛群、

北京曲协秘书长贾德丰（右）向台北曲艺团团长郭志杰赠送

鞠萍、何忠华、张明智、戴志诚、奇志、耿莲凤、刘全和、刘全利等组成。艺术家们不仅为观众献上了一台精彩的节目，还到钟祥市老年活动中心，慰问了当地长寿老人及劳动模范。

（李　宏）

【“送欢笑”小分队赴兴化慰问】 5月17日，在中国文联副主席、中国曲协主席刘兰芳和分党组书记姜昆的带领下，中国曲艺家协会“送欢笑、到水乡”义演小分队的20多位艺术家们到江苏省的水乡兴化市，为1万多名当地群众带去了欢笑。这次义演活动由中国曲协、江苏省曲艺家协会和中共兴化市委、市人民政府共同主办。牛群、陈寒柏、戴志诚、巩汉林、刘全和、刘全利等众多曲艺家，为观众献演了相声、小品、评书、魔术、东北二人转、幽默哑剧、扬州评话等观众喜闻乐见的节目。

（李　宏）

【“送欢笑”小分队赴北大荒慰问】 6月3日～4日，由中国曲艺家协会分党组书记、相声表演艺术家姜昆带领的中国曲艺家“送欢笑”小分队，来到黑龙江农垦总局宝泉岭分局，为北大荒的广大农垦职工送欢笑。参加慰问演出的有赵炎、石富宽、师胜杰、牛群、赵连甲、戴志诚、周炜、鞠萍等艺术家。在活动期间，艺术家们来到宝泉岭高中，看望了这里的宏志班学生并为其捐款。

（李　宏）

【中国曲艺家赴日演出】 6月10日～14日，由中国曲艺家协会副主席姜昆率队的中国曲艺家代表团，参加了在日本东京举行的第四届日中友好“笑语欢歌”交流演出活动，向旅日华人华侨献上2场曲艺专场演出。由姜昆领衔的“笑语欢歌”赴日公演每年举办一次，2009年已经是第4届，每次的演出都得到了当地华侨华人极大的好评和热烈的欢迎。此次演出是以中国铁路文工团说唱团为主，并加入了吉林省民间艺术团的节目。师胜杰、石富宽、刘洪沂、李嘉存、马云路、刘际、奇志、张伟演出了《笑口常开》《学评书》《幽默与生活》《如此导演》《卖估衣》《婚礼变奏曲》《天路》《夫妻串门》等精彩的节目。

（李　宏）

【洋教头携洋弟子新加坡说相声】 6月26日～28日，应新加坡“新风相声协会”、“直落布兰雅民众俱乐部”以及“拉丁马士民众俱乐部”的邀请，相声名家丁广泉携8名洋弟子在新加坡进行了3场相声专场演出。此次演出的相声都是丁广泉精心创编的中外演员合说或全部由外籍弟子互为捧逗的作品。演出结束后，经弟子韩劳达引荐，丁广泉又收了一名新加坡女相声弟子。

（李　宏）

【倪明、夏文兰专场】 7月5日，由中国曲艺家协会主办，南京相声俱乐部承办的“乐在乐博、笑在高力”倪明、夏文兰专场相声演出在中曲清音小剧场举行。北京周末相声俱乐部的秘书长宋德全担任了本场演出的主持人。享有“中国相声第一夫妻档”美誉的倪明、夏文兰和他们的儿子、弟子共同为现场的观众表演了《唱节日》《永远是朋友》《怎么了》《夸老公》等作品。刁惠香、张志宽、常祥霖、刘惠、贾伦、康松广、刘全刚、周炜、郑健等曲艺界知名人士到场祝贺。

（李　宏）

【中国曲艺家代表团赴日交流】 7月10日～15日，应日本中国文化交流协会的邀请，以中国曲艺家协会分党组书记、副主席姜昆为团长的中国曲艺家代表团一行9人赴日本进行文化交流访问。代表团为日本京都立命馆大学校友会和日中文化交流协会的会员介绍了曲艺的主要艺术特征并进行了示范性演出，受到了日本观众和旅日华侨的热烈欢迎。其后，代表团到朝日新闻社和早稻田大学戏剧博物馆等参观访问，双方就中国的曲艺艺术在日本的推介、宣传等事宜进行了广泛深入的交流。

（李　宏）

【中国曲艺家赴美演出】　8月8日，由快板书表演艺术家张志宽率领的中国笑星艺术团在洛杉矶举行首场演出。这是中国艺术家首次在美举行曲艺专场演出，艺术团成员包括单弦表演艺术家马增蕙，三弦表演艺术家韩宝利，口技手影表演艺术家焦健东和石磊，相声表演艺术家李伯祥、杜国芝、李伟健和武宾等。美籍华人表演艺术家吴兆南和江南也同台献艺。

（李　宏）

【曲艺名家为农民送欢乐】　8月13日，中国曲艺名家走进海南省三亚的“国家海岸”海棠湾，为当地农民送去欢乐。附近乡镇村庄的近万名男女老少在海棠湾林旺中学操场，观看了曲艺名家的演出。晚会在相声演员陈寒柏和王敏的相声《学歌星》中拉开帷幕。中国文联副主席刘兰芳的评书《康熙买马》，刘全和、刘全利的滑稽小品《小鸟与蜜蜂》与现场观众多次互动，巩汉林、金珠的小品《玫瑰之约》，姜昆、戴志诚的相声《乐在其外》相继登台，引得全场笑声不断。

（李　宏）

【“送欢笑”小分队赴玉门油田】　8月19日，由中国文联党组成员、副主席冯远带队的中国曲艺家协会、中国摄影家协会“送欢笑、下基层”慰问演出小分队一行30余人，来到被誉为“中国石油工业摇篮”的甘肃省玉门油田，与油田的数万名职工家属共庆玉门油田开发70周年。当晚，在位于甘肃省酒泉市中心的世纪广场，6万多名观众一起观看了有众多知名艺术家加盟的精彩演出。青年相声演员甄齐、李然表演了相声《自不量力》，相声表演艺术家李金斗、李建华表演了《相声精粹》，小品表演艺术家巩汉林、金珠表演了《玫瑰的记忆》，相声表演艺术家冯巩携李志强、崔艺东、艾莉表演了相声《为你放歌》，相声表演艺术家姜昆、戴志诚表演了相声《乐在其外》。

（李　宏）

【京城曲艺“名嘴”汇聚山城】　8月27日～28日，由中国曲艺家协会、北京市委宣传部、市讲故事活动办公室、市文联联合主办的“全国曲艺家到重庆讲故事活动”在重庆拉开帷幕。赴渝讲故事团队由中国曲协主席刘兰芳亲自带队，演员有包括田连元、牛群、鞠萍等“名嘴”在内的30名优秀曲艺家，节目由中国曲协和北京市故事办在全国范围内广泛征集稿件，经过严格审读、层层筛选，精心选拔而出。

（李　宏）

【大同数来宝晋京】　9月19日，由中国曲艺家协会、山西省大同市委宣传部、大同市总工会主办，中国曲协快板艺术委员会、山西省曲艺家协会、北京茶宫协办的“柴京云、柴京海大同数来宝晋京专场演出”在北京中曲清音小剧场举办。柴京云、柴京海是大同数来宝的创始人，此次演出，柴氏兄弟带来了《婆媳之间》《男大当婚》《防不胜防》《夸大同》等节目。中国曲协和大同市的相关领导以及曲艺界的朋友观看了演出，并参加了艺术研讨会。

（李　宏）

【全总文工团西安献艺】　9月21日～24日，应西安市总工会和陕西省测绘局的邀请，全总文工团党委书记张景义率领全总文工团演出小分队一行30人，分别深入到西安热电有限责任公司、西安地下铁道有限公司、西安水业运营有限公司等单位，把7台精彩的文艺节目呈献在劳动者们面前。快板、相声、杂技、口技、川剧绝活等表演令现场高潮迭起。尤其是相声表演艺术家李金斗、李建华和付强等带来的相声《来的都是托儿》引来了观众席上阵阵爆笑和掌声。苏红演唱了《老大哥》和《成名歌曲联唱》，全总文工团新打造的“火玫瑰”新民乐组合，给观众带来新民乐的震撼感受。

（李　宏）

【“送欢笑”走进娄底】　11月6日，由国家人口计生委、国务院农民工工作联席会议办公室等35个部门组织的全国“情系农民工 关爱留守儿童”影视文化送温暖、中国曲艺家协会“送欢笑——走进娄底”文艺晚会在湖南省娄底市星星影剧院举行。中国曲协分党组书记姜昆、相声演员牛群和大兵等，为娄底农民工、留守儿童现场献艺。整场晚会沉浸在一片欢乐的海洋中，留守儿童代表与走近观众的演员一起跳起欢快的舞蹈，姜昆、戴志诚的相声《乐在其外》，大兵、赵卫国的双簧《并非讽刺医生》将晚会推向了高潮。娄底市委常委、市委宣传部部长伍美华接受了影视文化送温暖代表团赠送的“情系农民工 关爱留守儿童”字画，湖南省、娄底市领导及艺术家现场向留守儿童代表赠送了学习用品。

（李　宏）

【京津相声交流月】 11月7日，由北京海淀相声俱乐部和天津“谦祥益”茶楼共同主办的“京津相声交流月”正式启动。这是两地小剧场之间近年来首次举办的大规模相声交流活动，鉴于京津之间的交流并不太多，北京海淀相声俱乐部和天津“谦祥益”茶楼积极沟通，举办了“京津相声交流月”，在11月的四周内，每周相互派出有代表性的演员交换演出。天津相声观众熟知的相声名家刘文步、郑福山、赵津生、陈鸣志，新秀裘英俊、于丹、张楠、刘磊、刘国君、刘春山、许健等，每周五在海淀相声俱乐部演出。北京的相声名家徐德亮、王文林、王玥波、康松广、应宁、王磊等每周去天津献艺。

（李　宏）

【“送欢笑”走进汕头】 12月7日，由中国文联、中国曲艺家协会和汕头市委、市政府联合主办，广东省曲艺家协会、汕头市文联、市曲艺家协会共同承办的中国曲协“送欢笑——走进汕头”文艺晚会在汕头林百欣国际会展中心举办。来自全国各地的曲艺家、著名笑星为汕头观众奉献了相声、梅花大鼓、独角戏、评书、歌曲串烧、苏州弹词等多个精彩曲艺节目。汕头市富于地方特色的曲艺节目潮汕大锣鼓、潮州歌册、潮剧选段也同台献艺，充分展示了潮汕地方艺术的风采。中国文联副主席、中国曲协主席刘兰芳，中国曲协分党组书记、副主席姜昆，中国曲协副主席王汝刚、冯巩、盛小云、籍薇等上台表演了精彩节目。中国文联党组成员、副主席、书记处书记冯远，全国政协委员、毛泽东的女儿李敏，以及各级相关领导与观众一起观看了晚会。

（李　宏）

·纪　念·

【张文顺逝世】 2月16日，北京德云社创始人之一、相声老艺人张文顺，因病在北京逝世，享年71岁。张文顺是北京市曲艺团第一科学员，师承佟大方学习相声。后随“架冬瓜”叶德霖学习滑稽大鼓。退休后与郭德纲搭档表演传统相声，并和郭德纲、李菁等人一起发起创建北京德云社。

（李　宏）

【李文华逝世】 5月9日，相声表演艺术家李文华在北京因病逝世，享年82岁。李文华，1927年7月生于北京，早年曾向郭启儒学艺，晚年拜于相声大师马三立门下。1962年调入中国广播艺术团说唱团，在和侯宝林、马季、郝爱民等合作演出的实践中，形成了以蔫哏冷面见长的艺术风格。从1978年开始，李文华与姜昆搭档，相继推出了《如此照相》《祖爷爷的烦恼》《诗歌与爱情》《打针》《我的挫折》《想入非非》《看球赛》《小儿郎》《男女有别》等许多脍炙人口的经典相声名段。1985年，入选全国相声演员十大笑星。

（李　宏）

【刘学智逝世】 6月23日，曲艺家刘学智在北京因病逝世，享年80岁。刘学智生于1929年，天津人，师承高元钧、高凤山，生前曾是北京军区战友文工团的曲艺作家，山东快书、快板表演艺术家。代表作品有与人合著的山东快书《一车高粱米》《三只鸡》《长空激战》，数来宝有《青海好》《人民首都万年青》《从军记》《我的弟弟》等近200篇，多次在全国、全军获奖。其中部分作品被收入《中国新文艺大系》曲艺集。他与人合写的理论专著有《快书快板研究》《山东快书艺术浅论》《数来宝的艺术技巧》等。参与《中国大百科全书·戏曲曲艺卷》《说唱艺术简史》《当代中国曲艺》《中国当代山东快书选萃》《中国传统山东快书大全》《山东快书幽默小段选》的编纂工作。

（李　宏）

【纪念马季相声小品晚会举行】 12月12日，在北京民族文化宫大剧院举行了“迎新春 谢导师 纪念马季‘古贝春’相声小品晚会”的盛大演出。这是中国广播艺术团为纪念相声表演艺术家马季逝世三周年而举办的专场演出。当晚的演出由冯巩、姜昆、戴志诚、郑健、李金斗、李建华、巩汉林、金珠、赵炎、刘伟、刘全和、刘全利、王谦祥、李增瑞、赵伟洲、李伟建、武宾等众多笑星联袂登场表演，全场共演出11段节目。

（李　宏）

·探索、研究·

【《影响当前曲艺传承的主要问题及对策》】 2月25日，文化传播网刊登了吴文科的题为《影响当前曲艺传承的主要问题及对策》的理论文章。文章谈到曲艺作为非物质文化遗产的重要组成部分，具有十分典型的活态特征。这决定了保护非物质文化遗产语境下的曲艺传承，不是文物式的原样维护，不是一成不变的固化延传，而是要坚持本体特征。在传承保护曲艺的过程中，必须要面对创新和发展的问题。没有发展的保护，谈不上积极有效的保护，而没有相应新节目、新形式和新技巧的积累与创新，就没有真正的发展。曲艺作为一种综合性很强的舞台表演艺术，拥有诸如表演、文学、音乐、舞蹈、美术、杂技等等的艺术构成要素；行业分工涉及说唱表演、曲本创作、音乐设计、专业伴奏、舞台美术、排练导演等方面。这要求其专业教育从曲种、地域、层级布局到专业设置，都要适应整个行业与事业发展的全面需要。建议有关部门尽快从制度层面给予曲艺合理发展自身学科的“户籍”，使曲艺的高等教育在相关层面得到制度性的关注和认可，培养有志于从事曲艺的各类专业人才，通过破除制约曲艺实现全面系统和深度传承的机制瓶颈，扭转曲艺传承所存在的困境。

（李　宏）

【中国曲协赴延安调研】　5月20日～22日，由中国曲协主席刘兰芳，分党组书记姜昆带队的曲艺调研组一行8人来到延安，考察了当地曲艺尤其是陕北说书的生存与发展现状。在陕北曲艺座谈会上，来自陕西省曲艺家协会、延安市曲艺馆、安塞县、子长县的领导、作家、演员，向调研组介绍了陕北曲艺的生存发展现状。陕北是陕西省境内民间曲艺最为活跃的地区，陕北说书、陕北二人台、榆林小曲、陕北练子嘴、陕北道情等在陕北地区覆盖面广，具有浓郁的乡土气息。据调查，陕北从事曲艺演出的专业演员和农村业余艺人数以万计，活动范围主要在农村。调研组也实地考察了延安曲艺馆，采访了延安一些知名的专业和民间的曲艺艺人。

（李　宏）

【《京城小剧场曲艺的“热”与“冷”》】　6月12日，《中国艺术报刊》登了蒋慧明题为《京城小剧场曲艺的“热”与“冷”》的文章。文中谈到相声演出越演越热，去茶馆听相声成为京城百姓尤其是年轻人最热衷的文化娱乐消费活动之一。相当长一段时间以来，由于种种因素的影响，相声“危机”、“滑坡”的议论不绝于耳。而小剧场内的相声演出形式，对于观众和演员双方都有着积极的意义：其一，低廉的票价，丰富的节目，极大地满足了观众的欣赏要求；其二，舞台的锤炼，现场的互动，使得演员的技艺得到进一步的提升。最重要的是，通过这种长期坚持的小剧场演出形式，不仅活跃了百姓的业余文化生活，增进了演员与观众之间的密切交流，而且激发了演员和作者的创作热情，在恢复传统相声的同时，也积累了一定数量的原创作品。同时，与相声在京城各小剧场演出的火热场面不同的是鼓曲书场，曾经长期流行于京津等地的鼓曲演出显得有些受冷落。究其原因，一是鼓曲演出多以传统曲目为主，与快节奏的现代生活有着一定的距离；二是演出形式相对比较复杂，需要演员与伴奏员的配合；三是青年鼓曲演员的人数较少。因此，当前曲艺演出市场的不均衡状态，涉及整个曲艺事业的可持续发展，需要曲艺院团、曲艺市场和曲艺教育等各方面的共同努力去解决。

（李　宏）

【《相声作品拍卖会：一次有益的产业化探索》】　7月11日，人民网刊登了厉振羽撰写的文章《相声作品拍卖会：一次有益的产业化探索》。文章谈到，长期以来，创作与表演利益分配的差异制约了相声作者的创作积极性，没有好作品，相声就无法发展下去。这次拍卖会就瞄准了这一制约相声发展的症结所在。选择以拍卖的形式将相声作品推向市场创造的是一个多赢的局面，对于整个行业的发展，指明了一条产业化之路。文化产业的繁荣需要引入非公有资本，相声事业的发展同样需要爱好曲艺的企业家们的赞助支持。今后，优秀相声作品的市场价格是否会被抬上去、相声市场是否会繁荣兴旺、进而拉动内需还不得而知，但至少这是一次有益的尝试。

（李　宏）

【《曲艺版权保护工作任重道远》】　11月27日，《中国艺术报》刊登了姜昆的文章《曲艺版权保护工作任重道远》。文章在综合考察曲艺版权保护现状及分析原因的基础上，提出了四个方面的问题：一是曲艺作品使用量大，使用形式多样，侵权现象比较普遍；二是相关法律法规不够完备，行业制度尚不健全；三是曲艺工作者和曲艺作品使用者版权意识不强，有意或无意的侵权现象比较普遍；四是曲艺作品往往存在多个权利人，明确权利归属上的困难也是造成侵权的客观原因。文章在总结了问题的所在之后，对曲艺版权的保护提出应采取三个方面的措施，一是将版权工作与曲协日常工作相结合；二是将版权工作与曲艺产业化相结合；三是将版权工作与行业管理相结合。

（李　宏）

【《京城相声生态》】 11月28日，《中国文化报》刊登了记者胡芳的文章《京城相声生态》。相声从电视屏幕上回归剧场之后，众多的演出组织和演出场所快速涌现并不断扩大。文章谈到了当前相声市场的基本情况，并列举了周末相声俱乐部、德云社、嘻哈包袱铺等演出组织各自不同的生存状态。

（李　宏）

【曲艺成为高校艺术特长新热门】 12月8日，据中国曲艺网报道，从2010年高考艺术特长生统测现场获悉，相声等曲艺项目悄然间成为高校艺术特长的新热门，包括北师大等多所高校2010年都增招曲艺类特长生。来自北京教育考试院的数据显示，虽然2010年高考生总数有所下降，但艺术特长生招生人数仍有2000余人，与2009年基本持平。在高校艺术特长生项目里头，相声等曲艺也成为“新宠”。北科大2010年将招收相声、快板等曲艺特长生；北师大2010年新增戏剧类项目，包括表演、曲艺和主持；北交大也在艺术特长项目里增加了相声、评书等曲艺类。

（李　宏）

·传承、培训·

【马贵荣收徒】 1月9日，相声作家、教育家马贵荣在京举行收徒仪式，将郭磊、赵健、杨健、丁舟、吴嵩、赵臣、贾正伟、邵冉、李林收至门下。贾继光、李国盛、付振江分别担当引师、保师、代师。常宝华、陈涌泉、王文林、郝爱民等相声名家，及中国曲艺家协会、北京曲艺家协会、东城周末相声俱乐部、崇文相声俱乐部、嘻哈包袱铺等团体的代表都赶来捧场。马贵荣是相声界为数不多的女艺人之一，她在相声创作上尤为突出，马季、姜昆、李金斗、王谦祥等相声名家都用过她创作的段子。

（李　宏）

【刘兰芳收徒】 1月21日，在北京新闻大厦召开“刘兰芳艺术生活五十年”座谈会的同时，新华网《奥运书场》专栏特邀播讲嘉宾、主播王封臣，正式拜评书艺术家刘兰芳为师。当天，百余位曲艺界、文艺界名家见证了这次拜师收徒仪式。

（李　宏）

【2009年曲艺精品创作班】 4月8日，中国曲艺家协会“2009年曲艺精品创作班”开班仪式在北京蟹岛绿色生态度假村举行，来自全国各地的40余名曲艺创作人员参加了此次曲艺精品创作班。中国文联党组成员、书记处书记廖奔，中国文联副主席、中国曲协主席刘兰芳，中国曲协分党组书记、副主席姜昆，中国曲协秘书长刁惠香出席了开班仪式。曲艺精品创作班已经举办了三届，学员以来自专业团体一线的优秀作者为主，也包括一些近年来创作力旺盛的年轻业余作者和网络作者。

（李　宏）

【曲艺界5人入选第二批北京市级“非遗”代表性传承人】 4月9日，第二批北京市级非物质文化遗产项目代表性传承人揭晓，曲艺门类有5个曲种的传承人榜上有名。分别是西城区文化委员会申报的岔曲传承人张蕴华，密云县文化委员会申报的密云蔡家洼村五音大鼓传承人齐殿章，平谷区文化委员会申报的平谷调传承人杜润启，宣武区文化委员会申报的北京评书传承人连丽如，宣武区文化委员会申报的联珠快书传承人章学楷。

（李　宏）

【于连仲收徒】 4月16日，在眉州东坡酒楼石景山店举行相声名家于连仲收徒胡长江、靳佩良、孙志刚仪式。拜师仪式由孟凡贵主持。金业勤、常宝霆、陈涌泉为此次拜师活动的“引、保、代”师。中国曲艺家协会主席刘兰芳、天津文联党组书记孙福海、中国快板协会会长张志宽，以及石景山区的相关领导纷纷到场祝贺，并发表了热情洋溢的讲话。曲艺名家回婉华、赵玉明、杨少华、马增蕙、田立禾、李伯祥以及近百名曲艺界人士出席了本次活动。中国曲协分党组书记姜昆、漫画家李滨声、相声名家唐杰忠和王谦祥特意为本次活动创作了书画作品。

（李　宏）

【赵炎收徒】 5月23日，相声表演艺术家赵炎收徒。中国曲艺家协会、中国广播艺术团、北京市公安局、北京曲艺家协会、北京挚友相声俱乐部及众多相声同仁、驻京媒体到场祝贺。此次所收弟子刘春华是北京市公安局的一名基层干警、首都警官说唱团演员。他在5月初刚刚获得中央电视台第7届全国小品大赛非职业组一等奖、优秀编剧奖。收徒仪式由北京曲协主席李金斗主持。韩龙彬为引师，刘伟为保师、王谦祥为代师。中国曲协主席刘兰芳代表曲艺界祝贺赵炎收徒，曲艺界名人及首都公安代表近百人参加了此次仪式。

（李　宏）

【评书表演艺术家4人入选国家级“非遗”代表性传承人】 5月26日，连丽如、田连元、单田芳、刘兰芳4位北方评书表演艺术家入选第三批国家级非物质文化遗产项目代表性传承人。

（李　宏）

【贾伦收徒】　6月5日下午，相声名家贾伦收徒仪式在丰台区的思母恩酒楼一楼大厅举行。拜师仪式由周末相声俱乐部秘书长宋德全和相声名家连春建共同主持。王玉、奇志、孟凡贵分别为“引、保、代”师。杨广业、高少伟、张磊、杜康、刘国栋、李昂、尤宪超、贾雨、王钢、韦硕等十位弟子分别向“引、保、代”三位老师和师父师娘行鞠躬礼。相声表演艺术家常宝华、陈涌泉、李伯祥、李国盛、李增瑞以及中央电视台、中国煤炭文工团、中国铁路文工团、丰台区文委、丰台区文化馆的有关领导及曲艺界知名人士欢聚一堂，共同表示祝贺。

（李　宏）

【刘颖收徒】　6月27日，北京曲艺家协会主席、相声名家李金斗的大弟子刘颖收了第一个徒弟马驰。李金斗当上了“师爷”。李金斗的徒孙马驰年仅12岁，相声门内拜师所必需的“引、保、代”三位师长由李金斗之子李阔、刘颖的搭档张浩楠、李金斗弟子付强分别担任。姜昆、陈涌泉、李增瑞、李国盛、孟凡贵、李嘉存等相声名家到场祝贺。

（李　宏）

【李立山收徒】　8月15日，北京军区战友歌舞团相声演员李立山收青年演员王凯为徒的拜师会在北京晋一品饭店举行。拜师仪式由北京周末相声俱乐部秘书长宋德全主持，引师、保师、代师分别由高洪顺、李作霖、梁厚民担任。王凯毕业于中国北方曲艺学校，曾拜山东快书高（元钧）派弟子周见仑为师学习山东快书，多次获得大奖。

（李　宏）

【唐杰忠收徒】　8月22日，相声表演艺术家唐杰忠收徒拜师仪式在中国职工之家宾馆一层宴会厅举行。此次，唐杰忠收朱琦、白玉、禹宝东、王德礽、徐锦江、赵志洪、韩占军等7位徒弟，韩占军为关门弟子。到此，唐门弟子共计26人。拜师仪式由相声名家李金斗主持，程文水、王文林、高洪顺分别为“引、保、代”师。曲艺名家及各界知名人士姜昆、朱光斗、马增蕙、侯耀华、常贵田、黄宏、李建华、廉春明、李立山、崔琦、米南阳、王晓、李扬等纷纷到场祝贺。

（李　宏）

【马玉萍、李云祥收徒】　10月22日上午，河南坠子表演艺术家马玉萍、演奏艺术家李云祥收徒仪式在北京鸿宾楼饭庄三楼宴会厅举行。中国文联副主席、中国曲艺家协会主席刘兰芳，分党组书记、副主席姜昆，北京歌舞剧院党组书记、院长赵丽华等领导前来向二位艺术家及徒弟张洪峰、姚昆宏、杨娇、沈洋、刘源、任京志表示祝贺。收徒仪式由北京曲艺家协会主席李金斗主持，“引、保、代”师分别由姚兰英、赵玉明、张志河担当。曲艺界知名人士连丽如、贾建国、陈涌泉、梁厚民、王学义、常祥霖、贾德丰、张蕴华、种玉杰等参加了收徒仪式。画家李滨声、李燕、姚少华等为此次收徒仪式带来了精美的书画作品。

（李　宏）

【刘兰芳收徒】　10月23日，晋城煤业集团青年评书演员李萍拜评书表演艺术家刘兰芳为师，在山东省淄博矿业集团影剧院，举行了拜师仪式。中国煤矿文联副主席庞崇娅，中国煤矿曲艺家协会主席、相声表演艺术家王谦祥和李增瑞，中国煤矿戏剧家协会主席、作家冯俐，淄博矿业集团和晋城煤业集团的领导和参加全国煤矿曲艺小品展演的近150名演员出席了拜师仪式。相声演员宋德全主持了拜师仪式。李萍是晋城煤业集团的评书演员。现为中国曲艺家协会会员、山西省曲艺家协会理事、晋煤集团文联曲艺协会主席、宏圣蓝焰文工团创作部主任。李萍从艺27年来，凭借庄重大气、风趣幽默的艺术风格，在全国性比赛中屡屡摘金夺银。2009年，被中国曲协授予新中国曲艺60年“优秀中青年曲艺家”称号。

（李　宏）

【侯耀华拜师常宝华】　12月15日，侯耀华的拜师会在亚运村一家烤鸭店举行。侯耀华的父亲是相声大师侯宝林，弟弟是相声名家侯耀文，但是他本人却很少涉足相声，此次拜师算是正式入门。拜师仪式由李金斗主持。赵玉明、金业勤和于连仲分别作为引师、保师、代师，与常宝华共同接受了侯耀华的拜师礼。200多位曲艺同行参加了仪式，其中包括唐杰忠、石富宽、师胜杰、李国祥等相声界同行，还有牛群、包长春等常宝华的徒弟，以及侯耀华的徒弟影视演员刘桦和“二人转”演员魏三等。

（李　宏）

【“非遗”曲艺类项目保护工作培训班举办】　12月20日~26日，由文化部主办，中国艺术研究院中国非物质文化遗产保护中心和浙江省文化厅承办，杭州市文化广电新闻出版局协办的“中国非物质文化遗产曲艺类项目保护工作培训班”在杭州市举行。来自全国各地的200余人参加了此次培训活动。曲艺是我国非物质文化遗产的重要组成部分，在2006年和2008年公布的第一批、第二批国家级非物质文化遗产项目名录中，曲艺类项目有111项。全国非物质文化遗产普查工作临近结束，如何使大量的曲艺得到科学保存和有效保护，是当前保护工作面临的重要问题。在此次培训班上，姜昆、吴文科、常祥霖等知名专家学者分别就中国非物质文化遗产保护现状与发展、曲艺类项目保护规划编制、中国传统曲艺的传承和发展、中国传统曲艺概述等课题进行了专项讲解。

（李　宏）

出　版　物

【相声漫画书《官场逗》出版】

3月23日，由长江文艺出版社出版的相声大师刘宝瑞长篇单口相声漫画图书《官场逗》在中旅大厦举行首发式。中国曲协分党组书记、副主席姜昆，相声表演艺术家唐杰忠，影视演员梁天等应邀出席，并一致肯定了相声漫画系列图书的出版对相声和漫画界的双重积极意义。该书以“单口大王”刘宝瑞的相声段子为蓝本，以漫画擅长的简化、夸张手法重塑相声经典。既尊重刘宝瑞评叙结合的表达方式，又加入与现代生活密切相关的时尚元素，巧妙地变“斗”为“逗”，可谓传统与时尚并重、幽默与睿智共存。

（李　宏）

杂技　魔术

2009年，北京杂技市场值得书写的，一是正值中华人民共和国成立60年，各地进京演出的杂技剧创造了历史新高；二是2009年北京世界魔术大会召开，将2009年春晚刘谦近台魔术引起的魔术热推到了高潮。

本年度，北京地区创作的杂技新剧目除了年初的杂技晚会《东方的律动》，还有年底的杂技音乐剧《再见，飞碟》。前者由中国铁路文工团杂技团创作并演出，后者由中国杂技团有限公司出品并演出。

本年度，来自各地的杂技剧目纷纷进京演出，杂技剧《花木兰》《西游记》《天鹅湖》《美猴王》《粉墨》《汉唐百戏》分别在国庆前后上演，这些剧目中主要是和京剧、芭蕾、武术等其他艺术门类进行结合，摆脱了杂技的单一技巧展示。同时，在舞美、灯光、音乐等技术手段与杂技表演的对接处理上也更为贴切。这些剧目的题材基本上来自中国传统文化，有着鲜明的民族特色，既显示了目前中国杂技的创作趋势，也预示着中国杂技的未来走向。

本年度的魔术热成为绝对的话题。2009年春节晚会上，来自台湾的魔术演员刘谦表演了近台魔术，他时尚的外表、幽默的语言和清晰的表演方式获得了大众的追捧。一时间，破解刘谦魔术之谜成为媒体、网络的热门话题，刘谦带来的魔术热还带动了魔术道具商店和魔术培训的生意红火。7月底，由中国杂协承办的2009年世界魔术大会将这个魔术热推向了高潮。

世界魔术大会由国际魔术联盟主持，每三年举办一次，被誉为是“魔术界的奥运会”。2009年第24届世界魔术大会在北京召开，也是国际魔术联盟第一次在发展中国家举办的魔术大会。为此，中国杂协多次出访参加世界各国的魔术活动，宣传北京世界魔术大会。大会组委会为宣传和预热本届魔术大会，举办了“不能说的秘密——国际顶级近台魔术秀”、“中国金奖魔术节目展演暨2009年北京世界魔术大会开幕式晚会预演”等活动。7月26日～31日，世界魔术大会顺利举办，来自66个国家和地区的2500名魔术师参加了本次大会。大会进行了近台魔术比赛、舞台魔术比赛等赛事，举办了魔术道具、魔术讲座、魔术沙龙和嘉宾展演等活动。8月1日～8日，名为《至尊魔幻》的世界魔术大师展演为本届魔术大会画上圆满的句号。

2009年，北京杂技界获奖的节目是：中国铁路文工团杂技团的《命运的摇摆——双人晃管》获得第30届法国“明日”国际杂技比赛金奖。北京杂协选送的魔幻太空组合演出的节目《青花瓷》在2009年北京世界魔术大会上获得舞台魔术第二名。

2009年，北京杂协的主要工作是，整理北京杂技界现存的老玩意儿，进行抢救性挖掘。出资出版了《杂技产业发展论坛——北京论坛集萃》和《中国古典幻术——剑丹豆环》两部书，并组织北京杂技界人士举办了国庆演出专场和北京杂技发展60周年的图片回顾展。

2009年，已经成立10周年的北京市杂技学校，增设了滑稽专业，招收滑稽专业学生，以满足市场需要。

本年度，杂技理论探讨的范围更加广泛，话题也愈加深入。特别是对魔术话题，各抒己见。对于刘谦魔术带来的魔术热给予肯定，但是对不少人破解魔术的意图表示担心和不满，认为这样做会给魔术市场发展带来负面影响；而对于世界魔术大会给中国魔术界带来的影响，不少作者保持着清醒的头脑，认为中国魔术和世界魔术在技术、人员素质、市场培育、产业化等方面还有很大差距，中国魔术的市场化还有很长的路要走。在杂技话题方面，有作者撰文回顾新中国杂技的发展和新时期中国杂技发展的特色，也有作者提出要加强中国杂技产业链的建设，还有作者指出阻碍中国杂技发展的顽症，另有作者为中国杂技海外商演的持续发展献计献策。此外，杂技教学、杂技观众心理需求、如何克服杂技演员心理疲劳等，也成为杂技理论研究的话题。表明了杂技理论在史论、专业性方面有了很大提高。

此外，北京城南国际马戏城的动工，北京欢乐谷组织的各种魔术活动等，为本年度的北京杂技注入了不少对未来市场的遐想。

（周 红）

节 目

【《东方的律动》杂技专场晚会】 1月19日，中国铁路文工团杂技团新创的杂技专场晚会《东方的律动》在京丰剧场演出，晚会由“民族花韵”、“华夏风采”、“飞跃畅想”三个版块组成，汇集了空竹、晃管和魔术等节目。

（周 红）

【杂技音乐剧《再见，飞碟》】 12月17日～21日，中国杂技团有限公司在北京展览馆剧场推出了新创作的杂技音乐剧《再见，飞碟》。该剧将杂技和音乐剧融为一体，由“预言”、“小宇宙”、“幽灵丛林”、“垃圾乐队演唱会”等15个章节组成。剧情以被垃圾污染的未来世界为背景，讲述了外星人来到地球遭遇的一系列奇特经历，并最终和人类一起恢复家园的故事。此外，该剧还呈现了踢踏舞、爵士舞等百老汇音乐歌舞的形式，是中国杂技团有限公司在“情景杂技”的基础上，进一步探索满足当代杂技观众欣赏情趣的杂技演出形式的一次新尝试。

（周 红）

机 构

【邵学敏任中杂协分党组副书记】 5月5日，根据中宣部和中国文联的文件通知，邵学敏任中国杂技家协会分党组副书记。

（周 红）

【北京杂协选出新一届领导机构】 6月19日～20日，北京杂技家协会第四届会员代表大会在京召开。会议审议并通过了北京杂协主席李恩杰代表第三届理事会所作的题为《科学发展 和谐奋进 为繁荣杂协事业、建设人文北京而不懈努力》的工作报告，讨论通过了修改后的《北京杂技家协会章程》，选举产生了新一届理事会和主席团。李恩杰当选为北京杂协主席，孙力力、刘全利、关亮东、陈润华当选为副主席。

（周 红）

【环球城奠基】 7月26日，北京首家以马戏为主题的大型文化娱乐休闲中心——环球城，在丰台区世界公园南侧奠基。国际马戏城是环球城项目中第一个落实的主题表演场馆。这个马戏演出场馆表演的节目将以“拯救地球”的环保主题为故事蓝本，将马戏、音乐、舞蹈、戏曲、武术、技巧和魔术等众多艺术元素运用到故事中，每年为市民带来300场以上的马戏演出。

（周 红）

【中国杂协分党组主要负责人调整】 11月30日，中国杂技家协会分党组主要负责人进行调整。免去林建中国杂技家协会分党组书记职务，由中国杂技家协会分党组副书记邵学敏临时主持分党组工作。

（周 红）

活 动

·演 出·

【《魔幻之旅》上演】 5月30日～6月1日，国内唯一的大型情景魔术晚会《李宁魔法传奇——魔幻之旅》的儿童版在长安大戏院演出。7月22日～26日，该晚会的加强版又在长安大戏院演出。晚会由北京演艺集团有限公司、中国杂技团有限公司推出，是继2004年中国杂技团推出的李宁《魔法传奇》晚会后，在保持原有风格的前提下，推出的又一台晚会。其中《折折叠叠》《人体奇迹》《飞遁摩托车》几个节目都是与美国拉斯维加斯知名魔术道具制作公司合作策划推出的，让国内观众领略到世界魔术的最新发展，增强了节目的魔幻色彩和观赏性。

（周 红）

【中杂消夏晚会】 8月22日，中国杂技团有限公司在中山公园音乐堂举办“快乐的杂技”中国杂技团消夏晚会。公司特地为暑期的小观众挑选了《地圈》《晃管》《滚杯》等精品节目，并秉承“打开艺术之门”高水准、低价位的原则，杂技迷们可以最低10元的票价欣赏到精湛的演出。

（周 红）

【北京杂技界专场演出迎国庆】 8月30日~31日，北京市文联和北京杂协在中国评剧大剧院举办“迎接新中国成立60周年”北京杂技优秀节目专场演出暨北京杂技60年图片展。整台节目由北京各杂技团体（包括民营杂技团体）和杂技个体演员共同出演。图片展回顾了北京杂技人60年来的变迁与发展，配合演出让观众了解北京杂技人取得的优异成绩。

（周 红）

【刘全和、刘全利幽默滑稽小品专场晚会】 9月3日晚，“快乐人生”刘全和、刘全利幽默滑稽小品专场晚会在保利剧院举办。该场晚会由中国文联、中国广播艺术团、中国曲艺家协会和中国杂技家协会共同打造。刘全和、刘全利孪生兄弟共为观众献上6个节目，其中包括在意大利举行的幽默滑稽大赛中获唯一“金小丑”大奖的作品《照镜子》。晚会还融合了拉丁舞、魔术和脱口秀表演。姜昆、陈佩斯、朱时茂等也参与了演出。

（周 红）

【第3届国际魔术节】 10月1日~8日，第3届国际魔术节在欢乐谷举行。来自美国、葡萄牙、乌克兰等10个国家和地区的近30位魔术师联袂打造了这次魔术艺术盛会。为了让游客学会一些简单的小魔术，30多名在读大学生魔术爱好者在节日期间免费向大家传授，游客在排队、休息以及用餐时可以迅速掌握。

（周 红）

·会 议·

【杂技界参加中国文联春节大联欢】 1月10日，中国文联主办的“百花迎春——2009年中国文学艺术界大联欢”在人民大会堂举办，中国杂协选派了《双人倒立技巧》参加了演出。中国杂协主席夏菊花、分党组书记林建，以及老杂技艺术家和杂技工作者等30多名代表参加了联欢会。

（周 红）

【中国杂协五届七次主席团会议】 1月11日~14日，中国杂技家协会五届七次主席团会议暨2009年理事扩大会议在京召开。中国杂协主席团成员、顾问、分党组领导、理事，来自全国各省、自治区、直辖市的杂协、杂技团负责人等80余人参加了会议。会议总结了2008年的工作，部署了2009年的工作，济南杂技团、大连杂技团等团体介绍了各自的工作经验。中国杂协主席夏菊花、中国杂协分党组书记林建在会上讲话。

（周 红）

【杂技界2009年新春联谊会】 1月13日，杂技界2009年新春联谊会在北京稻香湖酒店大会议厅举行。来自全国各省市杂技家协会及院团的领导和杂技艺术家200余人参加了联谊会，改变了往年只是北京的各级领导和杂技界人士参与的局面，是一次全国范围内的杂技界迎春大联欢。

（周 红）

【《杂技教程》出版发布会及杂技人才培养研讨会】 4月24日，北京市杂技学校在北京经济技术开发区兴基伯尔曼饭店召开了《杂技教程》出版发布会及杂技人才培养研讨会。中国杂协副主席边发吉，中国杂技团有限公司董事长李恩杰，国家教育行政学院、文化部教科司以及市教委、文化局、开发区的领导和杂技界的专家应邀出席会议，上海马戏学校等兄弟学校也参加了此次活动。

（周 红）

【老杂技工作者座谈会】 9月24日，庆祝新中国成立60周年老杂技工作者座谈会在北辰洲际酒店会议厅举行。中国文联党组副书记李牧、中国杂协分党组书记林建、中国杂协副主席孙力力、中国杂协分党组副书记邵学敏等，以及来自全国各地的老杂技工作者代表等100多人出席了座谈会。中国杂技团老艺术家金业勤、杂技艺术家孙力力、滑稽艺术家刘全利等发言。会后，安排老杂技工作者参观了鸟巢、天安门广场等。

（周 红）

·评奖、比赛·

【铁杂《双人晃管》法国获奖】 1月28日，中国铁路文工团杂技团王强、丛利宝表演的《命运的摇摆——双人晃管》在巴黎第30届法国“明日”国际杂技比赛中获得金奖。《双人晃管》打破了传统“晃板”单一、平面的模式，创新出“双人双晃管”和“双人转体360度”的高难技巧。

（周 红）

【中国杂协被评为文艺舆情信息工作先进集体】 3月26日~28日，全国文联文艺舆情信息工作会议在云南昆明召开，2个全国性专业协会和6个省级文联被评为2008年度舆情信息工作先进集体，中国杂协名列其中。

（周　红）

【第2届大学生魔术交流大会】 4月4日，第2届“同心结华夏两岸四地大学生魔术交流大会”在北京欢乐谷华侨城大剧院开幕，4月5日举行了颁奖典礼和演出。本次比赛分为舞台表演、嘉宾近景魔术表演、嘉宾表演晚会等部分。来自大陆及港澳台、经过海选进入决赛的25名大学生魔术爱好者们完成了舞台表演、嘉宾近景魔术表演的全部赛程。北京工商大学的李帅获得了本届大赛近景魔术比赛金奖。

（周　红）

【第2届欢乐谷杯大学生魔术比赛】 10月2日~4日，第2届北京欢乐谷杯魔术大赛在北京欢乐谷奥德赛广场举办。本次比赛中，多名选手展现出了接近专业水平的手法技巧和不俗的表演功力。经过近台组比赛、舞台组初赛、决赛三个赛段，产生了两个组别的5个金银铜奖和10个单项奖。

（周　红）

【《圣斗·地圈》获第12届吴桥国际杂技艺术节金奖】 11月8日，第12届吴桥国际杂技艺术节在河北省石家庄市河北艺术中心落下帷幕。本次杂技艺术节10月31日开幕，共有来自22个国家和地区的32个节目进行了激烈角逐，最终中国杂技团的《圣斗·地圈》、朝鲜平壤国家杂技团的《空中顶技》和《空中浪桥飞人》夺得金狮奖；中国武汉杂技团的《立绳》、中国吴桥杂技艺术学校的《草帽》等8个节目获得银狮奖；哈萨克斯坦的《白鸟——空中飞人》等11个节目获得铜狮奖。

（张燕鹰）

·交　流·

【中国杂协参加德国魔术大会】 1月8日~13日，中国杂协应邀派员赴德国参加在辛德芬格举办的大型魔幻节。代表团参加了魔幻节的各项活动并向与会人员宣传北京世界魔术大会。

（周　红）

《圣斗·地圈》获第12届吴桥国际杂技艺术节金奖

【中国杂协节目参加中国文联四川行】 1月13日~15日，中国文联“送欢乐、下基层”四川行慰问活动在四川绵竹市和北川擂鼓镇进行，中国杂协选派的节目《感——倒立组合》参加了此次的慰问活动。

（周　红）

【杂技剧《西游记》进京演出】 1月14日~30日，广州杂技团的杂技剧《西游记》在北京展览馆剧场演出。该剧总导演陈维亚，主创团队中包括徐沛东、冯双白等。该剧的主要看点除了广州杂技团的金奖节目《荡爬杆》《空中绸吊》《大蹦床》等创新节目形式外，还有丰富的音乐和绚丽的舞蹈。

（周　红）

【中国杂协参加第9届拉丁美洲魔术大会】 2月3日~8日，中国杂协分党组书记林建一行三人应邀赴秘鲁参加拉丁美洲魔术协会举办的第9届拉丁美洲魔术大会，为2009年北京世界魔术大会做组织宣传工作。

（周　红）

【魔幻剧《美猴王》进京演出】 2月4日~13日，浙江曲艺杂技总团制作出品的大型魔幻剧《美猴王》在保利剧院上演。该剧根据《西游记》改编，并将杂技和魔术结合起来，全剧分为“花果山群猴嬉戏、白骨洞妖魔作怪、白骨岭美猴王智斗白骨精、天竺国求取真经”四节演出。剧中会变魔术、会杂技的孙悟空特别受到小观众的喜爱。

（周　红）

【中国杂协参加英国黑泽魔术大会】 2月19日~23日，中国杂协副秘书长曹建明等二人应邀赴英国参加黑泽魔术大会。黑泽魔术大会由黑泽魔术师俱乐部主办，每年举办一届，被誉为世界上最大的魔术大会之一。中国杂协向各国魔术师和爱好者宣传了北京世界魔术大会。

（周 红）

【中国杂协组团赴挪威演出】 3月10日~9月16日，应挪威阿诺德马戏团邀请，中国杂协派出12人演出小组赴挪威进行巡回演出。阿诺德马戏团是挪威最大的马戏团，已成立60年并与中国杂协合作了23年。

（周 红）

【中国杂协参加日本魔术活动】 3月13日~15日，中国杂协秘书长邵学敏等二人应邀赴日参加了“2009日本国际近台魔术大会”。在日期间，代表团观摩了各项活动，并向大会宣传了北京世界魔术大会。

（周 红）

【中国杂协参加法国魔术活动】 3月20日~25日，中国杂协副秘书长邹玉华等二人应邀赴法国参加第18届法国安提贝魔术大会，该会是法国魔术界的重要活动之一。中国杂协此行目的是交流办会经验，宣传北京世界魔术大会。

（周 红）

【京剧杂技剧《粉墨》进京演出】 5月10日，大型京剧杂技剧《粉墨》在保利剧院上演。该剧由中国对外演出集团、济南市文化局和济南市杂技团共同打造，节目编排采用京剧折子戏的形式，每个折子里含有一到两个杂技技巧表演，全剧分为《泥塑》《贵妃醉酒》《霸王别姬》等9个折子。观众在欣赏京剧文武经典技巧的同时，还能观赏到金奖杂技的创新演绎，这种创意和演出形式在国内尚属首次尝试。

（周 红）

【西班牙魔术师演出】 5月28日~29日，素有“金发魔王”之称的西班牙魔术师李·盘在世纪剧院进行舞台魔术演出。他的拿手节目是“水中逃生”。

（周 红）

【“马戏王国”进京演出】 5月31日~10月31日，奥林匹克嘉年华上演引进的娱乐项目“马戏王国”。这台节目每天一场，周末和节假日每日三场。这是四川省德阳杂技团与俄罗斯马戏大师共同合作的一台综合节目，集杂技、马术、魔术、滑稽和动物表演为一体，涵盖了世界杂技的众多门类。

（周 红）

【芭蕾杂技剧《天鹅湖》进京演出】 7月13日，广州军区政治部战士杂技团在保利剧院演出芭蕾杂技剧《天鹅湖》。该剧融合了传统的东方杂技和西方的经典芭蕾，共分为5个部分，讲述了欧罗巴王子排除万难、最终拯救东方女神的故事。整场演出以柴可夫斯基的《天鹅湖》为背景音乐。该剧自2004年推出后，已先后获得中宣部“五个一”工程奖和英国曼彻斯特“最佳剧目奖”等国内外多个奖项。

（周 红）

【刘全和、刘全利出席第3届国际幽默周】 8月12日，中国文联、中国杂协等单位联合举办的第3届国际幽默艺术周在海南三亚开幕。北京的滑稽演员刘全和、刘全利和来自德国、意大利、乌克兰、瑞士、希腊的幽默魔术大师出席该活动。中国杂协分党组书记林建等领导出席开幕式并观看演出。

（周 红）

【杂技主题晚会《汉唐百戏》进京演出】 10月7日~8日，陕西省杂技艺术团创作的大型杂技主题晚会《汉唐百戏》在天桥剧场演出。晚会用立绸、刷坛子、顶大缸、吐火、蹬人、芭蕾顶技等杂技绝艺有机串联而成，既给观众讲了一个生动的故事，又淋漓尽致地展示了汉唐风韵。该晚会作为中宣部、文化部国庆60周年献礼演出优秀剧目进京演出。

（周 红）

【中国杂协赴美考察】 10月15日，中国杂协分党组书记林建赴美国田纳西州对上海力创公司经营管理的美国大雾山剧院进行考察。10月22日，林建来到美国密苏里州布兰森市，考察美国恒创股份有限公司经营管理的新上海剧院。林建还在两地进行了调研，探讨如何扩大中国杂技在美国的影响。

（周 红）

【杂技剧《花木兰》进京演出】 10月15日~16日，重庆杂技艺术团的杂技剧《花木兰》在天桥剧场演出。该剧是受国外演出商委托进行创作的作品，取材于中国民间传说和古代长诗《木兰辞》，表现的是中国古代巾帼英雄花木兰女扮男装替父从军、杀敌报国的故事。全剧分为《过节了》《招兵了》《打仗了》《恋爱了》《凯旋了》五幕。该剧将杂技与武术、皮影、舞蹈等艺术门类相结合，融入了传统与现代相结合的音乐、唯美的舞美、先进的灯光，为杂技注入了新的生命力。全剧还荟萃了重庆杂技艺术团近年来在国际国内各个赛场获奖的节目，如“舞流星”、“大跳板”、“单手倒立”、“地圈”，并在关键情节处加入了创新节目，如“荡爬杆”、“抖轿子”、“女子中幡”等。该剧是国庆60周年的献礼演出剧目。

（周　红）

·纪　念·

【北京市杂技学校庆建校10周年】 10月8日，北京市杂技学校在世纪剧院举行了建校10周年庆典仪式。该校成立于1999年，经过10年的发展，已由最初只有一个杂技专业发展到现有的杂技、舞蹈、武术、美术和影视表演专业，成为一所综合性中等专业艺术学校。该校曾为中国杂技界培养了许多优秀人才，近几年，向中国杂技团输送了近百名优秀毕业生。2000年，北京市杂技学校增挂了北京市国际艺术学校的校牌。

（周　红）

·研究、评论·

【《魔术热能否搅活市场》】 作者王希平，原文载2月16日的《中国文化报》。作者指出，春晚刘谦魔术表演后，掀起了一阵学魔术、看魔术和解魔术的热潮。学习魔术的人群大增，魔术学校和道具店生意红火，魔术师的出场费随之上涨，表演团体也在想办法增加魔术节目的数量和质量。但是，作者指出，魔术人才培养滞后、魔术普及力度不够是制约中国魔术发展的一个瓶颈，此外，创新能力不足、缺乏经理人制度也限制了中国魔术向市场化发展。为此，魔术界人士需要转变观念，解决魔术界存在的问题。

（周　红）

【《改革开放30年的中国杂技（二）》】 作者林建，原文载《杂技与魔术》第1期。作者认为，中国杂技在改革开放的30年里，实现了一系列的转变。第一，杂技大国地位的确立。入选“五个一工程”等重大文化项目，国际赛场摘金夺银，证明了中国杂技在国际、国内的社会地位有了大幅度的提升。第二，艺术创作理念发生转变。近30年，中国杂技摆脱了单纯追求技巧的状况，充分利用综合艺术手段推出精品节目、晚会和杂技剧。第三，演出市场格局发生变化。改革开放30年来，民间杂技得到空前发展，大篷、广场、公园等场地的演出和城市舞台演出并存。第四，杂技教育模式转变。杂技中专、与高校合作办学等杂技教育探索，改变了数千年杂技父传子、师带徒的方式，杂技教育逐步正规化。第五，杂技理论著述发生改变。杂技史论著作的出现表明杂技已经向建立学科体系迈进。

（周　红）

【《论对外商演的可持续发展》】 作者田润民，原文载《杂技与魔术》第1期。作者以2005年组织的名为《中国国家马戏团——少林武术》晚会在英国的商演为例，认为对外商演仅靠外商和文艺团体的力量是不够的，要想可持续发展，必须有政府的大力支持和商家的参与和赞助，才能扩大文化产品的出口。为此，作者建议，第一，政府对重点文化出口项目、产品和剧目等加大支持力度，包括精神和物质的支持；第二，政府应该出台有关政策，鼓励商家和大公司赞助对外商演；第三，税务部门应该对商演创收给予税收减免的优惠政策；第四，政府应该对在对外商演中有突出贡献的创作和演出人员给予奖励，在评职称时要优先考虑，以鼓励有才华的创作和演出人员的积极性。

（周　红）

【《探索观众心理　开拓演出市场》】 作者刘艺伟，原文载《杂技与魔术》第2期。作者认为，缺乏对观赏群体兴趣点的认知和缺少亲和力是中国杂技不能取得市场的重要原因。作者指出，做好杂技市场，要从两方面来进行。一方面，创作者们要把作品的心理内涵通过音乐、演员表演

北京市国际艺术学校10周年庆典演出

等手段传递给观众；另一方面，创作者要知道不同类型观众群的喜好，比如孩子群体和艺术品位较高的人群。然而，对于任何人群而言，杂技艺术应该让观众得到放松和精神上的满足，让观众在杂技节目中寻找到在生活中得不到的东西，这也许就是杂技观众的心理需求，也是开拓杂技市场的根本。

（周　红）

【《产业链中的中国杂技及未来走向》】 作者周红，原文载《杂技与魔术》第2期。作者认为，中国杂技与其他艺术门类相融合是杂技创新的技术手段之一，但没有解决杂技市场营销的根本问题。因此，杂技从业人员应该清楚地知道自己缺少什么，自己在行业中处于何种位置。作者指出，中国杂技行业远未形成有机的产业链条，在海外市场提供原料性使用，在国内市场产品不断重复，基本处于产业链的低端，因此，一味模仿加拿大太阳马戏团不是中国杂技未来的走向。文章建议，要加强杂技理论的前瞻性建设并发挥指导作用，改变中国杂技界固有的观念；要坚持不断创新，确保中国杂技的灵魂，提高中国杂技的核心竞争力；要培养和引进各种人才，整合资源，练好内功，特别是提高创意、营销和管理等弱项的功力，才能迎接国内外市场不同的挑战。

（周　红）

【《关于杂技剧现象的思考》】 作者黄介农，原文载《杂技与魔术》第2期。作者指出，从2004年到2008年，全国各地杂技团共推出杂技剧目20余台，其中分为联合出品的剧目，地方政府出资的剧目和自主出资的剧目几大类。这些剧目的题材多样，价值取向、市场推广和运作方式各不相同，质量差距大。作者还指出，杂技剧问世以来质疑声很多，认为杂技不具备叙事功能，只能以表演的节目为单元，即使杂技剧也不能脱离这个范畴。而持肯定态度的意见认为，解构主义理念已经成为大众文化的主流，审美多元化是观众的特点。作者认为，从市场综合效果看，联合出品的剧目效果较好，资金风险分散并解决了市场经营和经纪人的问题，而中外合作的方式也是一种较好的尝试。

（周　红）

【《刘谦现象大家谈》】 作者徐秋等，原文载《杂技与魔术》第2期。文章是群访性质的，主要作者徐秋认为，刘谦走红的原因有三点，第一，节目好，选用了近台魔术作为演出节目；第二，演员好，刘谦的表达清新，手脚麻利；第三，媒体好，春节晚会的观众群依然巨大。此外，作者还指出，首先，刘谦的魔术离观众的距离很近，没有很多魔术师与大众脱节的感觉；其次，他注重魔术表演本身，而不是强调形式感；再次，他真正喜欢魔术，而不是被动地去学习和被创新。作者梁明则认为，刘谦在表演中语言设计得很到位，既有个性又突出演出效果。作者黑桃8则明确表示对刘谦魔术的揭秘是对魔术艺术的极大讽刺，魔术界应该团结起来普及真正的魔术艺术。

（周　红）

【保护魔术艺术倡议书】 《杂技与魔术》第2期发表了《中国高校魔术联盟关于保护魔术艺术的倡议书》。该倡议书旨在呼吁社会各界共同抵制魔术揭秘的各种行为。倡议书提出6点建议，呼吁电视和互联网等媒体有意识保护魔术，慎重制作魔术揭秘类节目；呼吁有良知的魔术师及魔术爱好者共同遵守萨斯顿三原则（魔术师守则）；呼吁青少年爱好者参加正规魔术培训机构，培养正确的魔术价值观；呼吁广大网民，对魔术艺术给予友善保护；建议各地魔术商店杜绝无原则贩卖魔术秘密和专业道具，抵制借此赌博、行骗等不法行为；建议政府继续加大对文化商品的知识产权保护力度。

（周　红）

【《制约杂技发展的九大顽症》】

作者李延年，原文载5月11日《中国文化报》。作者指出，中国被公认是杂技大国，但近几年发展的步子缓慢了，轰动世界杂坛的精品少了，高空、滑稽和大型魔术依然是弱项，中国杂技在国际市场上赶超加拿大太阳马戏团仍需时日。作者认为，中国杂技发展和走向市场存在着9大顽症：小作坊模式，艺术生产投入少；缺少练功场地；杂技教材不统一不科学；高端人才匮乏；节目陈旧，重复生产；晚会技巧至上，缺少轻松看点；国际参赛无选拔制度；练功苦，收入少，明星缺失；人才流动无序，赛事与国际离轨。

（周　红）

【《刘谦春晚走红的原因分析》】

作者卢晨，原文载《杂技与魔术》第3期。作者认为，刘谦春晚走红有以下原因：魔术艺术自身的巨大魅力；演员长相清秀，风格前卫，很有观众缘；受地域因素的影响，台湾演员成名早于大陆演员；近台魔术使用的是日常物品，观众感觉亲近；往年的春晚节目，魔术多为配角，刘谦把近台魔术变成了主角，激发并释放了观众渴求神秘的能量；网络在刘谦走红的过程中起到了推波助澜的作用；刘谦在大陆走红之前已被台湾媒体精心策划和包装，走红是顺理成章；而刘谦本人勤奋好学，刻苦钻研，对魔术事业有贡献。

（周　红）

【《中国魔术要向世界学点啥》】　作者李韵，原文载8月3日《光明日报》。作者认为，首先，中国魔术必须不断创新，不能重复，要在创作中加入传统和现代的因素，形成自己的特色；其次，中国魔术师还要相互学习，分享成果，不能闭门造车，不断练习和学习才能取得更大的进步；最后，魔术技术只是基础，表演时传递的情感才是最重要的。只有这样，中国魔术才能在舞台上用精彩吸引观众。

（周　红）

【《世界魔术大会：让我们惊喜，也让我们沉思》】　作者冉茂金，原文载8月4日《中国艺术报》。作者指出，2009年北京世界魔术大会让中国观众和中国魔术师对魔术有了全新的认识，特别是魔术师，只有在和高手交流的过程中才能有更快的提高，本届魔术大会让大家交流与学习，触动魔术灵感。作者还指出，中国魔术必须坚持传统与现代相结合，才能拓宽魔术创作的思路。此外，魔术的目的不仅限于比赛、表演，还有很多其他的社会功能尚未充分挖掘，开创中国魔术的未来，一定要改变魔术基础教育薄弱的状况。

（周　红）

【《魔术热为何没带火演出市场?》】　作者牛春梅，原文载8月7日《北京日报》。作者指出，春晚刘谦掀起的魔术热被世界魔术大会推到了高潮，但市场却给演出商拨了凉水。作者认为原因有三：第一，剧场消费习惯断裂。尽管中国魔术历史悠久，但观众还没有观看魔术演出的习惯，看魔术更多的是通过电视的低廉方式。第二，没“金刚钻”哪里来好市场。国内的魔术发展滞后，近台魔术是通过光碟学习的，大型舞台魔术又没有财力的支持。第三，产业化还在口头上。魔术师的地位很尴尬，国内很少有独立的魔术师团队，多是附属在杂技团或文工团的魔术演员。国内魔术爱好者几十万，却没有能够很好地组织起来。

（周　红）

【《杂技晚会〈飞翔〉缘何能在京城连演千场》】　作者隗瑞艳，原文载8月31日《中国文化报》。文章以北京朝阳剧场与四川德阳杂技团合作出品的杂技晚会《飞翔》为例，其场、团合作模式及共创品牌的探索实践，值得业内人士体味与借鉴。作者指出，《飞翔》定位于旅游演出，平均每场观众1000人左右，散客和团队各占票房的50%，朝阳剧场杂技演出的品牌影响力已经超越了国界。投资1100万元的《飞翔》找到了旅游杂技演出的突破点，是以羌人的传统文化元素为基础创作的全新的杂技晚会。编导、舞美、服装、音乐等方面，与舞台道具的创新、节目的编排手法有机整合，令观众耳目一新。《飞翔》是场、团联手有效整合资源的产物，不论是转企改制的杂技团，还是其他门类的文艺表演团体以及剧场，都可从《飞翔》的成功路径中探寻有益的经验和启示，开拓出演出市场的一片新天地。

（周　红）

【《浅谈杂技演员的心理疲劳和学员的培养》】　作者刘艺，原文载《杂技与魔术》第4期。作者指出，青年杂技演员的心理疲劳已是发展高水平杂技节目面临的一大问题，心理疲劳还带来了演员过早退出舞台，这也是杂技事业的巨大损失。作者提出，避免心理疲劳的首要任务是要能发现心理疲劳在不同阶段的不同征兆，然后通过他人调节和自我调节去减轻心理压力，避免心理疲劳的产生。对此，作者认为，应该在8岁至12岁期间给杂技学员更多的培养，并对杂技老师进行教师再教育；建立杂技教学科研基地；建立统一的教学大纲和建立相应的教改激励机制。

（周　红）

【《新中国杂技艺术的发展道路》】　作者边发吉、周大明，原文载9月29日《中国艺术报》。作者认为，当代中国杂技积蓄了新中国成立60周年特别是改革开放30年以来文艺创作的丰富经验。并指出，新中国杂技发展有三个阶段，第一阶段是新中国成立后头17年当代中国杂技的开端及初步繁荣；第二阶段是遭受重创的“文化大革命”时期；第三阶段是改革开放30年的繁荣时期。作者还认为，新中国杂技的特色与成就体现在：其一，创作思维开放，节目品种繁多，精品层出不穷；其二，赛场和市场并荣，观演形式多样，审美品位提升；其三，教育形式多元，训练科学系统，理念不断更新；其四，理论建设加强，史论成果丰硕，文化含量提高；其五，中外文化交融，传统现代并存，前景更加广阔。作者提出了中国杂技未来发展的四个方向，第一，将探索艺术规律作为杂技发展的根本途径；第二，发扬民族杂技艺术的优秀传统，突显自身特质和民族品格；第三，坚强杂技艺术的理论建设，创建能被业内普遍接受、取得共识的完整的专门理论话语体系；第四，改变以往仅靠演出观摩、看录像等表象的学习方式，提倡杂技理论、外语、现代社会技能等综合性的学习。

（周 红）

【杂技剧《花木兰》研讨会】 10月16日，庆祝中华人民共和国成立60周年献礼演出《花木兰》杂技剧研讨会在文化部举行。夏菊花、邹玉华，文化部艺术司巡视员李延年，来自各地杂技艺术的领军人物和演出商参加了此次会议。与会专家认为，杂技剧《花木兰》是一部艺术性、思想性、观赏性较高的作品，并在杂技的继承和创新方面做出了努力。

（周 红）

【发展杂技高等教育研讨会】 10月28日，发展杂技高等教育研讨会在北师大艺术与传媒学院举行。此次会议由北师大博士生导师周星教授倡议，中国杂协组织。已经毕业的三届杂技编导和管理班的学生第一次齐聚在北师大的校园里。北师大艺术与传媒学院领导、中国杂协领导、杂技界老前辈等参加了研讨会。

（周 红）

【《浅谈北京回族人对杂技艺术的贡献》】 作者张兴、杨铭恩，原文载《杂技与魔术》第5期。作者指出，北京牛街回族中有三大家族对我国的传统杂技事业有很大的影响和贡献。他们是空竹的王雨田，他是把民间空竹搬上杂技舞台的先行者和创始人之一，在20世纪40年代的空竹流派中与上海的田双亮被并誉为“南田北王”；另外还有车技的王文礼，他和兄弟王文跃以及他们的后代均传承了车技技术，并培养了不少学生。此外还有中国古典戏法的杨小亭，他是中华杂技团（中国杂技团前身）的元老之一，擅长大戏法。杨小亭的后代均为魔术演员。

（周 红）

【《杂技留学生教学心得》】 作者常俊菊，原文载《杂技与魔术》第5期。作者通过教授国外留学生学习杂技，总结了以下几点体会：第一，要了解留学生的学习动机。由于留学生多数是用自己的积蓄来学习的，因此学习态度与中国学生有很大差异。第二，制定相宜的教学计划，要了解留学生的目标、爱好和身体条件，制定适合双方的学习目标和教学计划。第三，要采用激励的教学手段。在教学中，多激励留学生，调动他们的积极性、主动性，提高学习效率。第四，注意在教学中的情感沟通。老师要及时、频繁地和留学生沟通，双方在平等的气氛中完成学习计划。

（周 红）

【《三问中国杂技：缘何无“星”又无“丑”》】 作者赵凤兰，原文载11月10日《中国文化报》。作者通过采访杂技界人士后认为，第一，杂技是集体项目，很难突出个人，加上杂技演员缺乏包装和宣传，所以很少像其他艺术门类一样出现耀眼的明星。第二，在几万杂技从业者中，滑稽演员寥寥无几，一直以来，滑稽被看做是杂技的附属品，在杂技晚会中被当做一道配菜。再加上滑稽表演难度大，有天分的演员又少，因此造成滑稽艺术的长期冷门。因此，杂技舞台需要“超人”，更需要“东方卓别林”。第三，杂技行业是市场化步伐最大的一个艺术行业，但杂技节目无法得到银行贷款，因而限制了杂技作为产业化的整体发展。

（周 红）

【《杂技海外商演，怎一个乱字了得》】 作者周依奇，原文载12月9日《中国文化报》。作者指出，中国的部分杂技团在国外商演的价格竟然仍是30年前的每场2500美元。不仅如此，中国杂技团体之间还存在着互相压价等现象，恶性竞争愈演愈烈。面对这种状况，业内人士指出，海外市场也有高中低的细分市场，中国的杂技团体可以根据实力参与细分市场的演出，也可说是各显神通。但是，末流中国杂技在海外的出现会毁了中国的软实力形象；因此，健全体制优胜劣汰是解决之道，提高艺术水准、形成良性竞争是解决问题的根本办法；此外，发展国内市场、扩大内需是重要解决途径；尽快建立行业协会、政府大力扶植杂技艺术和建立经纪人制度也是不可缺少的条件。

（周 红）

·传承、培训·

【魔术道具店培训】 春节过后，受春节联欢晚会上刘谦魔术节目的影响，北京一些魔术道具商店出现培训学习魔术的热潮。报名学习魔术的人群中既有学生、公司白领、也有三四岁的小孩和六七十岁的老人，主要的学习人群以学生和白领居多，“橡皮筋魔术”最受青睐。学习费用根据种类标准从30元到上千元不等。

（周　红）

【北京杂技学校首开滑稽表演专业】　10月8日，在北京市杂技学校成立10周年的大会上，校长张红表示，针对目前杂技市场滑稽表演需求旺盛但供给不足的现状，北京市杂技学校将开设我国首个滑稽表演专业。该专业将聘请国内外专家任教，学制3年，2009年共招收学生15名。

（周　红）

2009年北京世界魔术大会

【2009年北京世界魔术大会新闻通气会】　3月26日，2009年北京世界魔术大会新闻通气会在北京五洲皇冠假日酒店举行，标志着大会宣传活动全面启动。据大会介绍：经国务院批准，2009年北京世界魔术大会将于7月26日～31日在北京国家会议中心召开，这是国际魔术联盟成立61年来第一次在发展中国家举办世界魔术大会，是2009年在北京举办的一个有较大国际影响力的大型文化盛会。截至3月23日，有57个国家和地区的1422人注册参加大会。大会期间，将有100个舞台魔术节目和50个近台魔术节目参赛，大会还将举办魔术讲座、魔术沙龙、魔术道具展销等活动。中国杂协秘书长邵学敏主持会议，中国文联党组副书记李牧出席会议并讲话，国际魔术联盟主席埃瑞克将世界魔术大会奖杯模型正式移交李牧并讲话。50家媒体参加了新闻通气会。

（周　红）

【国际顶级近台魔术秀】　4月17日～19日，世界近台魔术界的5位大师雷纳·德格林、罗扣·希腊诺、舒特·欧格瓦、亨利·伊万斯和米格·普伽，在保利剧院为京城百姓献上“不能说的秘密——国际顶级近台魔术秀”。这台晚会是2009年北京世界魔术大会倒计时100天之际推出的专场表演。此次参加演出的5位大师分别来自美国、瑞典、阿根廷、日本和西班牙，代表了当今世界近台魔术的最高水平。全国人大常委会副委员长周铁农，全国政协副主席杜青林、孙家正等，全国人大常委会原副委员长顾秀莲等，中国文联党组书记胡振民、副书记李牧等观看了演出。

（周　红）

【国际魔术联盟一行到访】　5月22日～27日，应中国杂协邀请，国际魔术联盟国际主席埃瑞克·埃斯文、副主席多米尼克·当特和2009年北京世界魔术大会舞台魔术比赛总监盖伊·兰博格到京进行工作访问。中国杂协分党组书记、北京世界魔术大会组委会秘书长林建与来宾就大会各项具体工作进行了会谈，双方就大会日程、财务结算、会务细节等达成共识。访问期间，来宾参观了世界魔术大会举办地国家会议中心，现场研究各项活动的位置和布局，此外还接受了中国国际广播电台等媒体的专访。

（周　红）

【国际“魔联”教头为北京“世魔大会”造势】　6月6日，由国际魔术联盟主席亲自挑选的两位魔术大师——托帕斯和瑞克·玛瑞尔来到北京恭王府花园，与中国杂技团有限公司的罗秉松等中国魔术师进行现场对决，此次活动是为2009年北京世界魔术大会造势。活动还邀请了姜昆、蔡明、巩汉林等笑星参加。

（周　红）

【中国文联领导考察北京世界魔术大会会址】　7月3日，中国文联党组书记胡振民等考察了2009年北京世界魔术大会会址——改造一新的国家会议中心。胡振民考察了大会开闭幕式、宴会、演出比赛、讲座沙龙、展览展销等活动场地。北辰集团总经理贺江川、国家会议中心总经理刘海莹、中国杂协分党组书记林建、中国杂协秘书长邵学敏，分别介绍了场所改造工程进展、大会筹备和接待服务情况。

（周　红）

【北京世界魔术大会新闻发布会】

7月7日，2009年北京世界魔术大会在京召开新闻发布会，宣布此次大会于7月26日～31日在北京举办。来自世界66个国家和地区的2300多名魔术师和魔术爱好者前来参加。此次魔术大会由文化部、中国文联、北京市人民政府主办，中国杂协、北京市委宣传部、北京市文化局承办。除了举办魔术比赛、魔术交流等活动外，大会还将开展一系列魔术展演活动。

（周　红）

【中国金奖魔术节目展演】　7月21日～23日，中国金奖魔术节目展演暨2009年北京世界魔术大会开幕式晚会预演在保利剧院举行。此次展演是为了预热北京世界魔术大会。晚会融入了很多中国元素，9位在国内外获得金奖的中国魔术师同台献艺，是近年来中国魔术界高水平展示的集中亮相。

年轻化和女性多是这次展演的特点。演员平均年龄33岁，女性演员占到9位演员中的5位。国务委员兼国务院秘书长马凯，全国政协副主席李金华，以及中国文联、全国总工会、全国妇联和中国杂协的有关领导观看了演出。

（周 红）

【2009北京世界魔术大会开幕】 7月26日，国际魔术联盟第24届2009北京世界魔术大会在北京开幕。本次大会是国际魔术联盟成立60多年来第一次在发展中国家举办。全国人大常委会副委员长陈至立，全国政协副主席、中国文联主席孙家正出席了开幕式。大会由文化部、中国文联、北京市人民政府主办，中国杂协、中共北京市委宣传部、北京市文化局承办。历经三年的精心准备，截至开幕日，有来自66个国家和地区的2500人参加了本次大会。

（周 红）

【魔术道具展销】 7月26日～31日，2009年世界魔术大会的魔术道具展销在国家会议中心举办。来自24个国家和地区的70多位道具展销商参加了展销会，展销面向所有参会者开放。约有10余家中国厂家参展，其魔术道具具有鲜明的中国特色，受到了很多国外魔术师的青睐。不少中国参展商表示，2009年的魔术热带动了魔术道具的销售，他们的销售额增加了4成到5成。魔术道具展销是此次世界魔术大会的重要内容之一。

（周 红）

【魔术嘉宾演出】 7月27日晚，2009年北京世界魔术大会首场“舞台魔术嘉宾演出”举行，来自瑞士、美国、希腊、日本等国的8位世界顶级舞台魔术大师，作为本届大会组委会的邀请嘉宾，首次在中国亮相。7月28日晚，“近台魔术嘉宾演出”举办，演出由世界著名近台魔术大师大卫·威廉姆森主持，6位嘉宾为观众奉献了精彩的近台魔术表演。7月29日，第三台“舞台魔术嘉宾演出”举行，8组来自世界各地的顶级魔术师带来了各具特色的精彩表演。

（周 红）

【近台魔术比赛】 7月27日～29日，2009年北京世界魔术大会近台魔术比赛在国家会议中心学术报告厅举行。近台魔术分为牌类魔术、微型魔术和沙龙魔术。牌类魔术是纸牌产生魔术效应的节目，最终由来自加拿大的肖恩获得第一名；微型魔术不仅局限于使用纸牌，还有一般魔术的特点，此次比赛第一名空缺；沙龙魔术介于近台和舞台魔术之间，来自英国的马克获得这个类别的第一名。

（周 红）

【舞台魔术比赛】 7月27日～30日，2009年北京世界魔术大会舞台魔术比赛在国家会议中心四楼小剧场举行。59个舞台节目轮番上演，其中中国的12个舞台参赛节目全部完成比赛。付琰东领衔的魔幻天空组合创造并演出的大型幻术节目《青花瓷》获得舞台幻术类第二名，马妍妍的《芭蕾魔术》获得一般魔术类第二名。这两个节目均属于有故事的表演，得到了欧洲评委的肯定。欧洲评委习惯在评判中考虑技术、艺术、原创、故事、互动等各个因素，丰富而全面地要求节目质量。

（周 红）

【2009年北京世界魔术大会闭幕】 7月31日，为期6天的国际魔术联盟第24届世界魔术大会在国家会议中心圆满落幕。匈牙利魔术师索马和加拿大魔术师肖恩分获本届大会舞台魔术和近台魔术比赛的总冠军。文化部部长、大会组委会主席蔡武出席闭幕式并为肖恩颁奖；中国文联党组书记胡振民致闭幕词并为索马颁奖。本次大会有来自66个国家和地区的2500人参加，共设舞台魔术、近台魔术、一般类魔术、手彩类魔术、舞台幻术、精神魔术、喜剧魔术、牌类魔术、微型魔术、沙龙魔术等项，有100个节目参赛，分别进行4台舞台魔术比赛和3台近台魔术比赛，有10位世界级魔术师进行14场魔术讲座。大会期间，来自世界24个国家和地区的70多位道具展销商携带世界最新的魔术道具、魔术书籍、魔术DVD等参展；美国魔术大师罗扣举办了个人专场魔术演出；世界著名近台魔术大师胡安·达马利兹和雷纳德·格林、大卫·威廉姆森领衔的魔术沙龙奉献了精彩节目。经过激烈的角逐，决出各奖项得主。中国选手马妍妍获得一般魔术类第二名，魔幻天空组合获得舞台幻术类第二名。国际魔术联盟组织负责人和与会代表均表示，2009年北京世界魔术大会内容丰富、服务完善、组织高效、特点鲜明，是一届让人难忘的盛会。

（周 红）

【《青花瓷》获世魔会二等奖】 7月31日，在2009年世界魔术大会闭幕式上，由北京杂协推荐的、魔幻天空组合创造并演出的大型幻术节目《青花瓷》获得舞台幻术类第二名，创造了中国魔术的一个新纪录。魔幻天空组合由魔术师付琰东、沈娟和汪燕飞组成，

《青花瓷》是以中国瓷器为主题的魔术节目，从造型、服装、化妆、道具风格、音乐和舞蹈各方面均展现了中国韵味。该节目技术难度大，在传统技法的基础上有很大创新。3位主演围绕着青花神韵，在10分钟的表演时间里，把观众带入了一个奇幻的世界。该节目的总设计和总监制是中国著名魔术师付腾龙先生。

（周　红）

【《至尊魔幻》大师展演】 8月1日~8日，《至尊魔幻》大师展演在北京展览馆剧场举行。这是2009年世界魔术大会的延伸活动。10名世界级的魔术大师已经赢得100余项国际魔术比赛冠军的称号，他们展演的节目浓缩并提升了300多年来各类魔术表演所拥有的传统和精华。节目分别是法国的黑色魔术大师奥玛·帕夏表演的《黑色变幻》，希腊的电影魔术大师乔戈斯表演的《电影魔术》，瑞士的空中飞行魔术大师表演的《梦幻飞行》，美国的"幻觉大师"杰夫·马克白表演的《神秘幻术》，德国的魔术大师托马斯表演的《大型综合幻术》，白俄罗斯的移位魔术大师维特利表演的《神秘换位》，乌克兰的换装魔术大师伊莲娜表演的《神奇换装》，意大利的伊格尔等人表演的《四人魔幻纸盒》，韩国的李永军表演的《巧变鸽牌》，西班牙魔术大师约克表演的《大型魔术》。

（周　红）

出版物

【《中国古典幻术——剑丹豆环》】 7月，《中国古典幻术——剑丹豆环》由中国文联出版社出版，该书由北京杂协出资，主编陈润华，编著傅起凤、徐秋，编译王志伟。剑、丹、豆、环是中国古典手彩幻术的代表之作，本书记录了它们的原始风貌，并在前人研究的基础上调查它们的来龙去脉、创作思路、传统技法以及演进过程和革新创造等资料，以使这些非物质文化遗产得到更好的继承和发扬。

（周　红）

【《杂技产业发展论坛——北京论坛集萃》】 11月，《杂技产业发展论坛——北京论坛集萃》由中国文联出版社出版，本书由北京杂协出资，主编陈润华，执行副主编周红。全书是2008年"北京杂技产业论坛"的论文集，分为市场与产业的论文篇、发言篇、综述篇、魔术与滑稽篇四部分，集中反映了近5年来杂技界探讨的典型性问题和理论水平，所涉及问题的广度和理论深度都有明显提高。

（周　红）

电　　影

2009年是举国欢庆的一年，北京刚刚挥别了奥运会的友人，又迎来了新中国成立60周年的盛世。在这一年里，北京电影蓬勃发展，创作和票房双丰收，公共服务的规模进一步扩大，电影从业者们以自己的方式为祖国母亲献上了最真挚的祝福。

2009年，北京电影创作和生产继续繁荣，保持了快速增长的势头。影片产量比2008年有所上升，年产影片230余部，占据全国电影产量的领先地位。影片获奖也继续位居全国前列，《集结号》《铁人》《快乐奔跑》《隐形的翅膀》《一个人的奥林匹克》等影片，先后获得国家和北京市有关奖项，《铁人》《万家灯火》等一批影片被中宣部推荐为新中国成立60周年献礼影片。2009年，北京影片的票房效益也在不断提高，高票房影片不断增长，《非常完美》《风声》《花木兰》《三枪拍案惊奇》等一大批影片，都实现了较好的票房效益。全年全市放映票房为8.07亿元，比2008年增长53%，放映59万场，比2008年增长36%，观映2139万人次，比2008年增长46%。

2009年，北京市电影公共服务建设进一步加强，公益放映规模进一步扩大，农村电影放映工程进一步推进。在市委、市政府惠民政策的支持下，市财政继续投入资金，基本完成了全市每个行政村一套数字电影放映设备的配置建设，同时带动了对应的数字电影放映厅建设，2009年底已配套使用的达3838个。2009年，北京农村的数字电影固定放映设备共放映电影27万场，观众1599万人次，基本解决了农民看电影的问题。同时，公益流动放映建设进一步完善，以进工地、进军营、进福利院所为重点，服务方向更加清晰，服务保障更加有力。由市委宣传部主办、市广电局承办的庆祝新中国成立60周年系列文化活动之一——“银幕上看祖国”活动，先后放映《建国大业》《天安门》《万家灯火》等国庆献礼影片50余部、放映10万余场，观众达千万人次，实现了社会效益和经济效益双丰收。

在北京市文化创意产业政策的大力支持和有力吸引下，北京电影市场投资主体增多、投资额度加大，嘉禾、星美等一批国际投资商纷纷在京投资影院建设。8月，国内首个“Barco·3D巨幕”在蓝色港湾传奇时代影城完成调试。

2009年，北京地区的电影节展和对外交流更加活跃，效果进一步提升。10月份，北京电影代表团参加东京国际电影节，强大的阵容、丰富的活动、多向的交流以及相互感兴趣的影片和项目，给全世界留下了深刻印象。2009年，北京的电影节展活动接连不断，大学生电影节、青少年公益电影节、科普电影周、体育电影周等节展贯穿全年。俄罗斯、比利时、朝鲜等国家的一系列电影展映活动相继在京举办，增进了北京电影界的对外交流。这一系列活动的举办，活跃了首都的电影文化，丰富了北京的电影市场。

2009年，北京电影管理体制和行业管理机制进一步调整，3月31日，北京市广播电视局正式更名为北京市广播电影电视局，增设了电影管理处，划入电影市场准入、电影发行放映管理、农村电影放映工程等行政管理职能。9月，北京电影家协会宣布成立，承担起团结北京电影从业者的工作。

（丁　琳）

机　　构

【人人电影公司成立】　2月15日，由香港导演陈可辛与内地导演黄建新组建的“我们制作”电影工作室和保利博纳共同成立的人人电影公司在北京宣布成立。人人电影公司与中影集团、上海文广新闻传媒集团共同投资的首部电影《十月围城》在3月正式投入拍摄。

（郭　涛）

【北京市广播电影电视局挂牌】 3月31日，北京市广播电视局更名为北京市广播电影电视局挂牌仪式在京举行。变更名称后，该部门的职能也有所转化，电影的生产、许可发行、放映等行政管理职能由文化局转到广电局。

（王晓燕）

【博纳悠唐国际影城开业】 6月28日，由博纳国际影业集团斥资打造的博纳悠唐国际影城开业，中影集团董事长韩三平，国家广电总局电影局副局长毛羽、江平，以及文隽、吴思远、贾樟柯等多位导演、演员到场祝贺。博纳悠唐国际影城是博纳国际影业集团在北京的首家旗舰店，开业时已签约加盟中影星美院线。

（郭　涛）

【北京电影家协会成立】 9月19日～20日，北京电影家协会（简称北京影协）成立暨第一次会员代表大会在北京会议中心召开。会议听取了《北京电影家协会筹备工作报告》和《北京电影家协会章程（草案）》，选举产生了北京电影家协会第一届主席和理事会：张和平任主席，马丛风任驻会副主席，张宏森、韩三平、李雪健、王中军、王一川、尹鸿等人任副主席。该协会是北京文联下属的第12家协会，承担团结北京的电影工作者，推进电影的原创工作以及开展电影艺术、技术和事业的理论研讨等工作。

（丁　琳）

影业建设

【山区孩子感受巨幕电影】 1月20日，来自河北武邑县北京的士希望小学的45名学生在中国电影博物馆里观看了立体巨幕电影《国际空间站》。这些孩子是“给贫困孩子一个电影的梦想”大型公益活动的首批受益者。该活动由中国青少年发展基金会、中国电影博物馆和暴风影音联合举办，是“希望电影”公益项目的一部分。“希望电影”活动面向社会各界募捐数字电影放映设备和放映场次补贴，在希望小学开展电影放映活动，为学校师生和周边农村社区的农民服务。

（郭　涛）

【广电总局对数字电影发行放映工作提出要求】 2月27日，广电总局电影局下发通知，要求进一步规范数字电影发行、放映和加强数字电影放映设备质量认定管理工作，以确保电影数字化放映工作健康有序发展。通知要求，各电影制片、发行、放映单位要充分认识电影数字化发展的必然趋势，积极探索数字电影市场的运营规律和经营模式，大力推进我国电影数字化的发展进程。

（郭　涛）

【中国电影博物馆收藏《高考1977》电影物品】 4月2日，《高考1977》电影物品捐赠仪式在中国电影博物馆举行。此次捐赠物品包括电影《高考1977》的拷贝、艺术档案、道具等全套电影物品。

（丁　琳）

【国内首个数字巨幕放映机落户UME华星】 5月12日，国内首个数字巨幕放映机正式落户UME华星国际影城2号巨幕影厅，这标志着中国数字放映技术进入了新的时代。自此以后，普通35毫米的影片都有机会登上巨幕进行放映。新一集的《星际迷航》作为首部影片试水华星影城的数字巨幕放映机。

（郭　涛）

北京电影家协会第一届主席团成员与上级单位领导合影

【紫禁城影业公司开展公益放映活动】 5月15日，由北京紫禁城影业公司主办的“电影进社区公益巡映活动”在望京文化广场正式启动，向居民免费放映了电影《梅兰芳》。自2007年以来，北京紫禁城影业公司先后在北京市300多个社区和工地、学校等放映数字电影700余场，观众人数达到50余万人次。

（郭　涛）

【中国影协“百花放映”送电影下基层启动】 6月18日，由中国影协主办的“百花放映 大宝有约——送电影下基层广场公益电影全国放映活动”在京启动。全国妇联党组成员张静、中国影协分党组书记康健民、国家广电总局电影局有关负责人和基层电影院线的代表等出席了启动仪式。“百花放映”活动至启动时已经建立19个省、市县、乡镇、村放映网点数据库，同时建立了公益账户，并且向财政部申请了“百花放映”公益项目的捐赠收据，希望能动员全社会共同搭建公益电影的新平台。

（郭　涛）

【中影集团电影惠民系列公益活动启动】 7月10日，由中国电影集团公司主办、为期一年的“中影集团电影惠民”系列公益活动在北京启动。活动包括向北京地区赠送100场《潘作良》公益场，向广电总局的对口帮扶单位——四川甘孜地区赠送数字电影卫星接收站，向四川广元凤凰农村电影院线捐赠一批16毫米拷贝，以及中影集团赴四川地震灾区、全国城镇社区、学校和部队、农村尤其是老少边穷地区，公益性放映国产电影30万场等。此外还包括国产动画片论坛、专家观摩研讨会等活动。

（丁　琳）

【首个Barco·3D巨幕落户传奇时代影城】 8月4日，国内首个“Barco·3D巨幕”在蓝色港湾传奇时代影城完成调试，并正式上映《飞屋环游记》。Barco·3D巨幕，采用双3D数字机放映，完美地解决了单机放映时放映屏幕面积小、画面亮度弱、观众容易视觉疲劳的不足，使放映面积与亮度大幅提升，画面更加明晰，色彩更加绚丽，从而让观众视听感受更加震撼。

（丁　琳）

【花市影院重张开业】 8月9日，由北京市电影股份有限公司、百老汇戏院中国有限公司共同投资的花市影联百老汇影城在崇文门国瑞城正式开业。中共北京市委宣传部副部长陈冬、市文化局局长降巩民、北京市广播电影电视局副局长李春良等出席了庆典仪式。该影城前身是北京花市电影院，改造后成为五星级影院，共有8个放映厅、1018个座位。当天举行了新片《非常完美》的首映式，该片主演兼制片人章子怡到场剪彩。

（丁　琳）

【中影签约发行三部动画影片】 8月28日，由中国电影集团公司主办、中影集团发行放映分公司协办、视觉同盟网站承办的“中影集团电影惠民暨中国动画电影市场营销研讨会”在北京怀柔国家中影数字制作基地举行。会上，中影集团发行放映公司与《长江七号》（动画版）、《虹猫蓝兔火凤凰》、《超蛙战士》3部国产动画电影的制作方签订了发行协议。中影集团电影发行公司总经理许兵出席了签约仪式。

（丁　琳）

【国庆观影活动】 9月1日～11月30日，国庆观影活动在京举办，该活动是“银幕上看祖国”的重要内容之一，目的是“要让全民共享电影文化成果，同庆新中国六十华诞”。活动方式是：9月1日～20日期间，凡在北京市正常营业的影院以正常票价购买《天安门》《建国大业》《万家灯火》等国产影片电影票的观众，均可获得影院赠送的电影优惠券。优惠券可以在10月1日～11月30日之间使用。

（丁　琳）

【百老汇电影中心开业】 10月28日，百老汇电影中心在东直门外万国城当代MOMA开业。这是百老汇院线在北京的第五家影院，也是第一家以放映艺术片为主的影院。该中心共分为三层，一层是电影书店，二层是电影文化图书馆，三层是3个高档影厅，共有401个座位。影院开业后，以放映艺术片为主。百老汇电影中心的会员可以免费借阅二楼图书馆的进口原版电影期刊及原版影碟。

（丁　琳）

影　片

【《赤壁》（下）】 该片由吴宇森导演，梁朝伟、金城武、林志玲、赵薇、张震、佟大为主演，中影集团、橙天娱乐有限公司出品。影片讲述东汉末年，权臣曹操挟天子以令诸侯，兴兵八十万南下欲取孙、刘。刘备军师诸葛亮因结盟事宜前往东吴，舌战群儒，得到了周瑜的支持，说动孙权答应与曹操一战。周瑜对诸葛亮深为忌惮，设计陷害，诸葛亮神机妙算，草船借箭，躲过一劫。周瑜设下连环计，利用蒋干除去曹操大将蔡瑁张允，又与黄盖合谋上演苦肉计，欲使黄盖诈降火攻曹操。诸葛亮深知周瑜此时万事俱备，只欠东风，因此提议七星坛上作法，借来东风。东风既起，八十万曹军魂归赤壁。曹操败走华容道。

（郭　涛）

【《动物狂欢节》】　该片由张之益导演，鞠萍、董浩、刘纯燕配音，央视动画与中科院自动化研究所科学艺术研究中心联合制作。影片讲述了在森林中生活的觅音熊、袋袋鼠和可可驴等小动物们，怀揣各自的音乐之梦，来到音乐圣地森林之心，几经磨难，战胜恶势力代表风怪的动人故事。电影灵感来源于圣・桑的同名管弦乐组曲，电影中运用了大量圣・桑创作的经典组曲，同时又加入很多经典旋律和时下很受欢迎的音乐形式。

（郭　涛）

【《西藏今昔》】　该片由中央新闻电影制片厂出品，影片以大量珍贵的历史文献资料、影像资料、实物档案等画面，反映西藏自古以来就是中国不可分割一部分的历史事实，反映了1959年民主改革前西藏政教合一的封建农奴制社会的落后、黑暗、残酷和对人权的严重践踏，西藏实行民主改革、废除政教合一封建农奴制后，百万农奴翻身得解放的伟大历史进程，展现了民主改革50年来西藏社会发生的历史性进步和西藏人民命运的巨大变化。

（郭　涛）

【《业主奏鸣曲》】　该片由刘梓轩导演，李易祥、冯波主演，北京众道电影发行有限公司出品。影片以一个小区为背景，描述了众多业主与侵害小区公共利益的物业公司进行抗争的故事，反映了“物业纠纷”这一焦点民生问题。

（郭　涛）

【《大漠赤城》】　该片由朱丹导演，凌元、岳红、刘江、陆诗雨主演，北京电影学院音像出版社出品。影片讲述了几名都市白领为完成老战士遗愿，通过网上相识，仅凭一本遗留日记提供的点滴线索，驾驶越野车，历尽艰辛，就此揭开了一段尘封60多年的女兵抗敌故事。

（郭　涛）

【《袁崇焕》】　该片由萧锋导演，于魁智、赵葆秀、李胜素主演，中国电影集团公司和电影频道节目中心联合投资拍摄。影片讲述了明末抗清名将袁崇焕精忠报国、含冤而死的悲壮故事，电影最大限度地保持了原汁原味的京剧魅力，在保持传统京剧的唱腔特色、让老戏迷听得过瘾的同时，用新颖的电影表现手段让年轻观众看得新鲜。

（郭　涛）

【《孟二冬》】　该片由高雄杰编剧，哈斯朝鲁导演，谭洋、郑卫莉主演，北京大学文化产业研究院、龙江电影制片厂、北京天际远景文化传播有限公司等联合出品。影片展现了已故北京大学中文系博士生导师孟二冬教授的感人事迹，用生动的故事再现了孟二冬的优秀品格。

（郭　涛）

【《车票》】　该片由张之亮导演，吴奇隆、左小青主演，北京稻草熊影视文化有限公司、骄阳电影制作有限公司（香港）出品。影片讲述了孕妇吴静孕有一个患上先天性心脏病的胎儿，曾雨桐被派往采访，目睹了夫妇两人为应否将胎儿诞下的矛盾及坚持，同时也激起雨桐对自己身世的感叹。原来她满月后，被母亲遗弃于修道院门外，由修女曾嬷嬷抚育成人。嬷嬷临终前希望她能把对母亲的仇恨抛开。雨桐最终决定踏上寻根之路，希望解开昔日母亲狠心抛下自己的真相。

（郭　涛）

【《妈妈别哭》】　该片由曹桂千导演，刘梦皎、梅思成主演，北京晶晨文化艺术有限公司出品。影片通过两个时空的转换为观众真实地再现了在地震灾难中被废墟掩埋的16岁花季女学生琳琳与死神抗争、与命运搏斗的精神世界及其情感、心路的历程。

（郭　涛）

【《人民至上》】　该片由陈真总导演，秦晓鹰总撰稿，中央新闻纪录电影制片厂和安徽电视台联合摄制。影片用全景式的历史纪录真实展现了汶川特大地震中，党和政府领导全国人民万众一心、众志成城，奋起抗震救灾的全过程。

（郭　涛）

【《生命的托举》】　该片由刘魁导演，黎丽云、陈华杰编剧，郭凯敏、袁樱瑞、万昌皓主演，北京华艺明威影视文化艺术有限公司与长春电影制片厂等共同出品。影片是根据“5・12”汶川特大地震中涌现出来的老师救助学生众多感人的新闻报道改编而成，主要讲述了向阳小学的校长、老师舍身救助学生和相互依存、维护宝贵生命的故事。

（郭 涛）

【《袁隆平》】 该片由谭仲池编剧，史凤和导演，果静林、徐筠、曹艳艳等主演，中视天全（北京）文化发展有限公司、北大星光集团等出品。影片讲述了“杂交水稻之父”袁隆平执著科学的传奇经历。

（郭 涛）

【《锁麟囊》】 京剧数字电影《锁麟囊》由黎涛导演，黄世骧、郎世林、张岚、李海青、徐梦珂、梅庆羊、李元贞等演员出演，北京文化艺术音像出版社、北京京剧院联合出品。影片在舞台表演艺术的基础上，最大程度地保留了京剧表演美学特征和程派艺术的精粹，整体风格清新流畅，表演细腻。

（郭 涛）

【《同心》】 该片由和小江编导，巫刚主演，八一电影制片厂、宁夏广播电影电视局等联合拍摄。1936年，西征红军在执行“宁夏战役计划”的过程中，与当地回汉各族群众和睦相处、团结奋斗，受到了当地回汉各族人民群众的积极拥护。影片讲述了主人公回族英雄马和福从一个普通农民成长为坚定的共产主义者，当选为陕甘宁省豫海县回民自治政府主席，并最终为捍卫第一个回族自治政府而壮烈牺牲的感人故事。

（郭 涛）

【《复活的三叶虫》】 该片改编自作家陈应松的小说《像白云一样生活》，由檀冰导演，王姬、王婷主演，北京市金神影视文化有限公司、北京市凯悦华艺文化传播有限公司出品。影片讲述神农架发现一块七亿年前的三叶虫化石，闻讯而来的陌生人和当地的歌王盲歌师为此死于非命，听力超常的齐小满被迫逃亡，并身不由己地卷入一场文物走私、生与死的较量之中，由此引发一系列国宝流失海外和追回的故事。

（郭 涛）

【《南京！南京!》】 该片由陆川编导，［日］中泉英雄、高圆圆、秦岚、江一燕、刘烨、范伟主演，中国电影集团公司、星美（北京）影业有限公司、寰亚电影有限公司等联合出品。该片在大量详细周密的历史考证的基础上，以精良的制作手段，复原出70年前阴郁冰冷冬天里的死城南京。影片以“南京大屠杀”为背景讲述故事，通过一名普通日本士兵和一名普通中国士兵在南京大屠杀期间的经历，揭示战争对人性的摧残。

（丁 琳）

【《金钱帝国》】 该片由王晶导演，陈奕迅、梁家辉、黄秋生、林保怡、方力申、徐子珊主演，银都机构有限公司、保利博纳电影有限公司出品。影片取材于香港警史上一个真实事件：在英国管治期内，警界曾与黑帮纠结极深，黑白两道勾结经营非法业务，造成了上万起冤假错案。之后，香港政府成立“廉政公署”，以控制警界内部的严重腐败。

（丁 琳）

【《天堂凹》】 该片由安战军导演，王琛编剧，吴军、姚晨、颜丹晨主演，北京电影制片厂和央视电影频道节目中心联合出品。影片根据郭建勋的同名小说改编，通过讲述不同身份背景的深圳特区建设者们的命运变化，反映特区多年来的建设成就。

（丁 琳）

【《红河》】 该片由章家瑞导演，孟家宗、袁大举编剧，张静初、张家辉、李丽珍、李修贤主演。故事发生在美越战争后，少女阿桃目睹了父亲被地雷炸死，幼小的心灵受到了极大的刺激，造成了她的智力障碍。长大后的阿桃为谋生来到了姑妈阿水在中国经营的按摩房，做起了杂工。后来阿桃结识了小贩阿夏，两人在朝夕相处中产生了依恋之情。

（丁 琳）

【《斗爱》】 该片由张挺编导，钟汉良、爱戴、李杭烨主演，北京泰格尔影视文化传媒有限公司和上海星光国际传媒有限公司联合出品。影片讲述国际拉丁舞比赛冠军楚思南和黎莉莉是一对恋人，因为黎莉莉突然开始酗酒并频频缺席训练，楚思南只好找到小曼做舞伴，并决定和小曼一起参加比赛。在出国的前一晚，小曼把莉莉酗酒的真相告诉了思南：原来莉莉因为运动创伤导致侧脊索炎，依靠喝酒止痛。最终思南放弃了比赛，决定留下来陪莉莉。小曼带着大家的希望前去参赛。

（丁 琳）

【《小人国》】 该片由张同道导演，中国教育电视台、北京华夏文化传播有限公司、华夏电影发行有限责任公司等共同出品。影片是一部关于儿童的生活戏剧纪录片，记录了北京郊区一所名为“巴学园”的幼儿园里一群2岁至6岁孩子的真实生活。

（丁 琳）

【《寻找成龙》】 该片由江平、方刚亮导演，张一山、成龙、于蓝、元华、元秋主演，中影儿童电影制片厂、电影频道节目中心等出品。片中讲述了印尼小华侨张一山想拜偶像成龙为师。当他得知成龙正在北京拍片后，假称回北京看姥姥，开始了寻找成龙的旅途，也遇到形形色色的人和事。

（丁　琳）

【《夜店》】 该片由杨庆编导，徐峥、乔任梁、李小璐主演，橙天娱乐、中影集团、东上海北京分公司出品。影片讲述了一群都市小人物在一个晚上、一家24小时超市发生的一串环环相扣的惊险搞笑故事。

（丁　琳）

【《追影》】 该片由香港导演吴镇宇和麦子善联合导演，吴镇宇、吴佩慈、房祖名、谢娜主演，华谊兄弟传媒股份有限公司、山西电影制片厂出品。该片讲述了在明朝末年的乱世下，黑白两道的各大高手为夺得“明朝藏宝图”在皇宫大打出手，但藏宝图却不翼而飞，于是高手们展开千里寻宝的故事。

（丁　琳）

【《白银帝国》】 该片由姚树华导演，姚树华、成一编剧，郭富城、郝蕾、张铁林主演，中国电影集团公司、北京保利博纳电影发行有限公司、晶品电影公司联合出品。该片以清末乱世为背景，讲述了山西老字号钱庄“天成元”的兴衰，父子用各自的理解践行仁义经商的祖训，二人的关系因与一位奇女子的感情纠葛而对立冲突。

（丁　琳）

【《非常完美》】 该片由依萌编导，章子怡、范冰冰、何润东、苏志燮、姚晨、林心如主演，北京完美时空文化传播有限公司、太合影视投资有限公司和韩国CJ娱乐共同出品。影片讲述了女漫画家苏菲为夺回被女明星抢走的男朋友，在两位闺中密友的帮助下，与情敌展开了一场“夺爱大战”，在此过程中找到自己真爱的故事。

（丁　琳）

【《气喘吁吁》】 该片由郑重导演，葛优、林熙蕾、张秋芳、约翰·萨维奇主演，北京盛世华锐电影投资有限公司和北京正天文化投资有限公司联合出品。影片讲述了美国人Frank生活窘迫，家传的公司行将破产，失散多年的女儿Hanna正在戒毒。Frank来到北京，期望把一钱不值的公司卖给一位叫李强的中国大款。Frank有所不知，李强也是假大款，生活比他还糟糕。两人由开始的互相欺骗变成以诚相待，好运终于悄然而至。

（丁　琳）

【《爱有来生》】 该片由俞飞鸿编导，俞飞鸿、段奕宏主演，北京真像影视文化有限公司、星美（北京）影业有限公司联合出品。影片讲述前世的阿九和阿明因为两家的仇恨而不能相爱，在最后的仇杀中双双死去，相约来生在一株银杏树下再会。今生的二人不知能否再续前缘……

（丁　琳）

【《机器侠》】 该片由刘镇伟导演，技安编剧，胡军、孙俪、方力申、郑中基、吴京主演，乐视娱乐投资（北京）有限公司、北京小马奔腾传媒集团有限公司、北京新影联影业有限责任公司等联合出品。影片讲述了2046年，人工智能机器人K－1被制造出来代替警察执行危机任务。为测试性能，局长林祥派它到偏远小镇实习，并由当地警察队长徐大春秘密监管。K－1加入警局成为破案神手并很快就成了小镇偶像，女警素梅也对他芳心暗许，让暗恋素梅的大春郁闷不已。大春和K－1明争暗斗，笑话百出。但智能系统出现偏差的机器人K－88此时出现，打破了小镇的轻松氛围。

（丁　琳）

【《欠我十万零五千》】 该片是北京盛世华锐电影投资管理有限公司（青年导演联盟）出品的首部作品，由姬雨导演，述平、李轻松编剧，李梦男、刘桦、李乃文、高军主演。影片讲述了一个农民工向老板讨要医疗费的故事。大旺到城里打工，在替人刷墙的时候掉下来摔伤了腿，回到村里有人提醒他说应该让老板拿医疗费，于是弟弟二旺来到城里找老板要钱，过程艰辛而曲折。

（丁　琳）

【《斗牛》】 影片由管虎编导，黄渤、闫妮主演，北京光线影业有限公司、长春电影制片厂、虎翼天下影视公司出品。抗战时期，共产国际给中国的抗日根据地送来了一头荷兰奶牛，为受伤的战士提供营养。后来部队被迫转移，村长把奶牛托付给了牛二照看，牛二在照顾奶牛的过程中与日本鬼子、土匪等不断地斗智斗勇。

（丁　琳）

【《达达》】 影片由张元导演，李昕芸、李霄峰、盖克主演，北京世纪喜讯文化公司、保利华亿影视文化公司出品。女孩达达充满了青春的野性，邻居男孩赵野暗恋着达达。达达得知她并非父母亲生后，在赵野的陪同下，前去寻找亲生父母。

（丁　琳）

【《齐天大圣前传》】 该片由梁汉森导演，缘成影视、星美传媒、天娱传媒等公司共同出品。影片主要选取了《西游记》中前五回的故事演绎而成。影片在主要故事忠于原著的前提下进行了大胆的再创作，将时尚元素融汇其中，并对原著中所留下的一些未解之谜进行了大胆解释。

（丁　琳）

【《麦田》】　影片由何平导演，范冰冰、黄觉、杜家毅、王学圻、王志文主演，北京保利博纳电影发行有限公司、西安电影制片厂出品。影片讲述了发生在战国时期的一段故事。长平之战，赵军大败，秦军连夜屠杀俘获的赵卒，秦兵暇为了回家丰收的欲望，悄悄离开了战场。在逃离路上，暇遇到了年轻的秦兵辄，两人性格迥异，从相互猜疑到一起踏上了归乡之路……

（丁　琳）

【《盗版猫》】　该片由高艺鑫导演，孙楠、周晓鸥、景岗山、阿朵、张瑶主演，洋卓国际传媒广告有限公司、北京高美高影视策划有限公司出品。影片以盗版工厂和娱乐圈小歌手的生存状况为背景。嘻哈歌手李小龙一直梦想成为嘻哈明星，酒后偶然遭遇盗版碟生产线，从此小龙正常的生活变得一团糟。在一群好友的帮助下，小龙层层追查，却发现自己成为老板炒作的牺牲品。

（丁　琳）

【《麋鹿王》】　该片由郭崴娇导演，张之益、王生唯编剧，北京中视互动科技发展有限公司、保定中科帷幄数码科技有限公司等出品。麋鹿公主攸攸因为误食仙草变成了美少女，邂逅了英俊善良的人类王子。然而人类和怪兽为了找到麋鹿王，残忍地向自然界发动着进攻。攸攸公主和王子为了保护大自然，毫不犹豫地和恶势力展开了战斗，并最终战胜了敌人，找到了麋鹿王。王子负伤，攸攸公主为了挽救他的性命变回了麋鹿。王子在战胜了恶魔后，也变成麋鹿，和攸攸公主共同奔向辽阔的森林。

（丁　琳）

【《风声》】　该片由陈国富、高群书执导，周迅、李冰冰、张涵予、黄晓明、苏有朋、王志文、英达主演，华谊兄弟传媒股份有限公司、上海电影（集团）公司、天津电视台等出品。影片改编自麦家的小说，讲述1942年10月在汪伪政府举办庆祝国民政府成立三十周年的盛大仪式上，一名汪伪政府的要员被枪杀，引起了日本方面的高度重视。日军特务课机关长武田怀疑这一系列暗杀行动是北平地区共产党领导人“老裘”策划的。武田调查到负责发送指令的“老鬼”就潜伏在剿匪司令部内，于是将最有可能接触到电报的五个嫌疑人带到了封闭的裘庄展开调查。

（丁　琳）

【《皇家刺青》】　该片由王劲松、冯超、于永刚导演，黄小蕾、张桐、王劲松、翟天临、花儿乐队主演，北京电影学院、统和天成影视制作有限公司等联合出品。故事讲述戊戌变法失败，光绪皇帝被慈禧囚禁在瀛台。维修皇宫的鲁二将光绪皇帝密谋的计划刺在身上，以打劫钱庄为由进入天牢营救大学士，由此引发了一系列故事。

（丁　琳）

【《我要飞翔》】　该片由周伟导演，杨立伟、曹骏主演，由中央电视台电影频道拍摄。影片讲述了一群热爱飞行的年轻人经过在航空大学的学习和训练后，逐渐成长为合格的飞行员的故事。

（丁　琳）

【《神兵小将》】　影片由黄玉郎、乔彧、方锦历导演，杨青倩、谢楠、索妮、胡静、杨莹主演，由玉郎动画有限公司、北京光线影业有限责任公司、央视动画有限公司、北京卡酷动画卫星频道有限公司等出品。影片改编自香港“漫画宗师”黄玉郎的漫画系列《神兵玄奇》，讲述几个孩子团结在一起，在神兵兽的帮助下克服艰难险阻，最终打败天地盟主，重新夺回四方城的故事。

（丁　琳）

【《狼灾记》】　该片由田壮壮编导，［日］小田切让、［美］Maggie Q、庹宗华主演，中国电影集团、安乐影片有限公司、焦点电影公司等出品。影片根据日本井上靖的小说改编而成，讲述了戍边将领陆沈康与神秘部族女子在七夜激情之后由人变狼的奇幻故事。

（丁　琳）

【《午夜出租车》】　该片由张江南导演，陈小春、邓紫衣、许飞、李健仁、罗兰主演，北京春秋院线影视文化传播有限公司、北京极限世纪文化传播有限公司等出品。北漂徐子是个文学爱好者，和女友林贞过着甜蜜的生活。由于写作入不敷出，在林贞的鼓励下，徐子当起了出租司机，不少诡异的事因此接踵而来。

（丁　琳）

【《天生幻想狂》】　影片由鲍莉导演，宁财神编剧，王柏伦、解昕怡、付辛博主演，北京光影百年文化传播有限公司、北京都市童话影视策划有限公司出品。吴涛事业不顺利，没有女朋友。女孩乐乐的出现，给吴涛沉闷的生活带来了意想不到的欣喜和麻烦，吴涛开始暗恋她，并在半梦半醒之间产生了幻想。

（丁　琳）

【《重庆美女》】　影片由杨紫婷导演，于娜、袁成杰、戚薇、罗家英、姜超、冉婷婷主演，北京星光奥谱传媒有限公司、重庆星光投资有限公司出品。在重庆某条美食街上，孙老大的火锅店因其锅底味道奇佳而闻名遐迩，引来众多竞争对手觊觎他的锅底秘方。马大狗、马二狗两兄弟千方百计找到了混混唐少爷，威逼他帮忙偷秘方，并由此做出了一系列爆笑行为。

（丁　琳）

【《欠债还情》】　影片由刘国宁编导，刘科、厉娜、那威、李勤勤主演，北京光影百年文化传播有限公司出品。影片讲述了一个讨债未果而引发的喜剧故事。想飞的同学得了尿毒症急需一大笔钱换肾，刚刚参加工作不久的想飞和几个好友好不容易凑够了一笔钱，但还是不够。无奈之下，想飞向与他有过几面之交的古董商人刘文武借钱，结果却阴错阳差地变成了刘文武欠他钱不还，于是想飞就开始了艰难的讨债生涯。由此引发了一系列错综复杂的故事。

（丁　琳）

【《倔强萝卜》】　影片由田蒙导演，黄渤、杜海涛、黄奕、黄小蕾、张殿菲主演，北京保利博纳电影发行公司、北京飞乐蒙广告公司等出品。片中民间科学家老罗多年潜心研究多种稀奇古怪的小发明小创造，并在工厂大院中建造起自己的地下城和实验室。谁知他因一桩非法集资案变得妻离子散，和老友赵老板反目成仇。为了找回尊严，老罗挖一条地道潜入赵家，偷回属于邻居们的40万元。

（丁　琳）

【《终极匹配》】　影片由程珑导演，陈晓东、吴佩慈、孟广美主演，北京名雅飞天影视传播有限公司、北京东荣慧影影视文化传媒有限公司出品。风流浪子老拽碰到了美丽的大学毕业生月儿，二人情投意合坠入爱河。在认识月儿的同一天，老拽还碰到了工作上的合作伙伴采总，美丽成熟的采总在老拽心里留下了一丝涟漪，而采总在业务上也格外照顾老拽。老拽徘徊在两个美女之间，左右逢源之余也有很多无奈。

（丁　琳）

【《熊猫大侠》】　影片由王岳伦导演，阿朵、刘桦、邓家佳、任泉、何炅主演，北京保利博纳电影发行有限公司和芒果影业出品。影片讲述了南宋隆兴年间，大将军赵乾励精图治，筹办“天下一心”文艺汇演，欲与蒙古结盟一并击退金兵收复中原。金人老狼主得知消息后派出刺客叽里、咕噜兄弟行刺大将军。叽里、咕噜得知演出当天大将军将与一只会跳舞的熊猫一起表演，就绑架了演出商，冒充接镖人准备迎接大熊猫。镖师王老吉负责押运大熊猫，一路上发生的事情，彻底颠覆了他的大侠梦……

（丁　琳）

【《唐卡迷踪》】　该片由［瑞典］道夫·朗格瑞导演，［瑞典］杜夫·朗格、余男主演，北京中影第一电影制片有限公司、美国金洋影视文化有限公司、加拿大斯纳奎斯电影公司出品。影片讲述前美军特种兵兰森被美国人张伯伦雇用，带领一支探险队在危险偏僻的蒙古找寻一件由金银丝线织成、上面镶嵌着钻石珠宝的唐卡。前俄罗斯军官朱柯夫垂涎唐卡，一直跟踪着张伯伦等人。探险寻宝的过程中，险象环生，探险队里的人一个一个地神秘死去，兰森最后把唐卡留在了当地。

（丁　琳）

【《恋爱潜规则》】　影片由蒋钦民导演，王珞丹、陈柏霖、周奇奇主演，北京新表现影视文化传播有限公司、北京智慧工场广告有限公司、盛大文学出品。本片改编自网络小说《和空姐同居的日子》，讲述空姐冉静误打误撞被陆飞领回家，两人离奇地开始了共同居住的生活。萍水相逢的两个人，生活中让人忍俊不禁的小摩擦不断，伴随着两人定制的一条条令人啼笑皆非的规则，甜蜜的故事也接踵而来。

（丁　琳）

【《大胃王》】　影片由罗惠德导演，潘长江、郭德纲、许慧欣、王宝强、雪村主演，北京资金长天传媒文化有限公司、北京隆东影视文化有限公司、北京春秋院线影视文化传播有限公司联合出品。农村人三好为重新夺回老婆芙蓉的爱只身勇闯城市，不料阻碍重重、笑料百出。奸商八哥从中作梗，千辛万苦寻得的老婆却已变成了另外一个人，到底是三好认错了人还是另有隐情……

（丁　琳）

【《我的唐朝兄弟》】　影片由杨树鹏编导，胡军、姜武、李立群、王晓、于小磊主演，天宝华映影业投资（北京）有限公司、星美（北京）影业有限公司、北京英福通文化传播有限公司、北京逆光影视文化有限公司出品。影片讲述唐朝时，两个手足情深的江湖大盗20年从未失手，然而当他们进入一个安谧宁静的村庄时，却被突如其来的爱情绊住了手脚……

（丁　琳）

【《火星没事》】　科幻喜剧《火星宝贝之火星没事》，由刘仪伟导演，黄磊、谢娜、孙天宇、郭德纲主演，中影集团出品。该片讲述火星小男孩“没事”被好心的地球人罗秉文收养。贪心的企业家绑架了“没事”，希望用他的超能力做坏事，引发了一系列搞笑故事。

（丁　琳）

【《花木兰》】　影片由马楚成导演，赵薇、陈坤、胡军、房祖名主演，星光国际传媒（集团）有限公司、北大星光集团、北京保利博纳电影发行有限公司等出品。影片讲述了中国古代女子花木兰代父从军的故事。

（丁　琳）

【《隋朝来客》】　该片由庄宇新导演，邓家佳、涂松岩、李彧主演，开明盛世（北京）国际文化发展有限公司、北京水世国际文化投资有限公司出品。影片讲述隋炀帝在奸臣宇文化及的怂恿下举行大隋小姐大选，宇文化及派善良老实却武艺平平的侍卫熊赳赳护送假的大隋小姐进京，又在途中将其劫走，嫁祸给熊纠纠。他还将咸菜贩子牛楚楚也打成熊赳赳同党，要一起杀死。在逃难中，熊、牛二人误入冰洞，被急速冷冻，直到21世纪才解冻，在现代社会里经历了一场奇异的遭遇。

（丁　琳）

【《刺陵》】　影片由台湾导演朱延平执导，岸西编剧，周杰伦、林志玲、陈道明、曾志伟、曾江、苗圃、陈楚河等出演，长宏影视股份有限公司、中影集团出品。影片讲述一正一邪两队探险者大漠夺宝的故事。

（丁　琳）

【《风云2》】　该片由彭发、彭顺导演，郭富城、郑伊健、谢霆锋、蔡卓妍、唐嫣主演，橙天娱乐集团（国际）控股有限公司、寰宇娱乐有限公司出品。影片讲述了东瀛霸主绝无神为夺中土皇权，威逼众多武林人士臣服。步惊云、聂风及武林神话无名联手都不敌绝无神。楚楚为救步惊云被绝无神重击昏迷不醒，令步惊云心怀愧疚。为保卫江湖，聂风不惜以身犯险修炼魔功。其间，他爱上了女孩第二梦，为了救第二梦他不惜中途破关……

（丁　琳）

【《三枪拍案惊奇》】　影片由张艺谋导演，孙红雷、小沈阳、闫妮、倪大红、程野、毛毛主演，北京新画面影业有限公司、安乐北京管理咨询有限公司出品。面馆老板王五麻子为人阴险吝啬，其妻与伙计李四有了私情。王五麻子发现后，雇用兵卒张三除掉两人。张三贪财杀死王五麻子，将店内伙计七妹和小六一一杀害后又追杀李四和老板娘。一番混战后，张三被打死，李四和老板娘幸存下来。

（丁　琳）

【《警察世家》】　影片由张夷非导演，张笑天编剧，金鑫、李心敏、宋荼荼、张惠中主演，吉林省公安厅、长春电影制片厂和北京法宣影视公司联合摄制。影片以吉林省某县级市为背景，围绕郭蓬勃一家人展开了很多感人至深的故事。

（丁　琳）

【《龙顶》】　该片由任钊萱编导，孔令、孙茜主演，北京长镜头文化发展有限公司、绿色中国网络电视中心、浙江省开化县人民政府联合摄制。影片讲述了一个原本生活在大城市的白领回到家乡当茶农的故事。高山回到浙江衢州开化县接受大伯的遗产，本想卖掉大伯的茶园和房子，继续过他的城市生活。结果开化的美景、民风勾起了他美好的童年回忆，而且他还在开化遇到了心爱的女孩孔小丽。他最后决定卖掉城市的房子，到开化当一个茶农。

（丁　琳）

庆祝新中国成立60周年献礼影片

【《建国大业》】　该片由韩三平、黄建新导演，唐国强、张国立、许晴、邬君梅、陈凯歌、姜文、冯小刚、陈道明、黎明、李连杰、刘德华、成龙、赵薇主演，中国电影集团公司、电影频道节目制作中心、香港寰亚电影有限公司、香港英皇电影（国际）有限公司等出品。影片讲述了从1945年抗日战争结束到1949年新中国成立前夕过程中发生的一系列故事。影片以第一届全国政协会议的筹备为主线，反映了新中国成立前夕的那段风云岁月。

（郭　涛）

【《铁人》】　该片由尹力导演，吴刚、黄渤、白静、马苏主演，中华全国总工会、中共北京市委宣传部、北京紫禁城影业公司等联合制作出品。影片采用时空转换的手法，通过讲述两代劳模为祖国能源事业的发展创业拼搏的故事，歌颂了以“铁人”王进喜为代表的中国工人阶级艰苦奋斗、无私奉献、忘我拼搏的崇高精神，展现了一代劳模为国家分忧、为民族争光的爱国情怀。

（郭　涛）

【《高考1977》】 该片由江海洋导演，江海洋、谷白、宗福先编剧，孙海英、赵有亮、王学兵主演，中国教育电视台、北京爱奇星悦影视文化发展有限公司、上海电影（集团）公司上海电影制片厂联合出品。影片讲述了1977年，东北某农场三分场一堆来自北京和上海的知青随着邓小平的复出、高考制度的变革而发生的一系列故事。

（丁　琳）

【《万家灯火》】 该片由安战军导演，金雅琴、冯谦、辛柏青、刘桦、刘金山主演，北京紫禁城影业有限责任公司和电影频道节目中心联合出品。影片改编自北京人艺同名话剧，讲述的是20世纪90年代北京南城金鱼池胡同危房改造的故事，以何家三兄弟和母亲因住房而引起的家庭纠纷为核心线索，讲述了京城普通百姓喜怒哀乐的人生故事以及他们豁达向上的乐观态度，反映了北京的城市变化和建设成就。

（丁　琳）

【《沂蒙六姐妹》】 该片由王坪导演，刘琳、范志博、李晨、郭晓冬等主演，北京今典影业有限公司、华夏电影发行有限责任公司、山东电影制片厂及中共临沂市委宣传部联合摄制。影片讲述了孟良崮战役期间，沂蒙老区某村庄的六名农村妇女，自发组织起来，为军队纳鞋底、运军粮，组成了稳固的“后方娘子军”，为战役的胜利作出突出贡献的故事。

（丁　琳）

【《天安门》】 影片由叶大鹰导演，潘粤明、郭柯宇主演，中国电影集团公司、电影频道节目中心出品。讲述的是1949年北平和平解放后，晋察冀军区政治部抗敌剧社舞美队队长田震英率舞美队对天安门城楼进行全面改造翻修，以供开国大典使用。田震英和队友们克服困难，拿出优秀的设计方案，赶在开国大典前按时完成了施工工程。

（丁　琳）

【《惊天动地》】 该片由王珈、沈东导演，柳建伟、马维干、康丽雯、王戈洪编剧，李幼斌、侯勇、宋春丽、岳红、尤勇主演，八一电影制片厂出品。影片讲述了解放军某旅旅长唐新生于演习途中突遇特大地震，在通讯中断、与上级失去联系的情况下，以灾情为最高命令，毅然带领部队，冲破重重险阻，赶赴灾情最重的映川县进行生死救援的故事。

（丁　琳）

【《我的梦》】 该片由中国残疾人艺术团和北京电影学院联合拍摄，王鸿海导演。影片取材于中国残疾人艺术团精心打造的作品《我的梦》。在展现精彩舞台表演的同时，影片穿插入演员们成长的故事和幕后的生活点滴，用台前幕后的巧妙转换、黑白交错的叙事风格和镜头语言，让观众近距离地欣赏残疾演员的精彩表演和快乐人生。

（丁　琳）

·放　映·

【贺岁喜剧《高兴》首映】 2月3日，阿甘导演，郭涛、田原、冯瓅、苗圃、海一天、巴多等主演的电影《高兴》在北京举行了全国首映发布会。电影《高兴》改编自贾平凹同名小说，讲述了一个名叫高兴的破烂王的故事。从农村来到西安的农民高兴，经历了许多他前所未有的事情……

（郭　涛）

【《寻找狗托邦》首映】 2月4日，泰国影片《寻找狗托邦》在京首映，影视艺人张一山、杨若兮、金铭、杨紫等配音人员出席首映式。该片讲述一群浪迹天涯的小狗为救其中一只受伤狗，经历千难万险带它去“狗托邦”治病的故事。

（郭　涛）

【《八十一格》点映】 3月8日，影片《八十一格》在北京大学百年讲堂进行点映。影片故事围绕锐光集团给应届毕业生的一个就业机会展开。每一个参加“八十一格”比赛的大学生，需要在只有一个背包的前提下，以自己为棋子，以城市为棋盘，挑战隐藏在城市角落中的各种谜题，最终的获胜者将被锐光集团录取。随着比赛进入关键阶段，一连串意想不到的事情也逐渐出现。

（郭　涛）

【《千钧·一发》首映】 3月12日，影片《千钧·一发》在石景山万达影城举行首映式，该片主演、刚刚因意外去世的女星潘星谊专场纪念会同时举行。影片讲述的是龙江警察“老鱼”因排除炸弹负伤致残的故事。

（郭　涛）

【《喜临门》首映】 3月24日，电影《喜临门》在中国电影资料馆举行了首映仪式。影片聚焦改革开放30年来新农业、新农村和新农民建设，是国内首部反映农村环境保护和循环经济的影片，被称为“中国首部农村题材的环保电影”。

（郭　涛）

【《伯纳德行动》公映】　4月3日，奥地利、德国合拍片《伯纳德行动》全国公映。该片又名《伪钞制造者》，根据真实人物阿道夫·博格的回忆录《魔鬼工厂》改编而成。影片讲述了从1936年起，德国纳粹就开始策划一起名为“伯纳德”的伪钞制作计划，意图通过大量伪造美元和英镑来破坏英国经济。犹太商人所罗门·斯洛维奇由于掌握最出众的“伪造”技艺，而被纳粹抓进集中营，受命执行该行动计划。面对生死和正义的选择，所罗门运用他绝顶的智慧与纳粹周旋。

（丁　琳）

【《末路雷霆》公映】　4月3日，美国、越南合拍片《末路雷霆》全国公映。影片讲述了1922年，反对法国殖民统治的越南游击队和民族运动已成星火之势。为了彻底镇压民族独立组织，法国殖民当局派出卧底潜入革命组织，妄图将其一网打尽。同时，抵抗组织也没有放弃对殖民政府内部的策反工作。双方在南亚丛林中展开了斗法。

（丁　琳）

【《赛车风云》公映】　4月15日，美国影片《赛车风云》（又名《速度与激情4》）在华公映。本片为《速度与激情》系列终结篇。片中唐·托雷托和布莱恩·欧康纳被一宗毒品交易案重新拉到了一起，两人再次搭档。这一次他们完全信任彼此，最终击败毒品贩子菲尼克斯·莱斯。

（丁　琳）

【《PTU2》上映】　4月17日，香港影片《PTU2》在京上映，片名PTU是香港警察机动部队的缩写。影片讲述了组建一年多的机动部队即将解散，偏偏最后一天的突发任务十分艰巨，要搜索潜入深山的亡命劫匪。森哥与May姐带领的两队警员因为长期赏罚不公矛盾尖锐，最后一天的终极任务都暗中较劲，力争邀功。行动中除了警匪双方的混战，还杀出了不明来路的第三方，给警队带来致命伤害。在孤立无援的情况下，面对重重困难和死亡的威胁，他们抛开成见，同心协力完成任务。

（丁　琳）

【《超级女特工》首映】　4月27日，法国电影《超级女特工》在万达影城举行了首映式，主演苏菲·玛索和导演让·保尔·萨罗米出席了首映式。影片根据真人真事改编，讲述了“二战”期间5个女特工营救英国间谍、刺杀德军军官的真实故事。

（丁　琳）

【《拉贝日记》首映】　4月28日，电影《拉贝日记》在金宝街百丽宫影院举行亚洲首映式。影片导演傅瑞安·加仑伯格携制片人及主演等出席。导演冯小刚、尹力、宁瀛、张扬、滕华涛，音乐人甲丁，演员邓超、安以轩、霍思燕、谢东娜、Miumiu等出席了首映式。《拉贝日记》被称作“中国版《辛德勒的名单》”，取材于德国人约翰·拉贝撰写的战时日记。影片讲述曾对纳粹主义深信不疑的拉贝，在战争的残酷现实中挺身而出，在“南京大屠杀”期间一手组建起“国际安全区”，挽救了20万中国百姓的生命的故事。

（丁　琳）

【《熊猫回家路》首映】　5月6日，由迪斯尼在华参与投资发行的电影《熊猫回家路》在北京举行首映式。本片由俞钟导演、原岛大地主演。本片在卧龙大熊猫基地拍摄时遭遇“5·12”大地震，保护区遭到破坏，幸好本片保留了珍贵影像。该片一共有6只卧龙基地的大熊猫参与拍摄。

（郭　涛）

【《鏖兵天府》首映】　5月8日，《鏖兵天府》在京举行首映活动。影片展现了人民解放军“解放大西南”的收官之战，涉及蒋介石败走重庆、弃蓉而逃，贺龙率第一野战军十八兵团下秦岭、进川北，刘邓率第二野战军入川东、解放成都、解放西昌等众多历史事件。

（郭　涛）

【《北京等待》高校院线首映】　5月9日，电影《北京等待》在清华大学举行了全国高校院线首映式。影片讲述了一对异国情侣在北京的生离死别。2003年2月，美国小伙乔治在法国巴黎与伊拉克姑娘娜迪娅相爱，两人相约去北京见面。战火使娜迪娅没能如约到达北京，乔治选择在北京一个酒吧打工，等待恋人。其间，他结识了来自云南丽江的摩梭族姑娘朱迪。不久，朱迪却发现自己已经爱上了乔治。正在这时，“非典”爆发了。当乔治准备与娜迪娅会面时，才得知她被恐怖分子杀害了。乔治因此病倒。朱迪倾家荡产为乔治治病，痊愈的乔治来到泸沽湖边寻找朱迪。

（郭　涛）

【《锡林郭勒·汶川》首映】　5月10日，电影《锡林郭勒·汶川》在人民大会堂举行了首映式暨捐赠仪式。汶川儿童赵云随家人到草原上旅游，和草原上的孩子哈日夫成为好朋友。汶川地震发生后，哈日夫对好朋友赵云及其家人非常牵挂，他动员阿爸去汶川寻找赵云一家。最终，哈日夫得知赵云及其父母均在地震中失去生命的消息，哈日夫和阿妈来到敖包下，用草原的方式悼念去世的朋友。

（郭　涛）

【《潘作良》首映】　5月25日，电影《潘作良》在北京全国政协礼堂首映。国务院副秘书长、国家信访局局长王学军，国家广电总局副局长赵实和潘作良家乡领导，潘作良先进事迹巡回报告团的成员参加了首映式。影片根据已故辽宁省辽中县信访局局长潘作良的真实事迹创作，选取主人公在信访工作中四个有代表性的典型案例，描述了他与家人、同事、上访群众相处的感人片段，生动刻画出“为党分忧、为民解难”的基层信访干部形象。

（郭　涛）

【《大河》首映】　6月7日，电影《大河》在京首映，影片讲述了父子两代人为开发建设塔里木河所作出的贡献。该片是中宣部文艺局、国家广电总局电影局联合主办的“迎接新中国成立60周年第一批重点国产影片”中的推荐影片之一。

（郭　涛）

【《寻找微尘》首映】　6月16日，电影《寻找微尘》在北京京西宾馆举行首映式。影片根据2006年感动中国十大人物之一的青岛微尘的真实故事改编而成。故事从电台主持人帮助受助者寻找“微尘”展开，引出了一个又一个感人的爱心故事。

（郭　涛）

【《马兰花》首映】　6月16日，新中国成立60周年献礼动画片《马兰花》在京首映，配音演员李扬、陈好出席了首映式。影片保留了舞台剧《马兰花》主题价值观的“勤劳、淳朴、勇敢”，更加上了“宽容、坚毅”等元素，并且赋予现代、环保、生存、和谐的主题。影片由上海电影（集团）公司、上海美术电影制片厂、厦门上乘科技有限公司联合摄制，导演姚光华。

（郭　涛）

【《漫步罗马——莫言的罗马游记》首映】　6月17日，意大利驻中国大使馆文化处举办了纪录片《漫步罗马——莫言的罗马游记》的首映式。由意大利拉齐奥大区旅游局支持拍摄，作家莫言拍摄的该片从作家的视角向中国观众介绍了罗马这座“露天博物馆”中各个历史时期的艺术珍品、现代建筑大师的杰作，以及罗马市区的风土人情。

（郭　涛）

【《冰河世纪3》首映】　7月7日，3D版《冰河世纪3：恐龙的黎明》在北京新世纪影院举行首映活动，郑钧、冯砾、海一天、释小龙等出席首映式。片中刚刚逃离了冰冻危机的松鼠席德、长毛象曼尼、剑齿虎迭戈在新的环境中面临着更为严峻的考验。

（丁　琳）

【《哈利波特6》首映】　7月15日，电影《哈利波特与混血王子》（简称《哈利波特6》）在万达影院、首都影院等多家影院同时放映，各家影院都举办了相应的首映仪式。片中，哈利波特的故事开始进入最后高潮，可怕的伏地魔组织众多的追随者袭击伦敦。邓布利多除了积极号召“凤凰社”的成员团结起来外，也组成“邓布利多军队”，准备随时与伏地魔决一死战。

（丁　琳）

【《大内密探零零狗》首映】　7月23日，王晶执导的香港喜剧《大内密探零零狗》在京举行首映礼。王晶携主演古天乐、吴君如、大S、佟大为、刘仪伟、宋佳等出席。东厂太监曹仁超深得皇上恩宠，深藏不露。按照生肖排列的由鼠到猪十二个大内密探，只听候皇帝差遣。在宫内12人惯常潜伏宫中各处，收集情报，在宫内负责保护皇帝安全。而灵灵狗则是12密探中最特别的一个，围绕他在皇宫展开了一系列的故事。

（丁　琳）

【《麦兜响当当》公映】　7月24日，电影《麦兜响当当》在京公映。该片是麦兜系列动画片的第四部，在秉承前三部麦兜系列电影温情、搞笑风格的同时，讲述好不容易盼到暑假的麦兜被妈妈麦太送上了武当学功夫，希望他能出人头地，不料还是麦兜被各路高手痛打一顿，回到香港，依旧过着平淡的日子。

（丁　琳）

【《我的机器人女友》首映】　7月27日，电影《我的机器人女友》在金宝汇百丽宫影院举行首映，韩国导演郭在容到场宣传。导演张一白、赵天宇，演员黄璐、秦子越等参加了首映式。该片讲述了寂寞的男大学生次郎在20岁生日那天，邂逅了一位漂亮但十分古怪的女孩，但几小时后她不辞而别。之后，次郎又多次与她重逢，女孩告诉次郎自己是来自未来的机器人并在紧急关头救助了次郎，二人终于发展出了一段恋情。

（丁　琳）

【《哆啦 A 梦 3》首映】　7月31日，日本卡通电影《哆啦A梦·大雄与绿巨人传》首映式在北京星美国际影城举行，这是“哆啦 A 梦”第三次被引进中国。首映式上，活泼的“机器猫”、顽皮的“大雄”和可爱的“静子”现身活动现场，勾起了在场观众的童年回忆。该片讲述了大雄在后山捡到一株小树苗，哆啦 A 梦将小树苗变成一个小男孩，取名为“树小子”。树小子聪明伶俐，但是大雄他们也面临着新的危险。

（丁　琳）

【《飞屋环游记》首映】　7月31日，3D 动画电影《飞屋环游记》在北京 UME 双井影城举行了首映式。该片讲述了鳏居的 78 岁卡尔先生，为了信守对爱妻的承诺，决定带着他与艾利打造的房屋一飞冲天，前往他与艾利小时候设下的终极目标“仙境瀑布”。他在旅途中先后收留了 8 岁的男孩小罗、一只传说中的珍禽异雀和一只会说人话的小狗，他们一同经历了意想不到的险境。

（丁　琳）

【《特种部队》公映】　8月7日凌晨，美国大片《特种部队：眼镜蛇的崛起》在北京华星影城、首都电影院等影院放映了零点场。这是派拉蒙公司继《变形金刚》后，根据美国孩之宝玩具公司玩偶改编的又一部电影。影片讲述了特种部队与“眼镜蛇”神秘组织战斗的故事，双方的激战保证了震撼的视听效果。

（丁　琳）

【现代乡村三部曲首映】　8月12日，由华夏电影发行公司发行的“现代乡村三部曲”在北京举行了首映式。“现代乡村三部曲”由三部风格各异的影片《喊过岭的故事》《清水的故事》《海的故事》构成，均由肖风执导。影片反映了现代社会乡村农民生活中的喜怒哀乐。影片中的人物全部由拍摄地辽宁葫芦岛当地农民本色出演，风格清新自然。

（丁　琳）

【《国家要案》公映】　8月18日，美国影片《国家要案》在全国公映。影片改编自 BBC 同名电视剧，由凯文·麦克唐纳导演，罗素·克劳、本·阿弗莱克、海伦·米伦主演。影片讲述华盛顿年轻议员史蒂文·柯林斯的女助手兼情人突然遇害后，柯林斯的婚外情被曝光，一时成为众矢之的。记者麦卡弗里在调查一起凶杀案的过程中，偶然发现死者竟与柯林斯的已故女助手研究员有关。在同事德拉的帮助下，随着麦卡弗里的调查一步步深入，峰点公司内幕与国会议员的丑闻纷纷曝光。

（丁　琳）

【评剧电影《西柏坡》首映】　9月2日，评剧电影《西柏坡》首映式暨新闻发布会在人民大会堂举行。该片以评剧现代戏《西柏坡》为基础，艺术地再现了西柏坡人民在党的领导下，发扬光荣的革命传统，不怕牺牲、艰苦奋斗、重建家园的光辉历程，彰显了党和人民群众永远血肉相连的主题。该片由袁淑梅主演，河北西柏坡影视制作中心、河北电影制片厂联合出品。

（丁　琳）

【《真爱之吻》公映】　9月4日，美国电影《真爱之吻》在全国公映，影片由马克·波兰斯基导演，克里斯蒂娜·里奇、詹姆斯·麦卡沃伊主演。该片讲述一个面目丑陋但心地善良的女子，期待真爱之吻解除魔咒的故事。

（丁　琳）

【《大明宫》首映】　9月4日，电影《大明宫》在人民大会堂举行了全球首映式，全国人大常委会原副委员长许嘉璐、蒋正华以及演员潘长江、音乐人卞留念、文化学者马未都等人出席了首映式。影片以历史研究和考古发现为依托，复原唐代大明宫的盛景，重现唐朝长安城。

（丁　琳）

【《可爱的中国》首映】　9月7日，电影《可爱的中国》在清华大学举行首映式，导演胡雪杨携主演任程伟、王雅捷、程前、张晓林等主创人员集体出席，并与近千位清华学子进行座谈。影片以方志敏的《血肉》《清贫》《可爱的中国》三篇文章的标题构筑起全片三段式的结构。通过红十军突围、被捕前后、狱中斗争等时空交叉方式，讲述了方志敏的一生。

（丁　琳）

【《窈窕绅士》首映】　9月21日，电影《窈窕绅士》在京举办首映仪式，监制吴宇森携孙红雷、林熙蕾等主创出席。影片讲述吴嘉倩开办了一家营销公司，惨淡经营。有一次当她与农民企业家曾天高谈合作时，正好看到曾天高为追求香港天后芳娜，碰了一脸灰的经过，便与其签订了为曾天高改头换面、从土大款改造成优雅绅士的合约。在合作的过程中，二人日久生情，变成情侣。

（丁　琳）

【《走路上学》公映】　10月2日，电影《走路上学》全国公映。影片讲述了生活在云南怒江边上的小姐弟俩，为了到对面去上学，不得不每天溜索过江的故事。

（丁　琳）

【《玛丽和幼犬的故事》公映】 10月3日，日本电影《玛丽和幼犬的故事》全国公映。影片讲述了日本一个普通家庭和狗的故事。一次地震后，石川家的母狗“玛莉”带领救险人员救出了主人，但是玛莉却没有离开灾区。原来，地震当天玛莉生了3只幼犬。16天后，玛莉和它守护的三只幼犬一起平安归来。

（丁　琳）

【《非常主播》首映】 10月9日，韩国电影《非常主播》在北京万达影院举办首映式，演员车太贤出席。影片讲述的是年轻的电台主持人南贤诛和他女儿以及外孙之间，荒诞搞怪又妙趣横生的家庭故事。

（丁　琳）

【《特工008》公映】 10月10日，俄罗斯影片《特工008》在全国公映。俄罗斯特工克列姆涅夫接到任务，要把掌握俄罗斯石油大亨索尔金犯罪证据的谢里克安全送回国内。一路上他的周围总有各种各样的事情发生：背叛、阴谋、伏击、陷阱，而他最大的敌人恰恰就是他身边的谢里克。

（丁　琳）

【《秘岸》公映】 10月13日，影片《秘岸》全国公映。故事发生在重庆，一场车祸打破了一个三口之家原本平静的生活。丈夫吴涛开的计程车坠入江中，吴涛失踪，留下一名受伤的女乘客苏丹。面临高额赔偿，吴太太只能先把苏丹接到家中休养；这个决定，却完全改变了吴太太与儿子小川的生活。

（丁　琳）

【《秋喜》首映】 10月13日，影片《秋喜》在京举行首映式，导演孙周携主演孙淳、郭晓冬、江一燕、秦海璐出席。影片讲述了广州解放前夕，地下党员晏海清和特务头子夏惠民斗智斗勇的故事。

（丁　琳）

【《逃离鳄鱼岛》上映】 10月15日，澳大利亚、美国合拍片《逃离鳄鱼岛》在京上映。影片讲述了一个观光旅行团到澳大利亚卡卡国家自然公园观光，在一个神秘湖泊里遇到了史前巨鳄。众人惊慌失措地好不容易逃上湖中的小岛，没想到死神刚刚来临……

（丁　琳）

【《地铁惊魂》首映】 10月20日，英美合拍片《地铁惊魂》在京首映。该片翻拍自1974年的同名电影，由好莱坞男星丹泽尔·华盛顿和约翰·特拉沃塔主演。影片讲述了歹徒瑞德带领同伙劫持一辆地铁，威胁政府在59分钟内交出1000万美金，被降职值班的纽约地铁调度员瓦尔特·加博不幸卷入其中，最后将危机化解的故事。

（丁　琳）

【《阿童木》首映】 10月20日，动画片《阿童木》在京举行全球首映式，配音演员徐娇、张铁林、羽泉、王刚、潘粤明、谢楠到场和观众见面。电影版《阿童木》由香港意马动画制作公司担任，集合了中国、美国、日本的国际化制作团队，近500名专业动画设计师共同打造。机器人阿童木是人类正义与和平的守护者，影片讲述了他不断与邪恶势力战斗的故事。

（丁　琳）

【《天王终点》上映】 10月30日，影片《天王终点》在北京上映。该片是原本计划主办杰克逊告别演唱会的AEG Live公司，将杰克逊生前彩排时侧录的数百小时影像，经过精选剪辑，配上幕后花絮而完成。影片完整呈现杰克逊生前对演唱会的选曲、舞蹈、舞台设计、编舞、音乐、灯光等每个环节事必躬亲并提供创意的情景。

（丁　琳）

【《神秘代码》上映】 10月30日，影片《神秘代码》在京上映。该片讲述50年前美国一个小女孩写下一些神秘数字，后来约翰教授无意中发现这个怪异女孩留下的奇怪数字竟准确地预言了过去50年的重大灾难，包括灾难发生的日期、伤亡人数和坐标。约翰埋首破解密码，骇然发现还有三个未发生的预言，其中包括地球毁灭。约翰试图警示世人，然而更多神秘事件层出不穷，结果更是令人震惊。

（丁　琳）

【《罪与罚》首映】 10月31日，香港影片《罪与罚》在京举办首映式，导演周显扬和主演郭富城到场。重案组总督察凌光与程希爱是一对恩爱夫妻，凌光一向光明磊落，在即将晋升警司平步青云之际，却遇上残忍的连环凶杀案，凌光在追凶的过程中却发现每一项证据均指向自己。

（丁　琳）

【《2012》首映】 11月13日，万达影城举办了“未来，你好么”《2012》首映活动。购买11月13日《2012》首映正价票的观众获赠了“写给未来”明信片。万达影院负责在2012年12月20日将明信片邮递给参加活动的观众。

该片是部灾难题材电影，根据玛雅预言，2012 年的 12 月 21 日，是世界末日。

（丁　琳）

【《跳出去》首映】 11 月 22 日，香港电影《跳出去》在京首映。热爱跳舞的农村少女彩凤到上海闯荡，在跳舞学校内一边工作一边偷师学跳舞。她得到了学校老板朗的欣赏，在郎的支持下准备参加跳舞比赛。在跳舞大赛前夕，她与朗发生误会，欲退出比赛，后在父亲的勉励下重返赛场。

（丁　琳）

【《第九区》上映】 11 月 24 日，电影《第九区》在京上映。该片讲述了 1981 年一次看似普通意外的事故之后，奇形怪状的外星人来到了地球。各国政府经过商议，决定在南非的贫民窟来安置这些外星人，这就是日后被称为“第九区”的外星人居住区。28 年后，第九区的行政管理人员威库斯在一次执行抓捕外星人任务时，被外星人所感染，在外星病毒的感染下，威库斯的身体发生了意想不到的变化，他渐渐地变成了一只巨大的甲虫化生物，同样面临着被关进第九区的命运。威库斯决定不但要自救，而且还要拯救第九区里其他千千万万的外星人。

（丁　琳）

【《豚鼠特工队》公映】 11 月 24 日，迪斯尼出品的 3D 动画电影《豚鼠特工队》全国公映。影片讲述了五只豚鼠拯救地球的故事。

（丁　琳）

【《奥戈》首映】 12 月 4 日，影片《奥戈》在人民大会堂举办首映式。这是澳门回归十年来首部与内地合拍的电影，是澳门本土艺术家为庆贺澳门回归祖国十周年首度创作的重点电影文化项目。该片由澳门本地作家廖子馨根据自己的获奖小说《奥戈的幻觉世界》改编而成，由内地导演张弛担纲执导。影片讲述了 1999 年澳门即将回归祖国的前夕，澳门社会特有的“土生族群”面对去留所进行的抉择。

（丁　琳）

【《十月围城》首映】 12 月 14 日，贺岁片《十月围城》在北京政协礼堂举行了首映仪式，导演陈德森，监制陈可辛、黄建新，及李嘉欣、黎明、范冰冰、吴君如等演员出席了首映式。影片讲述 1905 年 10 月，来自四面八方的革命义士在香港中环为了保护孙中山、粉碎暗杀行动而浴血拼搏的故事。

（丁　琳）

【《扑克王》首映】 12 月 15 日，香港电影《扑克王》在京举行首映式，导演陈庆嘉携演员刘青云和邓丽欣出席。该片以得克萨斯扑克比喻人生，讲述了两个身份悬殊的男人之间的故事。

（丁　琳）

【《大有前途》上映】 12 月 22 日，影片《大有前途》在京上映。该片讲述了一群来路各异且各怀鬼胎的乌合之众欲借拍电影致富发财，把“好莱坞模式”强行移植到空有资源却缺乏门路的“大有村”，闹出一连串怪事的爆笑闹剧。

（丁　琳）

【《阿凡达》首映】 12 月 31 日，3D 立体电影《阿凡达》在北京举行了首映礼。导演尹力、陈国星、阿甘、马俪文、依萌、蓝海瀚，演员徐峥、陶虹、刘力扬出席。影片叙述了在未来世界中，人类为获得潘多拉星球的资源，启动了阿凡达计划，并用人类与纳美人的 DNA 混血，培养出身高近 3 米的“阿凡达”，以方便在潘多拉星球生存及开采矿产。受伤的退役军人杰克，同意接受实验。来到潘多拉星球后，他面临着一场意想不到的冲突。

（丁　琳）

·电影节、电影展·

【第 16 届大学生电影节】 4 月 6 日～26 日，第 16 届北京大学生电影节在北京师范大学举办。本届电影节除主会场北京师范大学外，上海大学、华南理工大学、武汉大学、四川大学、山东大学五个分会场也分别举行开幕式和影片见面会。本届电影节共收到报名的国产影片 106 部，入围 30 部。包括《非诚勿扰》《画皮》《叶问》等商业大片，又有中小成本制作的《十七》《新生万喜》《马东的假期》等，均在电影节期间展映。此次电影节特别增设了瑞典国宝级导演英格玛·伯格曼系列纪念活动和“2009 北京舞蹈影像展”两个单元，分别展映英格玛·伯格曼执导的影片和荷兰、挪威、瑞典、美国等国家的舞蹈电影节影片，并邀请国内外知名电影专家参加研讨活动，为大学生呈现一个开放多元的学术空间。

（丁　琳）

【地质礼堂举办陆川影展】 4 月 16 日～22 日，地质礼堂举办了陆川电影展映活动。活动期间，地质礼堂展映了导演陆川的代表作品《寻枪》《可可西里》，以及其最新作品《南京！南京!》，体现了陆川电影思想的蜕变过程。

（丁　琳）

【2009科普电影周】 5月16日～22日，由市文化局、新影联等单位联合举办的“2009北京科普电影周”在京举行。本届电影周为了增加整体活动的影响力，除了放映《东北虎保护》《农村急救》《巧用化肥》等最新科教影片外，还增加了《星际迷航》等科幻大片。长虹、新世纪、新东安、百丽宫、时代、青年宫、大观楼、中华、五道口等影院参加了电影周活动。

（郭　涛）

【“李行从影六十年电影展”举办】 6月26日～7月3日，为了纪念台湾导演李行从影60周年，由中国电影资料馆、中国电影博物馆等单位主办的“李行从影60年电影展”在中国电影资料馆艺术影院举办。影展分为“琼瑶改编片”和“写实乡土片”两个单元，共展映《海鸥飞处》《心有千千结》《碧云天》《婉君表妹》《浪花》《哑女情深》《原乡人》《吾土吾民》《早安，台北》《秋决》《养鸭人家》《小城故事》12部影片。

（郭　涛）

【庆祝新中国成立60周年展映活动】 7月31日～11月30日，由国家广电总局电影局和市委宣传部主办、中国电影博物馆承办的“前进！前进！前进！进！”庆祝新中国成立60周年电影系列活动在中国电影博物馆举办。活动由7项内容组成，即：新中国电影60年国产影片成就展、“光影60年”新中国优秀电影作品展映、新中国电影60年国产影片剧照展、新中国电影60年国产影片海报展、《对话·博物馆》特别节目——“电影人生”座谈会、“前进！前进！前进！进！——新中国电影与观众”问卷调查活动和中国电影博物馆2009年学术年会。活动期间，共接待观众3万人次。

（丁　琳）

【“银幕上看祖国”电影展映活动】 8月1日～11月30日，由市委宣传部主办、市广电局承办的“银幕上看祖国”活动在京举行。该活动是庆祝新中国成立60周年系列文化活动“为伟大祖国骄傲”的组成部分。在历时4个月的活动中，共举办电影专场慰问活动5场、观影专场56场，包括12000名打工子弟学生、1100名劳模代表、200名福利院儿童在内的3.5万人通过专场观看了《建国大业》《天安门》《万家灯火》等国庆献礼影片；爱国主义影片展映活动展映影片50部，放映10万余场，观众近千万人次。

（丁　琳）

【2009北京青少年公益电影节】 8月16日～10月31日，由团市委、市委宣传部、首都精神文明建设委员会办公室等主办的“2009北京青少年公益电影节”在京举办。本届电影节精心挑选了新中国成立以来100部优秀电影推荐给观众，通过“经典影片回放”、“电影公益快车大放送”等方式，让青少年和广大观众参与到电影节中来，评出10部“我最喜爱的电影”、10个“我最喜爱的银幕形象”和10首“我最喜爱的电影歌曲”三个奖项。其中，公益电影大放送活动为在校学生放映15场，为北京建筑工地的务工人员放映30场，为社区百姓放映30场，为部队放映10场，为特殊群体放映10场。

（丁　琳）

【邓小平主题影展】 8月18日～29日，在邓小平诞辰105周年之际，中共中央文献研究室邓小平研究组、中国电影博物馆和邓小平故里管理局在北京联合举办“永远的小平”主题影展系列活动。活动期间，循环放映了《邓小平》《我的法兰西岁月》《邓小平1928》《百色起义》《大转折·挺进大别山》《大进军·席卷大西南》《丰碑》《小平您好》《小平您好·风采篇》《小平您好·情趣篇》等10部反映邓小平光辉业绩和崇高品德的影片，还开

“银幕上看祖国”电影展映活动

办了小平题材电影创作大讲堂，邀请有关方面的专家、学者作专题讲座。

（丁　琳）

【“向祖国汇报”重点电影展映】 8月20日~12月31日，广电总局在全国城乡广泛开展庆祝新中国成立60周年“向祖国汇报”重点国产影片展映展播活动，《建国大业》《天安门》《风声》《沂蒙六姐妹》《马兰花》《惊天动地》等30部重点推荐影片与观众见面。展映影片中，有展现革命岁月的《建国大业》《谁主沉浮》《可爱的中国》《沂蒙六姐妹》，表现历史的《天安门》《秋喜》《圣地额济纳》，反映社会主义建设历程和不凡成就的《铁人》《大河》《大地》，反映抗震救灾的《惊天动地》，还有回望一代人青春与梦想的《高考1977》、《北大荒》等。

（丁　琳）

【第5届北京国际体育电影周】 9月10日~15日，第5届北京国际体育电影周在北京举行。本届特别设立了“新中国成立60周年优秀体育电影展映”活动，展映的10余部影片中，既有不同时期的优秀体育故事片《女篮五号》《沙鸥》《女帅男兵》，又有从不同角度记录历史的纪录片《零的突破》《筑梦2008》《加油中国》等，还有历史文献资料片。

（丁　琳）

【第13届“北京放映”】 10月27日~30日，第13届“北京放映”活动在北京举行。本届“北京放映”组委会精心挑选出《梅兰芳》《南京！南京!》等60部思想性、艺术性、观赏性俱佳的最新国产影片公开展映，举办了“北京放映”走出去工程优秀影片与人物评选活动，共评选出优秀影片等7个荣誉称号。来自美国、德国、法国、英国、澳大利亚、奥地利、瑞士、日本、新加坡、印度等国家和地区的100余名来宾参加了活动。

（丁　琳）

【第2届新人电影节】 11月2日~16日，由北京大学和传奇影业公司主办的“2009年第2届新人电影节”在京举办。电影节通过新晋导演处女作展、知名老导演处女作回顾展、优秀数字电影展、特吕弗回顾展等四个展映单元，在全国10余所高校放映了65场35部影片。

（丁　琳）

【第8届国际学生影视作品展】 11月8日~14日，由北京电影学院主办的第8届国际学生影视作品展在京举办。本届影展共收到来自40多个国家的700多部作品，80部作品入围，囊括了剧情片、纪录片、动画片、实验片等。《珍娜与利夫》获金奖，《过山车》获银奖，《错误》获铜奖。

（丁　琳）

·会　议·

【银幕上的新中国形象主题座谈会】 7月9日，中国电影家协会在京举行“与共和国同行——银幕上的新中国形象”主题座谈会，老中青三代电影人畅谈包括《开国大典》《五朵金花》《夕照街》《惊涛骇浪》《咱们的牛百岁》《离开雷锋的日子》在内的60年来具有鲜明时代特征的12部影史佳片。在座谈会上，参与过影片创作的电影人还透露了不少拍摄时的趣味细节。

（丁　琳）

【中国电影博物馆2009学术年会在京举办】 9月13日，中国电影博物馆2009学术年会在中国电影博物馆举办。年会围绕“新中国电影与观众的变迁”这一主题，总结了新中国电影创作规律和趋势，梳理了新中国成立以来电影发展的脉络。

（丁　琳）

【全国电影素材工作会在京召开】 12月23日，由广电总局举办的“全国电影素材工作会”在北京召开。全国各电影制片厂、数字电影节目管理中心、电影洗印厂、电影科研所及影视公司等60余家企事业单位的代表参加会议。与会代表就影片收集工作中存在的问题及电影档案影片数字化修护工程中存在的素材不足等进行了深入探讨。

（丁　琳）

·奖　项·

【第9届电影频道数字电影百合奖揭晓】 5月6日，第9届电影频道数字电影百合奖揭晓。《十八个手印》《横平竖直》《雷横与朱仝》《天使看得见》《走四方》获优秀故事片一等奖，《李天佑血战四平》《中尉》《青春制造》《腾越殇魂》《无法结局》获优秀故事片二等奖，《文化战车》获得评委会特别奖，《男孩都想有辆车》获优秀儿童片奖。邢原平、魏人获优秀编剧奖，金舸、高峰获优秀导演奖，李心敏、赵毅获优秀男演员奖，董玲、曹苑获优秀女演员奖。本届百合奖还特别推出“电视电影十年·观众最喜爱的电视电影和演员”评选活动。《情不自禁》《极限救援》《杨守敬与吕蓓卡》《土婆婆pk洋媳妇》《狩猎者》《血溅三岔口》《陆小凤传奇系列》《镖行天下系列》等10部电影分获剧情类、喜剧类、动作类、系列类的观众最喜爱电视电影奖。演员李雪健、黄渤、陶虹、何琳、闫妮、周小斌、吴樾、曾宝仪、张智霖、宁静分别获得四个类别的观众最喜爱男女演员奖。

（郭　涛）

【第7届北京国际大学生影像展颁奖典礼举行】　5月30日，第7届北京国际大学生影像展暨半夏的纪念颁奖典礼在中国传媒大学举行。此次影像展历时一周，共评选出最佳电视新闻报道、最佳音乐电视作品、最佳纪录片、最佳导演、最佳摄影等14个奖项，剧情片《新童》和纪录片《举报人》获年度“评委会大奖”，纪录片《山村艺事》获“年度作品奖”。

（郭　涛）

【第8届漫画节颁奖】　6月10日，第6届海淀文化节暨北京电影学院动画学院第8届漫画节颁奖典礼在北京电影学院举行。本次漫画节共设置了优秀作品奖（刁羽、刘斯颖等）、新人奖（李雯婷，吕鑫等）、最具人气奖（周晨菲）、最佳绘本奖（王艺霏）、最佳插画奖（杜煜）、最佳故事漫画奖（陈曦）等奖项。

（郭涛）

【“我心中的经典电影形象”评选】　7月15日～11月22日，由北京电视台文艺节目中心《天天影视圈》栏目联合北京电影家协会共同举办的“我心中的经典电影形象”评选活动在京举行。此次活动共评出最经典英雄形象（《烈火中永生》的江姐等）9个、最经典红色印记（《铁道游击队》中的芳林嫂等）6个、最经典青春记忆（《小花》中的赵小花等）4个、最经典童年回忆（《闪闪的红星》中的潘冬子等）6个、最经典时代个性（《骆驼祥子》中的虎妞等）10个、最经典反派角色（《闪闪的红星》中的胡汉三等）3个、最具观众人气经典形象（《画皮》中的佩蓉等）4个、最经典永久纪念（《林则徐》中的林则徐等）11个等8个奖项。

（丁　琳）

【第13届华表奖】　8月29日，第13届中国电影华表奖颁奖典礼在北京展览馆剧场举行。中国电影华表奖是中国电影的最高荣誉奖，本届共颁发优秀故事片奖（《突发事件》等）10个、优秀数字电影奖（《十八个手印》等）4个、优秀少年儿童影片奖（《走路上学》等）3个、优秀戏曲片奖（豫剧《程婴救孤》等）2个、优秀合拍片奖（《叶问》等）4个、优秀科教片奖（《月球探秘》等）3个、优秀动画片奖（《快乐奔跑》等）4个、优秀纪录片奖（《郎朗的歌：献给2008》等）3个、优秀译制片奖（《功夫熊猫》）1个，以及优秀电影技术奖（《梅兰芳》等）2个、优秀编剧奖（苏小卫等）2个、优秀导演奖（冯小刚等）2个、优秀男演员奖（张涵予等）2个、优秀女演员奖（章子怡等）2个、优秀少儿男演员奖（丁嘉力）、优秀少儿女演员奖（诺民）、优秀新人编剧奖（崔民）、优秀新人导演奖（海涛）、优秀新人男演员奖（余少群）、优秀新人女演员奖（徐筠）、优秀电影音乐奖（王黎光《集结号》）、优秀境外华裔导演奖（吴宇森）、优秀境外华裔女演员奖（舒淇）共23个奖项。

（丁　琳）

【《南京！南京!》获金贝壳奖】

北京时间9月27日凌晨（西班牙当地时间9月26日晚），第57届西班牙圣塞巴斯蒂安国际电影节举行颁奖礼，中国导演陆川执导的影片《南京！南京!》获最佳电影金贝壳奖，摄影师曹郁获最佳摄影奖。导演陆川携演员秦岚出席了颁奖仪式。

（丁　琳）

【第9届动画学院奖颁奖】　12月5日，由北京电影学院、山东烟台市政府、电影频道《爱电影》栏目联合主办的“第9届动画学院奖”颁奖典礼在京举行。本届动画学院奖系列活动共收集了来自中国、韩国、新加坡、德国、美国5个国家百余所院校的503部作品，参与优秀学生作业奖、最佳创意奖、最佳视觉效果奖等12个奖项的评奖工作。最终，山东工艺美术学院选送的《自画像》获最佳创意奖，北京电影学院动画学院选送的《月神》获最佳视觉效果奖，个人作品《打，打个大西瓜》获最佳技术应用奖，吉林动画学院的《柏树山上的风》和北京电影学院动画学院的《联合作业》分获最佳实验影片奖和最佳新人奖，最佳导演奖由北京电影学院动画学院的《树上的鸡》摘得，最佳短片奖空缺。

（丁　琳）

·交　流·

【2009俄罗斯电影展在京举办】

7月3日～9日，由国家广电总局电影局主办、中国电影资料馆承办的“2009俄罗斯电影展”在北京举行。此次影展有《身高1米8》《土耳其式开局》《列车谋杀案》《少女维拉》《潜艇沉没》《孤独之岛》《庄园恋曲》和《阴谋》共8部影片参展。

（丁　琳）

【韩国演员安圣基影展在京举行】 7月24日～26日，由国家广电总局和韩国电影振兴委员会共同主办的“国民演员安圣基电影展”在中国电影资料馆艺术影院举办。此次影展共上映4部由安圣基主演的影片。安圣基是韩国家喻户晓的电影演员，多次获得韩国电影大钟奖和青龙奖。本次影展精选了《广播明星》《我的新搭档》等几部影片。

（丁　琳）

【2009朝鲜电影周在京举办】 9月11日～15日，为纪念中朝建交60周年，国家广电总局电影局、朝鲜民主主义人民共和国国家电影委员会共同主办的“2009朝鲜电影周”在京举办。电影周共展映了《卖花姑娘》《桔梗花》《十二小时》《女生日记》《我所见到的国家》5部经典朝鲜电影。

（丁　琳）

【新中国电影回顾展在美举办】 9月26日～10月6日，为庆祝新中国成立60周年，中国电影资料馆与美国林肯艺术中心合作，在纽约举办名为“光影！电影！国家！中国电影的产生：1949—1966”的大型电影展映活动。此次影展囊括了20部自1949年到1966年中国的经典影片。

（丁　琳）

【中国代表团出席第22届东京电影节】 10月16日～25日，中国电影代表团参加了第22届东京电影节，在电影节放映了《建国大业》《梅兰芳》《寻找成龙》《麦田》《即日起程》《夜店》等多部影片。其中北京电影代表团，开展了电影市场的交易活动，举办了一场100人规模的新闻发布会，现场推介9部新片，介绍北京电影产业状况。北京代表团还组织了“中日电影交流”论坛，阐述了中日双方电影市场的现状，探讨双方进行合拍片合作的可能性。

（丁　琳）

【第2届欧盟电影展】 11月5日～12月4日，由欧洲联盟欧洲委员会驻华代表团主办的第2届欧盟电影展在北京、成都举办。本届电影展由欧洲联盟欧洲委员会驻华代表团资助，欧盟轮值主席国瑞典王国驻华大使馆支持。此次影展共展映了包括《困惑中年》（斯洛伐克）、《马格达莉》（马耳他）、《了不起!》（比利时）、《平静的骚动》（意大利）等在内的20余部新片。

（丁　琳）

·纪　念·

【项堃逝世】 2月15日，电影表演艺术家项堃（1915—2009）在北京逝世，享年94岁。项堃原名王象坤，原籍山东德州，生于河北吴桥，1937年开始担任话剧演员，1940年任重庆中国电影制片厂演员，出演影片《青年中国》《白山黑水血溅红》《郎才女貌》。1949年后，历任上海电影制片厂、山东电影制片厂、北京电影制片厂演员，出演影片《南征北战》《三年》《烈火中永生》《火烧圆明园》等。

（郭　涛）

【袁牧之百年诞辰纪念】 5月30日，中国电影资料馆、中国电影艺术研究中心、国家广电总局电影频道节目中心、中国电影博物馆等联合在人民大会堂举行“袁牧之同志诞辰100周年纪念会”。袁牧之是我国电影艺术家、电影事业家，人民电影和新中国电影的开拓者。20世纪30年代，他就在话剧舞台上成功地饰演了不同类型的人物，以其精湛的表演技巧和丰富的舞台经验，赢得了“舞台千面人”的美誉。袁牧之先后主演了《桃李劫》《风云儿女》和《生死同心》等影片。他编导了中国第一部音乐喜剧故事片《都市风光》及电影经典之作《马路天使》《八百壮士》。他赴延安工作后，筹组了人民电影的第一个制片机构——八路军总政治部电影团，编导了大型纪录影片《延安与八路军》，新中国成立后出任新中国首任电影局局长。

（郭　涛）

·探索、研究·

【改革开放30年电影文学创作研讨会举行】 1月9日，由中国影协主办、中国影协电影文学创作委员会承办的“改革开放30年”电影文学创作研讨会暨“力鸿杯”改革开放30年优秀电影剧本推选揭晓活动在京举行。中国影协分党组书记、常务副主席康健民出席会议并致辞。在会上，来自各个方面的专家、学者、电影编剧40余人结合当前电影文学创作现状进行了交流，对30年来我国电影文学创作情况作出了精细的梳理和深入的剖析。“力鸿杯”“改革开放30年”优秀电影剧本推选活动以1978年～2007年间生产的5000多部国产影片为推选对象，经过专家严格把关推选，最终《芙蓉镇》等30部作品被授予优秀电影剧本称号。该活动由中国影协电影文学创作委员会组织，自2008年7月开始进行推选。

（郭 涛）

【贺岁片学术研讨会在京召开】 3月5日，由中国电影艺术研究中心主办的“国产电影论坛”之“贺岁片学术研讨会”在京召开。会议就贺岁片类型，贺岁片美学特征、艺术形态、叙事结构等进行了热烈的讨论。会议一致认为，贺岁影片的发展对开发有中国特色的电影市场、形成有中国特色的电影类型、推动国内院线建设、培育档期与品牌等具有重大意义。

（郭 涛）

【《十里红妆》研讨会召开】 6月7日，故事片《十里红妆》在北京举行观摩研讨会。与会专家梁光弟、张思涛、王仁殷、唐榕、李宝江等对于影片的立意即中国非物质文化遗产的保护和传承给予了高度评价，认为电影为表现这一主题搭建了一个很好的叙事平台。《十里红妆》描述了中国旧时富贵人家嫁女的豪华排场，包含了很多中国传统文化的元素。影片正是通过这样一个带有典型性的符号来反映旧社会大家族的人情冷暖、道德变迁。

（郭 涛）

【新语境下军事题材影视作品的阐释研讨会在京举行】 6月11日，由解放军艺术学院文学系主办的“视野与立场：新语境下军事题材影视作品的阐释”学术研讨会在京召开。会议邀请了钟大丰、饶曙光、贾磊磊等10余位在京的影视理论家、评论家就军事题材影视作品的传播语境、神话类型、社会建构功能等话题进行了深入探讨。

（丁 琳）

【渝派纪录片研讨会在京召开】

6月27日，由中国传媒大学电视节目研究所、北京师范大学纪录片中心等主办的“渝派纪录片研讨会”在北京召开。被称为渝派纪录片领军人物的重庆广电纪实传媒有限责任公司总经理雷卫，简要回顾了重庆纪实传媒运营两年来节目创作、精品纪录片打造和节目销售的情况。随后，与会专家就渝派纪录片的形成、发展进行了研讨。

（郭 涛）

【中影集团创作格局及产业发展研讨会在京举办】 7月23日，中国电影艺术研究中心与中国电影集团联合召开“改革与发展——中影集团创作格局及产业发展研讨会”。广电总局及电影界相关人士参加了研讨会。与会人士梳理了中影集团近年来的发展态势，并从创作格局、电影产品开发、人才队伍建设以及电影的文化责任等方面分析了中影集团取得的成绩和存在的不足，为中影集团今后的发展建言献策。

（丁 琳）

【动画电影市场营销研讨会在京举行】 8月28日，由中国电影集团公司主办的“中影集团 电影惠民——中国动画电影市场营销研讨会”在国家中影数字制作基地举行。中影华龙电影数字制作公司、中影动画、央视动画等10余家动画制作企业负责人出席了会议，并就动画电影的立项、发行策略、中国特色以及如何走向世界等问题交流了意见。

（丁 琳）

【新中国电影60年论坛】 10月24日～25日，国家广电总局电影局和中国电影艺术研究中心在北京联合举办“社会变迁与国家形象——新中国电影60周年论坛”。专家、学者与评论家、电影创作方面的艺术家、制片、发行和放映业的代表与会，总结60年来中国电影所取得的成就，研讨中国电影在反映社会变迁和国家价值观上的经验，为中国电影发展献策献计。

（丁 琳）

【第4届华语青年影像论坛】 11月1日～6日，由中国电影家协会主办、电影艺术杂志社等单位共同承办的第4届华语青年影像论坛在北京举行。台湾导演侯孝贤与中国电影家协会副主席、北京电影学院院长张会军共同出任本届论坛的主席。本届论坛的主题是：两岸青年影像文化的新世代与新视点。此外，活动还包括第4届华语青年影像高峰论坛、华语青年影像论坛观摩周、北京电影计划融资会及华语青年影像论坛圆桌研讨会等。本届观摩周共放映48部大陆与港澳台青年电影新作。

（丁 琳）

【中国电影学第10届博士论坛在京举办】 11月12日，中国电影学第10届博士论坛在中国传媒大学举行。影视艺术学院执行院长李兴国、副院长周涌、博士生导师胡克等出席了会议。论坛由《当代电影》发起，由中国传媒大学、北京电影学院、北京师范大学、中国艺术研究院及上海大学等高校的影视学院轮流承办。本次论坛的议题为“视觉文化语境中的电影影像”，共收到学术论文几十篇，与会电影学及相关专业博士近百人，是历届论坛中影响最大、参与人数最多的一次。

（丁 琳）

【影视剪辑与中国电影发展论坛在京举办】 11月20日～22日，由中国影协和中国电影剪辑学会主办的“影视剪辑与中国电影发展论坛”在京举办。近百名剪辑师出席了论坛。刘淼淼、林安儿、周新霞等剪辑师深度解析他们制作的优秀电影作品。

（丁　琳）

【亚欧国家电影家协会主席论坛在京举办】 11月23日～26日，由中国影协主办的“亚欧国家电影家协会主席论坛暨世界电影联盟2009年年会”在京举行。波兰电影家协会主席、欧洲电影联盟主席亚采克·布洛姆斯基和来自瑞士、西班牙、英国、意大利、日本、韩国、越南等15个国家的电影工作者代表和10余位国内电影学专家学者出席论坛。与会人员围绕电影制作，欧洲、中国与世界的形势，世界范围内文化的多样性，互联网领域中作者的权利等主题进行发言交流。

（丁　琳）

【青年电影发行人论坛在京举办】 12月12日，中国电影博物馆和中国电影发行放映协会共同举办的“中国电影博物馆第3届青年论坛之青年电影发行人论坛”在中国电影博物馆举办。论坛的主题是“拓展发行市场，做强电影产业”。清华大学新闻与传播学院副院长尹鸿、北京电影学院管理系主任俞剑红等11人从发行与电影市场体系建构、国产大片和中小成本影片的营销、类型影片及艺术影片市场研究、整合营销与影片的发行放映等方面发表了意见。

（丁　琳）

【国际纪录片论坛在京举行】 12月12日～16日，由北京电影学院主办的IDOCS国际纪录片论坛在京举行。论坛以“眼界改变世界”为宗旨，致力于让中国纪录片人了解当下国际行业动态，让中国观众观赏到全球顶级的纪录片，并尝试对中国纪录片与国际纪录片行业的合作问题进行深入探讨。海蒂·霍尼曼、斯蒂夫·詹姆斯、托马斯·格鲁比等来自8个国家的10位国际纪录片大师、知名导演参加了研讨会。

（丁　琳）

【2009全国电影发行市场研讨班在京举办】 12月24日～25日，由国家广电总局人事司主办的“2009全国电影发行市场研讨班”在京举办。研讨班主题为“拓展发行市场，做强电影产业”，来自电影领域的10余位政府官员、行业协会领导、专家、学者、院线负责人，从中国电影的宏观政策、产业数据，国产影片的发行营销模式，主旋律影片的营销策略，影片发行经典案例分析等方面，做了详尽阐述。

（丁　琳）

出版物

【电影产业和艺术年度报告发布会举办】 6月24日，由中国影协主办的《2009中国电影产业研究报告》《2009中国电影艺术报告》发布会在京举行。《2009中国电影产业研究报告》共约48万字，是中国影协产业研究中心主持调研、撰写的第三部电影产业年度报告，报告对2008年中国电影产业发展情况进行了系统分析，既有对电影发展态势走向的宏观阐述，也有结合个案实例的微观聚焦。《2009中国电影艺术报告》是中国影协理论评论工作委员会组织撰写的第二部电影艺术年度报告，约30万字。报告从年度中国电影导演、表演、剧作、摄影、声音等各个方面进行总结评述，并以年度电影艺术创作成就突出的作品为案例进行深入剖析。

（郭　涛）

【《中国电影博物馆展陈图录》首发式】 10月13日，为向新中国60华诞献礼，由国家广电总局编撰的大型图册《中国电影博物馆展陈图录（1905～2005）》，在北京举行了首发仪式。国家广电总局电影局局长童刚主持首发仪式。国家广电总局副局长张丕民出席并发言。与会领导和专家认为，该书在中国电影博物馆主题展览《百年历程 世纪辉煌：中国电影1905～2005》的基础上，经过精心细致的修改订正和设计编排，以翔实的资料和图文并茂的形式，全面系统地展示了包括大陆、台湾、香港、澳门等地区在内的中国电影100年的发展历程和辉煌成就，是一本无论内容还是篇幅都十分厚重的大型电影史图册。

（丁　琳）

音　　乐

2009年是新中国诞辰60周年。红色经典歌曲再度唱响，专业演员与大量的群众合唱团竞相上演千人、万人参与的红歌演唱会，为首都节庆增光添彩。中央直属院团与北京市院团各自举办多种形式、内容丰富的音乐会和演出，使首都的音乐舞台呈现出全面发展、推陈出新、艺术水准大幅提升的局面。

由北京市委宣传部牵头，市文化局会同北京演艺集团、北京人民艺术剧院、国家大剧院和各区县文化委员会等部门，举办以“盛世华章——为伟大祖国骄傲”为主题的文化活动。在为期3个月的系列文化活动中，音乐再度成为主角。

各大音乐团体纷纷推出庆典演出。北京交响乐团推出的“我和我的祖国——北京交响乐团庆祝建国60周年音乐会”拉开了“盛世华章——为伟大祖国骄傲”庆祝新中国成立60周年优秀剧目展演活动的序幕。海外华人歌唱家歌颂祖国音乐会、北京交响乐团携手四位中国音乐家推出的“2009年国庆音乐会”、北京歌剧舞剧院推出的大型新民乐演奏会《木兰乐章》等先后上演。

演出内容丰富，经典与创新相结合。反映新中国60年发展成就的新作大量涌现。大型原创歌剧《山村女教师》、新创歌剧《孔子》在中国原创歌剧发展道路上留下了足迹。鸟巢版《图兰朵》等对经典作品的重新排演，融入了中国艺术家对经典作品的理解。

大型活动不断。首届北京国际古筝音乐节、各类大型红歌演唱会等等，为艺术家与观众搭建了互动交流的平台。

2009年的“十一”国庆游行中的音乐设计成为一大亮点。在历次国庆群众游行中，首次独创性地增加了民乐团、联合军乐团、合唱团等艺术手段，以此来增强游行音乐的民族元素和艺术表现；首次出现领唱的艺术形式，由戴玉强、雷佳领唱专为本次群众游行重新编创的唯一的一首新歌《领航中国》。演唱演奏队伍庞大，整体规模也是历次国庆之最。

来自台湾、西藏、青海、江西等众多音乐团体纷纷进京为新中国60华诞献礼。《韩熙载夜宴图》《雪域的祝福》《雪白的鸽子》《赣风》《桂花雨》等作品，突显了当地文化特色，表现出祖国多民族文化的灿烂多彩。

由文化部艺术司与国家大剧院联合主办的“中国民族音乐巡礼百场系列”演出，从2009年10月2日开始，计划持续到2012年10月，历时三年，涉及百场演出，将有全国各地以及港澳台地区的30余家民族音乐团体参与其中。主办方力图通过百场演出来呈现中国民乐的发展脉络。第一版块“星光熠熠共庆建国60周年”，来自台湾、香港、澳门与大陆的艺术家共举行了12场风格迥异、品位高雅的民乐音乐会。音乐会兼顾经典古曲、新创现代民乐作品，以及民乐与西洋乐结合的表现形式，力图多角度地展现当下民乐的发展状况。

第9届全军文艺会演为首都的音乐舞台增添了别样的华美。第9届全军文艺会演，是深入贯彻落实党的十七大关于推动社会主义文化大发展大繁荣战略部署和胡锦涛主席关于创新发展先进军事文化重要指示的一项重要举措。这次会演全军和武警部队共推出49台节（剧）目，各类演出超过1000场。会演评出了27台优秀节（剧）目，共有12台节（剧）目参演第9届全军文艺会演优秀节（剧）目展演，包括歌剧、音乐剧、音乐会和综艺晚会各1台。会演展现了军队文艺工作者的艺术水平。

2009年，首都的音乐舞台继续强化品牌意识。第12届北京国际音乐节延续本土品牌影响力，中山公园音乐堂举办了第4届北京国际钢琴艺术节、第4届北京九门爵士节、第5届法国钢琴节，中国爱乐乐团举行第9个音乐季——2009～2010音乐季，中国交响乐团举行2009～2010音乐季。北京正在逐渐形成专业化、国际化的本土音乐品牌。

2009年，音乐领域的国际交流十分活跃。指挥大师劳迪奥·阿巴多、祖宾·梅塔，钢琴大师毛里奇奥·波利尼等世界级音乐大师纷纷亮相北京的音乐舞台。芝加哥交响乐团、维也纳爱乐乐团、美国匹兹堡交响乐团、德国德累斯顿交响乐团等世界著名的交响乐团为首都观众献上高水平的音乐会。国家大剧院举办了首届歌剧节、五月音乐节，与挪威国家歌剧院、香港歌剧院联合制作新版歌剧《魔笛》等等，都为首都的艺术从业者、观众提供了与世界级大师交流与学习的平台，使首都的音乐步伐向更加国际化的标准迈进。

首都音乐工作者在注重创新的同时，也对传统音乐的保护、传承给予了更多的关注。举办了2009北京传统音乐节与清代古谱《弦索备考》全本音乐会，为观众了解古老而灿烂的中华音乐文化提供了鲜活的例证。

（吕　杰）

作　品

【歌剧《孔子》】　3月10日，由北京歌剧舞剧院和中国歌剧舞剧院联合制作的歌剧《孔子》在北京大学百年讲堂举行首演。该剧选取了孔子杏坛讲学、问礼老子、周游列国、孔子归鲁等历史事件，打造孔子的一生轨迹。作曲王宁，编剧、导演周建平，王凯饰演孔子。

（吕　杰）

【音乐剧《一路寻找》】　5月11日，由武警文工团创作排演的大型音乐剧《一路寻找》在国安剧院演出。《一路寻找》由王保社编剧、孟庆云作曲、陈蔚导演。该剧以汶川大地震为背景，以“寻找”为线索贯穿全剧，展现了军民万众一心、战胜灾难的英雄气概和感人场景。在展示武警官兵抗震救灾英勇壮举的同时，更传递着对军人忠诚和使命的诠释。

（吕　杰）

【关峡《大地安魂曲》】　5月12日，为纪念汶川大地震，由作曲家关峡、词作家刘麟和宋小明联手创作的《大地安魂曲》在国家大剧院首演。作品分为“仰望星空、天风地火、大爱无疆、天使之翼”四个乐章。音乐中使用了汶川古老的羌族骨笛，大量运用了羌族音乐的元素。由李心草指挥，中国国家交响乐团、中央歌剧院合唱团与8位来自四川交响乐团的音乐家联袂演出。

（吕　杰）

【音乐剧《空中花园谋杀案》】　5月26日，由孟京辉导演的首部音乐剧作品《空中花园谋杀案》在蜂巢剧场首演。由史航、孟京辉编剧，孙健作词，张然、王闯作曲，张武担任舞美设计。该剧以音乐为主打，引导剧情的起承转合，在充斥着黑色喜剧的冷调幽默中，对人性进行深刻细腻的描绘。

（吕　杰）

【歌剧《太阳雪》】　6月3日～16日，由总政歌剧团创作排演的歌剧《太阳雪》在解放军歌剧院上演。该剧描写了新中国成立之初，一群年轻女兵在为进藏部队运送补给的途中发生的感人事迹，讴歌了青年军人的无私情怀。总政歌剧团团长黄定山担任艺术总监、导演，作曲家张千一担任音乐总监和作曲，冯柏铭任编剧，周丹林任舞美设计，牛杰任指挥。戴玉强、冯瑞丽饰演男女主角。

（吕　杰）

【大型新民乐演奏会“木兰乐章”】　8月25日，由北京歌剧舞剧院推出的大型新民乐演奏会《木兰乐章》在天桥剧场上演。《木兰乐章》整合了打击乐、弹拨乐、吹管乐、弦乐四种表现形式，对曲目尝试“混搭”处理，由独弦琴、琵琶、葫芦丝合奏了《情深意长》，由京胡、三弦和大鼓合奏了新民乐《夜深沉》。

（吕　杰）

【鸟巢版《图兰朵》】　10月6日，由张艺谋导演的《图兰朵》在国家体育场（“鸟巢”）举行世界巡演首站演出。鸟巢版《图兰朵》的舞美设计突出时尚元素。多媒体影像与传统舞台表演相结合，近1000平方米的大幅银幕和32台放映机，打造出国际上最大的多媒体影像。由意大利歌唱家拉法艾拉·安吉丽缇饰演图兰朵，戴玉强饰演卡拉夫。

（吕　杰）

【新版歌剧《魔笛》】　10月14日，由国家大剧院、挪威国家歌剧院、香港歌剧院联合制作的新版歌剧《魔笛》在国家大剧院歌剧厅上演。由挪威国家歌剧院艺

大型景观歌剧鸟巢版《图兰朵》

术总监保罗·柯伦担任导演，萨沃林纳歌剧节艺术总监扎里·哈马莱宁指挥，高广健担任舞台设计，香港歌剧院艺术总监莫华伦负责监制。塔米诺王子由美国男高音布鲁斯·斯莱奇饰演，捕鸟人帕帕盖诺由维也纳歌唱家保罗·阿尔明·埃尔尔曼饰演，“夜后”由来自俄罗斯的花腔女高音叶卡捷琳娜·列欣纳饰演，帕米娜公主由中国女高音歌唱家黄英饰演。

（吕　杰）

【歌剧《山村女教师》】　12月22日，由国家大剧院与中央歌剧院联合制作的现实主义题材大型原创歌剧《山村女教师》在国家大剧院首演。郝维亚作曲。该剧讲述了青年女教师杨彩虹奉献贫困山区教育事业的故事，通过表现乡村教育工作一线女教师这一社会群体的理想、事业和爱情，反映了当代人的精神境界和价值追求。剧中主角由迪里拜尔、袁晨野、丁毅饰演。中共中央政治局常委李长春观看了演出。

（吕　杰）

活　　动

·演　出·

【国家大剧院举办“经典系列音乐会”】　1月2日~2月28日，国家大剧院举办“经典系列音乐会”，包含经典合唱作品、民乐作品、中外歌剧序曲、中外芭蕾交响、二胡独奏、小提琴协奏、管弦乐作品、电影音乐8大板块，共26场音乐会。来自中国当代乐坛的14支乐团，关乃忠、许知俊、彭家鹏、刘沙等14位指挥家以及18位著名演奏家参加演出。

（吕　杰）

【郎朗钢琴新年音乐会】　1月3日，“郎朗搜狐之夜”新年音乐会在国家体育馆举行。郎朗演奏了肖斯塔科维奇的《节日序曲》、肖邦《第一钢琴协奏曲》、格什温《蓝色狂想曲》、钢琴协奏曲《黄河》。音乐会由谭利华执棒，北京交响乐团演奏。

（吕　杰）

【电视剧“飞天奖”获奖作品音乐会】　1月5日，“盛世华章”纪念改革开放30周年中国电视剧“飞天奖”获奖作品音乐会在人民大会堂举行。音乐会由“春风化雨”、“红旗飘飘”、“源远流长”和“飞天交响”四个篇章组成。杨洪基、蒋大为、殷秀梅、刘斌、宋祖英、谭晶、韩磊、蔡国庆、黑鸭子演唱组合等演唱了《外来妹》《和平年代》等20余部历届“飞天奖”获奖电视剧的插曲和主题音乐。音乐会由中国武警政治部文工团交响乐团伴奏。

（吕　杰）

【国家大剧院举办新春祝福音乐会】　1月6日~7日，国家大剧院2009新春祝福音乐会在国家大剧院音乐厅举行。音乐会由陈佐湟指挥中国国家芭蕾舞团交响乐团，演奏了《拨弦波尔卡》《雷电波尔卡》《蓝色多瑙河》《时间之舞》《红色娘子军》等中外经典作品。

（吕　杰）

【2009北京新春音乐会】　1月17日，由共青团北京市委员会、北京市青年联合会、中国国际文化交流中心等单位联合主办的“2009北京新春音乐会”在人民大会堂举行。音乐会以“微笑北京·和谐之声”为主题，分为“亲情篇、爱情篇、乡情篇、幸福篇”。李双江、蒋大为、戴玉强、谭晶、王宏伟、雷佳、索朗旺姆等老中青歌唱家联袂登台，演唱了《龙船调》《屹梁梁》《月光下的凤尾竹》《婚礼之歌》《玛依拉变奏曲》《草原恋》《再唱山歌给党听》等不同地区和民族的经典歌曲。

（吕　杰）

【中国音协爱乐乐团合唱团音乐会】 1月23日、26日，中国音乐家协会爱乐乐团合唱团分别在北京音乐厅和解放军歌剧院举办了“江山如此多娇”中华古今诗词名篇朗诵演唱会和“欢乐中国年”迎新春中国民族音乐作品音乐会。谢芳、张目等表演艺术家与刘秉义、姜嘉锵等歌唱家同台演绎了李白的《黄鹤楼送孟浩然之广陵》、王维的《阳关三叠》、王之涣的《凉州词》，毛泽东的《沁园春·雪》《忆秦娥·娄山关》《沁园春·长沙》《浪淘沙·北戴河》，叶剑英的《八十书怀》，以及交响合唱《沙家浜》序曲等。香港歌唱家李明英演唱了歌曲《梅花引》《绣金匾》。音乐会由冯秋生指挥。

（吕　杰）

【全球华人音乐盛典2009】 1月24日，“龙凤呈祥——全球华人音乐盛典2009”在国家大剧院歌剧厅举行。音乐会由余隆指挥，中国爱乐乐团与解放军军乐团共同演奏了《夜深沉》《御风万里》、钢琴协奏曲《黄河》等作品，宋祖英演唱了歌曲《梅花引》《我的祖国》。

（吕　杰）

【中外管弦乐名曲音乐会】 2月6日~7日，中国国家交响乐团受文化部委派，在北京音乐厅举行了“农民工走进音乐厅”中外管弦乐名曲音乐会。音乐会由姜金指挥，演奏了交响乐作品《雷电波尔卡》《闲聊波尔卡》，交响序曲《红旗颂》，组曲《白毛女》选段，《瑶族舞曲》。么红、孙砾演唱了《帕米尔，我的家乡多么美》《我和我的祖国》和歌剧《风流寡妇》中的爱情二重唱。

（吕　杰）

【2009北京新春民族音乐会】 2月7日，由北京市文联、中国音协、北京音协、北京交响乐团联合主办的“我和我的祖国”2009北京新春民族音乐会在国家大剧院举行。戴玉强、聂建华、伊泓远、张建一、丁毅、汪正正、常思思等老中青三代歌唱演员演唱了《红旗颂》《赞歌》《北京的金山上》《打起手鼓唱起歌》《谁不说俺家乡好》等歌曲。钢琴家陈萨与胡琴演奏家姜克美共同演奏了《翻身的日子》，小提琴家李传韵演奏了小提琴协奏曲《金色的炉台》。音乐会由谭利华指挥，北京交响乐团演奏。

（吕　杰）

【瓦格纳歌剧序曲音乐会】 2月15日，瓦格纳歌剧序曲音乐会在国家大剧院音乐厅举行。音乐会的主题为瓦格纳“雄浑之风”，是中央歌剧院继1月份推出两场“意大利歌剧院序曲音乐会”之后推出的第三场歌剧序曲音乐会。中央歌剧院交响乐团演奏了《纽伦堡的名歌手》序曲，《罗恩格林》前奏曲，《帕西法尔》前奏曲，《漂泊的荷兰人》序曲，《特里斯坦与伊索尔德》前奏曲与《爱之死》以及《唐豪塞》序曲。音乐会由俞峰指挥，女高音歌唱家沈娜演唱。

（吕　杰）

【金湘三部交响乐作品首演】 3月9日，“龙华声韵”金湘交响乐作品专场音乐会在北京音乐厅举行。音乐会演出了交响组曲《原野》、弦乐队与竖琴《湘湖情》、交响乐三部曲之一《天》，三部作品均为世界首演。音乐会由邵恩指挥，中国国家交响乐团演奏，吴碧霞担任琵琶独奏。

（吕　杰）

【中国爱乐乐团首次演出布鲁克纳作品】 3月13日，中国爱乐乐团在世界著名指挥家奥科·卡姆指挥下，在中山公园音乐堂演奏了布鲁克纳《降E大调第四交响曲》。此次音乐会是中国爱乐乐团首次演奏布鲁克纳的作品。

（吕　杰）

【国家大剧院首届歌剧节】 4月15日~7月2日，国家大剧院首届歌剧节举行。为期79天的音乐节共举行了38场歌剧演出，上演了《艺术家生涯》《图兰朵》《托斯卡》《蝴蝶夫人》《弄臣》《漂泊的荷兰人》《江姐》《党的女儿》《洪湖赤卫队》《原野》等13部中外经典歌剧，举办近500场歌剧主题活动。来自意大利的凤凰歌剧院和帕尔玛皇家歌剧院与中国爱乐乐团、中国交响乐团、中央歌剧院、中国歌剧舞剧院、总政歌剧团、空政文工团、上海歌剧院等10余家国内外歌剧院参加演出。戴玉强、魏松、莫华伦、么红、马梅与男中音歌唱家里奥·努奇等2000余位中外歌剧艺术家登台演出。

（吕　杰）

普契尼歌剧《艺术家生涯》

【盛世音乐文化周】 4月16日～5月3日，为庆祝中山公园音乐堂重张10周年，“辉煌十年——盛世音乐文化周”在中山公园音乐堂举办。音乐周共举行11场音乐会。谭利华执棒北京交响乐团、美国小提琴家约瑟夫·西尔弗斯坦独奏并执棒中国爱乐乐团、杨鸿年指挥中国交响乐团附属少年及女子合唱团，钢琴家傅聪、打击乐演奏家李飚、男高音歌唱家范竞马、女高音歌唱家尤鸿斐、长笛演奏家韩国良、竖琴演奏家王冠、内蒙古民歌歌唱家拉苏荣和阿拉坦其其格，以及德国北莱茵州青年爵士乐团、法国著名歌手威廉·席勒、法国钢琴家贝特兰·查梅、蒙古长调大师额尔敦其木格和巴图宝力道等，为听众带来交响乐、钢琴、小提琴、长笛、竖琴、合唱、独唱、内蒙古民歌与长调、爵士等形式多样的演出。

（吕　杰）

【杨晓宇小提琴独奏音乐会】 4月18日，杨晓宇小提琴独奏音乐会在国家图书馆音乐厅举行。杨晓宇曾获得第4届柴可夫斯基国际青少年音乐比赛冠军，此次他演奏了巴赫的《第一奏鸣曲》、帕格尼尼的《随想曲》等作品。音乐会由黄萌萌担任钢琴伴奏。

（吕　杰）

【中国电影乐团成立60周年音乐会】 4月20日，中国电影乐团成立60周年庆典音乐会——“共和国的电影史诗 六十年的音乐记忆”在世纪剧院举行。音乐会上，演出了《闪闪的红星》《英雄儿女》《上甘岭》《地道战》等经典电影音乐，呈现了电影《简·爱》中的经典配音、配乐情景片段，展示了电影幕后人员的工作状态。

（吕　杰）

【“成龙和他的朋友们”2009北京大型演唱会】 5月1日，“‘信心中国、龙的传人’成龙和他的朋友们”2009北京大型演唱会在国家体育馆举行。孙楠、张靓颖、袁泉、沙宝亮、李宇春、Super Junior、小沈阳、谭咏麟、方大同、李克勤、Rain、曾志伟等参加演出。演唱会由北京奥运会开闭幕式舞美设计师韩立勋担任舞美设计，采用6个面向不同方位的舞台，拉近了演员与观众的距离。

（吕　杰）

【国家大剧院五月音乐节】 5月1日～29日，国家大剧院五月音乐节举行。音乐节共推出了柏林爱乐与维也纳爱乐独奏家八重奏、美国匹兹堡交响乐团、苏黎世室内乐团、荷兰皇家音乐厅爵士乐团、德国铜管重奏团、美国香缇克利尔男声合唱团等知名团体演出的19场室内乐音乐会。

（吕　杰）

【“聚爱行动情绣中华”《中歌榜》红五月演唱会】 5月6日，由北京音乐广播为纪念汶川大地震一周年举办的“聚爱行动情绣中华”《中歌榜》红五月演唱会在工人体育馆举行。成龙、郑钧、韩红、满文军、汪峰、沙宝亮、陈明、张靓颖、林俊杰、陈楚生、胡彦斌、花儿乐队、水木年华、金海心、尚雯婕等参加演出，演唱了为汶川大地震创作的《爱与希望》《承诺》等歌曲。郑钧、汪峰、满文军、周晓鸥还为此次演唱会成立了“八通线”乐队。另外，参加此次演唱会的所有演职人员均不收取酬劳。

（吕　杰）

【“为了母亲的微笑”演唱会】 5月10日，“为了母亲的微笑”母亲节大型演唱会在工人体育场举行。李光羲、于淑珍、耿莲凤、刘秉义、才旦卓玛等演唱了《祝酒歌》《我们的生活充满阳光》《毛主席派人来》《我为祖国献石油》《翻身农奴把歌唱》等歌曲。

（吕　杰）

【李双江战友·师生音乐会】 5月14日，由总政宣传部、中国音乐家协会、国家大剧院主办的李双江歌唱艺术50年系列活动之一“红星照我去战斗”李双江战友·师生音乐会在国家大剧院举行。李双江和他的战友、学生，阎维文、戴玉强、吕继宏、魏金栋、梦鸽、黄华丽、谭晶、韩红、刘和刚、雷佳等人参加演出，演唱了《红星照我去战斗》《北京颂歌》《我爱五指山，我爱万泉河》《再见吧，妈妈》等歌曲。

（吕　杰）

【“华韵情思”民乐作品音乐会】 5月17日，由中国广播民族乐团为庆贺朴东生从艺60年举办的“华韵情思”民乐作品音乐会在北京音乐厅举行。音乐会演出了《庆典序曲》《春江花月夜》《十面埋伏》《洪湖主题随想》《难忘的泼水节》、京胡与乐队《戏彩》、民乐音诗《沙迪尔传奇》等作品。音乐会由朴东生指挥。

（吕　杰）

【北京现代音乐节】 5月20日～26日，2009北京现代音乐节在中央音乐学院举办。有8个国内外音乐团体参加音乐节，共举办了17场音乐会、5场中外专家讲座、1场学术研讨会、2个主题展览、13场“首届中国艺术院校作曲学生辩论赛”。音乐节开幕式音乐会演出了美国作曲家罗伯特·比瑟创作的《夜晚的祈祷》、英国作曲家沃恩·威廉斯创作的《田野的花朵》、泰国青年作曲家那荣·普朗查的《“现象”——神秘与未知——为交响乐队而作》，以及我国作曲家陈牧声的《牡丹园之梦》和叶小纲的《星光——钢琴协奏曲》《琵琶协奏曲》。中共中央政治局委员、国务委员刘延东观看了开幕式音乐会。

（吕　杰）

【“歌声伴着我成长”优秀少儿歌曲音乐会】 5月23日，由文化部、财政部、教育部、广电总局、共青团中央、全国妇联、中国文联、北京市政府共同举办的“歌声伴着我成长”庆祝新中国成立60周年优秀少儿歌曲音乐晚会在世纪剧院举行。晚会分为“春的思念”、“春的记忆”和“春的五彩”3个章节，以《春天在哪里》和《我们是共产主义接班人》的旋律贯穿始终。300余名学生演唱了《小燕子》《让我们荡起双桨》《小螺号》等经典儿童歌曲，以及“中国少儿歌曲创作推广计划”实施以来创作的《春晓》《青春舞台》等歌曲。全国人大常委会副委员长严隽琪，中国关心下一代工作委员会主任顾秀莲，文化部部长蔡武、副部长周和平观看了演出。

（吕　杰）

【中华诗词新作品演唱会】 6月6日，由中华诗词学会和北京诗词学会联合主办的“中华诗词新作品演唱会”在京民大厦举行。姜嘉锵、李元华、吴碧霞等演唱了马凯作词、丁时棋和陶永明谱曲的《抗震组歌八首》，段天顺词、张永旭曲的《西地锦》，刘征、王洛宾年轻时共同创作的《众爱报君多》，高立元词、潘兴胜曲的《中秋写给红其拉甫哨所官兵》，沈鹏词、苏生曲的《梅花岭史可法墓》，马凯词、王立平曲的《青玉案·春夏秋冬》等作品。国务委员兼国务院秘书长马凯观看了演出。

（吕　杰）

【解放军军乐团交响管乐音乐会】 6月17日，由解放军军乐团推出的大型交响管乐音乐会“凯歌嘹亮”在解放军军乐厅举行。演出的作品均为解放军军乐团作曲家们的新作，有陈丹的交响序曲《礼赞》、娜拉的《英雄》、曲成久的《盛世欢歌》、李婵的《青春无悔》、王和声的管乐交响序曲《家园颂》、陈黔的交响诗《荣归》、交响音画《长江颂》等。

（吕　杰）

【中国大提琴爱乐音乐会】 6月18日，“梦幻狂想”中国大提琴爱乐音乐会在国家大剧院音乐厅举行。大提琴爱乐八重奏组合由朱亦兵与他的学生组成，演奏了罗西尼的《威廉·退尔》序曲、李斯特的《匈牙利狂想曲》、奥芬巴赫的《雅克林的眼泪》、谭盾的《马可波罗的神秘之路》、勃拉姆斯的《匈牙利舞曲》等作品。

（吕　杰）

【“战友——军旅歌舞与士兵生活速写”歌舞晚会】 6月19日，由北京军区战友文工团创作演出的歌舞晚会“战友——军旅歌舞与士兵生活速写”在北京军区礼堂上演。甲丁担任总导演、赵明担任艺术总监，张伟东、丁颖、赵小津、赵明担任舞蹈创作，王路明、刘彤、徐晓明作曲。为了真实地反映战士的精神风貌，特邀30名连队战士参加演出。晚会以基层、军营、士兵为表现元素，塑造了基层官兵的形象和训练演习场面。

（吕　杰）

【中国爱乐乐团2008～2009音乐季闭幕】 6月20日，中国爱乐乐团2008～2009音乐季闭幕音乐会在保利剧院举行。音乐会由余隆指挥，演奏了贝多芬的《降E大调第五钢琴协奏曲“皇帝”》《降E大调第三交响曲“英雄”》。音乐会由陈萨担任钢琴演奏。

（吕　杰）

【“永恒的门德尔松”音乐会】 6月27日，为纪念德国著名作曲家门德尔松诞辰200周年，“永恒的门德尔松”专场音乐会在国家大剧院音乐厅举行。由俞峰指挥中央歌剧院交响乐团，演奏了门德尔松的《仲夏夜之梦》序曲、《第四“意大利”交响曲》《e小调小提琴协奏曲》。音乐会由陈怡担任小提琴演奏。

（吕　杰）

【傅庚辰作品音乐会】 6月29日，由中华海外联谊会、中国文联、解放军总政宣传部、解放军艺术学院、总政歌舞团、中国音协和国家大剧院共同举办的“时代之声”傅庚辰作品音乐会在国家大剧院音乐厅举行。戴玉强、王宏伟、王丰、万山红、王秀芬、谭晶、雷佳、刘燕等演唱了歌曲《地道战》《映山红》《红星照我去战斗》、大型声乐套曲《小平之歌》《航天之歌》、合唱《奥运之火》等作品。音乐会由张国勇执棒中国国家交响乐团、节日合唱艺术团、天使之声合唱团。全国政协副主席、中国文联主席孙家正，中央军委委员、解放军总政治部主任李继耐，中国文联党组书记、副主席胡振民，党组副书记、副主席覃志刚，党组成员、副主席杨志今，解放军总政治部副主任刘永治、孙忠同，解放军总政治部宣传部部长王建伟，中华海外联谊会副会长尤兰田，中宣部文艺局局长杨新贵，中国音协主席傅庚辰，分党组书记、副主席徐沛东等观看了演出。

（吕　杰）

【中国北京鸟巢夏季音乐会】 6月30日，“中国北京鸟巢夏季音乐会——2009魅力中国”在国家体育场（“鸟巢”）举行。音乐会以《茉莉花》开场，宋祖英、多明戈、郎朗和周杰伦携手演出了《好日子》《辣妹子》《山歌好比春江水》《千里之外》《苗岭飞歌》《大地飞歌》《爱我中华》《我的祖国》《小河淌水》《浏阳河》《龙船调》《感恩》《康定情歌》《友谊地久天长》等作品。

（吕　杰）

【“红旗颂”庆祝建党88周年音乐会】 7月3日，“红旗颂”庆祝建党88周年音乐会在国家大剧院举行。音乐会演出了冼星海的《黄河大合唱》，以纪念《黄河大合唱》诞生70周年。音乐会由85岁高龄的指挥家严良堃指挥，中国国家交响乐团与中国国家交响乐团合唱团、首钢工人合唱团和哈军工校友合唱团共同演出。瞿弦和担任朗诵，幺红和孙砾担任领唱。

（吕　杰）

【“我和我的祖国”音乐会】 7月8日，“我和我的祖国”庆祝新中国60华诞专场音乐会在国家大剧院举行。音乐会由谭利华执棒，北京交响乐团演出。袁晨野、王秀芬、程志演唱了《我的祖国妈妈》《共和国之恋》《帕米尔我的家乡多么美》《我的祖国》等歌曲；吕思清演奏了《阳光照耀着塔什库尔干》和《金色的炉台》；殷承宗演奏了钢琴协奏曲《黄河》。音乐会特邀中国国家交响乐团合唱团演唱了《沁园春·雪》《人民解放军占领南京》《祖国颂》等作品。

（吕　杰）

【金铁霖从教45周年学生音乐会】 7月11日，“辛苦耕耘桃李满天下”金铁霖从教45周年学生音乐会在人民大会堂上演。演出分为家乡篇、民族篇、艺术篇、军旅篇等篇章。宋祖英、戴玉强、汤灿、祖海、张也、阎维文、刘斌、吴碧霞、吕继宏、常思思、阿拉泰、孙秀苇等金铁霖的学生登台，演唱了《在希望的田野上》《玛依拉变奏曲》《长鼓敲起来》《想亲亲》《今夜无人入睡》《命运的力量》、歌剧《托斯卡》二重唱等作品。

（吕　杰）

【孔泽尔指挥“漫步经典”系列音乐会首场演出】 7月11日，作为国家大剧院举办的首届“漫步经典”系列音乐会的首场演出，“电影配乐大师”艾瑞克·孔泽尔执棒中国歌剧院交响乐团，演奏了《大白鲨》《外星人》《第三类接触》《超人》《夺宝奇兵》《哈利波特》《星球大战主题曲》等20多首电影配乐以及经典歌剧、音乐剧中的经典选段。

（吕　杰）

【叶小纲作品音乐会】 7月11日，“龙声华韵”叶小纲作品音乐会在北京音乐厅上演。由李心草执棒中国国家交响乐团，演奏了《西藏之光——为圆号、男高音与乐队而作》《玉观音》组曲和《大地之歌——为女高音、男中音与乐队而作》。其中，《西藏之光》由戴玉强演唱；《大地之歌》一、二、三、六乐章由女高音路琦演唱，第四、五乐章由袁晨野演唱。

（吕　杰）

【郭淑珍从艺从教62周年学生音乐会】 7月11日，“向祖国汇报”郭淑珍从艺从教62周年学生音乐会在人民大会堂举行。张黎红演唱了歌剧《图兰朵》选段“在神圣的宫殿里”、李国玲演唱了歌剧《命运的力量》选段“安宁，安宁”、吴碧霞演唱了歌剧《霍夫曼的故事》选段“木偶之歌”、王秀芬演唱了歌剧《托斯卡》选段“为艺术，为爱情”、柯绿娃演唱了歌剧《波西米亚人》选段“漫步街头”、余庆海自弹自唱音乐剧《猫》的选段“回忆”、王燕与冯国栋合作演唱了《歌剧院幽灵》选段“这是我所有的请求”、谢天与柯绿娃演唱了《西区故事》选段“今夜”等中外作品。音乐会最后由郭淑珍与6位女弟子共同演唱了《黄河怨》。音乐会由俞峰执棒，深圳交响乐团演奏。

（吕　杰）

【北京管乐交响乐团举行首演】 7月12日，为庆祝第4届北京国际管乐节开幕，国内首个职业管乐交响乐团——北京管乐交响乐团在国家大剧院举行首次演出。乐团首席指挥李方方与美国指挥波拉·豪肯、厄尔·杰克逊携手，演奏了巴赫的《d小调托卡塔与赋格》、阿尔弗雷德·瑞德的《马林巴与乐队》、霍斯特的《降E大调第一组曲》等作品。

（吕　杰）

【第4届北京国际管乐节】 7月12日~20日，第4届北京国际管乐节在北京举行。参加此次管乐节的有北京管乐交响乐团、台湾交响乐团附属管乐团、台湾清华大学管乐团、泰国莎拉莎管乐团、精诚管乐团、北京五一管乐团、金帆管乐团等。北京管乐节以往注重学术交流性质，此次管乐节第一次做商业性质演出，同时把交流音乐会免费向公众开放。

（张燕鹰）

【海峡和平交响音乐会】 7月27日，海峡和平交响乐团的首场演出在国家大剧院举行。海峡和平交响乐团由海峡两岸交响乐优秀演奏家联合组成。音乐会由乐团音乐总监吕嘉指挥，演奏了大陆作曲家徐振民的《枫桥夜泊》、台湾作曲家李元贞的《春日醉起言志》，以及柴可夫斯基《e小调第五交响曲》和瓦斯科曼《卡门幻想曲》等作品。中共中央政治局常委、全国政协主席贾庆林、中国国民党荣誉主席连战和全国人大常委会副委员长许嘉璐、全国政协副主席张克辉、中共中央台办主任王毅、文化部部长蔡武、海协会会长陈云林和中国国民党副主席林丰正等观看了演出。

（吕　杰）

【“中华颂”祖海大型演唱会】 7月28日，由中国音乐家协会、中国音乐学院、中国歌剧舞剧院共同主办的“中华颂”祖海大型演唱会在人民大会堂举行。乔羽、阎肃、徐沛东、金铁霖等艺术家分别担任晚会艺术顾问、艺术总监和艺术指导。徐沛东特为音乐会创作了主题曲《中华颂》。祖海演唱了《今天是你的生日》《映山红》《情深意长》《九九艳阳天》《绣红旗》《我的祖国》《唱支山歌给党听》《春天的故事》《为了谁》《幸福山歌》《我家在中国》《好一个花鼓灯》《好运来》《欢乐海》《和谐中国》《中华颂》等歌曲。中国广播艺术团合唱团、电影乐团担任伴唱和伴奏。

（吕　杰）

【庆祝建军82周年大型音乐会】 8月1日，由解放军军乐团、总政歌剧团、解放军交响乐团联合推出的庆祝建军82周年大型音乐会在国家大剧院举行。军旅歌唱家杨洪基、戴玉强、王静、韩芝萍演唱了歌曲《我和我的祖国》《我为伟大祖国站岗》《英雄赞歌》《共和国之恋》。解放军军乐团的流行管乐队演奏了《激情桑巴》《野蜂飞舞》《茶花女》《我的太阳》等中外经典作品。音乐会由于海、张海峰指挥。

（吕　杰）

【纪念北京奥运会举办一周年音乐会】 8月6日，由北京市人民政府主办，北京奥运城市发展促进会、中央电视台等单位承办的“奥运华章献祖国”纪念北京奥运会成功举办一周年音乐会在奥林匹克森林公园露天剧场举行。中美小朋友领唱了北京奥运会开幕式主题歌《我和你》。音乐会再现了2008北京奥运会的经典场景。成龙、林忆莲共同演唱了北京奥运会成功举办一周年主题歌《恍然如梦》。谭晶、汪峰等歌手演唱了《天空》《我们的梦》《北京欢迎你》等歌曲。中共中央政治局委员、北京市委书记、北京奥组委主席刘淇，原北京奥运会协调委员会主席维尔布鲁根等中外嘉宾观看了音乐会。

（吕　杰）

【王昆从艺70周年师生演唱会】 8月9日，由文化部、中国文联主办的“记忆·情深”王昆从事革命文艺工作70周年师生演唱会在国家大剧院举行。演唱会由“卢沟烽烟”、“延安岁月”、“东方之春”、“友谊之桥”和“薪火相传”5个篇章组成。中共中央政治局常委、国务院总理温家宝发来贺信，中共中央政治局常委、全国政协主席贾庆林，中共中央政治局常委李长春，中共中央政治局常委、中央纪委书记贺国强观看演出。

（吕　杰）

【国家大剧院青年室内合唱团音乐会】 8月14日，“夏夜清韵”国家大剧院青年室内合唱团音乐会在国家大剧院举行，这是国家大剧院青年室内合唱团首次演出。上半场演唱了山东民歌《沂蒙山小调》、云南民歌《赶马调》、陕西民歌《夜夜晚夕里梦见》、哈萨克民歌《等你到天明》，以及由蒙古族作曲家恩克·巴雅尔创作的《驼铃》。下半场演唱了根据李白的古诗创作的《春梦》、赵元任的合唱作品《海韵》，以及《怒吼吧，黄河!》《娄山关》《好日子》。音乐会由合唱团艺术总监吴灵芬担任指挥。

（吕　杰）

【谭晶长城独唱音乐会】 8月22日，由总政歌舞团、中国长城学会、北京市旅游局主办的“为祖国祝福 和谐之声”谭晶长城独唱音乐会举行。特邀嘉宾成龙与谭晶一起演唱奥运歌曲《中国看见》，李云迪也首次与谭晶合作演绎了《和谐交响》。

（吕　杰）

【“五星红旗迎风飘扬”合唱音乐会】 8月22日，中国国家交响乐团推出的大型情景合唱音乐会“五星红旗迎风飘扬”在世纪剧院上演。音乐会演出了40余首歌唱祖国的经典歌曲《等待出航》《毛主席的战士最听党的话》《唱得幸福落满坡》《翻身农奴把歌唱》《毛主席的光辉》《我们的生活充满阳光》《春天的故事》等，最后由黄越峰和么红联袂演唱了音乐会压轴曲目《祖国，我为你干杯》。音乐会加入了情景、表演、服装、舞台布景等歌剧演出元素，展现了共和国60年来发展进步的历史风貌。音乐会由王琳琳指挥，特邀上海歌剧院李卫担任导演。

（吕　杰）

【大型民族音乐会“江山如此多娇”】 8月27日，由中宣部、文化部主办，中央民族乐团演出的大型民族音乐会“江山如此多娇”在国家大剧院歌剧厅上演。音乐会由陈燮阳指挥，二胡演奏宋飞，京胡、板胡演奏姜克美，琵琶演奏吴玉霞，大提琴演奏朱亦兵，与张也、索拉旺姆等同台献艺，演奏了《我的祖国》《二泉映月》等重新编配的经典曲目，和《天下黄河》等一批专门委约编创的新作品，以及《花儿为什么这样红》《天路》《万马奔腾》等具有少数民族音乐特色的曲目。音乐会既有民乐独奏、二重奏、管弦乐合奏，也有古琴与钢琴、二胡与大提琴、二胡与萨克斯等中西合璧的演奏方式。

（吕　杰）

【中国爱乐乐团2009～2010音乐季开幕】 8月30日，中国爱乐乐团2009～2010音乐季在中山公园音乐堂开幕。音乐会上半场由大提琴家王健演奏了陈其钢为大提琴与交响乐队而作的《逝去的时光》，下半场演奏了古斯塔夫·马勒的第五交响曲。音乐会由余隆指挥。

（吕　杰）

【“打开艺术之门”闭幕式音乐会】 8月31日，“打开艺术之门”闭幕式音乐会在中山公园音乐堂举行。“八喜·打开艺术之门”2009暑期艺术节为期53天，共举办63场音乐会。闭幕式音乐会上，演奏了莱哈尔的《金银圆舞曲》等作品。余隆在指挥演奏的同时，还用通俗易懂的方式给现场听众讲解。

（吕　杰）

【中国国家交响乐团2009～2010音乐季开幕】 9月3日，中国国家交响乐团2009～2010音乐季开幕式音乐会在国家大剧院音乐厅举行。音乐会演奏了瓦格纳《唐豪瑟》序曲，旅德男中音歌唱家刘嵩虎演唱了马勒的声乐套曲《旅行者之歌》，由李垂谊和托马斯·塞尔蒂兹分别担任大提琴和中提琴独奏的理查·施特劳斯的交响诗《堂吉诃德》。德国的小提琴家塞巴斯蒂安担任乐队的客座首席。音乐会由李心草指挥。

（吕　杰）

【纪念门德尔松诞辰200周年音乐会】 9月10日，中央芭蕾舞团交响乐团“仲夏夜之梦”纪念门德尔松诞辰200周年音乐会在国家大剧院音乐厅举行，这是中央芭蕾舞团50周年庆典三部曲，继“交响宣言”和“自由的想象”两场音乐会后的最后一场。音乐会演奏了《仲夏夜之梦》序曲、《e小调小提琴协奏曲》《a小调第三交响曲》。音乐会由张艺指挥。

（吕　杰）

【交响音乐会“我的祖国”】 9月11日，由中国国家交响乐团演出的交响音乐会“我的祖国”在北京大学百年讲堂举行，这也是中国国家交响乐团2009～2010音乐季的首场中国曲目音乐会。音乐会演奏了《红旗颂》《中国心》《我的祖国》《红色娘子军》《茉莉花》《二泉映月》等作品。音乐会由米歇尔·普拉松指挥。

（吕　杰）

【杨峻从教45周年音乐会】 9月23日，杨峻教授从教45周年成果音乐会在中央音乐学院音乐厅举行。杨峻的学生孙岩、孟路、龚璇、金刚、范军、原丁、王天阳、张晓峰、谭小棠、林晔、居觐登台演奏。音乐会由谭利华指挥，中国青年交响乐团演奏。音乐会最后，杨峻演奏了莫扎特的《A大调钢琴协奏曲》。

（吕　杰）

【“百团万人颂中华”大型合唱歌咏会】 9月25日，由中国文联、中国音协主办，“百团万人颂中华”国庆60周年大型合唱歌咏会在“水立方”举行。张也、谭晶、吕继宏、王宏伟、毛阿敏、丁毅、李丹阳等歌唱家，与由中国文联老干部合唱团、中国武警男声合唱团、温州女子合唱团、北京经典合唱团、广州文化周末合唱团等122个团队组成的万人合唱团队，共同演唱了《东方红》《今天是你的生日》《天路》《我像雪花天上来》《在希望的田野上》《我们走在大路上》《好日子》《我的祖国》等。徐锡宜、郑健、许知俊等担任指挥。中共中央政治局常委李长春出席观看。

（吕　杰）

【首届国际歌剧季】 9月26日～12月底，中央歌剧院为庆祝新中国成立60周年，举办首届国际歌剧季。此次歌剧季有4个主题——演绎世界经典、再现红色经典、展演精品片段、拓展演出体裁。歌剧季共演出《图兰朵》《乡村骑士》《魔笛》等10部经典歌剧。由俞峰、陈佐湟、吕嘉、高伟春、胡咏言、彭家鹏等人担任指挥。

（吕　杰）

【国庆游行中的音乐特点】 10月1日，庆祝中华人民共和国成立60周年国庆游行中的音乐设计，与以往的国庆阅兵和群众游行只有军乐团演奏不同，独创性地增加了民乐团、联合军乐团、合唱团等艺术手段，以此来增强游行音乐的民族元素和艺术表现，这在历次国庆群众游行中是首次采用。演唱演奏队伍庞大，整体规模也是历次国庆之最。由2400多人组成的大型合唱团演唱了《东方红》《春天的故事》等16首人民群众喜爱、具有鲜明时代特征的标志性歌曲。专为本次群众游行重新编创的唯一一首新歌《领航中国》，由戴玉强和雷佳领唱，这是在历次国庆群众游行中首次出现领唱的艺术形式。

（吕　杰）

【第4届北京国际钢琴艺术节】 10月1日～10日，由中国音乐学院主办，国家大剧院、中山公园音乐堂、《钢琴艺术》编辑部协办的“第4届北京国际钢琴艺术节”在中国音乐学院举办。来自立陶宛的钢琴家和教育家穆莎·卢贝凯特，西班牙教育家华金·索里亚诺，波兰华沙肖邦国际钢琴大赛银奖得主凯文·肯纳，克莱本大赛头奖获得者亚历山大·科布林，以及现任教于德国汉诺威音乐学院和美国茱莉亚音乐学院的马蒂·瑞卡力奥，6位世界顶级钢琴艺术大师共举行36场大师课、4场独奏音乐会和多项学术活动。

（吕　杰）

【中国民族音乐巡礼百场系列】 10月2日，由文化部艺术司与国家大剧院联合主办、中国音乐家协会协办的“中国民族音乐巡礼百场系列”拉开帷幕。此次活动将历时三年，一直持续到2012年10月，涉及百场演出，将有全国各地以及港澳台地区的30余家民族音乐团体参与其中。主办方力图通过百场演出来呈现中国民乐的发展脉络。此次巡礼演出的第一版块是“星光熠熠共庆新中国60周年”。10月2日～11月22日，由国家大剧院与中国音乐家协会共同策划的“庆祝新中国成立60周年系列民族管弦音乐会”是此次百场巡礼的重要开篇。共推出12场风格迥异、品位高雅的民乐音乐会，中央民族乐团、台北市立国乐团、澳门中乐团、香港中乐团等10家著名民族乐团，11位民乐指挥家携78部经典民乐佳作悉数登场。中央民族乐团主打《春江花月夜》《良宵》等经典原创作品，广东民族乐团推出了潮州锣鼓乐、“五架头”等充满地方特色的粤乐，中国广播民族乐团则用民族器乐演奏《今夜无人入睡》《茉莉花》《西北组曲》等有别于传统韵味的中西方经典曲目。李祥霆、宋飞、戴亚、于红梅等民乐演奏家纷纷献上其代表作品。小提琴家柴亮、大提琴家王健则以西洋乐方式演绎中国传统音乐。

（吕　杰）

【“金秋庆典”中央民族乐团中秋之夜音乐会】 10月2日，庆祝新中国成立60周年——“金秋庆典”中央民族乐团中秋之夜音乐会在北京音乐厅举行，拉开“中国民族音乐巡礼百场系列”演出的帷幕。音乐会演奏了民族管弦乐《国乐飞扬》，琵琶与乐队《春江花月夜》，管弦乐合奏《良宵》，二胡、大提琴与乐队《菊花台》，民族管弦乐《瑶族舞曲》，民族管弦乐《我的祖国》等作品。音乐会由许知俊指挥，吴玉霞、于红梅、朱亦兵分别担任琵琶、二胡、大提琴演奏。

（吕　杰）

【朱以为学生音乐会】 10月10日，“爱之声”朱以为学生音乐会在世纪剧院举行，以庆祝中国音乐学院朱以为教授70大寿。总政歌剧团交响乐队担任伴奏。周丽萍、张宁佳、谭晶、戴斌、严锴锴、陈永峰演唱了《长大后我就成了你》《共和国之恋》《断桥遗梦》《在那东山顶上》《远情》《青藏高原》等歌曲。

（吕　杰）

【2009北京传统音乐节】 10月11日～18日，大型民族传统音乐文化活动“2009北京传统音乐节”在中国音乐学院举行，以“传统”命名的音乐节在中国尚属首次。音乐节由北京市教委和中国非物质文化遗产保护中心主办，中国音乐学院承办。音乐节主旨是打造北京音乐文化精品项目，搭建国际传统音乐文化交流平台。音乐节举办了开幕式“从金中都到新北京”、闭幕式“民俗狂欢”、中国吟诵雅集、中国音乐学院学习传统音乐教学成果的专场音乐会，以及来自日本、韩国的汉诗吟诵、来自挪威的民间音乐表演等10场传统音乐系列展演、7场传统音乐高端论坛及6场传统音乐大师培训班。

（吕　杰）

【刘炽作品音乐会】 10月17日，由中国文联、国家安全生产监督管理总局主办，中国音协、中国煤矿文工团、刘炽音乐学会承办的“我的祖国”刘炽作品音乐会在世纪剧院举行。郑咏、黄越峰担任领唱，演唱了《祖国颂》《英雄赞歌》《你在哪里呀？我的阿诗玛》《新疆好》《我的祖国》

等歌曲。音乐会由张列指挥，中国广播电影乐团管弦乐团、中国交响乐团附属少年合唱团演出，杨鸿年友情出演。刘炽的女儿刘萤萤演唱了歌曲《我的祖国》。王昆、谷建芬、乔羽等老艺术家观看了音乐会。

（吕　杰）

【曹进作品音乐会】　10 月 22 日，军旅作曲家曹进作品音乐会在保利剧院举行。戴玉强、谭晶、张也、殷秀梅、廖昌永等歌唱家携手演唱了《请祖国检阅》《十月第一天》《我就是中国》《军旅之恋》《无悔的选择》《那支山歌我还在唱》等歌曲。

（吕　杰）

【清代古谱《弦索备考》全本音乐会】　11 月 14 日，由中国音乐学院和中央音乐学院联合主办的清代古谱《弦索备考》全本音乐会在中国音乐学院国音堂举行。《弦索备考》是除了古琴谱以外，迄今为止中国音乐史上记录最为详尽和完整的一部弦索乐乐谱。现存的《弦索备考》是 1814 年的工尺谱抄本，由 19 世纪初清代蒙古族文人荣斋等人所编缀。自 2004 年 3 月以来，中国音乐学院林玲与中央音乐学院谈龙建、张强、薛克在前人研究的基础上，对《弦索备考》进行了探讨、研究、试奏。本场音乐会是近现代民族器乐演奏史上为数不多的一次古谱《弦索十三套》全本的公开演奏，由中国音乐学院古筝演奏家林玲与中央音乐学院三弦演奏家谈龙建、琵琶演奏家张强、二胡演奏家薛克共同演绎了这部传世之作。

（吕　杰）

【英蓝圣诞歌剧音乐会】　12 月 5 日晚，由英蓝国际置业公司举办的英蓝圣诞歌剧音乐会在北京金融街 7 号国际金融中心大厦举行。此次音乐会邀请的中外音乐家有：［美］艾格丽丝·古铁雷斯、魏松、廖昌永、栾峰、莫华伦、张立萍、和慧、梁宁等，中国国家交响乐团合唱团担任合唱，北京交响乐团伴奏，指挥江鲁达、顾希波。演出曲目选自《茶花女》《阿依达》《弄臣》《游吟诗人》等 10 部歌剧。全国人大常委会原副委员长成思危、全国工商联副主席胡德平、卫生部原部长高强观看音乐会。

（吕　杰）

【国家大剧院 2 周年庆典音乐会】　12 月 19 日，国家大剧院 2 周年庆典音乐会在国家大剧院音乐厅举行。音乐会由陈佐湟指挥中国国家交响乐团、深圳交响乐团，演奏了德沃夏克的《狂欢节序曲》、黄安伦的《B 调小提琴协奏曲》、柴可夫斯基的《第四交响曲》。

（吕　杰）

·会　议·

【中国音协打击乐学会年会】　1 月 10 日，中国音协打击乐学会新春年会在中国人民解放军军乐团军乐厅召开。打击乐学会会长金纪广、副会长舒承一，学会各地常务理事、乐器厂商和各地打击乐同仁共聚一堂。沈阳音乐学院教授吕青山、四川音乐学院现代器乐系打击乐教授白杨洪、上海市打击乐协会会长陈少伦、天津九拍现代打击乐俱乐部李红育，分别回顾了各自所在地区上一年度打击乐领域的交流活动、教学和普及工作。中央音乐学院教授李飚就青少年打击乐教育问题发表了独到的见解，并进行了公开教学。

（杜　莹）

【北京星海钢琴集团公司 2009 年工作会】　1 月 20 日，北京星海钢琴集团公司召开 2009 年度工作会议。会议总结了 2008 年生产组织工作在极端困难的环境下，实行精品战略和小批量、多品种的生产组织方式，实现企业销售增长目标。并提出 2009 年集团公司将积极应对全球金融危机，加大市场投入，加强品牌建设，稳步扩充市场。公司所属企业正副职领导和公司各部室负责人及管理干部等 100 余人出席会议。

（杜　莹）

【2009 中国交响乐峰会举行】　3 月 25 日～26 日，由中国交响乐发展基金会主办的年会——“2009 中国交响乐峰会”在京召开。来自国内各省市乐团、音乐院校和音乐机构的主要负责人及音乐家共 100 多人出席会议。港澳台音乐界代表首次参加中国交响乐发展基金会的年会。会议深入探讨了新经济形势下中国交响乐及乐团发展所面临的若干问题，并积极寻求未来发展新思路。

（杜　莹）

【北京音协第五次代表大会】　8 月 20 日～22 日，北京音协第五次代表大会在京召开。北京市委宣传部常务副部长陈启刚，中国音协副主席、北京市文联主席金铁霖，北京市文联党组书记朱明德，中国音协副秘书长李培隽，北京市文联党组副书记王德新等出席了会议。大会选举产生了由 51 人组成的新一届理事会和新一届主席团。谭利华当选为北京音协第五届主席，王次炤、王黎光、宋祖英、张维良、杨青、孟新洋当选为副主席，陈卫东当选为驻会副主席。会议讨论并通过了北京音协第四届主席团工作报告和修改后的《北京音乐家协会章程》。来自部队、院校、区县文联的100余名音乐家和音乐工作者参加了会议。

（杜　莹）

【中国音乐家协会第七次全国代表大会】　12月15日～17日，中国音乐家协会第七次全国代表大会在北京会议中心召开。会议审议了工作报告，修改了《中国音乐家协会章程》，选举了领导机构，赵季平当选为主席，王次炤、叶小纲、印青、余隆、宋飞、宋祖英、张国勇、努斯来提·瓦吉丁、孟卫东、顾欣、徐沛东、彭丽媛、廖昌永、谭利华当选副主席。推举吴祖强、傅庚辰为中国音协名誉主席，聘请才旦卓玛、王世光、王立平、孙慎、严良堃、李谷一、吴雁泽、谷建芬、闵惠芬、陆在易、金铁霖、周小燕、鲍蕙荞为中国音协第七届顾问。中央政治局委员、中央书记处书记、中宣部部长刘云山出席会议并发表重要讲话。全国政协副主席、中国文联主席孙家正出席大会。来自全国31个省、自治区、直辖市和解放军、中直机关等单位的音乐工作者代表参加会议。

（杜　莹）

·比赛、评奖·

【全国优秀流行歌曲创作大赛】　5月23日，由中国音乐家协会、中央人民广播电台、中央电视台共同主办的“全国优秀流行歌曲原创大赛”落幕。本次比赛旨在以举办大赛为依托，以推动创作为重点，推出一批内容健康、旋律优美、特色鲜明、群众喜爱的优秀流行歌曲。比赛共收到25000多首歌曲，最终《醉了丽江》《白云》《海峡之梦》3首歌曲获得一等奖。此外，还评选出二等奖6名、三等奖9名、优秀奖12名。本次大赛的参赛者有全国（包括港、澳、台地区）及海外华人、华侨中的专业和业余词、曲作者。参赛作品均为2008年1月1日以后创作的流行歌曲、歌词。中央电视台音乐频道播出了本次大赛总决赛的全部比赛。

（杜　莹）

【第4届“帕拉天奴”杯作曲比赛】　5月29日～30日，第4届“帕拉天奴”杯作曲比赛决赛在中央音乐学院音乐厅举行。评委会由杜鸣心、郭淑珍、杨鸿年等老、中、青三代作曲家、理论家、指挥家和歌唱家组成。本次比赛共设艺术歌曲、合唱、艺术歌曲表演奖3个奖项。《春的歌》《舞动的土地》和阮余群分获上述3个类别的一等奖。另有25部作品和5位演唱者获得二等奖、三等奖和优秀奖。

（杜　莹）

【第3届Con Tempo中国青年作曲家室内乐作曲比赛】　11月24日，由中央音乐学院、德国EVS音乐基金会和歌德学院（中国）主办，中央音乐学院作曲系与中央音乐学院图书馆承办的“第3届Con Tempo中国青年作曲家室内乐作曲比赛”获奖及颁奖音乐会在中央音乐学院音乐厅举行。赵怡然的五重奏《流年》获得一等奖，张潇霞的弦乐五重奏《汉字图谱》、刘畅的五重奏《三岔口》获得二等奖，刘灏的管乐五重奏《斑》、李博的五重奏《碎影流年》、张潇霞的五重奏《疯狂的象牙塔》获得三等奖。本次比赛的评委会由德国慕尼黑双年音乐节总监Peter Ruzicka，以及国内作曲家杨立青、唐建平、贾国平等8位作曲家组成。来自全国8所音乐院校的30部作品参加了比赛。该项赛事2007年首次举办。

（杜　莹）

【第7届中国音乐金钟奖比赛】　11月27日，由中国文学艺术界联合会、中国音乐家协会主办的“第7届中国音乐金钟奖比赛”在广州闭幕。第7届中国音乐金钟奖比赛在奖项设置方面设立“终身成就奖”、“表演奖”两大子项目。北京地区的老音乐家杜鸣心、周广仁、郭兰英获“终身成就奖”。北京地区参赛选手获得7项金奖，他们是笛子金奖李乐（中央音乐学院），二胡金奖谭蔚（中国音乐学院），笙金奖鲍龙飞（中国音乐学院），木管五重奏金奖“‘1120’木管五重奏”周磊、赵薇、徐晓、李科臻、王茹靖（中央音乐学院），声乐民族组金奖王丽达（总政艺术局），流行音乐女子组金奖阿鲁阿卓（总政艺术局），合唱金奖中国武警男声合唱团（武警文工团）。本次比赛设7个赛区，合唱、流行音乐为本届比赛新增的比赛项目。合计产生奖牌83个，其中金奖16个、银奖21个、铜奖26个、优秀奖15个、新作品演奏奖5个。

（杜　莹）

·交　流·

【大型音画歌舞《秘境青海》在京首演】　2月1日，青海省人民政府组织策划、投资及社会融资，北京成桥文化传播有限责任公司承担编排，投资1200万元，由青海省民族歌舞剧院演出的大型音画歌舞《秘境青海》在保利剧院首演。这是我国第一部以昆仑文化为背景，以西王母传说和昆仑神话为主线，反映中华民族自强不息的作品。剧目分为“神鸟的眼泪”、“三江源的爱情”、“太阳部落的儿子”、“沙漠中的灵山”、“风与影的述说”、“生命树下的轮回”6幕。诗人、作家吉狄马加担任总策划、编剧，赵季平担任艺术总监，胡雪桦担任总导演、编剧。北京市委书记刘淇，市委副书记、市长郭金龙和青海省委书记强卫，省委副书记、省长宋秀岩等观看了演出。

（吕　杰）

【中国红星合唱团赴日本演出】 2月10日，应日本民主音乐协会邀请，解放军艺术学院中国红星合唱团在日本东京歌剧院举行音乐会，李双江演唱了《太阳出来喜洋洋》《我的太阳》和日本民歌《相马玉兰盆呗》，以及池田大作作词的歌曲《母亲》。2月13日，红星合唱团与日本松下合唱团携手，在大阪举行第二场音乐会。松下合唱团演唱了《斋太郎节》《梦里见到的》《夕阳西下》3首日本歌曲，红星合唱团演唱了《我和我的祖国》《拉网小调》《凤阳花鼓》《士兵之歌》等13首歌曲。两国演员共同演唱了多声部合唱歌曲《茉莉花》《樱花》《在那遥远的地方》。

（吕　杰）

【芝加哥交响乐团音乐会】 2月13日~14日，指挥大师伯纳德·海丁克执棒芝加哥交响乐团在国家大剧院举行音乐会，演奏了马勒的《第六交响曲》、海顿的《101交响曲“时钟”》、布鲁克纳的《第七交响曲》。

（吕　杰）

【殷承宗在美国举办钢琴独奏音乐会】 2月14日，殷承宗钢琴独奏音乐会在美国新泽西州罗格斯大学尼古拉斯音乐厅举行。殷承宗演奏了《红灯记》选段、《春江花月夜》、海顿的《f小调变奏曲》、莫扎特的《C大调奏鸣曲》和贝多芬的《月光奏鸣曲》等中外名曲。

（吕　杰）

【浙江民族乐团音乐会】 3月6日，浙江民族乐团“花月正春风”音乐会在国家大剧院举行。音乐会由张列指挥，演奏了李民雄创作的《马灯闹春》、民族管弦乐《双星鉴》、结合浙江地方戏曲元素创作的《梦游天姥山》《女宫二簧》。

（吕　杰）

【大型歌舞《天上西藏》进京演出】 3月8日，为纪念西藏民主改革50周年，由文化部主办、西藏歌舞团演出的大型歌舞《天上西藏》在中国剧院上演。该场演出从西藏诸多节庆文化中选出拉萨雪顿节、那曲赛马节、农区旺果节、藏历新年等节日活动以及各类庆典中的宗教乐舞，展示了藏戏片断、农区果协、弦子、热巴等。

（杜　莹）

【维也纳爱乐乐团音乐会】 3月8日~9日，指挥大师祖宾·梅塔携手维也纳爱乐乐团在国家大剧院音乐厅举行两场音乐会。8日的音乐会，演出了勋伯格的《升华之夜》与理查·施特劳斯的《英雄的生涯》；9日的音乐会，演出了海顿的《“伦敦”交响曲》、舒伯特的《第九号交响乐“伟大”》，郎朗与祖宾·梅塔合作演奏了肖邦的《第二钢琴协奏曲》。

（吕　杰）

【丹麦“美人鱼在歌唱”音乐会】 3月28日，丹麦哥本哈根少女合唱团在中山公园音乐堂举行“美人鱼在歌唱”音乐会。该团以演出新音乐及流行乐曲为主。音乐会演唱了《往事》《英国花园》《丹尼少年》等多首丹麦及欧洲民谣，以及音乐剧《西区故事》的3首选曲。音乐会由克劳斯·杰森指挥。

（吕　杰）

【音乐剧《雪白的鸽子》进京演出】 4月16日，由青海省人民政府组织策划、投资与社会融资，北京成桥文化传播有限责任公司承担编排的青海“花儿”音乐剧——《雪白的鸽子》在保利剧院首演。此剧的创作人员在广泛搜集整理各种民间“花儿”素材的基础上，运用现代艺术手段，力求使《雪白的鸽子》既忠实于民间艺术特点，保持其原生态属性，又以现代理念和时代精神，给这些古老的民歌注入新的内容。女主角尕冬妹由雷佳扮演，男主角赵海青由王宏伟扮演。该剧由赵季平作曲，苏平任艺术总监。

（吕　杰）

【北京交响乐团欧洲巡演】 4月20日~5月14日，北京交响乐团进行第四次欧洲巡演。从波兰华沙的首场音乐会，到意大利贝加莫的末场音乐会，共进行了18场演出。乐团走访了波兰、斯洛文尼亚、克罗地亚、塞尔维亚、匈牙利、奥地利、德国、意大利8个国家的17个城市。北交为此次赴欧巡演委约郭文景为李飚创作了打击乐协奏曲《山之祭》，并举行世界首演。

（吕　杰）

【波利尼钢琴独奏音乐会】 4月24日，钢琴大师毛里奇奥·波利尼首次登上国家大剧院，举行“全肖邦”的钢琴独奏音乐会。波利尼演奏了《升c小调前奏曲》

《F 大调叙事曲》《降 b 小调第二钢琴奏鸣曲》《b 小调第一谐谑曲》《四首玛祖卡舞曲》《摇篮曲》《降 A 大调英雄波兰舞曲》。

（吕　杰）

【柏林爱乐与维也纳爱乐独奏家八重奏音乐会】　5 月 1 日，柏林爱乐与维也纳爱乐独奏家八重奏音乐会在国家大剧院举行，拉开了国家大剧院五月音乐节的序幕。来自维也纳爱乐的首席小提琴莱纳、第一小提琴艾嘉德、首席中提琴伊诺肯蒂、首席巴松斯特潘，以及柏林爱乐的首席大提琴奥拉夫、首席低音提琴埃斯科、首席圆号史蒂芬和首席黑管温策尔携手，演奏了莫扎特的《降 E 大调圆号五重奏》、韦伯的《降 B 大调单簧管五重奏》，以及舒伯特的《F 大调八重奏》。

（吕　杰）

【德国德累斯顿交响乐团交响音乐会】　5 月 7 日，德国德累斯顿交响乐团交响音乐会在国家大剧院举行。音乐会由法比奥·路易斯指挥，演奏了理查·施特劳斯的《蒂尔·艾伦施皮格尔的恶作剧》《查拉图斯特拉如是说》和贝多芬的《第三钢琴协奏曲》。钢琴家伊曼纽尔·艾克斯担任钢琴演奏。

（吕　杰）

【诗画歌舞《风从羌山来》进京演出】　5 月 12 日，为纪念汶川地震一周年，由北川羌族歌舞团推出的“5·12”周年感恩汇报演出诗画歌舞《风从羌山来》在北京全国政协礼堂上演。《风从羌山来》是由绵阳艺术学院和北川羌族歌舞团联合演出的原创剧目。

（吕　杰）

【美国匹兹堡交响乐团音乐会】　5 月 14 日～15 日，为纪念中美建交 30 周年，美国匹兹堡交响乐团在国家大剧院举行音乐会。音乐会由匹兹堡交响乐团现任首席指挥曼弗雷德·霍内克指挥，演出了理查·施特劳斯的《死与净化》《查拉图斯特拉如是说》。欧利昂·威斯担任钢琴演奏。

（吕　杰）

【第 4 届北京九门爵士节】　5 月 22 日～27 日，第 4 届北京九门爵士节在中山公园音乐堂举行。来自 13 个国家的 18 支优秀乐队与爵士名家，举行了 8 场演出。开幕式音乐会由“北欧鼓王”埃米尔·德沃尔与弦乐、萨克斯演奏家古斯塔夫·杰任、钢琴家萨仁·吉尔嘉德，与中国爵士钢琴演奏家孔宏伟携手演出。闭幕式音乐会由顺子和“黑人爵士女伶”芮妮·丽令共同演出。

（吕　杰）

【荷兰皇家音乐厅爵士乐团音乐会】　5 月 28 日晚 10 时 30 分至午夜零时，被誉为世界顶级爵士乐团的荷兰皇家音乐厅爵士乐团在国家大剧院举行爵士音乐会。18 位音乐家演奏了 14 首经典爵士蓝调。这是爵士乐首次在国家大剧院上演。艾灵顿公爵特别为音乐会编排了三部改编曲——《流浪客》《莲花盛开》《牧羊人》。

（吕　杰）

【新版《蝴蝶夫人》在京演出】　6 月 5 日～7 日，由威尼斯凤凰歌剧院和国家大剧院联合制作的新版《蝴蝶夫人》在国家大剧院上演。由意大利著名女高音歌唱家奥克萨娜·迪卡扮演蝴蝶夫人，曾多次饰演“平克尔顿”角色的卡门·查纳伍再次出演该角色。

（吕　杰）

【第 5 届法国钢琴节】　6 月 5 日～7 日，第 5 届法国钢琴节在中山公园音乐堂举行。5 日，美国钢琴大师科瓦萨维奇演奏了贝多芬的《迪阿贝里变奏曲》、舒伯特的《A 大调奏鸣曲》。6 日，法国爵士钢琴家罗曼·德查姆演奏了莫扎特的《D 大调奏鸣曲》、舒曼的《新事曲第 8 号》、拉威尔的《圆舞曲》、肖邦的《叙事曲第 1 号》等作品。7 日，由爱德华·费雷演奏了爵士钢琴作品。

（吕　杰）

【交响音乐会“柏坡交响——新中国从这里走来”在京演出】　6 月 8 日，“柏坡交响——新中国从这里走来”交响音乐会在国家大剧院举行。特邀作曲家杜鸣心担任音乐会艺术顾问，张艺指挥河北交响乐团演奏。杜咏、谢鹏作曲，蒋雨莲作词。作品描绘了现代人眼中的西柏坡，共分为“柏坡印象”“翻身的日子”“幸福春光”“运筹帷幄、决胜千里”“西柏坡—— 我是你的读者”5 个乐章。

（吕　杰）

【美国国家交响乐团访华首演音乐会】　6 月 11 日，美国国家交响乐团访华首演音乐会在国家大剧院举行。国家主席胡锦涛和美国总统奥巴马分别致辞。音乐会演奏了丹尼尔·凯洛格的《西部天空》、柴可夫斯基的《D 大调小提琴协奏曲》、德沃夏克的《d 小调第七交响曲》。音乐会由美国国家交响乐团首席指挥伊万·费舍尔执棒，小提琴演奏家尼古拉·齐奈德担任协奏。

（吕　杰）

【中央音乐学院与印度尼西亚艺术学院交流演出】　6 月 18 日，中央音乐学院和印度尼西亚万隆大学艺术学院交流演出在中央音乐学院举办。音乐会上半场，由中央音乐学院学生演奏了琵琶曲《龙船》、韦伯的《降B大调单簧管与弦乐四重奏》，以及根据印尼歌曲《梭罗河》《哎哟，妈妈》改编的《印尼民歌六重奏》；下半场为印尼万隆大学艺术学院佳美兰乐队演出。西爪哇小型的佳美兰乐队表演了传统乐曲、孔雀舞、乐队合奏、欢乐舞等。演出完毕，万隆大学艺术学院将演出的乐器赠送给中央音乐学院。

（吕　杰）

【全国艺术职业教育声乐教学交流研讨】 7月17日~20日，由文化部文化科技司和北京市教委主办、中国音乐学院附中承办的“全国艺术职业教育声乐教学交流研讨暨成果展演”在京举行。此次活动共有来自全国28所艺术职业院校的150余名代表参加，48名演员参演，征集学术论文54篇。活动共举行6场专家公开课、1场声乐教学交流研讨会、2场声乐教学成果展演音乐会。

（吕　杰）

【北京第2届国际长号艺术节】 7月23日~26日，由中央音乐学院、中国音乐家协会管乐学会主办，中国长号大号联合会、中央音乐学院管弦系承办的“2009年北京第2届国际长号艺术节”在中央音乐学院举行。艺术节邀请了德国卡尔斯鲁尔国立音乐学院长号演奏家Werner Schritter教授、美国纽约哥伦比亚大学爵士乐中心主任G. E. Lewis教授、中央音乐学院赵瑞林教授、中国国家交响乐团长号首席、中央音乐学院讲师刘洋等国内外专家担任大师班课的主讲。艺术节共举办了4场长号专场音乐会、10场大师班课程、1场专题讲座。

（吕　杰）

【首届北京国际古筝音乐节】 7月26日~31日，由北京市民族事务委员会、北京市文化局主办的“首届北京国际古筝音乐节”在国家体育馆举行。音乐节旨在通过对古筝艺术的展示，弘扬民族文化，推动民族音乐走上文化创意产业之路，开拓民族音乐市场。来自全国包括各专业院校的古筝学生及业余爱好者，以及日本、韩国、美国、加拿大、新加坡等国家和中国台湾、香港等地的古筝音乐家、演奏家、教育家、作曲家参加了音乐节。音乐节期间举办了名家专场、秦筝专场、“谁与筝峰”摇滚专场、古筝与新民乐专场、多声弦制古筝与音乐学院专场、海外名家专场等11场专场古筝音乐会，以及“古筝音乐艺术如何传承经典引领时尚”、“探寻古筝表演艺术文化创意产业之路”2场学术论坛。“中华颂·敦煌情”开幕式音乐会，演出曲目既有传统筝曲《春江花月夜》，也有改编作品《月光下的凤尾竹》《山丹丹开花红艳艳》等作品。

（吕　杰）

【澳门嘤鸣合唱团音乐会】 8月7日，澳门嘤鸣合唱团、北京英文唱经团、天爱合唱团在宣武门天主教堂联袂演出，庆贺澳门特别行政区成立10周年。澳门嘤鸣合唱团在伍星洪的指挥下，演唱了林乐培的《光荣经》、林平良的《天使神粮》、刘志明的《圣母颂》、伍星洪的《天主经》等9首圣乐作品。

（吕　杰）

【柴可夫斯基音乐学院室内合唱团音乐会】 8月8日，柴可夫斯基音乐学院室内合唱团为国家大剧院“八月合唱节”拉开序幕。音乐会由被誉为俄罗斯“合唱指挥之王”的鲍里斯·蒂夫林指挥。整场演出作品涵盖了从俄罗斯早期到现当代的各类合唱作品。上半场演唱了歌曲《来吧，大家一起唱赞歌》，以及《圣母颂》《练声曲》等3首拉赫玛尼诺夫的合唱作品、谢德林根据普希金诗歌创作的合唱作品《普加乔夫大公》；下半场演唱了舒伯特的《冬之旅》、俄罗斯歌曲《田野里有棵小白桦树》。该团还用中文演唱了2首中国民歌《牧歌》《半个月亮爬上来》。

（吕　杰）

【江西省歌舞剧院歌舞《赣风》】 8月12日，由江西省歌舞剧院创作的大型风情歌舞《赣风》在天桥剧场演出。整场演出由“风情篇——桃花源·耕耘播雨总关情”、“风流篇——滕王阁·俊采星驰唱大风”、“风采篇——鄱阳湖·五江龙腾逐浪高”3个篇章和“尾声——映山红”组成。

（吕　杰）

【广西歌舞剧院音乐剧《桂花雨》】 8月22日，由广西歌舞剧院打造的音乐剧《桂花雨》在天桥剧场上演。原创音乐剧《桂花雨》改编自《桂林故事》，将广西丰富的音乐、舞蹈元素融入作品，凸显了广西的传统文化特质。全国政协副主席李兆焯观看了演出。

（吕　杰）

【大同市歌舞剧院歌舞剧《云·冈》】 9月3日，由大同市歌舞剧院创编的音乐歌舞剧《云·冈》在天桥剧场上演。《云·冈》是以云冈石窟为背景，以云冈石窟的缔造者、北魏王朝鲜卑族拓跋部为原型而创作的民族成长英雄史诗，展现了北魏从艰难创业到兴盛的发展历程。

（吕　杰）

【第6届京津粤港粤乐名家专场音乐会】 9月7日，由京、津、粤、港四地的百名广东音乐演奏家参与演出的“第6届京津粤港粤乐名家专场音乐会”在老舍茶馆举行。高胡演奏家卜灿荣，小提琴演奏家、香港粤乐团艺术总监蔡永康，以及北京、天津粤乐名家田再励、朱敏、孙广安、李家林、王承恩、白亚平、徐强等携手演奏了《步步高》《雨打芭蕉》《走进新时代》等作品。

（吕　杰）

【海外华人歌唱家颂祖国音乐会】 9月8日，海外华人歌唱家颂祖国音乐会在国家大剧院音乐厅举行。这场音乐会是“向祖国汇报”庆祝中华人民共和国成立60周年献礼演出中唯一一场海外艺术家献礼作品。蔡大生、杜吉刚、丁毅、袁晨野、杨光、高曼华等旅居海外的华人歌唱家携手演唱了《塞维利亚的理发师》《叶甫盖尼·奥涅金》《乔贡达》《图兰朵》等歌剧中的经典选段，以及《我的祖国妈妈》《长江之歌》《大海啊，故乡》等中国歌曲。

（吕　杰）

【中国广播电影交响乐团赴波兰演出】 9月10日、12日，中国广播电影交响乐团在波兰华沙国家大剧院、克拉科夫市音乐厅举行两场中国文化节音乐会。乐团演奏了中国乐曲改编的交响乐《良宵》、肖邦作品《克拉科维亚克回旋曲》、小提琴协奏曲《梁祝》。音乐会由范焘指挥，李传韵担任小提琴演奏。

（吕　杰）

【澳门中乐团音乐会】 9月13日，澳门中乐团“民乐·新时代”音乐会在北京音乐厅举行。音乐会演奏了中国作品《庆典序曲》《二泉映月》《梁祝》《难忘的泼水节》《茶马古道》《十面埋伏》，葡萄牙民歌《黑眼睛》《海之歌》《白衫之歌》。音乐会由澳门中乐团音乐总监兼首席指挥彭家鹏指挥。

（吕　杰）

【琉森音乐节】 9月20日～25日，源于瑞士名城琉森（原名卢塞恩）的“琉森音乐节”在国家大剧院举行。指挥大师克劳迪奥·阿巴多领衔的“琉森音乐节管弦乐团”（原名卢塞恩音乐节管弦乐团）举办2场交响音乐会、4场室内音乐会。9月20日，音乐节的首场音乐会在阿巴多的指挥下，琉森音乐节管弦乐团在国家大剧院音乐厅演奏了普罗科菲耶夫的《第三钢琴协奏曲》、马勒的《第一交响曲》。王羽佳担任钢琴演奏。

（吕　杰）

【马勒室内乐团音乐会】 9月23日，琉森音乐节——马勒室内乐团音乐会在国家大剧院举行。上半场演奏了海顿的《D大调第一交响曲》、莫扎特的《双小提琴协奏曲》；下半场演奏了日本作曲家武满彻的3首电影音乐，以及谭盾的《陶乐·大地之声》。音乐会由谭盾指挥。

（吕　杰）

【中国国家交响乐团在香港演出】 10月2日，中国国家交响乐团“庆祝新中国成立60周年暨第10届‘香江明月夜’大型中秋音乐会”在香港文化中心音乐厅举行。音乐会由陈燮阳指挥，演奏了管弦乐曲《喜讯》、小提琴协奏曲《梁祝》、二胡与乐队《漫步香江——香港随想曲》、京胡与乐队《夜深沉》，来自台湾的少数民族歌手演唱了《阿里山的姑娘》、王丽达演唱了《香江明月夜》、容祖儿等香港艺人演唱了《东方之珠》。音乐会由陈曦担任小提琴演奏、周维担任二胡演奏、姜克美担任京胡演奏。全国政协副主席董建华、香港特区行政长官曾荫权、文化部副部长王文章、中央驻港联络办副主任李刚出席并观看演出。

（吕　杰）

【第12届北京国际音乐节】 10月10日～30日，第12届北京国际音乐节在北京举行。来自英国、芬兰、美国、德国、澳大利亚等国家的音乐家和乐团与中国音乐家携手，举办了21场古典音乐会，包括：音乐节开幕音乐会，由萨沃林纳歌剧节制作的歌剧《麦克白》；德国Klang Verwaltung乐团演奏了海顿的《创世纪》和《四季》；悉尼交响乐团与阿什肯纳齐携手演绎了柴可夫斯基和普罗科菲耶夫的作品；音乐节闭幕音乐会为影片《从莫扎特到毛泽东》摄制30周年纪念音乐会。音乐节还举办了《金融危机中的音乐生存》《当代音乐与多元文化》《演奏家的表演和人格魅力》《莎士比亚与威尔弟歌剧》《纪念海顿爸爸——谈海顿清唱剧与弥撒》等音乐会导赏、大师课、艺术讲堂等公益教育项目。格拉夫曼、祖克曼、麦斯基、宓多里、莎拉·张、林昭亮等中外名家参加了本届音乐节。

（吕　杰）

【悉尼交响乐团音乐会】 10月18日，阿什肯纳齐、阿巴杜瑞莫夫与悉尼交响乐团音乐会在中山公园音乐堂举行。阿什肯纳齐执棒悉尼交响乐团，演奏了拉赫玛尼诺夫的《练声曲》、柴可夫斯基的《降b小调第一钢琴协奏曲》，以及普罗科菲耶夫的《降B大调第五交响曲》。贝扎德·阿巴杜瑞莫夫担任钢琴演奏。

（吕　杰）

【莱比锡布商大厦管弦乐团在京演出】 10月24日～25日，指挥大师里卡尔多·夏伊率德国莱比锡布商大厦管弦乐团在国家大剧院举行音乐会。乐团演奏了马勒的《第一交响曲》、门德尔松的《第五交响曲》。

（吕　杰）

【上海音乐学院交响乐团音乐会】 10月31日～11月1日，上海音乐学院交响乐团的“大音之韵”大型歌剧·交响音乐会在国家大剧院举行。音乐会由张国勇执棒，演奏了许舒亚的交响音诗《韵——为双女高音和交响乐队而作》、陈牧声的《云南随想——为钢琴与交响乐队而作》、萨拉萨蒂的《卡门幻想曲》、肖斯塔科维奇的《第五交响曲》等作品。

（吕　杰）

【总政歌舞团赴日演出《木兰诗篇》】 11月11日，总政歌舞团应日本皇家交响乐团的邀请，在日本东京学习院创立百周年纪念会馆演出中国歌剧《木兰诗篇》。雷佳、于爽等担任主角。

（吕　杰）

【柴可夫斯基声乐作品专场音乐会】 11月20日，“泰山—黑海交响曲”柴可夫斯基声乐作品专场音乐会在中国音乐学院上演。乌克兰女高音歌唱家依丽娜·科拉斯丽娜演唱了《摇篮曲》《快忘掉吧》《早来的春天》《在白日》，男中音歌唱家刘炳强演唱了《感谢您森林》《在热闹的舞会上》《打开窗户》《唐璜小夜曲》等作品。两位歌唱家还共同演唱了歌剧《叶甫根尼·奥涅金》片段。

（吕　杰）

【吉尔·沙哈姆音乐会】 12月15日，美国著名小提琴家吉尔·沙哈姆与世宗室内乐团在国家大剧院举行室内乐作品音乐会。世宗室内乐团是以15世纪的朝鲜皇帝世宗大王而命名，由来自加拿大、德国、韩国、美国等8个国家的14名优秀青年音乐家组成。音乐会演奏了奥斯瓦尔多·高利霍夫的《最后的轮舞》、海顿的《G大调小提琴协奏曲》《C大调小提琴协奏曲》，以及门德尔松的《八重奏》等作品。

（吕　杰）

【世界华人节日乐团音乐会】 12月27日，由国家大剧院策划的“世界华人节日乐团音乐会”在国家大剧院举行。由来自全球25个国家、50支著名乐团的100位华人音乐家组成的乐团在陈佐湟的指挥下，演奏了柏辽兹《罗马狂欢节序曲》、门德尔松《e小调小提琴协奏曲》、德沃夏克《“自新大陆”交响曲》。陈慕融担任小提琴独奏。

（吕　杰）

·纪　念·

【田光逝世】 2月10日，作曲家田光在京逝世，享年84岁。田光从事音乐编辑工作和歌曲创作工作50余年，创作了《伟大的领袖毛泽东》《北京颂歌》《美好的赞歌》《草原夜歌》等近3000首歌曲。2007年，田光获中国音乐金钟奖终身成就奖。

（杜　莹）

【林耀基逝世】 3月16日，中央音乐学院小提琴教授，中国人民政治协商会议第八届、第九届、第十届全国委员林耀基在京逝世，享年72岁。林耀基生于1937年，广州台山县人。1960年毕业于中央音乐学院。毕业后赴苏联莫斯科音乐学院深造，得到俄罗斯小提琴教育家YANKELEVICH亲传。林耀基是当代小提琴教育界的杰出代表人物，受到国内同行和国际音乐界的高度评价。他在40年的执教中博采众长，通过不断的教学实践，总结出一套充满辩证法而又深入浅出的科学方法，培养了一批优秀音乐人才。林耀基多次应邀出任重大国际小提琴比赛的评委，并定期前往中国香港地区、韩国、美国及欧洲各国举办大师班课。他的著作《林耀基小提琴学术讲座集》详述了他的教学研究心得。

（杜　莹）

【中国爱乐乐团汶川地震周年祭纪念音乐会】 5月2日，中国爱乐乐团在中山公园音乐堂举行了“汶川地震周年祭”纪念音乐会。艺术总监余隆指挥中国爱乐乐团演奏了马勒的《亡儿悼歌》、贝多芬的《C大调第一钢琴协奏曲》和柴可夫斯基的《b小调第六交响曲“悲怆”》。男中音歌唱家廖昌永在《亡儿悼歌》中担任独唱，德国钢琴家埃莱娜·巴什基罗娃与中国爱乐合作演奏了贝多芬的《C大调第一钢琴协奏曲》。

（杜　莹）

【纪念小提琴协奏曲《梁祝》诞生50周年】 5月26日，纪念小提琴协奏曲《梁祝》诞生50周年音乐会在北京人民大会堂举行。小提琴演奏家俞丽拿、盛中国、西崎崇子、李传韵，以及其他青年小提琴家分别登台演奏。由余隆、杨阳、夏小汤分别执棒，中国爱乐乐团协奏。

（杜　莹）

【纪念中国音协成立60周年座谈会】 7月23日，纪念中国音协成立60周年座谈会在京举行。与会者共同回顾了中国音协60年来的发展历程。中国文联党组书记、副主席胡振民，中国文联党组副书记、副主席覃志刚，中国音协名誉主席吴祖强，顾问孙慎、谷建芬，主席傅庚辰，中国文联副主席、中国音协副主席吴雁泽，中国音协分党组书记、驻会副主席徐沛东，中国音协第六届主席团成员和中国文联各文艺家协会、各直属单位、机关各部室有关负责人，在中国音协工作过的老领导、老同志以及音乐界的代表参加了会议。

（杜　莹）

【缪天瑞逝世】 8月31日，音乐教育家、音乐学家缪天瑞在京逝世，享年102岁。缪天瑞生于1908年，浙江瑞安人。他1926年毕业于上海艺术师范大学。缪天瑞曾任福建音乐专科学校教授、教务主任，台湾省交响乐团副团长。新中国成立后，他历任中央音乐学院副院长，天津市文化局副局长，天津音乐学院教授、院长，中国艺术研究院音乐研究所研究员，天津市第六、七届政协副主席，天津市文联名誉主席，第三至六届全国人大代表。缪天瑞翻译教材，编写曲例，编纂辞书，不仅是中国律学基础理论的奠基人，也是中国专业音乐教育事业的开拓者。他著有《律学》，主编《中国音乐词典》等。

（杜　莹）

【纪念喻宜萱诞辰100周年座谈会】 9月7日，由中国文联、中国音协、中央音乐学院、上海音乐学院、江西萍乡市委市政府主办的“纪念女高音歌唱家、声乐教育家喻宜萱先生诞辰100周年座谈会”在人民大会堂举行。中国文联党组副书记覃志刚、中国文联副主席吴雁泽、中国音协名誉主席吴祖强、中央音乐学院院长王次炤、上海音乐学院副院长华天礽，萍乡市委领导，以及王昆、郭淑珍、李双江、周广仁等百余人出席座谈会。与会者共同缅怀了喻宜萱的人格风范、学术造诣。会上，同时举行了《喻宜萱的艺术生涯》一书的首发式。

（杜　莹）

·研　讨·

【世界著名歌剧院高峰会议暨歌剧论坛】 5月22日，由国家大剧院主办的世界著名歌剧院高峰会议暨歌剧论坛在京举行。包括美国大都会歌剧院、澳大利亚悉尼歌剧院、英国皇家歌剧院、奥地利维也纳歌剧院在内9个国家的11个外国歌剧院及机构参加了本次论坛。论坛就歌剧剧目的制作、歌剧院的经营管理，以及歌剧的推广普及等重要议题进行了广泛的交流。与会各剧院共同签署了《合作宣言》，内容涉及演出制作、剧院管理、资源共享、人员培训、版权保护等多个方面。大范围、高规格的国际性歌剧论坛的举办在国内尚属首次。

（杜　莹）

【优秀少儿歌曲创作推广理论研讨会】 5月24日，受文化部社会文化司委托，中国文化报社在京主办了“优秀少儿歌曲创作推广理论研讨会”。与会的专家、学者、教育工作者就儿童歌曲创作中的歌词、曲调，以及创作群体老化的问题进行了研讨。本次会议是文化部庆祝新中国成立60周年和纪念中国少年先锋队建队60周年系列活动的组成部分。

（杜　莹）

【傅庚辰作品研讨会】 7月1日，中宣部文艺局、中国音乐家协会在京共同召开“傅庚辰作品研讨会”。覃志刚、翟泰丰、杨新贵、徐沛东、汤恒、梁茂春、杜鸣心、王世光、王次炤、李双江、关峡等有关方面的领导和数十位专家学者出席研讨会。会上，大家对傅庚辰音乐创作的思想主题、艺术风格、创作技巧和作品的旋律给予了肯定。

（杜　莹）

【王昆声乐艺术研讨会】 9月11日，由文化部、中国文联主办，中国音协、中国东方歌舞团、北京市东方华夏艺术中心承办的“王昆从事革命文艺工作70周年暨王昆声乐艺术研讨会”在人民大会堂举行。中国文联党组成员、副主席冯远，文化部副部长王文章，中国文联副主席、中国音协副主席吴雁泽，中宣部文艺局副局长汤恒，以及音乐界人士出席了研讨会。研讨会上，吴雁泽、金兆钧等音乐界人士回顾了几十年来王昆弘扬传承中华优秀文化，扶持民族音乐新人，为繁荣社会主义文艺事业做出的重要贡献。

（杜　莹）

【中国近现代当代音乐史学科建设研讨会】 10月18日～20日，庆贺汪毓和教授80诞辰暨中国近现代当代音乐史学科建设研讨会在中央音乐学院举行。本次研讨会包括了中国近现代音乐史主题音乐会、汪毓和先生学术成就研讨会、中国近现代当代音乐史学科建设研讨会等系列活动。活动中，不仅回顾了汪毓和的学术经历、学术成就和严谨治学的高尚品格，近20位学者还分别从不同角度探讨了中国近现代当代音乐史学科的建设问题。中国大陆音乐史学界的众多学者，港澳台、海外地区的专家，以及汪毓和全国各地的学生150余人参加了此次活动。

（杜 莹）

【中国民族乐器科技创新研讨会】

10月23日，由中国民族器乐学会、北京乐器学会主办的“中国民族乐器科技创新研讨会”在京举行。北京乐器学会会长陈自明，常务副会长毕可炜及王宜勤、王世篑、胡培基、赵寒阳等民族乐器演奏家、教育家参加会议。会上，展示了扬州金鼎乐器厂的半筝和薄型筝、北京荟萃民族乐器厂的童式二胡、栖凤琴堂的梧桐木古琴等3项最新科研成果。

（杜 莹）

【中国—新西兰音乐国际学术研讨会】 10月31日~11月4日，由中央音乐学院主办，中央音乐学院音乐学系、中央音乐学院研究生部承办，新西兰驻中国大使馆、新西兰音乐学院协办的“世界音乐周2009”中国—新西兰音乐国际学术研讨会在中央音乐学院举行。中央音乐学院院长王次炤、中国音乐学院院长赵塔里木、世界音乐学会主席陈自明、世界音乐周总监张伯瑜、新西兰驻华大使馆文化官员以及来自新西兰的学者出席了开幕式。此次研讨会的各项活动围绕新西兰及太平洋地区各岛国音乐和文化而展开。共邀请27位新西兰学者、艺术家，集中展示和介绍了新西兰毛利音乐文化、太平洋波利尼西亚音乐文化对传统与现代的认识和表达。活动涉及众多题材，包括对原住民传统艺术的阐释、教授和表演、视频艺术与音乐的对话、新作品展演、现代舞蹈表演、影视展播等多种形式。同时，5位中国学者与来自中国湘西的民间艺术家及台湾的专业音乐表演者，展示了他们各自对中国传统及当代音乐的独特诠释。

（杜 莹）

【香港中乐团改革胡琴研讨会】

11月29日，由中国民族管弦乐学会和香港中乐团主办，中国音乐学院附中和《人民音乐》协办的“香港中乐团改革胡琴研讨会”在中国音乐学院附中召开。香港中乐团艺术总监兼首席指挥阎惠昌、行政总监钱敏华、研究及发展部研究员阮仕春、中国音乐学院附中校长沈诚，以及来自中央音乐学院、东方歌舞团等专业艺术院团的专家、演奏家，媒体记者近30人出席了会议。阮仕春设计的系列胡琴用环保的化工产品替代蟒皮。这是香港中乐团在环保概念下，以科研结合艺术持续发展的一次新尝试。与会专家、演奏家就香港中乐团改革胡琴所取得的成绩和存在的问题，以及今后的发展方向，进行了讨论。

（杜 莹）

【第4届马思聪学术研讨会】 12月17日~18日，马思聪研究会在中央音乐学院举办了第4届马思聪学术研讨会。内容包括《马思聪全集·补遗卷》及《补遗音响卷》首发式、第4届马思聪学术研讨会及音乐会、马思聪研究会换届大会。中央音乐学院院长王次炤、广州市文化广电新闻出版局党委副书记欧阳月娥，以及杜鸣心、杨儒怀、苏夏、田联韬等教授出席了会议。

（杜 莹）

出 版 物

【《李岚清中国近现代音乐笔谈》】

1月，《李岚清中国近现代音乐笔谈》由高等教育出版社出版，作者李岚清。该书描绘了中国近现代音乐史上18位杰出音乐家的人生故事，再现了他们历经艰辛、走向成功的曲折音乐历程，解析了他们创作的经典作品，并简要介绍了相关的70多位音乐家、文化名人。此书是《李岚清音乐笔谈——欧洲经典音乐部分》的姊妹篇。

（杜 莹）

【《声响年华》文集】 3月，《声响年华》由中华书局出版，作者孙玄龄。该书是作者的文集，分为“散文乐话”、“乐文与乐论”两个部分。文章内容包括“样板戏”的创作、对语言与音乐关系的探讨、中日音乐的比较、音律宫调的研究等。

（杜 莹）

【《音乐史学研究与音乐史学批评》】 7月，《音乐史学研究与音乐史学批评》由人民音乐出版社出版，作者汪毓和。该书是作者的文集，绝大多数文章是作者从20世纪90年代后发表于音乐报刊的文章中选取的。全书共分4个部分，包括史学研究及史学评论、专题性史学考察、音乐家评论和其他音乐评论。

（杜 莹）

【《喻宜萱的艺术生涯》】 8月，《喻宜萱的艺术生涯》由中央音乐学院出版社出版。该书是为纪念喻宜萱诞辰百年而出版，书中汇集了喻宜萱的学生和朋友缅怀其往事的文章和对喻宜萱声乐教学思想与实践研究的论文，以及喻宜萱本人的文论。

（杜　莹）

【《音乐编辑学：音乐研究的交叉视域》】 9月，《音乐编辑学：音乐研究的交叉视域》由文化艺术出版社出版，主编李宝杰。该书由4位不同作者的研究论文构成：一是侯曼霞的《现代传媒中音乐编辑行为探究》；二是刘春晓的《中国当代音乐期刊的分类研究》；三是张治荣的《国乐改进社社刊〈音乐杂志〉》研究；四是赵晗的《江西省推行音乐教育委员会会刊〈音乐教育〉研究》。

（杜　莹）

【《王光祈音乐论著选集》】 9月，《王光祈音乐论著选集》由人民音乐出版社出版，作者王光祈，冯文慈、俞玉滋选注。该书汇集并完整呈现了王光祈最重要的音乐理论成果，共分上下两部分。上部选辑作者的11篇论文，主要为作者对发展我国音乐文化的主张和对传统音乐、中西音乐文化比较的研究，并涉及三大乐系学说以及音乐历史观和研究方法等。下部为作者的专著《中国音乐史》，以及比较研究东西方乐律学、声学和乐音心理学方面的4篇论文。本书由选编者作了必要的校订和注解。

（杜　莹）

【《国家（单曲）》】 9月，刘媛媛、成龙演唱的《国家》单曲出版。该曲为新中国成立60周年的献礼歌曲。

（杜　莹）

【《听我的声音》】 10月9日，韩红推出个人专辑《听我的声音》。专辑收录了韩红的10首最新单曲，其中既有她擅长的颇具西藏风情的歌曲《喜马拉雅》《文成公主》《归来》等，也有《听我的声音》《海神》等最新流行音乐作品。专辑包含了民乐、流行乐、摇滚乐、说唱、电子、R&B等音乐元素。

（杜　莹）

【《中国古代文化与〈梦溪笔谈〉律论》】 10月，《中国古代文化与〈梦溪笔谈〉律论》由人民音乐出版社出版，作者黄大同。该书以关注“间性”“个案”“边缘”与“全科”的文化研究视野，把被20世纪中国音乐史学界所忽略的沈括《梦溪笔谈》律论内容作为中国古代乐律学典案，将其置于纵向史学渊源与传承背景以及横向跨学科理论中进行了研究。

（杜　莹）

【《复调的产生》】 11月，《复调的产生》由中央音乐学院出版社出版，作者姚亚平。该书分四章对“复调起源的各种理论及其评价”“‘附加’与复调的产生”“欧洲文化精神的兴起及其对音乐的影响”“权力的话语：欧洲早期复调语言机制的文化意蕴”四个问题进行了阐述。

（杜　莹）

【《中国羌族民歌研究：乐谱资料集》】 12月，《中国羌族民歌研究：乐谱资料集》由民族出版社出版，编者金艺风等。该书是作者2005年以来，深入到汶川、理县、茂县、松潘等羌族地区调查，将羌族民歌的现场录音、录像整理后形成的乐谱。书中载入了汶川县雁门乡通山村羌族民歌43首、月里村23首、白水村36首和茂县永和乡永宁村羌族民歌33首，共135首。本书中，有关乐谱的音响资料与高清数码摄像影视资料保存在西南民族大学资料室。

（杜　莹）

舞　　蹈

2009年，北京地区舞蹈的发展，在总体上取得了可喜的进步。演出丰富多彩、活动此起彼伏，无论在数量与质量、宽度与深度上，尤其是在国际影响力上，都有很大的提高。

2009年的舞蹈创作演出中，出现许多新的尝试。现代舞作品大量涌现，街舞剧、国标舞剧首次进入舞剧行列。

送走了2008年奥运会，迎来了2009年北京舞蹈的繁荣，时值新中国60华诞，来自各地的舞蹈演员们欢聚一堂，送上最真挚的礼物。在焰火的衬托下，不同地域的舞蹈，从舞蹈基本动态到舞蹈道具，从贯穿于舞蹈中的唱词到人物装扮，无不辉映出我国各个民族特有的文化内涵和生活方式。国家领导人与数十万名群众演员手拉手，载歌载舞，承现出一派和谐的气氛。首都的广大舞蹈工作者为新中国的庆典，精心编织出一幅最绚丽的画卷！

6月，由市文联、市舞协等主办的北京市第11届舞蹈大赛，规模空前，赛程一个月，作品200余个，全市专业、业余舞蹈团体90多家千余人踊跃参与。是舞蹈界为新中国成立60周年最真挚的献礼。

10月，在中央电视台一号演播大厅连续10天现场直播的第5届CCTV舞蹈大赛成功举办。此次参赛的舞蹈，从种类到内容形式都更加丰富多彩。参赛选手来自全国各地的专业院团和基层群众中的舞蹈爱好者。大赛增加了群众舞蹈、国标舞、街舞等门类，充分体现出CCTV舞蹈大赛大众化、多元化的特点。大赛推出了许多深受观众喜爱的舞蹈作品和舞蹈新秀，并促进了群众舞蹈这一舞蹈重要支脉的健康成长。

2009年是举国欢庆的一年，北京和全国各地的大量舞蹈剧目在京演出，展现了各地独特的风土民情、人文故事。舞蹈创作表演各具特色，表达了各民族、各阶层人民对新中国的祝福。

9月，为庆祝中华人民共和国成立60周年而创排的大型音乐舞蹈史诗《复兴之路》与观众见面。它以历史时间为脉络，以序曲和5个章节展现了中华民族近现代史的悲烈、宏伟和壮丽。

中国舞协成立60周年舞蹈精品晚会在人民大会堂举行。晚会汇集了不同风格的舞蹈精品，展现了新中国60年舞蹈创作的历程，并对老舞蹈家们为舞蹈事业做出的突出贡献进行了隆重的表彰。

大量的外国舞蹈在京上演，通过各种形式的活动，为国庆添彩，并为舞蹈工作者和爱好者的交流提供了良好的平台，也推动了我国舞蹈事业的快速发展。

（赵克军）

作　　品

【舞剧《红楼梦》】　1月5日～6日，北京军区政治部战友歌舞团的民族舞剧《红楼梦》在国家大剧院上演。该剧以宝、黛、钗感情纠葛为主线，组合双人舞、三人舞、群舞等多种形式，集中展现宝黛初会、刘姥姥进园、海棠诗社、黛玉葬花、婚礼惊变和宝黛重逢等场景。编导赵明。

（赵克军）

【小剧场舞蹈剧《女阅》】　1月10日，由北京舞蹈学院青年编导和优秀舞者演绎的小剧场先锋创意舞蹈剧《女阅》在北京舞蹈学院上演。该剧分为“阅人”“阅己”“阅天”三部分，采用主人公讲故事自述经历的方式，在展露真实自我的同时，与观众进行心灵的对话。将肢体舞蹈与多媒体影像巧妙地结合在一起。

（赵克军）

【舞剧《绝代佳人》】 1月19日，中国歌剧舞剧院的大型史诗时尚舞剧《绝代佳人》在天桥剧场演出。该剧以中国古代四大美女为题材，全剧分为第一幕“貂蝉”、第二幕“杨贵妃”、第三幕“王昭君”、第四幕“西施”。编剧、总导演于健，主创编导唐娜、吴庆东、孔德辛、卢睿、毛伟伟，主演王乐、罗西、王秋利、王聪、杨奕等。

（赵克军）

【舞剧《铜雀伎》】 3月20日～22日，北京舞蹈学院教授孙颖编创的中国古典舞剧《铜雀伎》在保利剧院上映，同时也拉开了舞蹈学院教学实践成果系列展演的序幕。该剧共分6幕：“鼓舞天成、鼓舞易人、铜雀惊变、鼓舞重会、边关侍将、千里寻卫”，表现了人物悲欢离合的命运。

（赵克军）

【舞剧《惊梦》】 4月8日～12日，北京当代芭蕾舞团当代舞剧《惊梦》在9剧场之TNT小剧场演出，该剧融合了舞蹈、音乐、戏剧、多媒体等多种艺术门类，并由冯小刚担纲策划，陈其钢担任音乐顾问，王媛媛担任编剧和导演。此次公演为非营利公益演出，演出票房收入全部捐赠给一位身患白血病的九岁女孩。

（赵克军）

【音乐舞蹈《我为伟大祖国站岗》】 5月8日，总政歌舞团的音乐舞蹈《我为伟大祖国站岗》在中国剧院上演。总导演李福祥。该剧是以中华人民共和国成立60周年为宏大历史背景而创作的大型音乐舞蹈节目，以音乐、舞蹈为主要表演手段，并有机融入话剧、音乐剧等诸多元素，通过推、拉、摇、移、升、降、旋转等综合舞台调度手段，营造情境、烘托主题。表现了人民解放军在中国共产党领导下为新中国站岗放哨的主题意象。

（赵克军）

【舞蹈诗《我们的天空》】 5月13日，空政文工团的舞蹈诗《我们的天空》在蓝天剧院上演。总编导杨月林以雾、霞、风、云、雷、雨、虹、月、星、雪、日的形象，创作出11个独立成章又相互关联的形象，由独舞、双人舞、三人舞、群舞等多种舞蹈形式和现代化的肢体语言组成整部舞蹈诗，表现出人们热爱蓝天、拥抱蓝天、享受蓝天、呵护蓝天的博大胸怀。

（赵克军）

【国标舞剧《长恨歌》】 6月5日，当代作家王安忆的代表作《长恨歌》，由北京舞蹈学院推出的国标舞剧版在保利剧院演出。北京舞蹈学院国标舞系主任张平教授担任编剧，新锐女导演万素执导。这是《长恨歌》继2005年被改编成电影、电视剧之后，首次以国标舞剧的形式呈现给观众。该剧力图通过国标舞与舞剧的结合，用国标舞语汇传播中国文化精神，打造当今中国舞台最具创意和艺术魅力的文化事件，从而形成中国自己的国标舞剧。

（赵克军）

【舞蹈剧《第五朵金花》】 6月20日，为庆祝中华人民共和国成立60周年和北京舞蹈学院建校55周年，由许锐编剧、赵铁春担任总导演、北京舞蹈学院中国民族民间舞剧系学生演出的《第五朵金花》在保利剧院演出。该剧综合调用了云南地区丰富多彩的民族舞蹈语汇，以大理白族舞蹈辅以傣、彝、佤、景颇等兄弟民族舞蹈作为编创元素，以载歌载舞的样式作为舞剧的背景氛围，带领观众一同领略白族婚礼等民俗风情。

（赵克军）

【街舞剧《把阳光还给青春》】 6月20日，由北京现代音乐学院现代歌舞系朱少军担任编剧的原创街舞剧《把阳光还给青春》在北京现代音乐学院演播大厅演出，街舞专业学生及爱好者近千人观看了演出。该剧演绎了一群充满梦想的舞者，在追逐梦想的过程中，在毒品的诱惑面前，有怎样的抉择？他们能否冲破障碍，实现自己的理想？舞剧中运用了Breaking（霹雳舞）、newstyle（东岸风格）、爵士Lockin（锁舞）、la style（洛杉矶风格）、POPPIN（机械舞）等街舞舞种。

（赵克军）

【舞剧《红梅赞》】 8月6日～9日，空政文工团舞剧《红梅赞》在国家大剧院上演，总导演杨威。舞剧《红梅赞》区别于歌剧《江姐》的是，《红梅赞》不只是为江姐一个人物作传，而是通过对以江姐为代表的一系列英雄人物的刻画，打造出一群有血有肉的革命“群雄像”。《红梅赞》的舞台布置也做了极大的简化，用一排铁链、一组铁栏、一扇铁门这三个意向符号，把全剧的时空变化、情节更迭链接起来。

（赵克军）

【舞剧《随想三部曲——红、黑、白》】 8月9日，解放军艺术学院舞蹈系编导专业第一个本科班的毕业大戏《随想三部曲——红、黑、白》在学院礼堂演出。由系主任刘敏整体把关，黄蕾任总编导，舞蹈系2005级全体本科生共同创作，由2005、2006、2008级全体学生出演。舞剧以“红、黑、白”的色调勾勒出“生、死、爱”的永恒主题，表达了对生命的颂扬和礼赞。

（赵克军）

【大型音乐舞蹈史诗《复兴之路》】 9月28日，大型音乐舞蹈史诗《复兴之路》在人民大会堂演出。作品演出历时两个半小时，分为“山河祭、热血赋、创业图、大潮曲”和“中华颂”五大板块。3200人参演，创我国音乐舞蹈类史诗参演人数之最。作品诉说了自1840年到2009年的中国发展历程，以及亿万儿女对这片家园的爱。《复兴之路》是继《东方红》《中国革命之歌》后的第三部大型音乐舞蹈史诗，总导演张继钢。

（赵克军）

【舞剧《芸生》】 11月28日，雷动天下现代舞团在海淀剧院推出“国际平台专场演出”，呈献编舞马守则最新创作的舞剧《芸生》。作品分为两部分，上半场主要表现自然界的诞生，下半场则表现人类的出现以及人与人之间的关系。主题是“生命”，展现自然万物的运行及成长，并体现彼此之间互为因果的关系。

（赵克军）

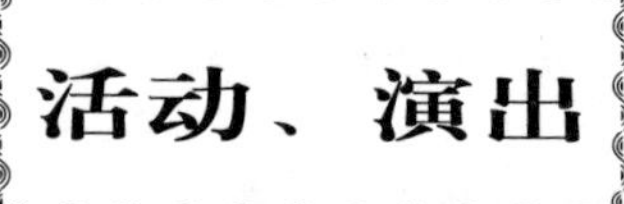

活动、演出

【中芭为农民工义演】 1月30日，中央芭蕾舞团在天桥剧场为来京务工人员、农民和社区居民1200人义务演出，由此拉开了中芭2009年春节文化下乡慰问演出序幕。演员们先后演出了芭蕾舞剧《红色娘子军》选段《五寸刀舞》，古典芭蕾《天鹅湖》选段《四小天鹅》，外国民间舞《洗衣娘》，中国版芭蕾舞剧《胡桃夹子》选段“糖葫芦舞”，现代作品《酸酸甜甜》和舞剧《红色娘子军》第四场“军民联欢”等。

（赵克军）

【雷动天下现代舞团专场演出】 2月5日，雷动天下现代舞团本年度“名家名作专场演出”在海淀剧院举行。此次演出的作品是由雷动天下艺术总监曹诚渊创意并与李捍忠、马波共同编创的《一桌N椅》。它巧妙借用了传统戏曲的音乐和结构方式，以高度凝练的抽象手段和精神意向，别出心裁地在剧本架构和表现形式等方面进行大胆解构。

（赵克军）

【中国歌剧舞剧院“金舞银曲”晚会】 2月6日～9日，大型情景时尚歌舞晚会“金舞银曲”在国家大剧院上演。整台晚会用“诗、情、画、意”四个章节贯穿，将传统艺术与时尚题材巧妙结合，并且加入了大量的民族原生态元素，为观众带来高质量、多元化的艺术享受。

（赵克军）

【温家宝总理邀刀美兰做客中南海】 2月14日，温家宝总理邀请著名傣族舞蹈表演艺术家刀美兰到中南海总理办公室做客，与她一起探讨如何更好地传承和发扬光大少数民族文化艺术。温家宝关切地询问了刀美兰的近况，还说道，云南是我国少数民族比较集中的地区，许多民族都有着丰富的非物质文化遗产，需要在保护继承中不断发扬光大。傣族文化艺术不仅是一个民族的，而且是56个民族文化艺术宝库中重要的组成部分。要做到传承和发扬光大，就要有组织、有规划，中央有关部门和地方都要给予指导和帮助。

（赵克军）

【第2届北京现代舞展演周】 4月15日～19日，第2届北京现代舞展演周在东方先锋剧场举办。展演周期间，来自北京、上海、天津等省市一线艺术院团、高校团体共35个团队和个人参加。舞蹈家邢亮、赵明及台北越界舞团都有精彩演出。节目有现代舞《稻草人》《玄梦三折》《在这个城市里》《忡、冲、憧》《生命之舞》《逝去的爱》《上路、路上》《舞之魂》等。

（赵克军）

【“柏屋·2009北京舞蹈映像”】 4月16日～18日，作为第16届北京大学生电影节系列活动之一的“柏屋·2009北京舞蹈映像”活动在京举行。此活动展示了中外原创舞蹈影像作品。开幕式上展映了中国的《岸》，冰岛的《爆发》，芬兰的《肖像》，挪威的《收音机芭蕾》，瑞典的《星期四》。17日，集中展示中国国内10年来创作的精品，同时播放舞蹈节委约创作的新作品。18日，举办了“透过镜头看舞蹈”的舞蹈影像工作坊。三天共展映了14部国内外优秀舞蹈影片。

（赵克军）

【“舞梦童圆”在京启动】 6月2日，2009“舞梦童圆”中华舞蹈爱心行动在京开启，同时拉开了一个旨在为农民工子女、流动儿童和留守儿童谋求舞蹈权利的励志公益活动的序幕。中国文联副主席、中国舞协主席白淑湘，中国舞协分党组书记、常务副主席冯双白等参加了启动仪式。这次的爱心行动共设立了4个主要项目。其一，设立爱心助学金。其二，举办年度活动日，邀请10位受助儿童到北京游览。其三，举办爱心舞蹈夏令营，由中国舞蹈家协会、柏屋舞蹈企业、舞动传媒在暑假组织优秀师资共同开展。其四，拍摄百位舞蹈明星公益宣传片。

（赵克军）

【北京当代芭蕾舞团北大演出】 6月6日，北京当代芭蕾舞团创作的《霾》在北京大学百年纪念讲堂演出。作品以当下人们对经济危机、环境危机的反应作为创作冲动，反省自身与社会的关系。团长王媛媛示意：该剧表达人对内心之“霾”的积极抗争和突围，通过暗夜的明灯来呈现希望，并努力在迷茫的环境中寻找梦想和自我，拨开烟霾，奔向梦想。

（赵克军）

【少数民族传统音乐舞蹈专场演出】 6月12日～14日，由中国非物质文化遗产保护中心承办的“中国非物质文化遗产展演——少数民族传统音乐舞蹈专场”在天桥剧场上演。此次展演节目有：维吾尔族刀郎麦西热甫、基诺大鼓舞、苗族芦笙舞以及藏族的山南果卓舞等16个特色鲜明的少数民族传统音乐及舞蹈类国家级非物质文化遗产保护名录项目，由13名国家级非物质文化遗产项目代表性传承人登台献艺。

（赵克军）

【音乐舞蹈《向着太阳的誓言》】 6月23日，由解放军艺术学院院长张继钢执导的大型音乐舞蹈《向着太阳的誓言》在中国剧院上演。整台晚会的舞蹈作品包括了中国当代舞、现代舞等多种风格，集体舞、双人舞、独舞等多种形式。参加演出的390多位演员都是学院师生，平均年龄只有17岁，生动展现了当代军人的良好风貌。

（赵克军）

【北京雷动天下二团公演】 7月18日，北京雷动天下现代舞团在798尤伦斯当代艺术中心举行了“雷动二团精彩亮相”系列活动。这是雷动二团成立后的首次对外演出。雷动二团全体演员们展示了一场由他们自己编创的舞蹈。这些刚刚走出大学校园的年轻舞者，用肢体语言零距离向观众表达了他们对现代舞的独特感受。

（赵克军）

【第5届“小荷风采”全国少儿舞蹈展演】 7月30日，第5届“小荷风采”全国少儿舞蹈展演北京展区闭幕演出，在政协礼堂上演。此次展演共收到由各地舞蹈家协会推选的700余部作品，共有来自全国30多个省市、自治区，包括中直、解放军各兵种直属幼儿园及港澳台地区的入围作品约250部，近5000人的各族小朋友参加表演。本届“小荷风采”全国少儿舞蹈展演分两个展区举行，地点分别是北京和安徽淮南。7月26日～29日期间，北京展区进行了多场入围作品展演。30日晚举行的北京展区闭幕式演出中，分“舞童年、舞太阳、画理想、梦蓝天”四个篇章，《我可喜欢你》《尖刀任务》《快乐奶仔》《咿呀，咿呀小哆哆》《欢动，亚克西》《姐姐的银饰》《高山情》《妈妈的爱》《花之颂》《同学少年向北望》《猫鼠之夜》《中国结》《太湖白鹭飞》等精品参加了演出。

（张燕鹰）

【北京现代舞团“北京意象”】 8月15日～21日，北京现代舞团的大型国际展演活动“北京意象”在东城区方家胡同46号红方剧场演出。这是“深巷北京”夏季艺术节的一项演出。该团选取了两个剧目，上半场是胡磊编导的《逍遥游》，下半场为高艳津子2006年受威尼斯双年展之邀创作并首演于威尼斯苔斯剧院的《三更雨·愿》。

（赵克军）

【舞蹈荟萃晚会“棱镜”】 8月28日～29日，北京当代芭蕾舞团的当代舞蹈荟萃晚会“棱镜”在解放军歌剧院首演。晚会邀请瑞

少儿舞蹈《同学少年向北望》

典、丹麦、加拿大艺术家创作了三个作品，以各自独立完整的风格，构成了国际当代舞蹈的透射棱镜，映射出舞蹈艺术的多元趋势，力图为观众带来目前国际上最前沿的当代舞蹈艺术动向。

（赵克军）

【王亚彬舞蹈晚会】 9月4日，由青年舞蹈家王亚彬策划、导演并主演，亚彬舞影工作室制作出品的舞蹈晚会“亚彬和她的朋友们”及舞剧《狼魔》在9剧场演出。晚会中，出身古典舞专业的王亚彬与武巍峰、孙悦三人，将古典舞的技巧与现代舞相结合，实践了当代舞者超越传统的有益尝试。表达生活空间里人与人之间各种不同的关系，并借此延伸观众的不同理解和感受，用艺术实现一次意识流的物化。同样，由王亚彬做艺术顾问的舞剧《狼魔》，则是通过民族舞与现代舞的结合，表达了当代青年人的困惑与理想。

（赵克军）

【国庆群众游行中的行进舞蹈】 10月1日，国庆60周年庆典在北京天安门广场隆重举行。经广大舞蹈工作者的精心策划、设计编排，在群众游行的行进表演中展示了安塞腰鼓《欢乐道情》、大型集体舞《青春中国》、大型群舞《世纪跨越》、大型水袖舞《祝福祖国》、大型民族舞蹈《爱我中华》和七色光少先队鼓号队的表演。《欢乐道情》由1020名陕西延安安塞县农民表演，是新中国成立后最大规模的安塞腰鼓表演，风格奔放热情，主要表现中国人民翻身得解放的由衷喜悦之情；《青春中国》由北京体育大学676名学生表演，风格突出青春活力，主要表现改革开放带给中国的伟大变革；《世纪跨越》由北京军区某部676名战士表演，风格大气磅礴，主要表现中国跨越新世纪的豪迈；《祝福祖国》由北京舞蹈学院、北京师范大学、首都师范大学、北京舞蹈学院附中的616名女生表演，风格唯美，主要表现中国科学发展、社会和谐；《爱我中华》由中央民族大学900名师生表演，主要表现中国56个民族的大团结；七色光少先队鼓号队由北京市的1419名中小学生表演，主要表现中国的美好未来。

（赵克军）

【国庆联欢晚会舞蹈表演出新】 10月1日夜晚，数万群众汇聚到天安门广场，共同庆祝新中国60华诞。绚烂的焰火、奇幻的光立方表演、华丽的服饰、欢乐的人群，共同展开和谐向上、团结奋发的美好画卷。经过半年多众多专家和舞蹈工作者的精心设计组织，确定广场联欢分为12个板块，即11个群众联欢板块和1个各民族联欢表演的中心区表演板块。晚会的表演分成四个乐章：第一乐章“和谐中国”，通过8个民族（汉、藏、蒙古、维吾尔、朝鲜、壮、回、高山族）各种不同风格的鼓舞形式来表现；第二乐章“腾飞中国”，通过龙腾狮跃来体现中国腾飞的气势，这些表演形式都在传统基础上进行了创新；第三乐章“崭新中国”，具有浓厚的现代感，都是充满时代特色的劲舞、灯笼舞、球操舞等，体现出今天的中国人活力、时尚、青春的感觉；最后一个“同歌共舞”乐章，是由中央领导人进入到中心表演区，与群众一起同歌共舞完成的，体现出党中央与人民群众心连心、鱼水情深，共同创造和谐氛围。此次群众联欢的特点强调各区域群众的自主联欢性和整体参与感，12个群众联欢区的集体舞不像过去国庆晚会要求全场在统一的乐曲伴奏下跳统一的舞蹈，而是各个区域自行创演，给12个群众联欢区留出了展示特色、自我欢愉的多个时段。当晚在同一首音乐伴奏下，有12种各具特色的舞蹈演绎。这是此次晚会的一大出新，也证明了北京舞蹈工作者队伍的实力日益雄厚。

（赵克军）

【北京舞协第五次会员代表大会】 10月27日，北京舞蹈家协会第五次会员代表大会在京召开。110名与会代表讨论并通过了修改后的《北京舞蹈家协会章程》，会上北京舞蹈家协会第四届理事会主席吕艺生作了《以求真务实开拓创新精神推动首都舞蹈艺术事业的新发展》的工作报告，回顾和总结了过去六年来协会的工作。经民主选举，产生了北京舞蹈家协会第五届理事会，包括55位当选理事；陈维亚当选为新一届北京舞蹈家协会主席；王晨为驻会副主席兼秘书长；冯英、阮兰玉、苏自红、李绫、赵明、杨华、明文军、贾洪震、顾小英等9人当选为协会副主席。

（赵克军）

【“起舞于动荡世界”创作活动】 11月6日~7日，“舞动无界”当代舞蹈作品晚会在保利剧院呈现。这是北京舞蹈学院舞蹈学系和英国密德萨斯大学表演艺术创作研究中心合作的一个国际舞蹈创作研究项目，由具有影响力的国内外一线编导、资深舞蹈研究学者和北京舞蹈学院青年舞团的优秀舞者构成主体。该项目以“起舞于动荡世界”为创作主题，触及今天跨越国界的严峻挑战：

世界气候变暖、复杂的全球化、金融危机、病毒传染等等。4位中国编导和4位国外编导根据这一主题进行了不同视角和不同风格的独立创作，构成一台世界首演的当代舞蹈晚会。每个作品按照规定，不超过6个演员，限时10分钟以内。与普通的创作表演不同的是，这个项目一直有各国学者跟踪创作过程和观察创作环境，并通过具体个案探讨共性的实践研究与比较研究。

（赵克军）

【中国歌剧舞剧院演出“四季情韵”】 12月21日，中国歌剧舞剧院打造的大型歌舞“四季情韵”在人民大礼堂上演。整台晚会以体现春、夏、秋、冬的大型舞蹈为主线，集合了不同时期、不同风格的歌曲、民族器乐组合、原生态歌舞、西洋弦乐组合和现代舞蹈等艺术形式。它突破了以往歌舞晚会的固有模式，每个声乐演员要载歌载舞，将歌与舞融为一体。

（赵克军）

【北海公园演出宫廷祈福乐舞】 12月28日，北海公园在祈福圣地——阐福寺举行祈福乐舞表演。演出中汇集了春秋、战国、汉、唐、宋等各个时期的皇家祈福乐舞。表演由舞蹈《霓裳羽衣舞》《飞天》《迎宾舞》等组成。乐舞全部依据史料记载，遵循了古代祈福乐舞的原貌，恢复了古代乐舞中的服装、乐器、道具，融合了道教、儒教、佛教文化，展现儒家礼、乐、射、御、书、数六艺的《迎宾舞》作为迎接宾客的一种礼仪。舞蹈以其轻柔的舞姿、欢快的节奏，表达了对嘉宾到来的喜悦之情，正如孔子所言：有朋自远方来不亦乐乎。

（赵克军）

赛事、奖项

【中国舞协被授予全国“巾帼文明岗”称号】 2月11日，全国妇联授予中国舞协全国“巾帼文明岗”荣誉称号。中国舞协通过高水平完成专业实践和管理，在社会上及同行中达到较高的知名度和影响力，实现了自身和行业的可持续发展。在工作中已经形成团结协作、同甘共苦的职业新风。如文艺界抗击冰雪及地震灾害等，中国舞协凸现了行业领头人的作用，无论是普通的青年女职工还是身为名家的中国舞协主席白淑湘、副主席刘敏、杨丽萍等无一不是身先士卒。中国舞协女职工不仅工作出色，才艺同样突出，多次代表中国文联参加中直系统文艺比赛或汇演，屡获嘉奖，充分展现了高素质的当代女性风采。

（赵克军）

【刘岩获“中国年度舞蹈最佳表现奖”】 3月23日，由天下英才传媒等主办、SMG新娱乐等承办的“华鼎之夜·第2届中国演艺名人公众形象满意度调查发布荣誉典礼”在北京举行。刘岩被授予“中国年度舞蹈最佳表现奖”。张艺谋表示：“开幕式中，我第一个要感谢刘岩，她把一切都给了开幕式。她很坚强，直到现在我还保留着那段录像（刘岩受伤瞬间），她是个英雄。”

（赵克军）

【北京市第11届舞蹈大赛】 6月25日，由市文联、北京舞协主办，北京歌剧舞剧院、北京红舞鞋商务中心协办的“北京市第11届舞蹈大赛”的决赛在北京戏曲职业学院落下了帷幕。赛程为时一个月，共有90多个单位1200多名演员参与，参赛作品250多个，入围193个节目。比赛分专业组、业余组、少儿组进行，最终评选出《嵩山晨曲》《悠风》《二胡声声》《借我一双翅膀》《蓝天任务》《小小计算娃》等作品分获专业、业余、少儿组创作、表演一等奖。

（赵克军）

【第5届世界青年大自然之舞观摩赛】 8月10日，由中国人民对外友好协会和国际热爱大自然促进会总会共同举办的“2009年舞颂天地情”第5届世界青年大自然之舞观摩赛在首都工人体育馆举行。来自21个国家和地区的31支青年团队参与此次赛事，国外到华参演与邀请贵宾达1200余人。此届盛会的主题是“和谐世界一家人——维护生命、热爱生命、光辉生命”，以推展热爱大自然文化、促进人与大自然的和谐为宗旨。由促进会所创的大自然之舞包括快乐之舞、欢喜之舞、幸福之舞、笑容之舞。在绚烂的舞台上，各国青少年用他们的歌舞表达出了大自然的欢喜、快乐及活力，共同歌颂了天地大爱、舞出天地真情。

（赵克军）

【文化部表彰国际获奖的芭蕾舞演员】 8月27日，在国际芭蕾舞赛场上摘金夺银的我国芭蕾舞演员管文婷、邢亮、何晓宇和姚海婧等受到文化部表彰。文化部部长蔡武，副部长赵少华、王文章等出席表彰大会，并向获奖演员颁发荣誉证书和奖金。蔡武表示文化部将进一步改革并完善对参加国际艺术比赛的管理模式，鼓励更多的青年艺术人才走出国门，并希望与会的各中直院团发扬中芭演员在国际大赛上的拼搏精神，在今后的国际交流中为我国取得更多的成绩和荣誉。

（赵克军）

【北京选手在“荷花奖”民族民间舞大赛获奖】 9月23日~28日，第7届中国舞蹈“荷花奖”民族民间舞大赛在贵阳市大剧院举行，全国19个省、18个民族的43支决赛队伍，经过三天的激烈角逐，最终北京参赛的8支代表队获2金、2银、4铜，北京舞协获得优秀组织奖。中央民族大学选送的群舞组《翻身农奴把歌唱》和北京舞蹈学院选送的单双三舞组《闲鹤》，夺得金奖。

（赵克军）

【第5届CCTV舞蹈大赛】 10月30日~11月8日，在中央电视台一号演播大厅举办了连续10天现场直播的“第5届CCTV舞蹈大赛”。本届大赛共有90多个选送单位的120个作品入围决赛。决赛设立了“群文舞蹈”、“少儿舞蹈”、“国际标准舞”和“街舞”的专场决赛，以及4天的综合场决赛，综合场的比赛由中国古典舞、中国民族民间舞、芭蕾舞、当代舞和群舞5个组别构成。百余部作品扣人心弦的角逐，彰显出新中国成立60年来国内舞蹈艺术普及和发展的迅猛势头。最终，北京地区获得金奖的有解放军艺术学院的群舞《红蓝军》和《我也想当兵》，总政歌舞团的群舞《跨越》、覃江巍表演的当代舞《生死不离》和海政文工团的群舞《刀锋》等作品。

（赵克军）

【“怀柔杯”全国国标舞比赛】 11月14日~15日，由怀柔区舞协、WSDA世界体育舞蹈联合会、WCDA世界体育舞蹈少儿拉丁舞联合会主办的2009年首届“怀柔杯”国标舞全国公开赛暨WSDA规范交谊舞全国公开赛在怀柔区第一中学体育馆举行。本次大赛设体育舞蹈摩登舞、拉丁舞、规范交谊舞、团体舞等四大系列，分专业、职业、业余三大组别，共有来自山东、安徽、湖南等省市的35支代表队900多名“舞林高手”同场竞技。年龄最大的选手78岁，最小的是6岁。经过两天的复赛决赛，北京选手张少佰、夏如珍获得交谊舞常青组第一名，怀柔区选手崔栋等获得少儿团体舞第一名，雷宇、王一行获少儿拉丁舞双人组第一名。

（赵克军）

【中国舞协首颁“终身成就奖”】 11月27日~12月1日，为纪念中国舞蹈家协会成立60年，舞协系列庆祝活动在京展开。除了展演60年间舞蹈精品外，还首次颁发了中国舞蹈界的最高荣誉奖项——终身成就奖。在人民大会堂举行的庆祝大会上，贾作光、盛婕、梁伦、彭松等4位中国舞蹈界泰斗级人物获得终身成就奖，一批在新中国培养下成长起来的优秀舞蹈家也获得表彰。

（赵克军）

交　流

【中央芭蕾舞团赴巴黎演出《红色娘子军》】 1月5日，中央芭蕾舞团在巴黎歌剧院演出中国经典芭蕾舞剧《红色娘子军》。这是中国芭蕾首次在巴黎歌剧院的舞台上亮相。拥有数百年历史的巴黎歌剧院在世界上享有盛誉，剧院演出水准一直保持在世界顶尖水准。中央芭蕾舞团此次应邀演出，表明其自身实力得到了包括巴黎歌剧院在内的世界芭蕾界的认可。

（赵克军）

【芭蕾舞剧《二泉映月》进京演出】 1月8日~10日，辽宁芭蕾舞团在国家大剧院演出芭蕾舞剧《二泉映月》。总编导门文元、刘军。该剧曾入选2005~2006国家舞台艺术精品工程十大精品剧目。

（赵克军）

【英国芭蕾舞剧《美女与野兽》到京演出】 1月13日，国家大剧院上演英国伯明翰皇家芭蕾舞团表演的童话芭蕾舞剧《美女与野兽》。该剧由该团艺术总监戴维·宾利创作。此次演出担任首席领舞、扮演主角“野兽”的是出生于北京的曹驰。该剧以图书馆内看书的场景为舞剧序幕，带出整个童话故事：父亲误摘了野兽的玫瑰，凶恶的野兽要他以女抵命，女孩为救父亲，答应到野兽的城堡居住，最终凭着爱与真诚为野兽解除魔咒，原来野兽本是英俊的王子。

（赵克军）

【以色列芭蕾舞团到京演出】 1月28日~31日，由以色列芭蕾舞团带来的现代作品在国家大剧院亮相。这次舞团带来了“‘三合一’现代芭蕾舞精品荟萃”，包含扬波斯基创作的3个作品。《沙滩记忆》根据李斯特和罗西尼的音乐创作，表现海水的变幻莫测和爱人的心境。《尼娜》根据圣·桑的一段音乐创作。《心醉神迷》的编舞灵感来自一系列持续重复的打击乐节拍。舞蹈动作合着节拍，并由带着哭腔的歌唱声分隔开几个段落，分别表现了灵魂的开启、自我告白、沉思而后离开等。

（赵克军）

【俄罗斯“小白桦”舞蹈艺术团到京演出】 1月29日～2月1日，俄罗斯国“小白桦”舞蹈艺术团在保利剧院举办“小白桦建团60周年特别演出”。演出的所有节目都是H. 娜杰日季娜建团之初的成名作，其中包括长达50分钟的独幕舞剧《四季》。

（赵克军）

【中央民族歌舞团赴埃及演出】 2月2日，中央民族歌舞团在开罗表演了具有中华民族特色的精彩节目，拉开了埃及“中国艺术周”的序幕。演出以陕北舞蹈《长穗花鼓》开场；藏族舞蹈《快乐藏人》表现出藏族粗犷豪放的民族性格；苗族双人舞《心碰心脸碰脸》在配乐和舞美设计上借鉴现代舞元素；而柔媚的哈萨克族舞蹈《可爱的一朵玫瑰花》、奔放的彝族舞蹈《彩霞》、经典的维吾尔族舞蹈《顶碗舞》，在服装的设计和舞蹈的技巧上都与埃及民族舞蹈有不少暗合之处。

（赵克军）

【舞剧《西施》进京演出】 2月12日～14日，无锡市歌舞团在国家大剧院上演新古典舞剧《西施》，展现出了一种沁人心脾的水墨江南的诗情意蕴。《西施》主创人员杨民麟、汤成龙采用了爱情与战争两条线索相交织的戏剧结构，描写美人对失去山河的悲伤，更将向往和平的现代意识融入了这个古典题材。

（赵克军）

【舞剧《红河谷》进京演出】 3月2日，无锡市歌舞团在国家大剧院再次上演由刘仲宝、门文元、高度、杨民麟等根据同名电影改编的舞剧《红河谷》。该剧展现了藏族人民为了抵抗外来入侵而浴血奋战的壮丽诗篇。

（赵克军）

【芭蕾舞剧《梅兰芳》进京演出】 3月6日～8日，广州芭蕾舞团在国家大剧院歌剧院上演了芭蕾舞剧《梅兰芳》。该剧由舞蹈家张丹丹编创，以高度概括的手法，将芭蕾与京剧这两种风格迥异的艺术相互糅合，被誉为是开创“京剧芭蕾”艺术先河的佳作。舞剧通过梅兰芳经历中的几个时期，勾勒出一代京剧大师的戏剧人生。

（赵克军）

【中央芭蕾舞团赴津演出《奥涅金》】 4月16日，中国国家芭蕾舞团受邀在天津大礼堂演出大型芭蕾舞剧《奥涅金》。该剧由著名芭蕾编导大师约翰·克兰科根据俄罗斯文学家普希金的诗体小说《叶甫盖尼·奥涅金》改编。剧情着重刻画了达吉雅娜的天真纯洁和奥涅金的轻佻虚伪、玩世不恭的性格，加之戏剧结构的严谨清晰，舞蹈编排的新颖别致，终使《奥涅金》成为一部兼具交响芭蕾和戏剧芭蕾两派长处的经典芭蕾舞剧。

（赵克军）

【舞剧《云水洛神》进京演出】 4月21日～22日，郑州歌舞剧院原创舞剧《云水洛神》在国家大剧院上演。中共中央政治局委员、中央书记处书记、中央宣传部部长刘云山，全国人大常委会副委员长司马义·铁力瓦尔地，全国政协副主席、中国社会科学院院长陈奎元等观看了演出。编导刘凌莉力图用现代的手段和样式，不是怪异而是自然，不是突兀而是和谐地再现出一种神人之恋独有的空灵流动、若即若离的美感；一种如原赋描写的“神光离合，乍阴乍阳”飘忽无定的美感。整个舞蹈都沉浸在“宓”和“植”至真不渝的爱情故事中。

（赵克军）

【踢踏舞剧《凯尔特传奇》到京演出】 4月30日～5月3日，爱尔兰踢踏舞团在保利剧院演出踢踏舞剧《凯尔特传奇》。领衔主演吉拉尔德·海耶斯。该剧在汇集爱尔兰民族音乐和舞蹈元素的同时，立足于当代观众的审美需求，充分发挥想象力，进行了全方位的创作改造，从而完整展示爱尔兰民族文化的音乐舞蹈表演，传递给观众一场淋漓尽致的视听风暴。

（赵克军）

【北京舞协组织参加“感恩之旅”公益演出】 5月1日～3日，应中国贫困地区文化促进会和羌族文化艺术展演组委会的邀请，北京舞蹈家协会于汶川地震一周年前夕参加了“感恩之旅”赴四川汶川县进行公益性慰问演出活动。此次活动经国务院批准，由中国贫困地区文化促进会主办，由北京多个文艺团体和四川省文艺界共同组成的演出团队一行60多人参加，在震区演出多场，受到汶川县政府和汶川广大群众的热烈欢迎，起到了鼓励汶川人民树立战胜自然灾害、建设美好家园的信心的作用。中共中央办公厅等单位的有关领导也专程赴汶川出席了此次活动，并给予很高的评价。

（赵克军）

【加拿大青年芭蕾舞团到京演出】 5月4日，加拿大青年芭蕾舞团在北京展览馆剧场演出。此次演出由北京市对外文化交流有限责任公司承办。演出节目有芭蕾舞剧《天鹅湖》《胡桃夹子》片段，也有我国著名导演张继钢的作品《女儿河》以及日本著名现代舞编导岛崎徹的作品《升起》等。

（赵克军）

【几内亚非洲舞蹈团到京演出】 5月5日，为庆祝中几建交50周年，几内亚非洲舞蹈团访华演出在北京解放军歌剧院举行。此次演出由文化部、国家广电总局、北京市人民政府主办，中国对外文化集团公司、北京市文化局承办。舞蹈团带来《曼丁戈帝国的记忆》，其每段表演的主题均围绕着一则反映几内亚历史的故事展开，通过串起全场的旁白，让观众在领略几内亚这个“节奏王国”魅力的同时，也触摸到这个西非国家的灵魂。

（赵克军）

【舞剧《骑楼晚风》进京演出】 5月13日～14日，由广东歌舞剧院打造的《骑楼晚风》（原名《王阿婆与许老头》）在保利剧院演出。该剧围绕居住在广州西关骑楼街区的两位老人的故事，表现了广州的民风民情和社会百态。在舞蹈语言上则吸收了芭蕾、现代舞、民族舞、街舞等种类的特色，以戏带舞，以舞入戏。

（赵克军）

【苏格兰芭蕾舞团到京演出】 5月26日～27日，苏格兰芭蕾舞团在梅兰芳大剧院演出《卡门》和《喜从天降》两部芭蕾舞剧。《卡门》是该团2009年的最新作品，由英国芭蕾大师理查德·阿尔斯通编创。另一部作品《喜从天降》是该团的艺术总监阿什利—佩吉的代表作之一，灵感来自20世纪30年代英国流行音乐和电影。表现的是英国人在经历1929年经济危机后，希望摆脱危机的心情和生活状态。

（赵克军）

【舞剧《春之祭》进京演出】 5月26日～27日，由法国编舞家海蒂玛莱姆与四川现代舞团合作的现代舞剧《春之祭》在海淀剧院上演。根据俄罗斯作曲家斯特拉文斯基同名芭蕾音乐创作而成。该创作与汶川大地震的悼念契合。

（赵克军）

【俄罗斯国立儿童芭蕾舞团到京演出】 5月29日～30日，圣彼得堡的俄罗斯国立儿童芭蕾舞团在梅兰芳大剧院演出童话芭蕾舞剧《拇指姑娘》和《睡美人》。《拇指姑娘》最大的看点是所有这些异想天开的动物和植物，都被“芭蕾”了。该团演员，年龄虽小却接受了严格专业训练，不仅亭亭玉立、彬彬有礼，更展露出极高的艺术潜质。

（赵克军）

【德国慕尼黑芭蕾舞团到京演出】 6月24日～27日，德国巴伐利亚慕尼黑国家芭蕾舞团在国家大剧院演出。古典芭蕾经典名剧《雷蒙达》以华丽恢宏的场景和严谨精确的舞蹈风格展示了该团对于古典传统风格的保留与承袭；而名为《梦幻变奏》的当代芭蕾精品荟萃则尽显欧洲舞蹈发展前沿与德国现代“哥特”风格，冷峻而神秘，令人耳目一新。

（赵克军）

【音舞诗画《印象·丝路》进京演出】 6月26日～7月13日，第2届中国国际青年艺术周在北京举行期间，兰州慈爱实验艺术职业学校演出了音舞诗画《印象·丝路》。该作品是艺术周推出的第一个“艺术扶贫”剧目。兰州慈爱实验艺术职业学校作为全国唯一的扶贫爱心艺术学校，本着“艺术扶贫、爱心助学”的育人方针，对贫困家庭学生以学杂费、生活费等所有费用全免的形式，开设中国唯一的艺术（舞蹈）“宏志班”，让昂贵的艺术教育惠及农村家庭和城市贫困家庭；努力建设以扶危济困为特色的开放式中等职业学校，用慈善运营实现教育公平，用爱心助学培育艺术新星，发挥着积极的示范引导作用。

（赵克军）

【衍生态舞蹈《云南的响声》进京演出】 7月2日～8日，由舞蹈家杨丽萍倾力打造的《云南印象》之姊妹篇《云南的响声》在京首演。奇思妙想的舞台灯光布景、极富表现欲的演员表演以及大量原生态乐器发出的响声，交织成一场似真似幻的奇妙世界。其中，杨丽萍三次登台，表演的催生舞、甩发舞等为观众留下深刻的印象。《云南的响声》定位于“衍生态”，是新一代的歌者舞者在传统歌舞的基础上，通过大胆想象创造出来的。

（赵克军）

【歌舞剧《可爱的一朵玫瑰花》进京演出】 7月28日～29日，新疆兵团歌舞剧团在天桥剧场演出大型哈萨克民族歌舞剧《可爱的一朵玫瑰花》。该剧以同名歌曲“可爱的一朵玫瑰花”改编而成，讲述了哈萨克民族的爱情故事，反映了生活在兵团边境团场的哈萨克族、汉族和其他少数民族职工群众和睦相处、团结互助、共同发展的生动画面。全剧共分五幕。剧中有阿肯弹唱、绣花毡、木臼舞、民兵操练舞、摔跤舞、戏水梳妆舞、马鞭舞、小山羊舞、婚礼舞等哈萨克族歌舞，展示了哈萨克民族独有的地域传统文化、生活习俗。这是新疆近20年来首部被搬上舞台的反映哈萨克民族风俗的舞台剧。

（吕　杰）

【舞剧《鹤鸣湖》进京演出】 7月29日，由大庆歌舞剧院编导王举历时两年半时间创排的大型生态舞剧《鹤鸣湖》在保利剧院上演。《鹤鸣湖》通过贯穿始终的四个“人物”——庆、母鹤、小鹤和魔，表现了“百湖”传奇。剧中，庆与鹤群联手抗争，拼死保护刚刚诞生的小鹤蛋。最终，庆为了挽救小鹤与魔同归于尽。

（赵克军）

【民族舞剧《丝路花雨》进京演出】 7月29日～8月2日，由甘肃敦煌艺术剧院创编的经典民族舞剧《丝路花雨》在国家大剧院举行30周年纪念演出。该剧自1979年首演至2009年，共演出1500余场，观众达310多万人次。曾获中华民族20世纪舞蹈经典作品“金像奖”，2004年10月被上海大世界基尼斯总部认定为“中国舞剧之最”。

（赵克军）

【歌舞《中华吟》进京演出】 8月1日～2日，黑龙江省歌舞剧院创作的歌舞《中华吟》在天桥剧场上演。总编导信洪海。整台晚会共15个歌舞节目，分成“思接千载”“天人合一”等5个段落。晚会采用多种艺术元素和表现形式，以崭新的艺术视角，别样的风格特质，演绎出一台色彩斑斓、富有诗情画意的歌舞晚会。

（赵克军）

【歌舞史诗《羌风》进京演出】 8月5日，来自四川灾区的80名羌族演员在保利剧院演出了大型羌族歌舞史诗《羌风》，导演曹平。该剧讲述了羌族部落成长的历史，以“羌”的创世神话拉开序幕，呈现他们异彩纷呈的文化形态和民俗风情。《羌风》囊括羌族特有的6项国家级非物质文化遗产。《羌风》是一场歌舞表演，也是一场非物质文化遗产的汇演。

（赵克军）

【中央芭蕾舞团赴墨尔本演出】 8月5日，中国中央芭蕾舞团在澳大利亚的艺术之都墨尔本市艺术中心上演了大型舞剧《大红灯笼高高挂》，受到热烈欢迎。中央芭蕾舞团为这次演出派出了强大阵容，剧组87人，上场演员52人。这是中央芭蕾舞团在墨尔本的第一次亮相。

（赵克军）

【美国长滩舞蹈团到京演出】 8月9日，美国长滩舞蹈团的“美国风格芭蕾舞”在北展剧场上演。上半场是观众熟悉的《天鹅湖》，下半场是展示美国芭蕾发展历程的舞蹈组曲，从古典舞一直到二战后流行的摇摆舞；还有印第安舞、美国西部牛仔舞、百老汇的爵士舞、美国特有的幽默舞等，压轴是特意编排的京味儿十足的中国舞。

（赵克军）

【风情歌舞“赣风”进京演出】 8月11日，江西省艺术剧院大型风情歌舞“赣风”在天桥剧场上演。总导演甘露。“赣风”通过富有江西浓郁地域特色的民歌、舞蹈、戏剧等元素的运用，对江西的名山、名水、名人进行了全方位的艺术展示。其中，《斑鸠声声丢打丢》《哭嫁》等歌舞节目让观众领略到江西的多彩神韵与和谐繁荣，更印证了赣鄱之地乃人与自然、人与人和谐共处之地。

（赵克军）

【舞剧《风中少林》进京演出】 8月13日～16日，由河南郑州歌舞剧院创作排演的大型原创舞剧《风中少林》在国家大剧院连演四场，主创人员为阎铁成等。该剧通过一名少林武僧的传奇故事，演绎了正气与邪恶的生死较量和一出包蕴东方隐忍之美的爱情悲剧。全剧既有精湛的少林功夫展示和恢宏的战争场面，又有如歌的人间情爱和如诗的中原风情。

（赵克军）

【舞蹈诗剧《天山芙蓉》进京演出】 8月19日，由湖南省歌舞剧院创排的大型舞蹈诗剧《天山芙蓉》在天桥剧场演出。该剧邀请湘籍舞蹈家谢晓泳为总编导。通过“芙蓉花开的时候、荒漠上西行的卡车、新兵、麦田、婚礼、地窝子里的新人、做了母亲的女人、橘子皮的芳香”等10个篇章的舞蹈诗，塑造了八千湘女可歌可泣的英雄群像。其独特的音乐、舞蹈、舞美、灯光、服饰设计，既再现了湖湘文化的神韵，又表现了边疆少数民族的风情。

（赵克军）

【歌舞《长白山阿里郎》进京演出】 8月25日～26日，朝鲜族民族歌舞《长白山阿里郎》在民族宫大剧院演出。节目以赞美人与自然、人与人之间和谐相处为主题，在继承优秀的朝鲜族民俗、民风的同时，突出了具有中国特色的朝鲜族文化，展现了浓郁的民族风格和地方风情。演出也有大胆创新。长鼓舞是朝鲜族的传统舞蹈，一向由女子表演，但这次演出中，却改由男子表演，把以前女性的柔美变成男性的刚毅，别具一番风味。

（赵克军）

【西班牙舞者到京演出】 9月3日~7日，来自西班牙的两位舞者卡门·瓦尔内尔和亚利桑德罗·莫拉塔在蜂巢剧场简易舞台空间演绎了一台精彩舞蹈《我口袋中的天空》。卡门解释说，所谓即兴舞蹈并不是在毫无准备和彩排的情况下进行，其具体表现在气氛的营造上，对于动作是有无限的可能性，可以向上，向下，也可以一直向前，重要的是灵魂想要冲出外面。

（赵克军）

【大型歌舞《九曲黄河》进京演出】 9月7日，由山西省歌舞剧院集体创作的大型歌舞《九曲黄河》在天桥剧场举行首场演出。以歌颂黄河为主题，分《黄河风》《黄河情》《黄河韵》三个篇章。全剧充分展现了黄河东岸浓郁的黄土气息和强烈的时代特征，彰显了山西厚重的文化底蕴和独特的艺术魅力。在艺术创新方面，舞蹈与声乐、舞蹈与器乐、声乐演员的多声部演唱等形式的多样化，再加上舞美的大写意、道具灯光的烘托，配以起伏跌宕、极富张力的音乐艺术，给观众一种清新亲切的视觉听觉享受。

（赵克军）

【歌舞《四川依然美丽·天地吉祥》进京演出】 9月14日，由四川省委宣传部、省文化厅和成都市委宣传部出品的大型民族歌舞《四川依然美丽·天地吉祥》在天桥剧场演出。晚会以“心中有爱，天地吉祥”为主题，向观众展现了美丽的四川。总导演四川民族歌舞团团长兰卡介绍，晚会原名《天地吉祥》，汶川大地震后，为向世人展示四川人民的坚强与灾后重建的决心，遂更现名，以更好地表达民族之间的和睦精神。

（赵克军）

【香港芭蕾舞团在京演出】 9月16日~18日，香港芭蕾舞团携浪漫芭蕾代表作《吉赛尔》在保利剧院演出，以庆祝该团建立30周年。此次演出是以现今流传下来最多的俄罗斯编舞大师佩蒂巴的版本为基础。其艺术总监区美莲表示，“让东西方文化在舞台上碰撞，让亚裔和欧美的演员在舞台上相互学习和融合，成为了港芭区别于其他院团的一大特色”。该团的43位舞蹈演员来自11个不同的国家和地区，充分显示了多元性的人员构成。此次担纲《吉赛尔》主演的演员均来自内地，都受过严格的芭蕾训练，有着较高的艺术素养。

（赵克军）

【日本师生到北京舞蹈学院交流】 9月17日~18日，日本大学艺术学部演剧学科主任原一平教授率领21名师生到北京舞蹈学院与中国古典舞系进行学术交流。交流活动包括讲座、工作坊、展演和联谊等内容，双方分别从理论和通过课堂教学的形式介绍了各自的传统舞蹈及其发展。

（赵克军）

【旧金山芭蕾舞团到京演出】 10月1日~3日，美国旧金山芭蕾舞团首次到京在保利剧院为观众带来3场芭蕾演出。首席演员是美国三大芭蕾舞团中唯一的华人演员谭元元。被誉为“芭蕾皇后”的她在托马森的新版《天鹅湖》中一展风采。该团还有来自法国、西班牙、俄罗斯、澳大利亚等国的优秀演员。

（赵克军）

【俄罗斯红旗歌舞团到京演出】 10月4日~6日，俄罗斯军队亚历山大红旗歌舞团以130多人的豪华阵容亮相国家大剧院。此次红旗歌舞团带来的节目，不仅有《莫斯科郊外的晚上》等一批经典歌曲，还有《水兵舞》《哥萨克骑兵舞》《节日方阵》《帕列赫锦盒》等舞蹈作品。

（赵克军）

【斯图加特芭蕾舞团到京演出】 10月9日，斯图加特芭蕾舞团《驯悍记》再次在国家大剧院演出。《驯悍记》用一个充满喜剧色彩的故事，探索了两性关系以及爱情和金钱的价值等主题，带有浓厚的文艺复兴时期色彩，体现出对人的命运以及人与人之间关系的关怀，在笑声中更蕴含着令人意想不到的温情。

（赵克军）

【《燃烧地板》到京演出】 10月14日~16日，《燃烧地板》亮相北京人民大会堂。导演兼编舞杰森杰尔基森从澳大利亚、美国、意大利、爱尔兰、挪威、英国、瑞典等12个国家邀请36位舞蹈比赛桂冠选手组成了强大的演出阵容。演出近两个半小时，集优雅的华尔兹、激情的恰恰和桑巴、充满异国情调的伦巴跳脚和爵士、热情的弗拉明戈、清新缥缈的踢踏舞等国标舞种之大成；除此，该剧包含了摇滚、曼波、萨尔萨、林蒂跳步、吉特巴格等民间舞和舞厅舞，以及在西方剧场舞蹈中的主流舞种——芭蕾和现代舞，由此创造了一个古今同辉、雅俗共赏的舞蹈大荟萃。

（赵克军）

【大型风情歌舞《太阳女》进京演出】 10月19日~20日，由云南省人民政府、北京大学和中国科技馆联合主办的彝族大型风情歌舞《太阳女》在北京大学百年讲堂演出。整台晚会通过多姿多彩的舞蹈、多彩的服装，让人联想到彝族人民的智慧和创造，展示了今日彝州人纯真、敦厚、多彩、朴实的精神面貌。

（赵克军）

【中央民族歌舞团赴塞尔维亚演出】 10月22日，中央民族歌舞团在塞尔维亚首都贝尔格莱德市萨瓦中心演出了歌舞晚会“多彩的家园”。充满喜庆色彩的汉族舞蹈《花鼓》拉开了演出序幕。汉族群舞《秦俑点兵》，彝族舞蹈《彩霞》，哈萨克族独舞《花儿为什么这么红》等先后上演，压轴节目舞蹈《千手观音》更是展现出了东方神韵。塞尔维亚外交部、贸易部、卫生部的部长等官员和17个国家驻塞尔维亚使节与当地观众一同观看了演出。

（赵克军）

【伊拉克歌舞团到京演出】 10月26日，伊拉克国家民间歌舞团在北京首都图书馆小剧场演出。伊拉克艺术家们表演了阿拉伯踢踏舞、沙漠贝杜因舞、巴格达印象舞等10余个经典节目。伊拉克舞蹈激昂、欢快，音乐旋律优美。这是伊拉克战争结束后，伊拉克国家民间歌舞团首次到华访演。文化部副部长周和平，伊拉克驻华使馆临时代办拉赫曼·穆赫辛、阿拉伯联盟驻华代表穆罕默德·哈桑大使等出席观看。

（赵克军）

【爱尔兰舞剧《大河之舞》到京演出】 11月5日~11日，曾在世界各地表演的爱尔兰著名舞剧《大河之舞》在北展剧场再次上演。全剧不单是一场踢踏集锦，而且是一部编排严谨的舞剧。从开篇的“寻找朝阳”，到“英雄去世”、“穷人嘉年华”，讲述了爱尔兰人与大自然不断抗争，历经战争、饥荒种种困苦后重建家园的血泪史。另外，这一版本在上半场和下半场分别融入了一段中国民族旋律。制作经理说：在第一幕插入《康定情歌》，是因为导演觉得这首歌曲符合大河之舞的剧情；而在尾声处用小提琴改编《我的祖国》，是因为有人告诉他这首歌的第一句歌词是“一条大河波浪宽”，借此拉近与中国观众的距离。

（赵克军）

【俄罗斯儿童舞蹈团到舞院附中交流】 11月10日，应中国人民对外友好协会邀请到华访问的俄罗斯莫斯科“布拉季诺”儿童模范舞蹈团一行30人与北京舞蹈学院附中师生进行专业交流。北京舞蹈学院附中学生展示了芭蕾舞课堂教学以及一些芭蕾舞和中国舞节目，儿童模范舞蹈团表演了踢踏舞以及富有浓郁哥萨克风格的舞蹈《卡林卡》。

（赵克军）

【美国芭蕾舞剧院到京演出】 11月12日~15日，美国芭蕾舞剧院在国家大剧院演出《堂吉诃德》和《当代芭蕾集锦》两部作品。此次演绎的《堂吉诃德》由现任艺术总监凯文—麦肯齐于1995年改编而成，彰显出典型的“美国芭蕾学派”风格，精力充沛而又激情四射。《当代芭蕾集锦》共包含4段舞蹈，集中体现了美国当代芭蕾发展的前沿。其中《七首奏鸣曲》通过钢琴伴奏和演员的舞蹈，表现了七种不同色彩和肌理。《三分之一》在观众面前展示的是20世纪40年代黑白默片的艺术效果。除此之外，还包括了性格双人舞《舞海掠影》和传统剧目《凡事不可一蹴而就》。

（赵克军）

芭蕾舞《堂吉诃德》

【台湾云门舞集当代舞团在京演出】 11月27日~29日，云门舞集当代舞团林怀民的力作《行草》在国家大剧院上演。该剧以舞者“临摹”王羲之的“永”字破题，随后展开变奏，引出舞群“浸染”满台的“千字文”，并由幻灯投射出王羲之、怀素、宋徽宗等历代书法大家的手迹，映现在舞者身上。书法的婉转笔触与舞者流动的肢体相呼应。《行草》是林怀民在台北故宫博物馆内观赏书法藏品后获得灵感而编创的，他称这是“以书法美学丰富舞蹈”。

（赵克军）

【西班牙大都会舞蹈团到京演出】 11月28日~29日，西班牙大都会舞蹈团的大型现代舞剧《卡门》在保利剧院演出。该剧首次以现代舞的形式展现在观众面前，其中还包含了多种其他的舞蹈艺术门类。被誉为西班牙玫瑰的克里斯蒂娜·欧约斯也随团参演。她被国际舞蹈界及媒体誉为最伟大的弗拉门戈舞者。

（赵克军）

【美国何塞·利蒙舞蹈团到京演出】 12月3日~4日，美国现代舞劲旅何塞·利蒙舞蹈团在国家大剧院戏剧场演出《传世经典》。《传世经典》汇集了利蒙大师生前的《编舞的献礼》《叛徒》《摩尔人的帕凡舞》《那一刻》4部“得意之作”，从不同角度勾勒出大师独树一帜的舞蹈风格和舞蹈意境。之后，利蒙舞团还献上一台名为《源远流长》的演出。这台演出汇集了利蒙体系四位传人的经典作品《我心深处》《练习曲》《变形记》和《世界边缘》，压轴作品是以二战为灵感的《弥撒曲》。

（赵克军）

【韩国创舞会到京演出】　12月10日，金梅子带领韩国现代舞团体“创舞会”在国家大剧院演出。在这台名为《舞乐天》的演出中，上演了由《天目》《失乐园》和《舞神明》3个作品组成的舞蹈荟萃，在韩国深厚的文化底蕴与传统氛围中，注入现代人的全新解读与思考，带来崭新的舞台视角。最特别的是舞蹈《天目》，其灵感源于神秘的“萨满礼仪”，很多内容取自纯正的萨满舞蹈和礼仪，展现原始人类的思考。

（赵克军）

【俄罗斯皇家芭蕾舞团到京演出】　12月28日，俄罗斯皇家芭蕾舞团的《天鹅湖》在北展剧场演出。该剧院很多演员是莫斯科、贝尔姆、纽约等国际芭蕾比赛大奖获得者，不仅保留了莫斯科大剧院正统、专业、极其标准化的艺术形式，细腻、优美的舞蹈风格，更在整洁、场面宏阔上狠下工夫，给北京观众一种俄罗斯学派的高雅感受。

（赵克军）

【加德斯版《卡门》到京演出】　12月31日，弗拉明戈舞剧《卡门》在国家大剧院上演。弗拉明戈与《卡门》的结合在世界范围内有着众多版本，此次由安东尼奥·加德斯舞团带来的这一版《卡门》首演于1983年。这部作品的编舞兼第一任男主角安东尼奥·加德斯不仅是一位技艺精湛的弗拉明戈“舞神”，还是一位出色的电影演员，曾在西班牙导演卡洛斯绍拉的“弗拉明戈三部曲”中担纲男主角。加德斯版《卡门》在舞美设计上还原了弗拉明戈质朴的本质，几把椅子与镜子构成了舞台的全部。简约的布景和弗拉明戈特有的气质，给北京观众带来与众不同的艺术感染力和不同的卡门形象。

（赵克军）

纪　念

【贾作光从艺70年筹备恳谈会】　4月5日，由中国舞协、北京市文联、北京舞协、北京舞蹈学院、中国艺术研究院舞研所共同主办的“贾作光从艺70年筹备恳谈会暨生日庆祝会”，在北京会议中心举行。各主办单位领导、嘉宾及贾作光的众多好友、学生到场庆贺，并以献歌献舞、吟诗作词的方式，共祝贾作光青春永驻，舞蹈艺术生命长青。

（赵克军）

【吕艺生教授从艺60周年庆祝会】　5月16日，吕艺生教授从艺60周年庆祝会在京举办。此次活动由中国舞协顾问、北京舞蹈学院原院长吕艺生的研究生发起，北京舞蹈学院舞蹈学系主办。中国舞蹈家协会分党组书记冯双白，教育部体卫司司长杨贵仁，北京舞蹈学院院长李续、党委书记王传亮，文化部教科司副司长王丰，解放军艺术学院院长张继钢、北京舞蹈学院学术委员会副主任潘志涛，中国艺术研究院舞蹈研究所所长罗斌，中国舞蹈家协会副主席李毓珊，北京舞蹈家协会副主席王晨以及北京舞蹈学院各系主任、部门负责人和吕艺生的研究生等参加了庆祝会。庆祝会由舞蹈学系副主任许锐主持。会上，来宾们纷纷对吕艺生对北京舞蹈学院、对中国舞蹈事业发展所作出的贡献予以肯定。李续和王晨分别代表学院和北京舞协向吕艺生赠送了礼物。

（赵克军）

【大歌舞《人民胜利万岁》纪念座谈会】　10月2日，由文化部责成中国艺术研究院主办，中国艺术研究院舞研所、音研所承办的大歌舞《人民胜利万岁》纪念座谈会举行。1949年9月26日和10月2日，为庆贺中国人民政治协商会议第一次会议胜利召开及圆满闭幕，为迎接新中国的诞生，华北大学三部文艺演出队在中南海怀仁堂演出了《人民胜利万岁》大歌舞，受到了毛主席等中央领导同志的赞赏。参加节目创作、演出的有近200人，集中了当时文化艺术界的精英，舞蹈家戴爱莲和胡沙出任总导演，演员以老解放区华北大学文工团演员为骨干。《人民胜利万岁》由10个段落组成，内容是以庆祝人民政协召开为主，表现无产阶级领导的以工农联盟为主体的各民主阶层的大团结。实际上它就是1964年创作的音乐舞蹈史诗《东方红》的前身。60年前参加该节目创作演出的老舞蹈工作者应邀参加了座谈会。

（赵克军）

【北京舞蹈学院建校55周年庆祝活动】 10月18日，北京舞蹈学院举行庆祝建校55周年系列活动。始建于1954年的北京舞蹈学院，是新中国成立后开办的第一所专业舞蹈院校，也是目前中国唯一一所专业舞蹈高等学府，是当今世界规模最大、专业设置最为齐全的知名舞蹈院校之一，是中国舞蹈文化的高素质人才培养基地、舞蹈作品创作基地、舞蹈学术研究基地、舞蹈文化传播基地。在“和谐、励志、节俭”的原则指导下，举行了“庆祝北京舞蹈学院建校55周年”系列活动，其中包括北京舞蹈学院建校55周年纪念会、“舞蹈学科文集”发布会、北京舞蹈学院2010届毕业生供需见面会、舞蹈创作与研究学术研讨会、舞蹈基础教育科学选材研讨会、国际标准舞高峰论坛、老校友恳谈会和校庆纪念晚会等。

（赵克军）

【中国舞协成立60周年舞蹈晚会】 11月28日，庆祝中国舞协成立60周年舞蹈精品晚会在人民大会堂举行。这台不同风格的众多舞蹈精品，展现了新中国成立60年舞蹈创作的历程；戴爱莲的名作《荷花舞》、贾作光编导的《鄂尔多斯》、张继钢的代表作《千手观音》，一同呈现给观众。不同民族的舞蹈作品和以军人为题材的舞蹈精品分外引人。

（赵克军）

【中芭建团50年演出】 12月1日~31日，在中央芭蕾舞团50岁生日之际，中芭倾全团之力在国家大剧院、天桥剧场和北京大学推出8台共16场精彩演出。率先在国家大剧院亮相的《希尔薇娅》是1980年我国改革开放后中芭与外国人合作的第一部舞剧。12月4日~5日登台国家大剧院的是中芭逢节必演的《天鹅湖》；12月8日~9日登台国家大剧院的《牡丹亭》是中芭最新的原创作品；12月12日~15日在天桥剧场上演了《红色娘子军》和《大红灯笼高高挂》；12月27日~28日在天桥剧场上演的《奥涅金》则是中芭最新的引进剧目。12月23日~24日以及12月30日~31日，中芭还分别在北京大学和天桥剧场上演了两台精品荟萃晚会。

（赵克军）

【孙颖逝世】 12月3日，舞蹈教育家、理论家、编导家，中国汉唐古典舞创始人，中国舞蹈家协会会员孙颖因病逝世，享年80岁。孙颖先后任北京舞蹈学院图书馆馆长、舞蹈史论系主任等。2001年，他创立了中国汉唐古典舞教研室并招收大学本科生和研究生。“中国汉唐古典舞人才培养模式”被国家人事部、财政部、教育部、文化部评为“人才培养模式创新实验区”；被北京市教委评为教学成果二等奖。孙颖曾获“北京高等学校教学名师”奖；被中国舞蹈家协会授予“卓越贡献舞蹈家”称号。其论文《说古论今》曾获第5届中国文联文艺评论一等奖，《中国古典舞评说集》获北京市哲学社会科学二等奖；曾编创大型舞剧《炎黄祭》《龙族风韵》《铜雀伎》，汉唐古典舞蹈《踏歌》《楚腰》《谢公屐》《小破阵》等，许多已经成为教学保留剧目，其中女子群舞《踏歌》曾获首届中国舞蹈“荷花奖”金奖。除此之外，孙颖还为多部历史题材的电视剧《唐明皇》《三国演义》《司马迁》《炎黄始祖》等编舞。

（赵克军）

教育、培训

【北京舞蹈学院首届艺术硕士毕业】 1月5日，北京舞蹈学院举行了首届艺术硕士（MFA）研究生毕业典礼。院党委书记王传亮、院长王国宾等领导及导师和在读研究生出席了典礼，刘震代表毕业生发言。王国宾为首届毕业生颁发了艺术硕士学位证书，他在讲话中勉励毕业生要在本职岗位上、在广阔的舞台上发挥所学，施展才华，为舞蹈艺术事业发展做出更大贡献。毕业典礼由研究生部主任袁禾教授主持，她还对首届艺术硕士（MFA）研究生的教学情况进行了总结。

（赵克军）

【全国校园舞蹈研修班】 5月1日，为深入贯彻落实《学校艺术教育工作规程》，由中国教育学会主办的全国校园舞蹈创作高级研修班在京开课。舞蹈研修班邀请了艺术界理论、创作、教学一线的艺术家授课。另外还涉及舞蹈编创一般性基础理论知识，对舞蹈作品进行详尽的点评与分析，聚焦校园舞蹈动态以及校园舞蹈如何正确发展等诸多问题。中国教育学会常务副会长郭永福表示，此次举办研修班的目的在于推动校园艺术实践创作与理论的良性互动，并对第5届全国儿童艺术展演暨“六一”文艺晚会和庆祝新中国成立60周年暨魅力校园合唱汇演活动具有一定的理论指导意义。

（赵克军）

【中荷国际舞蹈大师班】 8月17日~30日，在荷中基金会和荷兰驻华大使馆的鼎力支持下，北京师范大学艺术与传媒学院在京举办“2009年中荷国际舞蹈大师班”。大师班请来了荷兰最负盛名、有“即兴女皇”之称的Emio Greco，带来欧洲最具有影响力的编舞方法——即兴编舞法，以及Katie Duck、Tom Koch两位大师带来全新的现代舞技术课程。在最后的汇报演出中，来自荷兰的现代舞剧团与中国的学员共同演出交流，让中国热爱现代舞蹈艺术的年轻人能够得到世界一流艺术大师的指导。

（赵克军）

【区美莲在舞院办讲座】 9月17日，香港芭蕾舞团艺术总监区美莲在北京舞蹈学院沙龙舞台为芭蕾舞系学生举办了一场别开生面的讲座。区美莲曾是瑞典舞坛上最优秀的舞蹈家之一，2002年～2008年间担任全球历史最悠久的芭蕾舞团之一——瑞典皇家歌剧院芭蕾舞团的艺术总监。讲座配以珍贵的视频短片，透过芭蕾舞蹈动作、记录法及舞步的演变，深入浅出地介绍了17世纪至19世纪奥古斯特布农维尔期间的舞蹈发展历程。

（赵克军）

【中国舞协举办舞蹈论坛和大师班】 11月26日～12月1日，中国舞蹈家协会举办“中国舞蹈发展论坛暨第2届全国舞蹈大师班”，组织各省舞协、专业艺术表演院团、高等艺术院校、群众艺术馆、艺术培训中心等有关领导、专家学者、编导到京交流学习、进修观摩。本次论坛汇集了当今舞蹈界各领域名家进行讲座，还举办了中国舞蹈60年大型图片展，出版纪念文集与画册。本届大师班开设5个进修课程：院团管理、舞蹈编导、理论教育、群众艺术发展和灯光舞美设计。结业时，颁发了第2届全国舞蹈大师班结业证书。

（赵克军）

探索、研究

【赵明舞蹈艺术研讨会】 1月6日～8日，北京舞协举办了“赵明舞蹈艺术研讨会”。本次研讨会总结、归纳、研究了赵明的艺术成就、成才模式，对所在部队长期以来对他的培养和支持进行了全面的探索和总结。同时还对舞蹈的市场定位、创作方向、产业化进程进行了探讨，特别是对当前舞蹈艺术的创新性问题作了较为深入的议论。中宣部文艺局、总政宣传部艺术局、中国文联、中国舞协、北京市文联、北京舞协、解放军艺术学院、总政歌舞团、北京军区政治部宣传部、战友文工团、二炮文工团、北京舞蹈学院、上海市委宣传部、上海世博局、上海市城市舞蹈公司等有关领导和专家参加了研讨。

（赵克军）

【北京舞协参加全国校园舞蹈研讨会】 4月25日～28日，“舞向未来”第4届全国校园舞蹈研讨会在浙江省余姚市举行，来自全国25个省市、42个单位的60多名代表参加了会议，北京舞协应邀与首都师范大学、北京幼儿师范学校的舞蹈教师参加，做了专题发言，并与与会者一道，以“弘扬中华文化，建设中华民族共有的精神家园”为宗旨，向全国的大、中、小学发出倡议，希望各地的舞蹈工作者配合政府及教育机构，推进舞蹈艺术在校园的普及与发展。

（赵克军）

【少数民族民俗舞蹈研究论坛】 6月13日，由北京师范大学艺术与传媒学院、中国社会科学院民族学与人类学研究所《民族研究》编辑部、中央民族大学文学院联合主办的“中国区域少数民族民俗舞蹈研究”论坛在京举行。相关专家就中国少数民族舞蹈教育现状、少数民族舞蹈创作趋同化现象、民俗舞蹈与旅游文化、少数民族民俗舞蹈数字化发展等话题进行广泛而深入的研讨。论坛期间，还观看了北京师范大学艺术与传媒学院舞蹈系的教学演出。

（赵克军）

【中国舞剧艺术研讨会】 7月16日，由中国艺术研究院主办，中国艺术研究院舞蹈研究所承办的“中国舞剧艺术研讨会”在京举行。编导、学者对中国舞剧艺术70年的发展历程进行了总结及详尽的回顾，还分别从舞剧的本质、特性、品格、创作、生态、市场等不同角度对中国舞剧进行了全方位的思考与研讨，分析了当代舞剧发展的种种现象和待解决的问题。

（赵克军）

【全国幼教舞蹈教学成果展演及教学研究论坛】 7月26日～28日，由全国幼教舞蹈素质与能力培训委员会和北京舞蹈学院培训中心联合主办的“全国幼教舞蹈素质与能力培训教学成果展演”及“教学研究论坛”在北京举行，来自全国各省、直辖市、自治区50余个幼教幼师系统和单位参加了这次活动。展演的节目反映了“健康向上”的教材主题，同时介绍了北京舞蹈学院培训中心的工作状况。本活动意在展示并检验全国幼教舞蹈素质与能力培训项目，推广工作实施以来我国幼儿舞蹈教育事业取得的成绩。

（赵克军）

【《舞蹈奥秘探求》出版】 7月，舞蹈理论家隆荫培《舞蹈奥秘探求》（上、下卷）一书由香港天马出版社出版。该书由作者20世纪50年代以来在各报刊发表的300余篇有关舞蹈、舞剧艺术的理论评论文章中精选出179篇文章编成。上卷为“舞蹈论文集”，主要是作者对于舞蹈艺术的议论和思考，对舞蹈美学、现代舞、舞蹈家、群众舞蹈和儿童舞蹈等问题的论述。下卷为“舞蹈舞剧评论·舞剧艺术论”，收录了作者对新中国成立以来各个时期出现的一些优秀舞蹈、舞剧作品的赏析、分析和评说文章，突出了作者对作品中的舞蹈思想、艺术形象以及舞剧创作问题进行的探索和思考。本书从一个侧面反映出近半个多世纪以来新中国舞蹈艺术与时俱进发展的时代缩影和历史轨迹。

（赵克军）

【《中国大百科全书（第二版）·舞蹈卷》出版座谈会】 10月13日，由中国艺术研究院舞蹈研究所主办，《中国大百科全书（第二版）·舞蹈卷》出版座谈会在京举行。会议褒奖了为《中国大百科全书（第二版）·舞蹈卷》出版做出突出贡献的10位同志。中国艺术研究院副院长刘茜，《中国大百科全书（第二版）·舞蹈卷》学术顾问权如贤，主编资华筠，责任编辑楼遂，受表彰的《中国大百科全书（第二版）·舞蹈卷》分支主编及撰稿人冯双白、朱立人、罗斌、刘青弋、欧建平、朴永光、梁力生、许锐，舞蹈杂志社副主任张萍等出席了会议。

（赵克军）

【舞蹈创作与研究学术研讨会】 10月30日，舞蹈创作与研究学术研讨会在北京舞蹈学院召开。中国文联荣誉委员、中国舞协名誉主席贾作光，中国文联副主席、中国舞协主席白淑湘，中国舞协分党组书记、副主席冯双白，北京舞蹈学院党委书记王传亮，院长李续，中国艺术研究院舞蹈研究所所长罗斌，中央民族大学舞蹈学院副院长朴永光等领导、专家和学院师生百余人参加了研讨会。会上，大家共同回顾了北京舞蹈学院的舞蹈创作历程，分析了中国当代舞蹈创作现状，并针对当下中国舞剧创作与世界的差距提出了建设性意见。同时，从不同视角研讨了舞蹈创作实践和创作研究中的问题。

（赵克军）

美　　术

2009年恰逢新中国诞辰60周年，整个艺术领域焕发新的活力。这一年，各大藏家、策展人、艺术家都在为参加各大艺术活动，创作纪念新中国成立60周年新作而忙碌。

这一年，各个机构争相展出20世纪著名艺术家作品展、新中国诞辰60周年特展，与新中国同时代的老一辈艺术家回顾展、当红艺术家新作展等等更是接踵而来，为观众带来一场艺术盛宴。

2009年年初，纪念中国改革开放30周年——全国美术作品展览优秀作品展，展现改革开放30年来我国社会发展的丰硕成果和深刻变化。中国工艺美术大展，加速了工艺品向艺术品转变，工艺美术艺人、匠人向艺术家转变的进程。

4月，泰特美术馆藏透纳绘画珍品展，给艺术家和艺术爱好者奉献了一次视觉的享受。

8月，举办“新中国美术60年”展览，近700件经典名作共聚国家美术殿堂，60年美术创作之大观，呈现了在民族化、大众化、现代化的历史进程中所取得的绘画成果；9月，国家重大历史题材美术创作工程作品展展出，画家们历时三年创作完成一批表现自1840年至今我国重大历史事件的大型的主题性美术作品，具有重要的意义。这都是“向祖国汇报”庆祝中华人民共和国成立60周年系列文艺活动的重要组成部分。

10月，举行首届动漫艺术大展，这是我国举办的首个国家级、高水平、专业化、综合性的动漫艺术活动，是中国动漫艺术和动漫产业发展进程中的一个新的里程碑。

11月末，中国美术馆与瑞士比尔当代艺术博物馆联合主办“延时”中瑞媒体艺术联展、第2届奇观新媒体艺术双年展、深圳水墨论坛及新媒体系列展、“我们的能力”国际新媒体艺术展、首届上海电子艺术节等。搭载着互联网和高科技的新媒体正在中国异军突起，深刻影响着中国人的生活方式和思想观念。

2009年的艺术活动异彩纷呈。8月的2009首届北京798双年展建立了一个文化和艺术国际交流的民间平台，来自世界各地的12位策展人中国际艺术家占总数2/3，在一定意义上说，这是最具有独立精神的双年展。

9月的“2009艺术中关村国际博览会”，展示了中国艺术领域的广泛性和多样面貌；首届“艺术北京”经典艺术博览会，展示的不仅有当代艺术、中国传统的古代书画和近现代书画，还有欧美画廊带来的西方经典大师的重量级作品以及其他衍生品。

中国的博览会不再是仅仅围绕当代艺术而争夺资源，不同层面的买家购买不同时期、不同种类的作品有了新的平台。

11月，中国艺术研究院中国当代艺术院正式挂牌成立，罗中立成为首任院长。这是新中国成立以来首次成立的专门研究当代艺术的学术创作机构。中国当代艺术院，旨在弘扬和建构具有中国特色的当代艺术，立足于当代，秉承多元化的当代艺术价值尺度，构建能体现时代创新精神和当代文化维度的价值评判体系。

艺术品也可以通过银行按揭方式购买。如何实现金融与艺术品的对接，正是目前多家金融机构正在思考并已实施计划的项目。2009年，招商银行推出艺术品赏鉴计划；民生银行推出非凡资产管理“艺术品投资计划”2号产品；中菲金融担保公司推出当代书画金融按揭服务；国投信托有限公司携手保利文化艺术有限公司、中国建设银行北京分行共同推出国内首款艺术品投资集合资金信托计划。

总的来说，2009年艺术界呈

现繁荣和活跃景象，经典作品和重要展览层出不穷，是广大艺术家和艺术爱好者的节日。

（孟张龙）

机　构

【杨晓阳任中国国家画院院长】 4月17日，文化部宣布任命杨晓阳为中国国家画院院长。杨晓阳，西安人，1958年生，1986年毕业于西安美院，研究生。现为教授、博士生导师，中国美协副主席。

（孟张龙）

【中国当代艺术院成立】 11月13日，中国艺术研究院中国当代艺术院（CAAC）成立。这是新中国成立以来第一家专门研究当代艺术的学术创作机构。中国当代艺术院院长由罗中立担任，蔡国强、方力钧、张晓刚、曾梵志、汪建伟、王广义、徐冰、许江等20多位艺术家成为首批被聘请的专家。

（孟张龙）

展　览

【“纪念中国改革开放30周年”全国美术作品展览优秀作品展】 2008年12月26日～2009年1月2日，由中国美术家协会、中共广东省委宣传部主办的“纪念中国改革开放30周年”全国美术作品展览优秀作品展在中国美术馆展出。这次全国综合性美术展览，涵盖国画、油画、版画、雕塑及水彩五种，主要以歌颂改革开放为主旋律，展现改革开放30年来中国社会发展的丰硕成果和深刻变化，展出“优秀作品”和“特邀作品”共115件。

（孟张龙）

【李东霞作品展】 2008年12月26日～2009年1月3日，由中国对外文化集团公司主办的“李东霞作品展”在中国美术馆展出。李东霞毕业于东北师范大学油画系，现为专职画家。展览展出了女画家李东霞的几十幅绘画作品。画家的作品天真纯朴，表现自由，其画作不只是贴近自然，而是较大程度地贴近了心灵。

（孟张龙）

【第3届全国青年美术作品展】 2008年12月27日～2009年1月5日，为庆祝改革开放30周年，由中国美术家协会主办的“第3届全国青年美术作品展”在中国美术馆展出。展出的263件作品，体现了当代青年美术家艺术创作取向多样、形式语言丰富，反映出青年美术创作的时代特征。

（孟张龙）

【2008造型艺术新人展】 1月5日～13日，由中国文联、中国文学艺术基金会、中国美协主办的“2008造型艺术新人展”在中国美术馆举办。该展览的主题是“探索和创新”，体现绘画在现代社会中的民族性与地域性，展出46幅获奖作品和70幅入围作品，其中获奖作品包括新人优秀作品5件、新人佳作10件、新人提名作品31件。

（孟张龙）

【中国工艺美术大展】 1月10日～2月10日，由中国美术馆、中国工艺美术协会主办的“中国工艺美术大展”在中国美术馆展出。展览评选出300余件当代工艺美术精品，包括玉雕、牙雕、木雕、石雕、陶瓷、漆艺、刺绣、染织等艺术品，呈现当代工艺美术家新工艺、新技法、新材料、新创意的艺术创新成果，加速了工艺品向艺术品转变，工艺美术艺人、匠人向艺术家转变的进程。

（孟张龙）

【王复羊漫画精品展】 1月13日～20日，由中国美术家协会漫画艺委会、北京美术家协会、北京画院、《北京晚报》主办的“王复羊漫画精品展”在北京画院美术馆展出。展览精选出代表王复羊艺术风格特色的漫画作品百余件，此外还配合活动印发了《王复羊漫画作品集》。

（孟张龙）

【中国美术馆藏少数民族题材美术展】 1月15日～2月21日，由中国美术馆主办的“中国美术馆藏少数民族题材美术展”在中国美术馆展出。展览全部由中国美术馆馆藏作品构成，其中包含了诸多近现代艺术大师和当代有成就的画家的作品，画种涵盖国画、油画、版画、雕塑、水彩、连环画等，各民族内容异彩纷呈。

（孟张龙）

【北京画院院藏山水画展】 1月22日～2月23日，由北京画院主办的“北京画院院藏山水画展”在北京画院美术馆展出。展览分三部分，第一部分为清末民初萧谦中、张大千等人作品；第二部分为红色革命时期作品；第三部分为傅抱石、李可染等人致力于开创山水画写实的作品。

（孟张龙）

【中国美术馆藏华君武漫画作品选展】 2月14日～23日，由中国美术馆主办的“中国美术馆藏华君武漫画作品选展”在中国美术馆展出。华君武是漫画大家，创作有大量针砭时弊的漫画作品。他的画作紧扣时代脉搏，构思幽默机智，笔法简练而富有民族特色，具有十足的中国风格和中国气派。历任《人民日报》美术组组长、文艺部主任并兼管全国美协工作。

（孟张龙）

【中国美术馆藏力群版画作品展】 2月14日～23日，由中国美术馆主办的“中国美术馆藏力群版画作品展”在中国美术馆展出。力群是中国新兴版画运动中“延安学派”的代表，艺术生涯贯穿20世纪中国美术发展的整个历程，代表作品《饮》《延安鲁艺校景》《丰衣足食图》等，具有民族风格、时代气息和鲜活的个性特征。

（孟张龙）

【杨永安作品展】 2月15日～23日，由北京美术家协会、北京市海淀区文联、中关村杂志社主办的“杨永安作品展”在中国美术馆展出。展览融入了当代色彩的部分元素，展厅以“动”与“静”并置，体现了具有东西方文化相结合的新的展示风格。杨永安创作构图严谨，意境深远，现任北京市美术家协会理事、海淀区美术家协会副主席，齐白石艺术研究会会员。

（孟张龙）

【吴冠中捐赠作品展】 2月26日～3月8日，由中国美术馆、上海美术馆、新加坡美术馆主办的“吴冠中捐赠作品展”在中国美术馆展出。展览展出了中国美术馆、上海美术馆、新加坡美术馆三家馆藏吴冠中捐赠的油画、水墨画180余件，作品涵盖了画家从1954年到2008年半个多世纪的创作，是其艺术面貌的全面展现。

（孟张龙）

【“时代芳华”中国女画家系列展】 3月4日～15日，由北京画院主办的“时代芳华”中国女画家系列展在北京画院美术馆展出。此次展览由安远远策划，展品包括何香凝、周思聪、萧淑芳等女性艺术家的作品。展览题材内容丰富，风格面貌多样。

（孟张龙）

【中央美院第1届研修班画展】 3月10日～19日，由石家庄画院、中央美院油画系主办的“中央美院第1届研修班画展”在中国美术馆展出。中央美院院长江丰倡议于1982年开办了首届研修班，学制两年，学员由因“文化大革命”失学但在全国美展获奖的青年画家与各地美术院校教师两部分组成。25年后，大部分同学成为画家、教授或美术学院领导。杨松林的《毕业答辩》、程丛林的《华工船》、沈嘉蔚的《创伤——白求恩大夫的故事》、陈宜明的《我们这一代》、秦明的《游行的队伍》、李斌的《油灯的记忆》、李全武的《苦难年代：1937～1945》等，都是改革开放以来油画创作的代表性作品。

（孟张龙）

【中央美术学院胡伟工作室作品展】 3月16日～4月3日，由中国国家画院主办的“中央美术学院胡伟工作室作品展”在中国国家画院美术馆举办。中央美术学院胡伟工作室成立至今已12年，展览作品既是胡伟工作室的教学成果的一次集中展示，也是胡伟工作室“和而不同”“有容乃大”“与时俱进”艺术主张的体现。

（孟张龙）

【李斛绘画精品回顾展】 3月20日～4月6日，由全国政协书画室、中国美协、中央美术学院、北京画院、徐悲鸿纪念馆等单位联合举办的“李斛绘画精品回顾展”在北京画院美术馆展出。李斛是著名中国画家、教育家。代表作品有《印度妇女》《女民警》《江心》《三峡夜航》等。

（孟张龙）

【中国表现主义油画八人展】 3月21日～31日，由中国人民大学

“李斛绘画精品回顾展”开幕式

艺术学院主办的“中国表现主义油画八人展”在中国美术馆展出。谢东明、闫平、王克举、贾涤非、段正渠等8位画家努力探究绘画语言新的可能性，以表现性风格传达生命感受。

（孟张龙）

【中国画名家手卷作品展】 3月26日~4月2日，由中外文化交流中心主办的“中国画名家手卷作品展”在中国美术馆展出。“手卷”通常也称“长卷”或“图卷”，是中国书画的一种表现式样，它的特点是在较长的卷面上进行书写或描绘。展览展出了张仃、刘大为、于志学、卢禹舜、程大利、田黎明、胡永凯等200位著名画家的作品，题材丰富，手法多样。

（孟张龙）

【现代中国水墨人物画学术邀请展】 4月3日~10日，由中国美术馆、中央美术学院、中国美术家协会主办的“现代中国水墨人物画学术邀请展”在中国美术馆展出。2009年是现代人物画大师蒋兆和诞辰105周年，蒋兆和艺术研究会举办以“民生”为主题的人物画展。展览展出了继承蒋兆和艺术思想，贴近民生、关注现实的70余位画家的作品，集中展示了现代水墨人物画在21世纪的最新探索和成就。

（孟张龙）

【第2届全国工笔重彩小幅作品展】 4月3日~11日，由北京工笔重彩画会、湖北美术学院、浙江画院中国工笔画研究所、河北师范大学美术学院主办的“第2届全国工笔重彩小幅作品展”在中国美术馆展出。展览以小幅工笔画为主，共展出作品215件，其中50人获得丹青奖。作品题材广泛、新颖，绘制精美，手法多样。在传统的工笔人物、工笔花鸟和工笔山水外，还有探索性的当代新工笔作品。

（孟张龙）

【王树村民间美术收藏与研究成就展】 4月4日~14日，由中国美术馆主办的“王树村民间美术收藏与研究成就展”在中国美术馆展出。王树村是我国民间美术理论家和民间美术收藏家，1923年出生于天津杨柳青。此次展览从其捐赠品中精选150件年画、刺绣作品，分设“门神、戏曲年画、刺绣”三部分。展览还展出了他70余部艺术论著、手稿、信函等，全面展示他收藏、研究民间美术的历程及其在民间美术理论研究方面所做出的贡献。

（孟张龙）

【潘一杭画展】 4月8日~15日，由北京画院主办的“潘一杭画展”在北京画院美术馆展出。潘一杭毕业于中国美术学院，后旅美。有印象派画风，色彩饱满，生活气息浓郁。

（孟张龙）

【北京市文史研究馆书画作品展】 4月16日~27日，由北京市文史研究馆主办的“人文北京·翰墨风采”北京市文史研究馆庆祝新中国成立60周年馆员书画作品展在中国美术馆展出。展览共展出80余幅书画作品。

（孟张龙）

【田雨霖艺术展】 4月27日~5月5日，由文化部艺术司、中国美术馆、中国艺术研究院主办的“田雨霖艺术展”在中国美术馆展出。他的画气格开朗，意向鲜活，笔调雅正。

（孟张龙）

【中国“5·12”大地震抗灾主题雕塑展】 4月30日~5月8日，由中国文联、中华慈善总会、中国美术家协会、中国美术馆主办的“中国‘5·12’大地震抗灾主题雕塑展”在中国美术馆展出。展出作品100件，构成“5·12”抗灾周年纪念活动重要的文化板块，是美术界抗灾行动的一次延伸。

（孟张龙）

【雕塑百家联展】 4月30日~5月8日，由中国美协主办的“雕塑百家联展”在中国美术馆展出。展览展出了从刘开渠到“80后”100位雕塑家的作品104件，体现了新中国雕塑发展历程和创作观念的转变。

（孟张龙）

【民革全国书画展览】 4月30日~5月8日，由民革中央办公厅主办的“民革全国书画展览”在中国美术馆展出。展览共展出书画作品120余幅，作品展示了新中国成立60年来不断发展进步的时代主旋律。

（孟张龙）

【中国美术馆藏王晋元作品陈列】 5月10日~25日，由中国美术馆主办的“中国美术馆藏王晋元作品陈列”在中国美术馆展出。王晋元（1939—2001），河北乐亭人。1964年毕业于中央美术学院，历任云南省文联副主席、云南美术家协会主席、云南画院院长。画家在近40年的艺术创作生涯中，深入西双版纳热带密林，创作具有地域特色的花鸟画。在画家诞辰70周年之际，中国美术馆特举办馆藏王晋元先生作品陈列。

（孟张龙）

【靳尚谊捐赠作品展】 5月17日~25日，由文化部艺术司、中国美术馆、中央美术学院、凤凰传媒出版集团主办的“靳尚谊捐赠作品展”在中国美术馆展出。靳尚谊是我国当代油画艺术创作领域的代表性画家。展览汇集中国美术馆、北京画院美术馆、上海美术馆、刘海粟美术馆、河南省美术馆、江苏省美术馆、宁波美术馆、中央美术学院美术馆藏品，以油画和素描速写等形式反映画家自20世纪50年代起至21世纪以来不同时期的艺术创作面貌。其中包括《塔吉克新娘》《青年歌手》《晚年黄宾虹》《八大山人》等多幅画家的代表作品。

（孟张龙）

【“本色”画展】 5月20日～29日，由北京画院美术馆主办的“本色”画展在北京画院美术馆展出。画家孙向阳、莫大风、姜建忠等7人出生于20世纪五六十年代，毕业于解放军艺术学院油画系，在具象油画的框架内进行着积极的探索，追求“本色”与“具象”。

（孟张龙）

【第9届中国铜版、石版、丝网版画展】 5月27日～6月7日，由中国美术馆、中国美术家协会版画艺术委员会主办的“第9届中国铜版、石版、丝网版画展”在中国美术馆展出。画展共展出获奖作品177件，廖修平还向中国美术馆捐赠了历届“三版展”获奖作品37幅。

（孟张龙）

【官布从艺60周年绘画展】 5月28日～6月5日，由中国美术家协会、北京市文学艺术界联合会、北京美术家协会、中国少数民族美术促进会主办的“官布从艺60周年绘画展”在中国美术馆展出。展览展出了他创作的油画、国画、水彩、素描等美术作品约200幅。官布是蒙古族画家，擅长油画、中国画。历任中国美协内蒙古分会秘书长、副主席，北京美协秘书长、副主席，中国美协第二、三届理事。他是草原画派的先驱者，在20世纪60年代创作的《草原小姐妹》，是根据龙梅、玉荣在暴风雪中抢救保护公社羊群的故事而创作的。

（孟张龙）

【“天工开悟”艺术家联展】 6月6日～16日，由中国传媒大学主办的“天工开悟”艺术家联展在中国美术馆展出。“天工开悟”是由清华美院博士生发起，成立于2008年的学术团体，他们由具有学院教育背景的艺术家、设计师和理论家组成，本着人文、艺术、科学的理念，举办学术研讨与交流、艺术创作与展览等活动。

（孟张龙）

【贾又福从艺50周年回顾展】 6月9日～17日，由中央美术学院、中国艺术研究院、中国美术家协会主办的“贾又福从艺50周年回顾展”在中国美术馆展出。展览展示了贾又福在学习、探索、发展开拓中国山水画的道路上，强调寓哲于画，着力探索哲学与山水画之契合，其作品具有独特的面貌、崇高的山水精神和鲜明的时代特色。

（孟张龙）

【2009中国国家画院学术邀请展】 6月10日～19日，由中国国家画院主办的“2009中国国家画院学术邀请展”在中国国家画院美术馆展出。展览共展出绘画作品200余幅，主要参展画家有姜宝林、刘大为、龙瑞、杨晓阳、唐勇力、田黎明、李洋等。

（孟张龙）

【张文新艺术回顾展】 6月19日～27日，由中国美术馆、中国美术家协会、中国油画学会、北京画院主办的“张文新艺术回顾展”在中国美术馆展出。张文新20世纪50年代入中央美术学院马克西莫夫油画训练班学习，开始从事油画创作，塑造了大量富有时代精神的作品。其中油画《入社去》《巍巍太行》《一往无前》《工程列车》等，分别被中国美术馆、中国人民革命军事博物馆收藏。

（孟张龙）

【燕娅娅油画肖像作品展】 6月19日～27日，由中央美术学院造型学院、中国文化研究会主办的“燕娅娅油画肖像作品展”在中国美术馆展出。展出的20幅人物肖像，是继2003年燕娅娅油画作品首展《阳光·天使》之后的又一批力作。20多年来，帕米尔高原一直是她作画的艺术源泉和精神支点，她对原住居民的描绘和再现有着非凡而独到的理解和表达。在她的笔下，少女的眼睛和帕米尔的阳光是永恒的主题。

（孟张龙）

【蒋采萍师生中国重彩画作品展】 6月19日～27日，由中国艺术研究院研究生院、中央美术学院美术馆主办的“蒋采萍师生中国重彩画作品展”在中国美术馆展出。蒋采萍从事美术教育工作已有50年。从1998年起，她先后主持了10余年的中国重彩画高研班。展览包括10届中国重彩画高研班学员的作品，还有研究生课程班、博士生和硕士生的优秀作品，以及蒋采萍等10余位教师的作品。

（孟张龙）

【首师大美术学院教师作品展】 6月29日～7月7日，由首都师范大学美术学院主办的“首师大美术学院教师作品展”在中国美术馆展出。展览由中国画、油画、艺术设计和院藏作品四个部分组成，选取近年来50余位教师的作品共400余件，展示美术学院教师在教学一线的创作成果和艺术成就。

（孟张龙）

【华克雄艺术展】 6月29日～7月7日，由中国美术馆、第二炮兵政治部宣传部主办的“华克雄艺术展”在中国美术馆展出。华克雄是军旅艺术家，曾任中国人民解放军第二炮兵政治部创作室创作组长。他以油画、水彩、水粉、中国画等多种形式反映部队生活，创作了大量反映军事演练、军旅生活题材的作品，其中有20世纪60年代创作、现藏于中国美术馆的宣传画《有空就学有空就练》。晚年作为国家“有突出贡献的艺术家”享受政府津贴。展览包括油画《骤雨》《沙漠风》，中国画《周总理的睡衣》《好后生》等，以其主题鲜明、内涵深刻的创作风格，展示了20世纪军旅画家在特定历史时期艺术表现的独特面貌。

（孟张龙）

【人民政协成立60周年书画展】 7月2日～7日，由中国农工民主党中央委员会、中国致公党中央委员会、九三学社中央委员会主办的“人民政协成立60周年书画展”在中国美术馆展出。此次画展作品是从征集的500余幅作品中，遴选出的120余幅名家之作。

（孟张龙）

【“华彩北京”美术作品展】 7月9日～17日，由北京画院主办的“华彩北京”美术作品展在中国美术馆展出。此次展览展出了表现北京题材的作品，反映北京在城市风貌风情方面所发生巨大的社会历史变迁，讴歌新中国成立60年所取得的伟大历史成就。展品主要从6年“北京风韵”系列作品中精选出来，另外还有北京画院艺术家新创作的以“奥运”为主题的新北京、新奥运的奥运组画，突出表现了北京新的时代风采。

（孟张龙）

【曾来德山水画展】 7月19日～27日，由中国国家画院主办的“曾来德山水画展”在中国美术馆展出。曾来德是当代书法家，以书法入画法，从独特的角度进入山水画领域，创造了宏阔新异的境界。

（孟张龙）

【“纸上新月”绘画作品展】 7月31日～8月8日，由北京画院主办的“纸上新月”王冠军、彭薇、买鸿钧、姚大伍绘画作品展在该院美术馆展出。姚大伍、买鸿钧、彭薇、王冠军四位画家是当代中国画领域优秀青年艺术家，展出的60余件纸本中国画作品均是他们进入画院后的新近力作。

（孟张龙）

【河山如画图第七回展】 8月8日～15日，由中国美协、李可染艺术基金会主办的“河山如画图第七回展”在中国美术馆展出。展览共展出河山画会新老会员近70人的作品。

（孟张龙）

【黄君璧画展】 8月9日～16日，由中国美术馆主办的“黄君璧画展”在中国美术馆展出。黄君璧（1898—1991），生于清末，长于民初，展览展出的80幅作品，分属黄君璧四个创作阶段的代表作。

（孟张龙）

【2009首届北京798双年展】 8月15日～9月2日，2009首届北京798双年展在798艺术区举行，并拓展延伸向北京各个艺术区。展览以“社群/CONSTELLATIONS”为主题，来自世界各地的12位策展人分别完成798双年展的分展览及艺术单元项目，展览的重点放在摄影、影像、装置、行为艺术、声音艺术、多媒体艺术和特定地点的公共艺术，还有其他新的艺术形式。国外艺术家占艺术家总数的2/3。

（孟张龙）

“纸上新月”王冠军、彭薇、买鸿钧、姚大伍绘画作品展研讨会

【新中国美术 60 年展览】 8 月 21 日～9 月 14 日，由文化部主办的“新中国美术 60 年”展览在中国美术馆展出。展览是“向祖国汇报”庆祝中华人民共和国成立 60 周年系列文艺活动的重要组成部分。近 700 件经典名作共聚国家美术殿堂，60 年美术创作之大观，呈现了在民族化、大众化、现代化的历史进程中国画、油画、版画、雕塑、水彩、年画、连环画、漫画、宣传画等画种的成果。

（孟张龙）

【2009 艺术中关村国际博览会】 9 月 4 日～8 日，由北京市文联、中关村园区管委会、中共海淀区委和海淀区人民政府联合主办的“2009 艺术中关村国际博览会”在京举行。展览分设在海淀展览馆、清华大学、北京大学、西区艺术 A 大道等 10 多个场地内展出。其中有在海淀展览馆展出的欧阳中石、李铎、刘大为、杨力舟、王迎春等生活、工作在海淀的艺术家作品的“海淀名家 60 人展”；栗宪庭策划的“圆明园画家村艺术展”，展出了方力钧、岳敏君等中国当代艺术先锋人物的作品，这是迄今全面反映圆明园画家村的首次展览；有尤伦斯艺术中心、东京画廊等国内外著名艺术机构参加的“当代先锋艺术展”；有近年来兴起于海淀杏石口路的“西区艺术 A 大道艺术展”；有几十所高校师生的“海淀院校艺术展”。此外，一批高科技公司新型艺术作品和形式的展示，也是这次博览会的特色。

（孟张龙）

【“以心接物·从生活中来”中国画展】 9 月 16 日～23 日，由中国国家画院主办的“以心接物·从生活中来”中国画展在国家画院美术馆展出。展览展出了李洋、任惠中、王珂、张宝松等 8 位艺术家的作品 120 件。

（孟张龙）

【国家重大历史题材美术创作工程作品展】 9 月 23 日～10 月 20 日，由中宣部、文化部、财政部主办的“国家重大历史题材美术创作工程作品展”在中国美术馆展出。该展览是“向祖国汇报”庆祝中华人民共和国成立 60 周年系列文艺活动的组成部分。展览共展出作品 102 件，其中国画 33 件、油画 51 件、雕塑 18 件。国家重大历史题材美术创作工程是由文化部、财政部联合实施的主题性美术创作工程，以我国波澜壮阔的反帝、反封建、反殖民主义斗争和社会主义革命、建设的重大历史事件为主题内容，集中创作完成了一批表现自 1840 年至今我国重大历史事件的大型的主题性美术作品。

（孟张龙）

【庞薰琹二十世纪三四十年代作品展】 10 月 15 日～11 月 10 日，由中国美术家协会、常熟市人民政府、清华大学美术学院、北京美术家协会、北京画院联合主办的“地之子——庞薰琹二十世纪三四十年代作品展”在北京画院美术馆举行。这是北京画院美术馆“二十世纪中国美术大家系列展”的一个组成部分。庞薰琹（1906—1985），字虞弦，笔名鼓轩，江苏常熟人。1925 年赴法国学画，1930 年回国。20 世纪 50 年代负责筹建中央工艺美术学院，是中央工艺美术学院的第一副院长。他是新中国工艺美术最重要的奠基人之一。著有《中国历代装饰画研究》等。其创作高峰期是 20 世纪三四十年代。此次展览集中展示了庞薰琹 20 世纪三四十年代创作的油画、素描、水彩、白描、书法和设计图稿等作品。展品包括他最重要的代表作品之一的“地之子”及其他作品共 72 幅，佚失作品照片 19 幅和部分有关他的历史影像资料。

（张燕鹰）

【中国写实画派五周年特展】 10 月 26 日～11 月 10 日，由中国艺术研究院主办的“中国写实画派五周年特展”在中国美术馆展出。写实油画是绘画艺术形成和发展的重要组成部分，展览展出了艾轩、杨飞云、王沂东、徐芒耀、何多苓、王宏剑、徐唯辛、冷军等 38 人的作品。

（孟张龙）

【威廉·亚力山大的乾隆帝国】 11 月 4 日～15 日，由今日美术馆主办的“威廉·亚力山大的乾隆帝国”在该馆展出。威廉·亚历山大，1767 年出生于英国肯特郡，于英国皇家艺术学院习画，25 岁被选入马戛尔尼团，担任随团画师，沿途将中国的山水、人物、建筑、礼俗等做了大量的素描和绘图。19 世纪初，威廉·亚历山大的作品被制成铜版画书《中国的服饰》，包含 48 幅画作，清楚地显现了乾隆时期的中国对欧洲知识界和美术界的深远影响。

（孟张龙）

【首届艺术北京·经典艺术博览会】 11 月 6 日～9 日，首届艺术北京 2009·经典艺术博览会在全国农业展览馆举办，来自中国（含港澳台）及日、韩、欧美的 30 多家标志性画廊携带作品共计约 400 幅左右，其中印象派、西方现代派、中国写实画派、水墨等大师级作品层出不穷。除主题展外，“经典北京”还策划了几场专题展，整合成为一场视觉的饕餮盛筵。与国子监美术馆合作呈现“中国气派”专题展，集合了靳尚谊、靳之林、钟涵、杨云飞等中国写实画派优化大师的作品，展示了中国写实油画在新中国探索的开始；而与杨胄基金会合作的“黄胄作品回顾展示”则是对新中国重要的水墨艺术家的展示，表现东方美学之哲学意境与思想高度；与嘉德拍卖合作呈现“西风东渐”专题展，集合了徐悲鸿、刘海粟、林风眠等从海外学成归来的艺术大师的作品。

（孟张龙）

【田世信作品展】 11月12日~16日，田世信作品展在今日美术馆展出。展览除了主题作品《王者之尊》外，还以分展厅形式同时展示了田世信历年的代表性作品。在语言和图式上，他将中国古典线描人物造像的图典通过“大漆脱胎彩绘”方式换成一种当代观念性的空间雕塑语言。

（孟张龙）

【灵感高原作品展】 11月13日~30日，由中国美术家协会、中国美术馆、中国西藏文化保护与发展协会、首都师范大学主办的“灵感高原作品展”在中国美术馆展出。展览包括了新中国成立60年来，各族美术家在青藏高原上创作的艺术精品和2009年创作的作品，以及第11届美展中相关的优秀作品，展览还包括吴作人、董希文等著名画家的作品。

（孟张龙）

【李铁映工艺美术作品展】 12月11日~19日，由中国工艺美术协会、中国美术馆主办的“李铁映工艺美术作品展”在中国美术馆展出。李铁映的工艺美术作品，在挥笔润彩行刀之处，凝集着他对工艺美术的挚诚情结，抒发着他对工艺美术文化的认知，阐述着他对民族传统工艺的体验及探索，表现了他对题材内容的整合及装饰形式的撷取，形成了独具风格的审美境地。

（孟张龙）

【中央民族大学美术学院成立50周年师生作品展】 12月11日~19日，由中央民族大学主办的“中央民族大学美术学院成立50周年师生作品展”在中国美术馆展出。这次展览所选取的作品是该院最近几年师生共同完成的一批具有代表性的力作，其中全面展现了绘画、设计、美术学各专业在教学、科研工作中所取得的创作成果。

（孟张龙）

【“水墨形相”中国艺术研究院水墨人物画八人展】 12月3日~10日，由中国艺术研究院主办的“水墨形相”中国艺术研究院水墨人物画八人展在中国美术馆展出。参展为研究班学员王珂、李也青等8人的作品。

（孟张龙）

【“伟人足迹”油画写生作品展】 12月12日~20日，由中央党史研究室、中国现代文化研究中心主办的“伟人足迹”油画写生作品展在中国美术馆展出。来自全国各地的26位艺术家，举行了历时半年的“伟人足迹 光辉历程——油画写生活动”，围绕毛泽东、周恩来、朱德、刘少奇生活、战斗的经历，进行现场写生，这是首次大规模的主题性写生创作活动。展览包括油画写生作品100余件，活动全程影像视频及文献。

（孟张龙）

【吕顺个人作品展】 12月13日~20日，由今日美术馆主办的“吕顺个人作品展”在今日美术馆展出。吕顺笔下的场景晦暗、幽深、含混而模糊。画家善于把水影天光折射成满幅刻画的线条，如玻璃板破碎后留下的冰裂纹。

（孟张龙）

【2009四季水墨画展】 12月17日~27日，2009四季水墨画展在北京画院美术馆展出。参展艺术家有姜宝林、吴长江、田黎明、刘进安、何加林、方向等。作品大多以家园为题材，不管笔墨浓淡或者构图点画，都倾注着画者对清恬家园的钟爱。画中看到的山川、草木、水乡、虫鱼、飞雁、云水、舟桥、房舍等等，都是发自内心的爱；而墨色、笔润、形象都力求清新纯净，简朴淡雅，是此次四季水墨画展的另一个亮点。

（孟张龙）

【吴悦石书画小品展】 12月21日~27日，吴悦石书画小品展在中国国家画院美术馆展出。此次展览汇集了吴悦石近期创作的山水、花鸟、人物、书法小品力作170余件。吴悦石现任国家国史研究编修馆研究员，中国艺术研究院特约研究员。

（孟张龙）

【“魅力龟兹、精彩库车”油画展】 2008年12月28日~2009年1月3日，由新疆中共库车县委、库车县人民政府主办的“魅力龟兹、精彩库车”油画展在中国美术馆展出。库车就是“丝绸之路”要冲之地的古龟兹国，有

强烈地域特色和民族特色，是中国文化艺术的重要源流之一。展览展出的100多幅油画作品，内容包括库车的龟兹文化、民风民俗、自然风光、经济发展、典范人物等。

（孟张龙）

【曹俊中国画展】 2月15日～23日，由新西兰大使馆、中国国际书画艺术研究会主办的“新西兰认识中国”曹俊中国画展在中国美术馆展出。画家曹俊毕业于山东科技大学。此次画展共展出曹俊侨居新西兰近10年创作的60余件作品。

（孟张龙 曹 俊）

【孔仲起艺术展】 2月15日～23日，由中国美术家协会、中国美术馆、中国美院、浙江省文化厅、浙江省文联主办的“孔仲起艺术展”在中国美术馆展出。此次展览体现了中国美术学院教授孔仲起的创作特色，展出了包括少量早年习作和另类小品在内的约百件作品。

（孟张龙）

【黄泽森国画人物作品展】 2月15日～23日，“感悟水墨”黄泽森国画人物作品展在中国美术馆展出。黄泽森现任广东省人民政府文史研究馆馆员兼画院副院长、东莞市美术家协会主席、岭南画院院长。作者力图在传统与当代、现实与表现中寻找一种新的艺术语境。展览展出了作者近10年来创作的作品近40幅。

（孟张龙）

【山东省中国画花鸟画作品展】 2月25日～3月7日，由山东省美术家协会主办的“山东省中国画花鸟画作品展”在中国美术馆展出。展览展出了40余位花鸟画家的110余幅大尺幅创作型花鸟画，展现出具有时代风范、齐鲁气派的山东花鸟画新面貌。

（孟张龙）

【澳门艺术博物馆藏澳门美术作品展】 2月27日～3月22日，由中国美术馆主办的“澳门艺术博物馆藏澳门美术作品展”在中国美术馆展出。展览分为“十九世纪澳门历史绘画”“澳门水彩画”“澳门现当代绘画”和“澳门回归祖国专题绘画”四个部分，选取了自19世纪以来澳门多个时期，不同种族、流派、观念的美术作品，包括内地为庆祝澳门回归祖国的创作，共300余件。整个展览呈现出100多年来在中西文化冲击下澳门美术发展的历史和艺术的风采。

（孟张龙）

【郭北平油画展】 3月9日～20日，由中国文学艺术界联合会国内联络部、中国美术家协会、中国油画学会、陕西省文化厅、陕西省文联、陕西省美术家协会、西安美术学院主办的“郭北平油画展”在中国美术馆展出。郭北平现为西安美院副院长、教授、博士生导师、中国油画学会理事。展览展出了画家的肖像创作、重大历史题材创作，以及在陕北、新疆等地的写生作品等80余幅。

（孟张龙）

【“纪念改革开放三十年”风景写生展】 3月10日～18日，由江苏省委宣传部、江苏省文化厅主办的“纪念改革开放三十年”风景写生展在中国美术馆展出。作品反映了30年来江苏的改革开放和社会主义现代化建设。展出的32幅画作，大多是江苏省国画院画家秦剑铭作品，从苏州工业园到幸福华西村，从苏通大桥、濠河新貌到神鹿家园大丰，还有江淮运河立交工程、宿迁新姿、连云港大港华章等全省具有代表性的景观。

（孟张龙）

【胡念祖画展】 3月13日～26日，由山东美术馆、台湾长流美术馆主办的“胡念祖画展”在中国美术馆展出。胡念祖传统笔墨工夫扎实，精研西洋画理。此次展览展出的作品均为中国山水画，共36幅。

（孟张龙）

【郭绍纲从艺六十年画展】 3月20日～29日，由广州美术学院主办的“郭绍纲从艺六十年画展”在中国美术馆展出。郭绍纲现任教于广州美术学院。展览共展出了60余幅具有时代气息的作品。

（孟张龙）

【柴祖舜心象画展】 3月21日～31日，由中国美术馆、上海市美术家协会主办的“柴祖舜心象画展”在中国美术馆展出。柴祖舜曾师从于刘海粟、陈大羽、关良等名家，兼擅中、西绘画。展览展出了画家近年创作的心象作品60幅。

（孟张龙）

【天津美院造型艺术学院油画系教师作品展】 3月25日～4月2日，由天津美术学院主办的“天津美术学院造型艺术学院油画系教师作品展”在中国美术馆展出。展览包括了天津美院老中青三代画家近年来创作的优秀作品。作品语言鲜明，风格各异，体现了多元的艺术倾向和不同的个性特点，也体现了学院在坚持优秀艺术传统、吸纳新的艺术观点和创作理念、稳步前行和悄然变革等多方面的思考。

（孟张龙）

【叶竹盛油画展】 3月28日～4月11日，由中外文化交流中心主办的“叶竹盛油画展”在中国美术馆展出。叶竹盛是台湾抽象表现主义画家。展览主题取自《庄子·秋水》篇中河伯与北海的对话，阐述万物生息相关、环境与人互为载体之命题。作者以“穷、止、常、故”画作，此次展览展出了以环境、种子为主题的系列作品，共50余幅。

（孟张龙）

【袁金塔艺术展】 3月28日~4月11日，由山东美术馆主办的“袁金塔艺术展”在中国美术馆展出。陶瓷作品所呈现的是艺术家对于台湾这块土地及其人、事、物的体验与感受。

（孟张龙）

【兹德涅克·斯科纳绘画展】 4月5日~22日，由中国美术馆主办的“兹德涅克·斯科纳绘画展”在中国美术馆展出。展览展出了捷克美术家兹德涅克·斯科纳（1910—1986）300幅原作，其中包括1971年在佛罗伦萨国际美术双年展获得金奖的油画、斯科纳创作的版画和中国文学经典的插图，集中展示了斯科纳在中国的创作作品。

（孟张龙）

【贵阳印象联展】 4月13日~25日，由贵阳市人民政府、中共贵阳市委、贵州省文化厅、中国国家画院主办的“贵阳印象联展”在中国美术馆展出。展出的作品是2008年中国国家画院30余人和贵州画院画家的写生与原创作品，共118幅。

（孟张龙）

【蒙古国艺术作品展】 4月13日~28日，由中国美术馆与蒙古国驻华大使馆、蒙古国家现代艺术馆共同主办的“蒙古国艺术作品展”在中国美术馆举办。展览是中国美术馆和蒙古国家现代艺术馆两馆的交流项目，也是为了纪念中蒙建交60周年。此次展览展出了来自蒙古国27位艺术家用各种工艺方法创作的作品30余幅，描述了关于生活中东西方的不同思维和生活方式。

（孟张龙）

【冯大中作品展】 4月14日~25日，冯大中作品展在中国美术馆展出，由中国美协、辽宁省文联、辽宁省美协主办。展览有工笔虎作品和寄情于山林的巨幅佳构，还有画家对“松、竹、梅、兰”的新表现和速写手稿，是画家20年来创作的集中展示。本次画展共展出画家近年来的70件力作，涵盖了工笔、山水、花鸟、写生以及临仿五类作品，其中大部分是首次亮相。

（孟张龙）

【林子平水墨历程画展】 4月15日~26日，由中国美术馆、新加坡美术馆主办的“林子平水墨历程”画展在中国美术馆展出。参展作品除了画家近作之外，也包括新加坡美术馆收藏的一批特选作品。这是继新加坡美术馆分别于2006年和2007年在北京呈献的两项展览以及2008年中国美术馆在新加坡推出的一项画展之后，双方的第四个合作项目。

（孟张龙）

【张瀚作品展】 4月18日~25日，由大同市美协主办的“张瀚作品展”在中国美术馆展出。张瀚是大同美协名誉主席，高级工艺美术师。他在中国画作品中，将装饰性、平面性、意象性、精神性融入传统水墨，探索水墨与色彩、抽象与具象、物质意象与精神意象的结合。

（孟张龙）

【韩国画家谭园、金昌培画展】 4月23日~27日，由北京画院主办的“韩国画家谭园、金昌培北京画院邀请个人展”在北京画院美术馆展出。两位画家各有特色，笔墨形象生动。

（孟张龙）

【泰特美术馆藏透纳绘画珍品展】 4月24日~6月28日，由中国美术馆、英国大使馆文化教育处、泰特英国美术馆主办的“泰特美术馆藏透纳绘画珍品展”在中国美术馆展出。泰特英国美术馆珍藏的英国画家约瑟·马洛德·威廉·透纳绘画作品珍品112幅油画和水彩作品首次来到中国。在欧洲美术史上，透纳于18世纪末曾引领英国画坛，此次到展的重要代表作有作家早期的《海上渔父》《特拉法加海战》，中期的《暴风雪：汉尼拔和他的军队穿越阿尔卑斯山》《迦太基帝国的衰落》《滑铁卢战场》《佩特沃斯湖落日》和后期的强调光色效果和形象轮廓缥缈的名作，如《议会大厦的火灾》《暴风雪——气船驶离港口》《光与色彩（歌德理论）——洪水灭世后的清晨》《狂暴的海》《诺勒姆城堡的日出》等。其中，《诺勒姆城堡的日出》代表了透纳创立的独特风格，他也因此被学者誉为印象派绘画先驱者。

（孟张龙）

【晁楣从艺60年回顾文献展】 4月30日~5月8日，由中国文联、中国美协、中国美术馆、中共黑龙江省委宣传部、黑龙江省文联主办的“晁楣从艺60年回顾文献展”在中国美术馆展出。晁楣是北大荒版画学派的开创者和卓越代表之一，是中国当代版画艺术领域重要的代表性人物。他的作品个性鲜明，构图大气磅礴、刀法精湛洗练、色彩壮丽恢宏、生活气息浓郁，其代表作品内涵隽永而意境高远。展览包含三个部分："版画作品""彩墨书法作品/写生、速写、草图及出版物""艺术旅程图片及视频"。

（孟张龙）

【魏传义艺术回顾展】 5月7日～15日，由中国美术家协会、中国美术馆、中央美术学院、厦门大学主办的"魏传义艺术回顾展"在中国美术馆展出。魏传义现为中国美术家协会厦门创作中心名誉主任。展览展出了他从艺60年来的200余幅力作，向观众集中、全面地诠释他的艺术主张和艺术思想。

（孟张龙）

【廖修平版画油画展】 5月27日～6月7日，由中华文化联谊会、中国美术馆、财团法人沈春池文教基金会主办的"廖修平版画油画展"在中国美术馆展出。廖修平是台湾版画家。展览分为"庙饰节庆""门的符号系列""墨象"和"手、梦境系列"四个主题，展出了他从事版画、油画创作50多年生涯中的100多件经典作品。

（孟张龙）

【金康容艺术作品展】 5月27日～6月7日，由中国对外展览交流中心主办的"金康容艺术作品展"在中国美术馆展出。金康容被誉为砖头画家，画面依靠光感、阴影和附于画布上的一层涂有透明颜料的细沙，以时空观念引导思维而进入艺术领域。

（孟张龙）

【中国宜兴陶瓷艺术展】 6月12日～22日，由江苏省宜兴市人民政府、中国美术馆主办的"中国宜兴陶瓷艺术展"在中国美术馆展出。参展的216件（套）展品，以独特而又完美的艺术形态，展示了宜兴陶瓷的厚重文脉和技艺水平。展品都是当代名家、高级工艺美术师以及年轻一代陶艺工作者在历届"全国陶瓷艺术设计与创新评比"中的获奖佳作，还有一些历代作品，集中反映了当代宜兴陶瓷风貌和发展趋向。

（孟张龙）

【"新基地、新山西、新成就"美术作品展】 6月19日～27日，由文化部、山西省人民政府、中国国家画院、山西省文化厅主办的"新基地、新山西、新成就"美术作品展在中国美术馆展出。展览汇集国内及山西省知名画家的作品120多幅，描绘了山西丰厚的文化遗产、美丽的自然风光和蓬勃发展的经济文化成就。

（孟张龙）

【倪再沁水墨画展】 6月19日～7月1日，由中国美术馆、中华文化联谊会主办的"倪再沁水墨画展"在中国美术馆展出。倪再沁是台湾画家，毕业于台湾文化大学艺术研究所。此次展览展出画家的50件作品。

（孟张龙）

【李茂宗陶雕展】 6月19日～7月1日，由中国美术馆、中华文化联谊会主办的"李茂宗陶雕展"在中国美术馆展出。李茂宗是台湾陶艺家。其创作风格自成一体，釉色自成一系，作品简约，充满非实用性，以"陶瓷雕塑"为主题，展览共展出他创作的50件陶瓷艺术精品。

（孟张龙）

【崔之模山水画展】 6月29日～7月7日，由安徽美协、安徽省文联、安徽省书画院、芜湖市委宣传部、芜湖市文化委员会、芜湖市文联主办的"崔之模山水画展"在中国美术馆展出。崔之模现为芜湖市美术家协会名誉主席。展览展现了作家继承和发展新安画派艺术的丰硕成果，尤其是其独创的焦墨干皴雪景画法。此次展览展出了其水墨山水、干皴雪景山水画百余幅。

（孟张龙）

【"传统思维的当代重述"画展】 7月5日～18日，由中国美术馆、中国美术家协会、加拿大不列颠哥伦比亚大学主办的"传统思维的当代重述"画展在中国美术馆展出。这个展览从理论上由策展人先行建构，以重述传统为手段，以建立自己的批评方式为目的，再用自己设定的理论来论述展览作品，这种展览方式在中国美术史上还是第一次，也是中国美术馆第一次以问题的提出为展览主题的展览。此次展览展出了朱乃正、孙景波、聂鸥、苏笑柏、江大海、洪凌、张元、孙立新、张路江、曹吉冈、张冬峰、李荣林12位画家的作品。

（孟张龙）

【阮荣春中国画巡回展】 7月8日～17日，由上海大学主办的"阮荣春中国画巡回展"在中国美术馆举办。展览展出的画家近期创作的近百幅山水作品中，既有百平方尺以上的巨幛，也有盈尺小品，展示了他的创作新境界。

（孟张龙）

【日本·池口史子油画展】 7月9日～18日，由中国美术馆主办的"日本·池口史子油画展"在中国美术馆展出。画展共展出池口女士近年创作的油画和插图作品50余件。

（孟张龙）

【"吕梁红枣颂"美术作品展】 7月10日～17日，由中共吕梁市委、吕梁市人民政府主办的“吕梁红枣颂”美术作品展在中国美术馆举办。展览共展出美术作品97件。

（孟张龙）

【王柏松油画展】　7月19日~27日，由辽宁省本溪市群众艺术馆主办的“王柏松油画展”在中国美术馆展出。王柏松的风景油画作品，语言上和内容上有艺术的独创性，有鲜明的艺术风格和美学追求。此次展览展出了其从艺几十年来的多幅风景油画作品。

（孟张龙）

【朱颖人花鸟画作品展】　7月19日~27日，由中国美术家协会、中国美术馆、中国美术学院、常熟市人民政府主办的“朱颖人花鸟画作品展”在中国美术馆展出。朱颖人现为中国美院教授。此次展览展出了其百余幅花鸟画作品。

（孟张龙）

【区广安山水画展】　7月19日~28日，由中国美术家协会艺委会、广东省美协、广州市美协主办的“区广安山水画展”在中国美术馆展出。区广安现为广东省美协理事、广州市美协常务副主席、《广州美术》主编。展览展出了区广安山水精品60多幅。

（孟张龙）

【陈金章画展】　7月29日~8月6日，由中国美术家协会艺术委员会、广州美院、广东省美协、岭南画派纪念馆主办的“陈金章画展”在中国美术馆展出。陈金章现为广州美院教授、硕士研究生导师。其代表作品有：《南方的森林》《暮韵图》《长江的黎明》《龙腾虎跃》《枣园春》等。此次展览展出了其60余幅山水画作品。

（孟张龙）

【兰州画院展】　7月30日~8月5日，由兰州画院主办的“兰州画院展”在中国美术馆展出。这是兰州“大河上下万里行”文化考察采风活动的成果展示，展出的近百幅作品代表着兰州画院目前整体的创作水平。

（孟张龙）

【虞曾富美个展】　10月22日~31日，由今日美术馆主办的“虞曾富美个展”在今日美术馆展出。虞曾富美毕业于台北的国立台湾师范大学及美国波多尔城的科罗拉多大学，她是“艺术中的环保运动”的领导者之一。在这次展出的20世纪90年代末期及21世纪的作品中，包括一些艺术家在国际上出名的超大形的帆布画作，呈现出一种宽宏的自然现象；作品多以雪崩、热带雨林、深海宝藏等各种不同面貌的自然景象为题材。

（孟张龙）

【杨之光从艺从教六十周年回顾作品展】　12月12日~20日，杨之光从艺从教六十周年回顾作品展在中国美术馆展出，由中国美术馆、中国美术家协会、中国国家画院、中共广东省委宣传部、广州美术学院、广东省美术家协会主办。杨之光教授是我国著名的水墨人物画家。展览分成两部分，第一部分展示杨之光上半生的主要人物画作品，第二部分展示“杨之光美术中心”的教学成果。

（孟张龙）

纪　念

【丁聪逝世】　5月26日，著名漫画家丁聪在北京逝世，享年93岁。丁聪，1916年生于上海，擅长漫画、插图。20世纪30年代初，开始发表漫画。新中国成立后，历任《人民画报》副总编辑，第二、六届全国政协委员，中国美协第一、三届理事和漫画艺术委员会主任。主要作品有《鲁迅小说插图》《丁聪插图》，及讽刺画集《昨天的事情》《古趣集百图》等。此外，丁聪还是中国摄影学会（中国摄影家协会前身）第一届副主席，是中国摄影家协会会员证编号“001”的持有者。

（孟张龙）

【李琦逝世】　8月26日，著名肖像画家、中央美术学院教授李琦在京逝世，享年81岁。李琦，原籍山西平遥，1928年生于北京。曾任中央美术学院中国画系主任、中国美术家协会会员。创作以国画、年画、连环画为主，尤擅肖像画。代表作有《主席走遍全国》《永远活在人民心中——周恩来》《我们的总设计师——邓小平》，出版有《李琦肖像画集》。

（孟张龙）

书法　篆刻

2009年，北京的书法事业继续保持良好态势，呈现出多元化的发展势头。主要表现在：

1. 多家书法机构成立。北京书法院的成立标志着北京市书法事业实业化、社会化的全面专业提升，将会对首都书法艺术的繁荣与发展、为弘扬中华民族的书法文化做出积极贡献。全国公安书法家协会、二炮美术书法研究院等行业书法机构的成立，标志着北京的书法事业正在朝更广阔的层面拓展。

2. 书法展览、交流活动继续增多。尤其是像中国甲骨文书法联合国总部首展、“吴门书道”中国书法名城苏州作品展、京澳百名书家《澳门基本法》书法展、“八桂书风”优秀作品晋京展、湖北省书法篆刻展、第3届北京国际书法双年展等大型的专业化较强、地域特色明显的书法展览，成为首都的书法展览活动的亮点。

3. 中国书法申遗成功。2009年9月23日，在阿布扎比举行的联合国教科文组织保护非物质文化遗产政府间委员会第四次会议上，联合国教科文组织保护非物质文化遗产政府间委员会第四次会议审议批准将“中国书法”列入《人类非物质文化遗产代表作名录》。中国书法成为珍贵的世界文化遗产，为中国书法的发展奠定了又一个良好基础。

4. 书法专业著作出版呈现高档化的趋势。外文出版社和耶鲁大学出版社共同编辑出版的《中国书法艺术》获得美国出版商协会专业和学术出版组人文学科优秀图书奖和最佳艺术类图书奖两项大奖，意味着《中国书法艺术》一书进入美国及西方主流市场。《共和国书法大系》被新闻出版总署列为庆祝新中国成立60周年百种重点图书、国家“十一五”重点出版规划项目，是国内第一部以新中国成立60年书法为研究对象的图书。

（龙　斋）

机　构

【全国公安书法家协会成立】　3月24日，全国公安书法家协会在京成立。书法家、博士生导师欧阳中石致函祝贺，全国公安文联主席孙明山，副主席李忠信，中国书法家协会驻会副主席兼秘书长赵长青等参加成立大会。会议介绍了全国公安书法家协会筹备成立情况，审议通过了全国公安书法家协会章程。李忠信当选为全国公安书法家协会主席，谢模乾、张崇德、严太平、孙崇大、逄高亮当选为副主席，方玉杰当选为副主席兼秘书长，于占江当选为副秘书长，喜长生等38名民警当选为理事。会后，与会书画家举行书画创作笔会，为消防官兵创作了30多幅书画作品。

（龙　斋）

【中国硬笔书法协会教育培训中心成立】　6月14日，中国硬笔书法协会教育培训中心揭牌仪式在北京高碑店清华大学美术学院书画培训基地一楼举行。中国硬笔书法协会终身名誉主席庞中华，清华大学美术学院书画培训基地主任马子骞，中国硬笔书法协会主席张华庆，副主席丁谦、陈联合、张宝彤、刁品纯等和在京的部分中国硬笔书法协会理事，协会机关部门负责人，基地学员近百人参加了剪彩仪式。中国硬笔书法协会教育培训中心的任务是开展全国性的硬笔书法教育、教学和培训工作。

（龙　斋）

【二炮美术书法研究院成立】　11月10日，第二炮兵美术书法研究院在北京成立并举办首届院展。二炮政委彭小枫参观展览并出席会议。中国书协主席张海、中国美协主席刘大为出席并致辞。第二炮兵美术书法研究院是解放军美术书法研究院的分属机构，是非正式编制的美术书法工作者联谊和学术研究机构，主要担负军队重大题材美术书法创作研究。第二炮兵的美术书法工作历经40余年发展，已形成专业构架全面、人才梯队合理、艺术风格独特、创作能力全面的良好格局。此次院展共展出草书《风景这边独好》、楷书《祖国颂》等45幅书画作品。

（龙 斋）

【北京书法院成立】 12月28日，北京书法院在北京广播大厦举行成立大会。李铎、张荣庆等书法界人士和日本驻中国大使宫本雄二以及书法院顾问、研究员共100余人参加。中共中央政治局常委、全国政协主席贾庆林致信祝贺。该院属民办事业单位。汪良任院长。

（龙 斋）

展 览

【北京八人作品展】 1月5日~13日，由中国传统文化促进会主办的“北京八人作品展”在中国美术馆举办。8位作者分别是：王克、景学勤、黄彬、王熹、潘传贤、吕广恒、张肖苏、王勇平。展览所得善款全部赠予了中国青少年基金会。

（龙 斋）

【通州区优秀书法作品巡回展】 4月8日，由通州区文化委员会和通州区文学艺术界联合会主办、通州区台湖学校承办的“通州书法家协会优秀作品巡回展”，在通州区台湖学校拉开序幕，300余名学生参观学习。展出的50件作品中有10余件是工作在教学第一线的教师及其学生创作的作品。该展还分别到通州区青少年宫和各乡镇、社区等地进行巡回展出。

（龙 斋）

【燕蓟九家书画展】 5月1日~6日，由中国人文研究院书画院主办的“燕蓟九家书画展”在北京艺术博物馆举办。中国人文研究院书画院院长、中国书协培训中心教授杜维钧领衔，李金亭、张骏、田俊江、杨志鹏、苏佳峰、秦建华、赵国明、林莹等参展。展览共展出9位书画家近期精品力作百余幅，反映出作者深厚的文化底蕴与功力，以及他们对于中国传统文化的深切热爱和弘扬传统文化的殷切期望。由中国人文出版社出版的《燕蓟九家书画集》在开幕式上首发。

（龙 斋）

【中国国家画院沈鹏工作室书法作品展】 5月27日~6月7日，由中国国家画院主办的“藏风聚气汇精华”中国国家画院沈鹏工作室书法作品展在中国美术馆举办。展览展出沈鹏近10年来的力作38件和40位学员最新创作的作品140余件，几乎涵盖了当代书坛的各个流派。“沈鹏书法精英班”是国家画院举办的首届以书法创作和书学研究为专业方向的高级研修班，经过严格考核录取的40名学员，均为国内在书法篆刻创作和理论研究领域具有代表性的书法家和理论家。

（龙 斋）

【苏士澍金石书法汇报展】 6月25日~7月5日，由全国政协教科文卫体委员会、全国政协书画室、国家文物局和中国书法家协会共同主办的“歌颂祖国、弘扬文化”苏士澍金石书法汇报展在中国美术馆举行。全国政协副主席、中国文联主席孙家正，全国政协副主席李金华，全国人大常委会原副委员长蒋正华，全国政协原副主席张思卿等各界人士500余人出席开幕式并观看展览。展览展出苏士澍书法及篆刻作品100余件，不少作品是他为祝贺新中国成立60周年而创作的自作诗词书法。同时展出的还有作者收藏的古代金石碑版、画像砖拓片题跋、陶瓷器皿书法，以及近10年来苏士澍主持编辑出版的数十种重要的古代书法碑帖、字典等文献著作。是苏士澍继2008年1月以来分别在北京全国政协礼堂、辽宁省博物馆以及大连等地之后举办的第五次个人金石书法展览。文物出版社同时出版发行了该展同名作品集。开幕式之后，还举行了苏士澍金石书法汇报展研讨会。苏士澍，1949年3月生于北京，满族。现任全国政协常委、国家文物局文物出版社社长，还担任全国政协书画室副主任、中国书画收藏家协会会长、中央国家机关书画协会主席、《书法丛刊》主编、中国书协理事、西泠印社理事等职。主编《中国书法艺术》和《中国法书全集》等。

（龙 斋）

【邵秉仁书作展】 6月27日~7月6日，由中国书协、全国政协书画室主办的“邵秉仁书作展”在中国美术馆举办。展览展出书法作品40余件，大多数是邵秉仁的自撰诗文，展现了作者以吸收传统书风为主，彰显典雅高古的帖学书法风范。全国政协副主席白立忱，全国政协原副主席李贵鲜、张思卿等出席了开幕式。开幕式当天还举行了邵秉仁书作展学术研讨会，来自各地的专家学者从不同角度围绕邵秉仁的诗文书法创作成就进行了探讨。6月30日，中共中央政治局常委李长春参观了书展。邵秉仁，1945年12月出生，现任全国政协人口资源环境委员会副主任、中国书法家协会副主席、中国艺术研究院中国书法院特邀研究员、中国人民大学徐悲鸿艺术学院书法教授等职。

（龙　斋）

【全国文化系统职工书画展】 7月9日～18日，由中国科教文卫体工会全国委员会、文化部直属机关工会委员会主办的“祖国好”全国文化系统职工书画展在中国美术馆举办。展览展出的百余幅书画作品，是从全国文化系统职工报送的500余幅书画作品中挑选出来的，包括一等奖5名、二等奖9名、三等奖16名、优秀奖77名。

（龙　斋）

【刘俊京养生书法展】 7月9日～30日，由北京市海淀区文联、海淀区书协共同举办的“敬·净·静”刘俊京养生书法展在北京爱家国际收藏品市场美术馆举行。该展不设开幕式，不召开研讨会，秉着以书会友、真诚务实的态度，展出其近年创作的养生书法作品50余件。展览作品涵盖了正草隶篆行诸体，突出魏碑行楷、金农体隶书，所写内容既有我国传统养生方面的嘉言警句，也有自撰养生诗联等，是其探索养生书法5年来首次集中展示其创作成果。刘俊京现为中国书协书法发展委员会委员、北京书协理事。作品多次入选中国书协举办的各类展览并获奖，2008年获北京市第3届文艺工作者“德艺双馨”奖。

（龙　斋）

【“共庆辉煌”民进全国书画展】 7月29日～8月6日，由民进中央主办，民进中央办公厅、民进中央开明画院承办的“共庆辉煌”庆祝中华人民共和国成立60周年、纪念人民政协成立60周年民进全国书画展在中国美术馆举办。展览展出书画作品170余幅。作品从构思到创作，凝聚了书画家对祖国的无限热爱和深厚情感，充分表达了民进广大会员的精神风貌。《“共庆辉煌”——庆祝中华人民共和国成立60周年、纪念人民政协成立60周年民进全国书画展》画册分精、简装两种，在展览场地分赠。

（龙　斋）

【张飙歌颂祖国诗词书法展】 9月9日～20日，由中国书法家协会主办、中国书协中直分会承办的“献给祖国母亲的歌”张飙书歌颂祖国诗词书法展，在北京中国人民革命军事博物馆举办。展出的120件书法作品均为6尺以上大幅作品，内容是张飙从他近40年来的自作诗词中选出的120首歌颂祖国、歌颂社会主义建设伟大成就、歌颂祖国大好河山的诗词，内容分为：祖国万岁、精彩奥运、征途脚步、征天英雄、中华人物、华夏雄风、大好河山、长城之歌8个部分。全国政协原副主席宋健、张思卿等和中国书协各部门负责人、在京部分中国书协理事以及首都各界500余人出席开幕式。由中国青年出版社出版的展览同名作品集在开幕式上首发。张飙曾任中国书法家协会分党组书记、驻会副主席，《中国青年报》副总编辑、《科技日报》总编辑、中国艺术报社社长。现任中国书法家协会顾问、中国楹联学会顾问、中国书协中直分会会长等。

（龙　斋）

【“翰墨大地”全国名家书画邀请展】 9月10日～13日，由文化部人才艺术中心主办，中华书画协会承办，民进中央文化艺术工作委员会、民进北京市委、苏州市委、市政府、中国艺术创作院、北京书协、北京美协、北京市慈善协会等单位协办的“翰墨大地”全国名家书画邀请展在北京国际展览中心举行。来自各界的500余人出席了开幕式。展出的600幅书画作品，是从中国艺术创作院、中国三峡画院、中国山水画研究院、天津美院、西安美院、中国花鸟艺术研究院、解放军美术书法研究院、中国楹联学会、天津翰墨缘书画院、陕西古都画院等艺术机构组织推荐的2000余幅作品中严格评选出来的。其中360幅为丈二匹巨幅作品，140幅为六尺作品，100幅为四尺作品，创大尺幅作品书画展览之最。参展书画艺术家来自近30个省、市、自治区和港、澳、台地区及海外，最大的99岁。《翰墨大地·全国名家书画邀请展》分上下卷由天津人民美术出版社结集出版并在开幕式上首发。

（龙　斋）

【第4届中国名人名家书画精品展】 9月24日～25日，由北京世纪名人国际书画院主办的“第4届中国名人名家书画精品展”在全国政协会议中心展出。中共中央原政治局委员、中央军委原副主席迟浩田，全国政协原副主席李蒙等出席开幕式并剪彩。首都各界人士和书画爱好者300余人参加开幕式并参观展览。展览展出了欧阳中石、李铎、佟韦、张飙等名人名家书画精品222幅。展览同名作品集同时首发。

（龙 斋）

【第3届北京国际书法双年展】 10月31日，第3届北京国际书法双年展在北京市劳动人民文化宫开幕。本届双年展由国际书法名家精品邀请展、国际知名女书家精品邀请展、沈鹏·赵守镐书法艺术联展、中国中青年书法家作品邀请展、中国少年儿童优秀书法展、北京第14届书法篆刻展、北京市四城区书法联展等展览组成，分别在北京市劳动人民文化宫和中国人民革命军事博物馆两个展区展出。其中的“国际书法名家精品邀请展”10月31日～11月5日在劳动人民文化宫展出。其他展览11月1日～5日在中国人民革命军事博物馆展出。来自中国、马来西亚、新加坡、印度尼西亚、日本等20多个国家和地区的7178件书法作品参展。展览以笔歌中国、盛赞祖国建设辉煌成就为主题，用中国书法艺术表达“人文北京、绿色北京、科技北京”的理念，为世界书法事业搭建国际型文化交流平台。

（龙 斋）

【篆刻双展】 10月31日～11月30日，由中国艺术研究院指导、中国艺术研究院中国篆刻艺术院主办的“江山多娇”庆祝中华人民共和国成立60周年篆刻艺术精品展、中日篆刻艺术展在恭王府举行。展览以“江山多娇”为主题，特邀中国篆刻艺术院顾问、研究员和国内外老、中、青三代篆刻家共110人创作的315方作品参展，“中日篆刻艺术展”还邀请日本篆刻家协会的骨干会员创作了67件作品参展。

（龙 斋）

【首师大中国书法文化研究院作品展】 11月22日～30日，由首都师范大学主办的“求正”首都师范大学中国书法文化研究院作品展在中国美术馆举办。展览共展出书法作品220余幅，另有特邀专家作品30幅。参展者为首都师范大学中国书法文化研究院教师及历届学生。首师大书法专业由书法家、书法教育家欧阳中石于1985年主持创办，在此基础上成立的中国书法文化研究院是中国大学中首个院系级建制的书法学科教学、科研单位。20多年来，培养了书法博士、硕士150余人。

（龙 斋）

【全国中青年书法二十家作品展】 12月25日～29日，由中国书画博览杂志推举，中国对外艺术展览中心、中日韩书画专业委员会、中国书画博览杂志社联合主办的“2009全国中青年书法二十家作品展”在北京中国人民革命军事博物馆举行。参展的20位中青年书法家是：王家新、王学岭、王民德、刘彦湖、刘颜涛、李胜洪、李强、张旭光、张继、张世刚、肖丽、陈忠康、杨涛、周祥林、范硕、胡抗美、洪厚甜、陈洪武、曾来德、曾翔。他们以现代人的文化视角，深入传统，细究古法，在继承传统的基础上，致力于探索书法在当代文化语境下的发展空间，形成了鲜明的个性化书法表现。

（龙 斋）

【全国公安文联“书画名家作品邀请展”】 12月29日，由全国公安文联主办的“全国书画名家作品邀请展”在中国军事博物馆开幕。全国公安文联副主席、全国公安书法家协会主席李忠信，书法家李铎、赵长青等以及在京书画家近百人出席开幕式。展览展出的300余幅书画作品，是全国公安文联从历时一年半所征集的作品中评选出的。其中有原公安部领导和全国公安书法家协会、全国公安美术家协会主席团和部分理事作品46幅，沈鹏、李铎、张海等以及部分中国书法家协会理事书法作品142幅。

（龙 斋）

笔 会

【北京书法家总后新春笔会】 1月7日，北京书协一行15人在北京市文联党组副书记、驻会副主席黎晶和中国书协副主席、北京书协主席林岫的带领下，到总后勤部直属供应保障局，慰问部队官兵，并与部队书法爱好者进行了书艺交流，为官兵们书写春联和书法作品60余幅，并集体创作了数十米长的书法长卷。参加慰问的书法家有田伯平、郁志桐、彭利铭、汪良、卜希旸、孟繁禧、刘俊京、吴经缘、龙开胜、颜振卿、贾伟、骆建宏、王靖等。

（龙 斋）

【首都书画家给天安门环卫一线工人送春联】 1月8日上午，中国书画研究社社长姚得珠等7人来到天安门管理处，向环卫一线工人送春联、送书画，表慰问。书画家们现场创作书画作品100余幅，为首都城市“环卫美容使者”送去了春天的祝福。北京市书法家协会副秘书长严晓明为首都环卫工人献上了她书写的春联作品，受到干部职工的热烈欢迎。

（龙 斋）

【老将军书法慰问神七航天员】

2月12日，由中国将军书画研究院25位老将军书画家组成的慰问团，到北京中国航天城慰问了神舟七号航天员翟志刚、刘伯明、景海鹏。解放军总装政治部副主任刘建国等参加了慰问仪式。怀国模中将和冷宽中将代表老将军现场向中国航天员中心赠送了慰问团成员现场集体创作的3.3米长的巨幅作品。葛焕标中将、蒲荣祥中将、郭玉祥中将分别向航天英雄翟志刚、英雄航天员刘伯明和景海鹏赠送了老将军们创作的书法作品30幅。仪式上，楹联书法家孙之贵少将将行书七言嵌名联“志壮出舱观碧月，刚强迈步走长空”赠送翟志刚；张和辉少将将榜书横幅“志存高远”赠送刘伯明；国墨林少将将行书中堂“神州三雄，天马行空”赠送景海鹏，鼓励他们为航天事业再立新功。

（龙 斋）

【喜迎国庆60周年书法名家笔会】

5月17日，中国书协中央国家机关分会和苏州工业园区联合投资有限公司共同举办“喜迎国庆60周年书法名家笔会”。中国书法家协会顾问刘艺、佟韦、张飙等60位书法家参加了专题书法笔会，大家泼墨挥毫，共创作歌颂新中国60华诞的各体书法作品120余幅。

（龙 斋）

【北京文联组织书画家慰问驻京部队】 9月4日，由北京市文联党组书记、常务副主席朱明德带队，北京书协副主席彭利铭、龙开胜、孟繁禧、杨广馨，北京书协理事丁嘉耕等书画家组成的慰问团，到总后军需物资油料研究所，慰问部队官兵和工作人员。研究所所长杨廷欣、政委蔡民基热情接待了各位书画家。各位书画家挥毫泼墨，创作了30余幅精彩的书画作品赠送给研究所，受到官兵的欢迎。

（龙 斋）

【通州书协慰问教师】 9月7日，北京书协副主席龙开胜，通州书法家协会主席张振生、副主席张德金，中国书协会员周凤国、逯国平等到北京路政局技工学校，将创作的30多幅书法作品赠送给该校教师，并向该校的教职员工致以教师节的祝贺。

（龙 斋）

【海淀老书法家慰问军休干部】

11月5日，海淀书法家协会组织部分老书法家慰问马连洼军休所干部。参加活动的有海淀书协副主席张树栋、海淀书协监事长黄德昌以及卢文举、李长河、梁金堂、马桢贵、孙明泉等老书法家。张树栋为老干部讲了“以书养性”的意义和临帖的基本要领，卢文举介绍了当前书坛动态和发展趋势。老书法家们还为军休干部创作了几十幅书法作品。

（龙 斋）

【通州书协看望农民书法爱好者】

11月27日，北京市通州书法家协会秘书长黄添喜、副秘书长李超然等一行到通州区漷县镇漷县村，看望了正在这里举行活动的通州区老年书画研究会漷县分会的农民书法爱好者。他们听取了漷县分会会长徐思恭关于该分会的情况介绍，并分别向大家介绍了书法学习中的一些基本规律，现场进行了书法技法的演示，向农民书法爱好者赠送了各种书法资料。

（龙 斋）

会 议

【中国书法进万家工作总结会】

1月13日，2008年中国书法进万家工作总结会在北京举行，中国书协主席张海，驻会副主席兼秘书长赵长青，副主席申万胜、言恭达、吴善璋、张业法、陈永正、林岫等以及各团体会员负责人出席会议。戴志祺宣布《中国书协关于2008年先进集体、先进个人的表彰决定》。中国书协领导分别为受表彰的61个先进集体代表和121名先进个人代表颁发了奖牌。“中国书法进万家活动”已成为社会公认的品牌性活动，成为提升书法艺术和书法家良好形象的重要平台。通过这个活动，书法艺术的社会地位明显提高，书法家和书法工作者成为最大受益者。会议要求，在新的一年里，主席团、各团体会员要与社会各界密切协作，继续加强组织、积极引导、广泛发动，推动书法进万家活动向纵深发展。

（龙 斋）

【顺义书协第二次代表大会】 1月13日，北京市顺义区书法家协会第二次代表大会召开。中国书协理事、北京书协副主席彭利铭，北京顺义区政协原主席陈振山，顺义区文联主席高源到会祝贺。60名书法家代表出席了大会。会议审议并通过了工作报告和章程，选举产生了由29名书法家组成的新一届理事会。大会选举贾文龙为顺义区第二届书法家协会主席，王继明、吴广惠、杨占林、崔纪松、张冬峰等9人当选为副主席。

（龙　斋）

【石景山区书协换届】 3月15日，北京市石景山区书法家协会第二届会员代表大会举行。会议讨论通过了第一届书协工作报告和新修订的书法家协会章程，选举产生了第二届理事会。新的理事会成员由16人组成，分别是马力、马骏祥、王鸿济、刘彬、李正、杨平、杨文华、连双存、肖印涛、张秉文、宋建华、陈绪森、陈强新、段中谦、徐景辉、裴群。杨文华当选为主席，马骏祥、王鸿济、张秉文、徐景辉、杨平、连双存、陈绪森为副主席。陈绪森兼任秘书长，裴群、宋建华为副秘书长。新一届理事会聘请范德安、张俊山、李力生、李有来为名誉主席，苏适、田伯平、高余丰、何大齐为艺术顾问。

（龙　斋）

【北京书协第五次会员代表大会】

7月24日~26日，北京书法家协会第五次会员代表大会召开，北京书协名誉主席宣祥鎏，中国书协副主席、北京书协第四届理事会主席林岫，四届理事会主席团成员，以及北京各区县130余名会员代表出席大会。大会审议并通过了题为《开拓创新、无私奉献，创品牌、树正气，努力推动首都书法事业蓬勃发展》的北京书法家协会第四届理事会工作报告和《北京书法家协会章程（修改草案）》，在民主和谐的气氛中选举产生了北京书协新一届的领导机构。第五届北京书协理事会由79名理事组成，经过理事会选举，林岫当选为北京书协五届理事会主席，田伯平当选为驻会副主席，王家新、龙开胜、叶培贵、刘守安、刘俊京、李有来、汪良、杨广馨、孟繁禧、彭利铭、黎晶等11人当选为新一届理事会副主席。

（龙　斋）

【海淀书协第四届会员代表大会】

12月5日，海淀书法家协会第四届会员大会召开，出席会议的会员代表103名。会议审议通过了《海淀书法家协会第三届理事会工作报告》，特别肯定了海淀书协在喜迎奥运、情系灾区、关注慈善事业、奉献社会实践活动中做出的贡献。大会选举产生了海淀书协新一届领导机构。第四届理事会由31名理事组成，张书范当选为第四届理事会主席，周持为常务副主席，孟繁禧、刘振英、黄德昌、尹言、曹海波、张树栋、白兆贤、王祖铮、龙开胜、刘俊京、骆建宏、郭丰、臧向军为副主席。理事会推举卢文举为协会监事长，刘桂林、李瑞雯为监事会成员。大会推举王珍明、刘永平、杨再春、梁致章为海淀书法家协会顾问。

（龙　斋）

【詹氏三代书法作品研讨会】 12月8日，文物出版社、中国书法杂志社、海南省文联在北京共同主办了“詹氏三代书法作品研讨会”。来自北京书法界、出版界人士苏士澍、张飙、林岫等30多人参加了研讨并分别作了发言。9月份，文物出版社出版了海南詹氏三代书法家的作品集《詹氏三代书法艺术·詹哲明》《詹氏三代书法艺术·詹砺群》《詹氏三代书法艺术·詹冰莹》一套三卷精装本。詹氏三代书法传承有序而各具风貌，历经100余年而不衰。詹哲明（1878—1971），青年时期执教于广东澄海、汕头一带，后在泰国曼谷创办汉文学校，传道授艺20载，常以书法应世。詹砺群（1919—2006），詹哲明之幼子，曾任中国书协会员、广东省书协理事、潮州市书协主席等职。詹冰莹，詹砺群长女，现任中国书协理事、海南省书协副主席等职。

（龙　斋）

【北京市小学写字现场会】 12月10日，由北京市教育科学研究院基础教育研究中心主办，通州区教师研修中心和通州东方小学承办的“北京市小学写字现场会暨杨广馨特级教师工作站通州行”在通州区东方小学举行，北京书协副主席杨广馨、通州书协秘书长黄添喜等，以及来自北京市各区县的书法教师参加了这次活动。与会书法教师分别观摩了东方小学语文、写字示范课和该校领导关于在小学生中进行书法教育的经验介绍。杨广馨在充分肯定了东方小学的书法成果后，向与会人员介绍了教学工作站的概况，并就如何开展多种形式教师研修与培训活动，加工、开发、传播教学资源，与一线教师分享书法教学成果，促使他们在全市小学专业发展中发挥积极作用等问题作了介绍。随后大家还参观了东方小学的师生书法作品展示，并对一部分作品进行了点评。

（龙　斋）

评　奖

【全国公安系统评出优秀书法作品和书法家】 4月11日，全国公安书协在中国人民警察博物馆举行了作品评选会。评选会评出参展作品80幅，参加8月在京举行的全国公安优秀书法家精品展，还评出全国公安系统优秀中青年书法家16人。

（龙　斋）

【孟繁禧获北京中青年文艺工作者德艺双馨奖】　6月29日，在北京市文联礼堂召开的“第四届北京中青年文艺工作者德艺双馨奖”颁奖大会上，中国书法家协会培训中心教授、北京书协理事、海淀区书法家协会代主席孟繁禧获“北京中青年文艺工作者德艺双馨奖”。是15名获奖者中的唯一书法家。

（龙　斋）

【第4届BTV北京电视书法大赛】　11月15日，由北京市文学艺术界联合会、北京书法家协会、北京电视台、北京市昌平区文联和昌平区旅游局联合主办的第4届“笔歌中国”BTV北京电视书法大赛圆满结束。大赛共收到来稿2000余件，来稿作者中既有86岁高龄的长者，也有年仅5岁的幼童。作品真草篆隶，各体兼备，形式内容丰富多彩，各具特色。丁嘉耕、王选斌等12人获得成人组一等奖，王思涵、刘俊祎等12人获得青少组一等奖。

（龙　斋）

交　流

【李有来书画新作展】　1月6日～28日，由北京书法家协会主办的“李有来书画新作展”在郑州市北京翰林一峰文化艺术中心画廊举办，共展出作者新创作的书画作品50余件。中国书协理事、河南省书协主席宋华平，河南省书协副主席李强、王荣生、许雄志、张剑锋等200余人参观展览。作品以小品为主，形式、风格多样，集中展示了李有来近年来在书法、山水画方面所取得的新成果。李有来，1969年生于安徽省和县，先后师从林散之、黄叶村、张荣庆、刘炳森、程大利等。现为中国书协理事、行书专业委员会委员、培训中心教授，北京书协副主席，供职于中国人民解放军北京军区文艺创作室。其作品曾多次在全国大展中获奖，并多次担任全国、全军书法大展（赛）评委。

（龙　斋）

【朝阳区书法家协会赴韩国大使官邸进行文化交流】　1月19日，受韩国驻中国大使辛正承，韩国驻中国文化公使、韩国驻中国文化院院长朴永大的邀请，朝阳区书法家协会组织书法家赴韩国大使官邸进行了书法交流活动。中国书法家协会副主席、北京书法家协会主席林岫，北京书协顾问傅家宝，中国书法家协会理事、北京书法家协会副主席兼秘书长田伯平，中国书协理事刘文华、张继，朝阳区书法家协会主席李龙吟等11位书法家出席了交流活动。辛正承大使与书法家们畅谈了中韩两国的渊远文化和友谊。书法家们的现场展示，令辛正承大使和朴永大文化公使甚为惊叹，表示通过这次活动，对中国的书法艺术有了更进一步的了解，今后将加强中韩两国之间的书法交流。

（龙　斋）

【中国甲骨文书法首展联合国总部】　1月21日晚，联合国的众多外交官和国际职员出席了在联合国总部大楼举行的“联合国中国甲骨文书法展”开幕酒会。该展览首次在联合国总部展出了19世纪出土的具有数千年历史的甲骨文拓片及60幅反映当代中国人审美情趣的甲骨文书法作品。展览由中国常驻联合国代表团、联合国中国书会、江苏省甲骨文学会、江苏省对外文化交流协会、江苏省文化厅、江苏省新闻办、江苏省哲学社会科学界联合会共同主办。联合国副秘书长沙祖康，中国常驻联合国副代表刘振民，联合国中国书会会长刘震等出席了开幕活动。沙祖康在仪式上致辞称：“这一展览为各国常驻联合国的外交官和联合国工作人员开启了一扇了解中国灿烂文化的窗口。”

（龙　斋）

【刘广文隶书展】　2月15日～23日，由湖南省书法家协会主办的“刘广文隶书展”在中国美术馆举办。展览展出的32件作品是从作者近期创作的400余幅作品中挑选出来的。刘广文，湖南涟源人，矿工出身，现为中国书协会员、湖南省书法家协会副主席。学习隶书20余年。由湖南美术出版社出版的《刘广文隶书》同时向全国公开发行。

（龙　斋）

【王改民书法展】　2月28日～3月11日，由陕西省委宣传部、陕西省文化厅、陕西省政协、陕西省文联、陕西省书协主办的“王改民书法展”在中国美术馆举办。展览共展出作者近年创作的以行草书风为主题的书法作品60余幅。王改民现为陕西省书法家协会副主席兼秘书长。

（龙　斋）

【"吴门书道"中国书法名城苏州作品展】 3月21日～30日，由中国书法家协会、江苏省文学艺术界联合会、苏州市人民政府联合主办的"吴门书道"中国书法名城苏州作品展在中国美术馆举办。全国政协副主席、中国文联主席孙家正，中国文联名誉主席周巍峙等参加开幕式。展览作品180件，共分三部分：苏州已故（1949年后）书法篆刻家作品、苏州籍当代名家特邀作品和当今活跃在书坛的苏州市书法篆刻家作品。由荣宝斋出版社出版的《吴门书道——中国书法名城苏州书法作品集》同时首发。苏州是我国首批历史文化名城之一，也是国内第一座"中国书法名城"，明代"吴门书派"在中国书法史上有着重要地位。苏州现有中国书法家协会会员120余名，位居全国前列。

（龙　斋）

【"北京·什邡心连心"书法作品展】 5月12日～17日，由北京市文联、北京书法家协会和什邡市文联、什邡市书法家协会共同主办的"北京·什邡心连心书法作品展"在北京画院美术馆举办。中国书协副主席、北京书协主席林岫，中国书协理事、什邡市文联名誉主席、书法家洪厚甜，在京书法家龙开胜、谢小青等和北京书法界代表200人出席开幕式。北京49位书法家和什邡20位书法家共创作了69幅作品参展，6位来自什邡的抗震英雄也奉献了他们的书法作品。

（龙　斋）

【京澳百名书家《澳门基本法》书法展】 6月10日～20日，由澳门基本法推广协会主办、北京书法家协会协办的"京澳百名书法家《澳门基本法》书法展"在北京文联展览厅举办。澳门基本法推广协会副理事长兼秘书长杨允中，北京市文联党组书记、常务副主席朱明德等和首都各界人士近200人出席开幕式。展览采取用书法抄写基本法条文形式，展出京澳两地书法作品133幅，其中北京书法家作品70幅、澳门书法家作品63幅，《澳门基本法书法精选》画册同时发行。此前，该展于5月7日～17日在澳门举行。

（龙　斋）

"北京·什邡心连心书法作品展"开幕式

【第25届中日友好少年书法交流大会】 8月2日，由中国书法家协会与日本全国少年少女竞书大会共同举办的"第25届中日友好少年书法交流大会"在京举行。文化部、中国文联有关单位领导和中国书协刘艺、张飙，北京书协主席林岫，日本驻华文化参赞川上文博，日本成田山全国竞书大会会长桥本照稔，中日友好少年少女书道交流团团长田中节山、副团长山根互清等和中日两国少年书法代表30人参会。参加交流的15名中国少年分别是经过严格程序从北京、四川、浙江、河南等省市选拔出来的，日本参加交流的15名少年是从全日本15万名书法爱好者中层层选拔出来的。他们都是在读的中小学学生，基本上代表了中日两国少年书法创作的整体水平。

（龙　斋）

【黎明中书法展】 8月8日～16日，由江西省文联主办的"黎明中书法展"在中国美术馆举办。全国政协副主席李蒙等为开幕式剪彩。作品以梅雪为主题，集历代名家咏梅吟雪诗、词、名句，50多幅书法作品行草隶篆，书体丰富。黎明中书法创作座谈会于当日举行，张飚、白煦等多位中国书协理事出席，对黎明中作品进行深入研讨。黎明中，中国书法家协会会员。工于行草，兼学隶篆，书作多次在国内外参展并获奖。

（龙　斋）

【书法进西藏活动】 8月14日上午，中国书法家协会"中国书法进万家——走进西藏活动"举行。由书法家赵长青、于小山、王学岭、戴跃、运其瑞、李刚田、李有来、杨西湖、张建会、赵雁君、徐利明、李木教、高宝玉等组成的采风团一行19人参加了活动。由中国书协和西藏文联共同主办的“中国书法家协会第五届理事精品展”开幕式同时举行。参展的140余幅书法精品代表了当今中国书法创作的总体水平。西藏各界代表300余人出席开幕式并参观了展览。开幕式前，书法长卷在布达拉宫广场进行了展示。14日下午，中国书协在拉萨举行了兰亭小学的捐建命名和授牌仪式，为在2008年地震中受损严重的拉萨市当雄县宁中乡第二中心小学捐赠50万元，用于新建教学楼。15日，代表团成员驱车近十个小时，到距离拉萨近五百公里的林芝山地步兵某旅举行了中国书法进万家——走进军营活动笔会，现场创作100余幅书法作品。活动于20日结束。

（龙　斋）

【“八桂书风”优秀作品晋京展】 8月18日，由中国书法家协会、广西壮族自治区党委宣传部、广西文学艺术界联合会主办，广西书法家协会、广西书画院承办的“八桂书风”优秀作品晋京展在中国人民革命军事博物馆举行，全国政协副主席李兆焯等参加开幕式。展出的广西书法家近300件作品，基本上反映了广西书坛的创作现状。开幕式后，在京的部分书法家张旭光、刘恒、刘洪彪、高庆春等在“八桂之风”优秀作品晋京研讨会上发言，对“八桂之风”的创新性、包容性及其独特的地域风貌给予好评。《八桂书风——优秀作品晋京展作品集》在开幕式上首发。

（龙　斋）

【湖北省书法篆刻展】 12月2日~10日，由中共湖北省委宣传部、湖北省文学艺术界联合会、湖北省书法家协会、书法报社主办的“荆楚墨象”湖北省书法篆刻展览在中国美术馆举办。全国政协副主席、中国文联主席孙家正等参加开幕式。展览展出书法篆刻作品200余件和书法出版物1000余件，通过金、木、水、火、土五个章节展现了荆楚书道的生态环境、历史沿革、名家艺典和当今风貌，运用电视片、图书出版物和书法作品相结合的方式，全景式展示湖北书法事业的深厚底蕴、进取历程和繁荣局面。“荆楚书道”论坛同时在中国美术馆举办，来自全国的书法家、书法评论家30余人，就“荆楚书道”的艺术流派、艺术风格、传承发展等展开理论研讨。《湖北省书法篆刻展作品集》同时首发。

（龙　斋）

【秦国仁书法展】 12月2日~10日，由中国书法院主办的“问墨”秦国仁书法展在中国美术馆举办。展览展出内蒙古青年书法家秦国仁50件精品书作。作品书体以楷书和行书为主，表现出一位青年艺术家对传统文化艺术的深入继承与大胆探索。秦国仁，蒙古族。1968年生于呼和浩特。内蒙古自治区青年联合会委员。

（龙　斋）

【陈振濂书法大展】 12月3日~10日，由中国民主同盟中央委员会、中国书法家协会、中国美术馆、浙江省人大常委会、中共浙江省委宣传部、浙江省文化厅、浙江省文联、中国美术学院、浙江大学、杭州市人大常委会、西泠印社、浙江省书法家协会、中共杭州市委宣传部等联合主办的“意义追寻”陈振濂书法大展在中国美术馆举办。展出的百余幅作品共分为两大主题：其一，观赏的立场：艺术与审美；其二，阅读的立场：学术与文化。陈振濂，1956年2月生于上海。1981年毕业于中国美术学院。师承沙孟海、陆维钊、诸乐三等。1993年任中国美术学院教授，博士生导师。现为浙江大学人文学院副院长兼艺术学系主任、浙江大学中国艺术研究所所长，中国书法家协会理事、中国教育学会书法教育委员会副理事长、中国青年书法家协会主席、浙江省书法家协会副主席、西泠印社副社长兼秘书长。

（龙　斋）

纪　念

【纪念汶川地震一周年感恩书法长卷创作捐助活动】 4月5日，由中国残疾人福利基金会和北京兰亭艺术中心联合主办的“纪念汶川地震一周年感恩书法长卷创作捐助活动”在京举行。张海等书法家100余人现场共同创作了51.2米感恩书法长卷，并当场捐献给中国残疾人福利基金会。拍卖所得善款，全部用于汶川地震致残者的康复医疗救助。中国残疾人福利基金会理事长汤小泉以及中国文联副主席廖奔，中国书协副主席邵秉仁、聂成文等以及书法界、文艺界同仁300余人参加了捐赠仪式。

（龙　斋）

【北京市文联向地震灾区捐赠书画作品】 6月28日~7月1日，

以黎晶为团长的北京市文联代表团一行12人来到“5·12”地震的重灾区、北京市对口援建城市什邡市，向什邡市委、市政府捐赠了首都书画界百位艺术家创作的总价值约300万元的129件书画精品，并与当地文联的艺术家进行了座谈交流，共话灾后重建，共叙同胞情谊。中国书协理事、什邡市文联名誉主席洪厚甜，市书协主席王昌宁等和什邡市的书画家代表300余人共同参加了捐赠的接收仪式。笔会后，还参观了地震遗址和北京援建的小学新校舍，慰问了马祖新村的村民。

（龙 斋）

【佟韦书友雅集在京举行】 10月28日下午，中国书协和中国书协中央国家机关分会举行“佟韦书友雅集”活动，祝贺当代书坛名家佟韦80寿辰。佟韦是第一任中国书法家协会党的领导小组组长兼秘书长，1991年，他首倡并成立中国书协中直分会，并担任首任会长，为中国书协的成立和推动中国书法事业的发展做出重要贡献。张飙、赵长青、陈洪武、白煦、杨炳延、苏士澍、周志高、张虎、邹德忠、严太平、彭利铭、彭一超等25位书法家分别发言，并展示了各自祝贺佟韦80寿辰的书法作品。

（龙 斋）

捐 赠

【书法家周森为慈善小学捐款】 2月9日，在北京电视台、中国三峡画院联合主办的“春暖牛年”首都书画家新春联谊会上，书法家、全国人大代表、中国三峡画院院长周森当场将10万元现金捐赠给北京市延庆爱心慈善小学，用于该校建设“周森爱心电脑教室”。中华慈善总会会长范宝俊接受了捐款。自20世纪90年代以来，周森通过中华慈善总会等机构先后在全国各地捐资建设“周森慈善小学”20余所，因多年来不遗余力地为教育事业献爱心的慈善义举，被中华慈善总会授予“中华慈善大使”荣誉称号。

（龙 斋）

【李铎捐资建农民图书馆】 4月1日~5日，中国人民解放军书法创作院院长李铎专程回到家乡湖南醴陵市，捐资30万元在该市新阳乡青泥村创建了当地首家农民图书馆。4月3日正式开馆当天，李铎用通俗活泼的语言，为当地的农民业余书法培训班开班讲授了一堂生动的书法课。多年来，李铎一直关心家乡教育、文化、卫生、交通事业的建设和发展，先后捐资达200余万元，并建立了李铎奖学、助学基金会。李铎，1930年4月19日出生于醴陵市新阳乡，1949年9月参军入伍。现为中国人民革命军事博物馆研究馆员、中国人民解放军美术书法研究院副院长、中国人民解放军书法创作院院长等。

（龙 斋）

【张志和向中国教育发展基金捐赠书法作品】 4月22日，中国教育发展基金会举行受赠仪式，接受张志和捐赠的151幅书法作品。教育部原副部长、中国教育发展基金会理事长张保庆等出席会议。捐赠作品包括巨幅大楷书《道德经》111条屏，以及张志和近年来精心创作的数十幅行书、草书等作品。这批作品将由中国教育发展基金会按照基金会章程规定，拍卖用于资助贫困家庭学生完成学业，支持一些地方解决在改革发展教育事业中遇到的特殊困难。张志和，1958年生于河南邓州。1992年考入北京师范大学中文系，师从启功攻读文学博士学位并学习书法艺术，现为国家行政学院历史文化专业教授、中国书协理事。

（龙 斋）

培训、传承

【北京书协举办创作骨干培训班】 9月5日~6日，北京书协举办备战“兰亭书展”创作骨干培训班，40余位北京书协中青年创作骨干参加了培训。北京书协主席团成员田伯平、李有来、彭利铭、龙开胜、刘俊京、杨广馨、孟繁禧等出席开班仪式。林岫、张荣庆、熊伯齐、刘洪彪、李刚田等做专题报告，深入浅出地讲解创作经验、参赛要点，还细致地对每个人的作品进行了点评。

（龙 斋）

【中国书法申遗成功】 9月23日，在阿布扎比举行的联合国教科文组织保护非物质文化遗产政府间委员会第四次会议上，包括中国书法在内的22个中国申报项目被批准列入《人类非物质文化遗产代表作名录》。12月25日，中国书协、中国艺术研究院中国书法院就“中国书法”被列入《人类非物质文化遗产代表作名录》在北京举行了新闻通报会。张海、赵长青、王镛等出席大会并分别讲话，介绍了书法申遗的情况。自2006年起，中国书法家协会与中国艺术研究院中国书法院就开始进行“中国书法申遗”的相关工作。2008年6月7日，经国务院批准，“中国书法”被正式列入《第二批国家级非物质文化遗产名录》；中国书法家协会、中国书法院被国家明确为传承与保护书法艺术的直接责任单位。2008年9月底，“中国书法”申报人类非物质文化遗产的正式文本和申遗片等相关材料以中华人民共和国的名义正式提交给联合国教科文组织。2009年9月23日，联合国教科文组织保护非物质文化遗产政府间委员会第四次会议审议批准，将“中国书法”列入《人类非物质文化遗产代表作名录》。由中国书法家协会、中国艺术研究院中国书法院联合主编，荣宝斋出版社出版的《人类非物质文化遗产代表作——中国书法》一书在会上发行。

（龙　斋）

【《中国书法艺术》在美获奖】 2月，美国出版商协会专业和学术出版部公布了2008年度美国出版商协会专业和学术出版组获奖作品，外文出版社和耶鲁大学出版社共同编辑出版的《中国书法艺术》获得人文学科优秀图书奖和最佳艺术类图书奖两项大奖。《中国书法艺术》是中国外文局（中国国际出版集团）和美国耶鲁大学合作的大型出版项目《中国文化与文明》丛书中的一本。此次获奖意味着《中国书法艺术》一书进入美国及西方主流市场，获得西方人士的认同。

（龙　斋）

【《李铎书法集》在京首发】 4月20日，中国书法家协会、北京世纪名人国际书画院在全国政协礼堂举行恭贺李铎80华诞暨《李铎书法集》首发式。中共中央政治局常委、全国政协主席贾庆林专函表示祝贺。全国政协副主席、中国文联主席孙家正出席活动并讲话；书法界赵长青、申万胜、陈洪武等以及首都新闻媒体记者共40余人出席活动。《李铎书法集》由湖南美术出版社出版，收录了李铎各个时期的书法力作、自作诗词近200幅，还有多篇书法论文以及9幅国画作品。

（龙　斋）

【《〈般若波罗蜜多心经〉中国名家篆刻艺术大观》出版】 8月26日，《〈般若波罗蜜多心经〉中国名家篆刻艺术大观》新闻发布会在全国政协礼堂举行。全国政协副主席李金华等与首都各界人士130余人出席，世界华侨华人社团联合总会秘书长任兴亮主持了发布会。由世界华侨华人社团联合总会、北京神州博古书画院共同制作的《〈般若波罗蜜多心经〉中国名家篆刻艺术大观》，由主办单位邀请熊伯齐、韩焕峰、吕品、冯宝麟等15位当代中国篆刻艺术名家精制56方寿山石印刻，并组织专家对每方印刻的构图和设计进行了反复推敲论证。最终定型为长810厘米、宽28厘米的宣纸精裱珍品。共制作2009套，赠送给中外佛教团体、佛教文化教学研究机构、各大博物馆、图书馆、国内著名寺庙；港澳台佛教团体、高僧大德；外国政要、海外华侨华人社团、中外爱好和平人士及对世界文化发展有作为的杰出贡献者。

（龙　斋）

【《共和国书法大系》出版】 9月21日，被新闻出版总署列为庆祝新中国成立60周年百种重点图书、国家“十一五”重点出版规划项目的《共和国书法大系》出版座谈会在中国艺术研究院召开。文化部副部长、中国艺术研究院院长王文章，中国书法家协会名誉主席沈鹏，江西省出版集团党委书记钟健华等有关领导和专家学者出席了座谈会。《共和国书法大系》是国内第一部以新中国60年书法为研究对象的图书，力求

《李铎书法集》首发式

全面、客观、真实地反映中华人民共和国成立60年来的书法演变过程，分析评述这一特定时期的书法创作、研究、教育、传播和交流状况，探讨书法在中华文脉传承和中国文化复兴过程中的重要作用，展示新中国书法成就、铸造共和国书法史碑。该书由沈鹏任名誉主编，李一、陈政、任平任总主编，全书共分六卷，约180万字，1000幅图，江西美术出版社出版。

（龙 斋）

摄　　影

2009年，北京摄影家协会围绕庆祝中华人民共和国成立60周年的中心工作积极组织会员及广大摄影爱好者开展了一系列的摄影创作活动。

4月，正式启动了“庆祝中华人民共和国成立60周年优秀摄影作品征集”和“新北京风光”摄影作品征集两项专题活动，收到了近万幅稿件。6月，以中国摄影家协会高琴为团长的代表团一行3人对澳大利亚、新西兰进行了为期10天的友好访问，并举办了中国风光风情优秀摄影作品展览。8月，由北京摄影家协会举办的“北京——我们可爱的家”摄影展在澳大利亚墨尔本举行。9月，北京摄影家协会联合区县展出了“北京市郊区县摄影精品展”和“庆祝中华人民共和国成立60周年首都文艺家摄影创作精品展”等活动。10月～11月，又在俄罗斯滨海边疆区和美国芝加哥举行了摄影展。奥运会残奥会大型摄影图片展、新中国60年经典瞬间图片展、“爱北京照北京”摄影展、第一届全军摄影展、“中华全家福”摄影展、“北京七日”摄影展、中国国际影像文化节等等各种摄影展览、讲座、研讨会，活动丰富多彩。展出的作品涵盖了风光、人物、城市风貌和人文景观等。真实地再现了北京这座古老而又充满活力的都城的时代风采，展现了北京作为首都在共和国60年历程中的巨大变化。让世界人民进一步了解北京，了解今日的中国。

“四月影会”30周年纪念研讨会在北京798艺术区“时态空间”召开。30年前，由51位“四月影会”摄影人自发组织的“自然·社会·人——艺术摄影展”在北京中山公园兰室开幕。展出的200余件摄影作品引起了很大的社会反响。

本年度，北京摄影家协会召开了第五次会员代表大会，选举产生了新一届协会领导班子。在这一年里，北京摄影家协会主席叶用获得中宣部、中央外宣办和中国记协等单位授予的“全国优秀新闻工作者”荣誉称号。协会副主席兼秘书长王越被北京市委宣传部授予“庆祝中华人民共和国成立60周年宣传文化系统”先进工作者称号。北京摄影家协会理事李宗印获“第4届北京中青年文艺工作者德艺双馨奖”。2009年度，北京摄影家协会共发展了57名新会员。丰台区南苑乡获得中华人民共和国文化部授予的“中国民间文化艺术之乡”称号，这是北京市首个以摄影为主题被授予的“中国民间文化艺术之乡”。

（吴赣生）

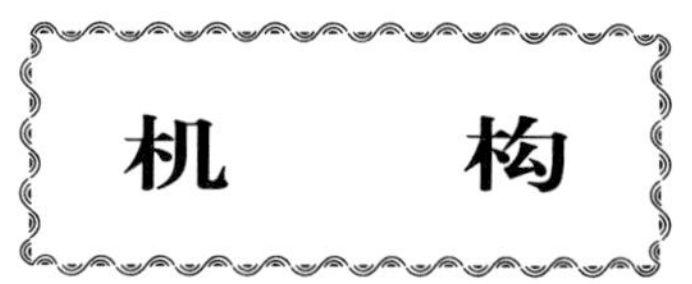

机　　构

【U2北京摄影俱乐部成立】　1月18日，由U2网站和北京西海岸公关文化传播有限公司联合创办的“U2北京摄影俱乐部”成立。摄影俱乐部旨在传播摄影文化。

（吴赣生）

【北京产权界首个民间摄影俱乐部成立】　3月7日，北京产权交易业界首个民间摄影组织——“智友摄影俱乐部”在北京成立。首批会员61人，理事会由9人组成，北京智德盛投资顾问有限公司董事长任金春任名誉理事长。俱乐部下设秘书处，负责摄影俱乐部的日常工作。

（吴赣生）

【全国公安摄影家协会成立】　3月24日，全国公安摄影家协会在北京成立。会议介绍了全国公安摄影家协会筹备成立情况说明。审议并通过了全国公安摄影家协会拟任领导、理事会成员名单和协会章程。李忠信当选为全国公安摄影家协会主席，冯凯文、孙晓阳、张美荣、周云彪、孙大虹为副主席，冯凯文兼任秘书长，李忠为副秘书长，刘威华等40人为理事。

（吴赣生）

【黑白摄影学会成立】　5月30日，北京黑白摄影学会成立大会暨第一次会员大会在北京中艺影像学校建外校区召开。学会是由一批北京及北京以外的部分从事黑白摄影的专业、职业、业余摄影家和摄影爱好者自发组成的学术性团体。学会致力于研究普及高品质黑白摄影的艺术理念，同时开展诸如传统摄影方式和现代数字方式的结合、高品质影像的新技术新材料应用等前沿课题的研究。会长冯建国，副会长乔小兵、张朝宗。

（吴赣生）

【首都交警摄影协会成立】　9月25日，首都交警摄影协会在市公安局公安交通管理局办公地举行成立大会。38位北京公安交通管理战线的人民警察成为首批会员。协会首任会长由市公安局公安交通管理局副局长翟双合担任，副会长为张景春、肖建华、胡文滨，北京摄影家协会副主席刘英毅任秘书长。中国摄影家协会副主席王文澜及部分摄影家出席了该协会的成立大会。

（吴赣生）

【竞园图片产业基地落户北京】　11月28日，以图片制作为主的图片产业基地——竞园图片产业基地落户北京。基地占地10万平方米，集图片交易、拍摄制作、版权保护、展览展示、创意设计、行业培训、标准制定与发布、信息服务等功能于一体。

（吴赣生）

活　动

·展　览·

【刘志成非洲摄影作品展】　2008年12月26日～2009年1月18日，“世界末端的部落”刘志成非洲摄影作品展在海淀博物馆展出。展览展出的90余幅摄影作品是刘志成自2006年底至2008年3次赴非洲纳米比亚澳普沃对红泥族部落进行的采访与拍摄。拍摄者希望通过图片使更多的人了解并关注非洲红泥族部落。

（吴赣生）

【中美建交30年图片展】　1月12日～17日，由中国人民对外友好协会、中国图片社和清华大学联合举办的“三十年后再回首”纪念中美建交30周年图片展在民族文化宫展出。展览以“友好”为主题，展出的360幅图片分为历史回顾、人民友谊、经济交流、合作共赢四部分，展现了中美建交前后两国政府及民间交往的重大事件以及30多年来中美在外交、经贸、文化、教育、体育等领域取得的成就。出席开幕式的有美国前总统卡特及夫人、美国前国务卿基辛格、美国前国家安全事务助理布热津斯基与斯考克罗夫特、美国驻华大使雷德、中国国务委员戴秉国、中国工程院院长徐匡迪、中国对外友好协会会长陈昊苏、副会长李小林等180余位中美各界代表。

（吴赣生）

【八桂景象大型航拍摄影展】　3月9日～16日，由国家图书馆、中共广西壮族自治区党委宣传部、广西壮族自治区图书馆、广西日报传媒集团联合举办的“居高声远 激荡广西——从空中俯瞰八桂辉煌景象”大型航拍摄影展在国家图书馆展览厅展出。展览以图片、文字、视频等形式展示，分为北部湾畔、城市发展、工业建设、现代农业、水利开发、交通枢纽、文物古迹、醉美山水等8个展区。共展出航拍图片104幅。

（吴赣生）

【西藏民主改革摄影展】　3月21日～31日，由中国西藏文化保护与发展协会和中国西藏杂志社联合主办的“见证西藏民主改革”蓝志贵西藏1950～1970摄影作品展在中国美术馆展出。展览展出的100幅历史照片再现了20世纪西藏的政治、经济、文化、社会生活的方方面面，见证了人民解放军进军西藏、康藏公路建设、平息叛乱、民主改革、西藏自治区人民政府成立等一系列重大事件。蓝志贵是当年随十八军进藏的摄影记者。

（吴赣生）

【“小记者眼中的新北京”摄影展】　4月15日～5月18日，由中华世纪坛世界艺术馆、朝阳区教育研究中心、朝阳区三里屯小学、北京儿童摄影学校共同举办的“小记者眼中的新北京”摄影展在中华世纪坛世界艺术馆展出。展出的近70幅摄影作品出自三里屯小学暨北京儿童摄影学校学生之手。

（吴赣生）

【扎兰屯风光民俗摄影艺术作品展】　4月24日～5月6日，由中共内蒙古自治区扎兰屯市委、市政府主办，北京市宣武区委宣传部、宣武区文化委员会、宣武区文联协办，宣武区文化馆承办的“塞北秘境”内蒙古扎兰屯风光民俗摄影艺术作品展在宣武区文化馆展厅展出。展览展出的近200幅摄影作品出自国内专业摄影家和扎兰屯市摄影爱好者之手，以扎兰屯自然风光和民俗风情为主题。

（吴赣生）

【亚洲当代影像艺术博览会】 4月26日~30日，由北京文化发展基金会、北京艾特菲尔文化有限公司主办，北京艾特菲尔文化有限公司、北京力达文化发展有限公司承办，北京翌术互动文化传播有限责任公司协办的“影像北京”亚洲首个当代影像艺术博览会在全国农业展览馆举办。“影像北京”包含了16家国际范围影像画廊及艺术机构，集中呈现摄影及影像作品。

（吴赣生）

【“飞羽瞬间”鸟类摄影展】 4月28日~6月3日，由中国国家地理杂志和爱普生影艺坊共同举办的“飞羽瞬间”鸟类摄影展在北京爱普生影艺坊展出。展览展出的50余幅鸟类摄影作品，由来自全国10余个省市的20余位鸟类摄影爱好者拍摄。作品集中展示了我国缤纷多样的鸟类物种。

（吴赣生）

【江湖色十人摄影展】 4月28日~5月8日，江湖色十人摄影展在北京798映艺术中心/映画廊展出。江湖色创立于1999年，是网络空间里最早的摄影论坛之一。骨干成员大多是从新浪摄影论坛迁徙到泡网俱乐部的，他们实行限制贴图的会员制度，只有通过了评委会的艺术审核，摄影师才能获得江湖色的会员身份并取得贴图资格。“江湖色十人摄影展”是首次以江湖色整体名义举办的摄影展览。

（吴赣生）

【“三江源”摄影展】 4月30日~5月2日，由青海省人民政府主办的“水与生命：影像世界中的三江源”摄影展在北京民族文化宫举行。展览展出的近300幅图片展现了“三江源”地区的自然生态和人文历史，凸显了水与生命互动交融的内涵。青海省委副书记、省长宋秀岩，文化部副部长周和平，中国摄影家协会名誉主席杨伟光等中央有关部门的负责人，一些国家的驻华使节及200多名观众参加了开幕式并观看了摄影展。

（吴赣生）

【首届北京宛平影像大展】 5月1日~10日，由北京宛平影像大展组委会、中央财经大学文化传媒学院主办，北京万象嘉欣文化传播有限公司承办的“首届北京宛平影像大展”在丰台区宛平古城展出。影像大展汇集了摄影界许多有影响力的策划人、有代表性的摄影家和新中国各个阶段有代表性的摄影作品。展览展出了侯波、吴印咸、王文澜、解海龙、刘树勇、曾璜、孙京涛等几十位摄影家各类珍贵摄影作品2000余件。

（吴赣生）

【“重生”摄影展】 5月6日~31日，由什邡市委、市政府主办，北京市文联、首都博物馆、什邡市委宣传部共同承办的“重生”什邡“5·12”地震周年纪念展在首都博物馆展出，展出的230幅照片和6个重建项目模型，再现了一年来四川省什邡市的抗灾重建历程。展览主题为“重生”，分序言、北京援建、什邡历史文化三个部分。北京市副市长陈刚，市委副秘书长肖培，市文物局局长孔繁峙，市文联党组书记朱明德，市政府办公厅副主任吴大仓，什邡市委副书记、市长李卓及首都博物馆馆长郭小凌出席了开幕仪式。参加开幕活动的还有在京主要新闻媒体以及北京援建什邡的合作单位代表、学校中小学生、社区代表等300多人。

（吴赣生）

【“汶川记忆”摄影展】 5月17日~25日，由中国摄影家协会、解放军总装备部政治部宣传部联合举办的“汶川记忆——张桐胜‘5·12’地震及北川孤儿在北京”摄影展在北京中国美术馆展出。此次展出的是张桐胜于2008年汶川特大地震后深入灾区拍摄的66幅黑白纪实作品，以及他为受其帮助的地震孤儿在北京度过第一个暑假时拍摄52幅彩色照片。

（吴赣生）

【“我的大学”应届毕业生摄影展】 6月9日~29日，由富士胶片（中国）投资有限公司和中国政法大学共同举办的反映当代大学生风貌的2009富士杯“我的大学”应届毕业生摄影展在中国政法大学昌平校区法渊阁展出。摄影展的照片均由中国政法大学学生拍摄。中国政法大学、富士胶片（中国）公司以及北京电影学院三方共同组织的专家评审团，对学生选送的作品进行了最终评选，共评出一、二、三等奖及优秀奖16幅，入围作品69幅。各奖项均获得富士胶片（中国）公司提供的奖品。

（吴赣生）

【“战争中的世界”摄影展】 6月19日~28日，由北京市政府、首都图书馆、北京大河画廊、国际红十字会、中国红十字会、瑞士大使馆联合推出的“战争中的世界”摄影展在首都图书馆展出。红十字国际委员会和来自于VII图片社的5位获奖战地摄影师——詹姆斯·纳赫特韦、佛朗哥·帕杰蒂、安东宁·克拉托赫维尔、罗恩·哈维夫和克里斯托弗·莫里斯，在这次展览中把有关战争带给人们的损失与痛苦、遭受过性暴力摧残正挣扎着恢复创伤的妇女，流离失所的家庭以及帮派冲突的受害者呈现给世人，以期引起全世界对他们的关注。8月22日～9月4日，展览在798艺术园区大河画廊展出。

（吴赣生）

【当代中国的农业农村和农民图片展】　6月30日～9月30日，由中国农业博物馆主办、大众摄影杂志社协办的“我们的田野——当代中国的农业农村和农民”图片展在中国农业博物馆展出。展览展出的760幅图片分为春之足音、农桑之母、沧海桑田、田园花开、春华秋实、大地飞歌和锦绣家园7个部分，25个专题。图片展现了近60年来，特别是改革开放30年来，中国农业、农村和农民生活发生的历史性的巨大变化。经过六轮筛选，评委会从3万多幅（组）来稿中，评选出一等奖1幅、二等奖5幅、三等奖10幅、优秀奖100幅、入展作品200幅。

（吴赣生）

【“老战士镜头里的将帅风采”摄影展】　7月29日～30日，“老战士镜头里的将帅风采”摄影展在中国革命军事博物馆解放军老干部俱乐部展出。展览展出了总参政治部文化部原副部长、中国作家协会、中国摄影家协会会员赵勇田拍摄的毛泽东、朱德、彭德怀、刘伯承、贺龙、陈毅等近120位共和国将帅的生活照、工作照及肖像照片，展览中年代最早的照片为1948年7月赵勇田为朱德拍摄的照片。展览的照片是从他60余年拍摄的上万张军旅题材摄影作品中挑选出来的。

（吴赣生）

【奥运会残奥会大型摄影图片展】　8月8日～9月17日，由北京市政府、国际奥委会、北京奥组委、新华通讯社、北京奥运城市发展论坛等单位主办的“无与伦比的盛典”北京2008奥运会残奥会大型摄影图片展在北京奥林匹克公园展出。展览展出的800余幅图片分为“点燃激情　传递梦想”“奥运庆典　世界同欢”“精彩赛事　璀璨群星”“两个奥运　同样精彩”“微笑北京　志愿奥运”和“和谐欢乐　奥运之城”6个部分。

（吴赣生）

【“生态江西”摄影展】　8月9日～16日，由江西省自然摄影协会主办的朱英培、欧阳萍“生态江西”自然风光摄影艺术双人展在中国美术馆展出。展览展出的100幅图片内容均取材于井冈山、庐山、三清山、龙虎山、武功山、三百山、龟峰、九连山、鄱阳湖、仙女湖、庐山西海以及婺源等地的自然风光。作品的内容主要为：自然山水、田园风光、珍禽鸟类、城乡风光。主办方希望通过摄影这种艺术表现形式，让更多的人了解和体验江西的生态美、自然美、和谐美，加深对江西旅游和经济建设的关注。

（吴赣生）

【纪念摄影术发明170周年展览】　8月19日，由大众摄影杂志社和北京祥升行影像技术有限公司联合举办的“摄影的历程”纪念摄影术发明170周年展览在北京“大众影廊”展出。展览展出的相机有100多年前的古董木制铜镜头相机、经典120及135相机以及部分有代表性的数码相机，其中最有特色的是10余台100多年前的木制老相机，不少相机都代表了相机发展史上的重要阶段，展品反映了相机演变的历史进程。展品中还有一件1845年左右使用达盖尔法拍摄的银版照片，影像极其细腻，是弥足珍贵的历史照片。

（吴赣生）

【“多彩甘肃”摄影展】　8月21日～26日，由甘肃省委宣传部和甘肃省文联主办，甘肃省摄影家协会承办的庆祝中华人民共和国成立60周年“多彩甘肃”摄影作品晋京展在民族文化宫展出。展览展出的330幅摄影作品分为亲切关怀、巨大成就、精神风貌、秀美山川、民族风情等5个部分。

（吴赣生）

【天安门老照片展出】　8月23日，由西城区社科联、西城区文委主办的“国庆专刊——天安门老照片联展”在西城区文化中心开幕，参展藏品为150年来天安门老照片和200件历年国庆专刊。展品由军旅收藏家闫树军、中央电视台新闻纪录片中心顾新辉和北京秦杰提供。

（吴赣生）

【北京杂技回顾展】　8月30日～31日，北京杂技家协会在中国评剧大剧院举办了新中国成立60周年“北京杂技优秀节目专场演出”和“北京杂技回顾展”。展览展出的200余幅珍贵照片，记录了60年来北京杂技的发展和北京杂技事业发生的巨大变化与取得的辉煌成就。活动分为演出和图片展两个部分。

（吴赣生）

【“城市记忆——北京人”摄影展】 9月1日~10月31日，“城市记忆——北京人”摄影展在首都博物馆举办。展览展出了我国肖像摄影家、清华大学教授邓伟的85幅作品，分为“胡同”与“广厦”两部分。被收入镜头的既有我国首位航天员杨利伟、全国劳模宋鱼水等各界精英，也有无数在这个城市里劳作、生活的普通人。《北京人》画册与展览同步发行。

（吴赣生）

【中国野生鸟类精彩图片展】 9月1日~11月30日，由中国国家地理杂志社、国家动物博物馆联合举办的“飞羽瞬间”中国野生鸟类图片展在国家动物博物馆展出。本次展览的野生鸟类摄影作品全部选自中国国家地理杂志社举办的首届“飞羽瞬间”摄影大赛的获奖及优秀作品。摄影大赛以野生鸟类摄影为主题，旨在通过参赛者拍摄野生鸟类并向公众展示作品及作品背后故事，使更多人关注野生鸟类、保护它们赖以生存的环境。大赛共收到全国各省市及港澳台地区千余名作者的参赛作品8000多幅（组）。

（吴赣生）

【中国摄影家协会网精华作品展】 9月5日~11月5日，由中国摄影家协会网、Panasonic Center Beijing共同举办的“中国摄影家协会网精华作品展”在北京新光天地Panasonic Center Beijing展出。影展作品主要选自中国摄影家协会网·中摄论坛2008年度月赛的获奖作品（包括2009年部分获奖作品），作品题材广泛，其中有景物类、写实类、生活类等主题。

（吴赣生）

【“北京——我们可爱的家”摄影展】 9月8日~13日，由北京摄影家协会主办的“北京——我们可爱的家”摄影展在首都图书馆展厅展出。影展展出的200多幅摄影作品出自105位摄影家之手。由北京摄影家协会主编的同名摄影画册也同时发行。

（吴赣生）

“城市记忆——北京人”摄影展

【“新中国60年经典瞬间”图片展】 9月20日~10月4日，由中国外文局与中国新闻摄影学会联合主办的“新中国60年经典瞬间”大型图片展在北京中华世纪坛展出。展览展出的220多幅图片分为“开国大典 创业时代”“艰难历程 激情岁月”“改革开放 经济建设”“和谐社会 科学发展”“历年国庆及阅兵活动”五部分。

（吴赣生）

【“航向新中国”和“辉煌60年”影展】 9月22日~25日，由全国政协办公厅新闻办公室、中国政协杂志社和中国摄影家协会等联合主办的“航向新中国”和“辉煌60年”政协委员摄影作品展在全国政协展出。中共中央政治局常委、全国政协主席贾庆林，在全国政协副主席兼秘书长钱运录，全国政协副秘书长杨崇汇、蒋作君、卢昌华、仝广成、林智敏等陪同下观看了影展。此次影展自2009年2月20日启动征稿，共收到了来自全国各地600多名政协委员的4000多幅作品，由专家评审出160幅优秀作品，本次展出其中80幅，分风光篇、人文篇和建设篇三部分，全面记录和展示了新中国成立60年以来在经济发展、社会和谐、民族团结、山川秀美、富裕文明等方面所发生的翻天覆地的变化。

（吴赣生）

【京城影友9人展】 9月22日~29日，“共和国同龄人京城影友9人展”摄影展暨作者见面会在北京佳能交流空间开幕。参展的9位京城影友均生于1949年，与共和国同龄，他们是：李萍、倪春林、斯航军、宋永和、丁大水、徐晓晴、王立平、张锁安和朱新生。

（吴赣生）

【“老舍与新中国”大型图片展】 9月22日～12月31日，由北京老舍文艺基金会、北京市老舍研究会、北京老舍纪念馆共同举办的“老舍与新中国”大型图片展在老舍故居展出，同时举行了老舍铜像落成揭幕仪式。展览展出的200余幅图片，反映了老舍先生为新中国文化事业做出的杰出贡献，介绍了他在新中国成立后的创作和60年来出版、改编、演出和研究方面的成果。北京市文联常务副主席、党组书记朱明德，北京市政协原副主席甘英，北京市文物局副局长于萍等领导出席活动，并为老舍先生的铜像揭幕。

（吴赣生）

【美术书法摄影民间艺术精品展】 9月24日～10月9日，由中国文联、中国美协、中国书协、中国摄协、中国民协主办，中国文学艺术基金会、中国艺术报社协办的“向祖国汇报”庆祝新中国成立60周年暨纪念中国文联成立60周年美术书法摄影民间艺术精品展在民族文化宫展出。参展的400多幅艺术作品，展现了新中国60年特别是改革开放30年来的成就和宝贵经验，反映了中国人民精神面貌发生的巨大变化。

（吴赣生）

【第1届全军摄影展】 9月25日～10月5日，由中国人民解放军总政治部、中国文学艺术界联合会、中国摄影家协会主办，中国人民解放军摄影学会、解放军报社、中国人民革命军事博物馆承办的“庆祝新中国成立60周年全军摄影展暨第1届全军摄影展”在中国人民革命军事博物馆展出，同时进行第1届全军摄影大赛的颁奖仪式。参展的540幅（组）作品是从选送的4600幅（组）作品中由军内外专家评选产生的，出自全军近300名专业和业余军人作者之手。大赛评出金奖10名、银奖20名、铜奖31名，4大单位获得组织奖。解放军总政治部、中国文联、中国摄影家协会领导李继耐、刘永治、胡振民等出席开幕式。

（吴赣生）

【“爱北京照北京”摄影展】 9月25日～10月8日，为庆祝新中国成立60周年，由中共北京市委宣传部、北京市人民政府新闻办公室主办的“爱北京照北京”摄影展暨获奖作品颁奖仪式在中华世纪坛举行。影展展出的507幅优秀作品是从本次活动收到的来自国内外55000余幅照片中选出的。“爱北京照北京”群众摄影文化活动共评出特等奖2幅，一等奖5幅，二等奖10幅，三等奖20幅，优秀奖200幅。“外国人看北京照北京”摄影比赛获奖的49幅作品在摄影展上同时展出。以本次摄影展为基础编辑的大型画册《我爱你北京》和大型礼品画册《北京》在摄影展开幕式上一并发行。市政协主席阳安江，市委常委、市委宣传部部长蔡赴朝，市政协副主席沈宝昌，北京市人民对外友好协会会长赵家骐出席并为获奖者颁奖。

（吴赣生）

【中国和阿拉伯国家友好图片展】 9月28日～29日，由中阿网主办、中阿之窗（北京）商务有限公司承办的“前驻中东大使见证中阿友好关系图片展”在北京千禧大酒店展出。展览展出的150余幅图片为22位前驻中东大使们多年所珍藏，图片记录了大使们在中东阿拉伯国家的经历，见证了中国与阿拉伯国家友好交往的历史。

（吴赣生）

【“聚焦中国文化遗产”摄影展】 9月29日～10月29日，由国家文物局主办、中国文物报社承办的“聚焦中国文化遗产”摄影展暨第二届第三次全国文物普查摄影图片展在北京国子监博物馆展出。展览展出的300余件摄影作品是从3000余幅作品中选出来的。摄影作品出自专业摄影家、文物工作者、普查一线的普查队员、文化遗产保护爱好者和志愿者之手。

（吴赣生）

【“中华全家福”摄影展】 10月9日～19日，由中国文学艺术界联合会、中国摄影家协会主办，北京市王府井地区建设管理办公室、中国摄影报社、民族画报社、人民画报社协办的“中华全家福1949～2009·56个民族共同走过”大型摄影展览在北京王府井大街展出。841幅老照片跨越了20世纪50年代至90年代，展示了新中国成立以来各个民族发展变迁的脉络。

（吴赣生）

【林强边疆万里行个人摄影展】 10月12日～15日，由全国政协外事委员会策展的庆祝人民政协成立60周年“林强边疆万里行个人摄影展”在全国政协机关多功能厅展出。展览展出的40余幅照片是林强自5月起历时60天在西藏、新疆、青海、甘肃、四川5个省区，途经120余个县，行程

18000余公里拍摄的大量图片中选出的。图片记录了新中国成立60年祖国边疆和民族地区的巨大变化，记录了边防官兵昂扬的精神风貌和边防建设取得的巨大成就。

（吴赣生）

【世界华人摄影名家联展】 10月12日～18日，由宋庆龄基金会、世界华人摄影学会共同主办的“世界华人摄影名家联展”巡展第二站在国家体育场（“鸟巢”）展出。展览展出了29位华人摄影家的作品200余幅，既有陈复礼、侯波、简庆福等老一辈摄影家的名作，也有世界华人摄影学会中坚力量的精品。中国摄影家协会顾问杨绍明、陈勃，分党组副书记、副秘书长王郑生，摄影家侯波等出席开幕式。此次展览结束后，还在重庆和澳门巡展。

（吴赣生）

【中国国际影像文化节】 10月24日～27日，由中国国际版权博览会组委会主办，团中央网络影视中心、中国摄影著作权协会、中国高教委员会摄影教育委员会等协办，北京国际版权交易中心、新锐媒体视觉联盟、博联社等单位承办的“中国国际影像文化节”在位于奥林匹克中心区的国家会议中心举行。文化节以图片展示和研讨会形式，为影像产业的发展提供了国际化、专业化的交流平台。

（吴赣生）

【四月影会成立30年展览】 10月24日～11月10日，“同年”纪念四月影会成立30周年邀请展在北京798映艺术中心/映画廊举行。本次摄影展由王志平、金伯宏、翁乃强、吕小中、李英杰、许浤、罗晓韵、王文澜、贺延光、鲍昆等著名“四月影人”发起，邀请了26位当年“四月影会”的骨干摄影家参展。近150幅参展作品均由摄影家自己挑选并制作。

（吴赣生）

【张雅心样板戏剧照回顾展】 10月31日～12月20日，张雅心“样板戏”剧照大型回顾展在798艺术区B10号see＋画廊展出。展览展出的近300余幅“样板戏”经典剧照是新华社老摄影家张雅心拍摄于20世纪60～70年代的作品。

（吴赣生）

【“盛世辉煌”图片展】 11月3日～15日，由新华通讯社、北京奥运城市发展促进会主办、奥林匹克公园管委会、佳能（中国）有限公司协办的“盛世辉煌”中华人民共和国成立60周年庆典图片展在国家奥林匹克公园举行。展览展出的360多张照片，全部是从新华社10月1日当日编发的7000多张照片中精选出来的，展出图片分重点图片展示、阅兵图片展示和庆典图片展示三大部分。

（吴赣生）

【全国手机摄影大展】 11月4日～8日，由中国通信企业协会、中国摄影家协会、中国移动通信集团公司联合主办，中国通信摄影协会承办的“庆祝新中国成立60周年”全国手机摄影大展在北京民族文化宫展出。展览共展出摄影作品300余幅，每幅作品配有文字说明。摄影大展以“移动改变生活，拍摄身边快乐”为主题，旨在通过手机摄影作品来反映移动通信对社会大众生活的改变。此次大展历经3个月的征稿时间，共收到内容丰富、体裁多样的摄影作品8000多幅（组）。社会各界和全国各地手机摄影爱好者广泛参与，最终评出特等奖1幅、一等奖4幅（组）、二等奖15幅（组）、三等奖39幅（组）。

（吴赣生）

【老红军老将军肖像摄影艺术展】 11月5日～7日，由中共中央党史人物研究会主办的“共和国不会忘记”老红军老将军肖像摄影艺术展在北京民族文化宫举办。展览展出了肖像摄影家魏德运多年拍摄的老红军老将军肖像摄影作品。

（吴赣生）

【“中国摄影家眼中的非洲”作品展】 11月6日～15日，由文化部主办、中国对外文化集团公司承办的“朋友·伙伴·兄弟——中国摄影家眼中的非洲”采风作品展在中国人民革命军事博物馆展出。展览展出了9位摄影家的182幅作品，内容涵盖了非洲国家有代表性的自然景观、人文风情、历史遗迹、文化艺术、国家发展及中非友好等多个方面。主办单位领导、9位摄影家和非洲27个国家驻华使节参加了展览开幕式。

（吴赣生）

【“世界儿童与儿童世界”摄影展】 11月20日，由新华通讯社主办，尼康映像仪器销售（中国）有限公司、北京金融街商会协办，摄影世界杂志社承办的大型公益活动“世界儿童与儿童世界”大型影展在北京金融街都城隍庙开幕。展览展出的100多组约500幅照片分为“儿童看世界”和“儿童故事”两大主题，分别是从来自中国、美国、加拿大、俄罗斯、印度、以色列、埃及等40多个国家和地区的200多名青少年和新华社驻世界各地的记者、签约摄影师拍摄的万余张表现儿童视角和儿童主题的照片中选出的，题材涉及当今世界儿童生活的各个层面。

（吴赣生）

【袁毅平摄影作品展】 11月20日~25日，由中国摄影杂志社、祥生行摄影画廊主办的“乡村‘四清’纪事”袁毅平摄影作品展在北京大众影廊开幕。展览展出的40幅精选作品是袁毅平1964年至1965年间在山东兖州地区参加“四清”工作时拍摄的，作品呈现了中国现代历史的一个侧面。

（吴赣生）

【“景观·静观”中国当代摄影专题展】 11月20日~12月9日，“景观·静观”中国当代摄影专题展作为中央美术学院美术馆新馆建成后的第一个专业学术性摄影展在学院美术馆展出。展览汇集了吴印咸、渠岩、线云强、何崇岳、曾力、杨铁军、王川、姚璐、金江波、于洋、王婷梅共11位摄影艺术家的作品。摄影展用图片探讨了“景观摄影”在中国的发展现状。

（吴赣生）

【“外国摄影家拍北京”图片展】 11月21日~27日，由北京市人民政府新闻办公室主办，北京对外文化交流中心、北京来福士广场承办的“外国摄影家拍北京”图片展在来福士广场展出。展览展出的60幅图片是从10000余幅来稿中选出的，共有来自世界7个国家和地区的10位国外摄影师到京参加此次活动。

（吴赣生）

【北京工业60周年摄影展】 11月25日~29日，由北京市经济和信息化委员会主办、北京市工业技术开发中心承办的第4届中国（北京）文博会“北京工业60周年”摄影展在文博会分会场正通时代广场展出。参展作品以新中国成立60周年来北京工业发展脉络为背景，包含了北京老工业的发展历程，反映了改革开放30年来北京新工业在现代装备制造业、生物医药、电子信息、汽车制造等行业取得的成果。

（吴赣生）

【“北京七日”摄影展】 11月30日~12月6日，由市委宣传部、市文化局、首都文明办、团市委、市外办等单位共同主办，北京青年宫、北京青年文化交流协会承办的“北京七日”摄影大赛图片展在北京青年宫展出。展览展出的80余幅获奖照片是由专家和主办方组成的评委会从5787幅参赛作品中评选出来的。袁艺以《齐步走》获本次大赛的特等奖，刁立升、李惠等80余人分别获一、二、三等奖及优秀奖。

（吴赣生）

【“心系非洲”王星军摄影作品展】 12月2日~10日，由中国人民对外友好协会与肯尼亚、南非、马拉维、莱索托四国驻中国大使馆等单位共同举办的“心系非洲”王星军非洲四国摄影作品展在中国美术馆展出。王星军是美籍华人、电影导演、摄影家。展览展出的150余幅摄影作品是从王星军2008年奥运会期间在非洲四国举办个人巡展期间拍摄的近万张照片中选出的。

（吴赣生）

【“百年一瞬间”摄影展】 12月9日~15日，“百年一瞬间”纪念克拉克考察队穿越陕甘一百周年摄影展在中国民俗博物馆展出。此次展览展出了72幅照片，其中36幅是从100年前美国人克拉克考察队考察山西、陕西、甘肃时沿途拍摄的近200幅图片中精选出来的老照片，36幅是中国当代摄影家李炬重走这条路后在同一地点拍摄的新照片。通过新老照片的对比，从中看到过去100年来中国的沧桑巨变。同时还展出了1912年首版的《穿越陕甘——1908—09年克拉克中国北部考察之旅》珍本书籍。

（吴赣生）

·会　议·

【全国人大代表、政协委员摄影联谊会】 3月8日，由中国摄影家协会主办、《中国摄影报》承办、北京神州锐意商贸有限公司协办的全国人大代表、政协委员摄影联谊会在北京金宝街的丽晶国际酒店二层大会议厅举行。全国政协副主席白立忱，十届全国人大常委会副委员长许嘉璐，十届全国政协副主席李蒙及百余位全国人大代表、全国政协委员和嘉宾出席了摄影联谊会，中国摄协分党组书记李前光在联谊会上致欢迎词。联谊会上，主办方展示了为代表们出版的《“两会”代表委员摄影作品集》。

（吴赣生）

【北京摄协召开第五次会员代表大会】 7月17日~18日，北京摄影家协会召开了第五次会员代表大会，来自首都各界的80余位会员代表参加了大会。大会选举产生了新一届协会领导班子，叶用才继续当选为北京摄协主席，王越当选为驻会副主席，王捷、刘英毅、吕小中、何慷民、李英杰、迟玉洁、陈志强、秦大唐、耿大鹏当选为副主席。会上，一致通过了四届理事会工作报告及修改的协会新章程。大会还通过了对上一届的老同志聘任名誉职务的决议。

（吴赣生）

【金融摄影家协会召开第二届理事会一次会议】 7月26日，中国金融工会组织召开中国金融摄影家协会第二届全国理事会第一次会议，会议通过了《中国金融摄影家协会章程（草案）》，选举产生了中国金融摄影家协会新一届领导机构成员及理事人选。中国民生银行董事长董文标当选中国金融摄协名誉主席，中国摄影家协会副主席王文澜、朱宪民，副秘书长解海龙，金融时报社社长汪洋被聘请为中国金融摄影家协会顾问。中国建设银行山西省分行行长马卓当选中国金融摄协主席，交通银行福州分行的摄影家石广智当选常务副主席，中国人民银行汇达公司的徐波任副主席兼秘书长，王铁成、葛玉修、赵新喜、曾子明、韩延松、孙祺然、李象凯、袁宏伟等当选副主席，杨小春、成保平、吴晓华、郑国华、黄正东任副秘书长。

（吴赣生）

·评奖、比赛·

【尼康杯新闻摄影大赛揭晓】 2月4日，由中华全国新闻工作者协会主办的“2009中国瞬间”暨尼康杯中国新闻摄影大赛（第3届）揭晓。新京报李强拍摄的《自助透析室》获二等奖；新华社吴晓凌拍摄的《和谐盛世》、新华社沈桥拍摄的《乌鲁木齐“7·5”事件》、新京报杨杰拍摄的《内蒙古杀害狱警越狱犯被击毙》、新京报张涛拍摄的《央视大火》获三等奖；新华社费茂华拍摄的《国之大典》等50件作品获得优秀奖。

（吴赣生）

【“CROWN皇冠杯”“竹韵人生”摄影大赛颁奖】 2月6日，由中国国家地理杂志社举办、一汽丰田赞助的“CROWN皇冠杯”“竹韵人生”摄影大赛颁奖典礼在京举行。此次大赛自2008年10月开赛以来，得到海内外众多摄影师的支持和参与，共收到3000多幅摄影作品。经过网络公开投票及专家评委组的最终评比，共有10名摄影师的作品分获大赛一、二、三等奖。

（吴赣生）

【南苑乡凭摄影获“文化艺术之乡”称号】 4月10日，丰台区南苑乡获得中华人民共和国文化部授予的“中国民间文化艺术之乡”称号。这是北京市首个被授予以摄影为主题的“中国民间文化艺术之乡”。1984年，南苑乡六七个青年农民组织成立了“犇牛摄影协会”。这些农民摄影家用相机，记录了新农村发展历程中家乡的变化。经过20多年，“犇牛摄影”已经成为南苑乡一张重要名片。文化部在全国范围内授予的“中国民间文化艺术之乡”里，因摄影而获此称号的不足10个。

（吴赣生）

【父亲节摄影赛首请少儿当评委】 6月3日，由中国青年报社和中国百胜餐饮集团必胜客品牌联合主办，中国高校传媒联盟协办的第6届“必胜客杯”父亲节摄影大赛在中国青年报社揭晓。本次摄影大赛不仅请专家评选，展览还特别设立了由6名青少年代表组成的“未来之星”儿童评审团。所有奖项，均由两个评审团共同投票评出。

（吴赣生）

【市民网络摄影大赛颁奖】 11月21日，由北京市文化局支持，北京文化艺术活动中心主办，石景山区文化馆、图书馆和摄影家协会承办的“为伟大祖国骄傲”2009年北京市民网络摄影大赛在石景山图书馆举办了颁奖仪式。经过网友的投票和专业评委的评审，评出一等奖4名、二等奖8名、三等奖16名、优秀奖80名、特别纪念奖40名、个人组织奖5名、集体组织奖5名。

（吴赣生）

【“看中国”网络摄影大赛揭晓】 12月26日，由五洲传播中心看中国网、腾讯网、中国人权网、城市摄影联盟、东方国际摄影艺术促进会、中国青年摄影发展共同体等多家单位联合主办的“看中国”网络摄影大赛评选结果在北京五洲传播中心揭晓。此次活动从2008年10月启动，到2009年9月底截止投稿，约有20余万人次投稿，收到30余万张图片。经参考广大网友的网络投票以及全国知名摄影师组成的评委会评出：总决赛金奖1名、银奖2名、铜奖3名。另评出总决赛主题优秀作品奖：一等奖6名、二等奖12名，主题人气最高奖6名。

（吴赣生）

·交　流·

【“远古的印迹”摄影展】 2月18日～3月22日，美国著名摄影师克里斯—雷尼尔的“远古的印迹”个人摄影展在华贸中心爱普生影艺坊展出。本次展览展出的几十幅黑白照片是从摄影师7年中旅行7个大陆的30多个国家拍摄的大量照片中精选出来的，包括了传统的文身、划痕标志、穿刺以及其他各种人类的身体艺术样式。克里斯—雷尼尔是被《美国摄影杂志》列入当今仍在摄影界工作的“最具影响力的100人”之一。

（吴赣生）

【“锦绣乌拉圭”摄影展】 3月22日~4月2日，由中华人民共和国文化部和乌拉圭驻华大使馆联合主办，中国对外艺术展览中心承办的“锦绣乌拉圭”特斯托尼摄影作品展在北京皇城美术馆举行。展览展出的26幅图片均为“特斯托尼工作室”未曾发表过的作品。“工作室”成立至今70年，是由乌拉圭摄影大师阿尔弗雷德·特斯托尼创建的家庭式摄影工作室。图片涉及乌拉圭的自然地貌、人文生活、经济生产、生态环境和秀美风光，摄影师用航拍或者俯拍等手法，从不同视角向观众展示了乌拉圭独特的民族风情。文化部副部长王文章、乌拉圭外长贡萨洛·费尔南德斯和乌拉圭驻华大使路易斯·阿尔马格罗等出席了开幕式。

（吴赣生）

【诗琳通公主中国个人摄影展】 4月8日~15日，由中华人民共和国文化部和泰王国驻华大使馆共同主办、中国对外艺术展览中心承办的“泰国诗琳通公主眼中的中国”个人摄影展在中华世纪坛世界艺术馆展出。展览展出的119幅照片分为两部分，一部分是诗琳通公主参加2008北京奥运会拍摄的“奥运印象”，另一部分是诗琳通公主历次访华时在北京、上海、西藏、贵州和新疆等地的所见所感。

（吴赣生）

【“晚清碎影”摄影展】 4月16日~5月18日，由中华世纪坛世界艺术馆、福建博物院、广州博物馆、东莞展览馆和伦敦维尔康姆图书馆、嘉信文化等6家联合主办的“晚清碎影——汤姆逊眼中的中国（1868~1872）展”在中华世纪坛世界艺术馆展出。本次展览展出的148幅珍贵照片，是从19世纪苏格兰著名摄影家约翰·汤姆逊在中国游历期间所拍摄的照片中选出的，作品是第一次在中国展出。汤姆逊拍摄这些照片使用的是早期摄影术，即聚焦后于曝光前在玻璃板上涂布乳胶剂才能拍摄，因此摄影师需要随身携带大量的笨重设备。汤姆逊拍摄了大量不同题材的照片，包括风光、人物、建筑、家庭和市井生活等照片。本次展出的作品均出自伦敦的维尔康姆图书馆。

（吴赣生）

【中外盲人摄影展】 5月31日~6月30日，由英国照片之声、英华盲人教育基金会和北京一加一文化交流中心共同举办的以“视·觉”为主题的中外盲人摄影作品展在北京三里屯 Vil-lage 酒吧展出。展览展出的近30幅摄影作品都是由8位盲人或者视力微弱者拍摄的。“当我举起相机，我想记录的不是我看不到的画面，而是我心中的想象”，在他们内心，世界是另外一个样子。

（吴赣生）

【中国摄协访问澳大利亚新西兰】 6月23日~7月2日，应澳洲数码摄影协会、新西兰国际文化交流中心邀请，以中国摄影家协会分党组成员高琴为团长的代表团一行3人对澳大利亚、新西兰进行了为期10天的友好访问。代表团还在澳大利亚悉尼市达令港展览中心举办了中国风光风情优秀摄影作品展览，向澳大利亚观众展示了中国的美丽风光和民俗风情。

（吴赣生）

【“北京——我们可爱的家”摄影展】 8月10日，由北京摄影家协会举办的“北京——我们可爱的家”摄影展在澳大利亚墨尔本澳华历史博物馆开展。展览展出的百余幅摄影作品涉及风光、人物、城市风貌和人文景观等，再现了古都北京的时代新貌。中国驻墨尔本文化领事以及澳大利亚维多利亚州议员、州律政部部长罗伯特·科拉克出席了开幕式并代表州政府对展览的成功举办表示祝贺。澳大利亚友人及当地华人百余人出席了开幕式。市文联党组副书记王德新代表市文联将此次展出的摄影作品赠予了澳华历史博物馆。

（吴赣生）

【中蒙建交60周年图片展】 8月17日~30日，由蒙古国驻中国大使馆和新华通讯社新闻信息中心联合主办的“友谊合作的一甲子”纪念中蒙建交60周年图片展在首都博物馆展出。展览展出的150余幅图片，再现了中蒙两国建交60年来交流合作的历程。展览分高层交往、政治合作、经济合作、军事交流、人文交流、地方交流等6个部分，图片大部分来自于新华通讯社，有一些是首次面向公众展出。

（吴赣生）

【英国野生生物摄影展】 9月4日~10月31日，由北京动物园和野性中国工作室引进的“英国野生生物摄影年赛2008年度获奖作品巡展（中国站）”在北京动物园科普馆展出。这是此项野生动物摄影比赛获奖作品首次在国内展出，展出作品80余幅。该年赛由英国BBC野生动物杂志与英国自然历史博物馆于1964年创办，旨在鼓励全球摄影师记录自然的多样性。本届大赛吸引了来自82个国家和地区的3万余幅参赛作品，其中只有4幅来自中国。中国摄影师朱永康的《雪中天鹅》获2008年度第一名。

（吴赣生）

【“马丁·帕尔在北京”摄影作品展】 9月12日～11月9日，由巴黎·北京画廊主办的“马丁·帕尔在北京”摄影作品展在798艺术园区的巴黎·北京画廊展出。展览展出的300余幅作品包含《常识》《最后的度假胜地》《小世界》《奢侈》以及《无聊的一对儿》。英国摄影家马丁·帕尔从事摄影工作超过38年。他的作品曾在众多著名美术馆与博物馆展出，其中包括纽约当代艺术博物馆、泰特英国美术馆、巴黎Jeu de Paume美术馆等。他的作品也被众多重要艺术机构收藏。

（吴赣生）

【“北京之夜”专题摄影展览】 11月3日～13日，由北京市文联和北京摄影家协会及民协、美协和美中友协芝加哥分会共同在芝加哥西北大学举办了中国文化展演活动，北京摄影家协会在西北大学举办“北京之夜”专题摄影展览，参展作品40幅。

（吴赣生）

【马丁·库默尔夫妇摄影展】 11月25日～30日，由中华全国新闻工作者协会和北京国际艺苑美术基金会主办，北京歌华传媒交流中心和北京圣德中国国际文化交流有限公司承办，北京歌华传播中心有限公司协办的德国新闻摄影家库默尔夫妇（马丁·库默尔、玛格丽特·库默尔女士）“中国30年”摄影大展在北京歌华开元大酒店展出。展览展出的120幅图片，是从库默尔夫妇两次中国之行拍摄的1万多幅作品之中精选出来的，涉及中国的社会风貌、人文地理、历史事件等诸多方面。

（吴赣生）

【纪念华人移民秘鲁160年图片展】 12月4日～8日，为了纪念首批华人移民抵达秘鲁160周年，由文化部和秘鲁驻华使馆联合主办、中国对外艺术展览中心承办的文献和图片展于北京皇城艺术馆展出。百余件图片和历史文献讲述了华人移民的旅行和中秘两国的友谊。

（吴赣生）

【中日韩三国摄影展】 12月11日～16日，由亚洲纪录片摄影家协会主办的“亚洲脸谱”中日韩三国纪实摄影展在北京韩国文化院开展。展览展出的90余幅作品出自中、日、韩三国29位摄影人之手，展出的大部分作品都使用黑白胶片拍摄，摄影手法展现了各个摄影师所在国家和地区人的生存状态。

（吴赣生）

【中日民间剪纸摄影作品展】 12月23日～29日，中国北京市石景山区·日本东京都板桥区、墨田区区民剪纸、摄影作品交流展在石景山区图书馆开幕，展览展出了市民创作的剪纸、摄影作品84幅。

（吴赣生）

·研讨、讲座·

【“四月影会”30周年纪念研讨会】 3月28日，“四月影会”30周年纪念研讨会在北京798艺术区“时态空间”召开。30年前，即1979年4月1日，由51位“四月影会”摄影人自发组织的“自然·社会·人——艺术摄影展”在北京中山公园兰室开幕。展出的200余件摄影作品引起了很大的社会反响。研讨会上，与会者回顾了当年“四月影会”的缘起、举办展览到解散的细节，力图还原它与“四五运动”以及其他一些当时的文化事件之间的关系。

（吴赣生）

【2009新闻摄影高峰论坛】 6月5日～7日，主题为“新技术 新观念 新影像”的2009新闻摄影高峰论坛在北京钓鱼台大酒店举办。众多新闻界知名人士，国内数届世界新闻摄影比赛（即“荷赛”）评委及获奖者，历届中国国际摄影大赛（即“华赛”）评委及国内新闻摄影界老、中、青三代领军摄影师出席了论坛。与会者共同探讨了新闻摄影与媒体发展问题，了解国内新闻摄影的现状，剖析经典照片，领悟新闻摄影的真谛，梳理改革开放30年来中国新闻摄影历程，展望中国新闻摄影未来趋势，讲述世界新闻摄影的发展。

（吴赣生）

·纪　念·

【徐肖冰逝世】 10月27日，中国文联荣誉委员、中国摄影家协会顾问、著名摄影家徐肖冰在北京逝世，享年93岁。徐肖冰，1916年8月出生，汉族，浙江省桐乡县人，1937年9月参加革命，1942年加入中国共产党，在延安抗大学习期间，他拍摄了毛主席给抗大学员讲课的珍贵镜头。1993年6月离休。曾当选中国共产党八大代表，第一至三届全国人大代表，第五至七届全国政协委员。曾任中央新闻纪录电影制片厂副厂长，中国摄影家协会第三届主席、第四届副主席。被推举为中国文联第六至八届荣誉委员，中国摄影家协会第五至七届顾问。还曾担任北京市第一、二届人大代表，第九届全国总工会执委，中国电影摄影师学会副主席，中苏友好协会理事，中朝友好协会理事，宋庆龄基金会名誉理事，中国电影基金会名誉理事，中国根艺美术学会名誉主席等职。2005年被人事部、广播电影电视总局授予“国家有突出贡献电影艺术家”称号，2006年获中国摄影家协会授予的“中国摄影大师”荣誉称号，2007年获中国文联第六届造型艺术成就奖，2009年获中国摄影金像奖终身成就奖。

（吴赣生）

法　　规

【婚纱摄影合同正式实施】　9月16日，北京市工商局宣布，《北京市婚纱摄影服务合同》10月1日起全面推行，对消费者投诉最多的二次消费、摄影作品著作权、相册的维修服务首次做出了明确规定。本次合同示范文本中对“二次消费”做了重点明确的阐述。

（吴赣生）

【摄影作品集《时光涌动》首发】

1月16日，中国摄影家协会理事、中国消防协会副会长冯凯文大型风光摄影作品集《时光涌动》首发式在京举行。100余幅风光摄影作品是作者长期在解放军和武警部队工作之余于人迹罕至的新疆、西藏、青海、云南、内蒙古等地拍摄而成。第十一届全国人大常委、内务司法委员会副主任委员白景富等领导同志出席了首发式。中国国家图书馆、北京大学、清华大学、首都图书馆收藏了《时光涌动》画册并向作者授予收藏证书。

（吴赣生）

【《百名摄影记者聚焦中国》】

6月1日，中国日报社和中国文联出版社共同推出的《百名摄影记者聚焦中国》大型画册首发式暨《中国日报》创刊28周年庆典在北京丽晶酒店举行。国务院新闻办主任王晨、数十个国家的驻华使节以及众多国际组织的代表出席了活动。《百名摄影记者聚焦中国》共400多页，收录了中国当代248位摄影家的362幅珍贵图片，展现了60年来中国社会和百姓生活的变迁。画册中作品创作时间涵盖了1949年至今的所有年份，作者来自中国所有省份，许多照片是首次公开发表，具有珍贵的历史价值。《百名摄影记者聚焦中国》是国内首部纪念新中国成立60周年的大型画册。

（吴赣生）

【《解放军摄影》创刊】　10月1日，全军首份官方摄影类电子杂志《解放军摄影》正式面世。创刊号以国庆大阅兵为封面报道，分阅兵式、受阅徒步方队、受阅装备方队、受阅空中梯队4个部分，以独家图片展现了新中国成立60周年大阅兵的经典时刻。《解放军摄影》杂志旨在推介部队优秀摄影人和精彩摄影作品，促进中国军事摄影的进步。《解放军摄影》由解放军报社中国军网主办，目前为旬刊，每月1日、11日和21日与广大网民见面。

（吴赣生）

图 书 馆

2009年，北京地区各类型图书馆在做好常规服务的同时，注重开展特色服务，将阵地服务与流动服务相结合，将图书馆传统服务与利用现代化设备开展创新服务相结合，使读者工作做得生动有效，图书馆事业取得了长足的发展。

在文化部第四次全国公共图书馆评估定级中，北京市18个公共图书馆参评，全部获得一级馆称号。此次评估，体现了北京市公共图书馆在办馆条件、基础业务建设、公共服务等方面的创新和进步。公共图书馆系统秉承"读者第一，服务至上"的宗旨，继续发挥首都图书馆中心馆的作用，完善服务体系建设，不断延伸服务范围。重点推进街道、乡镇图书馆（室）建设，实现了本市街道、乡镇图书馆的全覆盖。公共图书馆服务网点达到4067个。协调"一卡通"服务，完成16个区县、117个街道（乡镇）图书馆系统参数的统一调整，联网图书馆达到166家，其中，139家提供通借服务，58家提供通还服务。全市公共图书馆共举办全民读书活动讲座1071场，13万人次参加；送书下基层近2600次，送书超过68万册次。首都图书馆打造全新品牌形象，推出6项特色主题讲座活动。继续加强以《北京记忆》《奥运记忆》等为代表的首图数字文化服务品牌建设，不断推进和创新网站栏目建设。首都图书馆加挂"北京市古籍保护中心"牌子，加强古籍文献的整理与保护。本年，首都图书馆举办主题讲座313场，9万人次参加，同比增长5.88%；外借图书235万册次，同比增长4.47%；接待读者信息咨询及代检索课题77.3万人次，同比增长55.62%；首图汽车图书馆向基层送书75次，2万余册次。

北京地区高校图书馆加大了"BALIS馆际互借和原文传递服务"的宣传力度，成绩显著；建立了BALIS与CALIS、中国科学院的合作关系；组成了EBSCO、银符、网乐数据库；新成立了BALIS联合信息咨询中心；成功举办了跨地区交流活动、华北地区高等学校图书馆协作委员会第23届学术年会和北京地区高校图书馆2009年乒乓球比赛。

北京地区军队院校图书馆继续把工作重点放在完善军队院校数字图书馆体系建设、推进文献资源共建共享等方面。全军院校紧紧围绕教学中心任务，大力加强图书馆建设，在办馆条件、文献资源、信息服务、人才队伍建设等方面，取得了丰硕成果，为高素质军事人才培养提供了有力支撑。

中小学设备中心组建了有16个区县119所学校参与的北京市中小学数字图书馆推广与应用领导小组，并于9月～10月，分别在密云县、石景山区、昌平区开展了中小学数字图书馆推广工作，共计270余人接受了培训。培训后，师生反应积极，数字图书馆使用效果明显。

科学院系统图书馆主动寻求新的服务模式和发展路径，建立文献情报协同服务机制，全面提升文献情报系统的知识化服务能力，提高情报研究人员在情报研究理论方法、政策研究方面的研究水平。以国家科学图书馆为主参与承建的"中科院知识产权网"正式开通。它集成了中科院所有院属单位的最新、最全的知识产权和科技成果信息，并向社会和广大企业提供统一、权威的中科院可转化的知识产权成果信息。

2009年，北京市图书馆协会医院图书馆专业委员会有成员馆55家，企业会员5家。全年共举办学术讲座和学术交流5次，数据库的集团采购3个，组织10余家成员馆参加了8月4日在江西省九江市召开的中国图书馆学会医院图书馆委员会第17届学术研讨会暨2009年学术年会。

自2008年始，原北京市工会系统的部分图书馆转型为“职工书屋”，并计划利用3年时间在全市建设90个“职工书屋”示范点，建设命名1000个阅读条件比较完备、广泛覆盖职工群众的工会“职工书屋”读书设施网络。截至2009年底，北京市工会系统共建成全国“职工书屋”示范点60个，市级“职工书屋”示范点400个，书屋总面积38958平方米，藏书262万册，年平均借阅量达900万人次。

（郑明光　张小野）

机　构

【国图方志馆正式挂牌】　1月4日，中国国家图书馆方志馆正式挂牌。国图方志馆位于文津街7号，与原有的国图古籍馆同址。在方志馆临琼楼一层，新开设地方文献第一阅览室和地方文献第二阅览室，专门为读者提供地方文献资料服务。

（郑明光　张小野）

【国际图联在京成立中文语言中心】　3月3日，国际图书馆协会联合会中文语言中心在中国国家图书馆正式成立，并将作为国际图联及总部在中文语言区域的永久代表。国际图联中文语言中心将推动国际图联的工作，给国际图联亚大专业组织以及国际图联其他相关的机构提供支持，并负责与国际图联及总部的联络。中心的成立，使国际图联能更加开放地面对中国以及其他国家使用中文的同行，促进了世界范围内同行之间的交流。

（谢万幸）

【尚都国际中心图书馆对外开放】　3月23日，尚都国际中心图书馆正式对外开放，接待读者。尚都国际中心图书馆，是朝阳区图书馆为了更好地为文化创意产业界人士服务、为朝阳区的文化创意产业做出贡献而设立的。馆藏图书近3000册、期刊60余种，以港台及国外原文出版物为主。容纳40余人的报告厅可举办各种讲座、展览，组织文化创意沙龙活动，进行信息发布。

（郑明光　张小野）

【北京化工大学北方学院新馆开馆】　4月10日，北京化工大学北方学院图书馆新馆正式开馆。庆典仪式在新馆门前举行，廊坊市图书馆协会赠送了纪念牌匾，北京投资集团董事长杨炜长等领导及嘉宾上台剪彩。5月8日，可容纳616人的多媒体报告厅正式投入使用。扩建后的图书馆总面积达2.5万平方米，集“藏、借、阅、网”于一体，大平面，全开放，每日可接待读者达到4000~5000人次。

（张佳鹏）

【中国建筑图书馆揭牌】　4月15日，中国建筑图书馆在北京建筑工程学院（简称北建工，位于西城区展览馆路）揭牌。该馆由中国建筑文化中心与北建工合作共建，是国内目前最大的建筑类专业图书馆。该馆由原中国建筑图书馆和北建工图书馆馆藏合并，馆藏总量达100多万册，并对社会公众和学校师生全面开放。原中国建筑图书馆隶属于中国建筑文化中心，位于海淀区三里河路，始建于1958年，现存馆藏图书30余万册，涵盖了国外及港台地区原版建筑图书、期刊，古今中外建筑的历史资料，各个历史时期各流派、各国名师的建筑作品资料等。由于场地局限，中国建筑文化中心决定与北建工合作在北京建筑工程学院内共同建筑新的中国建筑图书馆。北建工图书馆始建于1952年，现有馆藏纸质中、外文图书近68万册、期刊1223种、报纸92种，各专业设计资料（设计规范、设计标准、设计图、设计模型等）上百种，近3万册。

（郭燕平）

【石景山区图书馆协会成立】　5月14日，石景山区图书馆协会成立大会举行。来自石景山区各委办局、高校图书馆、街道图书分馆以及部分中小学图书馆等80余家单位的近百名会员代表参加了会议。协会前身是1989年成立的石景山地区图书馆工作委员会。主要任务是：开展学术研究及交流，介绍、推广图书馆学科研成果；开展学术活动，加强同图书馆界的联系与合作；编写内部专业书刊资料，对图书管理员进行继续教育和培训；普及图书馆学、信息科学知识，倡导全民阅读。

（郑明光　张小野）

【延庆少儿科普阅览分中心成立】　5月19日，北京市少儿科普阅览中心延庆分中心正式成立，该中心以“湿地生态保护”为主题，由“科普之旅”“科普加油站”两个分部组成。科普之旅区域分为展览区、湿地仿生区、科普实验动手实践区以及视听网络区，室内装有6台视听及上网设备、模仿风力发电科普仪器等。科普加油站分为阅读区和借阅区，面积共计360平方米，藏书2万册，设有20多个阅览坐席。

（潘森）

【北京明德少儿英文图书馆正式开馆】 6月1日，北京明德少儿英文图书馆正式开馆。该馆设在首都图书馆内，是北京市首家以英文原版少儿图书为主题的图书馆。美国驻中国大使馆学、国家新闻出版总署、市文化局领导，美国明德图书馆基金会代表，首图领导和嘉宾出席开馆仪式。该馆面积200余平方米，馆藏原版英文读物7000余册（含光盘）。图书全部由美国明德基金会捐赠。

（郑明光　张小野）

【国图博士后科研工作站揭牌】

6月18日，国家图书馆博士后科研工作站在国图总馆南区文津厅正式揭牌，这是中国公共图书馆界首家博士后工作站。它的成立在中国图书馆的发展史上具有重要的意义：这既是国图人才战略的重要一环，也是深化图书馆服务的迫切需要，还将引领公共图书馆发展。2009年，共有19位博士提交了入站申请，涉及图书馆学、中国古典文献学两个研究方向。工作站将以中国古典文献学、数字图书馆学、图书馆学作为重点研究领域。

（谢万幸）

【军校图书馆成立数字资源联采办公室】 8月，军校图书馆数字资源联合采购办公室在装备指挥技术学院图书馆成立。联合采购方案由军队院校图书情报协作联席会提出，各馆根据本馆的实际需求确定采购的资源，报数字资源联采办公室汇总，由联席会组织成立的军队院校图书馆数字资源联合采购谈判组与有关商家集体谈判。2009年，谈判小组与12家公司进行了商谈，达成联合采购协议的有10家。

（祁长松）

【海外中国学文献研究中心揭牌】

9月9日，海外中国学文献研究中心在国家图书馆总馆南区正式揭牌。该中心是集阅览、咨询、文献研究与服务于一体的服务机构，其下设的阅览室已收藏了1985年后馆藏西文中国学图书约30000种；2007年后馆藏俄文、日文、韩文中国学图书约3500种；2007年后馆藏西文、日文中国学期刊90余种；另有700余种海外中国学研究中文译著、中文研究专著及工具书。

（谢万幸）

国家图书馆博士后科研工作站揭牌仪式

【宋庄平家疃村图书馆正式开馆】

9月18日，通州区宋庄镇平家疃村图书馆正式开馆。该馆毗邻画家村，面积约100平方米，图书、期刊和音像资料近8000册（张）。在图书馆建设中，首都图书馆共捐赠价值5万多元的文献资料3000余册。同时，北京市文化艺术音像出版社对首图的共建工作也予以了支持，捐赠戏曲、文化讲座、电视剧等适合村民观看的音像制品多达150种。通州区图书馆还送来了图书设备，知名收藏家殷小林联系社会各界捐助3000余册图书。书画大师黄永玉为图书馆题名。

（郑明光　张小野）

【国家数字图书馆军事科学院分馆揭牌】 12月11日，中国国家数字图书馆军事科学院分馆揭牌暨网站开通仪式在军事科学院军事图书资料馆举行。至此，军事图书资料馆数字信息资源容量扩大了近10倍。军事科学院院长刘成军、政委刘源和副院长刘继贤，文化部副部长周和平，国家图书馆馆长詹福瑞等出席了仪式。国图精心组织了大量多格式、多主题的自建数字资源、远程数字资源和军事专题信息资源等，并专门定制了军事科学院资源与服务平台，为军事图书资料馆的数字图书馆建设提供资源和技术支持。军事科学院分馆是国家数字图书馆第15家分馆。

（谢万幸）

【国图交通运输部分馆成立】 12月22日，国家图书馆交通运输部分馆正式成立，交通运输科技信息资源共享平台同时开通。分馆由交通运输部与国图合作建立。

文化部副部长周和平、交通运输部副部长高宏峰出席仪式。国图交通运输部分馆在交通部科学研究院基础上建立。今后，国图将在国家交通运输法规、行业政策、方针、规划等的制定过程中，交通运输部领导的国务活动，以及对交通运输重大、突发事件决策过程中，为交通运输部提供更加全面、便捷的信息服务。国图在中央国务院部委建立国家图书馆部委分馆始于1999年，核心思想是基于文献信息资源和人力资源的共建共享。截至年底，国图已在中央国务院部委建立了7个分馆。

（谢万幸）

·会议、研讨·

【2009经常性系列科普讲座交流会】 1月9日，2009年度经常性系列科普讲座工作交流会召开。会议由市社科联组织北京史研究会、市文艺协会、市文物保护协会等13家学会以及首都图书馆、宣武图书馆、中关村图书大厦负责人参加会议。会议在总结2008年工作经验的基础上，集中就2009年度讲座主题、场地安排、受众定位等问题进行了深入研讨。

（郑明光　张小野）

【2008北京地区高校图书馆年会】 1月11日~12日，2008年北京地区高校图书馆年会暨BALIS（北京地区高校图书馆文献资源保障体系）工作会议在北京召开。此次会议由北京高校图工委、北京高教学会图书馆工作研究会、BALIS管理中心主办。大会向新当选的专业委员会主任颁发了聘书，并举行了工作交流与BALIS资源协调介绍会。代表就专业委员会管理办法、设置、工作经费及如何与BALIS分中心工作相结合等问题进行了分组讨论。

（梁守素）

【中图学会2009新年峰会】 1月13日~14日，中国图书馆学会2009新年峰会暨《全国古籍保护工作条例》研讨会在北京召开。会议由中图学会和国家古籍保护中心共同主办。来自全国各地的30余位图书馆界的馆长、专家和学者出席了会议。本次峰会是研讨图书馆法律和条例的专题会议。中图学会学术研究委员会常务副主任李国新和国家古籍保护中心办公室主任陈红彦分别主持了“图书馆法”专题研究和“古籍保护工作条例”起草的研讨。

（郑明光　张小野）

【2008市公共图书馆总结工作会】 1月21日~22日，市公共图书馆总结工作会在朝阳区召开，市文化局公共文化事业发展处领导、首都图书馆及各区县的馆长近50余人出席了会议。会议总结了2008年的工作，表彰了优秀图书馆（室），并布置了2009年公共图书馆的主要工作：继续完善图书馆服务，开展“全民阅读活动”。会上，还特别强调各图书馆要继续做好安全预案及防范措施。

（郑明光　张小野）

【中图学会七届八次常务理事会】 2月20日，中国图书馆学会七届八次常务理事会在北京召开。理事长詹福瑞、副理事长及常务理事等32位同志出席了会议。会议还特别邀请学术研究委员会主任吴慰慈、常务副主任李国新，《中国图书馆学报》副主编蒋弘，学会副秘书长邓菊英、孙学雷、王琼等人列席会议。与会人员就《中国图书馆学会七届理事会工作报告》《中国图书馆学会八届理事会工作规划》和《中国图书馆学会章程》等文件的起草和内容的修订进行了讨论。

（郑明光　张小野）

【BALIS原文传递宣传月筹备会】 2月26日，BALIS原文传递宣传月筹备会议在首都医科大学图书馆召开。会议由BALIS原文传递管理中心主办，北京理工大学、北京农学院、首都医科大学、中央财经学院和中国人民大学5所院校图书馆相关负责人13人参加了会议。原文传递中心主任刘春鸿和首医大图书馆馆长马路主持会议。会议就即将举行的BALIS原文传递系统宣传月活动、2009年工作计划、二期开发有待解决的问题等议题进行了讨论。

（牛莉丽）

【数字图书馆与开源软件研讨会】 3月12日，第2届数字图书馆与开放源码软件学术研讨会在中国科学院国家科学图书馆召开。本次会议由中科院国家科学图书馆和中国图书馆学会数字图书馆研究与建设专业委员会主办，中国开源软件推进联盟指导，《现代图书情报技术》编辑部和中图学会专业图书馆分会协办。主题是“让数字图书馆中开放源码软件的应用，从普遍的公众意识走向坚实的实践应用”。会议内容更具专业性和技术性，更加注重有关数字图书馆技术和开放源码软件应用方面的研讨和交流。

（吕秋培）

【公共图书馆政府信息服务研讨会】 3月25日，“政府信息服务研讨会——公共图书馆的地位和作用”在西城区图书馆召开。此次会议由国家图书馆学会学术研究委员会与“中国—欧盟信息社会项目”共同举办。来自国务院法制办、中国及欧盟的法规专家、研究人员、图书馆界和其他机构的90余位代表共同就公共图书馆开展政府信息服务的理论与实践问题进行交流。会议的举办，不仅对政府信息公开工作理论进行了研讨，也对公共图书馆开展服务工作所面临的现状与问题进行了讨论。

（郝　杰）

【科学文献与数据通用许可国际研讨会】 3月25日，“科学文献与科学数据通用许可”国际研讨会在国家科学图书馆举行。此次研讨会由知识共享中国大陆（CC中国大陆）项目管理中心发起，联合国家科学图书馆、美国国家科学院CODATA国家委员会共同主办，旨在向科学界、科研管理部门、科学文献数据服务机构宣传推广知识共享许可。来自科研管理部门、科学文献与科学数据服务机构、法律界、相关媒体的近190位代表参加了会议。

（吕秋培）

【市图协医院专业委员会年会】 3月27日，中国图书馆学会医院图书馆委员会北京分会、北京市图书馆协会医院图书馆专业委员会年会在解放军医学图书馆召开，共有北京地区50余家医院图书馆参会。会议由北京大学第三医院图书馆馆长田新玉主持，湛佑祥、吴晓海到会并作总结发言。会后举办了医院图书馆馆长论坛，北京大学第一医院图书馆、首都医科大学宣武医院图书馆为大会做经验介绍。

（吴晓海）

【市公共图书馆业务辅导工作会】 4月7日~8日，市公共图书馆业务辅导工作会议在朝阳区召开。会议对“一卡通”服务管理手册进行了深入解析，共同探讨了业务辅导工作地位、作用、图书通借通还、讲座培训工作的开展、馆际间协作等问题。通过此次工作会，全市形成了统一的合作协调网络，为本市公共图书馆辅导工作沟通信息、协调工作任务奠定了基础。

（郑明光　张小野）

【信息素质教育专业委员会换届】 5月5日，北京高教学会图书馆工作研究会“信息素质教育专业委员会”换届会议在北京航空航天大学图书馆六层会议室召开，研究会理事长胡越及专业委员会领导机构成员19人参加了会议。会议就建立研究小组、完善委员会规章制度、完善委员会形象设计、开展学术活动等方面做了展望与探讨，结合北京高校图工委“第3届科研基金立项研究课题”及今后专业委员会的研究方向，制定了工作计划。

（梁守素）

【BALIS与CALIS原文传递服务合作会议】 5月6日，BALIS与CALIS（中国高等教育文献保障系统）原文传递服务合作会议在首都师范大学图书馆召开。会议由BALIS管理中心主任胡越主持，BALIS与CALIS管理中心、北京邮电大学图书馆以及软件开发商代表等12人参加了会议。经BALIS和CALIS负责人以及软件开发商讨论，最终双方决定在原文传递方面，将BALIS纳入CALIS体系中，成为CALIS的北京地区文献中心；在CCC数据库（CALIS西文期刊目次数据库）中嵌入BALIS系统，BALIS成员馆可以通过BALIS系统向CALIS提交请求。

（梁守素）

【军队院校图书馆建设与发展论证会】 5月23日，“军队院校图书馆建设与发展理论研究”专题论证会在国防大学召开。论证会由军队院校图书情报协作联席会召集人、国防大学图书馆馆长王健主持，各军兵种司令部军训部、总政宣传部理论教育局，总后、总装司令部军训局，国防大学、国防科技大学、理工大学训练部等专题牵头人汇报了撰写提纲，14名与会专家逐一进行了分析、论证，提出了调整、修改意见。

（祁长松）

【中美联手举办法律信息及图书馆研讨会】 5月29日，中美法律信息及图书馆研讨会在北京举行，来自中美双方的190名代表与会。本次会议由中国教育部高等学校法学学科教育指导委员会、美国国际法学图书馆协会、美国法学图书馆协会共同主办，中国政法大学承办。双方学者举行了多场主题研讨和交流，就中美两国法律的制定过程与法律信息体系、中美法律信息资源的利用与开发现状进行讨论，并探讨了双方法律信息从业人员的教育培训、交流合作问题，决定每两年在中国和美国交替举行一次中美法律信息及图书馆论坛。

（孙　红）

【北京地区图书情报协作组年会】 6月3日，北京地区图书情报协作组年会在装甲兵工程学院召开，军队、武警院校和有关协作单位的21名代表参加会议。会议传达了总参训保局副局长高庆明在联席会二十一次会议上的讲话要点和《联席会2008年工作总结和2009年工作要点》，研究了在本地区开展外文军事期刊联合采购、中文图书联合加工、电子资源联合采购、迎评工作、内部刊物编辑改版等问题。

（祁长松）

【国家古籍保护电话工作会议】 6月11日，国家古籍保护电话工作会议在国务院小礼堂召开。中共中央政治局委员、国务委员刘延东到会并讲话，文化部、国家民委、新闻出版总署等部委的主要领导出席会议。北京大学图书馆古籍部主任沈乃文代表图书馆领取了“第二批全国古籍重点保护单位”证书。经国务院批准，第二批“国家珍贵古籍名录”共有4478部，第二批全国古籍重点保护单位共有62家。

（别立谦）

【印刷学院首届图书情报工作会】 6月18日，北京印刷学院首届图书情报工作学术研讨会在印刷学院图书馆召开。印刷学院校领导和各部门的负责人、图书馆全体工作人员，以及首都医科大学、北京石油化工学院、首都经贸大学3所院校图书馆的代表近百人参加了会议。会议涉及图书阅读、文献信息处理等内容，旨在探讨新时期行业性高校图书馆的创新与发展、数字化时代图书馆的资源建设与信息化服务、探求图书馆的建设目标。

（付小春）

【BALIS原文传递服务宣传月总结会】 6月24日，BALIS原文传递服务2009年宣传月活动总结大会在北京农学院图书馆报告厅举行，BALIS原文传递各成员馆馆长和文献传递人员等共120余人出席了会议。北京理工大学、北京航空航天大学、北京农学院分别获得BALIS原文传递宣传月综合评估前三名，清华大学、中国人民大学、中国农业大学名列宣传月接收请求量前三名。

（梁守素）

【2009全国参考咨询工作会】 6月24日～25日，全国参考咨询工作会议在国家图书馆召开，来自全国40余家相关单位，近百名图书馆参考咨询领域的专家、参考咨询部门负责人及工作人员参加了此次会议。会议认为，今后需要在更开放的平台上整合现有的各种异构资源，加大资源揭示力度，同时全面开展服务联合。在数字化时代，还要注重特色服务的发展，立足自身特点，在协作中发展。

（谢万幸）

【瑞典LIFE学院国际研讨会】 6月24日～25日，瑞典LIFE学院风能开发与利用国际研讨会第一阶段会议在西城区图书馆隆重召开。会议由中国风能协会、瑞典LIFE学院主办。负责承办研讨会的是西城区图书馆中—瑞可持续发展信息中心，该中心是图书馆与瑞典LIFE机构的文化合作项目单位，工作重点就是提高市民环保意识，促进中国与瑞典两国之间的文化交流与合作。

（郝　杰）

【市公共图书馆馆长工作会议】 7月9日～10日，市公共图书馆馆长工作会议在顺义召开。市文化局公共文化处领导，首都图书馆、各区县公共图书馆，以及亦庄经济开发区图书馆负责人参加了会议。会议明确，下半年各馆要共同做好公共图书馆的服务工作，为评估定级做准备。

（郑明光　张小野）

【《公共图书馆法》立法支撑研究工作会】 7月9日～13日，中国图书馆学会“《公共图书馆法》立法支撑研究第三次工作会议”在北京召开。会议由中图学会学术委员会常务副主任李国新牵头，冯守仁、于良芝、韩继章、汤旭岩、邱冠华、汤更生、胡秋玲、王萱等出席会议。会议对《公共图书馆法》立法支撑研究的成果进行梳理和统稿，并对下一步修改提出意见。7月15日，会议将整理稿递交文化部。

（郑明光　张小野）

【中国高校管理学术国际研讨会】 7月11日～12日，第9届中国高校管理学术国际研讨会在首都经济贸易大学召开。此次研讨会由北京华夏赫尔国际教育研究中心与首经贸、中国论文国际检索中心、《北京教育》杂志社联合举办。校图书馆作为分会场，举办了全国高校图书馆馆长交流研讨会。

（巩　伟）

【中图学会医图委2009学术年会】 8月4日～7日，由中国图书馆学会医院图书馆委员会、中国人民解放军医学图书馆主办的“第17届医图委学术研讨会暨2009年学术年会”在江西九江召开。来自全国各地22省市自治区的各医院图书馆、医院信息中心等单位代表共计140余人参加了会议。会议表彰了中国图书馆学会医院图书馆委员会“2005～2008年先进学会”和“2007～2009年优秀会员”。北京分会组织了15家成员馆参加了此次年会，并在大会上就2008年课题完成情况向大会作了专题汇报。

（吴晓海）

【首届全国性公共图书馆讲座联盟会议】 8月11日～12日，全国公共图书馆讲座工作研讨会在国家图书馆召开。这是国内召开的第一次全国性讲座联盟会议。会议由国家图书馆主办，主题为“近年来公共图书馆讲座工作的发展状况及合作”。来自全国近60家图书馆的100余位领导及讲座工作者参会，其中包括27家省级图书馆。

（谢万幸）

【首届海外中国学研究与服务研讨会】 9月8日，“互知·合作·分享”首届海外中国学文献研究与服务学术研讨会在国家图书馆召开。会议由国图主办，美国匹兹堡大学东亚图书馆、中国社会科学院国外中国学研究中心、北京外国语大学中国海外汉学研究中心协办，来自美、德、英、法、韩、日、加拿大、中国等国内外中国学研究机构和中国学研究文献资源典藏服务机构的学者近100人出席了会议。此次会议主题的关键词为“文献研究”与“服务学术”，是国图开展中国学研究与服务的第一次正式公开亮相。

（谢万幸）

【“促进知识全球共享”国际研讨会】 9月9日～10日，“图书馆的国际化——促进知识的全球共享”国际研讨会在中国国家图书馆召开。此次会议由国图与国际图书馆协会联合会“国家图书馆专业组”联合主办。来自中国、英国、美国、俄罗斯等海内外图书馆、图书文献服务和研究机构的专家学者，围绕图书馆国际化进程，从文献与信息共享到知识共享、标准规范建设对图书馆国际化的促进、技术发展对图书馆国际化的促进、促进图书馆国际化的合作项目等作了大会主题报告。此次国际研讨会得到了国际图书馆界的积极响应，共有来自20多个国家和地区的100余位图书馆馆长参加此次研讨会，研讨会还通过网络直播方式向图书馆界和社会发布。

（谢万幸）

【第34届ISSN国家中心主任会议】 9月14日～18日，第34届ISSN国家中心主任会议在中国国家图书馆召开。来自美、英、法等30多个国家的40余位ISSN（国际标准连续出版物编号）中心主任和图书馆专家，就ISSN分配与管理以及ISSN－L的应用等问题展开深入讨论，并就数字化时代连续性电子资源的保存与管理最新趋势交流了看法和经验。国图副馆长陈力出席开幕式并致辞。ISSN中国国家中心主任、ISSN国际中心管理委员会委员顾犇参加了会议。这是ISSN国家中心主任会议首次在中国举办。

（谢万幸）

【华北高校图协第23届年会】 9月20日～21日，华北地区高校图书馆协会第23届年会在北京理工大学召开。大会邀请中国科学院国家科学图书馆常务副馆长张晓林作了题为《从数字图书馆到数字知识服务》的报告。与会代表围绕数字环境下高校图书馆的数字资源建设，学科领域服务，技术支持与服务，机制、体制和队伍建设进行了分组讨论。

（梁守素）

【北京高校图书馆学术研讨会】 10月16日～17日，“北京高校图书馆：联合、创新与发展学术研讨会”在通州区召开。首都经济贸易大学图书馆联合对外经贸大学、中央财经大学等院校图书馆，邀请北京各高校图书馆相关领导和专家到会，共同研讨了北京高校图书馆资源联合与服务创新等热点问题。

（巩　伟）

【全国公共图书馆评估工作会】 11月13日～14日，全国公共图书馆评估工作会在京召开。此次会议由文化部社会文化司主办、文化部全国文化信息资源建设管理中心承办。会议对公共图书馆评估工作和全国文化共享工程督导工作进行了研究和部署，并就2010年社会公共文化工作的要点和“十二五”期间发展思路进行交流讨论。来自全国31个省、自治区、直辖市文化厅局及部分图书馆的负责人参加了会议。

（郑明光　张小野）

【中国古典文献学国际研讨会】 11月13日～15日，中国古典文献学国际学术研讨会在北京香山饭店举行。此次会议是国家图书馆为了纪念《文献》季刊和国家图书馆出版社（原书目文献出版社）创办30周年而举办的。国图馆长詹福瑞出席开幕式并致辞，副馆长兼《文献》季刊主编陈力、副馆长兼《文献》季刊编委张志清出席了会议。来自美、英、俄、日和中国等国家与地区的近60位文献学专家参加了会议。会议直接促成了中俄联合整理研究斯卡奇科夫所获汉籍、中美联合整理研究王树枏所藏古籍等重大项目的产生。

（谢万幸）

【数字化时代古籍目录学研讨会】 11月16日～17日，数字化时代古籍目录学的发展研讨会在国家图书馆召开。此次研讨会由国图主办，国图古籍馆、国家古籍保护中心办公室、中国图书馆学会古籍整理与文献保护专业委员会、中国图书馆学会目录学专业委员会联合承办。来自中国大陆、美、英、日以及中国台湾地区的20余位古籍编目专家与目录学家出席了研讨会，国图近30人参加了会议。此次会议讨论了在数字化环境下古籍目录学的理论和实践新发展，探讨了如何进一步促进古籍目录知识库标准与规范的建设。

（谢万幸）

【北京市古籍保护工作研讨会】 11月25日～26日，北京市古籍保护工作研讨会召开，14家市属古籍收藏单位的主管领导和业务负责人、北京大学图书馆研究员沈乃文等5位古籍界专家、国家古籍保护中心王红蕾博士、首都图书馆馆长倪晓建及副馆长陈坚出席会议，古籍保护工作小组组长周心慧主持会议。与会代表分别介绍了本单位的古籍资源、保护工作的现状与问题，并对古籍保护中心工作提出了建议。

（郑明光　张小野）

【全国党校文献信息学会常务理事会】 12月3日～5日，全国党校文献信息学会常务理事会暨数字资源共建共享工作座谈会在北京召开，全国党校文献信息学会常务理事和全国党校系统图书馆数字资源共建共享工程共建共享示范馆馆长29人出席了会议。会议通报了由中共中央党校图书馆组织的对全国部分党校图书馆工作现状的调研情况，中央党校数字图书馆工程的进展情况和文献信息学会科研成果评选情况，交流了示范馆在数字资源共建共享方面的进展情况以及工作中的经验。

（霍　飞）

【全军院校图书馆工作会议】 12月8日～9日，全军院校图书馆工作会议在国防大学召开，来自全军教学保障工作的参谋和院校图书馆馆长100人参加了会议。总部副部长董文久出席会议并讲话。会议听取了《军队院校图书馆建设与发展工作报告》和海军、第二炮兵、总后勤部及国防大学代表的汇报，宣读了《总部关于表彰军队院校图书馆建设先进单位和优秀工作者的通报》。

（祁长松）

【市公共图书馆安全工作会】 12月10日～11日，市公共图书馆馆长工作（安全）会在昌平区召开，首都图书馆馆长倪晓建等领导以及各区县馆馆长近80余人出席了会议。会议对2009年安全工作进行了总结与表彰；并指出2010年市各区县图书馆要构建、完善全市公共图书馆四级服务体系，深入开展共享工程的宣传与服务，推进古籍普查与保护工作。同时，各馆要根据在图书馆评估定级检查中发现的问题，改善图书馆的各项业务与服务。

（郑明光　张小野）

【高校图书馆变革与创新研讨会】 12月11日～12日，2009年北京高校图书馆“技术变革与服务创新”学术研讨会在昌平召开。大会由北京高教学会图书馆工作研究会数字图书馆专业委员会主办，清华大学图书馆承办。来自市近50所高等学校图书馆的145位代表，分别从云计算、开源软件在数字图书馆中的开发和应用、资源整合共享、图书馆信息化建设、移动互联网等方面，对图书馆的热点话题、技术应用、未来发展进行了探讨。本次研讨会还特别举行了“应用数字图书馆技术应用案例征集和评比活动”，选出一等奖2名、二等奖5名、三等奖12名。

（梁守素）

【BALIS原文传递馆际互借总结会】 12月17日，2009年度BALIS原文传递及馆际互借工作总结大会在北京邮电大学科技大厦四层多功能厅召开。此次会议由BALIS原文传递及馆际互借中心联合举行，北京地区58所高校的图书馆馆长、工作人员160多人出席了会议。会议由BALIS馆际互借管理中心主任、北邮图书馆馆长严潮斌主持。大会对2009年的工作做了总结与评估，表彰了先进集体及个人，并对2010年的工作做了计划。

（张　耀）

【北京财经类高校图书馆研讨会】 12月23日，北京财经类高校图书馆资源共建、共知、共享合作研讨会暨签字仪式在首都经贸大学举行。包括对外经济贸易大学、首都经济贸易大学、北京工商大学、中央财经大学、北京物资学院在内的市5所财经类高校图书馆，与北京世纪超星信息技术发展有限公司合作，依托超星公司搜索平台，建设区域数字图书馆，旨在整合北京地区财经类高校资源，通过统一的平台提供给读者，弥补各院校资源缺乏、单一的现状。

（巩　伟）

·考　察·

【温家宝参加世界读书日活动】 4月23日，中共中央政治局常委、国务院总理温家宝到国家图书馆二期新馆参加世界图书日活动。他在检索大厅听取了工作人员的介绍，通过液晶显示屏“翻看”电子图书，体验虚拟阅读的乐趣，并在中文图书阅览室和学术活动厅，与读者们亲切地交流读书学习的体会。温家宝倡导大家每天都抽取时间进行阅读，提高自身修养，学以致用，与人和谐相处。

（谢万幸）

【周和平到西城区图书馆调研】 4月24日，文化部副部长周和平到西城区图书馆调研。文化部社图司司长张旭、市文化局局长降巩民、西城区副区长杨培丽、西城区文化委员会主任张宏达等领导陪同调研。周和平参观了西城区图书馆，以及金融街街道图书馆、月坛街道社会路社区与三里河一区社区图书室。

（郝 杰）

【全国党校系统图书馆调研】 5月～11月，以党校系统图书馆事业的转型与发展中“数字资源建设与资源共建共享”为主题的调研活动，在全国党校系统图书馆开展。此次调研由中央党校图书馆馆长陈高桐，副馆长郝莉、张瑞红等带队，分赴广东、广西，安徽、浙江，重庆、四川等地调研。全国党校系统有22个省（直辖市）、7个副省级和铁道部党校图书馆的馆长（副馆长）参加了各路调研。调研采用汇报介绍、座谈讨论和实地参观的形式，深入考察了解了调研地图书馆（包括省级和地市级党校的图书馆）的基本情况，有组织地参观了相关的地方公共图书馆、大学图书馆等单位，学习考察了在图书馆发展中已成形的先进的技术手段和管理理念。

（霍 飞）

【市文化局领导到顺义区调研】 9月4日，市文化局局长降巩民、首都图书馆馆长倪晓建等领导一行5人到顺义区调研数字影院及文化共享工程资源整合工作。后沙峪镇西田各庄等村，把文化资源共享工程服务点的设备移机到村多媒体综合文化服务中心，与数字电影放映设备进行了连接，形成了一个多功能的多媒体综合文化服务中心。

（郑明光 张小野）

【共享工程督导组到京督导工作】 12月9日，由国家图书馆副馆长陈力等3人组成的文化部文化信息资源共享工程督导组到京督导文化共享工程建设工作。督导组先后听取了首都图书馆副馆长邓菊英关于共享工程北京分中心建设情况的汇报，观看了分中心的自建数据库“北京记忆”和“奥运记忆”。实地考察了共享工程延庆县支中心、延庆县旧县、井庄镇柳沟村基层服务点。

（郑明光 张小野）

·讲座、论坛·

【首图“乡土课堂”新年开讲】 1月3日，“首图讲坛·乡土课堂”新年开讲仪式在首都图书馆多功能厅举行。讲座主办方首都图书馆、市社科联、北京史研究会的相关领导出席仪式。仪式上，主办方邀请“秋之韵”合唱团演唱了经典的红色歌曲。市委党史研究室陈静的首场讲座《将军择义护京城》为“乡土课堂”拉开序幕。“乡土课堂”立足北京乡土题材，向普通市民讲述老北京的文化传承、风土人情和历史典故。2009年，“乡土课堂”首次通过互联网在线收看（收听）方式向社会传播北京历史文化。

（郑明光 张小野）

【市图协举办科普讲座】 1月～6月，北京市图书馆协会、各区县图书馆以及讲师团的专家，按照科普讲座方案共举办讲座7场，完成了上半年科普讲座任务。7场讲座分别为：房山区图书馆《野生动物与人类的生存发展》、门头沟区图书馆《永定河地质资源》、海淀区图书馆《宜居城市的环境管理》、崇文区图书馆《张扬生命力量，储备健康体能》、东城区图书馆《生活环境与健康》、西城区青少年儿童图书馆《非物质文化遗产工作保护浅谈》，以及市图协与西城区图书馆共同举办的“读懂周易”科普讲座。

（郑明光 张小野）

【2009“首图讲坛进监区”活动启动】 5月18日，“首图讲坛”走进北京市监狱。市监狱管理局教育改造处处长李士杰、首都图书馆副馆长邓菊英、市监狱党委书记兼监狱长刘学武等出席了“首图讲坛进监区”2009年度活动的启动仪式。首都经济贸易大学劳动经济学院院长杨河清带来的《国际经济危机与各群体的就业》讲座吸引了广大干警和服刑人员。

（郑明光 张小野）

【高校图书馆工作高层论坛】 6月5日，北京地区“高校图书馆工作社会化高层论坛”在中国农业大学西区图书馆举行。论坛由BALIS培训中心和农大图书馆联合举办。北京高校图工委副主任胡越、农大图书馆馆长何秀荣和BALIS培训中心副主任王琪，以及来自北京50余所高校的近130名代表参加了大会。与会代表就高校图书馆工作社会化、岗位聘任以及图书馆的相关工作进行了分组讨论。

（梁守素）

【首图“走近故宫”系列讲座】7月4日，首都图书馆“走近故宫”大型系列讲座迎来最后一讲。自4月伊始，“走近故宫”大型系列讲座一共进行了11讲，现场听众累计逾4000人次。听众在故宫博物院专家的引导下欣赏故宫文物、探寻故宫历史、了解故宫文化，加深了对中国古代建筑与文化遗产的了解，更增强了文化自豪感和保护传统文化遗产的责任感。

（郑明光　张小野）

【首图讲坛讲述北京曲剧】　8月1日，“首图讲坛——亲密接触北京曲剧”系列讲座开坛授课，老舍先生之子、现代文学馆原馆长舒乙率先登坛，讲述父亲与北京曲剧的不解之缘。曾执导多部曲剧大戏的人艺导演顾威、北京曲剧团团长凌金玉也相继在首图讲坛开讲。

（郑明光　张小野）

【“中国变化”系列讲座开讲】9月5日，纪念新中国成立60年之“中国变化”系列讲座在首都图书馆报告厅举办首讲。中国名牌战略推进委员会副主任、知名新闻工作者、原“中国质量万里行”活动组委会主任艾丰为市民带来了《包容的力量——新中国六十年社会模式的转变》主题讲座。“中国变化”系列讲座共6讲，与市民一起重温了新中国60年走过的光辉历程。

（郑明光　张小野）

【高职高专图书馆创新服务论坛】

11月19日，北京高职高专图书馆创新服务馆长高峰论坛在北京举行，来自北京20余所学院的图书馆馆长等33人参加了会议。首都师范大学图书馆馆长胡越在研讨会作《建设图书馆学习共享空间》的主旨报告，北京农业职业学院、北京青年政治学院、北京政法职业学院、北京经济管理职业学院和北京工业职业技术学院等图书馆进行了大会交流。

（梁守素）

·读者活动·

【首图卡通动漫庙会迎新春】　1月28日~2月9日，首都图书馆举办了2009年迎新春·卡通动漫庙会。抖空竹、动漫歌曲演唱和动漫人物模仿等表演节目轮番上演，卡通动漫优秀作品展和动漫周边产品及儿童教育图书销售，让卡通迷不虚此行。而创意集市中丰富的DIY手工制作则为人们的生活增添新意。

（郑明光　张小野）

【国图春节活动丰富】　春节期间，国家图书馆照常开放，并推出了一系列活动。从25日起至27日，平时只接待年满16周岁以上读者的国图还向中小学生打开了大门；大年初一，国图馆长和各部门领导在总馆北区二层大厅恭候读者，并向牛年第一批到馆读者拜年；同时向持有有效读者卡卡号含“090909”的读者，赠送第4届文津图书奖获奖图书一套；国图还准备了100个和国图相关的小问题以及100个“开卷有益”和“恭贺新禧”字条，集中放置在经典图书区近万册图书中，读者在阅读时如找到夹在书中的字条，回答相关问题或凭字条可获得一份礼品。

（郑明光　张小野）

【2009市红领巾读书活动启动】3月24日，2009年北京市红领巾读书活动工作会议在首都图书馆召开，来自全市各区县图书馆和少儿图书馆的馆长及“红读”活动负责人参加了会议。会议指出，2009年市“红读”活动要本着成为“开阔视野的窗口，学习知识的乐园，健康成长的伙伴，全面发展的平台”的方针，以爱国主义为主线，以“弘扬爱国情　好书伴我行”为主题，自下而上组织开展丰富多彩、新颖生动、寓教于乐的未成年人读书活动。2009年“红读”活动，由团市委、市少工委、市教委、首都精神文明建设委员会办公室、市文化局主办，首都图书馆承办，北京人民广播电台“爱星满天”栏目协办，全市“红读”活动办公室负责读书活动的日常工作。

（郑明光　张小野）

【首图迎来国际儿童图书节】　4月2日，“别样课堂在首图”国际儿童图书节暨第三届“中国儿童阅读日”主题活动在首都图书馆举行。来自五大洲的小读者参加了此次活动，著名儿童文学作家杨红樱女士携新作《小英雄和芭蕾公主》与孩子们一起聊读书的故事。“认知图书馆”“红红姐姐讲故事”“童心影视窗”“巧巧手美劳加工厂”“书海寻宝”等活动也深受孩子们喜欢。

（郑明光　张小野）

【“书香首图　阅读接力”活动】

4月20日，首都图书馆的“书香首图　阅读接力”童心对话名家系列讲堂迎来中外儿童文学作家的高峰对话。来自美国的惊险小说大师R. L. 斯坦与中国儿童文学父女作家葛冰、葛竞，就“如何给孩子一个充满幻想的童年”各抒己见，讨论如何在多媒体网络时代让孩子重新爱上阅读，如何培养孩子的写作能力等问题，并与台下读者交流互动。此次活动由首图与接力出版社、腾讯儿童频道联合举办。

（郑明光　张小野）

R. L. 斯坦与首图小读者童心对话

【“世界读书日”全民阅读活动】 2009年4月23日，是第14个“世界读书日”。国家图书馆开展了“让我们在阅读中一起成长”大型公益活动；首都图书馆推出了“科学人生有书相伴——走进院士书房图片展”，引导市民多读好书、养成良好的阅读习惯；西城区图书馆则举办了“从延安到联合国”读书座谈会、“读一本好书”倡议活动、“共享工程”读者问卷调查、DV大讲堂、“电子阅读”等一系列活动；东城区图书馆在这一天推出了以“读书”为主题的系列活动和服务，大力倡导读书风尚；石景山区图书馆举办系列活动努力营造全民读书、终身学习的良好社会氛围，让更多的人走进图书馆，不断增强全社会的学习意识。

（郑明光　张小野）

【“世界读书日”高校阅读活动】 4月，以第14个“世界读书日”为契机，为了培养大学生良好的阅读习惯、创造浓厚的校园文化氛围，北京各高校图书馆相继推出了一系列“世界读书日”阅读活动。其中比较有代表性的有北京石油化工学院图书馆举行的“电子、纸本图书资源推广”活动；北京工业大学在逸夫图书馆北广场举办的“资源在你指尖·2009图书馆月”活动；北京化工大学北方学院图书馆面向全校师生开展的“阅读改变人生”征文比赛；北京交通大学在图书馆多功能厅举行的第7届“书香杯”读书征文活动启动仪式暨书香阅读讲座；北京邮电大学组织开展的“书香进校园”系列活动等。

（郑明光　张小野）

【图书馆促进信息资源公平获取】 5月8日，“图书馆促进信息资源公平获取”行动启动仪式和“阅读与人生”无障碍聋人专场讲座在国家图书馆举行。此次活动由中国残联与国图共同发起，旨在让残疾人更便捷地享受图书馆资源与服务，无障碍公平获取社会信息。启动仪式上，中国残联与中国图书馆学会共同发出了《图书馆促进信息资源公平获取》倡议书。仪式后，周国平主讲的“阅读与人生”主题讲座在学术报告厅举行，这是国图举办的首场无障碍讲座。

（谢万幸）

【北邮图书馆走进院系活动】 5月13日，北京邮电大学图书馆开展了“走进院系”活动。学科馆员周婕、侯瑞芳、李玲走进人文学院，介绍了图书馆学术资源与正在探索的学科服务模式。侯瑞芳主讲了题为《人文社会学科网络学术信息资源的检索与利用》的讲座，具体介绍了人文社科主要的中文数据库、外文数据库以及网络免费学术信息资源（学术信息门户、OA预印本资源、学术搜索）获取与利用，并根据图书馆人文类外文馆藏特点，结合人文学院实际需求详细介绍了“高校图书馆联合体”、“BALIS原文传递”等服务。

（张　耀）

【“北京科技周”首图分会场活动】 5月17日，“2009北京科技周”首都图书馆分会场活动在文化艺术展厅拉开帷幕。这届主题为“感受科技传承 分享绿色生活”的活动吸引了众多市民的参与。“科幻之城”全国青少年科技创新大赛科学幻想绘画获奖作品展成为当天的亮点。“印刷术的魅力”讲座互动“1+1”活动深受读者欢迎。此外，首图分会场还汇聚了市新闻出版局、北京科技记者编辑协会等几家单位的科普活动。

（郑明光　张小野）

【北建工开展“开卷有你”活动】 5月19日，北京建筑工程学院2009年度第3届“开卷有你”读书活动开幕式在图书馆门前举行。此次活动由图书馆联合校工会、宣传部、学工办、团委共同举办，自3月3日启动以来，先后举行了读书知识竞赛、讲座、展览路街道办事处第6届“青春杯”辩论赛和“图书漂流”等一系列活动。此次活动，旨在激励大学生在精神追求的引领下通过读书提高自身素质和应对各种挑战。

（郭燕平）

【市公共图书馆服务宣传周】 5月25日～31日，市公共图书馆开展了2009年度图书馆服务宣传周活动。此次活动的主题是“庆祝新中国成立六十周年”和“积极开展全民阅读活动”。服务宣传周期间，启动了“让我们建造一座完美图书馆”主题活动；推出了主题展览、新书推荐活动，再现辉煌历程；拓展服务外延，推进流动服务；主推文化讲座，形成品牌效应；加强宣传力度，推广共享工程；推进少儿活动寓教于乐。

（郑明光　张小野）

【首图牵手皮卡书屋活动】 8月1日，“我动手，我快乐”手工主题故事会活动在首都图书馆少儿英文图书室举行。此次活动由首图携手皮卡书屋共同举办，故事会持续了将近两个小时，形式新颖活泼的故事会深受家长们的欢迎。

（郑明光　张小野）

【第10届“读书小状元”评比】 10月16日，北京市红领巾读书活动第10届“读书小状元”评比活动在平谷区图书馆举行，来自首都图书馆少儿部及平谷区少工委的领导参加了评比活动。小读者们用心讲述着自己在读书过程中的乐趣与收获，并把自己的读书经验、优秀读物推荐给更多的小朋友。经过评审，评选出市级、区级读书小状元各5名。

（郑明光　张小野）

【首图2010年读者活动策划会】 12月7日～8日，2010年度读者活动策划会在首都图书馆召开，首图邀请了文化界、新闻界、科普界以及儿童文学领域的30余位专家学者及媒体记者参加会议。专家表示，可与首图开展在北京历史、航空科普、老年人健康养生、时尚生活等方面的合作；活动要注重培养读者的阅读兴趣，推广阅读文化；灵活利用新闻热点策划活动，把新闻性的热点变成知识性的内容。在打造品牌形象的同时，重视网络技术的使用，通过网站发布信息、上传优秀讲座资源。

（郑明光　张小野）

·捐赠、收藏·

【《中国风光画集》仿真画入藏国图】 1月9日，国家图书馆举行了大型《中国风光画集》的收藏仪式。《中国风光画集》由画家于成松用近30年时间，以中国各地自然景观、人文景观、城市风光、边塞风情为主题，运用独特的复合油版画艺术形式创作。画集每卷选入于成松的油画作品20幅，每幅都配以于成松创作的诗文、短句，并由五洲传播出版社用中、英、法、日、俄、西班牙、阿拉伯文对照出版，曾被作为第29届奥林匹克运动会组织委员会赠送中外贵宾的礼品。该画集编号印制2008套，其余部分由国务院新闻办公室使用和国家图书馆、国家博物馆等单位收藏。

（郑明光　张小野）

【《圆明园四十景图卷》仿真画入藏国图】 1月12日，国家图书馆收藏《圆明园四十景图卷》仿真画仪式在京举行，中国书协副主席李铎为图卷写了题跋。《圆明园四十景图》原作现由法国巴黎国家博物馆收藏，圆明园管理处收藏有彩色底版卷。本次仿真画由北京印刷技术研究所经过多年努力制作完成，与原作“一图一景”不同，长达21米的仿真画制成了“景景相连”，没有采用原作中的诗句。

（郑明光　张小野）

【首图代存市委图书馆古籍藏书】 2月～9月，市委图书馆与首都图书馆合作对市委古籍藏书进行整理，共整理古籍藏书4990种、64533册（件），分三批转运至首图历史文献中心古籍特藏书库，其中包括善本古籍1100余种、2万余册，还包括少量碑帖、字画和地图。首图在善本古籍书库中设定专门区域和书柜，用以存放这批古籍，并进行普查登记、整理编目和保护修复等相关工作。这项工作在全国开创了古籍保护的一种新模式。

（郭淑荣）

【重点出版物签名本入藏版本图书馆】 8月25日，30余部（套）重点出版物签名本被中国版本图书馆正式收藏。此次入藏的重点出版物签名本，包括国家“十一五”重大文化出版工程项目、西南师范大学出版社和人民出版社联合出版的《域外汉籍珍本文库》，获首届中国出版政府奖、国防工业出版社出版、钱学森签名的《钱学森书信集》，被列入“十一五”国家重点图书出版规划、星球地图出版社出版、迟浩田等签名的《中国战争史地图集》等。

（郑明光　张小野）

【东洋文化研究所提供数字化中文古籍】 11月，国家图书馆馆长詹福瑞访日期间，与日本著名的汉学研究中心、东京大学东洋文化研究所签署了合作意向书。东洋文化研究所将所藏中文古籍4000余种，以数字化方式无偿提供给中国国家图书馆。这些古籍将在国图网站上对读者开放。此次回归的4000余种数字化古籍包括珍贵的宋、元、明、清善本和民国时期抄本，经史子集各类俱全，其中以小说、戏曲为大宗，具有重要的史料价值。为促成此次合作，东京大学东洋文化研究所丘山新教授和北京大学历史系桥本秀美教授做出了突出贡献。

（谢万幸）

【八旬老人家传诰命捐赠国图】 12月8日，年近八旬的回族老人肖兰华遵照先夫赵廷宽先生遗愿，将祖传《明正统三年赵氏诰命》无偿捐献给国家图书馆。这件文物与《明史·职官志》所载明代相关封赠制度完全吻合，为研究明代诰敕形制、职官制度、封赠制度等提供了第一手珍贵实物资料。

（谢万幸）

·读者服务·

【“共享工程”送新春文化贺礼】 1月19日，文化部全国文化信息资源建设管理中心、首都图书馆共享工程北京分中心和朝阳区图书馆共享工程北京区级支中心为闽龙陶瓷总部基地的来京务工者们送去了“文化共享新春乐”光盘大礼箱，即全国文化共享工程2008年征集的优秀作品集萃。

（郑明光　张小野）

【市公共图书馆向什邡捐赠图书】 4月18日，北京市公共图书馆捐赠的图书和文具运抵什邡，支援什邡市图书馆的重建工作。其中图书4万余册，文具等学习用品11万余件，共计487箱，全部由首都图书馆等21家市公共图书馆开展的“爱心快递图书捐赠总动员活动”组委会接收。

（郑明光　张小野）

【国图推出阅读新技术】 4月23日，国家图书馆在总馆文津广场和馆内展示了手机图书馆、数字电视图书馆频道、虚拟漫游国图等多项新技术。其中，“NLCTV”（国家图书馆数字频道）是全球诞生的首家图书馆专业服务频道。国图还启动了“阅读中国——当代文学作品（数字）推荐工程”，500册新中国成立以来获得茅盾文学奖、鲁迅文学奖的小说，被放到国图网站，向全球读者提供无需注册的免费在线阅览。

（郑明光　张小野）

【全国政府公开信息一站查询】 4月30日，国家图书馆推出了我国首个政府公开信息整合服务平台（http：//govinfo. nlc. gov. cn）。该平台使用户在一个窗口、一个检索界面就可以一站式获取分布在全国各地政府网站上的政府公开信息资源，并可以快速地访问到各个政府站点。同时，该平台可以提供免费订阅服务，让用户及时发现网站内容的更新。

（郑明光　张小野）

【“校园直通车”助学图书馆获赠书】 5月17日，在北京科技周首都图书馆分会场的开幕式上，市新闻出版局、科技周组委会向大兴区黄村镇第三中心小学、长子营第一中心小学等加入“校园直通车”的农村中小学的学生代表赠送了1万册优秀科普图书。“校园直通车”助学图书馆是在市新闻出版局帮助、支持下，积极推进“阅读进校园”活动而创建的一种全新阅读推广模式。该模式由民营图书发行公司承办，向加入“校园直通车”的中小学校图书馆配备一定数量的图书，并随时更换新书。

（郑明光　张小野）

【首图推出优惠读者新措施】 5月25日，首都图书馆推出多项新的读者优惠措施：降低资料复制费，其中包括复印、扫描、打印、光盘刻录费等；读者凭本人有效读者卡或有效证件可在电子阅览室享受1小时的免费上网时间，或在视听阅览室免费观赏一部影片或其他音像制品；图书逾期费设置了收费上限，为30元/册；少儿图书逾期费为每册每天0.1元，最高上限为20元/册。

（郑明光　张小野）

【共享工程走进打工子弟学校】 5月27日，儿童节前夕，文化部全国文化信息资源建设管理中心与首都图书馆共享工程北京分中心一道走进北京市行知实验学校，送去了节日的问候和祝福。同学们不仅收到了中国文化讲座、中华名人故事等各类专题数字资源的大礼包，还观看了《中国戏曲经典原创动画》精选动画片。

（郑明光　张小野）

【朝图开通数字漫画图书馆】 儿童节前夕，朝阳区图书馆少儿阅览室开通了“点点书库”数字漫画图书馆，旨在满足广大青少年读者对动漫图书、作品的需求。“点点书库”集纳了6000余册来自中国、日本、美国的正版漫画书，涵盖面十分广泛。电子漫画书，已成为一种读者乐于接受的全新阅读模式，也成朝图文化信息应用服务中的一大亮点。

（郑明光　张小野）

【国图公布百年馆庆宣传口号】 6月2日，国家图书馆向社会公布了百年馆庆宣传口号“传承文明 服务社会”，并对百集电视专题片《馆藏故事》进行了推介。馆长、党委书记詹福瑞，副馆长张雅芳、陈力、张玉辉，以及百年馆庆筹备办公室等部处主任出席了新闻发布会。《馆藏故事》专题片采取一集一文献、一集一故事的方式，深入揭示国图的特色馆藏，挖掘其藏品在征集、保存、利用过程中的有意义而鲜为人知的故事。

（谢万幸）

【“金叶育才图书室”工程启动】 9月3日，2009年“金叶育才图书室”工程启动仪式在北京举行。中国作家协会、中华文学基金会、中国烟草总公司的领导出席仪式。“育才图书室”工程自2004年初创，五年内先后捐建了数以千计的图书室，捐赠了数以百万计的图书。本年首批捐建的中小学图书室落户陕北革命老区。

（郑明光　张小野）

【市高校图书馆教学共享网上线】 12月，由北京工业大学图书馆为主要负责人、联合6所学校参与建设的“北京高校网络图书馆教学参考资源共享网”正式上线提供服务，参建学校的师生可以检索和下载该网站的教材教参、课件、视频等教学参考资料的全文。

（范蔚蔚）

·展　览·

【走进院士书房图片展】 4月23日，“科学人生有书相伴——走进院士书房图片展”在首都图书馆举办。50余幅精美的图片介绍了钱三强、吴良镛、侯仁之等院士的50余间书房。每张展板除了院士的书房实景外，还有院士的生活照和他们亲笔题写的读书心得与感悟。本次展览得到了中国科学院国家科学图书馆、科学时报的支持，展览展出的部分院士书房，均选自侯艺兵的《院士怎样读书》一书。

（郑明光　张小野）

【国家珍贵古籍特展】 6月13日，国家珍贵古籍特展在国家图书馆开幕。此次展览由文化部主办、国家图书馆（国家古籍保护中心）承办，是“文化遗产日”系列活动之一。全国政协副主席罗富和、文化部副部长周和平、新闻出版总署副署长邬书林，以及全国古籍保护工作国际联席会议成员单位的有关人员出席了开幕式。展览展示了中华古籍保护计划的成果、第二批《国家珍贵古籍名录》中遴选而出的古籍珍品、“中华再造善本工程”第一期成果及近年古籍征集和海外回归的古籍。展览于6月14日~7月10日期间在国图总馆北区稽古厅、右文厅举办。

（谢万幸）

【国家图书馆特藏精品展】 9月1日，“百年守望”国家图书馆特藏精品展在国家图书馆展览厅开幕。这是国图第一次面向社会全面展示百年历程中形成的特色馆藏。其中一些珍贵文物，如宋朝皇室宗谱《仙源类谱》、苏轼撰书的清拓本《雪浪石盆铭》、明朝天启年间彩绘的《陕西舆图》等都是首次展出。另外，这次展出的9件甲骨珍品也是近十年来甲骨集中展出最多的一次。

（谢万幸）

【国家图书馆馆史展】 9月8日，“百年记忆”国家图书馆馆史展在国家图书馆总馆南区原工具书阅览室开展。展览通过图片、文字、实物、音像等多种媒介，第一次系统、详尽地介绍了国图百年来的历史，揭示了国图历经百年风雨后的沧桑巨变。文化部社图司副司长刘小琴，国图新、老领导，老专家代表，国内各兄弟图书馆代表等出席开幕仪式。

（谢万幸）

【首图馆藏红色文献专题展】 9月29日，首都图书馆馆藏红色文献专题展正式在网上展出。本次专题展选取了首图馆藏红色文献中比较有代表性的70余种，分马恩列斯著作、毛泽东著作、进步报刊、中国共产党机关刊物、革命文艺、解放区生产生活、马克思主义史学七大类。首图藏有红色文献共1200余种，虽数量不多，但许多文献流传稀少，保存至今极为难得。

（郑明光　张小野）

【中朝建交60周年书画美术展】 9月29日，“纪念朝中建交60周年”朝鲜民主主义人民共和国图书、图片及美术展在首都图书馆举行。文化部副部长赵少华、朝鲜驻华使馆大使崔镇洙分别在开幕式上致辞。展览由文化部、朝鲜文化省主办，中国对外艺术展览中心承办。现场共展出了朝鲜的绘画作品、图片、图书300余件。其中绘画作品中有国画、朝鲜画、油画以及版画，反映了朝鲜的自然风景和日常生活。由我国政府派出的“纪念中朝建交60周年油画展”同期在平壤举行。

（郑明光　张小野）

【市公共图书馆60年成就展】 10月30日，“与祖国同脉动”北京市公共图书馆60年成就展开幕仪式在首都图书馆共享大厅举办。首图馆长倪晓建、书记肖维平、部分区县图书馆馆长，以及众多热心读者参加了开幕仪式。此次展览由市文化局、首图、各区县馆、少儿馆共同主办，展览梳理了市公共图书馆60年发展脉络，向市民展示了中国现代公共图书馆的发展历程。

（郑明光　张小野）

【纪念中国科学院建院60周年展】 11月13日，为庆祝中国科学院建院60周年，中国科学院国家科学图书馆推出了“唯实求真 协力创新——中国科学院大事记”及“让历史见证辉煌——中国科学院建院60周年部分重大科研成果展示”专题展览。前者引领公众一起回顾中国科学院的历程，分享科学院人的喜悦与骄傲；后者则甄选部分获国家科学技术奖的重要科研成果，以及相关主要科研人员，以图文并茂的形式加以展示，让社会公众共同见证科学院人的业绩。

（吕秋培）

·表彰、奖励·

【首图获公共阅读文化推广奖】 1月9日，首届中国公共阅读文化论坛暨30年最具影响力的300本书推介活动发布会在西单图书大厦举行。会上，首都图书馆获得了由《中国图书商报》《阅读周刊》等单位联合评选的“2008公共阅读文化推广奖”。获此奖项的还有深圳读书月组委会办公室、“红泥巴”读书俱乐部等共10家单位。

（郑明光　张小野）

【市星级农家书屋表彰仪式】 2月6日，北京市星级农家书屋表彰仪式暨农民选书会在通州区召开。此次表彰仪式由市委宣传部、市新闻出版局共同举办。顺义区是市评星书屋最多的区县，共有4家图书室受到表彰。同时，为了表彰星级书屋，市委宣传部、市新闻出版局还特别安排了一场选书会，让农民挑选自己需要的图书，作为表彰奖励。

（郑明光　张小野）

【核生化防护数字图书馆获奖】 2月，军队核生化防护数字图书馆被中国国防科技信息学会评为2008年度国防科技信息资源建设与服务优秀成果一等奖。

（祁长松）

【学位论文提交与发布系统获奖】 6月30日，由装甲兵工程学院图书馆开发的“学位论文提交与发布系统”获2005～2007年军队院校图书馆信息成果一等奖。

（祁长松）

【市图协会员获中图学会优秀奖】 7月6日～9日，在北京召开的中国图书馆学会第八次全国会员代表大会上，北京市图书馆协会30位会员获得2007～2009年中图学会优秀会员称号，邓菊英、于景琪获2007～2009年中图学会优秀学会工作者称号，张娟获中图学会第1届青年人才奖。

（郑明光　张小野）

【首图获北京科技周优秀活动奖】 7月30日，2009年“北京科技周”总结表彰会在北京科技活动中心召开。市科协党组书记、常务副主席田小平，市新闻出版局副局长孙瑛，市文物局副局长王丹江，北京科技周组委会办公室主任、市科协副主席周立军等领导出席会议。由首都图书馆承办的系列活动获2009年“北京科技周”优秀活动奖。

（郑明光　张小野）

【国图新馆入选北京当代十大建筑】 9月24日，“北京当代十大建筑”评选结果揭晓。国家图书馆二期新馆从50个候选建筑中脱颖而出，与“鸟巢”“水立方”等一同入选新的北京十大建筑，成为唯一入选的图书馆类文化建筑。

（谢万幸）

【国图获第3届文化部创新奖】 10月23日，国家图书馆的“中国盲人数字图书馆网站建设”和“全国图书馆志愿者行动”2个项目获第3届文化部创新奖。由图书馆参与完成的“e卡通——上图电子资源远程服务”“山东省文化信息资源共享工程创新运行应用模式研究”“城市街区自助图书馆”以及“蜀风雅韵——成都非物质文化遗产数字博物馆”4个项目也同时被列入了创新奖名单中。

（谢万幸）

【魏学民等获先进工作者称号】 12月9日，防化指挥工程学院图书馆馆长魏学民、装甲兵工程学院图书馆副馆长雷育生被总部评为军队院校图书馆先进工作者。

（祁长松）

【第5届文津图书奖揭晓】 12月22日，第5届文津图书奖在国家图书馆揭晓。本届获奖的10种图书分别是：《科学的旅程》《风风雨雨一百年》《继承与叛逆——现代科学为何出现于西方》《交锋三十年：改革开放四次大争论亲历记》《简明新全球史》《风化成典——西藏文史故事十五讲》《吴冠中画作诞生记》《小趋势：决定未来大变革的潜藏力量》《亲爱的安德烈》《当彩色的声音尝起来是甜的》。当天，国图还公布了2009年度“文津读者奖”获奖名单，中国科学院研究生院杨佳教授等10人获此殊荣。

（谢万幸）

·交　流·

【驻法公使衔文化参赞访问国图】 2月2日，驻法国使馆公使衔文化参赞蒲通、文化部外联局西欧处项目官员赵心舒一行2人访问中国国家图书馆并会见了馆长詹福瑞。蒲通介绍了文化外交的重要性以及中法文化交流的最新动态，并表示愿为国图与法国国家图书馆、法国图书馆界的进一步交流牵线搭桥。会谈后，蒲通一行参观了国图二期新馆。

（谢万幸）

【台北故宫博物院访问国图】　2月16日，台北故宫博物院院长周功鑫、副院长冯明珠等一行9人访问国家图书馆。馆长詹福瑞与客人进行了会谈，双方就两岸的文化交流交换了意见。之后，周功鑫一行参观了包括四库全书、敦煌遗书等善本在内的珍贵馆藏。

（谢万幸）

【以色列公司副总裁访问国图】　3月16日，以色列艾利贝斯有限公司副总裁沙尔夫斯坦恩访问中国国家图书馆，副馆长陈力会见了客人，双方高度重视目前的合作关系，希望通过继续加强合作实现双赢。双方还探讨了年内举行的艾利贝斯集团产品中国用户联合会会议的情况。艾利贝斯有限公司是一家为大中型图书馆和信息中心提供完整数字图书馆解决方案的国际软件供应商。

（谢万幸）

【新加坡图书馆代表团访问国图】　4月8日，新加坡国家图书馆管理局代表团到中国国家图书馆访问。代表团由新加坡国家图书馆管理局图书选编处、图书物流服务处、产业与设施管理处、图书专业与国际关系处等6人组成。詹福瑞馆长会见了新方客人。

（谢万幸）

【俄图书馆业界代表团访问国图】　4月21日，俄罗斯图书馆业界代表团到中国国家图书馆访问。此次代表团来自俄罗斯多家单位，除俄罗斯国立图书馆代表外，还有莫斯科区域图书馆、莫斯科艺术图书馆、莫斯科社会大学、俄罗斯楚瓦什大学等单位的代表共9人。国图的很多服务和现代化的电子设备都是他们首次见到，通过交流和参观，他们对国图数字图书馆和数字资源建设有了直观的了解。

（谢万幸）

【中美图书馆启动专业项目交流】　5月18日，“2009～2010中美图书馆员专业交流项目”中国启动仪式暨图书馆专业研讨会在中国国家图书馆举行。该项目由中国文化部和美国总统人文艺术委员会与美国图书馆及博物馆服务机构（IMLS）主办，我国文化部专项资金和IMLS“放眼全球，行诸全球”项目联合资助，是中美两国图书馆界的首个政府级合作项目。项目分为图书馆馆长专题交流、图书馆职业教育专题交流、图书馆技术专题交流、图书馆专业普及交流和中文信息共享平台试点等5个子项目，旨在借鉴美国图书馆事业发展的成功经验，提升我国图书馆管理和服务理念，创新图书馆服务模式、手段和方法，最终提高图书馆的服务质量和水平。

（郑明光　张小野）

【国图向叙利亚国家图书馆赠书】　6月24日，中国驻叙利亚大使李华新代表中国国家图书馆向叙利亚阿萨德国家图书馆赠送了一批中外文图书，李大使与阿萨德图书馆馆长阿里·阿依迪在交接证书上签字。叙文化部副部长阿里·卡伊姆、使馆文化参赞聂国安等出席了交接仪式。阿依迪馆长表示将尽快把这批图书向叙读者开放，并愿向中方回赠有关书籍，以加强两国人民的交流。此次国图共向叙阿萨德图书馆赠送了中、阿、英、法文图书600余册，内容涵盖政治、经济、文化、社会等领域。

（郑明光　张小野）

【首图什邡图书馆交流援建业务】　8月26日～9月11日，什邡市图书馆馆长廖恩发、办公室主任刘锋一行与首都图书馆进行了专业对口交流，这是市公共图书馆开展文化援建服务的延伸工作。廖恩发在首图报告厅为市公共图书馆同仁做了专题报告，介绍了什邡市图书馆“5·12”受灾情况和灾后重建情况，并对市公共图书馆界的热心援建表示感谢。

（郑明光　张小野）

【国家科学图书馆签约施普林格】　9月3日，中国科学院国家科学图书馆与施普林格科学与商业媒体集团正式签订数字资源长期保存协议，这是国家科学图书馆与国外出版机构签署的第一个数字资源长期保存协议，也是施普林格与除德国、荷兰以外的国家级图书文献机构签署的第一个对施普林格现刊数据库进行长期保存的正式协议。协议约定，双方同意由施普林格按照约定方式定期向国家科学图书馆提供其现刊数据库的长期保存数据，并将长期保存数据转载到国家科学图书馆的长期保存系统之中，由国家科学图书馆按照双方共同确认的可信赖的流程和系统进行数字资源长期保存。双方还约定，施普林格将协助国家科学图书馆建立对检索获取服务的合适管理机制。施普林格（Springer）是总部位于德国的世界性出版公司，是科学、技术与医学领域中最大的书籍出版者，以及第二大世界性杂志出版者（最大的是爱思唯尔）。2005

年8月，施普林格在北京成立代表处。

（吕秋培）

【香港图书馆界同仁参访首图】 9月11日，香港康乐及文化事务署助理署长（图书馆及发展）李玉文先生和香港公共图书馆总馆长刘淑芬女士到首都图书馆参访，馆长倪晓建、书记肖维平等领导接待了来访客人，双方就图书馆事业发展进行了友好交流。在首图领导的陪同下，来宾参观了“北京记忆”数据库和首图的馆藏珍品。

（郑明光　张小野）

【国图哈佛签署善本数字化协议】 10月9日，中国国家图书馆与美国哈佛大学图书馆在哈佛大学维德纳图书馆签署了善本数字化协议。此项目为期6年，涉及4210种51889卷中文善本古籍，是国图规模最大、历时最长的一个文献数字化国际合作项目，也是全球图书馆界最大规模的一个双边合作数字化项目。根据协议，国图将负责提供资金和技术支持并承担数据质量控制工作，哈佛大学图书馆负责提供技术设备并承担中文善本古籍的数字化、元数据制作和数据传递工作。项目完成后，双方将各自保留一份完整的数字化图像文档，用于各自网站免费发布和其他学术研究及文献保存。

（谢万幸）

【法图书馆同仁参观朝阳图书馆】 10月23日，新任法国文化中心多媒体图书馆馆长 Farc Fontana 到朝阳区图书馆开展业务交流活动。朝图与法文化中心多媒体图书馆于2007年建立友好合作关系，每季度该馆为朝图在麦子店的外文图书馆提供200册法文版书刊。

（郑明光　张小野）

基础建设

·设施建设·

【首图二期工程开建】 新年伊始，首都图书馆二期工程正式开工建设，总投资达4.6亿元。二期建设完工后，首图建筑面积将达10万平方米。二期建筑的设计渗透了生态环保、以人为本的理念。

（郑明光　张小野）

【农学院举行新图书馆开工典礼】 7月6日，北京农学院新图书馆工程奠基仪式在图书馆建设场地举行。仪式由副校长姚允聪主持，校党委书记王慧敏、校长王有年及参建的设计、监理、施工等单位领导出席奠基仪式。

（北京农学院）

【市委党校旧图书馆舍改造翻新】 7月，北京市委党校图书馆旧馆舍改造翻新工程竣工，进入调试期，图书馆将于2010年3月完成整体回迁工作，新装修的馆舍功能局部调整，一层为馆长办公区、图书采编和数字信息服务区，二层为文献流通借阅服务区，三层为专业阅览服务区，四层为古籍和过报刊等馆藏区。

（王　靖）

·业务建设·

【中央党校开通资源共享工程】 1月14日，全国文化信息资源共享工程（中央党校版）开通仪式在中央党校图书馆举行。文化部党组成员、副部长周和平，中央党校副校长孙庆聚出席开通仪式并发表讲话，出席开通仪式的还有文化部全国文化信息资源建设管理中心主任张彦博、文化部社会文化司副司长刘小琴，中央党校图书馆馆长肖勤福。“全国文化信息资源共享工程（中央党校版）”的开通，对于加强中央党校图书馆与文化部全国文化信息资源建设管理中心的交流和合作、深化合作内容和方式、实现资源共建共享，开辟了一条有效途径。

（霍　飞）

【市文化信息资源共享工程培训】 1月14日～15日，北京市文化信息资源共享工程管理员培训交流会在海淀区召开，来自各区县支中心共享工程技术人员及业务协调人员近40人参加此次培训交流。培训内容包括集中讲座、实际操作、座谈交流等。通过培训，全面提升了市各个支中心的服务辐射能力，为共享工程在北京市的深入开展提供了强有力的技术支撑。

（郑明光　张小野）

【全球中华寻根网签约仪式】 3月8日，全球中华寻根网项目签约仪式在北京王府井希尔顿酒店举行。该项目由国家图书馆和澳门基金会合作，是国图首次与澳门进行文化教育方面的合作，也是庆祝澳门回归10周年在北京举行的活动之一。签约仪式由澳门基金会行政委员吴志良主持。国图馆长詹福瑞、澳门基金会行政委员会主席吴荣恪出席仪式，并代表双方在协议上签字。“全球中华寻根网”工程将分阶段开展。第一期的建设目标是建立家谱数字化综合服务系统，提供500个以上的姓氏、2万条以上的家谱书目导航数据、1000部以上的家谱文献。

（谢万幸）

【市公共图书馆开展岗位培训】 3月31日~4月14日，首都图书馆与市图书馆协会组织开展了图书管理员岗位培训。此次培训分别从“图书馆学基础”“中心图书馆”“地方文献工作”“图书分类、编目” “智慧2000数据库”“信息咨询”及“图书馆服务工作”等方面进行专题授课，主要面向本市各区县图书馆近年来刚走上工作岗位的大学毕业生。

（郑明光 张小野）

【中国科学引文数据库启动】 4月9日，中国科学引文数据库（简称CSCD）基于ISI Web of knowledge平台的启动仪式在“2009科学传播与自主创新论坛”上举行，正式为国内外用户提供服务。CSCD由国家科学图书馆自主研发，是国内首个引文数据库，在国内科技文献检索及文献计量评价等方面发挥了重要作用。

（吕秋培）

【BALIS联手中国科学院】 6月10日，BALIS与中国科学院双方合作会谈在中科院召开。经过会谈，达成联合目录向BALIS成员馆提供查询服务，包括各文种印本图书、期刊以及电子资源的查询；提供转接原文传递服务，并为其提供必要的服务平台；提供本地成员馆的馆藏目录、包括电子期刊在内的BALIS成员馆资源整合到联合目录中等协议。

（梁守素）

【联合目录集成服务系统】 7月10日，国家科学图书馆正式推出联合目录集成服务系统。对联合目录系统进行了功能扩展，新系统被正式命名为“联合目录集成服务系统”，将实现电子资源集成与资源揭示一体化，并增加了联合目录虚拟服务功能。

（吕秋培）

【北京石油化工学院科技书库启用RFID】 7月11日~9月2日暑假期间，北京石油化工学院图书馆流通部科技书库完成了RFID（射频识别，俗称电子标签）改造。书库中13万多册图书中全部添加了先进的RFID电子标签，完成数据转换工作，书库RFID智能化管理系统启动。化工学院图书馆是全国第一家使用超高频RFID技术的图书馆。

（姚咏红）

【盲人数字图书馆举办网络培训】 7月24日，中国盲人数字图书馆网络测试培训在西城区图书馆举行。此次培训由中国残疾人联合会信息中心主办，西城区图书馆承办。中国盲人数字图书馆网站由国家图书馆、中国盲文出版社、浙江大学共同参与研发，盲人读者借助读音软件，可以很快学会操作，轻松完成网上图书的查询和数字资源下载。

（郑明光 张小野）

【北京社科院图书馆下基层观摩学习】 7月，北京社科院图书馆党支部下基层、进农村、入农户，到北京市昌平香堂文化新村进行了观摩、学习和游览活动，了解现代化新型农民生活的真实写照。此次学习活动，把书本的理论搬到社会实践这个大课堂，图书馆全体成员在思想上受到了启迪，表示要把创新精神贯穿到今后工作中去，继续保持良好的服务质量。

（孙 慧）

【市“文化共享杯”知识竞赛】 9月1日，2009年北京市“文化共享杯”知识竞赛复赛和决赛在首都图书馆举行，来自各区县支中心的近60名参赛选手参加了此次比赛。房山区代表队获一等奖。

（郑明光 张小野）

【进口期刊供应商招标会】 9月18日，国外进口期刊供应商招标发布会在北京邮电大学图书馆举办，北京市具有国外进口期刊资质的多家期刊供应商参加了会议。会上图书馆馆长严潮斌就招标的意义、目的及要求做了讲解。图书馆希望通过招标，能够节省经费、提高文献采集质量、为教学科研提供全面及时的服务。

（张 耀）

【北邮图书馆购买SCI数据库】 9月，北京邮电大学图书馆正式购买了SCI（Science Citation Index，科学引文索引）数据库。读者可登录图书馆主页（http://www.lib.bupt.edu.cn）—电子资源—外文数据库—SCI数据库进入该数据库进行检索。

（张 耀）

【市公共图书馆开展评估定级】 9月，北京市公共图书馆评估定级工作正式启动。4日，专家评估组首先对东城区图书馆进行了评估考核。公共图书馆评估定级工作领导小组和专家评估组成立于8月，9月~11月期间，对本市18家区县馆、少儿馆开展评估定级考核。至年底，全市18家区县馆全部被评为一级馆。

（郑明光 张小野）

【首医大举办信息资源利用培训】 11月4日~5日，2009年首都医科大学信息资源利用师资培训班在首医大图书馆举办，各附属医院图书馆负责人和校本部图书馆部分人员参加了培训。此次培训主要邀请了中国科学院国家科学图书馆周玲玲博士讲解了数字资源长期保存的法律解析及馆藏的复选与评价等。

（牛莉丽）

【国图升级图书馆集成管理系统】

11月11日～17日，国家图书馆进行了图书馆集成管理系统的升级。此次系统升级采取硬件设备和应用系统同步升级方式进行。升级后，服务器性能和管理系统功能均得到较大提高，系统升级为国家数字图书馆建设项目打下了良好基础，一批旨在深度揭示馆藏、为读者提供更为便捷和有效服务的项目陆续推出，国家图书馆联合编目等面向业界提供支持和服务的业务也得到了进一步强化。

（谢万幸）

【中国建筑图书馆启动网上建设】

11月18日，中国建筑图书馆网上资源合作共建与共享工作启动，此项目由中国建筑文化中心与北京建筑工程学院合作共建。通过网页互联，在北京建工学院图书馆的主页上增加中国建筑图书馆维普科技期刊本地镜像站点，读者还可通过访问图书馆主页检索中国建筑图书馆的馆藏资源。

（郭燕平）

【国防大学创建信息共享服务区】

12月，国防大学图书馆IC（Information Commons，信息共享）服务区建成并投入使用。服务区由实体层（包括场所、设备设施、软件平台、纸本文献等）、虚拟层（包括各种数字资源）和支持层（包括馆员、学科专家等）等几部分组成，是现代图书馆一种新型服务模式和发展趋势。布局主要由公共文献、学科信息、学科专题研究、学术活动、总咨询台等5个主要服务区和视频信息、文印服务等辅助区域构成。

（祁长松）

【军事后勤学科中心数字图书馆】

12月，军事后勤学科中心数字图书馆项目已经完成一期工程。该项目由后勤指挥学院图书馆牵头，组织全军后勤非医学院校联合承建。至2009年12月，已建各类数据库25个，其中自建“特色图书资源全文数据库”“军事后勤期刊全文数据库”“研究生论文数据库”及7个重点学科资源等原生数据库，引进了“中国军事图书总库”和“中国军事期刊总库”数据库，总量达到10TB。

（祁长松）

【西城少图承办教师继续教育】

年内，西城区青少年儿童图书馆辅导部承办了有全体西城区中小学图书馆老师参加的继续教育学习，开展了为期8个月共计88学时的培训学习，共有包括15所小学和22所中学的66位老师参加了培训。作为全区中小学图书馆（室）业务辅导和研究中心，该馆辅导部积极开展调查研究、业务辅导，对全区中小学图书馆事业建设和业务工作起到了指导和推动作用。

（庞振华）

【空军总院数字化图书馆建设】

年内，空军总医院信息科加大了图书馆数字化的建设力度。新引进外文医学电子图书达900多种，外文电子全文期刊200多种。信息科还对已有的数据库资源进行了整合和升级，整合后的10个权威生物医学期刊数据库，可供查阅的中外文电子全文（文摘型）期刊达到数千种，为全院近400个医生护士工作站提供了24小时不间断信息查询服务，形成了多类型和多样化的信息资源提供模式。

（张　凌）

·队伍建设·

【朝阳医院图书馆趣味运动会】

4月29日，首都医科大学附属朝阳医院图书馆举办了趣味运动会，旨在丰富职工业余文化生活，营造健康向上的图书馆氛围。比赛内容包括个人项目“乒乓球循环赛”和集体项目“托球接力”，职工在比赛中积极进取，充分发扬团队精神。

（李　荣）

【北大图书馆机构重组】　5月6日，北京大学图书馆召开部门干部聘任工作的全馆大会，宣布新一届上任的22位部门干部名单并颁发聘书。北大图书馆的机构进行了重组：原采访部与编目部合并，成立“资源建设部”；原信息咨询部与期刊阅览部合并，成立新的“信息咨询部”；原分馆办公室增加文献典藏职能，更名为“文献典藏与分馆办公室”。

（别立谦）

【北邮图书馆举办知识竞赛】　9月23日，北京邮电大学图书馆举办了一场知识竞赛。竞赛包含两个方面：一是学习防治甲流的知识，二是回顾六十年来新中国各方面取得的辉煌成就。

（张　耀）

【高校图书馆举办乒乓球比赛】

11月28日，北京地区高校图书馆2009年乒乓球比赛在北京科技大学体育馆举行，北京高校26个图书馆的108名运动员参加了比赛。本次赛事设团体比赛、男女馆长单打和男女单打5个比赛项目。清华大学、北京石油化工学院、北京大学、北京语言大学、中国农业大学和解放军医学图书馆获得团体比赛前六名，杨宝良、黄芳、黄肇隽、刘瑞分别夺取了男馆长单打、女馆长单打、男子单打和女子单打的冠军。

（梁守素）

【刘大椿新任人大图书馆馆长】　12月1日，中国人民大学图书馆举行领导任免大会，任命教授刘大椿为图书馆馆长，任命教授肖群忠为图书馆副馆长，校长纪宝成、副校长林岗出席会议并讲话。

（孙　权）

【“人大文库工作小组”成立】　12月17日，中国人民大学“人大文库工作小组”成立。该小组争取在图书馆新馆建成前把“人大文库”由现在的入藏9000册书增加到4万～5万册，加上博士、硕士论文入藏4万余册，达到总入藏8万～9万册的水平，并将在图书馆新馆设立专门空间予以展示。

（孙　权）

【彭俊玲任印刷学院图书馆馆长】　12月31日，北京印刷学院召开图书馆馆长任命大会。会议宣布自2010年起，彭俊玲正式担任馆长一职。于春荣负责党支部工作。

（付小春）

【周和平出任国家图书馆馆长】　12月，文化部党组成员、副部长周和平出任国家图书馆馆长（副部长级）。国家图书馆原馆长、党委书记詹福瑞12月起改任国家图书馆党委书记、常务副馆长（正局级）。

（郑明光　张小野）

纪　念

【任继愈逝世】　7月11日，国家图书馆原馆长、我国著名学者任继愈逝世，享年93岁。任继愈1916年4月15日生于山东省平原县。曾任北京大学教授，中国社科院研究生院博士生导师，中国哲学史学会会长，国家社科基金宗教组召集人，中国无神论学会理事长。任继愈是著名哲学家、宗教学家、历史学家，国家图书馆名誉馆长，国学大师。他曾先后在北京大学讲授中国哲学史、宋明理学、中国哲学问题、朱子哲学、华严宗研究、佛教著作，致力于用唯物史观研究中国佛教史和中国哲学史。任继愈主要著作有《汉唐佛教思想论集》《中国哲学史论》《任继愈学术论著自选集》《任继愈自选集》《墨子与墨家》《韩非》《老子新译》《天人之际》《念旧企新》《任继愈哲学文化随笔》《竹影集》等；与人合著《中国近代思想史讲授提纲》等；主编有《中华大藏经》（汉文部分）、《中华大典哲学典》、《中华大典宗教典》、《中国哲学史》（大学教科书）、《中国佛教史》、《中国道教史》、《道藏提要》、《宗教大辞典》、《佛教大辞典》、《国家图书馆藏敦煌遗书》等。任继愈1987年5月～2005年1月任国家图书馆馆长，2005年1月～2009年7月任国家图书馆名誉馆长。自任继愈任国家图书馆馆长以来，积极推进我国图书馆的建设和发展，为我国的图书馆事业做出了重大贡献。

（谢万幸）

【纪念国图建馆100周年】　9月9日，国家图书馆建馆100周年庆祝大会在北京举行。中共中央政治局常委李长春出席并讲话。当天，国家邮政局还第一次为图书馆界发行邮票——《国家图书馆》邮票。著名海外学者钱存训向国图捐赠了《中国古代书籍史》等珍贵手稿资料。中国图书馆事业创始人陈庆年之孙陈登丰、祝珺夫妇捐赠陈庆年《近世战史略》等手稿21种21册。

（谢万幸）

专题介绍

【中共北京市委党校图书馆】　中共北京市委党校图书馆的独立馆舍建成于1993年，2009年7月完成了翻新改造，图书馆的占用面积为6000平方米。新装修的馆舍功能局部调整，分布格局趋于集中，一层为馆长办公区、图书采编和数字信息服务区，二层为文献流通借阅服务区，三层为专业阅览服务区，四层为古籍和过报刊等馆藏区；另外，在一层还配有一个报告厅和两个会议室。图书馆的馆藏以社会科学理论文献为主体，有纸质资源约50万册，包括一定数量的中文古籍线装书；年订购现刊1000余种，报纸100余种，以及10余种数据库。市委党校图书馆还兼设北京市情研究中心，每年编印市情数据手册，并在此基础上不断扩展和充实北京市情动态信息数据库。

（王　靖）

【中央民族大学图书馆】　1951年6月11日中央民族学院成立，学校图书馆随之建成，馆舍设在东城区国子监街54号。1952年，图书馆随学校本部迁至今中关村南大街27号。1962年建成独立馆舍（今校内民族博物馆）。1993年11月30日，随学院更名，图书馆同时更名为中央民族大学图书馆，由著名社会学家费孝通先生题写馆名。2003年10月，国家拨专款兴建的中央民族大学图书馆新馆投入使用，总面积24500平方米，拥有典藏与借阅合一阅览室14个，阅览座位2100个，学者研究室、研究厢共16个，另有自习室、自习厅13个。馆内有网络、自动化图书管理、门禁、自动消防报警、电视监控、中央空调、恒温恒湿系统等现代化设施，各层均设有网络接口和无线上网发射器。图书馆集纸质图书、电子文献和网络信息为一体，馆藏文献丰富、特色鲜明，至2009年底有纸质图书160余万册，以民族学科文献收藏最具优势，典藏线装图书数量与价值居全国高校图书馆前列，少数民族文字图书的种类居全国高校图书馆之首。1992年12月，经国家教育委员会批准，建立“国家教育委员会民族学科文献信息中心”。是国务院公布的第一批“全国古籍重点保护单位”之一。2009年，图书馆有古籍图书22万余册（件），包括宋、元、明、清各种善本1400余种，其中有的稿本、珍本、孤本价值连城。馆藏线装地方志书3000余种，占全国该类地方志藏书总量的三分之一强，其中大部分为边疆少数民族地区的方志，弥足珍贵。

（侯式亨）

【北京丰台二中图书馆】　北京丰台二中图书馆始建于1962年，1988年建成现在的新馆。新馆馆舍面积1200平方米，坐落于北京丰台二中校园东边，环境优美。

中央民族大学图书馆

2009年，馆藏图书7.8万余册、期刊近400种、报纸30余种、光盘400余种。馆内设置“采编”“图书外借处”“教师资料室”“学生阅览室及学生电子阅览室”和“教材资料库”5个部门，可提供外借、阅览、参考咨询、文献检索以及馆际互借等多类型、多层次的服务。全天候、全开架电子借阅，并送书到室、到人。图书馆有工作人员6人，其中高级1名、中级2名、初级2名，整体文化素质和专业水平较高。在图书采访、编目、流通和读者检索以及资料索引等方面，图书馆已实现了计算机管理。丰台二中图书馆积极参加市、区级大型的图书馆活动并多次获奖。此外，在每年的“世界读书日”和“孔子诞辰日”，图书馆还会举办为期一周的“与书结缘，找到一本知己，共享快乐，绽放一颗真心”大型主题读书活动、图书跳蚤市场、演讲比赛及各类名师讲座，营造书香校园氛围。

（张　扬）

【育英学校图书馆】　育英学校新建图书馆开放于2001年2月。建筑面积近3000平方米，外观像一条航船，寓意走进图书馆就像在知识的海洋里遨游。图书馆共三层，开放7个服务窗口，分别为中学生外借室、小学生借阅室、中学生阅览室（报告厅）、电子阅览室、光盘阅览室、电子信息搜索室、教师阅览室，共有阅览座位560个。截至2009年，藏书17万余册，有各类杂志328种，报纸25种。图书馆实行组合采访图书模式，以图书馆图书采访为主，组织教研组进行专题图书采访，并在师生中开展图书荐购活动，保证馆藏质量，提高文献利用率。图书馆开设师生推荐图书专架，定期进行新书推荐，布展《悦读之窗》专栏，编印《本周读报》馆刊，开展图书宣传工作。从2005年开始，每年年底都会评出使用图书馆的教育教学文献量排名前十位的教师和充分利用图书馆共同提升教学水平的学习型教研组。

（张克静）

【宣武区图书馆】　宣武区图书馆是宣武区文化委员会领导下的公益性事业单位。全馆总占地面积1700平方米，建筑面积3500平方米，馆藏文献总量356697册。2009年，图书馆有阅览座位350个。设6部1室，即：流通部、资料阅览部、少儿部、采编部、宣传辅导部、行政后勤部，电子阅览室。2009年，被评定为国家“一级图书馆”。宣武区图书馆协会是经宣武区民政局社团管理机构核准登记注册的社会团体，由宣武区图书馆发起，以落实《北京市图书馆条例》、推进本区图书馆事业发展为宗旨，有来自学校、街道、医院、企业、机关的单位会员79个。作为中心馆，宣武区图书馆在全区共建立9个分馆，其中包括8个街道分馆和1个文化馆分馆。根据区域特点，分馆突出了各自的藏书特色。2009 年，宣武区图书馆举办活动 165 次，39154 人次参加，读者流通 24 万人次，外借书刊 31 万册次，组织讲座、报告会 74 场，1.4 万余人次参加；推进政府信息公开，建立查询网络平台；开展北京民俗文化课题研究，充分挖掘社会资源，搜集与民俗有关的文献、照片等资料。以“宣南文化”“法源寺丁香诗会”等为主题的座谈、京味民俗文化等活动，已经成为宣武区的品牌文化活动。

（林凤兰）

【石景山区少年儿童图书馆】　石景山区少年儿童图书馆于 1984 年 6 月 1 日正式开馆。当时馆舍面积 1020 平方米，开放窗口 3 个。1996 年，在各级领导的支持帮助下，借第 62 届国际图联大会在北京召开、少儿馆被指定为专业参观单位的机遇进行了扩建。扩建后，馆舍面积增加到 3236 平方米，对外服务窗口增加到 16 个。2009 年，少儿图书馆共有阅览座位近 500 个，可同时接待 600 多人。2009 年，少儿馆对整体借阅环境、检索方式、视听内容、上网速度、现代化管理等方面进行了改造，受到了读者欢迎。石景山区少儿图书馆不仅是全区 3 万多名中小学生校外教育的第二课堂，还是区 100 多名残疾孩子心里神圣的殿堂。少儿馆一直把辅助区内弱势群体作为一项重点工作来抓，每年除了开展助残活动、为残疾读者送书上门外，还在区务工子弟学校内建立爱心图书室，送书、送活动上门。少儿馆有员工 20 名，其中有 17 名女同志。多年来，少儿图书馆曾先后被评为全国文明图书馆、全国文化工作先进集体、全国扶残助残先进集体、全国三八红旗集体、北京市儿童工作先进集体、北京市文明图书馆、首都文明单位。

（郑秋莲）

【空军指挥学院图书馆】　空军指挥学院图书馆于 1986 年建馆，前身是 1958 年成立的空军学院训练部资料室。馆舍于 1990 年 6 月建成，建筑面积 5047 平方米，外形呈“T”字形，主体工程宏伟壮观，建筑层高 4.5 米，阅览室宽敞、明亮，为读者提供了较好的阅览环境。2009 年，有馆藏图书 43 万册，中外文期刊 2 万余册，数字资源 18TB，军事资源中以空军类为主。工作人员 24 名，设图书组、期刊组、信息情报组、馆务组。书库、阅览室为全开架服务。同时为读者提供的服务有：公共检索（主要完成馆藏信息检索、新书通报浏览、本馆开发的数据库的检索）；Internet 网上浏览和军事训练信息网浏览服务；北京文献服务中心联机检索；光盘网络信息服务；多媒体电子出版物阅览；多媒体网上教学；文献资源数字化加工服务。在数字资源建设方面，从 1996 年开始先后开发了馆藏书目数据库、空军作战指挥、空军军事学术、外国空军、研究生论文等数据库。承担了全军联合书目数据共享服务中心和中国军事图书总库、中国军事期刊论文总库的建设任务，主持建设的空军院校联合数字图书馆取得阶段性成果。编写的《军事科学文献检索》一书，获全军一等奖。空军作战指挥和空军军事学术信息数据库分别获 1999 年学院教学改革成果一、二等奖。

（祁长松）

2009 年北京市公共图书馆统计资料

表 1

项目	总计	中央属	市属	区县属
图书馆数（个）	25	1	1	23
从业人员（人）	2682	1390	376	916
总藏书量（万册〈件〉）	4368	2779	553	1036
图书数量（万册）	2492	1091	473	928
建筑面积（万平方米）	41.9	25.4	3.7	12.8
阅览坐席（个）	19488	6550	1739	11199
总流通人次（万人次）	1344	521	319	504
书刊文献外借人次（万人次）	471	83	97	291
书刊文献外借册次（万册次）	1111	221	257	633

（北京市统计局）

2009年北京市区（县）街道、社区图书馆（室）基本情况统计

表2

项目/馆名	街道图书馆（室）											社区图书馆（室）										
	图书馆（室）（个）	藏书（册）	订报刊（种）	购书费（千元）	工作人员		馆舍面积（m^2）	阅览室座位（个）	累计外借证数（个）	图书流通		图书馆（室）（个）	藏书（册）	订报刊（种）	购书费（千元）	工作人员		馆舍面积（m^2）	阅览室座位（个）	累计外借证数（个）	图书流通	
					专职（人）	兼职（人）				人次	册次					专职（人）	兼职（人）				人次	册次
东城	10	159251	329	266	15	2	1170	223	7427	49983	91746	106	317116	917	—	—	106	3710	265	—	10600	15900
西城	14	—	509	88	22	3	1444	400	18050	66966	217280	31	10850	297	—	—	31	677	310	—	237	711
崇文	7	39805	116	210	7	—	750	186	527	7715	18489	2	8393	23	—	—	2	150	50	116	494	886
宣武	9	119884	257	22	13	2	1015	342	3679	30119	62899	81	53370	30	—	15	66	3062	—	3984	9284	9455
石景山	9	9432	156	—	4	5	915	335	35	8109	6131	111	291861	98	—	—	111	9701	3203	—	214	272
朝阳	22	302630	420	112	32	9	2910	702	5255	87991	41700	103	158971	1854	—	50	53	3190	—	—	26276	16631
海淀	22	193862	453	260	17	6	3885	932	2653	92727	136111	317	489436	156	95	1	317	16564	380	2064	199382	136799
丰台	16	71901	1663	226	16	22	1600	397	15387	54162	73520	196	345565	2212	337	192	184	15172	5650	88409	175977	163444
顺义	6	6000	60	—	—	6	180	60	240	2000	5000	15	7500	150	—	—	15	450	150	500	8000	16000
昌平	2	16218	—	—	2	—	35	—	2	1953	3574	144	163453	—	—	—	144	3268	—	942	31576	64514
门头沟	4	24000	10	—	—	2	240	70	25	5053	7583	15	8000	20	—	—	15	800	600	62	15595	24940
通州	4	60000	64	15	—	5	370	143	3929	8777	11338	49	44583	44	8	—	49	1910	512	8431	27031	24625
房山	3	3658	—	—	—	3	105	98	868	5559	10095	5	5385	—	—	—	5	210	49	759	11013	16747
（燕山）	5	15185	44	60	—	5	385	205	—	8485	10243	31	14307	26	50	—	31	718	719	—	6601	16036
大兴	3	15000	—	—	—	3	450	200	72	2173	1552	25	25000	—	—	—	25	625	250	—	4191	4310
怀柔	2	7000	—	—	—	2	150	60	—	1618	1980	13	16000	—	—	—	13	290	250	—	5252	5899
平谷	2	30000	80	—	—	2	350	60	219	7273	12416	12	60000	120	—	—	2	600	120	1761	3225	5751
密云	2	40000	70	20	8	2	270	168	2073	130000	102161	36	52264	154	30	—	36	806	400	3161	27300	27414
合计	142	1113826	4231	1279	136	79	16224	4581	60441	570663	813818	1292	2072054	6101	520	258	1205	61903	12908	110189	562248	550334

注：西城区街道图书馆（室）藏书都由区图书馆配送。

（汪淑梅）

2009 年北京市区县乡镇、村图书馆（室）基本情况统计

表 3

项目 / 馆名	乡镇图书馆（室）											村图书馆（室）										
	图书馆（室）（个）	藏书（册）	订报刊（种）	购书费（千元）	工作人员		馆舍面积（m^2）	阅览室座位（个）	累计外借证数（个）	图书流通		图书馆（室）（个）	藏书（册）	订报刊（种）	购书费（千元）	工作人员		馆舍面积（m^2）	阅览室座位（个）	累计外借证数（个）	图书流通	
					专职（人）	兼职（人）				人次	册次					专职（人）	兼职（人）				人次	册次
朝阳	20	264501	410	90	10	11	4133	629	5136	20544	20755	51	122131	867	—	24	27	2487	—	—	15468	12345
海淀	7	121448	98	120	6	1	1832	160	82	4541	4733	84	199203	128	252	4	71	3798	488	1566	42648	48993
丰台	5	20662	61	115	1	4	600	180	613	2780	21179	66	169159	847	452	60	72	5148	1981	25590	49726	1062181
顺义	19	19000	190	—	—	19	330	190	800	5000	12000	405	202500	2025	—	—	405	12150	3240	10000	35000	50000
昌平	15	182577	—	—	4	12	1580	354	683	20204	32249	265	390334	—	—	—	265	—	—	3760	60435	103467
门头沟	9	53400	15	—	—	3	360	140	15	4452	8067	69	75000	30	—	—	69	8600	7800	212	27447	32413
通州	11	71563	256	8	—	15	1495	590	4359	15264	26242	427	656800	218	100	—	427	28865	8540	16674	49545	49020
房山	20	29400	126	—	—	20	1135	625	5935	34735	46820	149	50690	350	—	—	149	8843	725	4242	48546	63402
大兴	14	45000	—	—	—	14	7000	1200	441	6089	6307	312	170181	—	—	—	312	9360	3432	—	29273	30337
怀柔	14	22000	—	—	—	14	660	280	—	4783	5201	167	210000	—	—	—	167	3180	2160	—	87538	97169
平谷	16	90000	80	—	—	16	2400	480	2961	14416	29400	243	486000	2430	—	—	243	12650	2530	25916	61165	91248
延庆	15	16603	—	—	—	15	478	124	—	9135	18193	14	4200	—	—	—	14	560	245	—	5461	7865
密云	18	60000	130	85	—	36	2104	1000	1397	36400	94592	320	36278	621	10	—	320	7745	2000	2250	40000	77191
合计	183	996154	1366	418	21	180	24107	5952	22422	178343	325738	2572	2772476	7516	814	88	2541	103386	33141	90210	552252	1725631

（汪淑梅）

群众文化

2009年，正值国庆60周年，北京群众文化工作以国庆为重点，各类异彩纷呈的活动中无不体现这一主题。

庙会作为北京春节期间传统活动，2009年有大小34家庙会及灯会向公众开放。除了地坛庙会、龙潭庙会、厂甸庙会等大型品牌庙会外，社区庙会增多，商业庙会突起，呈现出了主题突出、公益性突出、企业参与举办等特点。

清明节、端午节和中秋节期间，举办的各类民俗文化活动较2008年更系统、更丰富。清明节期间，北京市各区县推出了102项民俗文化活动。不仅有清明节文化习俗等主题讲座，还有古诗吟唱、放风筝等多种形式的活动。2009年，北京举办了首届端午文化节，开展了33项群众性文体活动，包括赛龙舟、包粽子等传统习俗比赛。中秋节期间，除了有卢沟晓月中秋文化节外，还有供兔儿爷等北京传统民俗活动。

2009年，北京紧紧围绕国庆60周年这一主题，组织了大量的庆祝活动。通过“爱祖国、爱北京、爱家乡”“为伟大祖国骄傲”北京市庆祝新中国成立60周年等系列文化活动，展示了新中国成立60年来特别是改革开放30年来，北京群众文化工作取得的突出成就。

10月，在国庆的群众游行、联欢晚会、游园活动中，全市各区县、各阶层、各部门、各行各业，全力以赴以最美好的多姿多彩的文化载体，表达了对祖国由衷的热爱和祝福。广大群众文化工作者抓住这一大好时机，经过精心的策划、设计、发动、组织、辅导等一系列的艰苦努力，排演出了一场场精彩卓绝的历史画卷。这也是对群众文化活动的大检阅，更是群众文化工作者向新中国生日的献礼。

2009年，经市编办审定批准正式设立了北京市文化志愿者服务中心，推动各区县组建区县文化志愿者服务分中心。建立了具有首都特色的文化志愿服务机制和工作制度；举办了文化志愿者工作培训班；开始建设文化志愿者信息数据库和网站，搭建文化志愿者信息交流平台。围绕迎接国庆60周年的各项重大活动和区县文化广场、图书馆、文化馆、文化站日常阵地活动的举办，开展了多项志愿服务。

此外，各种类型的培训、展览和比赛活动，丰富了首都市民的文化生活。

（王　媛）

机　　构

【中华皮影文化艺术城迁址】

3月1日，中华皮影文化艺术城迁至圆明园南门。中华皮影文化艺术城及其附属的“皮影博物馆”室内外占地约2000平方米，可容纳150人观看表演。迁址后推出了与圆明园相关的皮影新戏《火烧圆明园》和《圆明园传奇》，展现了慈禧太后时期圆明园盛演皮影戏的情景。

（王　媛）

【华声天桥市场在高碑店重张】

4月26日，占地7.3公顷的华声天桥市场在京东高碑店村重新开张。整个市场分为跤场、观赏鱼区、工艺品区、茶馆等10余个园区，共有房间1480间、商户3000多人。使杂耍、跤场、戏园、茶馆以及花鸟虫鱼这些天桥民俗得以重现，其中的跤场可容纳1000多人观看杂技、大车轮、中幡、摔跤等各种老天桥绝活。华声天桥市场1999年在潘家园华威南路正式对外营业，2005年曾搬到十里河地区。

（王　媛）

会 议

【北京市文化志愿者召开评剧服务项目座谈会】 3月19日，在北京文化艺术活动中心召开了北京市文化志愿服务平谷区评剧服务项目工作座谈会。市文化局副巡视员阮兰玉、中国评剧院有关领导、平谷区文化馆馆长及具体负责开展文化志愿者工作的人员出席会议。会上就北京文化志愿者工作具体意义与现状做了详细解释，与会人员结合自身特点及正在开展的工作做了简要叙述，并就文化志愿服务的具体实施展开讨论。

（王 媛）

【北京市公共文化工作座谈会】 11月20日，市文化局召开北京市公共文化工作座谈会。市文化局副局长王珠、市文化局公共文化处、北京文化艺术活动中心和18个区县文化委员会主管主任、文化科科长及文化馆馆长参会。会上，向区县下发了《北京市街道、乡镇文化服务中心基本情况调查表》。要求各区县健全、更新全市公共文化信息数据库，同时对2006年至2009年间各区县对街道、乡镇公共文化的投入进行分析，拿出全市乡镇、街道公共文化建设的方案。各区县文化委员会的主任在会上交流了2010年的工作思路。

（波 音）

【2009年度全市文化馆馆长会议】 12月15日~16日，北京市召开了2009年度全市文化馆馆长会议。北京市文化局副局长王珠，公共文化处、北京文化艺术活动中心和全市18个区县19个文化馆有关领导参加了会议。会上强调了文化志愿服务工作在公共文化服务体系建设中的重要性，总结了2009年北京文化艺术活动中心的工作，着重对2010年的工作思路进行了梳理。各区县文化馆馆长结合各馆的工作进行了交流。

（波 音）

活 动

·综合活动·

【首届打工文化艺术节】 1月1日~3日，由北京朝阳区金盏乡皮村村委会和北京工友之家文化发展中心主办的“首届打工文化艺术节”在皮村社区活动中心举行。来自北京、深圳、广州、香港共7个打工者艺术团体或社会组织，通过戏剧小品、民谣、电影、诗歌等众多原创艺术作品诉说打工者的故事，展现了打工路上的艰辛与快乐。艺术节共吸引了千余名打工者前来观看。

（王 媛）

【北京文化志愿者送“福”下乡】 1月18日，“北京文化志愿者在行动”百名文化志愿者送“福”下乡活动启动仪式在延庆县千家店镇举办。此次活动是北京文化志愿者中心和北京文化艺术活动中心在市文化局的支持和各区县文委、文化馆的协助下开展的第一项全市性文化志愿者公益活动，标志着志愿者文化培育工程和送文化下乡工程走出了第一步。首批文化志愿者队伍达到了150余人。除主会场千家店镇外，还设立了顺义区、大兴区、平谷区、怀柔区、密云县5个分会场。现场进行了送年画和志愿者报名活动，志愿者们分组进入各个行政村，现场挥毫泼墨，为村民书写了富有时代气息的新创作的春联，送去了节日的祝福。

（王 媛）

【庆三八迎国庆文化活动举行】 2月27日，由市妇联及市文化局主办的“我的祖国”首都各界妇女庆三八迎国庆文化活动在中国剧院举行。在“红梅礼赞”“春满人间”“盛世欢歌”三个演出篇章中，由1200余名各行各业女性组成的演员们用发自内心的歌声和舞蹈，歌颂党和祖国，歌颂改革开放30年来的伟大成就，展示出新时期首都女性的风采。

（王 媛）

【崇文区第6届金鱼池社区节】 4月18日，由崇文区文化馆参与承办的“崇文区第6届金鱼池社区节”开幕。本次社区节以“欢天喜地迎华诞，携手共建新家园”为主题。2009年恰逢老舍先生诞辰110周年，在小妞子广场上，树立着一本老舍的名著《龙须沟》的模型，舒乙将其掀至扉页。本届社区节依次呈现了“铭记”纪念老舍先生诞辰110周年，“感恩”喜迎新中国60华诞，“开拓”展望锦绣崇文、七彩天坛、魅力金鱼池等三个篇章。“小妞子”广场上挂着象征富裕的“福鱼”，居民们品尝着老北京小吃，观赏着传统杂耍。民俗表演和社区居民的歌舞表演、服装展示等贯穿其中。

（王 媛）

【北京市第7届职工艺术节】 4月25日~10月29日，由北京市总工会和北京市文化局、北京市文联共同举办了北京市第7届职工艺术节。4月25日，2009年北京“五一”电视晚会《劳动颂歌》拉开了北京市第7届职工艺术节的序幕。5月以后，第26届“五月的鲜花”职工合唱比赛和职工歌手比赛，首届北京市职工舞蹈展示赛，北京市职工美术、书法、摄影、手工艺作品展等陆续举行。10月29日，历时7个月的艺术节圆满落幕。全国总工会宣教部副部长刘迎祥，市总工会党组书记、副主席韩子荣，市文联党组副书记王德新等有关领导出席闭幕式并为获奖集体和个人颁奖。

（波　音）

【“五四”文化名人“走进”千个社区】 5月4日，由市委社会工委、首都文明办联合主办的“五四”文化名人的生平事迹，在全市近1000个社区巡回展览。展览通过56块展板、约400幅照片展示了宋庆龄、李大钊、鲁迅、郭沫若、茅盾、老舍、梅兰芳、徐悲鸿等8位“五四”文化名人的生平事迹。

（王　媛）

【第6届海淀文化节】 5月30日~6月26日，第6届海淀文化节举行。本届文化节以“创新海淀 和谐乐章”为主题，组织了五大篇章、22个小项、300多场免费活动。5月30日，文化节在中华世纪坛南广场拉开帷幕，国家级艺术团、海淀大专院校、中小学校、社区群众等各层面的文艺团体共同参与。开幕式上还推出了海淀文化节主题歌《文化之海 艺术之淀》。6月，文化节以剧场演出、广场联欢、展览、论坛、影像记录等为载体，分成“希望奏鸣曲、时代进行曲、星光圆舞曲、生活协奏曲、辉煌交响曲”五大篇章，陆续推出了“情牵祖国60周年”DV大赛，红色电影展映月、动漫节、俄罗斯歌舞之夜、张淑桂评剧独唱音乐会、国际标准舞邀请赛、国际文化论坛等多项文化活动。

（王　媛）

【延庆第2届农民合唱节】 6月12日，由延庆县文化委员会、延庆县工会主办，延庆县文化馆承办的以“没有共产党就没有新中国”为主题的延庆第2届农民合唱节在延庆会展中心广场举行。全县15个乡镇的合唱团队演唱了《没有共产党就没有新中国》《革命人永远是年青》《保卫黄河》等25支经典歌曲。

（王　媛）

【2009北京欢乐社区行】 6月19日，由北京文化发展基金会、市文联联合举办的“2009北京欢乐社区行”系列公益文化进社区活动在双井街道富力社区开幕。活动直到8月结束，覆盖城八区，包括“和谐之声”艺术团进社区、社区文艺展演、首届社区书画巡展等。其中，文艺展演采取专业艺术家与社区群众文艺团体同台互动的方式进行。

（王　媛）

【“全国乡镇少儿文化站”活动】 9月23日，面向全国推广普及的“全国乡镇少儿文化站”活动在北京启动。“全国乡镇少儿文化站”活动是中国少年儿童文化艺术基金会在16家国家级专业艺术协会支持下发起举行的，是一项旨在服务于全国农村少儿的社会公益项目。此项活动立足打造农村少儿艺术培训平台，设立少儿文化长廊，打开全民帮助农村少儿的公益通道。基金会的专项基金完全用于对少儿在戏剧、美术、音乐、舞蹈等艺术专业方面的培训。文化站的授课老师主要由高校艺术类专业的大学生担任，既能满足少儿的学艺需求，同时能解决部分在校大学生实习和毕业大学生就业问题。

（王　媛）

·演　出·

【文化部慰问外来务工人员专场演出】 1月7日~8日，文化部慰问外来务工人员专场文艺演出在北京展览馆剧场举行。来自海淀、东城、西城、朝阳等4个区的4000余名来京务工人员欣赏了中国东方歌舞团的歌舞晚会《海风送你维纳斯》，让工友们领略了一次充满异国风情的文化之旅。

（王　媛）

【纪念五四运动90周年主题歌会】 4月28日，团市委、市委宣传部等共同主办“我与祖国共奋进”纪念五四运动90周年主题歌会。歌会以“五四运动”为序曲，共分为“难忘青春岁月、青春奉献祖国、青春激昂时代、青春创造未来”四个篇章。来自首都高校各合唱团的大学生代表以及由老年人自发组成的“共和国同龄之声”合唱团等演唱了《没有共产党就没有新中国》《我为祖国献石油》等经典歌曲，宋春丽、韩红、小柯、尹相杰等也为歌会助阵。

（波　音）

【密云县群众歌咏活动汇演】 6月3日，密云县2009年“五月的鲜花”群众歌咏活动汇演库北赛区的比赛在太师屯镇前南台村举行。密云副县长程文华、县委宣传部常务副部长孙明朝等出席。本次活动以“唱响红五月 繁荣新密云”为主题，采取了独唱、合唱、重唱、组合唱等多种形式。共有太师屯、冯家峪、古北口等10个库北乡镇的22个参赛节目参加角逐。最终评出了一、二、三等奖以及创作节目奖和优秀组织奖。

（王　媛）

【丰台区“周末百姓大舞台”】 6月28日，丰台区“周末百姓大舞台”在万芳亭公园文化广场正式启动，来自驻丰台区的专业文艺团体，为市民们送上了魔术、爵士拉丁舞、东方印度舞等一台专业文艺演出。“周末百姓大舞台”由丰台区委宣传部和丰台区文委共同主办，在随后的5个月中，莲花池公园、丰台花园、万芳亭公园、大红门会展中心、精图社区广场、和义街道文化广场、郭庄公园文化广场和樊家村文化广场等8座公园，每逢周五、六、日三天，共上演200多场由中国评剧院、北京京剧院等31个专业文艺院团和社区居民表演的文艺节目。

（王　媛）

【少儿琵琶音乐会】 8月13日，由东城区少年宫琵琶兴趣小组的少年儿童组成的琵琶乐队登上北京音乐厅舞台，孩子们用优美的琴声为新中国成立60周年献上一份生日礼物。这场名为“在这里成长”的音乐会，由92名6～17岁的组员表演。他们以合奏、齐奏等形式分别弹奏了《藏行》《渭水情》《云南印象》《彝族舞曲》《新翻羽调绿腰》《赶花会》等曲目，并与钢琴和现代打击乐配合，演奏出传统与时尚交融的意境，展现了孩子们对民乐的理解和创新表现能力。

（王　媛）

【“为祖国放歌”文艺汇演】 11月11日～23日，公安部在京举行“为祖国放歌”2009年全国公安系统文艺汇演，参加汇演的130个节目均是2007年以来各地公安机关新创作的作品。香港警方首次派出警察乐队和歌手加盟。这次汇演集中展示了我国公安文化的建设成果，充分体现了各地公安民警的精神风貌。

（李颖君）

【“生命·阳光”艺术汇演颁奖晚会】 11月13日，由教育部、民政部、文化部、国家广电总局和中国残联共同主办的第7届全国残疾人艺术汇演颁奖晚会在京举行，来自全国各地、多民族的430多位演职人员参加演出。晚会以“生命·阳光”为主题，分为“生命、阳光和祖国”三个篇章。全国残疾人艺术汇演每四年举办一次，各类残疾人不分年龄、职业均可参加。本次汇演于8月3日至25日在四川、辽宁、河南和江苏四大赛区展开，各地共有4000多名残疾人演员和工作人员参与，报送声乐、器乐、舞蹈和戏剧小品等四大类节目共计330个。

（李颖君）

【全国京剧票友大会】 11月27日～30日，由中央人民广播电台老年之声主办的“盛世梨园群英会”首届全国京剧票友大会在北京前门广德楼戏园举行。开幕式“名家名票演唱会专场”引人瞩目，李韵秋、孙毓敏、李鸣岩、朱宝光、刘勉宗、张萍、胡文阁、康万生、马增寿、裘云等京剧名家名票前来助兴演出，中国记协书记、副主席翟惠生，主持人鞠萍、影视演员王庆祥等以票友身份登台演出。大会期间，上百位票友登台献唱，8场演出集中展现了新中国60年京剧发展历程中的经典唱段。

（李双来）

·展　览·

【牛年吉祥民俗风情展】 1月18日，由首都博物馆主办的“牛年吉祥民俗风情展”开幕。展览通过“过年的礼儿”“过年的玩儿”和“过年的歌儿”这三个主题，展出了百姓家花灯、空竹、风筝、面人、京剧戏装等过年的玩意儿，展示了老北京人过年的乐趣。展览还邀请了北京民间文艺家协会的十几位著名民间手工艺家和京韵大鼓的艺人为观众现场展示表演。

（王　媛）

【“正阳门上大阅兵”纪实展览】 2月3日，“正阳门上大阅兵”纪实展览开幕。为纪念北平和平解放、中国人民解放军入城阅兵式60周年，北京正阳门管理处筹办了“正阳门上大阅兵”纪实展览及讲座、座谈、影像放映、资料征集等一系列活动。

（王　媛）

【残疾人举办“残长城摄影展”】 6月23日，由市残疾人活动中心和市残疾人摄影学会联合举办的“残长城摄影展”在市残疾人活动中心举行。此前，市残疾人摄影学会组织了主题为“京郊八达岭残长城风景区采风创作”的活动，来自摄影学会的20位摄影爱好者，以残疾人这个特殊群体的角度，在长城采风期间拍摄了大量生动而精美的照片。在数百幅作品中，精选出了90余幅展示。照片体现残疾人朋友观赏残长城壮美景色的欢悦心情。

（波　音）

【知识青年上山下乡主题书画邀请展】　7月8日，由人力资源和社会保障部就业促进司与人民日报出版社共同主办，人民日报出版社承办，山西省晋中市人民政府、桑梓助学基金会、中国名家书画研究院等单位协办的“祖国不会忘记”知识青年上山下乡60周年主题书画邀请展，在中国人民革命军事博物馆书画厅开幕。此次展出的近200幅作品是从全国各地征集的作品中精选出来的，得到了全国各地知青书画艺术家的热忱支持和积极响应。出席此次开幕式的有：顾秀莲、欧阳中石、李铎、李东东、张小建、苏庆玉、陈俊宏、罗杨、冯远等，当年知青的英模和代表人物邢燕子、董加耕和侯隽也应邀出席。

（王　媛）

【门头沟区美术书法摄影展】　8月7日，由门头沟区区委宣传部、门头沟区旅游局、门头沟区文联主办的“如诗如画门头沟”北京市门头沟区庆祝新中国成立60周年大型美术书法摄影展在中国人民革命军事博物馆展出。创作于2008年的《如诗如画门头沟》长50米（寓意门头沟建区50周年），宽1700毫米（代表潭柘寺建寺1700年）。以蜿蜒曲折的永定河、穿境而过的丰沙铁路和分布全区的古树名木为三大主线，把“三山、两寺、一河、一涧、一湖”以及文化名村、千年古道等26处画面元素有机融合在了一起，反映了门头沟作为革命老区、文化大区以及生态新区的三大地区文化特色。随之一同展出的还有70余幅描绘门头沟秀美山水的国画、书法和摄影作品。

（王　媛）

【建国门地区老照片展】　9月10日，“建国门地区60年回眸展览”在东二环金成大厦举办，700余张照片讲述了建国门的今昔巨变。老照片既有从档案馆找到的建国门地区几十年的资料照片，也有不少居民送来的和到居民家中搜集的照片，反映了大时代背景下个人生活的难忘瞬间。

（王　媛）

【市直机关“我心中的北京”摄影展】　9月16日，北京市市直机关举办的“我心中的北京”摄影展开幕。2009年初，市直机关工委组织开展了以“迎国庆 爱北京 照北京”为主题的摄影比赛活动，广大干部积极响应、踊跃参与。比赛是在广泛开展、层层遴选的基础上进行的，共收到75个委办局的干部近千幅作品，评选出特等奖5幅、一等奖20幅、二等奖30幅、三等奖50幅、优秀奖100幅。市委秘书长李士祥到场参观。

（波　音）

【首都老干部书画摄影展】　10月21日，由中共中央组织部、解放军总政治部、中共北京市委联合举办的“首都老干部庆祝中华人民共和国成立60周年书画摄影展”在中国人民革命军事博物馆开幕。中共中央政治局委员、中央书记处书记、中央组织部部长李源潮和中央军委委员、总政治部主任李继耐出席开幕式。本次书画摄影展共展出在京中央和国家机关、人民团体、部分国有重要骨干企业、解放军驻京部队和北京市的离退休干部近年来创作的书法、绘画、摄影作品600余幅。

（波　音）

【京澳两地职工书画摄影联展】　11月20日～23日，由中华全国总工会和澳门国庆工会联合总会举办、北京市总工会承办的“京澳两地职工书画摄影联展”在北京市劳动人民文化宫举行。展览展出了北京、澳门两地职工书法、国画、西画、摄影爱好者的近200件作品，内容丰富、风格多样，体现了两地职工的艺术追求与愿望，表达了对新中国60华诞和澳门回归10周年的喜悦心情。

（波　音）

·民俗活动·

【京味民俗庙会春节亮相潘家园】　1月24日～2月1日，潘家园首届春节交易会（庙会）在潘家园旧货市场举办。潘家园首届春节交易会（庙会）的举办目的是立足“民间、民俗、民族”。此次交易会参展项目包括古玩艺术品、收藏品、地方各具特色的民间工艺、国家非物质文化遗产手工艺品等。在活动期间，潘家园旧货市场还推出了中幡、拉洋片儿、变脸、花会、魔术、双簧、小车会、相声、口技、京城吆喝等老北京传统过年的民俗表演。

（王　媛）

【朝阳区文化馆“百姓之家，新春大集”庙会】　1月25日～2月1日，朝阳区文化馆举办了第13届“百姓之家，新春大集”春节室内庙会。庙会主题被定为“元气”，与此前的“仙气（清明）、香气（端午）、清气（中秋）”一脉相承。室内庙会共包括四项内容：大爷大妈的灯笼、祈福猜谜、中国年画艺术展和俄罗斯油画展。

（王　媛）

民俗表演吹糖人

【东四街道“报春”民俗活动】 2月3日，已经消失了近百年的“报春”活动在东四四条胡同“复苏”。活动中，两位身着中式服装的老者手持小锣，边敲边高喊着“春来了”，身后鼓乐齐鸣，居民手持精美春牛图剪纸，沿途派送。从宋代起，报春就开始在民间广为流传。“报春”一般是在城市东侧举行，代表太阳率先照到的地方。

（王　媛）

【安贞社区元宵灯会】 2月8日～10日，朝阳区安贞街道在安贞社区公园举办了安贞社区科普文化元宵游园会。活动以“迈向新中国60年 谱写安贞新诗篇”为主题，包括科普灯谜竞猜，百姓自制灯展，文艺演出，乒乓球、象棋比赛，民俗作品展卖、京剧票友展演、花会表演等11个项目。在公园长廊、凉亭等地布置的居民自制彩灯成为活动的最大看点。参展的彩灯共720余盏，多以迎国庆60周年、颂和谐社区、喜迎牛年等为题材。

（王　媛）

【前门大街的花会踩街】 2月9日，由文化部主办，市文化局、崇文区政府共同承办的民间花会踩街活动在前门大街举行。本次“踩街”表演本着“以体现北京传统花会优秀节目为主，邻近省市节目为辅”的原则，组织12支队伍参加。其中北京的有“天桥中幡”“延庆旱船”“怀柔二魁摔跤”“平谷南狮”，外省市的有“沧州北狮”“河北昌黎地秧歌”“河北井陉拉花”“山东商河鼓子秧歌”“河南新乡盘鼓”。这些表演项目中，既有国家级非物质文化遗产项目，也有省市级非物质文化遗产项目。

（王　媛）

【春节庙会、灯会】 春节、元宵节期间，北京有大小34家庙会及灯会向公众开放。除了地坛庙会、龙潭庙会、厂甸庙会等大型品牌庙会外，还新增了一些主题庙会和社区庙会、灯会等。如马连道更香茶文化主题庙会、广福观民俗文化庙会、朝阳区文化馆百姓之家新春大吉大爷大妈灯会等。2009年庙会、灯会有以下特点：其一，各庙会、灯会突出了各自主题。其二，突出公益性活动。有的庙会免票开放，有的庙会开设图书捐赠，有的庙会为志愿者服务提供平台。其三，企业参与办庙会。北京市珐琅厂、金漆镶嵌公司、张一元茶叶公司等单位借助春节、元宵节之机，通过具有文化内涵的展示活动，吸引更多的顾客，带动经济发展。

（王　媛）

【首届海淀风筝节风筝放飞活动】 4月3日，由北京文化艺术活动中心、北京市风筝协会、海淀区文委、文化馆等单位联合举办的“放飞春天”首届海淀风筝节风筝放飞活动在海淀公园举行。被列入北京市非物质文化遗产名录的“曹氏”风筝向广大风筝爱好者奉献出10余件精品，同时，北京市风筝协会也携带成双成对、款式新颖的风筝热情加盟。

（王　媛）

【朝阳区“清明时节”系列活动】 4月3日，由北京文化艺术活动中心与朝阳区文化馆联合举办的“朝阳区2009年传统节令系列活动之‘清明时节’”在朝阳区文化馆开幕。活动包括朝阳区第二批“非遗”名录专家论证会，“九嶷古韵”九嶷派传人杨青古琴演奏会，“新桃旧符总相宜”曾丹、王琪新老旗袍展等内容。市文化局副巡视员阮兰玉，朝阳区政协副主席关三多等，以及国家“非遗”专家委员会委员赵书、邢莉、李延年等出席了开幕活动。

（王　媛）

【清明节102项民俗文化活动】 清明节期间，北京市各区县推出了102项民俗文化活动。不仅有关于拜祭先祖的祭祀礼仪知识、清明节的由来与文明祭扫、清明节文化习俗等主题讲座，各区县还以多种形式开展各种活动，有话剧、戏曲的演出，也有名人故居参观、古诗吟唱、放风筝、书画展等。如4月2日东城区开展的“家训堂格言展示与交流”活动，4月3日崇文区举行风筝放飞活动，4月4日西城区推出的“忆名人、访故居”系列文化活动等，均各具特色。

（王　媛）

【北京百年民俗文化走进社区】 4月22日，由北京市社区服务中心、北京民俗学会、北京社区服务协会共同举办的“民俗文化进社区”活动启动仪式在崇文社区服务中心举行，23名来自不同领域的民俗专家齐聚一堂，同场献作献艺。北京市依托北京民俗学会民俗专家智力资源优势，组成民俗文化讲师团，在全市各区县、街道开展“民俗文化进社区”系列讲座，包括传统节日系列讲座、老北京民俗系列讲座、人生礼俗文化讲座、民间工艺系列讲座4个系列30余个专题，把传统的民俗文化和珍贵的非物质文化遗产带进社区街道普通百姓的身边。

（王　媛）

【首届北京端午文化节】 5月11日~6月8日，市委宣传部、首都文明办、市文化局、市体育局联合各区县共同举办首届北京端午文化节，开展了33项群众性文体活动，尽展传统节日文化的魅力。5月28日，全市龙舟赛决赛在延庆县妫水公园举行。随后，房山区与丰台区联合举办了青龙湖端午节龙舟邀请赛；西城、海淀、昌平等的龙舟赛也相继进行。民俗类活动中，各区县举办了包粽子比赛，此外花会表演、天桥杂技表演、乔装戏表演等让市民在民俗活动中领悟传统节日文化源远流长、博大精深的独特魅力。在丰富多彩的群众性文化活动中，端午古诗文诵读、新诗吟唱会，群众联欢会，戏曲专场演出，端午节文化知识讲座、图片展览、民间手工艺品展等，增强了市民对传统文化的认同感、自豪感和自信心。

（王　媛）

【端午节京剧名家名票联谊会在京举行】 5月27日，在国家宗教局副司长张金华的组织下，端午节京剧名家名票联谊会在北京台湾饭店举行。江磐、陆树森教授夫妇和中华全国新闻工作者协会党组书记翟惠生、中央电视台副总编张华山、著名京剧表演艺术家叶蓬、国家发改委司长袁锡卿、国家工商总局副司长李文章等名票出席了联谊会。

（李双来）

【中秋节文化活动】 中秋节期间，北京各区县安排了丰富的民俗文化活动。中秋节供兔儿爷是北京特有的一项民俗活动，民俗博物馆在中秋期间供起兔儿爷山。活动还复原了中秋拜月的场景。朝阳区图书馆举办了中秋文化讲座。丰台区在卢沟桥举办了第2届北京卢沟晓月中秋文化节，有赏月晚会、宛平城灯饰装点、中秋文化展等活动。房山区举办了“万民乐”花车游街，上千名演员进行腰鼓、秧歌、武术、舞龙等民族传统文艺表演和花车展示等活动。

（波　音）

北京风筝艺术展

·比　赛·

【北京市第8届乡村歌手大赛】 1月，“乡村放歌”北京市第8届乡村歌手大赛在北京文化艺术活动中心落下了帷幕。本次大赛由中共北京市委农村工作委员会、市农村工作委员会、市文化局主办，北京文化艺术活动中心、北京群众艺术馆承办，北京市各区县文化馆协办。大赛旨在推出一批优秀的新人新作，为新农村建设营造文化氛围、提供精神支持。最后，张玮演唱的《前天夜里我的孩子》获一等奖，李音演唱的

《芦花》和徐占英演唱的《人间充满爱》获二等奖，李雪梅演唱的《母亲河》、孙海龙演唱的《乌苏里船歌》、丛培杰演唱的《盛事中国》获三等奖。海淀区文化馆、丰台区文化馆、通州区文化馆、门头沟区文化馆、昌平区文化馆、顺义区文化馆、怀柔区文化馆、平谷区文化馆、密云县文化馆、延庆县文化馆10个文化馆获组织奖。

（王　媛）

【第4届北京春节庙会·灯会文化活动评选揭晓】 2月27日，由市文化局主办，北京文化艺术活动中心、北京非物质文化遗产保护中心承办的“第4届北京春节庙会·灯会文化活动评选”结果揭晓暨颁奖大会在北京会议中心召开。市文化局相关领导、区县文委主任、庙会灯会主办方、北京文化艺术活动中心相关人员以及民俗专家100多人出席了大会。2009年，参加评选的庙会（灯会）34家，其中参评的灯会达到了7家，商业庙会异军突起，社区举办的庙会灯会明显增多。由民俗专家、学者及各区县文化委员会主任等30多人组成的评审团，最终评出本年度庙会（灯会）的6项大奖。获最具人气奖的有：地坛庙会、龙潭庙会、朝阳国际风情节庙会、莲花池庙会、燕山元宵灯会；获最佳创意奖的有：东岳庙庙会（老照片展）、国家雕塑公园庙会（京津门墩展）、天坛文化周（天坛祭天仪式表演）、中华世纪坛庙会（七日祈七福）、大观园庙会（双玉相会）；获特色庙会奖的有：金源新燕莎MALL庙会、欢乐谷年俗百艺欢乐节庙会、石景山游乐园“北京洋庙会”、大栅栏老字号商业文化庙会；获“非遗”展示奖的有：龙潭庙会、金漆镶嵌“非遗”文化节红螺寺庙会；获最佳社区庙会灯会奖的有：安贞社区元宵游园会、密云社区灯会、崇文街道灯会、大兴满族彩灯文化节庙会、怀柔九渡河灯会；获特别鼓励奖的有：东城区文化馆室内庙会、西城区室内庙会、春节图书文化节景泰蓝经典名作展、北京厂甸庙会、更香茶文化庙会、张一元新春民俗风情节庙会、朝阳区文化馆新春大吉庙会、龙庆峡冰灯艺术节庙会。

（王　媛）

【北京市首次腰鼓大赛】 5月19日，由宣武区文化委员会主办的民间腰鼓大赛在北京大观园举行，来自全市13个区县的55支代表队、超过千人参加了比赛。经过三场预赛，20支代表队参加决赛。决赛分为自编动作和规定套路，6支队伍参加规定套路的比赛，14支队伍参加自编动作的比赛，最后，他们分别获得了各个奖项。

（赵克军）

【北京市民DV大赛】 5月～10月，由北京文化艺术活动中心、北京电视台公共频道联合主办的2009迎国庆“我的北京我的事”北京市民DV大赛，共收到参赛作品500余部，北京电视台《都市阳光——DV生活》栏目播出了近百部。10月29日，由北京文化艺术活动中心、北京电视台、北京电影学院、中国传媒大学等多位专家组成的评委会对参赛的作品进行了评选，评出了获奖作品50部，其中优秀奖22部、三等奖15部、二等奖8部、一等奖5部。

（波　音）

【2009年北京市民网络摄影大赛】 7月12日，由市文化局支持，北京文化艺术活动中心主办，石景山区文化馆、图书馆和摄影协会承办的“为伟大祖国骄傲”2009年北京市民网络摄影大赛正式启动。9月20日，面向广大爱好者征集作品。经过两个月征集，收到作品4375幅。经过评委会评定，评出了一等奖4名，二等奖8名，三等奖16名，优秀奖80名，特别纪念奖40名，个人组织奖5名，集体组织奖5名。11月21日，摄影大赛在石景山图书馆举行了颁奖仪式和摄影展开幕式。本届比赛作品按内容分成“在天安门前留个影、我的成长记忆、那些合影的照片、晒晒家中的老物件”四部分。

（王　媛）

【全国新农村少儿舞蹈展演】 7月25日，由中国文联和全国妇联共同主办、中国舞协承办的“向祖国汇报”全国新农村少儿舞蹈展演在京举行。来自云南、新疆、内蒙古、四川等地的20支少儿表演队伍展示了“新农村少儿舞蹈美育工程”实施3年来的舞蹈教学成果，展现了新农村少年儿童良好的精神风貌。

（赵克军）

【第4届民族健身操舞大赛】 8月9日，由市民委、市体育局主办，市社会体育管理中心和市民族文化交流中心共同承办的“第4届北京市民族健身操舞大赛”决赛在地坛体育馆进行。共有46支代表队、近千名市民参与。每个参赛的健身操舞都结合了民族民间舞蹈特色编排进了健身操动作。比赛中，有蒙古族舞蹈“草原风情”、维吾尔族的“戈壁风情”、藏族的“扎西德勒”、朝鲜族的“阿里郎”等46个节目依次表演。缤纷艳丽的民族服装、流光溢彩的民族首饰、各具特色的舞蹈语言，受到观众称赞。

（王　媛）

【大学生角逐首届“金刺猬”奖】　8月9日～23日，由北京戏剧家协会、9剧场主办的“2009年大学生戏剧节”在京举办。来自全国高校的19个剧目进行36场演出，并角逐首次设立的“金刺猬”奖。本届艺术节共演出36场，举办专家讲座8场、艺术工作坊5次，音乐演出7场、展览活动6种、大学生电影放映3天、古琴演奏会2场、新农村采风活动2次、校园诗歌朗诵会1场、创意集市15天。浙江师范大学《沧海月明》剧组获本届大学生戏剧节最高奖项“金刺猬”奖。

（李双来）

【北京市残疾人在全国汇演中多项获奖】　8月13日，北京市残疾人在由教育部、民政部、文化部、广电总局和中国残联共同于大连举办的第7届全国残疾人艺术汇演中，获得8项大奖，其中包括1个特等奖。此次比赛，全国划分为成都、大连、河南、江苏四个赛区。北京代表队参加了大连赛区的比赛。在声乐、器乐、舞蹈、小品四项比赛中，北京队有11个节目入选，其中8个获奖。由31名视力和肢体残疾人乐手演奏的《渔舟凯歌》，夺得器乐类一等奖；40名肢体残疾和视力残疾人的大合唱《我的梦》，获得声乐类一等奖；19名聋人演员表演的群舞《追梦》获得舞蹈类一等奖。盲人孙岩的钢琴独奏《威尔弟歌剧选段》获得了器乐类的特等奖。

（波　音）

【“民族团结杯”舞蹈大赛】　8月25日，牛街“民族团结杯”舞蹈大赛决赛在宣武广安体育馆举行，来自宣武、西城、海淀、密云等区县的282名业余舞蹈爱好者组成的13支民族舞蹈队进入了决赛，其中包含了回族、满族、蒙古族等9个少数民族的队伍。选手们参赛的舞蹈涵盖了维吾尔族舞、傣族舞、回族舞、藏族舞等。牛街舞蹈队《老姐妹找乐》获得了最佳表演奖。

（王　媛）

【景山合唱节决赛】　9月20日，由北京文化艺术活动中心、西城区文委主办，西城区文化馆、西城区音协承办的北京市景山合唱节决赛在景山公园“绮望楼”前举行。作为全市重要文化活动之一的景山合唱节于8月中旬正式启动，本市18个区县和各系统推荐的42支群众合唱团队于9月12日进行了分组选拔赛，聘请了国内合唱界知名专家现场评审，从中选拔产生出12支优胜群众合唱团队参加了在景山公园举办的最后决赛和汇报演出。决赛结果：一等奖有卡林卡合唱团、童心合唱团；二等奖有牧人合唱团、运河之声合唱团、什刹海飞翔之声合唱团、金声合唱团；三等奖有老兵艺术团等6个合唱团。

（波　音）

【“祖国在我心中”歌咏比赛】　10月20日，北京市委组织部、市老干部局在西城区文化活动中心举行了北京市离退休干部和老干部工作者“祖国在我心中”歌咏比赛颁奖演出。此次歌咏比赛共有55个合唱团，2500多名老干部和老干部工作者参加，全部6场演唱由北京电视台《晚晴》栏目组录像。

（王　媛）

【第4届北京国企来京务工人员卡拉OK大赛】　11月14日，“金隅杯——首都是我快乐的家”第4届北京国企来京务工人员卡拉OK大赛总决赛在北京戏曲艺术职业学院排演场举行。大赛共分6个赛区，所有参赛选手都是来自北京国企来京务工人员，涉及20多个工种。活动的主题“爱祖国、爱首都、爱企业”。总决赛上，28人角逐“金奖歌手”，最终产生了7名金奖歌手，他们是金隅集团的王娟、邱小倩、张树坤、辛禄，新兴建设三公司的袁权，建工博海第二分公司的李兴纯和住总设备物资公司的田梦东。

（王　媛）

【2009北京高校青春歌会决赛】　11月30日，由共青团北京市委员会、北京人民广播电台、北京市学生联合会、北京志愿者联合会、北京网友组织协会主办，青檬网络电台、北京广播网承办的青檬网络电台“2009北京高校青春歌会决赛”在星光现场举行。共有30余所高校的200余名选手参赛。来自北京大学、清华大学、中国人民大学、中国政法大学、北京科技大学、中央音乐学院等高校的20名校园歌手参加决赛。来自清华大学的梁钊峰、北京体育大学的李慧莎和北京大学的陈焕文荣登三甲。

（波　音）

【全国部分城市青少年绘画比赛】　12月8日，由北京市青年宫、市旅游局、团市委及全国青年宫协会联合举办的“拍说唱画　演绎首都”2009年“我与祖国共成长”全国部分城市青少年绘画比赛颁奖暨展览启动仪式在北京市青年宫举行。此项活动共收到作品4000余幅。经过评委会评议，

247 幅优秀作品获奖。作品中，既有反映北京风土人情、城市风光的写实作品，也有反映国庆阅兵、联欢的热闹场面；既有老北京、新北京的地标性建筑，也能看到羊城、四川等外省市日新月异的变化缩影。

（波　音）

【北京市作者在中国群文学会征文中获奖】 12 月，中国群文协会年度论文评选暨理论研讨会举行。北京市作者在 2009 年度中国群文学会“群众文化三十年”征文评选中获奖。获一等奖的是徐玲的《发挥非政府组织在统筹城乡公共文化建设中的作用》；获二等奖的有杜染的《文化馆事业在发展中悄然归位》、刘宣明的《探析改革开放三十年文化馆职能的转化》、石振怀的《传统文化保护的历史性进步》；还有三等奖 3 篇，优秀奖 6 篇。在中国群文学会的“打造新时期群众文化品牌”征文中，北京获奖的有：徐玲的《审查经济原则对新时期群众文化品牌科学发展的启示》获一等奖；杜染的《群众文化品牌的多样化科学化》获二等奖；获三等奖的 2 篇。在此次研讨会上，徐玲作为获奖代表出席并发言。

（波　音）

·交　流·

【北京二中舞蹈团出访】 1 月 22 日～30 日，受北京市政府委托，市文化局副巡视员郭玉河率北京二中舞蹈团、中国木偶艺术剧院有限责任公司一行 43 人赴爱沙尼亚塔林市及芬兰赫尔辛基市参加“2009 中国春节庆祝活动”。1 月 24 日，爱沙尼亚塔林的中国春节庆祝活动演出在市中心 Kadriorg 公园正式开始，北京二中表演了舞蹈《红扇》《巧妞》《紫气京华》《舞动青春》，既有中国的民族舞，又有现代舞蹈；约有 5 万人赶来参加中国春节庆祝活动。1 月 25 日，庆祝除夕的活动在赫尔辛基市中心广场举行。在 4 个小时的演出中，除了北京演出团的中国舞蹈、木偶、武术、舞狮外，赫尔辛基当地市民也粉墨登场表演中国戏剧、歌曲等。

（外　事）

【人大学生民乐团出访丹麦】 10 月 1 日，中国人民大学学生民族乐团应丹麦商务孔子学院邀请，在哥本哈根的丹麦皇家音乐学院举办专场民族音乐会。丹麦外交部部长默勒等百余位嘉宾出席欣赏了学生们的精彩表演。大学生们演出了器乐合奏《北京喜讯到边寨》《花好月圆》《赛龙夺锦》《彝族舞曲》，二胡齐奏《战马奔腾》，扬琴独奏《离骚》，民歌演唱《山丹丹开花红艳艳》以及专门为此次之行排演的《丹麦民歌联奏》等。该团还在中国驻丹麦使馆、哥本哈根音乐学院、哥本哈根市政厅演出了 3 场。

（波　音）

·培训、传承·

【大型活动策划与组织培训班】 3 月 3 日～4 日，北京文化艺术活动中心举办了北京市大型活动策划与组织培训班，聘请了中国艺术研究院研究员硕士生导师、奥运开幕式体育展示组总导演梁力生，国家一级编导、奥运开幕式舞蹈编导孟艳，东方歌舞团国家一级编导、奥运开幕式下篇导演沈晨和市公安局治安管理总队副总队长曹东翔四位专家，分别以《大型活动奥运文化广场策划与组织》《奥运开幕式下篇舞蹈创编与实施》《大型文艺晚会策划与实施的四个阶段》及《大型活动安全保卫》为题进行授课。全市 18 个区县文委、文化馆及 50 个市级品牌团队的代表共 140 余人参加了学习。

（王　媛）

【北京市群文学会启动 2009 科普讲座】 3 月 17 日，由北京市社科联支持、北京市群众文化学会主办、宣武区文化馆协办的“2009 年北京市群众文化学会经常性科普讲座”在宣武区文化馆开讲。首次讲座聘请了著名民俗学家翟鸿起讲述了“老北京的饮食文化”。2009 年北京市群众文化学会经常性科普讲座共 12 讲，邀请各界专家，涉及民俗、历史、摄影、养生、楹联、收藏等多个领域。学会获得了社科联科普讲座组织奖。

（王　媛）

【北京市戏剧小品培训班】 3 月 22 日，由北京文化艺术活动中心、北京戏剧家协会、朝阳区文化馆联合举办的“2009 非非戏剧群英会戏剧课程”北京市戏剧小品业务干部培训班在 9 剧场之 SARS 小剧场举行。30 名来自全市各区县文化馆以及非职业话剧社和话剧爱好工作者参加了学习。此次戏剧课程培训，由中国青年艺术剧院国家一级导演林荫宇为主讲教师，哲腾（北京）文化传播有限公司总监傅若岩，青年灯光、舞美设计崔博思等分别就表演、导演、制作、灯光、舞美等专业知识进行讲授。

（王　媛）

【北京市器乐干部民乐指挥理论基础讲座】 3 月 23 日～26 日，北京文化艺术活动中心举办了“北京市器乐干部民乐指挥理论基础讲座”。参加讲座的学员都是来自各区县文化馆的民族器乐干部及喜爱民乐指挥的普通百姓。讲座聘请了中国民族管弦乐学会会长、著名民乐指挥家、作曲家朴东生，中央民族乐团指挥、中国青年民族乐团常任指挥、中央音乐学院指挥系教师刘沙，中国广播民族乐团常任指挥、国家一级指挥张列授课。

（王　媛）

【“叫卖大王”臧鸿收徒】　3月30日，年近七旬的“京城叫卖大王”臧鸿在大观园内一酒店举行传统的收徒仪式。仪式上，臧老与新收弟子李志民叩拜礼仪之师孔子，并互赠礼物，在拜师帖上签字。臧鸿被誉为“婚俗泰斗”，他长期致力于京味民俗文化研究与实践，由他主持的传统花轿婚礼享誉京城。

（王　媛）

【北京市文艺演出音响操作培训班】　4月21日～23日，2009北京市文艺演出音响操作培训班在密云县文化馆举行。本次培训班特聘国家级音响工程师、中央音响协会会员宋多多，北京市高级音响师、专业讲师干道宏授课，重点讲授了音响调音周边的功能和使用、舞台现场演出音响调音技巧以及数字调音台的设备理论知识及操作方法。来自通州、顺义、平谷、怀柔各区县的30名业务干部参加。培训过程中，学员们根据各自实际工作中出现的问题与授课老师进行了深入交流。

（王　媛）

【北京市群文系统文学干部研修班】　4月22日～24日，由北京文化艺术活动中心联合大兴区文化馆举办了“北京市群文系统文学干部研修班”。研修班聘请北京师范大学文学院教授张柠、前《人民文学》杂志社主任韩作荣、中国戏剧家协会会员刘侗等业内知名专家为各区县文学干部讲授了戏剧、戏曲、文学等创作方面的内容。研修班为各区县文化馆的文学干部提供一个交流平台，同时也为“群星奖”选拔了优秀作品。各区县文化馆的文学干部和大兴区文学爱好者60余人参加。

（王　媛）

【北京市文化志愿者工作培训班】　5月，北京市文化志愿者服务中心举办了全市文化志愿者工作培训班，邀请有关专家就“志愿精神”“公共文化与志愿服务”等进行辅导讲座，全市各区县文化馆馆长、书记及工作具体负责人70余人参加培训班。11月4日，北京市文化志愿者服务中心组织基层服务人员参与了志愿者联合会、联合国公益项目办公室“春芽计划”合作举办的文化志愿项目带头人培训，63人参加培训并获得合格证书。此外，中心还编写了文化志愿培训教材、培训手册，建立了文化志愿者信息服务平台。注册文化志愿者信息数据库和网站，并投入使用。注册文化志愿者总数近2万人，每人每年提供志愿服务时间30小时以上。

（王　媛）

【文化部第一期全国文化站站长培训班】　6月16日～21日，文化部第一期全国文化站站长培训班在中央文化管理干部学院开班，全国31个省、区、市选送的50位基层文化站站长参加培训。文化部副部长周和平出席了开班典礼。培训班邀请了张永新、田青、贾乃鼎、张彦博等专家，讲授了“公共文化服务体系建设”“非物质文化遗产的发掘与保护”“群众文化活动的创意与策划”“共享工程在公共文化服务体系建设中的地位”等课程。此外还考察了朝阳区黑庄户乡快板刘文化大院、朝阳区亚运村街道文化站。

（王　媛）

【残疾人合唱指挥及手风琴伴奏培训班】　6月22日～28日，市残联在北京市残疾人体育训练和职业技能培训中心，举办为期一周的北京市残疾人合唱指挥及手风琴伴奏培训班。全市27名残疾人参加学习。中国交响乐团、国家一级演员李景河，中国音乐家协会手风琴协会理事、高级教师耿丽，北京合唱协会社会音乐工作委员会副主任倪子龙，北京合唱协会副会长、指挥家熊亚光等担任主讲。

（波　音）

【北京2009舞蹈创作培训班】　7月14日～16日，由北京文化艺术活动中心主办、海淀区文化馆协办的“北京2009舞蹈创作培训班”在海淀区文化馆举办。培训班聘请了舞蹈编导孟兆祥、郑坚鹏授课。海淀、平谷、石景山、通州、密云、延庆等区县文化馆和民族文化交流中心的业务干部参加了学习。在培训课上，师生针对舞蹈创作的一些问题，进行了交流讨论，并对参加“舞动北京”的舞蹈作品进行了赏析和点评。

（王　媛）

【北京市快板创作表演培训班】　7月15日～16日，由北京文化艺术活动中心、北京曲艺家协会、崇文区文委主办，崇文区文化馆承办的“北京市快板创作表演培训班”在崇文区文化馆举办。培训班针对“群星奖”创作和表演等方面的知识需求，聘请有关专家张志宽、崔琦、孟欣授课，来自全市各区、县文化馆曲艺干部和崇文区文化馆快板沙龙的作者和演员共60多人参加学习。通过艺术家们的讲授、示范表演及现场解答，学员受益匪浅。快板创作研讨会于7月16日~17日举行，聘请张志宽、李立山、王印权、崔琦、李绪良等10多位专家参加研讨，大家针对当前群众的文化需求，多层面、多角度地分析研究创作题材。最后，确定了三个反映现实生活内容的创作题材，落实了创作任务，并制定了后续作品修改和排练计划。

（王　媛）

【北京市文化志愿者项目带头人培训班】　11月4日，北京市文化志愿者项目带头人培训班暨北京市志愿服务公益实践项目“春芽计划”第四期培训启动仪式举行。全市各区县文化馆、市残联、市民族文化交流中心、中国评剧院、北京市河北梆子剧团、北京市曲剧团领导及文化志愿服务项目带头人出席。启动仪式后，来自全市各区县及相关单位的100多名文化志愿服务项目管理人员参加了有关基础概念与知识、志愿者管理的培训。

（波　音）

【残疾人文化工作者培训班】　11月23日~27日，北京市第3届残疾人文化工作者培训班在市残疾人体育训练和职业技能培训中心举行。中国残联宣文部主任王涛为学员们讲授了第一课。培训班还邀请空政文工团原团长贾乃政，解放军艺术学院编导崔恩全，残奥会闭幕式编舞、《复兴之路》舞蹈部副主任肖向荣，北京文化艺术活动中心副主任戴兵，词曲作家陈膺等授课。

（波　音）

国庆庆典活动

【“爱国歌曲大家唱”歌咏活动】　5月31日，由中宣部、中央文明办等10部委和市委、市政府共同主办的“爱国歌曲大家唱”群众性歌咏活动启动仪式，在中山公园音乐堂举行。中央文明办专职副主任王世明，教育部副部长陈小娅，解放军总政治部宣传部部长王建伟，全国总工会书记处书记、组织部部长李世明，共青团中央书记处书记周长奎，全国妇联副主席、书记处书记洪天慧，中国文联党组副书记、副主席、书记处书记覃志刚，中共北京市委常委、宣传部部长、副市长蔡赴朝出席。启动仪式上，北京万泉小学“金童”合唱团、北京市劳动模范协会合唱团、海文合唱团、金顶街翠微合唱团、北京市171中学金帆合唱团、北京青年心乐团、北京节日合唱艺术团和解放军66322部队合唱团分别演唱了《我的祖国》《歌声与微笑》《国家》《江山》《五月的鲜花》等一批群众耳熟能详的爱国歌曲。6月~8月，还组织发动广大群众通过多种形式传唱了《没有共产党就没有新中国》《人民军队忠于党》等100首推荐的爱国歌曲。8月26日，“爱国歌曲大家唱”大型演唱会在北京工人体育馆隆重举行。演唱会有在京国家机关干部、产业工人、农民工、妇女、少年儿童、高校师生、公安干警、部队官兵等14个合唱方阵，约80个合唱团和北京市15个区县基层单位参加，共演唱了23首向祖国母亲表达发自心底深情祝福的歌曲。

（王　媛）

【“爱祖国、爱北京、爱家乡”系列活动】　5月~10月，为庆祝新中国成立60周年，北京市文化局开展了“爱祖国、爱北京、爱家乡”主题系列教育活动。整个活动分参观体验、展览展示、征文演讲、群众文化4大类共131项。42条参观体验线路串起187个参观点，如丰台区“科学发展之旅”等展示首都历史文化底蕴、“延庆生态文化游”等展示京郊新农村建设成就的参观线路。36项展览展示活动中，有“东城文化名片”评选活动，西城区“胡同宝藏——老物件收藏PK大赛”活动，“我与祖国同庆”数码摄影大赛，“变迁中的亦庄”主题展览等。28项各种征文、演讲、论坛、知识竞赛等活动中，有在全市大中小学生中开展的“让青春在祖国最需要的地方闪光”读书征文活动、门头沟区“为祖国骄傲”系列主题报告会、石景山区“我心中的祖国”幼儿绘画活动等。全市还举办了歌咏、舞蹈、曲艺、电影展映等50余项丰富多彩的群众文化活动，如首届北京端午文化节，“爱国歌曲大家唱”首都各界群众齐唱祖国好大型演唱会、首都大学生原创音乐大赛、“花样年华”校园歌舞大赛等。

（王　媛）

【东城区国庆系列文化活动】　6月22日，“为伟大祖国骄傲”东城区庆祝新中国成立60周年系列文化活动在地坛奥运文化广场举行，300余位社区居民和市文联“和谐之声”艺术团成员等共同表演了一场精彩的文艺节目。随后，东城区陆续举行了百日庆典，组织了由专业文艺人士和社区居民参与的

石景山少年儿童图书馆"祖国在我心中"幼儿绘画活动

"十大重点、百个专题、千场活动"。十大重点活动包括："红歌大家唱"群众合唱节、相声原创作品展演、手风琴社区巡回演出、来京建设者文艺汇演、残疾人文艺汇演、东城区戏剧演出季、"东城文化名片"评选、"爱我中华"东城区书画作品展、廉政文化专场演出、庆祝新中国成立60周年东城区建设成就展等。地坛公园奥运文化广场举办了"百日百场"文化演出活动，组织社区文化团队展演。7月13日~22日，连续10天举办了10场街道优秀文艺团队演出。开展了专群结合文化活动：市文联"和谐之声"艺术团、周末相声俱乐部、空政话剧团、保利剧院、先锋剧场等12家专业艺术机构签署了"专业院团携手东城 共庆新中国60华诞"倡议书，向群众文艺团队派出文化志愿者，指导群众文艺团队。东城区倡导"一街一团，一居一员"（即每个街道都有自己的文艺团队，每个居民区都有一个专业艺术指导员）。很多明星演员都成了群众文艺团队的义务老师。

（王　媛）

【怀柔九大系列活动歌颂祖国】　6月~10月，怀柔区广泛开展了"为伟大祖国骄傲"夏日文化广场、红歌会、群众文艺调演、书画摄影大赛、满族民俗风情节等九大系列100多项文化活动，以多种形式庆祝新中国60华诞。怀柔区慕田峪艺术团还精心编排了一台以"为伟大祖国骄傲"为主题的"唱红色经典歌曲 颂新中国六十华诞"红色经典文艺节目，并在各村巡演。整台节目分"火红的年代、激情的岁月、春天的故事、中华的崛起"四个篇章，包括歌曲《绣红旗》、快板《长征》等19个节目，从不同侧面展现了新中国成立前后的沧桑巨变。

（王　媛）

【"祖国、丰台，我的家"系列活动】　6月~10月，丰台区推出了以"祖国、丰台，我的家"为主题的系列文化活动，其中包括首届社区文艺汇演、千人歌会、舞蹈大赛和莲花池公园国庆游园等活动。各街乡镇整合辖区文化资源，从社区、村及驻区单位中选拔优秀文艺节目，组合了一台专场演出，参加区级汇演。同时，在全区范围内开展了以"我和我的祖国"为主题的合唱比赛。另外，以广场舞蹈大赛和国际标准交谊舞邀请赛的形式，组织全区各委办局、机关、部队、学校及21个街乡镇舞蹈爱好者参加，10月2日~3日，在莲花池公园开展了国庆游园活动，活动分为中心舞台文艺演出和群众互动活动两部分。

（王　媛）

【2009北京合唱节】　7月11日~8月8日，"为伟大祖国骄傲"庆祝新中国成立60周年系列文化活动重要内容之一的"2009北京合唱节"在中国音乐学院举行。开幕式上，人大学生合唱团、北大荒合唱团等8支业余团队演唱了《黄河大合唱》。8月2日，举办了"经典合唱作品音乐会"，北京音协爱乐合唱团表演了《乌苏里船歌》《玛依拉》《鲜花和友谊》等著名合唱作品。8月8日，第3届北京合唱节在中国音乐学院国音堂落下帷幕。最后评出北大荒合唱团、Bulbul合唱团等8个合唱团获得一等奖。历时1个月的合唱节吸引了120多支合唱团队，近2万人参加了比赛和演出。他们中有80多岁的老者，也有小学生。大赛期间，组委会还印发了合唱歌集，举办了音乐基础知识培训、大师班等。

（王　媛）

【居民绘制文化墙】　8月，为迎接国庆，丰台区右安门外大街的居民们自己动手绘制了一面200余米长的文化墙。画面内容包括"和谐社会""奥运盛况""京城美景"等，表达了京城[illegible]迎接国庆的喜悦心情。图画的上半部分是天安门城楼、五星红旗、威武的解放军；“庆祝新中国成立”的字样把画面一分为二，下半部是人群舞动彩绸装点的前门箭楼、永定门城楼等。用国画技法描轮廓，用油画方法填颜料，每幅画分为上下两部分，用北京有代表性的建筑，展现新中国成立以来北京城的历史变迁。创作这个长200米、高2.2米的迎国庆“文化墙”，右安门辖区的10位绘画爱好者分成三组用时两个月，创作了27幅主题画面。底稿用了120多张宣纸。

（王　媛）

【“为伟大的祖国骄傲”音乐会】 9月6日，为庆祝新中国成立60周年，北京交响乐团携手本市10余支群众合唱团在中山公园音乐堂举行了“盛世华章——为伟大的祖国骄傲”音乐会。北京交响乐团和老、中、青、少四代合唱团共同演出了《飞翔吧，中国》《故乡是北京》《牧歌》《绿叶对根的情意》《大地回声》《大江东去》《游子情思》《忆秦娥，娄山关》等脍炙人口的作品。

（王　媛）

【国庆群众游行中的文艺表演活动】 10月1日，天安门广场举行庆祝中华人民共和国成立60周年群众游行，游行的主题为“我与祖国共奋进”，分为“奋斗创业”“改革开放”“世纪跨越”“科学发展”“辉煌成就”“锦绣中华”和“美好未来”7个部分。10万名各界群众组成36个方阵、6个行进文艺表演队伍，他们簇拥着展示新中国建设成就和包括港澳台在内的34个省、市、区建设成就的60辆花车一起走过天安门。总指挥部对游行方阵的行进动作、服装、道具、音乐等，进行系统的策划设计、组织实施。方阵中有“欢乐道情”“安塞腰鼓”“青春中国”“世纪跨越”“祝福祖国”“爱我中华”和七色光少年鼓号队的文艺表演。5000多人组成的合唱团、民乐打击乐团、军乐团相互配合，表演了一场盛大的广场音乐会，用合唱、童声合唱、男女声独唱等形式演绎了《歌唱祖国》《今天是你的生日》《我和你》等21首群众喜爱、反映时代特点的标志性主旋律歌曲，为群众游行伴唱。这是历来国庆游行中没有过的庆典配乐方式。此次盛大的庆祝游行，被誉为“长安街上流动的历史行进画卷”。

（波　音）

【国庆联欢晚会中的群众文化活动】 10月1日晚，天安门广场举行的首都国庆群众联欢活动，经过精心策划设计编排，确定以展示优秀中华民族文化与当代青年的精神风貌为主旨，推出“和谐中国”“腾飞中国”“崭新中国”三大表演篇章，最后是与国家领导人一起的“同歌共舞”；近6万人参加表演和联欢，分为12个群众联欢板块与各民族中心区联欢表演两大部分。历届晚会的集体舞是所有人跳同样的动作，而今年在统一播放的10首歌曲的伴奏下，跳起风格各异的集体舞。如东城区板块的“军民同乐，相携共舞”，大学生板块的“充满朝气，青春时尚”，工人板块展示了“开拓创新，活力无限”，农民板块的“舞姿纯朴，色彩艳丽”，朝阳、西城、石景山、崇文、宣武、丰台六区的集体舞也都显示了各区独有风格。在“光立方”表演和“焰火施放”过程中，全场同声高唱《我的祖国》《今天是你的生日》《歌唱祖国》等歌曲，挥舞手中的彩绸、LED光道具等配合手段，营造出“举国同庆，万众欢腾”的热烈喜庆的宏大场面。联欢晚会中，《和谐中国》篇章通过“盘鼓舞”“太平鼓舞”“手鼓、铃鼓舞”等各民族独特的鼓舞表现形式，充分展现全国各族人民和谐相处的喜悦之情；《腾飞中国》篇章则通过“北狮舞”“南狮舞”“百叶龙舞”“大龙舞”等表演，象征着伟大祖国傲立于东方，腾飞于世界；《崭新中国》篇章以“啦啦舞”“灯笼舞”“青春劲舞”等展现当代中国人民崭新的精神风貌。第四篇章《同歌共舞》，党和国家领导人到群众中携手共舞，把晚会推向高潮。

（波　音）

【国庆游园中的文化活动】 10月1日~3日，北京举行了规模盛大的、群众广泛参与的国庆游园活动。此次活动确定为“十方乐奏、百园展示、千园添彩”的“十、百、千”格局。“十”是十大重点公园与群众互动，称做“十方乐奏”，是在奥林匹克公园、朝阳公园、天坛公园、劳动人民文化宫、地坛公园、北海公园、大观园、海淀公园、莲花池公园、国际雕塑园等10个公园进行重点布置，通过展览展示表演和群众互动等方式，宣传新中国成立60年的巨大成果，园中除设立中心舞台演出精彩节目外，还充分发挥各区文化特色和资源优势，以多姿多彩的形式丰富游园活动，如展示“非遗”项目、组织歌曲大家唱、群众DV大赛展映等，使文化互动与中心舞台的表演交相辉映。“百园展示”是在178个城市公园中选出条件较好、位置适宜的100个公园，作为群众广泛参与“迎国庆”的活动场所。每个区县自行确定本区县1～2个公园作为重点布置。“千园添彩”是在北京市18个区县现有的近千个公园和公共绿地中，营造青枝绿叶、鲜花盛开的环境气氛，悬挂标语、彩旗、灯笼，吸引城乡群众广泛参与游园，进行自娱自乐的庆祝活动。

（波　音）

校园文化

【2009年高雅艺术进校园】 4月22日，教育部、文化部、财政部《关于开展2009年高雅艺术进校园活动的通知》下发。活动的主题是：走近大师，感受经典，陶冶情操，提高修养。4月29日，该项活动在北京正式启动。4月～12月，组织10个国家级艺术院团赴21个省（区、市）的高校演出京剧、昆曲、话剧、交响乐、歌剧、芭蕾舞、民族民间音乐歌舞等经典剧目170场；组织高校学生乐团和地方艺术剧团到高校和中学演出交响乐和民乐共280场；组织全国艺术教育专家讲学团到中西部高校举办专题讲座共100场。2009年的高雅艺术进校园活动，还新增了中国美术馆馆藏作品进校园展出活动。

（教　音）

【第4届首都大学生创意文化节】 5月～10月，第4届首都大学生创意文化节举办。以“红色创意、青春激情”为主题，举办“爱国歌曲大家唱”纽曼杯首都大学生原创音乐大赛、“见证新中国60年”动感地带杯首都大学生平面创意作品大赛和“跨越历史的青春之歌”第4届首都大学生创意文化节颁奖晚会，组织了大学生传唱爱国歌曲，并进行摄影设计、平面设计、动漫创作等创意作品的征集和评比活动。此外，还开展“红色文化大篷车进校园”活动，采取了现场报名、现场比赛形式。获奖作品还参加了11月举行的中国（北京）国际文化创意产业博览会。

（波　音）

【首都教师演出“绿叶颂”】 9月8日，“绿叶颂”首都教师庆祝中华人民共和国成立60周年暨第25个教师节文艺演出在北京会议中心举行。来自大、中、小、幼以及职业学校、民办学校的一线教师们，用精彩的表演庆祝新中国60华诞。演出共分“祖国赞歌”“教育诗篇”“时代风采”三个篇章。由市教委组织面向社会公开征集的反映教师崇高精神的歌曲，冠名《首都教师之歌》的合唱歌曲——《像一缕春天的阳光》《心声》等也首次亮相。正在北京参加培训的来自雪域高原西藏的70位教师用他们的歌舞和洁白的哈达，与首都教师同台献艺。

（波　音）

【第2届北京大学生戏剧节】 10月16日～26日，第2届北京大学生戏剧节在京举行。本届戏剧节以“青春飞扬”的主题表达对生活的热爱、人生的理解、历史的感悟、时代的思考。首都19所高校的25台题材各异的剧目参加了展演。评委通过现场观演、会议讨论，审慎评判。最终，北京交通大学《在掩埋下站起》获最佳剧目奖，清华大学学生唐韬获最佳编剧奖，北京外国语大学学生张瀚伦获最佳导演奖，北京航空航天大学学生韦梦获最佳舞台美术设计奖，北方工业大学学生武英洁获最佳服装设计奖，北京师范大学学生奉阳获最佳男演员奖，北京交通大学尉玮获最佳女演员奖。

（波　音）

【第4届北京市学生校外艺术节展演】 12月5日～6日，由市教委主办的第4届北京市学生校外艺术节展演活动举行。本届校外艺术节共有38个校外教育机构167个节目参加了器乐、舞蹈、京剧、合唱四个专场展示，特别是在创作方面有较大突破。本届艺术节共评选出35个一等奖，覆盖12个区县，远郊区县获得一等奖12个；69个二等奖则覆盖了17个区县，三等奖63个；舞蹈节目最佳创作奖15个，最佳指挥奖4个。远郊区县一些获奖节目的水平与城区节目不相上下，反映了全市校外教育工作均衡发展态势。

（波　音）

【纪念“12·9”红色经典展演】 12月9日，由团市委举办的首都大学生纪念“12·9”运动74周年红色经典展演活动在地坛公园举行。首都20余所高校的200多名大学生参加展演。演出汇聚了北京大学的诗歌朗诵《我的祖国》，北京科技大学的快板表演

《天安门前看升旗》，北京理工大学的歌曲《我爱五指山，我爱万泉河》等节目。

（波　音）

【2010年首都大学生新年音乐会】 12月28日，2010年首都大学生新年音乐会在海淀剧院举行。教育部高教司司长张大良、市教委主任刘利民、市委教育工委常务副书记刘建、副书记王民忠、市教委副主任郑萼出席了活动。此次新年音乐会由首都师范大学承办。音乐会融管乐、合唱、舞蹈于一体，紧紧围绕庆祝新中国成立60周年及纪念五四运动90周年的主题，展现出当代大学生热爱祖国、积极向上的精神风貌。

（波　音）

区 县 文 情

概 况

东城区位于北京市中心城区东北部，面积 25.38 平方公里。设 10 个街道办事处，115 个居民委员会。另外设有北京站地区管理处、王府井建设管理办公室和东二环建管办三个重点街区管理机构。全区常住户籍人口 62.1 万人，暂住人口 12.5 万人。

东城区文化委员会（以下简称区文委）是东城区政府管理文化工作的职能部门，同时接受北京市文化局、文物局、新闻出版局、广播电视局的业务领导。区文委下设 7 个职能科室和 1 个文化行政执法队，辖属 8 家事业单位，全系统职工人数 251 名。

2009 年，东城区文委紧紧围绕庆祝新中国成立 60 周年各项文化活动，努力推进首都戏剧文化城建设，积极提升公共文化服务水平，开拓创新、扎实奋进，文化事业各个方面都取得了新的明显进展。

2009 年文化艺术发展

领导视察和调研

2 月 17 日，区长杨艺文到区文委调研。区委常委、宣传部部长王红兵，副区长毛桂芬陪同调研。区文委主任程永涛就“当前文委工作面临机遇与挑战的基本判断”、“应对制约文化事业发展主要问题的基本思考”、“当前文委着力研究推进的重点工作”、“需要领导关注支持的几个具体事项”四方面内容进行了汇报。杨艺文发表了指导意见。毛桂芬、王红兵对今后的工作提出要求。

4 月 17 日、19 日，区文委领导班子全体成员及相关科室负责人分别赴北京怀柔区文委和天津市和平区文化旅游局学习考察。一行人参观了位于怀柔的国家中影数字制作基地和星美影视城及天津和平区艺术中心、五大道的近现代建筑风貌，进行了座谈交流。

7 月 6 日上午，上海市静安区文化局局长张爱华一行三人到东城区考察文化工作。张爱华一行先后到国子监、孔庙、钟鼓楼、保利剧院参观考察。双方就戏剧文化建设、文化市场管理、文化品牌打造等方面的工作进行了讨论和交流。毛桂芬及区文委、区文联有关负责同志参加接待活动。

11 月 5 日 ~6 日，市人大常委会原副主任赵久合，区人大常委会主任刘朋庆，区政协主席吴弘勇，区人大常委会副主任李力、费文勇，区政协副主席郭瑞敏等领导与市、区人大代表近 200 人和区政协委员 180 余人分别视察了东城区文化馆装修改造工程。毛桂芬及区人大办公室、政府办公室、政协办公室和区文委负责同志陪同参观。

11 月 18 日，区委书记杨柳荫、王红兵、毛桂芬等到区文委调研指导工作，先后参观了区文化馆新馆及图书馆，了解馆舍建设、功能布局及工作运行等情况，听取了区文委工作情况汇报，对改造后的文图两馆建设及文委工作情况给予肯定，对进一步做好文化工作作出指示。

12 月 28 日，副区长毛桂芬到十字坡影剧院电子游戏厅和世嘉华瀚文化娱乐有限公司游戏厅进行调研。

重要会议

2009 年东城区社会文化工作委员会工作会议　2 月 24 日召开。王红兵、毛桂芬出席会议。社文委成员单位主管领导及街道文教科科长、文化站站长、驻区文化单位代表以及文委系统文化干部等近100人参加了会议。会议对2008年工作进行了总结，围绕2009年工作进行了研讨和部署。与会领导对下一步工作提出具体要求。

东城区2008年“扫黄打非”工作总结表彰大会 2月26日召开。王红兵及区文委、执法队、区“扫黄打非”领导小组成员单位的负责同志参加会议。会议全面总结了2008年“扫黄打非”工作，对2009年工作进行了部署，表彰奖励了在2008年工作中表现突出的先进集体和先进个人。

公益文体活动专题工作会 7月26日召开。杨艺文听取有关单位关于《东城区公益文体活动专项补贴资金管理使用若干重点问题的调研报告》和《北京市东城区公益文体活动专项补贴资金管理暂行办法（试行）》的汇报并进行研究部署。王红兵、毛桂芬出席会议，区文委、区社工办、区教委、区体育局、区财政局主要领导和负责人参加会议。

学习实践活动总结大会 8月11日召开。毛桂芬、区委检查指导组组长孙福泉等应邀出席会议。文委处级班子全体成员、机关副科以上干部、全体党员和基层单位中层以上干部70余人参加会议。大会对学习实践活动作了总结报告，就进一步巩固扩大学习实践活动成果、完成好国庆活动的重点工作提出要求。

培训

2009年东城区文化骨干培训班 区文委于5月6日~8日在中央文化干部管理学院举办。培训班就公共文化服务体系建设、节庆文化的创意与策划、文化工作的创新、文化志愿者的管理与服务等重点热点问题进行讲解和培训。相关科室及文化馆、图书馆负责同志，10个街道主管文化的领导和干部近50人参加培训。

首都戏剧文化城建设

制订首都戏剧文化城建设相关政策 在深入调查研究基础上，完成了《东城区戏剧发展公益补贴资金管理暂行办法》、《东城区戏剧产业发展引导资金暂行办法》、《关于推进首都戏剧文化城建设的若干意见》三个文件的起草任务，其中《关于推进首都戏剧文化城建设的若干意见》以区委、区政府名义正式下发执行。

新中国成立60周年中国话剧艺术发展论坛 10月17日~18日，东城区主办，在人民大会堂举行。来自北京、上海、天津、山西、内蒙古等全国各地的话剧专家、学者和院团负责人百余人，共同研讨话剧艺术发展的现状及前景。

戏剧进社区、进校园公益活动 向全区10个街道赠送话剧票，邀请千余名低保户、特困户等居民群众免费走进剧场观看话剧。组织儿童剧剧组走进东四九条小学演出互动，共有5所小学的200余名师生参加。

“戏剧四季风”品牌活动 举办“两岸城市青年戏剧演出季”、“儿童戏剧夏令营”、“北京青年戏剧节”和“北京青年戏剧节独立戏剧展”。“戏剧四季风”演出场面火爆，受到众多戏剧爱好者的好评。全年全区戏剧演出达4000场，观众172万余人次。

新中国成立60周年文化活动

东城区庆祝新中国成立60周年系列文化活动启动仪式 6月23日在地坛公园八区奥运文化广场举行。市委宣传部、首都文明办、市文联、东城区委区政府、区文委、区文联、区社会文化工作委员会领导和东城区社区百姓500余人参加。

东城区群众庆祝新中国成立60周年系列文化活动 6月23日~9月30日，全区举办“十大重点、百个专题、千场活动”、“为伟大祖国骄傲——庆新中国六十华诞 展东城人文风采”系列文化活动、“红歌大家唱”、“街道优秀团队展演”等文化活动，充分调动全区各类社会资源，创新活动形式内容，吸引群众广泛参与。

国庆联欢晚会地坛彩排现场

首都国庆联欢晚会演出 10月1日晚举行。东城区负责的联欢板块由4个联欢方阵、1个标兵方阵及工作人员组成，共创编5个特色鲜明的集体舞和28个表现区域文化特色的文艺节目。来自东城区10

个街道社区的群众文艺骨干，10所中学的学生代表以及东城区机关工作人员和驻京部队指战员官兵近3000人参加了首都各界庆祝新中国成立60周年天安门广场联欢。

东城区国庆游园活动 10月1日～3日，在地坛公园八区文化广场举办以“欢歌东城 祝福祖国”为主题的文艺演出和“非遗”展示，举办了东巴陶艺、山东潍坊木板年画、北京木雕门楼、毛猴、宫灯等20余种民间传统手工艺精品展览展示。

节庆文化活动

2009年东城区新年音乐会 2008年12月31日上午在区图书馆隆重举行。文化部社文图司、北京市文化局、市教委、驻区部队领导出席，区主要领导以及民主党派负责人、区老干部、劳动模范、驻区部队、奥运志愿者代表、文化志愿者代表、感动东城人物代表及群众文艺骨干代表等全区各界群众500余人共同欣赏了新年音乐会。本届新年音乐会由北京市第22中学金帆交响乐团、第171中学金帆合唱团以及参加奥运会开幕式演出的西中街小学学生林妙可共同演出。

“微笑北京 和谐先锋——志愿者迎接2009年主题活动” 1月1日凌晨在北京钟鼓楼举行。中共北京市委常委梁伟，共青团北京市委书记、北京志愿者协会会长刘剑，全国政协委员、奥组委原执行副主席李炳华，副区长毛桂芬等和北京志愿者代表、社会各界知名人士600余人参加，活动展现了2009年元旦志愿服务版“微笑圈”。

钟鼓楼击鼓鸣钟迎新春活动 1月26日（大年初一）零时举行。东城区文化志愿者及各界群众代表一同撞响了永乐报时铜钟，为祖国祝福。

东城区文化馆第19届新春游乐会 1月28日～30日举办。游乐会为来京建设者、驻区武警部队官兵以及生活工作在东城的社区特困户、退休老工人、残疾人赠送20000余张门票。其间，市文化局、市文化艺术活动中心、区人大、政府、政协等领导和区文联、民俗专家也先后到文化馆与百姓共度新春佳节。游乐会共接待游客15000余人次。

东城区2009年清明节系列文化活动 4月4日～6日举办。活动包括“忆家训、谈家风、促和谐”清明节主题教育活动、“话说清明节”知识讲座、“弘扬清明节文化，祭奠先烈英灵”主题纪念活动、“文明公祭进社区”清明节诗文研读活动、“颂清明·好雨知时节”景声朗诵团成立等活动。活动共吸引各界群众2000余人。

东城区端午节特色文化活动 5月23日～28日举办。包括：“五月端阳红”特色文化活动、“千秋不改炎黄韵”经典诗文朗诵会、两岸城市青年戏剧演出季首场演出以及各街道举办的端午节传统文化活动，共举办20余场，吸引观众20000余人。

东城区2009年中秋节系列文化活动 10月3日～7日举办。包括“千里共婵娟——国庆中秋诗会”活动、北京周末相声俱乐部国庆中秋相声专场、“同迎新中国六十华诞 共度中秋团圆佳节”文艺演出、“喜迎国庆、欢度中秋”文体团队太极拳系列才艺表演、科普展览活动、“迎国庆、度中秋、品诗歌、赏明月”主题文化活动，共吸引各界群众2000余人。

特色文化活动

“首届皇城文化旅游节”与“畅游古都，品味东城系列主题旅游活动” 4月28日在王府井商业街百货大楼门前举行。区领导，市旅游局领导，黑龙江省牡丹江市、河北省沧州市、江苏省盐城市、海南省海口市等与东城区缔结友好城市的驻京办事处代表，东城区重点企业代表，区相关委、办、局、街道领导以及东城区、怀柔区群众参加。

第17届北京“天使杯”国标舞、交谊舞城市友好邀请赛 5月16日～17日在地坛体育馆举行。本次活动由北京演艺专修学院、东城区文联主办，区文化馆承办。来自北京、广东、山东、河北、辽宁、黑龙江6个省（直辖市）和澳门特别行政区，23个城市的38支代表队、126个组别、近900对参赛选手参加比赛。中国侨联原副主席林丽韫，全国人大办公厅主任赵文山，北京市文化局巡视员叶重辉、副巡视员阮兰玉，北京市文联党组副书记王德新，副区长毛桂芬、区政协副主席王建军等出席活动。

“银幕上看祖国”数字电影展映活动 8月1日～11月30日举办。在全区范围内开展以公益电影为主的“银幕上看祖国”爱国主义影片展映活动。活动共展映爱国主义教育经典影片30余部。

中国第8届外邮评选颁奖典礼 12月19日在东城区文化馆举行。第十届全国政协副主席李蒙，中国西部研究与发展促进会常务副会长、外邮评选组委会主任程路，全国集邮联副会长刘佳维，市政府副秘书长侯玉兰，东城区副区长毛桂芬，区文委主要领导等出席颁奖典礼。来自首都和全国各地文化界、集邮界代表以及朝鲜、加拿大、埃及、日本等

国家驻华使馆的大使和官员近200人参加了典礼。“澳门回归祖国10周年集邮展”、“第8届外邮评选参评国邮票展”、“北京鼓楼集邮研究会成立30周年回顾展”同时举行，还召开了北京鼓楼集邮研究会成立30周年纪念会和以“澳门回归10周年、促进民间邮会集邮发展”为主题的集邮研讨会，并发行《鼓楼邮刊·北京鼓楼集邮研究会成立30周年纪念特刊》。

周末相声俱乐部　2009年，北京周末相声俱乐部共演出25场，吸引观众12000余人次。国庆60周年相声专场演出、新相声创作等专场演出受到百姓欢迎。

非物质文化遗产保护工作

全区共有4大类10个项目入选第二批区级非物质文化遗产名录，6项成功申报为市级非物质文化遗产项目，2项国家级项目正在申报中。截至2009年底，东城区共有非物质文化遗产保护项目国家级4项、市级13项、区级33项。

文化馆

区委、区政府投资4950万元对已使用近20年的文化馆进行升级改造。改造后的文化馆，活动面积进一步增加，服务功能进一步完善。12月25日，重新改造后的东城区文化馆举行隆重的开馆典礼。文化部、市文化局、东城区委区政府、北京市文化艺术活动中心领导出席。东城区社文委成员单位，各区县文委、文化馆主要领导，驻区文化单位和演出团体代表以及东城区文化馆直属俱乐部、团队负责人等200余人共同参加了典礼。文化馆改造的同时也进行了改革，由差额拨款改为全额拨款，解除了文化馆后顾之忧，使其更能全心全意地为群众服务。

改造后的东城区文化馆旧貌换新颜

图书馆

东城区2009年街道图书馆工作会议　3月24日召开。全区10个街道公共事务管理办公室文教科科长及相关部门负责同志30余人参加会议。会议总结了2008年街道图书馆工作，对2009年工作进行了部署和动员；对2008年度工作表现突出的街道图书馆进行了表彰。

“世界读书日——聆听经典、品味书香”诗文朗诵会活动　4月23日举办。由区文委、区文联主办，区图书馆承办。曹灿、殷之光、冯福生等10余位著名朗诵艺术家和300余名读者参加活动，共同庆祝第14个“世界读书日”的到来。

东城区图书馆接受北京市专家评估组检查指导　9月4日，北京市专家评估组一行20余人对东城区图书馆进行县以上公共图书馆第四次评估定级检查。毛桂芬，程永涛，区文委党委书记牟玉宪、副主任张志勇及有关部门负责同志参加评估会。专家组认为东城区图书馆在数据库建设和网站建设等方面成绩突出，值得学习和推广。

区图书馆全年共组织“书香生日”、经典诵读、作家与读者见面会、少儿“红读”、古都历史系列讲座等活动165场，46200多人次参加。

文化市场管理

文化市场审批　全年共完成行政许可424件，其中新批373件，变更51件。按时办结率为100%，群众满意率100%。完成全区出版零售企业、各类娱乐场所审核登记工作，有效地服务于区内文化产业的发展。

文化市场检查　全年共出动执法人员3041人次，检查文化经营单位1511家次，制作执法案卷14卷，共罚款14000元，吊销经营许可证2个。为确保重点时段文化市场安全稳定，先后开展了“雷霆行动”、“两会”期间全区文化市场专项整治行动、国庆“护航行动”、鼓楼东大街电玩市场专项整治等系列行动。

文化市场工作会议　全年共召开文化市场经营单位安全生产工作会、文化娱乐场所规范经营管理暨安全责任书签订大会、“扫黄打非”工作会议、组织文化市场经营者法律知识培训等40余场。

获奖情况

东城区文化委员会获首都中华人民共和国成立60周年庆祝活动东城区筹办工作先进集体称号、“祖国庆典　创造辉煌”突出贡献奖。

东城区文委文化执法队被评为2009年北京市“扫黄打非”暨文化市场管理工作先进集体。

东城区文化馆获第三届“CRD杯”国际标准舞比赛优秀组织奖、第五届北京群众广场舞蹈电视邀请赛优秀组织奖。

东城区图书馆获文化部颁发的一级图书馆荣誉；获2009年度“北京市红领巾读书活动”优秀组织奖、2009年北京市“文化共享杯”知识竞赛组织奖、2009年全民阅读活动优秀组织奖。

全区58家单位被北京市国庆联欢筹委会授予“首都国庆60周年联欢晚会突出贡献奖”。第19届东城区文化馆新春游乐会在第4届北京春节庙会·灯会文化活动评选中获“特别鼓励奖”。区残联的合唱《回娘家》在第7届全国残疾人艺术汇演比赛中获三等奖。北京市171中学金帆合唱团获全国首届童声合唱电视公开赛一等奖。东城区艺术团舞蹈《丰收时节》获第4届华北五省市舞蹈比赛中老年组表演一等奖。东华门街道老年合唱团获北京市第4届老年合唱大赛铜雀奖。

东城区文化委员会

书记　　牟玉宪

主任　　程永涛

（王湘帆）

西　城　区

概　况

西城区位于北京市中心城区西北部，面积31.66平方公里。年末，区内总人口91.2万人，其中户籍人口79.3万人，暂住人口11.9万人。辖区内有7个街道办事处，148个社区居委会。

西城区文化委员会（简称区文委）负责西城区文化事业管理工作。区文委内设6个职能科室，行政编制29人。设直属机构文化委员会行政执法队，编制20人。辖属单位有文化馆、图书馆、青少年儿童图书馆、历代帝王庙、李大钊故居、郭守敬纪念馆、文物保护研究所、首都电影院、胜利电影院、红楼电影院、新街口电影院。

2009年，区文委构建公共文化服务体系，举办公益文化活动，创新文艺形式，促进文化发展。精心筹划、周密组织西城区国庆60周年群众联欢活动，取得圆满成功；举办民俗节日文化活动，开展公益数字电影放映；建立区文化市场管理系统，开展“平安国庆”活动。

2009年文化艺术发展

重要活动

迎新春双拥晚会　1月12日，区委常委、武装部部长杨爱民等领导同驻区部队和群众代表出席晚会。晚会以讴歌改革开放成果和反映部队火热生活为主，参加演出的演员主要有区文化馆干部、业余团队以及中央警卫团演出队等。

公益数字电影放映　2月26日，西城区向区内群众免费发放数字电影观影卡10万张。其中，2万张卡提供给老年人、残疾人、来京务工人员，8万张卡提供给社区居民。区委常委、宣传部部长傅华等领导出席发卡仪式。年内，公益数字电影放映1900余场，10万余人次观看。

“和谐杯”六艺大比拼　3月~6月进行。第3届“和谐杯”六艺大比拼以庆祝新中国成立60周年为主题，设书法、绘画、摄影、合唱、卡拉OK、舞蹈6项。区内党政机关、企事业单位和驻区部队约3000人参加。各门类均评出一、二、三等奖，区直机关工委等11个单位获活动组织奖。

第2届小学生古诗词吟诵大赛　4月6日，区青少年儿童图书馆举办第2届西城区小学生古诗词吟诵大赛。全区38所小学选派308名学生参加比赛。本届比赛分个人组和集体组。展览路一小演唱了特邀作曲家谷建芬作曲的《三字经》、《弟子规》两首歌曲。10名参赛选手、10所参赛学校获得“最佳表演奖”。

周和平调研公共文化设施　4月24日，文化部副部长周和平到西城区调研公共文化设施，参观区图书馆、区文化馆，对区图书馆实行“通借通还”服务给予肯定，副区长杨培丽等领导陪同调研。

纪念五四运动90周年展览　5月4日，“穿越时空——‘五四’文化名人事迹展览进社区”活动启动仪式在西城区金融街社区举行。展览由市委社会工委、首都精神文明办主办，8家名人故居、纪念馆承办，是市社会建设工作领导小组办公室会同有关单位开展的“迎接国庆、服务社会、构建和谐、促进发展”系列活动的一个重要组成部分。市委社会工委书记、市社会办主任宋贵伦等出席仪式。梅兰芳纪念馆、宋庆龄故居、李大钊故居、鲁迅博物馆、郭沫若纪念馆、茅盾故居、老舍纪念馆、徐悲鸿纪念馆负责人，18个区县有关同志和附近居民参加了活动。展览还在全市巡回展出，通过展览，社区居民了解到五四运动以来8位20世纪的文化名人的生平事迹，从他们身上感受到中华民族共同的理想追求、共同的文化观念和共同的价值取向。

第9届“相约北京”文化活动 5月4日，第9届“相约北京”文化活动在西城区文化中心举行。由日本著名演唱团体Baby Boo演出，慰问了2008年北京奥运会期间坚守在志愿者岗位的西城区共青团员、青年志愿者以及辖区居民。

送书到农村 5月25日，房山区大石窝镇南尚乐中心小学成为西城区青少年儿童图书馆在农村小学建立的第一个分馆。分馆设32个书架，有1.8万册青少年读物，价值近30万元。分馆的设立受到地处偏远山区、学校经费有限的南尚乐中心小学欢迎。

百场文化艺术辅导讲座进社区 5月20日~9月底，社区辅导讲座由区文化馆干部授课，设有声乐、歌唱入门、化妆、戏曲、国画、摄影、曲艺、黑板报设计、合唱与指挥、中老年时装、戏剧文学11个艺术门类。共举办讲座156场，约5000名居民参加。

参加全国社区文化经验交流 5月30日，在四川省成都市举办的全国城市社区文化建设经验交流会上，西城区副区长杨培丽以《实施1121工程 推动社区文化设施建设》为题，代表北京市作了典型经验发言。

社区群星大舞台 是2009年推出的全新活动项目。自6月开始，活动面向社区、服务社区，利用文化馆设施设备，定期为各街道、社区群众文艺团队无偿提供场地和服务。年内，举办社区群星演出14场。

文化遗产日活动 6月13日，“中国文化遗产日”活动在历代帝王庙举行。这次活动是2009人文北京和国庆60周年文化活动之一，以“保护文化遗产，促进科学发展”为主题，以“关爱文化遗产，建设人文北京”为宣传语，有200余人参加。当日，区图书馆举办主题书展，区青少年儿童图书馆举办“北京历史文化与首都文化建设”专题讲座活动。

“社区杯”六艺大比拼 6月16日~10月7日，举办第5届“社区杯”六艺大比拼，参加比赛的人员为社区群众。以国庆60周年为主题，比赛设2类6项，展览类有书法、绘画、摄影，表演类有合唱、广场舞、来京务工人员歌唱比赛等，共征集到书画影作品409幅，评出的60幅获奖作品在区文化中心展出，近千人观展。35支群众文艺团队参加合唱、秧歌和服装服饰比赛，1100余人在比赛中展示才艺。

第5届“社区杯”六艺大比拼合唱比赛

电影院整合工作 7月13日，北京市红楼电影院和北京市胜利电影院整合为北京市红楼电影院（北京市胜利电影院），整合后的影院除承担电影放映业务外，还建立了非物质文化遗产展示中心，是西城区非物质文化遗产宣传展示、保护传承、教育培训基地。

纪念奥运会举办一周年 8月8日，北京奥运开幕式音乐团队及200多位奥组委工作人员在历代帝王庙重聚，纪念奥运会举办一周年。北京市副市长刘敬民等领导出席。

北京景山合唱节 9月20日，由西城区主办，作为全市“为伟大祖国骄傲”系列文化活动之一的“2009年北京景山合唱节”在景山公园举行决赛，经过选拔赛决出的12支合唱团队同场角逐竞技，决出一、二、三等奖。全市36支合唱团2000余名队员参加合唱节。

国庆60周年联欢晚会活动 10月1日晚，西城区承担国庆60周年联欢晚会活动的任务是：负责位于金水桥前长安街上西侧大学生联欢区活动，面积为5740平方米，联欢区内划分4个联欢圈。西城区组织2800名联欢群众和演员圆满完成了集体舞表演、配合光立方互动和表演区内的文艺演出任务。6月19日，成立了西城区国庆60周年联欢晚会指挥

部，总指挥为副区长杨培丽，现场指挥为区人大常委会副主任刘永先。指挥部成员来自区内87家单位，区文委是指挥部牵头单位。成立了办公室、活动组、安保组、后勤组。制定了《西城区国庆联欢晚会活动安全保卫工作方案》、《西城区国庆联欢晚会活动安全保卫应急预案》、《西城区国庆联欢晚会活动全体人员集结疏散方案》和《西城区国庆联欢晚会活动风险评估与控制方案》，并建立甲型H1N1流感疫情防控机制。组织召开工作会30余次，编写《简报》15期。区文化馆承担设计表演动作任务，组织60余名小教员队伍，对参加活动人员进行培训。7月~9月，共开展训练、合练、演练近320场。

国庆北海游园活动　10月2日举行。西城区承担国庆北海游园活动中的非物质文化遗产展示区及主会场文艺演出区的部分工作，区文委组织9个非物质文化遗产保护项目及家庭艺术馆参加国庆60周年北海公园游园活动，同时组织、协调互动区节目演出。

全国公共图书馆评估定级　10月22日，全国公共图书馆第四次评估定级工作专家组到西城区实地检查，副区长杨培丽出席。全国公共图书馆评估定级工作每四年一次。年内，区图书馆、区青少年儿童图书馆被文化部评为国家一级图书馆。

纪念毛泽东诞辰116周年交响朗诵演唱会　12月19日，西城区纪念毛泽东诞辰116周年交响朗诵演唱会在区文化中心举行。整台节目综合运用交响乐、朗诵、合唱、重唱、独唱、弹词、京剧等艺术形式，专业演员和群众演员同台演唱。

驻区文化单位年会　12月22日，驻区文化单位年会召开。会议就区文化产业发展情况进行交流。副区长杨培丽在讲话中就不断优化发展环境、发挥区域文化优势、增强文化创新活力、提高区域综合竞争力提出要求。驻区企业代表和区内相关单位近百人参加会议。

周末百姓剧场　年内，依托西城区文化中心剧场，创新开展低票价百姓剧场活动。年内，举办演出23场，吸引专业团体以及优秀文艺团队参演，低票价演出得到观众认可。

公益辅导　年内，区文化馆开展声乐、舞蹈、伴奏、指挥等艺术门类的辅导1017次，受众33400人次。其中社区示范点辅导494次，受众14820人次；下基层、部队等辅导289次，受众11560人次；京、评、越剧团队、舞蹈团队辅导234次，受众7020人次。

红领巾读书活动　红领巾读书活动已经开展了27年，2009年，红领巾读书活动以“弘扬爱国情　好书伴我行”为主题，组织开展阳光少年故事会、中小学生征文比赛、红领巾讲坛等10项活动，44所小学、28所中学62067人次参加活动。

民工剧场　民工剧场旨在为来京务工人员提供文化服务，丰富他们的文化生活。年内，在西城区文化中心举办2场演出，1200名来京务工人员免费观看演出。

曲艺之家票房　曲艺之家票房每周四在区文化中心举行活动。曲艺爱好者可免费观看表演。年内，演出52场，6240人观看。

民俗节日文化活动　年内，在元旦、春节、元宵节、清明节、端午节、中秋节、重阳节等传统节日期间，开展了传统民俗节日文化活动，定位于突出传统民俗，以室内庙会、戏曲、曲艺、原创灯谜、赛龙舟、公益数字电影、话剧、非物质文化遗产手工艺现场展示、民俗展览等为活动形式，让节日充满喜庆。其中“节庆西城”年内共举办6个专场，接待观众14000余人次；“看大戏到西城活动”每逢节假日上演不同风格的折子戏和大戏，以区文化馆戏曲团队联合专业院团为演出队伍，演出京、评、越剧专场30场，受众12000余人次；举办非物质文化遗产展览展示5次、皮影演出8场、岔曲演唱专场6场。

2009年，西城区共举办各种文化活动8600余场。

文化交流

赴国外进行文化交流　1月10日~21日，区文化馆艺术培训学校带领36名学员赴新加坡访问演出，受到当地观众欢迎；5月23日~28日，区文化馆陈项应邀参加西班牙举办的国际太极拳交流活动；5月和10月，文化馆赵明两次参加英国国标舞学术交流；11月12日，由区委组织部部长许樾真带队，区文化馆8名业务干部赴澳大利亚进行国际间文化交流活动，表演了京剧《行云流水》等，交流活动为期11天，演出4场。

赴西藏友好城区演出　8月4日，由区委常委、宣传部部长傅华带队，区文化馆9名业务干部赴西藏进行为期5天的文化交流。其间，演出了单弦表演唱《数胡同》、女声三重唱《北京之约》、京剧《智取威虎山》选段等节目。

非物质文化遗产保护工作

推选市、区级非物质文化遗产保护项目　3月30日，第二批区级非物质文化遗产名录专家评审会召开，与会专家以投票方式推荐出11个项目；6月8日，11个推荐项目由区政府对外公布。6月，市人民政府公布第三批市级非物质文化遗产保护名录，西城区有5项入选，分别为：西城区孙式太极拳、护国寺小吃制作技艺、砂锅居全猪席制作技艺、柳泉居京菜制作技艺、仿膳（清廷御膳）制作技艺。年内，区文委落实210万元专项资金用于非物质文化遗产保护。

非物质文化遗产展示中心揭牌　6月12日，西城区非物质文化遗产展示中心揭牌仪式在胜利电影院举行，市政协副主席陈平、区长张建东等出席揭牌仪式。市政协、市文化局、城八区文委、文化馆有关领导出席仪式。展示中心内设非物质文化遗产项目展、民间工艺展、"非怡阁"民俗文化讲坛、传承人工作室，以及影视厅、报告厅等多个功能厅室，是西城区非物质文化遗产宣传展示、保护传承、教育培训基地。

文化馆

西城区文化馆为国家一级文化馆。内设办公室、艺术委员会、财务部、后勤保障部、厅室活动部、艺术部、社区艺术指导部、艺术培训部、非物质文化遗产整理办公室、舞美工作部、演出服务部11个部门。年内，紧密围绕新中国成立60周年，组织开展"节庆西城"、"看大戏到西城"、"六艺大比拼"、"景山合唱节"、"月末大舞台"、"西城讲坛"、"圆梦艺苑公益个人展览"、"公益数字影院"等传统品牌活动；全新推出"周末百姓剧场"、"社区群星大舞台"等精品活动，并坚持进行"百场文化艺术辅导讲座进社区"、"艺术培训"等公益辅导和培训。关注弱势群体文化需求，举办"民工剧场"，为自闭症孩子免费开办"钢琴音乐疗法"培训班。完成非物质文化遗产的收集、整理、制作，举办非物质文化遗产展览，进行非物质文化遗产校园传承等活动。

西城区街道系统歌咏比赛

图书馆

西城区图书馆　是全国首家获得国际图联会员资格的区县级公共图书馆，建筑面积11720.28平方米，馆内设有报刊阅览室、德国信息与德语自学中心、中瑞可持续发展信息中心、视障人阅览室、集体视听室、多媒体网络中心、旅游资料室、音乐资料室、古籍资料室、个人借阅部、自习室和港台资料阅览室等14个服务部门。年内，结合"迎国庆、讲文明、树新风"活动，定期举办各类讲座、展览、培训等文化活动，在区内营造了浓郁的国庆氛围，发挥了图书馆的宣传阵地作用。年内，在全国公共图书馆评估达标工作中被评为一级图书馆；实现了视听文献外借服务；协助西长安街街道、和平门图书馆开馆；将区内13家街道级分馆全部纳入北京市公共图书馆计算机信息服务网络，实行"通借通还"联网服务。

西城区青少年儿童图书馆　内设综合阅览室、儿童阅览室、报刊阅览室、电子阅览室、音像视听室、玩具乐园、数字电影厅、乒乓球厅等13个开放厅室，面向18岁以下青少年儿童开放。年内，采购图书22003册，分编图书21885册。接待读者213656人次，外借图书247584册次。围绕"喜迎新中国成立60周年"开展丰富多彩的读者活动152场，73000余人次参与。截至年底，累计藏书238760册，网站浏览量98万人次，开辟学校、幼儿园、社区服务点25个。购置了Apabi电子图书近12000册、引进了"点点书库"——数字动漫平台&书库，成为北京市首家引进数字动漫平台系统的图书馆。增加了图书馆中小学校园题库9000多件，建立了北京市儿童文学作家库、西城区中小学校名录信息数据库等特色数据库。

文化市场管理

建立区文化市场管理系统　年内，区文委与区科委联合开发西城区文化市场管理系统。该系统重点建设文化市场经营单位经营情况展示功能、文化市场经营单位信用等级评估功能、文化市场数据统计分析功能、文化市场信息查询服务功能等四项基本应用功能，为区内相关单位和公众提供文化市场信息查询服务。

快乐四号线活动　地铁四号线通过西城区的站点周围分布着72处影剧院、博物馆、文化馆、图书馆等娱乐和文化设施。区文委将四号线沿线文化场所向社会进行整合宣传，推出1万张阳光娱乐场所体验券，领取体验券的市民可在沿线的金库歌厅、麦乐迪、华威电子游戏厅等11家阳光娱乐场所进行免费体验。

扫黄打非工作　年内，开展“平安国庆”行动，进行11个专项治理，出动执法人员31847人次，执法车辆6500台次，社会协管力量1万余人次，检查各类文化经营单位4060家次，立案查处违规经营企业46家，罚款总款5.2万元。西城区“扫黄打非”工作领导小组办公室被评为全国“扫黄打非”先进集体。

文化市场社会监督工作　西城区成立两支由近200人组成的文化市场社会监督队伍，一支是文化市场监督员队伍，以街道为监督单位，对文化经营单位进行巡视，向区文委行政执法队反馈监督信息；另一支是以148名社区治保专干为主的社区文化督导员队伍，以社区为监督单位，进行巡视，向监督员反馈督导信息。

西城区文化委员会

书记　　张宏达

主任　　张宏达

（王　健）

概　况

崇文区位于北京城区东南部，面积16.46平方公里。全区户籍人口32.64万人。全区设7个街道办事处，84个社区居民委员会。

崇文区文化委员会（简称区文委），是主管本区文化、文物、新闻出版、广播电视等工作的职能部门。内设行政办公室（党委办公室）、社会文化科、旅游科、文化产业办、文化市场科、文物科、文化行政执法队7个职能部门。

2009年，区文委认真落实崇文区“十一五”规划和天坛文化圈发展战略，围绕中心，服务大局，文化工作取得了一系列可喜成绩。

2009年文化艺术发展

重要会议

区文化系统2009年工作会议　1月21日，区文委召开2009年工作会议。区委常委、宣传部部长赵中原、副区长高桂强参加会议并讲话，区文委机关干部及基层单位党政领导60余人出席了会议。区文委主任李承刚总结了2009的工作，明确了2010年的任务。赵中原、高桂强作了指示。

2008年数字电影放映工作会议　3月13日，区文委召开了2008年数字电影放映工作总结、表彰及2009年放映员培训会议。北京世纪东方数字电影院线有限公司的领导、工作人员，7个街道文卫体科、文化服务中心数字电影放映工作负责人及放映员近30人参加了会议。区文委副主任魏瑞峰就区数字电影放映工作进行了总结，并对2009年数字电影的放映工作做了部署。北京世纪东方数字电影院线有限公司的技术人员对区的放映员进行了放映技能培训。

文化体制改革

8月26日，根据《北京市崇文区人民政府关于机构设置的通知》精神，为更好地发展崇文区旅游事业，成立区旅游局。原崇文区文化委员会（旅游局）改名为崇文区文化委员会，原崇文区文化委员会（旅游局）的旅游管理职能归属新成立的区旅游局。8月，崇文区撤销区文化产业办公室，在区文委设文化产业发展办公室。

重要活动

第26届春节龙潭庙会　1月25日~2月1日在龙潭公园举办。本届庙会紧密围绕以庆祝新中国成立60周年和非物质文化遗产保护两大主题，实现了突破性的创新。来自全国各地的7支花会队伍、400多名演员参加了开幕式演出。庙会8天，共有7支花会队伍、260多名演员参加演出，共演出20余场，吸引观众近10万人次。本届龙潭庙会获得北京市“最具人气”和“非遗展示”两项大奖。

崇文区送文化进低保家庭系列活动启动仪式　3月3日，于区文委会议室举行“和谐文化进千家”崇文区送文化进低保家庭系列活动启动仪式。此项活动是由崇文区人民政府主办，区文委、区民政局

具体负责的文化惠民工程，也是为低保家庭办实事的活动之一。区文委副主任魏瑞峰，区民政局副局长周宝明等向崇文区低保、特困家庭代表赠送在长安大戏院演出的《龙凤呈祥》京剧票，拉开了崇文区送文化进低保、特困家庭系列活动的序幕。崇文区各街道主管主任，文化科、民政科负责人和崇文区各街道低保、特困家庭代表百余人参加了活动，《北京日报》、《北京晚报》、《北京青年报》等多家媒体也参与到此项活动中。启动仪式后，陆续推出送相声票、送快板票、送评书票等进家庭的活动，让崇文区的每个低保、特困家庭每年看上一场演出。

清明节风筝放飞活动　4月3日，由区文委和区文联主办，以“传承亲情 放飞希望”为主题的崇文区清明节风筝放飞活动在永定门北广场举行。在和煦的春风中，100多名风筝爱好者在广场上放飞200多件大、中、小型风筝。众多风筝爱好者和社区群众到场观看风筝放飞。

“刘老根大舞台”落户前门阳平会馆　4月26日，崇文区人民政府与本山传媒集团在天坛饭店联合召开了“刘老根大舞台·北京剧场签约仪式暨开业新闻发布会”，“刘老根大舞台”落户前门阳平会馆，赵本山成为“崇文区文化旅游形象大使”。本山传媒集团董事长赵本山，总裁刘双平，崇文区区长牛青山，区委常委、宣传部部长赵中原等出席签约仪式暨开业新闻发布会。5月2日，“刘老根大舞台”举行了首演式。

“为伟大祖国骄傲 为魅力崇文喝彩”夏日文化广场文艺演出　文艺演出由区委、区政府主办，区委宣传部、区文委、区园林局、区文化馆承办。崇文区各委办局人员及部分专业演出团体演员参加演出。7月1日，正式拉开了崇文区“为伟大祖国骄傲”庆祝中华人民共和国成立60周年系列文化活动的序幕。7月～10月，崇文区7个街道共组织近100场文艺演出，观众人数近5万人次。

国庆60周年系列文化活动　一是完成了国庆晚会集体舞表演任务。为确保演出活动成功，区文委培训了150名教员，组织8次集中演练。10月1日晚，崇文区3700名演员翩翩起舞，出色地完成了天安门广场国庆晚会集体舞表演任务。首都国庆60周年联欢晚会指挥部表扬崇文区文委“祖国庆典、创造辉煌、贡献突出”。二是举办国庆游园演出活动。北京歌舞剧院、河北沧州新宏杂技团在天坛公园、龙潭公园表演了精彩节目。区文委被区委、区政府授予“国庆六十周年最佳服务保障奖”。

崇文区群众参加在天安门广场举行的新中国成立60周年联欢晚会大型集体舞表演

举办“与祖国同行”永定门广场文艺演出　10月12日，区文化馆在永定门南广场承办了“与祖国同行”庆祝永定门南广场落成暨慰问崇文区参加国庆60周年庆典活动工作人员文艺演出。演出展示了1949年以来珍贵的历史画面，歌颂了崇文区伴随祖国发展取得的巨大成就。著名歌唱家李谷一、著名笑星小沈阳到场助兴。中央电视台著名主持人胡蝶和区文委副主任魏瑞峰共同主持。崇文区四套班子领导、参加国庆60周年庆典活动的工作人员及群众等上万人观看了演出。

基层特色活动

崇外街道第9届元宵灯会　2月6日，由崇外街道主办的第9届元宵灯会在新怡家园社区举行，200余盏小区居民制作的灯笼亮相。灯会分为灯展区、演出区、谜语区、展览区和书法家送“福”字区。副区长刘云斋、高桂强等区领导、北京市社会工委的领导参加了活动。崇外街道第9届元宵灯会获第4届北京春节庙会·灯会文化活动最佳社区庙会灯会奖。

花市社区文化节　3月27日，崇文区“花市社区文化节暨蟠桃宫庙会”开幕式在明城墙遗址公园东便门角楼前广场举行。区四套班子领导出席开幕式，北京投资促进局党委书记孙长泰、公安部边防管理局政治部秘书处处长伏鹏、人民法院报社党委副书记王连印等市领导、驻区部队代表以及社区群众近万人参加了开幕式。在开幕式的文艺表演中，公安部边防管理局歌手演唱了《红旗飘飘》；花市社区及属地学校表演了民族舞蹈；相声演员王月波表演了一段展现花市特色的相声。庙会以庆祝新中国

成立60周年为主题，以“清明时节踏青来，欢歌笑语赏非遗，祭祀品尝十三绝”为特色，结合城南文化与清明文化，推陈出新。

崇文区第6届金鱼池社区节开幕　4月18日，由崇文区文化馆参与承办的崇文区第6届金鱼池社区节开幕，社区节以“欢天喜地迎华诞，携手共建新家园”为主题，三个篇章为：铭记——纪念老舍先生诞辰110周年，感恩——喜迎新中国60华诞，开拓——展望锦绣崇文、七彩天坛、魅力金鱼池。开幕式演出节目新颖，异彩纷呈。

文化交流

香港文化博物馆馆长邹兴华考察“非遗”工作　11月2日，在崇文区市级“非遗”项目厨子舍清真菜宴席制作技艺传承人舍曾泰家中设家宴，让香港客人现场观看并体会了该“非遗”项目。文化部非物质文化遗产司副司长屈胜瑞、“非遗”处处长蓝静，中国艺术研究院办公室副主任郑长玲，北京市文化局局长降巩民、副巡视员阮兰玉、“非遗”处领导等陪同。11月4日，香港文化博物馆馆长邹兴华到崇文区考察“非遗”工作，区文委书记贾红梅、文化馆“非遗”部等负责接待，邹兴华参观了东花市街道社区博物馆、同仁堂博物馆、北京珐琅厂、京城百工坊景泰蓝等“非遗”项目工作坊，并与国家级项目传承人进行了座谈。

培训

非物质文化遗产管理人才和传承人研修班　崇文区非物质文化遗产保护中心举办非物质文化遗产管理人才和传承人研修班。研修班为期一年，自2008年11月开始，至2009年9月结束。参加学习的学员来自区从事非物质文化遗产保护的工作人员和项目传承人员。研修班以传承、保护非物质文化遗产为宗旨，力求通过学习，培养出一批懂业务、懂管理、敢创新的复合型非物质文化遗产管理人才和传承人，按照非物质文化遗产保护的科学发展规律，抓好和促进非物质文化遗产管理人才和传承人建设，为全面推进非物质文化遗产保护工作，做好人才的培养使用、管理和储备。为办好研修班，区文委组织了强有力的工作班子，由党委直接领导。日常教务教学工作由区非物质文化遗产保护中心具体负责，并聘请了一批国家级非物质文化遗产保护专家和国家级传承人担任教学工作。

工美大师电脑培训班　崇文区图书馆举办“工艺美术大师电脑培训班”。先后有100多名大师及其弟子报名。此次培训时间从5月延续到9月，共举办20讲60次，累计2000人次参加培训。培训结束，共收到学员结业作品74幅。

崇文区基层文化干部培训班　崇文区基层文化干部培训班在昌平举行培训。基层文化干部培训是崇文区为促进文化事业发展、提高基层文化干部队伍整体素质而常年坚持的一项活动，受到基层文化干部的欢迎。区文委领导，7个街道主管领导、文卫体科、文化服务中心负责人及工作人员，区文化馆、区图书馆领导及相关业务骨干近60人参加了培训。

文化设施建设

永定门广场建设工程竣工　2009年10月，永定门广场建设工程胜利竣工。该工程将南北广场连成一片，成为面积达8000多平方米的文化广场。

文化馆

举办纪念改革开放30周年暨迎新春文艺汇演　1月7日～8日，区文化馆分别举办了纪念改革开放30周年暨迎新春文艺汇演综合专场和器乐专场，区文化馆领导以及来自全区7个街道的文化干部和600多名社区群众观看了演出。文艺汇演在大合唱《旗帜颂》中拉开了帷幕，文化馆声乐队、器乐队、舞蹈队、戏曲队以及老北京民间艺术团等10支团队献上了精彩纷呈的节目。

庆“六一”少儿书画手工艺大赛作品展　6月1日，文化馆承办崇文区庆“六一”少儿书画手工艺大赛作品展。大赛历时一个月，共征集作品200多件，其中有180件作品入选了开幕式展览，42件作品获奖。

崇文区文化馆举办“六一”少儿书画手工艺大赛作品展

“文化遗产日”系列活动　2009年6月13日是我国第4个“文化遗产日”，文化馆在北京珐琅厂召开了有国家级、北京市级非物质文化遗产传承人和传承单位参加的座谈会，并在珐琅厂、东花市社区博物馆、京城百工坊外举办了“非遗”项目展演、讲座等系列活动，多方位、多角度地展示区内丰富的非物质文化遗产资源。

“为伟大祖国骄傲”崇文区爱国歌曲演唱大赛　6月23日，文化馆承办“为伟大祖国骄傲”崇文区爱国歌曲演唱大赛，各街道、机关工委选派节目参加了比赛。

“为伟大祖国骄傲”北京快板邀请赛颁奖仪式和汇报演出　8月16日，由北京文化艺术活动中心、北京曲艺家协会、崇文区文化委员会联合主办，崇文区文化馆（快板沙龙）承办的“为伟大祖国骄傲”北京快板邀请赛颁奖仪式和汇报演出在北京刘老根大舞台举行。

奥运会中国故事“祥云小屋”——“北京小屋”展览　8月16日，由崇文区文化馆复原的奥运会中国故事“祥云小屋”——“北京小屋”在中华民族艺术珍品博物馆展出。此次展览的大多数物品是奥运会时期的原件，现场参观者对展品表现出浓厚的兴趣，既回味奥运期间的文化盛况，又感受到北京地道的京味文化，收到了良好的社会效果。

“为伟大祖国骄傲”北京市京、评、梆现代戏曲票友大赛　9月6日，由崇文区文化馆主办的“为伟大祖国骄傲”北京市京、评、梆现代戏曲票友大赛决赛暨颁奖仪式在刘老根大舞台举行。

第2届中秋诗会　9月29日，文化馆举办“庆祝中华人民共和国成立60周年”崇文区第2届中秋诗会，200余名作家和文学家及爱好者与朗诵艺术家殷之光等共聚一堂，以诗歌朗诵、歌曲等形式，热情讴歌了新中国成立60年来的伟大成就。

文化馆建馆60周年庆祝活动　9月29日，文化馆举行庆祝中华人民共和国成立60周年暨文化馆建馆60周年招待会。活动特别邀请了崇文区文化馆的历任馆长以及多年与文化馆密切协作的老艺术家代表，与全体在职及退休职工欢聚一堂。

图书馆

图书下基层力度进一步增强　区图书馆流动送书出车292次，借阅1.6万余人次、3.3万余册次。八一建军节，开展了“庆八一图书室进军营”部队图书室挂牌启动活动，为集体借书点调拨图书2000册。东花市分馆成立了“共享悦读会”，举办了“大众读书会——读书与健康”主题座谈会，召开了“60年我们和祖国一起走过”主题读者座谈会，体育馆路分馆组织了“文化社区行，走进体育馆路街道图书馆”街头宣传活动。

“老报纸回望共和国60年”公益展览活动　9月，区图书馆首次举办“老报纸回望共和国60年”公益展览。100多份老报纸展现了共和国60年风雨历程和改革开放辉煌成就。

崇文区红领巾读书活动　围绕2009年全市红领巾读书活动“弘扬爱国情，好书伴我行”主题，区图书馆在区中小学生中间组织“我喜爱的书中人物”讲故事比赛、“精彩记忆”格言卡制作、第10届“读书小状元”评比活动、“爱心快递”捐赠图书活动、“走进科普”短剧比赛、“全国少年儿童阅读年·2009年首次全国少年儿童阅读调查”等一系列活动。

非物质文化遗产保护工作

崇文区18人入选国家级“非遗”代表性传承人名单　4月9日，崇文区11人入选第二批北京市级非物质文化遗产代表性传承人名单。6月15日，崇文区7人入选第三批国家级非物质文化遗产代表性传承人名单。至2009年，崇文区入选国家级非物质文化遗产代表性传承人达18人，入选北京市级的非物质文化遗产代表性传承人37人。

承办国家非物质文化遗产——彩塑著名产地优秀作品展　4月30日，由崇文区“非遗”保护中心承办的“国家非物质文化遗产——彩塑著名产地优秀作品展”在中华民族艺术珍品博物馆五层展厅举行。副区长高桂强，区文委副主任、区“非遗”保护中心主任魏瑞峰等出席了开幕仪式。展览汇聚北京彩塑、天津泥人张彩塑、无锡惠山彩塑等全国13个省市、地区的彩塑优秀作品及各地区传承人40余人，共展出作品150余件。

“非遗”手工艺展示入选国庆游园参观项目　10月2日，崇文区非物质文化遗产保护中心在天坛公园游园会上组织开展了以“非遗”传统手工艺展示为主的系列活动。包括北京景泰蓝在内的崇文区8个“非遗”项目的代表性传承人在现场向游园群众进行了技艺展示。

崇文区9个新项目进入第三批北京市级非物质文化遗产名录　10月12日，北京市政府公布了第三批市级非物质文化遗产名录，其中包括崇文区天坛的传说、前门的传说和花市元宵灯会等9个新项目名列其中。崇文区已拥有北京市级“非遗”名录项目36个。

文化市场管理

建立文化市场监督员工作制度　区文委聘请了10名人大代表、10名政协委员为文化市场监督员，参与区文化市场监管，并面向社会聘请了42名街道退休人员为文化市场监督员。文化市场监督员通过培训上岗，每周召开例会，明确当前工作的责任范围和巡查重点。全年召开区文委执法队听取监督员建议会议40余次。

区内文化娱乐场所安全负责人培训　6月5日，区文委召开2009年崇文区文化娱乐场所落实安全生产动员培训会议，组织全区文化娱乐场所法人代表或负责人和全体文化市场监督员参加。11月25日～26日，崇文区文委执法队对全区文化娱乐场所进行法规培训。43家文化娱乐场所共45名法人代表或负责人参加了培训。

获奖情况

崇文区　被文化部复评为“全国文化先进区”。

区文委　被人力资源和社会保障部、文化部授予“全国文化系统先进集体”荣誉称号。

区文委　被评为2009年北京市“扫黄打非”文化市场管理工作先进集体。

区图书馆　被中央精神文明建设指导委员会评为“第2届全国文明单位”。

区图书馆　被评为“北京市校外教育先进集体”称号。

区文化馆　在“奏响2009全国二胡古筝群英会”活动中，获北京赛区二胡齐奏类别老年组别二等奖。

区文化馆　在第7届“椿树杯”北京市社区京剧票友大赛中获“优秀组织奖”。

区文化馆　被首都精神文明建设委员会评为首都“迎国庆 讲文明 树新风”活动先进单位。

崇文区文化委员会

书记　贾红梅（女）

主任　李承刚

（任　莉）

宣　武　区

概　况

宣武区位于北京市中心的西南部，总面积19.04平方公里，2009年常住人口56万人。全区辖大栅栏、天桥等8个街道办事处，107个社区居委会。

北京市宣武区文化委员会（简称区文委）是区政府主管文化工作的职能部门。设有办公室、文化市场管理科、文化艺术科、文物管理科、人事保卫科、财务科、文化产业开发科、文化行政执法队、文化馆、图书馆、文物管理所（北京宣南文化博物馆）。在编146人。宣武区有区级文化馆1个，社区文化室109个，重点社区文化广场10个，区属协会11个，业余文艺团队161支，市级艺术家庭13个；区级图书馆1个，街道图书馆9个；中央及市、区属艺术院团7个，市、区级营业性演出场所14家；美术品经营单位48家，歌厅51家，网吧52家，电影院7家，电子游艺厅3家，舞厅1家。

2009年，宣武区圆满完成了国庆联欢晚会、国庆游园文艺演出任务，组织开展了一系列迎国庆文化活动，在公共文化服务、文化产业发展和文化市场秩序维护等工作中，取得新的进展和成绩。

2009年文化艺术发展

重要会议

公共文化工作会　2月19日召开宣武区2009年公共文化工作会议。会议总结了2008年公共文化工作完成情况，通报了2009年公共文化工作要点。副区长税勇、市文化局公共文化处领导出席。

宣武区文化座谈会　3月5日召开宣武区文化座谈会，邀请著名专家学者为宣武区文化产业发展出谋划策。区委书记王宁出席并讲话，区委常委、宣传部部长谭晓枫主持会议。首都规划建设委员会原副主任、著名规划专家宣祥鎏，中国人民大学教授、著名商业流通专家黄国雄，北京大学博士生导师、书法研究所所长王岳川，国家发改委经济体制与管理研究所文化产业研究中心主任齐勇峰，中国旅游学院研究生导师、北京旅游公司总经理李庚以及北京社科院城市所所长黄序等多位专家学者，围绕宣武区发展现状、功能定位、发展方向等问题提出了意见建议。

北京演出行业协会宣武区分会成立大会　11月13日，在贵都大酒店召开北京演出行业协会宣武区分会成立大会暨第一次理事会。副区长李岩和北京演出行业协会、区文委等领导出席。中央及市、区、民营等有合法经营权的文艺表演团体、演出场所、演出经纪机构共39个单位会员加入行业协会。会长为天桥剧场总经理王全兴，常务副会长为北京京都文化投资管理公司总经理王长利，副会长由北方昆曲剧院院长杨凤一和北京老舍茶馆有限公司董事长尹智君担任，秘书长由北京京都文化投资管理公司副总经理冯建华担任。

2009中国（北京）特色文化街合作与发展高峰论坛　11月24日，在北京翔达国际商务酒店举行，业界主管部门、专家学者以及全国14个友好城市、14个特色文化街区受邀参加，区委常委、宣传部部长谭晓枫出席并做主旨发言，副区长李岩主持论坛。论坛以特色文化街区建设合作发展为主题。中国步行商业街工作委员会主任韩健徽，北京市社会科学院、北京市贸促会会务部、文博会国内联络部等专家，和来自各省市友好区县及特色街区代表先后发言，并达成了五点共识，发布了《合作宣言》；北京市宣武区、北京市东城区、成都市武侯区、成都市青羊区、南京市下关区、南京市白下区、杭州市上城区、西安市莲湖区、郑州市二七区、天津市和平区、沈阳市沈河区、青岛市市北区、安徽省黄山市及拉萨市等与会的14家特色文化街代表还签署了深化全国特色文化街间交流与合作的《合作框架协议》。

领导调研

中国商业联合会调研　7月1日，中国商业联合会副会长兼秘书长姜明，中国商业联合会副秘书长宣春雷到宣武区调研考察。考察组一行考察了大栅栏商业街，以及内联升、大观楼、琉璃厂园区、荣宝斋、汲古阁、戴月轩、宏宝堂及湖广会馆等，听取了琉璃厂历史文化创意产业园区建设，天桥地区传统曲艺文化资源、发展设想，以及区域重点文化单位等情况汇报。区领导王宁、王刚、赵金花、杜灵欣、谭晓枫、李岩出席。

市发改委调研　9月9日，市发改委副主任王海平率队到宣武区调研，参观了荣宝斋、中国书店，听取了宣武区文化创意产业发展现状、琉璃厂园区建设和全区未来产业发展总体思路的汇报。杜灵欣、谭晓枫陪同调研。

重要项目

入选“非遗”名录　2月26日，召开第二批宣武区级非物质文化遗产名录评审会，34项被列入第二批区级名录。10月，宣武区有14项入选第三批北京市级非物质文化遗产名录。截至年底，宣武区共有非物质文化遗产区级项目74项，其中国家级项目17项、北京市级项目40项。

申报国家级文化生态保护实验区　3月，按照市文化局工作部署，宣武区与崇文区联手申报国家级文化生态保护实验区。

连战到琉璃厂参观　8月3日，国民党荣誉主席连战到琉璃厂荣宝斋和中国书店参观。宣武区京都公司总经理王长利陪同。

文化活动

2009年北京厂甸庙会　1月26日~29日举办，共接待游客69.78万人次。获第4届北京春节庙会·灯会文化活动特别鼓励奖。

第14届大观园红楼庙会　1月26日~30日，共接待游客18.8万人。获第4届北京春节庙会·灯会文化活动最佳创意奖。

文艺创作作品征集活动　3月~12月，围绕庆祝新中国成立60周年，结合宣武区60年的发展变迁，开展创作一批舞蹈、歌曲、戏剧小品、戏曲曲艺作品的“四个一批”主题创作活动，共征集到各类作品90余件。

“双百惠民”工程　5月~12月，启动“双百惠民”工程（为群众免费举办100场专业演出、播放100部电影）。北方昆曲剧院、北京杂技团、北京风雷京剧团、北京市曲艺团、北京市河北梆子剧团分别在区文化馆小剧场、大观园露天剧场和宣武艺园进行文艺演出。观众达16万余人次。

文化遗产日主题宣传活动　6月13日，开展宣武区2009年文化遗产日主题宣传活动。活动内容包括非物质文化遗产手工艺展示、宣南文化博物馆“馆藏文物珍品展”等。近400人参加。

“庆七一，迎国庆”系列文化活动启动　6月29日，在宣武艺园露天剧场举行“为伟大祖国骄傲”宣武区“庆七一，迎国庆”系列文化活动启动仪式，并演出了精彩的文艺节目。

慰问重大项目工程建设者　7月20日，在宣武艺园露天剧场举办“为伟大祖国骄傲”宣武区慰问重大项目工程建设者专场文艺演出。中央广播说唱团、中国歌剧舞剧院、北京市曲艺团、北京杂技团、北京风雷京剧团的艺术家们为宣武区重大项目工程建设者演出了精彩的文艺节目。区委书记王宁，区委副书记、区长王刚出席活动。

国庆60周年联欢晚会　10月1日晚，组织区内3700名各界群众参加天安门广场的群众联欢活动。

第8届北京宣南文化节　11月23日～29日举行。文化节以“激发文化创新能力，促进经济持续增长”为主题，有以“悠悠宣南·华彩宣武”为主题的开幕式晚会；也有产业高峰论坛，特色街区论坛，特色街、老字号企业创意文化展示周，宣南文化之旅体验周，“宣南文化走进首经贸”文化展示，北京传统文化演出季等系列活动；还有驻华大使和夫人等国际友人做客老舍茶馆、千名留学生走进张一元的文化交流活动。“北京传统文化演出季”系列活动，共推出传统演出60余场，组织重点、特色体验和演出等活动17场，1.4万人次直接参与。

宣武区领导启动第8届宣南文化节开幕式

“宣南文化走进首经贸”　11月26日，在首都经济贸易大学校园内，区文委与团区委共同举办了“宣南文化走进首经贸”活动。

参加国际文化创意产业博览会　11月26日～29日，宣武区参加第4届中国（北京）国际文化创意产业博览会。参展内容主要是展示宣武区发展战略，介绍广安产业园区建设规划，展现宣武区丰富的文化旅游资源，宣传宣武区文化创意产业的丰硕成果。博览会期间，中共中央政治局委员、国务委员刘延东，司法部部长吴爱英，市委副书记、市长郭金龙，副市长刘敬民，区委书记王宁，区委常委、宣传部部长谭晓枫等莅临宣武区展区参观。宣武展区获组委会颁发的“最佳展示奖”，区文委获“最佳组织奖”。

对外文化交流

北京杂技团出访　6月，北京杂技团节目《双人软功》随宣武区政府代表团赴日参加北京市与东京都结成友好城市30周年演出活动。7月～9月，北京杂技团17人杂技演出队赴西班牙、塞尔维亚演出。9月，北京杂技团《双人软功》赴加拿大参加“欢声笑语迎国庆”中国文联艺术团访加巡演。12月，《双人软功》参加北京文联艺术团访美巡演。

赴欧洲展演非物质文化遗产　8月28日～9月10日，参与市委宣传部举办的“魅力北京”系列活动，组织北京皮影、内画鼻烟壶、脸谱制作等8个手工艺项目赴欧洲，参加荷兰鹿特丹中国文化节手工艺展演、欧盟委员会总部手工艺展演、欧洲议会大厦手工艺展演、卢森堡文化艺术中心手工艺展演活动。

赴南非参加盛装狂欢节活动　9月10日～14日，应南非豪登省政府邀请，组织白纸坊腰鼓、花棍队和广内空竹表演队一行38人，赴南非参加约翰内斯堡狂欢节活动。

区属专业艺术表演团体

北京风雷京剧团　2009年，剧团共完成各种演出416场，演出收入132.89万元，平均每场演出收入3194元，观众达7万余人次。

北京杂技团　2009年，在万胜剧场共演出700场，接待观众20余万人次。演出收入850万元，其中国外演出收入340万元。

文化企、事业

湖广会馆　年内共演出299场，俱乐部周末相声演出37场。与德云社联合推出消夏相声演出专场，票房收入122万元，接待观众11988人次。5月14日，著名影星成龙受邀参观湖广会馆、戏曲博物馆，并在戏楼观看京剧。5月25日，国民党主席吴伯雄率国民党副主席林丰正、蒋孝严、吴敦义、曾永权，副秘书长兼大陆事务部主任张荣恭等一行人参访了湖广会馆戏楼，中共中央台办常务副主任郑立中、中共北京市委副书记王安顺、宣武区区委书记王宁陪同观赏风雷京剧团京剧《虹桥赠珠》。

联合影院　4月，中华电影娱乐宫、广安门电影院和大观楼影城3家影院成立了“联合影院”。截至12月20日，广安门电影院票房收入974.2万元，超额完成33.4%；中华电影娱乐宫收入760万元，超额完成30.3%；大观楼影城收入223.8万元，超额完成19.6%。

文化馆

宣武区文化馆有员工39人，全年实行无假日开放；是宣武区的文化娱乐中心、文化艺术培训中心、群众文化指导中心，对外文化交流的窗口；是文化部评定的一级馆。年内，组织迎新春室内庙会、“双百惠民”工程；参与第8届北京宣南文化节，参加各街道组织的“一街一品、一街多品”等群众文化活动；派出业务骨干，对国庆集体舞进行精心创编，对全区127名集体舞小教员进行辅导、演练和指导，并做好后勤保障工作；编辑国庆《工作简讯》6期；组织开展各类演出60余场，累计观众60000余人次；举办舞蹈、声乐、朗诵主持、戏曲、合唱指挥大讲堂等各类讲座30余场，听众15000余人；举办展览20余场，参观人数18000余人次；开办舞蹈、主持人、中老年美术辅导培训1070课时，4700余人次；深入街道、社区、单位进行培训辅导59次，800余课时，13000余人次；成立宣武区图书馆文化馆分馆；无偿为宣南书馆、“鸣乐汇”相声吧提供场地设施，演出百余场，累计观众21000余人次；召开第二批宣武区级非物质文化遗产名录评审会。

图书馆

宣武区图书馆2009年被评定为国家“一级图书馆”。2009年，馆藏文献356697册。全年举办活动165次，39154人次参加，读者流通24万人次，外借书刊31万册次。年内，组织“周末大讲堂”、“国旗在我心中”等主题系列讲座、报告会74场，14000人次参加；开展为来京务工人员及机关、学校、社区、部队、敬老院、幼儿园等送书百余次；开展资源共享网上阅览活动，13000人次参加；举办共享工程推广活动41次，3000人次参加。开展了以“弘扬爱国情，好书伴你行”为主题的读书活动，17000余名学生参加。承办第8届法源寺丁香诗会和第5届丁香笔会。编辑出版《北京宣南寺庙文化通考》一书。推进政府信息公开，建立查询网络平台。开展北京民俗文化课题研究，充分挖掘社会资源，搜集与民俗有关的文献、照片等资料。

文艺社团

宣武区文学艺术界联合会　2009年底，有会员316人。年内，组织协调、承办大中型活动5次，举办摄影书画展5次、个人展览12次，举办文学艺术系列讲座2次，组织艺术家座谈会6次，与北京市文联所属协会举办主题活动3次。1月，区文联应邀组织宣武民间艺术团赴德国进行文化交流活动。

宣武区书法家协会　2009年底，有会员200余名，其中中日书协会员近20名，北京书协会员50余名。2009年，协会30幅作品参加了在军博举办的“第3届北京国际书法双年展”，在文化馆举办了“纪念宣武区书协成立30周年会员作品展”，与宣武区美协联合举办了“祖国颂”宣武区纪念新中国成立60周年书画展，在宣南文化博物馆举办了8次书法讲座。常年举办研讨班，培养创作队伍，坚持联系各社区书法组织参加笔会、书写春联，参加市、区政协大型展览和笔会等。

宣武区集邮协会　是北京市最早成立的区级集邮组织之一，有会员375名，团体会员8个，坚持每月一次会员会。2009年，举办了多次邮展、学术论坛，为小学生开展集邮辅导课。

京昆艺术发展促进会　3月21日，召开了第八届一次筹备换届选举会，3月29日召开了第八届二次会议代表大会。坚持每周日以湖广会馆为阵地，进行戏曲交流和排练折子戏等活动。

宣武区作家协会　2009年，开展各类型交流活动50余次；编辑出版《宣南诗刊》及丁香诗会专刊共7期；年内共走访社区40余次；举办并组织作家和诗人参加法源寺丁香诗会、参加盛世中华大型诗歌朗诵会；举办了“国旗在我心中”大型系列专题报告会。

宣武区图书馆协会　至2009年底，有来自学校、街道、医院、企业、机关的单位会员近80名。年内，开展送书进军营、进学校、进社区活动，开展慰问武警官兵、外地务工人员活动，举办讲座、培训、读书等活动近百次。

白纸坊文体协会　2009年，承办了首届“白纸坊杯”腰鼓邀请赛，参加了北京市体育局社体中心健身腰鼓大赛、北京市老年协会群众健身项目展示大赛、北京市舞蹈家协会第11届舞蹈大赛、北京市职工文化协会举办的舞蹈大赛、牛街“民族团结杯”舞蹈邀请赛、国庆60周年群众联欢晚会等，并代表北京市民赴南非参加约翰内斯堡狂欢节。

宣武区广内空竹协会　有会员2000余人，空竹健康活动站53个。2009年，建立了空竹博物馆。赴南非参加约翰内斯堡狂欢节，参加国庆60周年群众联欢晚会活动，在中小学校开展空竹培训课程。成立了广内空竹文化艺术团。

宣武区美术家协会　2009年，成立了广外、天桥、椿树美协分会，举办了第4届天宁风韵书画展、首届天桥神韵书画展、“颂祖国、书盛世”首届椿树书画展。与天隆华美公司在南来顺饭庄联合举办“端午节企业家、书画家联谊笔会”。组织知名书画家参加了宣武区政协庆祝新中国成立60周年和人民政协成立60周年笔会。组建创作班，开展各种参观学习活动。

宣武区音乐家协会　有会员80人。每周五、六、日开展培训、交流、展示等活动。

文化市场管理

文化市场检查　年内，区文委执法队共出动执法检查人员6227人次，出动车辆2029车次，检查文化娱乐场所472家次、网吧599家次。解决、处理各类举报20余件；立案13起，结案11起，罚款6000元。全年未发生一起行政复议。

执法队员检查辖区街头报摊

“扫黄打非”工作会　3月2日，区扫黄打非领导小组办公室召开宣武区2009年“扫黄打非”工作会。区领导谭晓枫、税勇出席会议。

网吧义务监督员座谈会　12月29日，召开网吧义务监督员成立5周年座谈会。国家教育部关心下一代工作委员会副主任李蒙恩、北京市教育系统关心下一代工作委员会会长陈大白、市文化局副局长关宇、市文化市场行政执法总队正局级巡视员赵连文、副区长范宝等参加。

获奖情况

集体

宣武区文化委员会　获文化部非物质文化遗产保护工作先进集体称号、北京市文博系统第5届运动会精神文明单位奖、首都中华人民共和国成立60周年庆祝活动突出贡献奖、首都“迎国庆 讲文明 树新风”先进集体称号、第4届中国北京国际文化创意产业博览会最佳组织奖及最佳展示奖。

个人

傅文刚　获全国非物质文化遗产保护先进工作者称号。

孟　盼　获第2届首都科教、文体、法律、卫生“四进社区”活动先进个人称号。

王　旭、刘淑华、潘振斌　获首都国庆60周年北京市新闻宣传工作突出贡献奖。

宣武区文化委员会

书记	王　旭（8月免）
	白　杰（8月任）
主任	王　旭

（刘　佳）

朝　阳　区

概　况

朝阳区位于北京市东郊，面积470.8平方公里。年内，常住人口317.9万人，辖23个街道办事处、20个地区办事处。

朝阳区文化委员会（简称区文委）是主管本区文化、文物、新闻出版和广播电视工作的政府组成部门。内设办公室、组宣人事科、文化科、文物管理科、出版发行管理科（审批管理科）、电视音像管理科（调研室）及文化行政执法队。直属单位有文化馆、图书馆、北京民俗博物馆、北京市朝阳区文物管理所、朝阳剧场、紫光影城、劲松影院、香河园文化娱乐中心、曙光影剧院、区电影发行放映公司、群众文化厅、北京朝阳京剧艺术中心。

2009年，区文委围绕“保增长、保民生、保稳定”，以国庆60周年庆典工作为中心，以加强调研、科学规划、探索机制为重点，坚持软硬件两手抓的原则，加快了公共文化服务体系建设；以健全体系、创新手段、提高效率、规范发展为目标，打造繁荣、健康、安全的文化市场环境；圆满完成了国庆服务及保障工作任务；不断满足全区广大人民群众的精神文化需求。

2009年文化艺术发展

重要会议

2009年朝阳区基层文化工作联席（扩大）会 2月12日在朝阳区文化馆召开。区委常委、宣传部部长谢莹，区人大常委会副主任于五一、副区长张春秀出席，区基层文化工作联席会成员单位、各街乡主管文化工作主任、文教科科长（文化中心主任）等300余人参会。会议全面总结了2008年文化工作，部署了2009年文化工作主要任务，奖励了2008年在奥运文化广场组织、群众文化活动开展和图书馆建设方面成绩突出的单位，并下发经费300万元，用于扶持文化队伍建设。

召开朝阳区国庆文化活动总结表彰会 11月11日，区文委在朝阳宾馆多功能厅组织召开。区委常委、宣传部部长谢莹，副区长张春秀，区相关委办局的领导，43个街乡主管文化工作的领导、文化干部，街乡业余文艺团队的优秀代表共200余人参加了会议。区文委主任黄晓伟对朝阳区国庆文化活动进行了全面总结。会议表彰了天安门广场联欢活动中表现突出的单位和个人，发放资金300万元对1215支朝阳区文化队伍进行奖励和扶持。

2009年朝阳区文委系统人才工作大会召开 12月23日召开。区政协副主席关三多、区委宣传部常务副部长苏民等出席会议。会议全面总结了2009年区文委人才工作情况，并对2010年人才工作进行了部署。会议对2009年度在专业技术方面和国庆文化活动中取得突出成绩的集体和个人进行表彰，授予16个集体项目“专业人才集体项目成果奖”，22项个人成果“专业人才个人成果奖”，5个项目“专业人才集体项目特殊成果奖”，2个单位“国庆文化活动先进集体奖”，系统7个基层单位“‘平安国庆’先进集体奖”，同时授予区文委副主任、文化馆馆长徐伟“专业人才个人特殊成果奖”。

调查研究

国务院专题调研“9剧场” 3月16日上午，国务院研究室信息研究司司长忽培元、中共北京市委宣传部副部长陈东、市文化局副局长王珠等，对“9剧场”进行了文化创意产业专题调研。

市文化局领导调研朝阳区公共文化建设 3月25日上午，市文化局局长降巩民、巡视员叶重辉、副巡视员阮兰玉等到朝阳区调研公共文化建设。朝阳区委常委、宣传部部长谢莹，区文委主任黄晓伟等陪同。区文委副主任徐伟从文化设施布局、国庆60周年活动、非物质文化遗产传承保护、文化品牌建设和文化权益保障等五个方面进行汇报。

全国人大调研朝阳区公共文化建设 4月15日上午，全国人大教科文卫委员会副主任李树文带领调研组调研朝阳区公共文化建设的发展和管理情况，市人大常委会副主任吴世雄参与调研，区人大常委会副主任于五一、副区长张春秀陪同。调研组参观了金盏乡皮村的打工文化艺术博物馆、工友影院和新工人剧场，观看了当地群众自编自演的“三句半”。随后，一行人又来到了区文化馆，从群众文化载体建设、区文化馆体制改革、文化品牌建设等方面听取了区公共文化建设的工作汇报。调研组对政府主导、文化馆根据百姓需求开展群众文化这一工作模式给予了高度评价，充分肯定了朝阳区在保障外来务工人员等弱势群体文化权益方面所做的工作，同时希望建立保障弱势群体文化权益的长效机制。

全国文化站站长考察朝阳区公共文化设施 6月17日，来自全国31个省、区、市51名基层文化站站长考察了黑庄户地区快板刘文化大院、金盏地区皮村社区文体活动中心。大家观看了快板刘文化大院的精彩表演，还对金盏地区皮村社区文体活动中心的打工博物馆、工友影院、新工人剧场对周边百姓的服务情况进行了解。

文化部社会文化司调研朝阳区社区公共文化设施配套建设 9月15日上午，国家文化部社会文化司副司长张永新一行，到双井街道富力社区调研社区公共文化设施配套建设情况。市文化局副局长王珠，区文委、区规划分局、区财政局、区发改委、区建委（配套办）、双井街道等部门领导陪同调研。

重要活动

第8届北京民俗文化节暨第11届东岳庙春节文化庙会 1月30日，第8届北京民俗文化节暨第11届东岳庙春节文化庙会圆满闭幕。作为被列入国家级非物质文化遗产名录的庙会，北京东岳庙庙会本年主打“遗产”牌，开展了一系列非物质文化遗产展现活动。历时5天，8万余人次参加了庙会丰富多彩的民俗活动。

举办2009年“清明时节”开幕式 4月3日，朝阳区2009年传统节令系列活动之“清明时节”在朝阳区文化馆开幕。活动包括朝阳区第二批“非遗”

名录专家论证会，“九嶷古韵”九嶷派传人杨青古琴演奏会，“新桃旧符总相宜”曾丹、王琪新老旗袍展等内容。

“旋舞朝阳”朝阳区第3届舞蹈比赛决赛举办　5月13日，由朝阳区文委、区文联主办，区舞蹈家协会承办的“旋舞朝阳”朝阳区第3届舞蹈比赛决赛，在朝阳剧场举办。来自全区22个街乡及区属单位的27支舞蹈队参加了比赛。来自亚运村街道飞扬舞蹈团的《扎西德勒》、麦子店街道社区舞蹈队的《走出大山》、东坝地区舞蹈队的《剪纸姑娘》获了表演金奖，亚运村街道飞扬舞蹈团的《喜洋洋》、三里屯街道社区舞蹈队的《黄土地上花鼓人》获了创作、表演金奖。

“9剧场”开创北京剧场演出新纪录　6月20日晚，在“9剧场”首次出现了5个剧场同时公演的盛况，再次改写了在同一剧场区域内、同时承载演出数量的新纪录。当晚演出的剧目包括：“行动剧场”的话剧《寻话记》，“TNT小剧场”的法国戏剧荟萃压轴话剧《唐璜》，“后SARS小剧场”的非非戏剧演出季（第二季）剧目《最后一条领带》，“凹剧场”的非非戏剧演出季（第二季）剧目《远方》及小梨园剧场的乐丰斋周末相声专场。

文化馆“老物件”在首博展出　8月18日～10月31日，“城市记忆”展在首都博物馆开展，该展览还被纳入首都献礼国庆四大展览之一。朝阳区文化馆的近1000件“老物件”现身此次展览。开幕式当天，有近1500名市民参观。

第8届大学生戏剧节圆满落幕　8月23日，'2009第8届大学生戏剧节在9剧场之TNT小剧场落下帷幕。朱明德、濮存昕、林荫宇等领导和嘉宾出席闭幕式。来自全国的18所大学参赛，演出19部剧目（其中7部来自北京、12部来自京外），共有36场话剧演出、8次专题讲座、5次戏剧工作坊、9个艺术展览、3场卡车音乐会、3场大学民谣演奏会、2场古琴演奏会、1场爵士音乐会、2次新农村采风活动，此外还有戏剧书市、创意集市、艺术电影展映、诗歌朗诵会等内容。上海外国语大学飞那儿剧团《等到戈多》剧组获最佳演出奖；浙江师范大学阿西剧社《沧海月明》剧组不仅摘得最佳剧本奖，还最终捧得了大戏节的第一个“金刺猬奖”。

北京残奥会成功举办一周年纪念晚会举行　9月9日晚，北京残奥会成功举办一周年纪念晚会在位于奥林匹克中心区的北顶娘娘庙隆重举行。刘淇，国际残奥委会主席克雷文，邓朴方，国家体育总局局长、中国奥委会主席刘鹏，中国残疾人联合会主席张海迪等和部分外国使节，中央有关部门，原北京奥组委、北京奥运城市发展促进会会员，部分残奥赞助企业，残奥冠军及为残疾人事业作出突出贡献的人士代表等中外宾朋300余人出席了晚会。

北京残奥会成功举办一周年纪念晚会

国庆庆典系列文化活动　10月1日晚，组织2000名朝阳区群众在天安门广场东侧载歌载舞，表演了《在一起》《爱我中华》等5支集体舞和“中华鼓韵（鼓乐演奏）”“流光溢彩（民族舞蹈）”“国色天香（旗袍华服走秀）”等三组独具特色的节目。10月2日，在奥林匹克森林公园、朝阳公园、团结湖公园、兴隆公园举办4场8台演出。

庆祝新中国成立60周年——朝阳区摄影、美术、书法优秀作品展　10月10日上午，由北京摄影家协会、朝阳区委宣传部、区文联在首都图书馆举办。展览展出摄影作品170多幅，书法作品92件、美术作品78件。中国书协副主席、北京书协主席林岫，朝阳区美协主席、著名画家贾浩义等名家的书画作品，也在本次展览中展出。

畅想2010朝阳区新年音乐会　12月29日晚，由朝阳区委、区政府主办，区委宣传部、区文明办、区文委、区文联联合承办的“畅想2010”朝阳区新年音乐会，在北京电视台BTV大剧院举办。区委书记陈刚，区政协主席辛燕琴，区委常委、常务副区长吴桂英等出席。音乐会分为“辉煌交响、丝乐竹声、龙腾虎跃、向着朝阳”四个乐章。其中，第四乐章“向着朝阳”，由两支朝阳区优秀的业余文艺团队演唱了由朝阳人自创的《向着朝阳》《朝阳之歌》《头顶朝阳一片天》等歌颂朝阳区的歌曲，体现了朝阳儿女对这片热土的无限热爱。朝阳区各街乡和委办局的领导及社会各界人士800余人参加了活动。

2010北京世贸天阶新年倒计时活动　12月31日晚，由北京市文化局、朝阳区人民政府主办，北京市文化艺术活动中心、朝阳区文委承办，朝阳区文化馆、世贸天阶协办的“2010北京世贸天阶新年倒计时活动”拉开帷幕。副市长刘敬民、市文化局局长降巩民、市公安局副局长于弘源、市政府副秘书长周正宇、朝阳区区长程连元等领导出席。此次活动，首创具有百姓特色的北京新年倒计时文化活动。中央电视台新闻频道对本次倒计时活动进行了现场直播。据统计，活动整体人数约5万人次，共有2.4万余人次分享了倒计时零点来临的那一刻。

文化设施建设

农村数字电影固定影厅建设　年内，朝阳区建成100家农村数字电影固定影厅，实现农村地区全覆盖。

朝阳区图书馆在农村地区建立直属书库　经过对朝阳区农村地区图书馆运行情况的调研，区图书馆决定在已具备条件的乡、社区、村建立直属书库，直接配送图书，并定期更新，以满足地区居民对图书的需求。年内，共建成10家直属书库。

朝阳区“农家书屋”初步落成　年内，朝阳区建成24家“农家书屋”，每个“农家书屋”具有1500册图书的规模。

非物质文化遗产保护工作

“社区一家亲”举办文化遗产日专题活动　6月13日，朝阳区“社区一家亲”文化遗产日专题活动——“国色天香”，在望京文体广场举行。2009年非物质文化遗产保护活动的主题是：弘扬民族文化，延续中华文脉。活动展示的都是申报的优秀“非遗”项目，有气势恢宏的百人古琴演奏、风姿婀娜的百人旗袍华服走秀，及特邀的来自门头沟区的百人京西太平鼓表演等。

朝阳区7项“非遗”项目入选北京市级名录　朝阳区的马氏硬笔内画鼻烟壶、杜顺堂京做明清家具制作技艺、泥彩塑兔儿爷、傅氏幻术、小红门地秧歌、高碑店高跷老会、东岳庙幡鼓齐动十三档花会共7个项目入选北京市市级第三批非物质文化遗产名录。

文化交流

第2届法国戏剧荟萃活动　4月17日~6月30日，第2届法国戏剧荟萃活动在北京9剧场举办。本届法国戏剧荟萃活动包括上演7部戏，举办2个戏剧工作坊、1个戏剧研讨会以及1个诗歌朗诵会。参与该活动的中法剧社团体近10个，整个活动的时间跨度长达2个月以上。其间，上演汉语版的法国当代名剧《巴比罗大街》，新编莫里哀的古典名剧《唐璜》等。本届活动还首次推出了“中法戏剧交流研讨会”，法国巴黎国立高等戏剧学院院长丹尼尔·梅斯基氏对话中央戏剧学院副院长刘立滨有关戏剧教育和研究的问题；中国国家话剧院副院长、著名导演王晓鹰对话法兰西喜剧院著名演员皮埃尔·维雅，法国哑剧大师菲利普·比佐与中国著名剧作家过士行对话东西方戏剧创作。

第2届法国戏剧荟萃活动开幕式

“2009年诗人的春天在中国”　4月19日，作为中法文化交流之春活动的一部分，由中国作家协会诗刊社、法国驻华使馆文化处与朝阳区文化馆共同组织的第4届“诗人的春天在中国”中法诗歌交流活动在朝阳9剧场开幕。本次活动以中法诗人的朗诵为主。中法诗人通过汉语、法语两种语言向观众展现诗歌的神韵，共同品味诗的意境。

图书馆

区图书馆基础业务　年内，办理借书证7040个；图书外借总量509812册次，报刊外借总量18677册次，流通297130人次；送书下基层110次、44920册次；新购文献99211册件、报刊914种、电子视听文献752件；交送图书15741种、100583册。

图书馆品牌活动　2009年，组织外语大课堂364场，参与人数达152880余人次；朝阳文化讲堂组织讲座82场，4595人次参加；建立拥军图书馆（室）5个，流通图书8700册次；开办法律咨询、讲座及广场活动共50余场，近3850人次参与。

朝阳区“3·15”大型主题法制宣传咨询活动　3月15日，朝阳区“消费者权益法制宣传活动”在

朝阳区图书馆前普法广场举办。区司法局、工商局、发改委、劳动和社会保障局、烟草专卖局等多家委办局开展了宣传活动，朝阳区图书馆也组织易行、亚东、子悦、通智等10家律师事务所在现场开展了法律咨询。此次活动共发放了法律书籍1000多册，宣传资料3000多张，前来进行法律咨询的市民达400余人次。

区图书馆为国庆阅兵方队送书　为丰富受阅部队干部战士的业余文化生活，区图书馆投资30万元，为受阅部队建立图书室，先后5次送书，共计配送图书3360册、特定阅览期刊3890册、多媒体光盘800套。

区图书馆顺利完成第四次评估定级工作　9月18日，按照《文化部办公厅关于开展县以上公共图书馆第四次评估定级工作的通知》精神，北京市评估组专家一行22人，到区图书馆检查指导工作。专家组充分肯定了近年来图书馆的工作，并就档案管理、基本业务、汇报材料等方面提出了中肯的意见和建议。

文化市场管理

文化市场执法检查　2009年，区文委共出动执法检查人员2456人次，检查歌舞娱乐场所547家次、网吧1142家次、电影院35家次、演出85场、电子游艺257家次、798艺术园区工作室4612家次，受理各类举报307件，纠正违规115次，查处文化市场违法行为51起，立案44件。责令整改安全隐患44家。组织安全生产例会8次；组织宣传活动2次，发放安全生产宣传手册、宣传品8600余份；组织大型消防演习1次；组织指导文化娱乐场所应急演练86家。

区文委全面启用网上审批在线服务系统　朝阳区于9月1日开始全面启用网上审批在线服务系统。举办营业性演出许可、设立营业性电影放映单位许可、互联网上网服务营业场所筹建许可、设立互联网上网服务营业场所经营单位许可、设立娱乐场所许可等行政许可事项可在网上申请，并可以实时进行申报查询，全程了解申报事项进度。系统同时提供信息反馈、咨询及投诉功能。

获奖情况

在第4届北京春节庙会·灯会文化活动评选中，2009朝阳国际风情节、欢乐谷年俗百艺欢乐节、东岳庙庙会（北京东岳庙传统庙会老照片展）、安贞社区灯会和朝阳“百姓之家·新春大集”大爷大妈灯会展5项活动分别囊括了此次评选的最具人气奖、特色庙会奖、最佳创意奖、非遗展示奖、最佳社区奖及特别鼓励奖等五大奖项。

朝阳区“扫黄”办获北京市2008年“扫黄打非”暨文化市场管理工作先进集体称号。

紫光影城获新影联院线“票房十佳”荣誉称号。

朝阳区文化委员会

书记	张　前
主任	李龙吟（4月免）
	黄晓伟（4月任）

（李宏钧）

海　淀　区

概　况

海淀区位于北京市城区西北部，面积430.77平方公里。常住人口308.2万人，其中户籍人口215.8万人。下辖2乡、5镇、22个街道办事处，有84个村委会，579个社区居委会。

海淀区文化委员会（简称区文委）是主管海淀区文化、文物、新闻出版和广播电视工作的政府职能部门。内设办公室、文化文物科、文化市场管理科、著作权管理科、法制督查科等5个职能科室和文化行政执法队。直属事业单位有电影管理处、海淀剧院、海淀评剧团。

2009年，区文委严密组织国庆群众联欢各项活动，扩大区域品牌文化效应，延长文化惠民活动周期，构筑基层文化活动阵营，创新知识产权保护宣传模式，实现了年初确定的各项工作目标。

2009年文化艺术发展

领导检查调研

2月13日，市文化局巡视员吴然带队检查海淀区文化娱乐场所。在检查中，吴然要求文化执法人员总结在奥运会期间对文化市场监管的经验，深刻吸取中央电视台火灾事故教训，提高认识，文化娱乐场所安全生产工作一定要抓实、抓细、抓严、抓好。

7月28日，文化部文化标准中心主任、文化部中国文化艺术科技研究所研究员闫贤良等一行到海淀区文化馆进行调研，对财政投入、人员组成和管理机制，以及如何发挥其公共文化设施的阵地作用等问题进行了解，对海淀区文化馆公益性办馆模式给予肯定，提出要将海淀区文化馆作为试点进行深入剖析研究。

9月2日，市文化局副巡视员、首都国庆60周年联欢晚会指挥部群众联欢部部长阮兰玉等到北京大学足球场，检查和验收海淀区国庆60周年天安门广场联欢活动的排练。检查组认为，海淀区联欢活动方阵“构思巧妙、编排合理、张弛适度、进退有序”。

重要事件

益民书屋建设工程 4月，区文委向区内14家拟建书屋下发图书目录，7月，组织到北京西单图书大厦选书。12月，向各书屋配发了图书和设施。年底，14家益民书屋按计划建成。

组织国庆天安门广场联欢活动 按照北京市部署，4月，区文委就认真制定了参加天安门国庆60周年群众活动的各项工作方案和安全预案，随后严密组织了3700名群众参加的联欢方队的各种训练、彩排和正式演出活动。共进行了多次的分头训练、10次综合排练、2次实地彩排，最后参加了正式演出。先后接受了区委区政府、北京市及有关部门领导和党和国家领导人的检阅，没有出现任何意外情况，取得了圆满成功。

组织国庆游园文艺演出 10月2日，海淀区文委组织玉渊潭公园和圆明园公园的国庆游园活动文艺演出。当天在两处公园，海淀区文化馆等单位共组织进行了4场歌舞、杂技等综艺类的表演，在节目策划、背景制作、演员组织方面做到精心安排，得到了游园观众和各级领导及游园指挥部的好评。

重要文化活动

“2009海淀新春文化活动” 组织开展了“2009海淀新春文化活动”，活动包括中华世纪坛春节文化庙会（除夕至正月初六）、第二届百花闹新春民间花会踩街活动（腊月二十九至正月十五）、新春大观园（正月初三至初五）、金源新燕莎MALL庙会（腊月二十一至正月初六）。参与人数超过100万人次。

区文委“墨缘书画会”成立 3月25日，海淀区文化委员会“墨缘书画会”成立大会召开。海淀区区委宣传部原副部长易海云、区政协原秘书长丛宏业等老领导，海淀区文联主席卫汉青以及著名书法家、北京市书法家协会副会长张书范等出席。该书画会会员除了区文委离退休老干部外，文委系统的博物馆、图书馆、文化馆部分年轻、在职的书画爱好者也被吸纳其中。书画会建立后，组织开展了笔会、艺术讲座等活动。

“五月的鲜花”文化活动 4月25日～6月5日，“五月的鲜花”群众性文化活动紧密围绕“迎国庆60周年·展魅力海淀风采”主题，鼓励自编、自演节目，通过专业和非专业的演出，前后组织大型综合文艺演出27场。

海淀区“五月的鲜花”开幕式在四季青镇举行

第6届海淀文化节 于5月30日～6月26日举办。本届文化节通过“希望奏鸣曲”第6届海淀文化节开幕式暨千人交响音乐会、“时代进行曲”主题文化展示、“星光圆舞曲”戏剧动漫活动、“生活协奏曲”基层文化活动、“辉煌交响曲”“梦系红楼”专场文艺演出暨第6届海淀文化节闭幕式等五大乐章，荟萃22个精品活动项目。开幕式在中华世纪坛南广场亮丽登场，首次以区域大中小学生为演出主体，充分显现海淀作为文化大区的底蕴和魅力。

惠民电影月活动 8月1日～31日，区文委组织由海淀剧院、五道口电影院、海淀工人文化宫、北图音乐厅等4家电影院、街乡镇29部流动放映车和农村59个电影厅参加的“为伟大祖国骄傲——海淀区惠民电影月”电影主题文化活动，惠及弱势群体和基层群众16万人次。

送文化下基层 全年组织一、二类文艺演出团体下乡186次；电影管理处全年组织公益电影放映近万场；支持文化业务人员深入基层广泛开展送文

艺辅导工作，鼓励民间文化活动的壮大和发展。

群众文化

中国京剧票友联欢会　1月9日，在文化部等各级领导和社会各界的重视与扶持下，中国京剧票友联欢会在海淀区文化馆多功能厅举行。来自全国各地及海淀的爱好张派、程派、梅派等数十位票友分别表演各自的拿手好戏。

“舞动春天”广场健身舞比赛　3月29日，2009年海淀区“舞动春天”广场健身舞比赛在区八一中学体育馆举行。来自海淀区甘家口街道社区舞蹈队等14支地区舞蹈队，及海淀乡万柳舞蹈队等8支乡镇舞蹈队，共440余人参加了比赛。参赛者均为中老年人，他们常年活跃在各街道乡镇，为丰富文化生活、推动地区文明做出了贡献。

“放飞春天”风筝节　4月3日，海淀首届“放飞春天”风筝节放飞活动在海淀公园举行。该活动由北京文化艺术活动中心、北京市风筝协会、区文委、区文化馆等单位联合举办，现场有500多名观众热情参与。活动中被列入北京市非物质文化遗产名录的“曹氏”风筝等奉献出了10余件精品，令观众大饱眼福。同时，北京市风筝协会也携带成双成对、款式新颖的风筝热情加盟。

夏日文化广场演出　8月9日，2009年海淀区夏日文化广场文艺演出在四季青镇爱心苑双馨文化广场拉开帷幕。以“为伟大祖国骄傲”为主题的夏日文化广场演出一直持续到9月15日。北京心灵呼唤残疾人艺术团、北京保安艺术团、海文京剧团等，为社区和居民呈现10场精彩演出。

海淀相声俱乐部成立　9月18日，海淀相声俱乐部在海淀文化馆小剧场宣告成立，并进行首场演出。海淀相声俱乐部突出“名家阵容”“优秀新作”。相声演员徐德亮、王文林、孟凡贵及宋德全、刘颖、付强和应宁等登台献艺。

海淀区第20届农民艺术节开幕式　12月18日，海淀区第20届农民艺术节开幕式在航天城礼堂举行。海淀区副区长刘长利出席并宣布第20届农民艺术节开幕。全区近20个委办局和各乡镇村800多人参加了开幕仪式。本届艺术节以“推进城乡一体化，建设海淀新农村”为主题，举办文艺汇演、农民摄影大赛、乡村歌手大赛等。演出的节目大部分是基层农民群众自编自导自演。

非物质文化遗产保护工作

组织海淀区第二次非物质文化遗产普查　年内，完成海淀区第二次非物质文化遗产的普查、立项、建档、文字、图片整理等工作。共普查55项，出版了《北京市非遗普查汇编（海淀卷2）》和《第二批海淀区级非遗名录论证报告汇编（评审稿）》两册资料。对初步被纳入区级候选名录的39个项目传承人进行培训，组织专家对35个非物质文化遗产普查项目进行论证，全部通过，被推荐列为第二批海淀区级非物质文化遗产候选名录。

非物质文化遗产项目申报工作培训班　3月，聘请“非遗”专家，针对“非遗”项目申报工作中的相关事宜以及注意事项进行授课、座谈，现场交流解答一些在申报工作中常遇到的共性问题。

组织非物质文化遗产项目集中宣传展示　6月，海淀区51个区级以上非物质文化遗产项目在北京市艺术博物馆集中宣传展示，其项目传承人全部到场，和前来参观展览的人员进行现场交流、互动，扩大了影响力。

申报第三批市级和国家级“非遗”名录工作　经过分项、分批地召开申报第三批市级“非遗”项目名录专家论证会，6月底申报的23个项目资料上报北京市。通过有关审核推荐，北京（曹氏）风筝、绣花鞋制作技艺、六郎庄五虎棍等11项推荐申报第三批国家级“非遗”名录。

组织“非遗”项目传承人展示　年内，先后组织“非遗”项目传承人参加了海淀文化节、全国“非遗”保护日、海淀风筝节、食粥度立夏、农业部2009第3届新农村建设示范村成果展、春节文化庙会等，取得了良好的社会效益。

文化馆

创编国庆60周年天安门群众联欢集体舞　参加国庆60周年天安门群众联欢海淀区3700人集体舞表演的内容、音乐、动作，全部由海淀区文化馆负责创编、组织、排练。从4月份起，创编人员跑遍全区27个街乡镇所有的培训点，一个一个验收，并作现场指导，确保表演水平达到要求。保障人员、联系场地、分发道具、购买物品、联络协调、打点定位，全部负责到位，确保了每次排练顺利进行。

组织国庆60周年游园文艺演出　国庆60周年活动中，海淀区文化馆负责组织海淀区游园文艺演出方案的出台、修改、完善以及与驻区文艺团体的联系。确保了玉渊潭公园和圆明园公园两处国庆游园演出的圆满完成。

在玉渊潭公园举办的国庆60周年
群众游园活动文艺演出

基层培训　全年共下基层培训196天、培训25000多人次。其中：免费培训班696课时、集体舞培训270多次。馆内培训：培训学员9865人次、举办培训班5592课时、合作办学109期、培训680人。无偿接待社会各界团队及基层排练活动538次、21006人次。

创作活动　编辑出版《红叶》（内部杂志）12期，刊登各类文学作品300多篇。每月出版一期《海淀群文信息》。积极创作参加2010年“群星奖”的预选作品，创作舞蹈快板《游海淀》、舞蹈《金扇》《戏迷大嫂》，相声《漫话传承》和具有京味特点的青年组合歌曲《北京喜盈门》等文艺作品。

组织完成多项活动　元旦、春节期间完成海淀区第19届农民艺术节开幕式文艺演出、书画展和花会大赛。配合有关部门完成新春大观园、世纪坛庙会的工作。完成清明节的风筝放飞活动，端午节曹雪芹纪念馆的端午诗会，第6届海淀文化节交谊舞比赛、舞蹈比赛、模特大赛、京剧票友赛、合唱比赛和“舞燃情”国标舞比赛，以及“非遗”成果展、凤凰岭摄影展和海淀区名校名家书画展。全年文艺演出共完成15场，其中包括文化广场5场、星火工程4场，公共服务进万家启动仪式等。

图书馆

海淀图书馆全年办理读书证4204个，借阅人次15万余人次，借阅册次45万余册次，解答读者咨询2.5万余人次，活动138场，参与活动2万余人次。举办讲座47场，参加3700余人次。完成二次文献15期，采编加工分编图书7249种、18296册，为分馆加工图书6152种、7150册。流动车出车153天305次，行程4582公里，下基层辅导48次。完成北京市公共图书馆对海淀区图书馆的评估定级工作。

《海淀镇记忆》出版　6月16日，海淀区副区长孙宝启和区老领导张宝章参加《海淀镇记忆》出版发布仪式。本书先后组织50余位曾经长期生活在海淀镇的老人，撰写下18万字的资料，为研究海淀地方区域历史发展变化提供了宝贵的参考资料。

“海淀叙录”网站开通　继“海淀西山文化网”之后，“海淀叙录”网站成为海淀区图书馆地方文献第二个正式独立网站，拓宽了海淀图书馆的工作域度。为挖掘、抢救、传承、保护海淀历史文化提供了翔实的依据。

开展讲座和各种活动　举办包括“文化养生术”“京西名园纪盛”等专题的讲座47场，参与3700多人次。开展各种活动138场，有2万余人次参与。组织“阳光少年快乐影院”“快乐阅读读书”等共99次，9000余人次参与。

“送文化、送科技、送卫生”活动　为广大村民赠送农业、保健、法律等方面的书籍共300余册，价值1万多元，还为村民撰写春联500余幅。

共享工程网络版信息平台在海淀区行政村全覆盖　作为北京市共享工程支中心，海淀图书馆在电子阅览室安装共享工程网络版信息平台，接收、推广共享工程文化资源，2009年共享工程建设覆盖海淀全部行政村，有效地指导了共享工程建设与推广使用。

为益民书屋配书　积极配合完成海淀区14个益民书屋的建设工作。共分发图书30000多册，分编50000多册。

电影

海淀电影管理处　全年新装农村村级数字电影放映设备33套，全区村级数字电影放映厅达到59个。举办放映人员培训班4期，累计培训新放映员170余人次。全年下街乡开展技术维修、维护、咨询指导、解决技术问题180余人次；接受故障咨询指导400余次；维修设备32台（套）。购买《手牵手》《家有喜事—2009》《建国大业》等数字新片，提供街乡放映设备充录数字节目4117部次。全年完成海淀区街乡公益性电影放映9380场。

海淀剧院　全年，除开展每周二全天优惠价电影外，还举办“低价早场电影”“海淀惠民电影周”等活动。全年共放映低价早场电影326场，惠及群众13900人次；免费为老人、残障人、外来人口和社会弱势群体放电影26场；为残疾人提供半价场租4场。

海淀评剧团

第6届海淀文化节期间，策划、制作并完成评剧表演艺术家张淑桂独唱音乐会的演出工作。以一台高水准的传统戏曲演出填补了历届海淀文化节在民族戏曲艺术展现方面的空白。

文化市场管理

全区共有娱乐场所201家，网吧290家，营业性放映场所17家，营业性演出场所11家，文艺表演团体36家。

为确保安全生产，2009年，印刷了《北京市文化娱乐经营场所安全生产规定》2000册，《安全生产巡查记录》《例会记录》5000册，制作双语光盘500张，免费发给企业，帮助企业保障安全生产规范化水平。同时，制发“安全巡查员”红袖标5000个，将文化娱乐场所工作人员发展为义务安全巡查员，对内增强员工的责任感，对外强化巡查的威慑力，确保场所生产安全。

1月，组织召开海淀区文化娱乐场所经营单位奥运总结表彰大会，授予北京同一首歌餐饮娱乐有限公司等20家“海淀区文化娱乐场所‘平安奥运’服务保障工作先进集体”称号，徐丹等30人“海淀区文化娱乐场所‘平安奥运’服务保障工作先进个人”称号。同时，联合安监局，对大富豪娱乐有限公司等创建标准化管理的先进单位进行了表彰。

7月，举办了新文化经营单位法定代表人培训班，解决了新法人代表因法律不熟、业务不通而面临的诸多难题。并通过各类文化行业协会，开展业务知识培训班，专题培训一线员工。

为确保文化娱乐场所安全，开展了文化娱乐场所安全风险评估工作。识别出风险3类26项。有针对性地采取措施，联合公安部门、消防部门和安监部门，开展系统的、综合的治理，有效防范和控制了风险。

制定了《北京市海淀区文化委员会火灾隐患排查整治“雷霆行动”方案》《关于进一步做好2009年文化娱乐场所冬季安全生产工作的通知》等8份文件下发各文化经营单位；通过短信平台群发短信近6万条，及时督促企业落实主体责任，做好安全生产工作。

文化执法检查　围绕做好保障国庆60周年这个中心，全年共出动执法人员5400人次、2300车次，共检查场所1600家次。其中歌舞娱乐场所600家次，网吧400家次，电影55家次，演出65家次，电子游艺55家次，立案处理46家，罚没款239996元。

获奖情况

集体

海淀区文委　获首都国庆60周年突出贡献奖，国庆安保工作先进集体、首都国家安全工作先进集体、北京市“扫黄打非”暨市场管理工作先进集体、首都“迎国庆、讲文明、树新风”活动先进单位称号。

海淀区文化馆　获北京市第8届乡村歌手大赛组织奖，“爱祖国、爱北京、爱家乡”2009“盛世欢歌”北京七日摄影大赛中获优秀组织奖，“为伟大祖国骄傲”2009年北京市民网络摄影大赛组织奖。

个人

刘明星被评为全国“扫黄打非”先进个人；邱文忠被评为北京市消防安全工作先进个人、北京市“扫黄打非”暨市场管理工作先进个人；张文涛被评为北京市语言文字工作先进个人。海淀区图书馆姜末的论文，获中国图书馆学会三等奖；海淀图书馆参与北京市图书馆学会组织的国庆60周年图书馆征文活动中，获一等奖1名，二等奖1名，三等奖2名。海淀区文化馆张婕在“打造新时期群众文化品牌”全国群众文化2009年度论文评选中获三等奖，刘珊珊在北京市“群众文化三十年征文”活动中获三等奖。

海淀区文化委员会

书记　　刘明星

主任　　刘明星

（蒋海涛）

丰台区

概　况

丰台区地处北京城区西南，面积305.87平方公里。常住人口169.3万人。区辖16个街道办事处、3个乡和2个镇。

丰台区文化委员会（简称区文委）为丰台区主管文化事业、文物保护、新闻出版和广播电视行政管理工作的政府职能部门。内设办公室（人事科）、文化科、文物科、文化市场管理科（出版发行科、版权科）和文化行政执法队，共有行政编制40人。下辖文物管理所、图书馆、文化馆3个全额拨款事业单位和1个自收自支事业单位电影发行放映中心。全系统有在职干部职工158人。区文联编制2人，与区文委合署办公。区少儿图书馆隶属区教委。

2009年，区文委深入开展学习实践科学发展观活动，着力提升区域文化影响力，开展形式多样的群众文化活动，营造浓厚的国庆文化氛围；打造“卢沟文化”品牌，塑造丰台文化形象；加快新农村文化建设，统筹城乡文化发展；完善文化市场管理机制，“国庆平安行动”圆满完成；人民群众基本文化权益得到更好保障，群众文化生活更加丰富多彩，优秀文化遗产更加发扬光大，人民精神风貌更加昂扬向上。

2009年文化艺术发展

领导检查调研

1月23日，副区长李丽萍带领由区文委、公安等执法部门组成的联合检查小组对方庄地区歌巢潮歌厅和新世界网吧两个场所的安全通道、消防设施进行了全面的检查。李丽萍要求各职能部门要恪尽职守，把安全工作放在首位，把安全隐患消灭在萌芽状态，确保春节期间丰台区文化市场平稳有序、生产安全。

2月4日，区委常委、宣传部部长李明圣，副区长李丽萍到区文委进行工作调研，听取了2009年区文委任务的汇报，对区文委2008年的工作给予了充分肯定。李明圣对2009年区文委的工作提出三点要求：一是加强班子及干部队伍建设，通过工作促进和谐；二是挖掘广场文化内涵，打造广场文化品牌；三是整合文化资源，推进文化“四进工程”（进社区、进农村、进部队、进工地）。

2月18日，市文化局巡视员吴然、市文化局综合业务安全处领导一行，到丰台区检查娱乐场所经营单位安全工作落实情况。检查组听取了区文委党组书记、主任王艳秋关于落实丰台区文化娱乐场所安全检查工作的汇报，对北京玉明珠国际商务会馆、北京炫风一百餐饮娱乐有限公司等歌厅的安全制度、安全措施、消防应急疏散演练等情况和双语广播、视频开机安全提示、应急照明等设施设备进行了重点检查。

3月28日，丰台区代区长游广斌到区文委视察了文化馆剧场、多功能厅、舞蹈排练厅、灯光音响控制室及琴房，以及图书馆的自习室、期刊阅览室和外借部。

4月24日，副区长李丽萍参加了区文委召开的“深入学习实践科学发展观解放思想大讨论”活动，并与区文委班子成员、科级干部以“构建公共文化服务体系，促进城乡文化繁荣发展”为主题，结合科学发展观的内涵和基本要求，就如何抢抓历史机遇、促进文化科学发展进行热烈的讨论。

5月26日，市文化局巡视员吴然、综合业务安全处领导一行，到丰台区开展文化娱乐场所安全监管工作调研。区文委从文化企业概况、台账档案建立情况、安全生产监管工作情况、安全生产月和文化娱乐场所安全生产日工作计划等6个方面详细汇报和介绍了丰台区文化市场管理工作开展情况和文化市场审批工作所出现的新情况、新问题。

6月~10月，区委常委、宣传部部长李明圣，副区长李丽萍全程参与首都国庆60周年丰台区天安门广场群众联欢活动，共召开20余次动员部署会，提出了切实的意见和要求，并作为领队参与了天安门广场彩排和“十一”当天的国庆联欢活动。

12月8日，市文化局纪检监察处、计财处、演出艺术发展处等领导一行6人对丰台区2009年度“周末场演出计划”执行情况进行了专项检查。检查组听取了区文委关于“周末场演出计划”全年工作情况的汇报，并查看了丰台区“周末场演出计划”全年演出合同、财政预算批复、专项财务制度、经费到位及拨付、财务报表、专项经费明细账等情况。

重要会议

丰台区文化企业座谈会　1月19日召开，通过座谈的形式，面对面与文化企业进行交流沟通，具体了解国际金融危机对丰台区文化企业产生的冲击和影响。文化企业代表们普遍反映务工人员的返乡、失业人员的剧增、消费能力的下降等因素影响老百姓的文化消费等情况，希望政府能够及时建立有效的引导机制，制定有利于文化企业发展的利好政策，拓展文化企业的经营模式。

文委系统工作会　2月13日召开，会议对区文委2009年总体工作进行了部署，提出六项要求：一是各级领导要在新的一年里，坚定信心，应对新的挑战；二是全系统人员都要在工作中投入满腔热情，更加努力工作；三是各部门科室应按照折子工程的任务明确责任，贯彻落实；四是各部门科室间要进一步加强协调与配合，高质量地完成工作；五是要进一步加强信息策划与沟通，提高信息质量；六是以学习实践科学发展观为契机，加强领导班子和干部的队伍建设。

丰台区文化娱乐场所经营单位安全工作紧急会议　2月16日召开，228家歌厅、137家网吧、16家电子游艺厅、5家电影院共计386家文化娱乐场所经营单位法人代表、负责人参加了会议。区文委传达了北京市文件，宣读了丰台区文化委员会《关于做好文化娱乐场所安全工作的紧急通知》，并再次对北京市人民政府令第180号进行了传达学习，对近期以来执法检查中发现的问题进行了讲评，强调两会期间各娱乐场所要确保不发生任何安全事故。

丰台区文化娱乐场所安全工作紧急会议

丰台区2009年各界人士春节团拜会　2月22日，丰台区2009年各界人士春节团拜会暨文艺演出在京丰宾馆礼堂举行。丰台区四套班子领导与驻区人民解放军指战员、武警官兵和公安民警、各行各业的劳动者、建设者及离退休老同志等各界人士800人欢聚一堂，共贺新春，并观看文艺演出。

群众文化工作会　2月24日由区文委主持召开，市文化局巡视员叶重辉，区委常委、宣传部部长李明圣，区人大常委会副主任苗华，副区长李丽萍，区政协副主席胡燕，以及全区21个街道、乡镇文化主管领导、科长（站长）、各文化事业单位的主要领导共120余人参加了会议。会议对2008年工作进行了总结，提出了2009年六个方面的重点工作：一是在探索政府购买文化服务上实现突破，二是策划组织主题鲜明、特色突出、内涵丰富的品牌文化活动，三是整合公共文化设施资源，丰富群众文化生活，四是加快新农村文化建设，促进城乡均衡发展，五是加强基础设施建设，拓展文化活动空间，六是做好非物质文化遗产保护，传承优秀传统文化。

文化市场管理暨“扫黄打非”工作会　3月2日由丰台区文管办主持召开，区文化市场领导小组成员单位区文委、公安分局、工商分局、城管大队以及各街乡镇参加了会议。会议总结了2008年文化市场管理和“扫黄打非”工作，部署了2009年的工作。2009年，要以迎接新中国成立60周年为工作主线，以保护知识产权为工作平台，以推进文化市场平安建设为重点，进一步加强集中治理和日常监管，严厉查处文化市场违法行为，确保首都文化市场安全、健康、有序。

文化广场建设方案汇报会　3月12日召开，宛平地区、右安门街道、西罗园街道、南苑乡新宫村对各自广场建设的总体思路及设计方案进行了汇报，相关部门领导针对设计方案提出意见和建议。区文委就项目建设主体、资金支持方向、工程进度等方面工作提出了具体要求。

学习实践科学发展观活动动员部署会　3月19日召开，区文委党组举行了以“构建公共文化服务体系，促进城乡文化繁荣发展”为主题的学习实践科学发展观活动动员部署会。会议明确了目标和责任，提出学习实践活动的具体要求，区学习实践科学发展观第三检查指导组组长姚长青到会指导。区文委系统100多位党员干部参加了会议。

“文艺演出星火工程”演需洽谈会　5月5日召开，丰台区5个乡镇和宛平地区主管领导、文教科科长、文化站站长、各行政村文化工作负责人及具有演出资质的专业院团、非专业团队负责人近100人参加了会议。会议就丰台区2009年农村“文艺演出星火工程”总体工作进行了全面部署，明确了各乡镇、行政村及演出单位的职责，确定了各行政村的场次安排。同时，为全面保障农民群众的文化权益，在演出内容的选择上区文委实行了“订单式”服务，通过演出单位自我介绍、自我推介，行政村根据自身需求进行选定的形式，实行“订单式”服务。

国庆60周年联欢晚会丰台联欢指挥部总结表彰大会　10月27日召开，区领导以及参加国庆群众联欢活动的群众表演队伍代表、标兵队伍代表参加了

大会。会议表彰了完成国庆联欢工作的先进集体，共有31个单位获得“最佳组织奖”，11个单位获得了“最佳服务保障奖”。

丰台区文化娱乐行业协会成立大会 12月22日召开，市文化局、部分区县文委、丰台区相关委办局领导以及丰台区102家文化娱乐单位参与了此次大会。大会宣布丰台区文化娱乐行业协会正式成立，协会成员包含丰台区102家文化娱乐单位。会议通过了理事名单，确立了理事会成员，选举了协会会长、协会监事长，并在理事会上通过了会费标准。协会的成立有助于积极倡导行业自律，执行行业规范。

基层文化设施建设

年内，建成宛平地区、右安门街道、西罗园街道、南苑乡新宫村、丰台科技园区等5个文化体育休闲广场，花乡樊家村、王佐沙锅村、花乡六圈村等32家农村数字影院。新建20个计算机联网点和图书配送点。

重要活动

“爱北京照北京”摄影活动 1月11日，区文联积极参与由市委宣传部、市政府新闻办主办的，《北京日报》等多家媒体及北京摄影家协会、北京摄影爱好者协会组织的“爱北京照北京——走进社会主义新农村”活动。8家媒体与70名摄影家对王佐镇南宫村的南宫地热博览园、科普展览中心、南宫温室大棚、南宫垂钓中心、地热温泉中心、南宫新村居民小区等处进行了拍摄和报道。

新农村新生活楹联大赛 3月，区文联组织作协会员参加市农民艺术节春联征集活动。楹联大赛以“新风报春贺‘三农’”为主题，以树立新型农民观念、倡导文明新风尚为主要内容。在丰台区共征集春联500多幅，评选出80幅春联作品参加市春联比赛。丰台区作品共获得市级一等奖2名，二等奖1名，三等奖3名，优秀奖4名。

文化“四进”工程 5月~10月，以文艺演出的形式，组织优秀文艺节目深入社区、村、工地、军营进行慰问演出。通过40场文艺演出进社区、进农村、进部队、进工地，让文化走近普通百姓，让更多的群众享受到了文化惠民工程建设的成果。

参加首都国庆60周年天安门广场群众联欢活动 6月~10月，丰台区参加首都国庆60周年天安门广场群众联欢活动，涉及区内34个单位，参加活动3130人。召开动员部署会20余次，形成了“全区总动员、部门大协调、群众齐参与”的局面。10月1日晚8时开始，丰台区联欢人员在100分钟时间内，以昂扬的斗志、振奋的精神、整齐的动作，出色地完成了5个集体舞和3个特色联欢的表演任务，全面展现了丰台区群众良好的精神风貌，受到各级领导和广大群众的一致好评。

第2届北京卢沟晓月中秋文化节 10月2日，第2届北京卢沟晓月中秋文化节赏月晚会在卢沟桥广场举行。文化节以“古桥”“明月”“家园”为主题，通过赏月晚会、灯饰装点、中秋文化展三项活动，充分表达中华大家庭欢庆、团圆、和谐的盛世图景。区领导、社会各界代表及数千名群众观看了演出。

“戏曲进社区（村）”活动 以“政府搭台，高校出力，传承国粹”为主题，用一年的时间完成了12个试点单位的培训，12月25日举办成果展示暨2010年度签约仪式。经过一年的试点，编制了一套《戏曲进社区基础教程》，与中国戏曲学院研发了《戏曲健身操》并由高教出版社正式出版发行。参加了第16届北京国际图博会和法兰克福书展推介会。

周末百姓大舞台 年内，在西罗园街道、花乡等8个文化广场，组织34支群众业余文艺团队和部分专业艺术院团，演出200场，受众10万余人次。拍摄了《为群众搭台，展百姓风采》专题片。

周末场演出 “周末场演出计划”更加注重节目的形式、内容的选择，制定切实可行的实施方案并召集演出团队召开协调会，大力引进丰台区群众喜爱的文艺节目，举办低保专场、京剧专场、评剧专场等，全年共演出60场，观众1.6万余人次。

周末相声乐苑 区文化馆与北京周末相声俱乐部联手创建的“相声乐苑”，实行低票价服务。“相声乐苑”立足于服务百姓，每周五晚演出，票价仅20元。年内，共演出52场，观众1万余人次。

文艺演出星火工程 实行“订单式”服务，通过召开演需洽谈会切实满足广大农民群众的差异化文化需求，提高“文艺演出星火工程”的满意率。年内，农村文艺演出星火工程共演出204场，其中专业演出68场，业余演出136场。

“六个十”示范工程 年内，在21个街乡镇中新评选出10个示范性街乡镇文化服务中心、优秀文化广场；10个示范性社区文化室、村文化大院；10支优秀群众文艺团队；10个特色文化活动；建立10

个基层图书配送点；扶持10个非物质文化遗产项目。2009年，申报项目118项，部分项目水平明显高于2008年，通过评选，强化基层文化项目建设中的示范性、独特性、可持续性，达到相互促进、提高的目的。

文化馆

区文化馆积极开展丰富多彩的文化活动，为奥运会营造良好的文化氛围。年内，举办“祖国·我的家”庆祝新中国成立60周年系列活动、“三下乡”文艺演出活动、“文化四进”工程、文艺演出星火工程、第四个“文化遗产日”宣传纪念活动等，并在首都国庆60周年丰台区天安门广场群众联欢活动中担任舞蹈排练的工作。

“祖国·我的家”丰台区庆祝新中国成立60周年广场舞蹈大赛

图书馆

2009年，区图书馆共采购图书95681册（件）、17911种。使用图书专项购置费3036398.41元。订购报纸100余种（份），期刊900余种。购入电子文献76种、76件。全年办证人数达到1764人，全馆拥有固定读者11699人。流通接待读者64504人次，流通图书199321册次。2009年，共组织活动36场，其中讲座、报告会31场，为部队赠书1次，科技宣传周1次，展览1期，服务宣传周1次，世界读书日1次，共接待读者15475人次。本年，按文化部部署，对图书馆进行第四次评估。评估组对馆内办馆条件、基础业务、读者服务、业务研究辅导和全国文化信息资源共享工程等工作进行了检查，丰台区图书馆被文化部评为一级馆。

文化市场管理

市场监管　加大文化市场的监督管理力度，建立行政许可联动机制，规范娱乐场所管理。组织“平安国庆”法律法规、安全培训和消防演习10次，总人数超过2500人次。

行政执法　落实行政执法责任制，进一步规范行政执法案卷。年内，文化行政执法队共出动执法人员1655人次、车辆504车次，检查各类场所1911家次，纠正违规65起、当场取缔136起、立案16起。

文化娱乐场所专项整治行动　向全区近400家娱乐场所印发了北京市文化娱乐场所应对治安类风险应急处置措施、《致文化娱乐场所的一封信》，对各项法律法规及专项整治的要求进行了梳理，并要求各场所开展安全自查及演练。在此基础上，区文委进行了地毯式安全生产隐患检查，对存在消防应急设备不符合要求的场所，当即责令经营单位进行整改，不能立即整改的，责令限期整改，并进行了复查。确保检查场所100%，发现的隐患整改100%，并对场所违规行为进行查处。

国庆平安行动　以“国庆平安行动”为主题，结合文化娱乐场所安全生产风险控制，严格执行国庆活动期间文化娱乐场所安全监管；结合净化文化市场环境专项整治行动暨“扫黄打非”第二阶段集中行动，完成丰台区社会文化环境的有效净化；结合未成年人思想道德建设工作，开展网吧、校园周边整治行动。其间，共出动执法人员798人次，检查娱乐场所340余家，开展联合执法行动6次。

获奖情况

2009年，区文委获首都精神文明建设委员会授予的“‘首都迎国庆讲文明树新风’活动先进单位”称号，获首都国庆60周年北京市筹备委员会联欢晚会指挥部授予的“首都国庆60周年联欢晚会工作先进集体”称号，获国庆60周年联欢活动丰台联欢指挥部授予的“国庆60周年联欢晚会群众联欢活动最佳服务保障奖和最佳组织奖”，获丰台区委、区政府共同授予的“丰台区国庆60周年庆祝活动最佳组织奖”。

丰台区文化委员会

书记	王艳秋
主任	王艳秋

（王　蕊）

石景山区

概　况

石景山区位于北京市区西部，最东端距天安门16公里，全区总面积84.38平方公里，常住人口54.6万人。全区下辖8个街道办事处、1个社区行政事务管理中心。

石景山区文化委员会（以下简称区文委）是负责石景山区文化、文物、新闻出版事业工作的政府工作部门。机关设有办公室、文化科、文物科、文化市场管理办公室、行财科5个科室。有文化馆、图书馆、少儿图书馆、执法队、电影院等11个基层单位。截至2009年底，区文委系统在职员工206人。

2009年，区文委按照学习实践科学发展观和实施打造CRD（首都文化娱乐休闲区）发展战略的要求，以庆祝新中国成立60周年为主线，以推进文化设施建设为基础，以打造特色文化品牌为重点，以为群众提供丰富的公共文化服务为核心，把举办迎国庆系列文化活动、组织筹办国庆广场联欢活动、弘扬时代主旋律融为一体，利用群众喜闻乐见的文化活动广泛开展爱国主义教育，进一步丰富市民百姓的业余文化生活，营造热烈喜庆的国庆文化氛围。公共文化服务体系建设、群众文化事业发展取得了可喜成绩。

2009年文化艺术发展

重要会议、事件

群众文化工作会　3月24日在区图书馆召开。会议由区委常委、宣传部部长、区社文委副主任徐维功主持。区社文委办公室主任、区文委副主任宋青松对2008年群众文化工作进行了总结。区社文委常务委员、区文委党委书记、主任刘燕对2009年群众文化工作进行了具体部署。区委常委、副区长、区社文委主任付生柱及各社文委成员单位主管领导参加了会议。付生柱对2008年的文化工作给予了充分肯定，对进一步加强石景山区社会文化工作提出了三点意见：一是认清形势，提高认识，增强做好文化工作的责任感和使命感；二是夯实基础，重抓建设，加快公共文化服务体系建设，开展丰富多彩的群众文化活动；三是统筹协调，落实责任，充分发挥社会文化委员会成员单位的作用。

重要文化活动

军民春节联欢晚会　1月19日晚，在石景山区体育馆举行。晚会以“礼赞石景山”为主题，分为“欢乐石景山、爱在石景山、腾飞石景山”三个篇章，李双江、宋祖英、谭晶等名家荟萃，歌舞《欢聚石景山》等文艺节目恢宏大气，异彩纷呈；400余名军地演员同台献艺喜迎新春。北京军区、驻区企业和区四套班子领导同部队官兵和来自全区各条战线的1300余名观众观看了演出。晚会录像于1月24日在央视军事频道播出。

第2届清明诗会　4月2日在北京国际雕塑公园露天广场举办。本次活动由市委宣传部、首都文明办、市文化局和区委区政府共同主办。诗会以“民族魂、祖国颂”为主题，以诗歌朗诵、吟诵、大合唱、书法等形式表演了《蝶恋花　答李淑一》《九歌·国殇》等节目。中宣部宣教局副局长董俊山，市委宣传部副部长常卫，首都文明办巡视员尹学龙以及区四套班子领导同3000余名观众现场聆听了清明古诗词、伟人诗笺、英烈诗抄以及当代诗人追思先烈的诗词。

第2届清明诗会

“相约北京”广场联欢　5月1日上午，第9届“相约北京”石景山广场联欢活动在石景山游乐园CRD露天剧场举行。来自于美国杨百翰大学国际民族歌舞团的文化交流使者们精彩献艺，为广大群众打造出一台多样文化同放异彩、中外交流激情演绎的文化艺术盛宴。杨百翰大学国际民族歌舞团带来的“世界之舞”演出，充分诠释了世界各国民间舞蹈的炫目精彩。文化部外联局副局长于兴义，市委

宣传部副巡视员陈建文、市文化局副巡视员阮兰玉，中国对外文化集团副总经理阎文卿以及区领导付生柱、徐维功等领导同千余名观众共同观看了演出。此外，同作为本次“相约北京”活动引进的优秀团体波兰纳达因铜管乐团在5月10日上演了一台充满异域风情的高水平管乐专场演出

“古城之春”艺术节　第26届“古城之春”艺术节自5月1日开幕至6月23日闭幕，围绕“迎国庆、讲文明、树新风”和弘扬京西文化主题，紧扣区委、区政府中心工作，将爱国主义教育和喜迎60年国庆主题贯穿于各项文化活动的始终，相继开展“为祖国喝彩”合唱比赛、“时代风采”广场舞比赛、“祝福祖国”社区优秀文艺节目汇演等一系列群众性文化艺术活动203场，创作各类国庆主题文艺作品1354件，近5万余人次参与。在全区范围内营造了热烈喜庆、文明和谐的人文环境和文化氛围，为群众提供展示爱国热情与文化交流的广阔平台。

“为伟大祖国骄傲”千人歌咏会　7月15日上午，在石景山游乐园CRD剧场举行。市文化局巡视员叶重辉、首都文明办副巡视员张长江、市文联党组副书记王德新，区领导荣华、周茂非、赵玉民、徐维功、田利跃出席活动。来自全区9个街道（社区）的1000余名居民和专业演员参加了演出。歌咏会分为三个章节：“热爱中国，热爱家园”“歌唱祖国，歌唱石景山”“祝福祖国，为伟大祖国骄傲”。演出期间，演员与居民台上台下充分互动，通过独唱、联唱、集体舞蹈等丰富多彩的表演形式重温了包括《没有共产党就没有新中国》《我的祖国》《英雄赞歌》《歌唱祖国》等10余首经典爱国曲目，热情讴歌了中国共产党的伟大领导，将全区上下庆祝新中国成立60周年的喜庆气氛进一步推向了高潮。

圆满完成国庆联欢演出任务　按照首都国庆指挥部的统一部署安排，石景山区承担首都国庆60周年天安门广场群众联欢活动石景山区板块3700名演员教学排练及演出组织工作。筹备工作自3月正式启动，经过周密计划、科学实施、全面覆盖、团结一致、高效运转，圆满完成各项任务。按照晚会整体要求编创了13个视觉效果较好、艺术水准较高并易于普及的集体舞节目。精心组织舞蹈小教员队伍，采取了“统一派遣指导，各单位分区排练”的培训方式，在90天内高效完成教学辅导和5次市区彩排工作，并以高水准的节目表演、昂扬的精神状态圆满完成演出任务，受到市区领导一致好评。严密组织实施，规范过程管理，共完成了3750人和75台车的政审、17万人次的保障用水、265台次的车辆保障、9500人次的餐饮保障；完成近6000件（套）演出服装、2.8万件演出道具、82台音响设备，总价值64.7万元的服装道具购置发放等工作。全部实现了高质优服的计划目标，无一例安全问题出现，为国庆联欢活动顺利进行提供了有力的安全后勤保障。

国庆游园文艺演出　10月2日上午，作为北京市国庆游园活动的十大游园活动之一的北京国际雕塑公园国庆游园文艺演出精彩上演，河北省歌舞剧院带来一场以“为祖国骄傲”为主题，由民族歌舞、器乐表演等多种艺术表演形式构成的异彩纷呈的文艺演出。近1500名群众观看了演出。除此以外，群众健身舞、民间手工艺、“非遗”项目展示等文化互动活动也在游园现场精彩上演。区领导荣华、周茂非、赵玉民、倪国锋等四套班子领导视察了游园活动。

“周末剧场”演出　年内，邀请国内各知名艺术院团在周末的游乐园CRD剧场为广大市民献上低票价的高水平文艺演出。演出活动包括情景剧、木偶剧、综艺演出等多种类型的文艺演出。中国评剧院、北京歌舞剧院等团体演出60场，销售票数28322张，销售金额50.7万元。

非物质文化遗产保护工作

年内，通过普查论证和召开专家评审会，建立起由京韵大鼓少白派等6个项目组成的第二批区级“非遗”名录。永定河传说、京西太平鼓（石景山太平鼓）被正式列入国家级“非遗”名录。磨石口传说、三皇炮捶拳、通背拳三个项目被列入市级“非遗”名录。完成“非遗”普查验收工作，建立起项目资料完备、档案科学管理的“非遗”资源数据库。积极探索非物质文化遗产保护传承的新途径，完成古城村秉心圣会花会会档“钱粮筐”的音乐创编工作。依托“非遗”资源，创编歌舞《古韵京西》等文艺作品。

文艺团队建设

年内，区文委进一步整合资源，打破区域限制，不断完善强化“文化馆示范团队—街道社区艺术团—社区文艺团队”三级团队网络建设，促进文化人才的良性流动，组建区文化馆中老年时装模特队和翠微艺苑越剧团。区教委、妇联、残联、各街道等单位加大对所辖艺术团队的组建整合力度，购置设备服装，不断完善相关管理制度和章程，科学化、

系统化地促进文艺团队的健康发展。依托区文化馆，成立区文化志愿者服务中心，通过调查招募和资源整合，建立起300余人的文化志愿者队伍，在举办大型文化活动和文化培训辅导工作中开展志愿服务。针对文化干部、文艺人才和文化志愿者开展多层次、多形式的培训辅导。组织文化干部艺术培训、大型活动组织工作培训、国庆联欢集体舞培训、书画手工艺等艺术门类讲座等1300多场，培训人数达4万余人次。

基层文化建设

年内，各街道办事处不断夯实基础设施建设，优化整合文化资源，加强艺术团队管理，以社区为基础，以市民参与为主体，以群众广泛参与为特色，结合国庆主题和辖区特色，深入推进基层文化建设。八宝山街道“和谐欢乐我的家”传统文化月活动、广宁街道“数字电影进军营”活动、金顶街街道手工艺制作系列讲座培训、五里坨街道“祝福祖国”军民文艺演出、八角街道“唱响和谐”迎国庆文艺演出、苹果园街道“票友大家唱”戏曲演出、古城街道春节花会踩街大拜年活动以及老山街道、鲁谷社区依托街道文化广场开展的国庆游园系列文化活动等一大批具有较高艺术水平和参与度的文化活动受到群众广泛欢迎。各街道办事处在开展辖区内文化建设的同时，积极参与“古城之春”艺术节、国庆联欢等全区性文化活动。深入推进街道图书分馆配套设施建设工作，新书上架1.2万余册，实现图书一卡通联网工程，依托图书分馆和社区图书室开展丰富多彩的读者活动。与此同时，不断加强对文化事业发展投入力度，新建改扩建文化室7处，文化广场3处，总面积达2400平方米，为群众文化活动开展提供更为坚实的硬件保障。

文化馆

区文化馆积极发挥阵地文化的龙头作用，充分利用流动演出车，下基层演出百余场，以点面结合的方式，业务干部下基层辅导747次，辅导人数达10万人次之多（含国庆60周年天安门广场群众联欢演出辅导）。举办各类培训班96期，培训1006人。馆办11个业余艺术团队活动534人次，参与各类演出45次；承办书画展览2次，展出作品300余件，京西摄影月赛全年活动6次，获奖作品80余件。本馆橱窗展览4期，展出作品320余件。编印《京西文化》2期，与区委宣传部、区文明办合作征集歌曲一册——《文明石景山》，共征集作品100余件，其中20首歌词被录用。

图书馆

2009年，区图书馆和区少儿图书馆均圆满完成全国公共图书馆第四次评估定级工作，被评为国家一级图书馆。石景山区图书馆协会成立。

区图书馆 年内，采购新书34303册，办理借书卡5470个，接待读者294252人次，外借图书423738册次，为区政府领导提供课题服务30次，编写二次文献33个。围绕“千场讲座”“送书下基层”“网上阅览”“图书馆服务宣传周”等主线，突出国庆60周年主题，开展了各种讲座、演出、征文、比赛、展览等读者喜闻乐见的活动168次，25433人次参加。继续以“名家讲坛”和“读者论坛”两个品牌活动为依托，开展读者喜爱的讲座活动。送书下基层工作以全区9个街道图书馆和26家送书点为主，开展上门换书、业务辅导、举办读书活动、图书捐赠等工作内容，并不断加强网点建设，切实发挥流动图书车的作用，为基层送书97次、49060册。

区少儿图书馆 年内，共接待读者156708人，借阅图书184814册，办理借阅证4313个。为基层流通站点送书121次，共计31480册。举办各种读书活动138场，35642人次参加。组织各种图书宣传活动48次，解答咨询近500条。完成了30万元、11123册图书的采购任务。完成了馆内低幼家庭借阅室、低幼阅览室、残疾读者阅览室等部门的家具更新工作；更换楼道读者坐椅，为读者构建一个更加宽敞明亮的借阅环境。完成了少儿馆网站的重新建立工作，以及视听室线路改造，9月，全新的采用VOD视频点播系统的视听阅览室向读者全面开放。完成了检索厅的设置，安放了5台检索机，极大地方便了读者的检索。完成了全馆标识牌及外墙体馆标的安放更换工作。区少儿图书馆采取多项措施为来京人员子女服务，在区内务工子弟学校内建立爱心图书室，邀请务工子弟学校的学生到少儿图书馆参观并专门为他们开展专项的读书活动，深入务工子弟学校组织开展专题知识讲座和集知识性与趣味性于一体的读书活动，在社区“来京务工人员图书阅览室”建立爱心图书基地，通过多种形式为来京务工人员子女提供图书惠民服务。

区图书馆协会成立 5月14日，石景山区图书馆协会成立大会在区图书馆隆重举行，来自全区各委办局、高校图书馆、街道图书分馆和部分中小学图书馆等80余家单位的近百名会员代表参加了会议。协会全体理事、会员一致通过了石景山图书馆协会第一届理事会机构名单和章程。北京市图书馆协会会长冯守仁出席会议并致辞。国家图书馆原副馆长孙蓓欣，中国图书馆学会副秘书长王余光，北京图书馆协会秘书长周心慧，区文委主任刘燕，区文联主席宋青松等领导到会祝贺。石景山区图书馆协会的成立，有助于整合区内各系统图书馆资源共建共享，为馆际之间的业务交流与合作搭建一个广阔的平台，特别是为开展国内外图书馆界的学术研究、普及图书馆学知识创造了有利条件，标志着区图书馆事业迈上了一个新台阶。

石景山区图书馆协会成立大会

电影

组织古城电影院完成石景山区流动数字电影放映784场。8月1日～11月30日，开展石景山区“荧幕上看祖国”百部爱国主义影片展映活动，全区影院共放映《建国大业》《可爱的中国》《英雄虎胆》《惊涛骇浪》等23部爱国主义影片6266场，观众达192277人次。

文化市场管理

制定娱乐场所考核标准　为进一步规范文化市场，执法队积极探索、创新管理机制。年初，制定了《北京市石景山区文化娱乐场所目标管理及考核标准》，方案中对互联网上网服务营业场所、歌舞娱乐场所在遵纪守法、场所管理、经营行为、安全生产等方面进行了规范，考核分为优秀、良好、合格、不合格四个等级。每年考核评比一次，对达标单位实行物质和精神奖励，对不达标的单位进行停业整顿，不仅提高了经营单位规范经营的意识，也更有效地提高了执法队伍依法管理的水平。

行政许可　年内，区文管办为重点企业开辟绿色通道，高标准做好行政许可工作。采取精简审批环节、压缩办理时限，提高工作效率，为石景山区的重点文化企业开辟绿色通道，压缩办理时限30%，为区域经济发展营造良好环境。区文委审批岗位共接待咨询办事人员2400余人次，受理各类许可件79件，其中，新许可经营场所66家（歌舞娱乐场所5家、出版物发行单位36家、音像制品零售单位24家、文艺表演团体1家），受理变更13家次。完成年度审核换证279家（其中歌舞厅36家、网吧58家、电影院3家、文艺表演团体4家、书店102家、音像店42家、有线电视共用天线设计安装单位7家、印刷企业27家）。

执法检查　年内，执法队相继开展了文化娱乐场所安全生产“雷霆行动”，“六小”场所专项治理行动，打击“三黑”（黑网吧、黑歌厅、黑游艺厅）专项行动，网吧专项治理行动等11项集中专项治理行动。共出动执法人员5160余人次，出动执法车辆2000余台次，检查网吧、歌舞娱乐场所等3150余家次；落实群众举报26起，纠正违规25起，依法立案查处违法违规行为61起，取缔黑歌厅3家、黑网吧5家、黑游艺厅4家。暂扣游戏机、赌博机135台，游艺机主板39块，高标准地完成了“平安国庆行动”的各项任务，确保了文化经营场所安全、有序运转，文化市场日益繁荣。同时完成中机阳光（北京）文化艺术中心企业入驻审批工作。

石景山区文化委员会

书记　刘　燕（女）（10月免）
　　　　高洪雁（女）（10月任）
主任　刘　燕（女）（10月免）
　　　　高洪雁（女）（10月任）

（黄　杰）

通　州　区

概　况

通州区位于北京市东南部，京杭大运河北端，面积912.34平方公里。全区辖10个镇、1个乡、4个街道。2009年户籍人口65.5万人，其中非农业人口 31.9 万人、农业人口 33.6 万人。

通州区文化委员会（简称区文委）是通州区人民政府主管文化文物等工作的职能部门，接受北京市文化局、北京市文物局、北京市新闻出版局、北京市广播电影电视局的业务领导。区文委下设 1 个文化行政执法队，5 个职能科室（办公室、政工科、文化市场管理科、业务科、财务科），5 家事业单位（通州区文化馆、通州区图书馆、通州博物馆、通州区文物管理所、通州区电影管理中心）和 1 家企业（新华书店）。全文化系统在职人员 184 人。

2009 年，全区围绕通州区“两新建设”（新农村建设和新城区建设），继续深化“三文计划”（文化生活的多彩计划、文化品牌的打造计划和文化产业的培育计划），开展新中国成立 60 周年系列文化庆祝活动、北京通州运河艺术节等多项文化活动，全面推进文化事业发展。

2009 年文化艺术发展

会议、考察

2009 年文化工作会议 3 月 10 日，通州区 2009 年文化工作会议在通州区东方宾馆召开。会上，副区长刘淑华对 2008 年文化工作进行总结，并对 2009 年工作进行具体部署。区委常委、宣传部部长张秀余就全区文化工作提出要求。市、区相关部门领导出席了会议。

昌平区文化创意产业领导小组到区考察 3 月 12 日，昌平区文化创意产业领导小组一行 3 人到区考察文化创意产业发展情况。先后考察了宋庄文化创意产业集聚区、北京出版发行物流中心、大稿国际艺术区等地，区文委详细介绍了通州区近几年来文化创意产业发展情况和经验。双方就当前文化创意产业发展方向及问题进行了探讨和交流。

文化设施建设

公共文化设施网络建设不断加强，重点文化工程稳步推进。通州区社区文化服务中心（电影院）升级改造工程建筑面积为 5380 平方米，实际投资 3000 余万元，已进入内部功能完善和设备安装调试阶段。通州区文化中心（文化馆和图书馆）项目各项前期手续已经办理完毕，正在协调有关单位推进拆迁等工作。新建农村数字影厅 216 个，全区已验收合格固定影厅 498 个。

文化活动

通州区第 19 届农民艺术节以比赛的形式展示通州区民间“绝活”。“五月的鲜花”群众歌咏比赛参与者更加广泛，艺术水准进一步提升。文艺演出“星火工程”演出 1800 场，达到了预期效果。为村级图书室配送图书 1000 册，并积极参与文化下乡活动。

市星级益民书屋表彰仪式暨农民选书会活动 2 月 6 日，由市委宣传部、市新闻出版局主办，区委宣传部、区文委承办的“盛世新农村 · 耕读奏和谐”北京市星级益民书屋表彰仪式暨农民选书会活动在于家务回族乡仇庄村举行。中宣部出版局图书处处长张拥军，国家新闻出版总署印刷发行司处长高烨，市委宣传部宣传处处长韦小玉，市新闻出版局局长冯俊科、副局长梁成林，以及区委副书记张文山，区委常委、宣传部部长张秀余等领导出席活动。

向周波烈士生前部队赠送图书仪式 4 月 2 日，市新闻出版局、区委宣传部、双拥办、武装部、民政局和区文委联合举办“向周波烈士生前部队赠送图书仪式”。区委常委、武装部政委储怀森等领导出席活动。

“社会大课堂”活动 6 月 8 日，“社会大课堂”活动在北京韩美林艺术馆顺利启动。此次活动由北京韩美林艺术馆和北京育才学校通州分校联合举办，通过社会大课堂的典型案例活动，使参与其中的孩子们真正达到开阔视野、增长学识、锻炼才干、陶冶情操，培养高雅的审美情趣。

“为伟大祖国骄傲”主题活动 6 月 21 日，在潞河中学体育馆举办了通州区“为伟大祖国骄傲”庆祝新中国成立 60 周年系列文化活动启动仪式。区长邓乃平致辞，区委书记王云峰宣布“为伟大祖国骄傲”通州区庆祝新中国成立 60 周年系列文化活动正式启动。启动仪式由区委副书记张文山主持。市委宣传部、首都文明办、市文联、市文化局以及通州区相关领导出席了活动。

北京韩美林艺术馆周年庆祝活动 2009 年 6 月 25 日是北京韩美林艺术馆成立一周年，艺术馆举办了以“感恩”和“展望”为主题的周年庆祝活动。全国政协副秘书长卢昌华、通州区委书记王云峰等领导及韩美林夫妇参加庆祝活动。

北京通州运河艺术节开幕式 9 月 10 日，北京通州运河艺术节开幕式在运河文化广场举行，为期一个月的运河艺术节拉开序幕。区长邓乃平为艺术节开幕式致辞，市委宣传部常务副部长陈启刚、区委书记王云峰、市文化局巡视员吴然、市文物局副

局长王丹江、市文联党组书记朱明德为艺术节开幕式揭幕，区委副书记张文山主持。区委、区政府、区政协等领导出席开幕式。

北京通州运河艺术节开幕式演出现场

通州区举办国庆游园文化活动 10月2日～3日，通州区以“和平盛世，普天同庆，国泰民安，天地和谐”为主题，在通州区运河文化广场举办了庆祝新中国成立60周年游园文化活动。内容主要有：举办艺术家和普通民众共同参与的广场文艺演出；开展民间花会表演活动，花会种类包括小车会、旱船、高跷等；组织舞蹈展示活动，舞蹈形式囊括广场舞蹈、踢踏舞、街舞、新秧歌、恰恰等；举办绝活表演活动，包括抖空竹、武术、跆拳道等；组织戏迷爱好者，开展戏迷交流活动；举办曲艺表演活动；举办非物质文化展览；举办国庆60周年书画展览等。此次活动共演出18场，吸引观众达4余万人次。

通州区“益民书屋”捐建仪式 11月24日，在漷县镇举行2009年通州区“益民书屋”捐建仪式，此次共有334个村挂牌建立“益民书屋”，全区“益民书屋”总数已达到427个，实现“益民书屋”全覆盖。市新闻出版局副局长梁成林，区委常委、宣传部部长张秀余，区人大常委会副主任王平，区政府副区长刘淑华，区政协副主席王子江等出席活动。

图书馆

通州区图书馆在推动全区文化信息资源共享工程的同时，上架新书20000余册，办理借书证3700多个，接待读者17万人次，书刊外借近16万册次，被文化部评为区一级图书馆。

电影

数字影厅全年放映电影近1.6万场，流动放映队放映2252场。数字电影流动放映队走进村镇、社区、军营、敬老院及各文化广场等开展放映活动，每套设备年均放映超过210场。

开展中小学生观影活动 3月10日～4月30日，区电影管理中心深入校园开展中小学生观影活动。放映了适合中小学生观看的影片《状告黄色信息台》《一个独生女的故事》《儿子同志》，共放映电影140场，全区82所中小学校师生组织观看，观众24000人次。

献礼影片《铁人》放映活动 5月11日～6月2日，全区开展庆祝新中国成立60周年献礼影片《铁人》放映活动，此次活动共放映电影38场，观众3971人次。

健康与安全电影放映宣传活动 7月1日～9月30日，通州区红十字会、通州区献血办公室及区电影管理中心共同举办健康与安全电影放映宣传活动。利用数字电影放映技术放映《常见内科急症》和《学校避震》等宣传教育影片共698场，观众78492人次。

“银幕炫彩贺华诞”广场电影放映活动 7月1日～10月3日，区文委在通州区运河文化广场组织开展“银幕炫彩贺华诞”电影广场放映活动。集中组织展映新中国成立60年和改革开放30年来歌颂党、歌颂社会主义的优秀影片，共放映112场，观众37100人次。

全区开展爱国影视活动 7月13日～19日，为庆祝中国人民解放军建军82周年和新中国成立60周年，全区开展爱国影视周活动。此次活动在全区各乡镇、街道办事处共放映影片596场。

“银幕上看祖国”爱国主义影片展映活动 8月1日～9月30日，区电影管理中心开展“银幕上看祖国”爱国主义影片展映活动。放映《毛泽东回韶山》《八月一日》等影片共4965场，吸引观众256422人次。

非物质文化遗产保护工作

成功举办通州区级非物质文化遗产项目评审会和市级论证会。大运河的传说、通州里二泗小车会等9个项目通过评审成为区级非物质文化遗产项目。大顺斋糖火烧、通州骨雕制作技艺2个项目成功申报为北京市级非物质文化遗产项目。

北京市级非物质文化遗产项目——通州运河龙灯会

市级非物质文化遗产论证会 5月13号，区文委组织召开了北京市级非物质文化遗产论证会，推荐了通州单琴大鼓、大顺斋糖火烧、通州骨雕制作技艺以及通州官夯号4个项目申报市级非物质文化遗产项目。

文化遗产日系列活动 2009年6月13日是我国第四个文化遗产日。通州区举办了“保护文化遗产，传承运河记忆”大型主题活动。活动主要包括：一是参与中央电视台《2009中国记忆——中国文化遗产日》电视直播行动，现场直播了“大运河遗产小道”通州段路标揭幕仪式。二是在通州区博物馆举办“传承运河记忆的背影”运河文化遗产专题展，现场发放宣传册和纪念品2000余份。三是在通州区文化馆举办“传承运河记忆的背影”通州区非物质文化遗产图片展，开展非物质文化遗产的相关宣传。四是在通州区图书馆举办文化遗产讲座，邀请古籍专家孟宪钧讲授“古籍善本专题讲座”。

区级非物质文化遗产项目评审会 7月8日，区文委召开了区级非物质文化遗产项目评审会，通州里二泗小车会、通州玉器制作技艺、通州咯吱饹、通州团花剪纸制作技艺、通州雕漆制作技艺、通州里二泗高跷会、通州青铜器复制与制作技艺、通州大辛庄剪纸、大运河的传说等9个项目通过评审。

展陈工作

通州博物馆先后举办了15个展览，参展作品近2500件，吸引观众近6万人次。韩美林艺术馆接待游客近5万人次，提升了新城形象和全区对外文化交流水平。

印象通州摄影作品展 5月18日，通州区博物馆举办了“印象通州”摄影作品展。并举办了以“魅力博物馆　人文北京城”为主题的宣传活动，向群众发放了宣传品2000余份。

文化产业

根据北京市和区相关文化产业扶持政策，全区征集了24个特色产业项目，列入重点支持的产业项目库。加强了对“宋庄文化创意产业集聚区”市级文化产业集聚区的跟踪服务。指导文化企业争取北京市文化产业资金支持，先后为4个项目争取到近900万元的资金支持。

文化市场管理

共受理各种行政审批460余项，审验各种材料3000余件，接受社会咨询3000余人次。调专门人员对行政许可审批案卷进行了系统的归类和整理，完成音像、网吧、图书、娱乐场所、艺术团体档案1320卷，进一步规范了案卷制作和存档程序。严格执行“一次性告知”和审批时限等制度，提高了行政审批办事效率。提高行政执法水平。加强了文化安全管理工作，区文委联合公安、消防部门重点做好大型文化活动的安全管理工作，加大了对全区文化市场经营场所的监管力度，实现了“大事不出、小事减少、管理严格、秩序良好”的工作目标。全年共接收信息监督员反馈的信息127件，检查各类文化市场经营单位935家次，受理市文化执法总队举报77件。积极开展对歌舞娱乐场所、网吧等文化企业的安全生产宣传培训，组织各类培训9次，培训文化企业从业人员2000余人次。

市“雷霆行动”专项督查工作组到区进行检查 2月21日，由市文化局副局长王鹏带队，市消防局、市文化局共同组成北京市“雷霆行动”专项督查工作组与通州区文委、区消防支队等单位联合对天赐情缘、天赐今缘两家歌舞娱乐场所的消防安全情况进行了检查。检查结束后，市“雷霆行动”专项督查工作组召开安全工作会议，要求文化娱乐场所经营单位和各监管单位一定要高度重视消防安全工作，对在检查中发现的问题和隐患，一定要立即整改。各监管单位一定要相互配合，举一反三，对辖区内各类文化娱乐场所进行逐一排查，确保文化娱乐场所安全工作万无一失。

区文化娱乐场所夏季安全生产及法规培训会 5月20日，区文委会同区消防支队在通州红旗宾馆联合召开了通州区文化娱乐场所2009年夏季安全生产及法规培训会。区文委传达了通州区安全生产委员会《关于切实做好夏季安全生产工作的通知》，要求全区各文化娱乐场所要高度重视安全生产工作，认真开展本单位的安全生产隐患自查排查工作。区消防支队对参会的130余家网吧、歌舞娱乐场所单位法人代表、安全生产工作负责人进行了消防知识培训。

安全生产宣传活动　6月14日，按照全区统一部署，区文委行政执法队、市场科组织了“讲效益，更要讲文明”安全生产宣传活动，设置展板4块，悬挂条幅2条，共发放宣传画、钥匙链500余件。

组织参加安全生产公开课培训　6月30日上午，区文委组织区网吧及娱乐场所的代表性企业17家，参加北京市文化局在首都图书馆组织的《文化娱乐市场安全生产大型公开课》，听取了俞胜章专家关于人员密集文化娱乐场所经营单位如何建立安全生产制度、如何预防和应对突发安全生产事故的课程。

市文化局检查区文化娱乐场所　7月27日，北市文化局文化安全检查组到通州区检查文化娱乐场所安全生产工作落实情况，听取区文委关于集中开展文化娱乐场所安全生产隐患排查治理工作情况汇报，并实地检查了相关娱乐场所。

区文化娱乐场所国庆安保工作会　9月22日，区文委组织区歌舞娱乐场所召开了2009年通州区文化娱乐场所国庆安保大会，向歌舞娱乐场所通报开展国庆平安行动以来的文化行政执法情况，并对国庆期间各行业的安全生产和国庆安保工作进行了要求和部署。同时，对267名歌舞娱乐场所的代表进行了安全生产培训，并与参会企业法人代表、安全生产负责人签订了《通州区文化娱乐场所责任书》，部署了下一阶段的企业安全生产应急预案备案工作。

获奖情况

集体

通州区　获首都国庆60周年北京市筹备委员会游园指挥部首都庆祝中华人民共和国成立60周年游园活动优秀组织奖。

区文委　获首都精神文明建设委员会首都“迎国庆 讲文明 树新风”活动先进单位荣誉；首都精神文明建设委员会办公室第2届首都科教文体法律卫生“四进社区”活动优秀组织奖。

区电影管理中心　获北京市司法局、北京市法制宣传教育领导小组办公室、北京市电影股份有限公司“五五普法”电影加片2009年优秀组织奖。

区图书馆　获北京市校外教育先进集体称号；2009年北京市“文化共享杯”知识竞赛组织奖、2009年北京市全民读书活动优秀组织奖、2009年北京市红领巾读书系列活动优秀组织奖。

马驹桥镇中心小学　《养花》获2009年度北京市红领巾读书活动“走进科普”课本剧比赛三等奖。

个人

区文委窦玉平　获首都精神文明建设委员会首都“迎国庆 讲文明 树新风”活动先进个人称号。

杜德久等111人　获首都中华人民共和国成立60周年庆祝活动先进个人称号。

区文委行政执法队姚显强　获北京市2009年“扫黄打非”文化市场管理先进个人称号。

区文学艺术界联合会刘姝平、通州区文化馆山建宁　获北京市区县文联先进工作者称号。

区文化馆田永玲　获北京市曲艺家协会“有突出贡献的曲艺家”称号。

区文化馆贯会学　获“北京社区书画巡展”大赛专业组优秀奖。

区文化馆陈振清　为社会主义新农村试点仇庄创作的村歌《亮起来》被评为全国优秀村歌。

区图书馆王在清　获2009年度中国图书馆学会优秀会员称号。

少先队北京市通州区工作委员会张国亮、通州区图书馆王在清、魏红帅、刘瑞　获2009年度北京市红领巾读书活动优秀辅导员称号。

通州区东方小学杨红、通州区第一实验小学张如燕　获2009年度北京市红领巾读书活动“我喜爱的书中人物”讲故事比赛优秀辅导员称号。

通州区第六中学贾梓超、通州区潞河中学郑怡鸣、通州区梨园中学李紫薇　获2009年度北京市红领巾读书活动第10届读书小状元中学组小状元奖。

通州区东方小学王思凝、通州区牛堡屯学校小学部赵典、通州区官园小学王晨萌　获2009年度北京市红领巾读书活动第10届读书小状元小学组小状元奖。

王思凝　获2009年度北京市红领巾读书活动“我喜爱的书中人物”讲故事比赛一等奖。

通州区文化委员会

书记　杜德久

主任　杜德久

（邢振华）

顺 义 区

概　况

顺义区位于北京市东北郊，面积 1021 平方公里。户籍人口 56.7 万人，常住人口 73.6 万人。辖 19 个镇、6 个街道办事处、424 个行政村。

顺义区文化委员会（简称区文委）是负责本区文化、文物、新闻出版、广播电影电视工作的政府工作部门。内设办公室、政工科、财务管理科、文化文物管理科、文化市场管理科及著作权管理科 6 个职能科室和文化行政执法队（副处级）、文化创意产业促进办公室（副处级）。直属单位有文化馆、图书馆、新华书店、影剧院、电影发行放映管理处、焦庄户地道战遗址纪念馆和文物管理所。

2009 年，区文委以服务花博会为中心，突出抓好以“迎国庆、颂顺义、赞花博”为主题的大型文化活动，进一步加强公共文化服务体系建设，大力加强农村文化建设，进一步优化文化市场环境，全面推进文化繁荣发展。

2009 年文化艺术发展

文化企事业

2009 年，顺义区有文化馆 1 个、图书馆 1 个、影剧院 10 个、镇和街道文化中心 25 个、国有新华书店 1 家、焦庄户地道战遗址纪念馆 1 个和镇级文化站 19 个，行政村级文化大院 424 个；下辖 6 个街道办事处有居委会文化室 72 个。已建成镇级文化中心达标单位 6 个，村级达标文化大院 308 个。全区镇、村文化设施建筑面积 14411 平方米，室外活动场地面积 168170 平方米。共修建文化广场 187 个，总面积达 1297550 平方米，投资 2.73 亿元。有区级广场 7 个，镇级文化广场（比较有规模的）12 个，村级文化广场（较好的）200 多个。

全区有 8 个文艺家协会，各类业余文艺团体 400 余个，人数 27000 余人。其中：戏剧团体 35 支、音乐队 46 支、舞蹈队 30 支、民间花会队 73 个、秧歌队 214 支、杂技曲艺队 1 个、美术社 15 个、文学社 3 个。

重要活动

“二月新春”群众文化活动　本次活动以“沿着改革开放路、奔向美好新生活”为主题，从 2009 年农历腊月二十到正月十六（1 月 15 日 ~2 月 10 日），通过举办群众歌咏比赛、戏曲演唱、文艺演出、文化下乡、写春联、贴春联、挂灯笼、猜灯谜、电影展演、民间花会等各种健康有益、生动活泼的群众文化活动，活跃和丰富了广大人民群众的节日文化生活，为构建和谐顺义创造了良好的文化氛围。活动期间，全区共举办各类文化活动 660 余场，室内活动 290 余场，室外活动 370 余场，共有 2 万人次参与演出，观众达到 45 万人次，全区共投资约 500 余万元。

百场演出庆佳节活动　从腊月二十至正月十五（1 月 15 日 ~2 月 9 日）期间，区文化馆小百花艺术团及被命名的 14 支优秀文艺团队深入 19 个镇、村、重点企事业单位进行了 150 场巡回演出。

第 5 届北京市“后沙峪杯”交谊舞大赛　1 月 16 日在顺义十中礼堂举行。比赛分为华尔兹（慢三）、平四、探戈三种。本次大赛吸引了来自北京市 17 个区县和顺义区各镇、委、街道办事处的 200 多名参赛选手竞相参与，评出 10 名金奖、10 名银奖和 20 名优秀奖。

第 5 届北京市“后沙峪杯”国际标准交谊舞大赛

第 5 届北京市“高丽营杯”戏曲票友邀请赛　1 月 17 日（腊月二十二），在区文化馆举行。全区 28 个单位和通州、密云、怀柔的众多京剧、评剧、豫剧爱好者粉墨登场，表演了《杜十娘》《野猪林》等 31 个经典片段。高丽营镇、通州、密云、怀柔 4 个单位获特别奖，北小营镇、牛栏山镇、农委 3 个单位获一等奖，建委、大孙各庄镇等6个单位获二等奖，北务镇等18个单位获三等奖。

千场电影献基层活动　从腊月二十三至正月十五（1月18日~2月9日），区电影发行公司结合实施“农村电影放映”工程，积极送电影下乡放映120场；全区19个镇112个数字化电影厅，为广大农村群众放映1200余场电影，让广大群众及时看上了优秀影片。

万幅春联迎新春活动　1月22日上午，由区书法家协会、区美术家协会共同组织的迎新春“写春联、送欢乐”活动启动仪式在北郎中村文化体育中心举办，60多名书画家当场完成一千副春联和一百幅国画送到了村民手中。春节期间，全区300名书画家分别深入镇村，为广大城乡居民写春联、送春联、贴春联1万幅以上。

文化下乡惠百姓活动　从正月初一到十五（1月26日~2月9日），区文委组织了中国评剧院、北京市河北梆子剧团等艺术团到顺义进行演出，在区影剧院和19个镇上演了30场大戏。春节期间，区图书馆到龙湾屯、高丽营、杨镇、北务4个镇，为村民送去了各类图书、期刊3000余册，印发《保健常识》《科技信息》等自编刊物1000余份，以及共享工程文化资源光盘1000余张。

第7届北京市“赵全营杯”民间花会邀请赛　2月6日（正月十二），在赵全营小学举行。邀请赛汇集了全区21支花会队900多名演员，表演了小车会、龙灯、中幡、高跷等花会精品节目。本届花会表演扩大了演出阵容，特邀了密云、通州、怀柔等兄弟区县的花会队伍前来助阵。杨镇龙灯表演队、马坡镇跑旱船表演队获得一等奖，密云、通州、怀柔及赵全营表演队获得特别奖，大赛吸引了近万名群众到现场观看。

积极参加市级重点活动　春节期间，顺义区选手郝兰英、孙宝德在北京市第19届农民艺术节乡村擂台暨首届京郊民间技艺大赛决赛中分别获优秀奖。

“迎花博、爱祖国、唱顺义”第7届中国花卉博览会北京展区歌曲征集活动　本次活动从1月开始启动，短短4个月的时间，得到了北京、天津、河北、内蒙古、广西、新疆等22个省、市、自治区文艺工作者的积极响应，共征集到歌曲106首、歌词28首，210人参与了歌曲创作，上万名群众参与了评选。评委会评出一等奖3名，二等奖6名，三等奖9名，优秀奖25名。9月15日，花博会倒计时10天，举行颁奖典礼，《彩色的梦》《绿港花开香百年》《魅力顺义 北京绽放》《花开盛世》等歌曲在颁奖典礼上倾情演绎，著名歌唱家戴玉强、黄华丽也应邀参与了演出。

“五月的鲜花”群众歌咏活动　活动期间，全区共组织文艺比赛和演出160场，演出文艺节目1300个，新创作品1250个；参与活动人数达到3万人次，吸引观众18万人次。

木林镇“五月的鲜花”活动汇演

2009年迎国庆北京市第3届“天竺杯”合唱邀请赛颁奖仪式　8月5日，在仁和镇临河村剧场举行。区委常委、宣传部部长杨宝华，市音乐家协会副主席陈卫东等相关领导参加了颁奖仪式，并为获奖队及最佳辅导员颁奖。颁奖仪式上精选出大合唱《今天是你的生日，我的中国》《节日圆舞曲》等7个优秀曲目做了精彩的表演。本次大赛由区委宣传部、区文委、区广电中心、区文联、天竺镇人民政府联合主办，区文化馆和顺义区音乐家协会承办，邀请了市音乐家协会、北京文化艺术活动中心为艺术指导单位。大赛分为城口赛区、农口赛区，在7月28日~29日两天比赛中，有33支合唱队1500名群众演员参与，南彩镇、杨镇、仁和镇、李桥镇、天竺镇、光明街道办事处6个单位获金奖，12个单位获银奖，15个单位获铜奖。

“花漫顺义”第7届中国花卉博览会北京展区摄影大赛　9月，由北京摄影家协会、区委宣传部、区文委、区广电中心、区文联主办，区摄影家协会、区文化馆承办的“2009年第7届中国花卉博览会北京展区摄影大赛”在顺义区正式启动。大赛以“花漫顺义”为主题，面向社会广泛征集“花漫顺义”摄影作品，世界各国、各地摄影记者、摄影工作者、摄影爱好者均可参赛。大赛收到来自新加坡、澳大利亚、美国等国家和全国31个省（自治区、直辖市）、中央部委机关、顺义区等9007件电子稿件和照片。大赛评出一等奖3名，二等奖9名，三等奖18名，优秀奖40名，入选作品100幅。12月底，举办了获奖作品展览。

第17届“十月金秋”群众文化活动 本次活动从10月初至12月底，以“办好花博会，唱响新顺义”为主题，开展了顺义区2009“十月金秋”摄影作品展、顺义区2009“十月金秋”诗歌散文作品评奖活动，共收到艺术作品总计6500件，上报区组委会艺术作品650件，全区共装饰美化88个单位和200个家庭，装饰作品数量为550件。

文化馆

组织花卉博览会文艺展演 区文化馆圆满完成组织“曾庄大鼓”代表顺义区民族艺术参加了中国第7届花卉博览会（北京展区）开幕式，并在主场馆进行为期10天的展演。本次展演有60面大鼓采用曾庄大鼓新打法，共接待观看群众100万余人次。市委书记刘淇、市长郭金龙、副市长夏占义等分别观看了表演。完成了第7届花卉博览会倒计时100天誓师大会上曾庄大鼓的表演、2009年北京市第3届“天竺杯”合唱邀请赛及颁奖仪式暨第7届中国花卉博览会倒计时50天庆典活动、“迎花博、爱祖国、唱顺义”第7届中国花卉博览会（北京展区）歌曲征集活动颁奖典礼、顺义区文化馆建馆60周年暨“辉煌60载”庆祝大会等10项大型活动。

非物质文化遗产保护工作 搜集、挖掘、整理、申报区非物质文化遗产工作取得重大成果，北小营镇大胡营高跷秧歌正式进入市级名录。此次申报历时5个月。大胡营高跷秧歌的成功申报，使顺义区市级项目增至5项。多次参加市、区级的大型活动，引起社会各界关注。2月，北小营镇大胡营村民间花会被列为中国音乐学院研究课题；顺义区杨镇龙灯、北务舞龙参加中国非物质文化遗产传统技艺大展系列活动开幕式；《新京报》对区非物质文化遗产市级项目——杨镇龙灯进行整版报道。在第15届世界航线发展论坛开幕式暨“绿色国际港杯”业余龙舟赛上组织曾庄大鼓、舞狮进行表演。顺义区“非遗”项目参加北京传统音乐节开幕式，顺义区文化馆、顺义区非物质文化遗产保护中心受邀组织本区“非遗”项目——曾庄大鼓、杨镇龙灯、大胡营高跷秧歌、滨河大秧歌、吴家营的舞狮参加了此次北京民俗音乐狂欢。

下基层辅导 区文化馆在2009年度组织下基层辅导声乐、舞蹈、模特、乐器、戏曲、美术、书法等艺术类培训班300个。从“二月新春”“五月鲜花”至“十月金秋”，配合宣传部、区文委的三大系列活动，辅导学员15万余人次。馆内长年设有儿童素描、成人美术、国画、儿童画、戏曲等长期培训班15个，每年培训学员1万余人次。2009年，文化馆业务干部还长期在老年大学等单位进行专业辅导，内容包括美术、书法等，辅导学员6000余人次；区文化馆品牌团队百花艺术团和馆内模特艺术团、评剧演出队同样采取送文艺演出到农村的形式，共计演出140余场，受众达到50万余人次；此外，文化馆还举办各种形式的展览，如摄影、水墨画、油画、书法等，共接待前来观看的群众6万余人次。2009年，文化馆辅导培训的节目在参加市、区级比赛中成绩喜人，由馆业务干部为北京电信顺义分公司辅导的小合唱《游击队之歌》参加北京电信系统国庆60周年爱国歌曲大赛获一等奖；为南彩镇彩虹合唱团辅导的《今天是你的生日，我的中国》《红旗颂》参加北京市第3届“天竺杯”合唱邀请赛获一等奖。

文学创作 2009年，创作并出版了献给花博会的诗集《鲜花在绿港绽放》，受到广泛好评，此诗集收入有关花的诗400余首，由华艺出版社正式出版发行。完成纪念顺义文化馆60周年的文集——《顺义文化馆60年》大事记的整理，并编印成书。区文化馆创作人员在《中国文化报》《都市》等多家报纸、杂志上发表诗歌、小说等作品，共计6万字，并得到好评。诗歌《长城下的山杏树》获京报集团举办的“祖国颂歌”新中国成立60周年征文大赛二等奖。本年创作完成的电视连续剧剧本《虾球传》已经拍摄完成。创作的音乐快板《安全畅想曲》、舞蹈《潮白河畔花似海》、京东大鼓《应急》、歌曲《北京水务唱新歌》等作品在各类比赛中均获得很好的成绩。

图书馆

区图书馆全年接待读者243040人次，外借图书321248册次。其中接待未成年读者87861人次，借阅图书61130册次。全年新购文献19221种36102册，计1003200.52元。截至年底，共建立基层流动图书室495家，配送图书30余万册。全年开展读书活动105次，参加50238人，其中未成年人读书活动54次，参加24828人次。全年送书下乡150余次，送书48000余册。编辑出版5种文献信息资料——《决策参考》《保健常识》《科技信息》《顺图信息》《基层图书室工作简报》，共60期，印发万余份，免费向全区机关单位及街道、乡镇、行政村发放。利用图书馆网站平台向广大读者推出“花卉专题数据库”及“地方文献数据库”数字资源；4月，新建共享工程村级服务点315个，完成全区428个共享工程基层服务点建设工作；9月，圆满完成北京市公共图书馆第四次评估定级检查工作；组织全区中小学生参加“北京市红领巾读书”活动，共获得21个市级奖项，其中集体奖4个、个人奖17个；同时评出2009年度顺义区“红读”活动奖项356个，其中集体奖20个、个人奖336个，同年被评为北京市校外大课堂资源先进单位。区图书馆利用自身资源优势为本区未成年人提供了广阔的舞台和丰富的文化资源。

2009年，区图书馆被评为“国家一级图书馆”，获北京市“全民阅读”活动组织奖、北京市红领巾读书活动优秀组织奖、“爱心快递图书捐赠”活动优秀组织奖及顺义区文明单位荣誉称号。

电影

电影发行放映管理处共放映数字电影33837场，观众达380多万人次，完成全年任务的103.3%。对全区各镇、街道23支流动放映队和301名固定影厅放映员进行了数字电影放映培训。影剧院2009年总收入422万元。其中，电影收入135万元，戏剧收入157万元，三产收入86万元，占场收入44万元。

文化创意产业

2009年9月，顺义区成立文化创意产业促进办公室，是全面负责本区文化创意产业工作的区政府部门管理机构，全力推动全区文化创意产业的发展。第4届文博会于11月在国展举行，文化创意产业促进办公室积极配合区委宣传部、国展产业园做好展台设计、项目推介、现场组织等工作。文博会期间，顺义展区累计接待观众4万人次，发放各种宣传材料1万余份，获得文博会“最佳展示奖”和“最佳组织奖”。

顺义区文学艺术界联合会

积极开展丰富多彩的文艺活动 从年初开始，区文联及8个文艺家协会围绕纪念新中国成立60周年和筹办花博会，开展了“二月新春”“五月的鲜花”“十月金秋”“迎花博、爱祖国、唱顺义”第7届中国花卉博览会（北京展区）歌曲征集活动、编辑花博会优秀歌曲集、花博会优秀歌曲颁奖晚会、制作花博会颁奖晚会DVD光盘、“花漫顺义”摄影大赛、花博会开幕式、焰火燃放、创作60米书法及美术长卷等20项重点活动。

文艺创作 2009年，创作出版了一批优秀文艺作品：区作协高国镜在《中国文化报》等多家报刊发表《九月为十月开花》《母亲与苦麻花》等一系列诗歌和文章，同时出版了献给花博会诗集《鲜花在绿港绽放》；区音协张振祥、王先洲、张宝星、冯顺江创作的歌曲《节日圆舞曲》《绿港花开香百年》《盛世花博》分别获第7届中国花卉博览会（北京展区）歌曲征集活动一、二、三等奖；区舞协出版了2期专刊《绿港舞苑》；仁和镇《绿港文学》杂志出版了花博会特刊；区楹联协会出版了《花港联韵——北京顺义第七届花博杯海内外有奖征联作品集》；区书协和区美协积极组织中国书法名家和画家创作了60米书法长卷《迎国庆、颂顺义、赞花博》和60米书法国画长卷《百花齐放》。

积极参加北京市有关文化活动及大赛 本年，区文联和各文艺家协会积极参加北京市有关活动和大赛并入选获奖。区舞蹈家协会应邀参加了第17届北京“天使杯”国标舞、交谊舞邀请赛，取得了7个组别第一名、3个组别第二名、5个组别第三名，并获大赛组委会颁发的优秀组织奖；区美协魏宗安、孙月海等美术作品入选北京市中小学美术教师优秀作品展；区摄影家协会李宗印获2009年度北京市中青年文艺工作者德艺双馨奖。

切实加强自身建设 2009年，区文联坚持把加强制度建设放在重要位置，进一步建立健全理论学习、工作会议、沟通协调、加强宣传等制度。2009年，分别召开2次主席团会议、1次理事全体会议和常务理事会议，重点深入学习了十七大精神和科学发展观活动；制定下发了《顺义区文联2009年工作要点》和审议通过区文联秘书长职务变动等重大事宜；完成了区书协、区剧协二次代表大会换届和召开区曲艺协会一次代表大会的各项工作。

文化市场管理

截至2009年底，顺义区共有歌舞娱乐场所52家，网吧32家，电子游艺场所2家，影剧院2家，文艺表演团体23家。

区文委积极推进全区“扫黄打非”和文化市场管理长效机制建设，积极发挥区成员单位、各镇、街道办、文化市场监督员的作用，落实属地管理责任，形成区、镇、村三级管理和监督网络，确保监管到位，保证了文化经营服务场所的安全稳定。

顺义区文化委员会

书记　　刘振河
主任　　刘振河

（关东明）

怀　柔　区

概　况

怀柔区，位于北京市的最北端，面积2128.7平方公里，其中山区占88.7%。辖14个镇乡、2个街道办事处，24个社区居委会，284个行政村，常住人口31.6万人。有31个少数民族，其中人数最多的为满族，全区有喇叭沟门、长哨营2个满族乡，22个满族村。

怀柔区文化委员会（简称区文委）是区政府管理全区文化工作的职能部门。设办公室、政工科（监察科）、文化科、行政许可和服务科、行政执法队（副处级）。直属企事业基层单位（科级）7个：区文化馆、图书馆、博物馆、文化创意产业领导小组办公室、新华书店、电影发行放映服务中心和文物管理所。区文委系统在职干部职工196人，离退休人员65人。

2009年，区文委以国庆60周年为契机，以创精品、树品牌为重点，以建设文化新都为目标，全委上下形成了争先创优的良好局面。

2009年文化艺术发展

会议调研

区文委2009年文化工作会议　1月6日，区文委在双阳宾馆召开了2009年文委系统工作会，区委副书记蔡淑敏，区委常委、宣传部部长彭丽霞，区人大常委会副主任焦振华，副区长周东金出席会议。会上，区委副书记蔡淑敏讲话，区文委主任王玉山部署2009年工作，区文委党组书记陈宝明主持会议。区文委机关全体干部和基层单位班组长以上干部参加会议。

区文委2008年度表彰大会　2月9日，区文委在图书馆报告厅召开了文委系统2008年度表彰大会。大会表彰了2008年度文委系统涌现出的先进集体和先进个人，通报表彰了全系统获区级及以上各种奖项150余项。区委常委、宣传部部长彭丽霞，区人大常委会副主任焦振华，副区长周东金，区政协副主席董林出席会议。

镇乡、街道半年文化工作会　7月2日，区文委召开镇乡、街道半年文化工作会，区文委党组书记陈宝明主持会议，文委副主任董有瑞、王宏伟、郭大鹏参加并讲话。各镇乡、街道文化工作主管领导汇报半年文化工作，并就下半年工作提出了意见和建议。区文委就下半年文化事业、文化产业、文物保护等工作作出部署，提出要求。

市文化创意产业促进中心到怀柔调研　11月10日，北京市文化创意产业促进中心副主任吴锡俊一行到怀柔区调研文化创意产业发展情况，详细了解怀柔区文化创意产业发展的整体形势，并参观了中影基地和飞腾影视城。吴锡俊对怀柔区在促进以影视为核心，以文艺演出、原创艺术、文化旅游等为主要内容的文化创意产业发展方面取得的成绩给予了高度评价，并希望不断增强文化创意产业在区域经济发展中的辐射力和影响力，抓住大好时机，把怀柔文化创意产业进一步做大做强做精。

农村电影工作座谈会　12月24日～25日，全区农村电影工作座谈会在昌平温都水城召开，各镇乡、街道相关领导40余人参加了会议。会议总结了2009年全区的电影工作，提出了2010年的工作安排。与会人员结合各镇乡工作实际，就如何做好农村电影放映工作、影厅设备维修及放映员培训管理等方面进行讨论，并提出了宝贵意见。

文化基础设施建设

基本情况　怀柔区级文化基础设施有1个文化馆，1个图书馆，1个博物馆，1个新华书店，1个电影发行放映服务中心，1个学生管理活动中心，2个老年活动中心，7个艺术培训学校，8个文化休闲、娱乐、健身公园。镇乡、街道级文化基础设施有16个文化服务中心，16个图书室，11个镇级文化广场。有村级文化广场284个，村、社区级文化室241个，村、社区级图书室250个。2009年是怀柔区公共文化设施投资力度大、建设速度快、成绩最显著的一年。全年争取各级、各类文化建设资金近8000万元。

数字影厅建设　全年新建数字影厅123家，全区农村数字影厅总量达到了274家，实现了有条件村数字影厅全覆盖的目标。

文化信息资源共享工程　完成了全区134个村共享工程接收点的安装调试工作，实现了文化信息共享工程全覆盖。

文化信息资源共享工程基层培训

村级文化室建设　完善了5个镇乡文化活动中心功能，改善了40多个村级文化室活动条件。

文艺培训

2009年，区文委继续开展“文艺培训春风工程”。培训项目达20余种，课程内容涉及曲艺、声乐、器乐、戏曲、舞蹈、书法、美术和摄影等10余种。培训范围涉及16个镇乡、街道及人事局、环卫中心等10余个区直单位，其中还包括对25支非职业团队的培训。全年共举办各类文艺培训班423期，培训创作、表演等各类文艺人才7万余人次。

文艺团队

有镇乡、街道、村自发成立，经过区文委审批的具备一定规模的非职业规模演出团队25支。

文化活动

怀柔区群众艺术节　1月18日～20日，以“颂改革开放成果，庆欢乐祥和新春”为主题的怀柔区第19届“赶文化大集，展怀柔精品”活动在明珠广场举行。区委书记王海平，区长池维生，区人大常委会主任吴德增，区政协主席武占刚，区委副书记蔡淑敏，区委常委、宣传部部长彭丽霞等和市文化局有关领导出席开幕式并参观各展区。三天共演出文艺节目50余个，现场书写春联3000幅，发放“福”字10000张，设立展板65张，有21个老北京手工艺品和特色年货参加广场展卖，收入近40万元。

文化“三下乡”活动　2月17日，2009年文化科技卫生“三下乡”活动启动暨“贴心”服务队成立仪式在桥梓镇文化广场举行，彭丽霞出席并讲话，李凤先为3支“贴心”服务队授旗，周东金主持仪式，闫振佳为桥梓镇前桥梓、后桥梓、东茶坞村赠送图书，区委宣传部、团区委、妇联、文委等联合下乡单位领导以及14个镇乡主管领导参加启动仪式。2009年，组织送戏下乡演出60余场；送电影下乡2万余场；新建12个送书服务点；共送书下乡61次，20846册；举办文化艺术培训班423期，培训文艺骨干7万余人次。

夏日文化广场活动　6月5日晚，由区委、区政府主办，区委宣传部、区文委、区广电中心承办的怀柔区庆祝新中国成立60周年系列文化活动暨“放歌新怀柔”夏日文化广场活动开幕式在滨湖公园景观剧场举行。吴德增宣布活动开幕，区领导武占刚、萧有茂、刘春锋、彭丽霞、吕延发、徐占明、李凤先、周东金出席。中国文联、市文化局、市文联和区直相关部门、各镇乡、街道相关领导参加开幕式。夏日文化广场活动历时5个月，共组织演出28场，演出文艺节目473个，原创节目达到70%以上，吸引观众10万余人次。其中有5个镇乡获国庆系列文化活动组织奖，50个节目被评为精品节目。

庆祝新中国成立60周年职工书画摄影展　9月10日，“为伟大祖国骄傲”怀柔区庆祝新中国成立60周年职工书画摄影展颁奖仪式在区学生活动管理中心广场举行。区领导王仕龙、彭丽霞、吕延发、周东金、董林等为获奖作者颁奖。此次活动历时3个月，共收到书画摄影作品1036幅，经评选，171幅优秀作品参展，6名选手获一等奖、12名选手获二等奖、18名选手获三等奖。

文艺调演　9月14日～16日，由区委宣传部、区文委主办的，有全区14个镇乡、2个街道办事处参加的群众文艺调演决赛在滨湖景观剧场举行。参加此次区级调演的节目共90个，其中声乐类10个、器乐类5个、舞蹈类30个、曲艺类28个、戏曲小品类17个。最后评选出了一等奖5名、二等奖10名、三等奖18名、创作奖15名、组织奖5名。

红色歌曲演唱会　9月29日晚，“为伟大祖国骄傲——庆祝新中国成立60周年”红色经典歌曲演唱会在滨湖景观剧场举行。市委宣传部副巡视员陈建文，市文化局巡视员吴然，区领导、区文明办、区总工会等有关部门领导与千名群众共同观看了演出。

整台晚会由“中国，中国，鲜红的太阳永不落”“胜利的曙光”“建设的号角”“春天的故事”“和谐的中国”五个篇章组成。演出在《中国，中国，鲜红的太阳永不落》的大合唱中开场。演唱了《红梅赞》《北京颂歌》《咱们工人有力量》《春天的故事》《走进新时代》《爱我中华》《歌唱祖国》等经典红色歌曲。

红色经典歌曲演唱会

传统节庆活动 以元宵、清明、端午、中秋等传统节日为契机，积极支持有关基层单位筹划举办了九渡河元宵灯会、雁栖风筝节、汤河口戏曲专场演出等传统节庆活动，丰富了群众节日期间文化生活。

非物质文化遗产保护工作

申报成功4项区级非物质文化遗产名录，即北京果脯传统制作工艺、红庙灯笼传统制作技艺、汤河川满族剪纸传统技艺、付麻子香油制作工艺。

文艺创作

2009年，区文化馆新创作文艺作品9个：舞蹈《红红的日子》、对口快板《科学发展绘蓝图》、男声独唱《感谢党的爱》、北京琴书《怀柔有个灯笼村》、对口快板《落实科学发展观》、器乐联奏《永远跟党走》、二人转《大爱不傻》、女声独唱《党啊请接受我的爱》、戏曲联唱《科学发展带头人》。

文化馆

区文化馆谋划专业团队带动战略，合理安排区内外专业、非专业团队下基层演出，共组织演出1136场，其中专业团队演出284场，非专业团队演出852场。实施了“四个五”精品工程，全区16个镇乡（街道）共评选出5个品牌镇乡、25个品牌团队、50个精品节目、500名文艺骨干。为区妇联策划庆祝“三八”国际劳动妇女节99周年暨先进集体、先进个人表彰会文艺演出。举办了文化志愿者颁发证书暨春风工程阵地班开班仪式。为区总工会策划了全区的劳动颂歌演唱会。为团区委策划了“五四”青年节文艺演出及策划了汤河川满族风情节开幕式等。选派4类11个节目参加群星奖比赛活动，其中声乐2个、曲艺作品1个、摄影作品5幅、书画作品3幅。代表怀柔区参加市级乡村歌手大赛，3名选手进入决赛，分别获得二等奖、三等奖和优秀奖。选派北京群英萃艺术团参加第5届北京市“高丽营杯”戏曲票友邀请赛获特别奖。选派被列入市级非物质文化遗产名录的杨宋镇北年丰村善元老会舞狮表演队参加第7届北京市“赵全营杯”民间花会，获特别奖。

图书馆

区图书馆2009年共接待读者434190人次，外借图书350238册次，全年办证5687个，累计办证35965个。继续在全区16个镇乡（街道）、14个区直工委中深入开展了以“诵读传统经典 传承文明礼仪”为主题的全民读书活动。活动历时4个月，共分为诗歌征集、知识竞赛和“市民大课堂”知识讲座三个部分，其间向全区配发传统经典书籍1300余册。举办市民大课堂130场。举办知识竞赛70余场；收到参赛诗歌作品193篇，评选出获奖作品18篇；共有24支代表队参加现场知识竞赛。有5个单位获得全民读书活动优秀组织奖。同时，以国庆60周年为主题，组织开展了红领巾读书活动，全区33所中、小学3万余名青少年广泛参与。在全市读书竞赛中，怀柔区的选手也取得了优异成绩。9月8日，怀柔图书馆通过了北京市公共图书馆评估定级专家组检查，被文化部评为国家一级馆。

电影放映

区电影发行放映服务中心依托数字影厅和流动电影放映车的资源优势，在全区组织放映电影16008场。以国庆60周年为契机，举办了“银幕上看祖国”庆祝新中国成立60周年爱国主义影片及国产献礼影片展映活动，共放映影片7500余场，观众达46万余人次。在全区开展了“千场法制电影展播”、“安全用药、健康人生”科教片展映、“党风廉政电影宣传月”等大型活动。其中“安全用药、健康人生”科教片进社区、入工地活动，被市疾控中心评为最佳创意活动。

文化产业

2009年，全区累计发展文化创意企业2893家，新增企业514家，增幅达21.6%；实现入库税款2.629亿元，比2008年同期增长14.45%，比全区平均增幅高10.96个百分点；累计完成固定资产投资12.01亿元，比2008年同期增长29.99%。在金融危机、社会投资收缩的情况下，怀柔区以影视产业为核心，以原创艺术、文艺演出、文化旅游为主要内容的文化创意产业逆势上扬，迸发出较强的增长活力。围绕打造“北京怀柔原创艺术产业集聚区”的目标，编制了《怀柔原创艺术产业发展规划》，使产业未来发展方向和重点进一步明确。新增绘画、雕塑等艺术创作者近200人，新增艺术品交易类企业44家，原创艺术类企业累计达到303家，云梦仙境弘道书画院等项目落户怀柔，进一步提升了怀柔区艺术品生产水平。全年共包装上报文化创意产业项目22个，获市级文化创意产业扶持资金近千万元，比2008年翻了一番，红庙灯笼村成为获市级资金扶持的首个文化创意产业专业村。建立了文化创意产业重点项目台账，对产业项目实现了分行业、分部门、分时段的季度动态管理。

文化市场管理

加强文化娱乐经营场所安全生产管理　全年召开文化经营单位安全生产例会5次，采取以会代训的形式向监管相对人宣讲法规和各类安全隐患案例，制定并下发安全经营、规范经营文件等相关宣传材料近5000份。落实安全生产责任，开展文化娱乐场所安全生产风险评估，与全区142家文化娱乐经营场所签订责任书。围绕“国庆平安行动”，组织开展了6个贯穿全年的安全生产专项行动和8个安全生产隐患排查执法周。投资近2万元，完成了对各文化经营单位规范经营、安全经营、文明经营的告知工作，依据相关行业的法律、法规和规定统一制作经营守则展板340多块，悬挂于各经营场所，同时公布举报电话，加大社会监督力度，进一步普及法律知识，展示区文委监管形象。全年共出动执法力量774人次，检查场所1405家次；纠正违规53家次；受理举报13件；取缔黑网吧1个，暂扣电脑4套；立案1起，进一步规范了文化市场经营环境。

行政审批　积极做好扩大内需重大项目绿色审批通道信息平台运行工作。主动压缩审批时限，在初次压缩时限58.4%的基础上，再次对现有时限做出了50.4%的压缩。全年新批、变更、审核换证文化市场经营项目226家，审批营业性演出122场。

获奖情况

集体

区文委　被首都文明委评为首都“迎国庆 讲文明 树新风”活动先进单位；红庙灯会和红螺寺庙会被市文化局授予“第4届北京春节庙会·灯会文化活动”最佳社区奖和“非遗”展示奖；被少先队市工作委员会、市教委、首都精神文明建设委员会评为北京市红领巾读书活动先进单位；被市文联评为北京市庆祝新中国成立60周年文艺作品征集佳作奖；“文艺培训春风工程”获首都精神文明建设委员会提名奖。

区图书馆　获中国图书馆学会年会征文组织奖；被文化部评为地市级一级图书馆；被市青少年学生校外教育工作联席会议办公室、市教委、市人事局评为北京市校外教育先进集体；获北京市“文化共享杯”知识竞赛二等奖；获北京市图书馆“全民阅读”活动优秀组织奖；获北京市红领巾活动优秀组织奖；获北京市红领巾读书活动“爱心快递图书捐赠”优秀组织奖；获北京市红领巾读书活动“走进科普”课本剧比赛三等奖。

区文化馆　获第5届北京市“高丽营杯”戏曲票友邀请赛特别奖；获东方之星艺术盛典优秀组织奖；获迎国庆“我的北京我的事”北京市民DV大赛最佳组织奖。

电影发行放映服务中心　被市司法局授予“五五普法”电影加片先进集体奖。

个人

董秀莲　获中国教育学会、中国青少年艺术网、全国青少年音乐舞蹈展评活动优秀园丁奖；获中国教育学会、中国电视艺术家协会、全国青少年音乐舞蹈展评活动北京选拔赛优秀指导教师奖；被评为第2届“全国艺术风采展示活动”全国青少年艺术教育先进工作者。

王建军　被中国图书馆学会评为2007～2009年度中国图书馆学会优秀会员。

杨宝林　获全国中小型公共图书馆联合会研讨会征文一等奖。高文姿获征文二等奖，雷文雅等10人获征文三等奖。

李晓东、史昊野　获第11届华北、东北、西北少年儿童图书馆学术暨工作研讨会优秀论文二等奖。姜琳娜等9人获优秀论文三等奖。4人获优秀论文奖。

史昊野、孟琳子　获中国图书馆学会年会征文三等奖。

杜建华　获首都国庆60周年庆祝活动筹办工作贡献奖。

王玉山、王宏伟　杜建华、朱春明　获首都国庆60周年北京市新闻宣传工作突出贡献奖。

王保国　被北京市“扫黄打非”工作领导小组评为“扫黄打非”工作先进个人。

吴朝印　获中国当代书画名家精品邀请“名家精品”奖。

徐占英　获北京市第8届乡村歌手大赛二等奖。史曼琼获优秀奖。

赵　珈　获东方之星艺术盛典优秀园丁奖。

许可有　获“北仓杯”首届环渤海地区青年歌手电视大赛流行唱法金奖。李勇强获流行唱法银奖。

孟琳子、杜佳　被北京市少工委评为北京市红领巾读书活动优秀辅导员。

怀柔区文化委员会

书记　　陈宝明
主任　　王玉山

（魏　月）

平　谷　区

概　况

平谷区位于北京市东北部，面积960平方公里，山区、半山区面积占三分之二。全区辖14镇、2乡、2个街道办事处、4个地区办事处，271个行政村、30个居委会，人口40万人。

平谷区文化委员会（简称区文委）为主管全区文化工作的职能部门。区文委机关公务员13人，其中，处级干部6人。设办公室、政工科、业务科、市场科。下辖8个基层单位，其中副处级行政单位1个：文化行政执法队；全额拨款事业单位4个：图书馆、文化馆、文物管理所、上宅文化陈列馆；自收自支事业单位2个：影剧院、电影发行服务中心；企业1个：新华书店。全系统在职干部职工227人。

2009年，区文委围绕国庆60周年重点工作，坚持“以人为本，普遍均等，惠及全民”的原则，加大投入，不断扩大文化资源总量，提升文化产品的供给能力和文化服务的创新能力，超额完成了全年工作任务。

2009年文化艺术发展

重要会议、调研

1月14日，区图书馆召开2008年红读活动总结会及2009年红读活动动员会。

1月16日，区文委召开全系统2008年工作总结表彰暨春节联欢会。

1月20日，平谷区2009年新春团拜会在区影剧院举行，秦刚、王振林、韩凤武、王春辉、王晓光等区四套班子成员与各界代表等千余人欢聚一堂，共贺新春。

新春团拜会文艺演出

3月20日，平谷区2008年度农村电影放映工作总结会议召开。

5月16日，区委常委、宣传部部长、副区长王晓光召开2009年村级（居委会）文化建设工作会，下发了《关于进一步加强村级（居委会）文化建设的意见》文件。会上，王晓光代表区委、区政府与各镇乡、街道签订了《平谷区村级（居委会）文化工作目标责任书》。

5月21日，区文委召开基层文化干部会。区文委副主任耿大鹏介绍上半年工作情况和下半年重点工作，以及关于基层文化活动经费的使用管理和星火工程演出工作安排。

6月11日，召开2009年平谷区文化市场管理暨“扫黄打非”工作会议。王晓光出席并讲话，各成员单位、乡镇、街道主管领导参加会议。

6月17日，市文化局巡视员叶重辉对平谷区居委会社区和行政村文化活动室运营管理规范情况进行调研。

6月19日，北京市国庆指挥部文化组对平谷区庆祝新中国成立60周年文化活动情况进行检查，并在副区长王晓光陪同下在“桃花大舞台”观看“为伟大祖国骄傲”专题文艺演出。

文化设施建设

基本情况 2009年，共投入4000万元，用于扩大文化资源总量。全区共有区级公共文化服务设施7处：文化大厦（文图馆综合楼）、影剧院、新华书店、世纪广场、“桃花大舞台”、室内大众健身舞场、上宅文化陈列馆；拥有基层文化服务中心、文化大院、文化广场、“桃花大舞台”、数字影厅、图书室等各类文化设施1000余个。全区已形成区、镇乡（街道）、村（居委会）三级文化设施网络，设施面积总计约32万平方米。

农村数字影厅建设 2009年，为109个影厅配置数字电影放映设备，并扶持70个影厅进行建筑声学改造和购置消防、采暖、降温等设备。新建农村数字影厅37个，总数达到264个，占全区271个行政村的97.4%。除个别村因新农村改造暂缓建设外，基本实现了数字影厅村级全覆盖。

村级桃花大舞台建设 新建村级桃花大舞台93个，总数达到147个，村级覆盖率达到54.2%。

图书馆（室）建设 新建6个图书馆分馆、10个村级图书室、100个农家书苑。

培训

1月8日，在平谷区委党校举办2009年第一期农村数字电影放映人员放映技术培训学习班，区委常委、宣传部部长、副区长王晓光出席开班仪式并讲话。

3月18日～19日，区文委组织文化市场法律、法规知识培训。全区歌舞娱乐场所、网吧法定代表人或主要负责人以及文化市场监督员、文化执法人员共110人参加了培训。

群众文化活动

全面落实区委办公室、区政府办公室出台的《关于进一步加强村级（居委会）文化建设的意见》，以“普遍均等，惠及全民”为原则，全年组织开展文艺演出、展览等群众文化活动6900场，电影放映27000余场，图书流通50万册次，送书下乡6万册，丰富了全区人民文化生活。

传统活动 第19届农民艺术节以“沿着改革开放路，奔向美好新生活”为主题，以区级文化活动为龙头、基层活动为重点，共举办了民间花会秧歌进城大拜年等8项全区性文化活动，参加了“乡村放歌”北京市第8届乡村歌手大赛等5项市级文化活动，开展各具特色的基层文化活动500余场，约计4万人次登场表演，吸引各界观众40余万人次。区长邱水平在《舆情动态》上批示：“今年的19届农民艺术节秧歌花会办得好，形象、水平、气势、宣传都上了一个层次。”

品牌活动 北京平谷第11届国际桃花节文化活动以营造“北京生态谷，都市桃花源”美好形象为主题，重点组织了“桃花大舞台”唱大戏和艺术展览两大系列、12项大型文化活动。中国评剧院、北京京剧院、北京市河北梆子剧团等专业院团的演出，北京平谷·贵州荔波风光摄影展等为节日增色。累计吸引观众3万余人次，实现了桃花节“打文化品牌、增两个效益”的目标。

国庆活动 6月～10月，区文委以“为伟大祖国骄傲”为主题，在全区组织开展了庆祝新中国成立60周年系列文化活动。共举办区级“桃花大舞台”文艺演出19场，“祖国万岁”红色歌曲演唱会等大型国庆文化活动4场，“60米长卷喜迎国庆60年”何凤来“平谷十六景”等专题展览5项，展映爱国主义影片5000场，开展基层文化庆祝活动3000场，营造了隆重、热烈、喜庆、祥和的文化氛围。

特色活动 全年举办世纪广场“桃花大舞台”演出28场，基层桃花大舞台文艺演出3300场，实现每村每月演出一场。“桃花大舞台”文艺演出成为城乡群众不可或缺的文化娱乐项目，调动了群众参与文化的热情和积极性，全区掀起了文艺调演、文艺创作、优秀文艺节目及文艺人才选拔的热潮，形成了社会共同参与文化的机制。

放映活动 全年放映电影27000余场，吸引观众170多万人次。完成剧场电影放映1200场。农村电影放映工程稳步推进，全年农村数字电影放映26000场，超额完成了放映任务。

惠民活动 全区农村“文艺演出星火工程”资金补贴演出654场，“周末场演出计划”演出70场。此外，还开展了送书、送影等文化下乡活动，让农村群众在家门口就能享受到专业院团演出、优秀图书、高清数字电影等高品质的文化生活。

“周末场演出计划”演出

文化交流

北京市优秀品牌团队——精华舞狮表演队，3月在第3届新加坡国际“金狮奖”艺术大赛中获得艺术大赛的最高奖“金狮金奖”；9月~10月，作为文化部“2009中国文化聚焦”演出团队组成部分，访问了塞内加尔、几内亚和马里等非洲国家。

第11届桃花节期间，贵州荔波、新疆策勒等艺术团的加盟，让平谷百姓领略到异域风情。绿谷艺术团和兄弟区县艺术团队也多次往来交流演出。

展览

年内，举办艺术展26次，图片展1020幅，参观人数60万人次。

4月18日，“桃花漫舞·荔波荡漾”北京平谷·贵州荔波风光摄影展暨友好区县旅游合作签字仪式在平谷区世纪广场举行，展出图片300多幅。黔南州副州长夏庆丰，中共荔波县委书记、县长陈稠彪，平谷区委常委、宣传部部长、副区长王晓光，出席活动并为摄影展剪彩。

4月19日，“王氏家族六人书画作品展”在平谷区文化大厦展出。展览以展示王友谊、王玉书、王银涛的书法和王友坤、吕安安、王京涛的绘画为主，展出的50余件作品全部为家族成员新作。其中，王友谊按中国文字发展演变历程，分别以甲骨文、金文等文字形式创作了平谷建置之初的盘阴八景。

4月20日，老年精品书画及民间艺术展、邢久海“梅花”作品展开幕。艺术展的作品是区老干部局、老年大学、老年书画研究会和老年民间艺术协会等部门倾心培育的成果。

9月2日，由区委宣传部、区文委主办的“新中国走过六十年”何凤来“平谷十六景”画展及朱肖周老票据收藏展在文化馆展厅开幕。王晓光出席展出活动。

9月22日，在世纪广场举办“平谷区建设成就图片展”，展出图片110幅。从不同侧面反映出平谷区在新中国成立60年来特别是改革开放以来发生的巨大变化。

9月24日，在区文化馆展厅举行“新中国成立六十周年书画展”开幕式，平谷区政协领导韩凤武、李永来、张丽平、刘建增、刘廷海、李永明等参加开幕式活动。

此外，平谷区还组织了清明节及二十四节气相关知识展、历届桃花节系列活动回顾展、非物质文化遗产知识宣传展等。

文艺创作

小评戏《十二尺巷》 该戏根据区级非物质文化遗产“仁义胡同传说”创编，讲述的是在北京城乡结合部“仁义巷”两户和睦相处的邻居，由于两辆汽车在狭窄的巷子里停靠而引发了一场矛盾并最终解决的故事。

《桃花源》出版三期专号 以平谷文学刊物《桃花源》为平台，出版了“京平高速路”专号，发表全面描述京平高速路建设历程的长篇报告文学《奔腾的视野》以及长篇抒情诗若干首。出版了戏剧作品专号，集中发表了一批话剧、电视剧、评剧、戏剧小品等作品。出版了收藏精品专号。

创作国庆主题书画作品 由区文联与区政协文体卫委联合发起、策划，组织书协、美协会员80余人，创作书画作品120余件，精选73件作品举办书画展。

“诗词作家颂平谷”活动 5月15日~18日，邀请诗词作家观赏并吟诵平谷“新十六景”的“诗词作家颂平谷”活动举行。中国新闻学院博导、中华诗词学会原会长周笃文，中华诗词学会现任会长郑伯农，新华社总编辑张结，《中华诗词》副主编杨金亭，吉林省委宣传部部长张福有等在平谷观光，创作了吟诵平谷新十六景的诗词110首。

诗集《啼鸣的太阳》 作者为区作协会员王继先，作家出版社出版。全集由“田园的灯盏”“月光照无眠”“游戏人生”三部分组成，共150余首。

王友谊专集出版 平谷籍书法家王友谊的《大匠之门·王友谊》《水墨中国·王友谊卷》出版。

此外，书家陈继鸣、画家刘学军分别印行了小型个人作品集；王京涛、马云、马乾三人联合制作出版了2010年书画作品台历；画家周明智出版了画册《周明智水墨牡丹》，并召开了专题座谈会。

非物质文化遗产保护工作

“丫髻山庙会”被列入市级名录　“丫髻山庙会”被列入第三批北京市级非物质文化遗产名录，平谷区市级“非遗”项目达到4项。

完成市级传承人申报工作　经专家推荐、评议审核，鼓书艺人杜润启被确定为市级非物质文化遗产“平谷区‘平谷调’（大鼓）”代表性传承人。

宣传活动　在清明节、端午节、非物质文化遗产日都举办了相关展览和宣传活动，以图文并茂的形式展示了中国文化遗产概况以及平谷区有代表性的非物质文化遗产项目，开展了民间手工技艺展演展示，民间艺人李明霞、王培兰、贾和顺、刘晓英、刘淑林等展示了民间剪纸、刺绣、驴皮影等。完成23个平谷区级“非遗”项目传承人简历建档工作。

文化馆

区文化馆被文化部评为国家一级馆。建筑面积5000平方米，内设8个业务部室，下设戏迷协会、奇石艺术研究会、民间艺术研究会、油画研究会等4个专业协会。全年共组织、策划、开展各类文化活动102个，举办各类文艺演出80场，艺术展览21个，观众达35万人次。

图书馆

区图书馆被文化部评为国家一级馆。建筑面积8100平方米，内设16个业务部室，拥有65万册馆藏文献和12TB容量的数字资源。2009年，结合北京市公共图书馆全民阅读活动、红领巾读书活动，开展了形式多样的大众读书活动。全年接待读者30余万人次，外借图书50万册次，举办读者活动100余次，开展各类公益性讲座40场。

10月15日，首都图书馆副馆长陈坚率北京市公共图书馆评估定级专家组一行11人，到区图书馆进行全国公共图书馆第四次评估定级检查。

区影剧院

区影剧院为二星级影院。内设有941个座位的放映大厅和86个座位的豪华小厅。2009年，区影剧院充分利用节庆日、纪念日加大影片宣传力度，吸引各界观众走进剧场。同时，注重不同群体需求，提供上门放映服务。推出了老年人、军人、残疾人、学生优惠卡活动，保障特殊群体文化权益。全年剧场放映1200场、周末场演出70场、业务收入165万元。

文化队伍建设

2009年新增文艺团队62支，全区文艺队伍总数达490余支。其中市级品牌团队2支，区级文艺团队7支（即绿谷艺术团一至七团），秧歌队233支，花会80档，业余小剧团和小演出队150支。有专兼职文化干部47人，基层文化志愿者206人。区级有9个文艺协会，500余名会员，其中国家级会员20余人，市级会员近百人。年内，培训、辅导群众达1万余人次，培训文艺骨干1100人次。

文化创意产业

年内，共受理、申报北京市文化创意产业发展专项资金支持项目11个。经过专家评审，“平谷桃李春风主题游戏社区即实景互动”和“星星工坊——北京少儿艺术创意服务平台”两个项目以“项目补贴”方式获得554万元资金支持。

文化市场管理

严格文化市场的准入和监管，强化服务意识，实现了“无行政责任事故、无重大安全责任事故、无行政诉讼败诉案件”的“三无”目标，文化市场和谐、规范、健康发展。

严格审批　根据区域布局，为保障城乡文化服务场所均衡发展，进行规划式审批。遵循公开、公平、公正的原则，严格遵守各项实体法规定，保证文化项目审批合法。年内，共接待群众咨询和申请800余人次，办理行政许可400余项。

强化管理　成立了区委常委、宣传部部长、副区长王晓光任组长，相关单位为成员的平谷区文化市场管理暨“扫黄打非”工作领导小组。4次协调公安、工商等部门开展“扫黄打非”专项行动。先后组织开展了寒、暑假网吧专项整治，文化娱乐场所安全生产隐患排查整治行动，“两节”“两会”“五一”以及国庆期间文化市场专项整治行动等。对违规经营的6家网吧给予行政处罚。

获奖情况

集体

平谷区　再次被文化部授予全国文化先进县荣誉称号。

区文委　至2009年底，连续14年被首都文明办评为首都文明单位标兵；被首都精神文明建设委员会评为首都“迎国庆、讲文明、树新风”活动先进单位；被区委、区政府授予庆祝中华人民共和国成立60周年最佳组织奖。

区文化行政执法队　被评为北京市“扫黄打非”工作先进集体。

区图书馆　被评定为“国家一级馆”。获北京市图书馆“千场讲座”组织奖、北京市图书馆“全民阅读”活动优秀组织奖、北京市红领巾读书活动优秀组织奖、北京市爱心快递图书捐赠总动员活动优秀组织奖。

区文化馆　被首都精神文明建设委员会评为2009年度首都文明单位。平谷区文化馆、解放军66362部队政治部被首都精神文明建设委员会评为首都军（警）民共建精神文明标兵单位。获首都精神文明建设委员会主办的第2届首都科教、文体、法律、卫生“四进社区”活动优秀组织奖。获“乡村放歌”北京市第8届乡村歌手大赛组织奖。获北京市校外教育先进集体称号。自编自演的小评戏《十二尺巷》在北京市庆祝新中国成立60周年文艺作品征集评奖中获得佳作奖。合唱《将军关之歌》、舞蹈《舞林高手》获得北京市第20届农民艺术节三等奖。

电影发行服务中心　被评为北京市农村电影放映工作先进集体。

精华舞狮表演队　获第3届新加坡国际“金狮奖”艺术大赛最高奖“金狮金奖”；被国庆60周年联欢晚会指挥部授予突出贡献奖。

个人

区影剧院经理杨宝春　被文化部授予文化产业先进个人称号。

区电影中心副经理许振玉　获北京市农村电影放映工程先进个人称号。

区文化馆馆长刘春雨　被首都国庆60周年北京市新闻宣传指挥部、中共北京市委宣传部授予国庆60周年新闻宣传工作突出贡献奖。被首都精神文明建设委员会评为首都“迎国庆 讲文明 树新风”活动先进个人。《平谷的早晨》等5件摄影作品在庆祝中华人民共和国成立60周年北京市郊区县摄影展中获佳作奖。

区文化馆副馆长王小兵　摄影作品《雪霁轩辕》在庆祝中华人民共和国成立60周年北京市郊区县摄影展中获佳作奖。

区文化馆李雪梅　在北京市第8届乡村歌手大赛中获三等奖。

区文化馆谭学会　被首都国庆60周年北京市筹备委员会群众游行指挥部评为首都国庆60周年群众游行优秀工作者。

区文化馆黄磊　被北京文化艺术活动中心评选为2009年度北京群众文化优秀信息员。

区图书馆3人获得北京市红领巾读书活动市级优秀辅导员称号、3人获得市级优秀指导教师称号。组织的5名选手在北京市红领巾读书活动“我喜爱的书中人物”讲故事比赛决赛中，获得二等奖2个、三等奖3个。组织的选手在北京市红领巾读书活动“走近科普”课本剧比赛中获得二等奖1个。组织的5名选手在第10届“读书小状元”评选中获奖。

平谷区文化委员会

书记	胡　清
主任	张　兴

（张春芬）

昌　平　区

概　况

昌平区位于北京市的西北部，面积1352平方公里。常住人口102.1万人，流动人口80多万人。有40多万人口的大型居住区2个。下辖17个镇、办事处（3个地区办事处、2个街道办事处），行政村304个，社区居委会153个。

昌平区文化委员会（简称区文委），是主管昌平区文化文物工作的政府职能部门。区文委机关设办公室、文化科、文物科、文化市场科和纪检监察科。直属单位有文化馆、图书馆、文物管理所（博物馆）、电影发行放映管理处、影剧院和新华书店。

2009年，区文委围绕打造商务花园城市建设，精心谋划和营造高尚的城市文化，深入开展学习实践科学发展观活动，以构建公共文化服务体系建设为主线，以繁荣发展农村文化建设为重点，积极探索培育高尚的城市文化品牌，促进了全区文化事业的发展与繁荣，为区域发展提供了精神动力和智力支撑，为全区精神文明、社会和谐、商务花园城市建设提供文化服务和保障。

2009年文化艺术发展

制度建设

5月，区文委结合推进政风行风防范工作，重新修订和完善了“四项制度”。即：《领导干部重大事项报告制度》《重大决策事项报告制度》《党风廉政建设责任制度》《文化委系统窗口行业服务规范》。制度机制的不断完善，进一步明确了全委今后的工作方向和部门职责任务，为全面有序开展全区文化活动、推进文化事业建设发挥了积极作用。

重要活动

春节团拜会演出　1月20日，2009年昌平区春节团拜会演出在汉慈养生堂剧场举行。活动由昌平区委、区政府主办，区文委承办。到场嘉宾有昌平区委、区人大、区政府、区政协领导，以及昌平区直机关，各委办局、镇、街道办事处领导，离退休老干部等各界代表。

学习实践科学发展观　3月18日，区文委制定并下发了关于开展深入学习实践科学发展观活动实施方案，并在全系统开展了教育动员部署。7月22日，制定下发了关于扎实做好整改落实阶段各项工作方案。8月底前，各单位组织群众满意度测评，公布了民主评议政风行风公开电话；设立了民主评议政风行风意见箱、电子邮箱，公开接受社会对区文委的监督。

区影剧院租赁协议签字仪式　12月3日，在区文委会议室举行“昌平区影剧院与保利影业投资有限公司房屋租赁协议签字仪式”。

“国庆杯”征文　12月25日，昌平“国庆杯”征文活动落下帷幕，举行了颁奖仪式。活动由区文化馆举办，共征集作品200余篇。经评选，共有25名作者分别获得一、二、三等奖及优秀奖。36篇优秀作品在《军都文苑》和《说说唱唱》上发表，在读者中引起了强烈反响。

庆祝新中国成立60周年系列文化活动　昌平区先后举办了第10届艺术节暨自创节目汇演、“为伟大祖国骄傲”爱国歌曲大家唱启动仪式、广场舞蹈大赛、“颂歌献祖国——五月的鲜花”群众歌咏比赛等系列文化活动。全区17个镇（街）文艺团队参加了比赛和汇演活动。同时，各镇（街）、村、社区组织开展了丰富多彩的庆祝新中国成立60周年系列文化活动。

新中国成立60周年法制宣传书画展

基础设施建设

重点工程　影剧院主体工程和内部二次结构工程建设完工，签订了后续工程协议；协调方舟书苑进行了二期工程建设的前期推进工作。

基层文化设施建设　全区有304个村级文化活动室基本建成并达到了市文化局制定的标准。建成了13个镇级图书分馆，177个社区文化活动室，481个村级和社区图书室，186个益民书屋。昌平区17个镇303个行政村的文化信息资源共享工程全部顺利安装调试完成。2009年，完成116个农村数字电影厅设施设备的安装工作，使农村数字电影厅总数达到298家。为基层开展群众文化活动配发了携带便利的一体机。

群众文化活动

春节文化活动　春节期间文化活动以热烈、祥和、喜庆为主题，开展了春节团拜、正月十五闹元宵、秧歌花会走街乡等系列文化活动；正月十五，在永安文化广场组织了弘扬奥运精神、展示文化遗产的大型民间花会表演活动，全区各镇（街）33支队伍，900余名表演人员齐聚永安文化广场，进行了小车会、鼓舞、跑旱船、高跷、大秧歌以及舞狮等丰富多彩、形式多样的表演。

元宵节民间花会表演　2月9日上午，在元宵佳节来临之际，在永安广场举行了“正月十五闹元宵”民间花会表演。来自昌平17个镇、街道办事处的30多支代表队带来了高跷、小车会、跑旱船、花钹大鼓等传统表演项目。

文化“四下乡”活动　4月8日，“四下乡”活动分别在流村镇的老峪沟村和长峪城村举行。区文委组织文化馆进行了文艺演出，图书馆现场赠送图书、期刊400多册，还组织群众进行猜谜活动，书画协会在两个村现场作书画40余幅。

世界环境日文艺宣传 6月5日，在世界环境日当天，昌平区在永安广场举办了大型文艺宣传活动，采用群众喜闻乐见的表演形式宣传生态环保理念。

五月鲜花歌咏比赛 6月6日，昌平区五月鲜花歌咏比赛在中国政法大学礼堂举行。活动由昌平区委宣传部、区总工会、区文委主办。比赛分为大合唱组和小合唱组，每组评出一、二、三等奖若干名，获得一等奖的有昌平区东小口镇、昌平区教委、昌平区民政局、中国石油大学。

庆祝新中国成立60周年文艺演出 9月15日，昌平区庆祝新中国成立60周年暨人民政协成立60周年文艺演出在小汤山九华山庄举行。活动由昌平区政协、昌平区委统战部主办，区文委承办。

“爱国歌曲大家唱”演唱会 9月16日，区文化馆协助昌平区机关举办了“爱国歌曲大家唱”演唱会。来自昌平文化馆、计生委、卫生局、总工会、新闻中心等10余个单位的干部职工用歌声表达了爱国之情。

文艺演出星火工程 全年共组织“文艺演出星火工程”演出912场，其中，专业院团演出304场，非专业团队演出608场，观众达60余万人次，圆满完成了市文化局要求的演出任务。

基层文化骨干培训 2009年，区文化馆改变工作思路，将各种培训深入到基层单位，直接与基层群众互动。培训种类涉及新秧歌、声乐、器乐、绘画、书法、摄影、摄像、文学、音响、主持、合唱指挥、群众文化活动等专业15项，辅导单位16个，辅导人数达800多人。

文艺创作

2009年，出版《军都文苑》4期、《说说唱唱》4期、《知识情报信息》6期，在省市级以上报刊发表中篇小说、短篇小说、小小说、散文等各类文学作品和美术、摄影30余篇（幅），出版“白俊龙中国画系列丛书”4部和《平西英雄传》长篇小说1部；创编了《金梭和银梭》《卓玛》等8个舞蹈作品，完成了舞蹈《花钹大鼓》的编排工作，为基层开展文化活动充实了新的文化内容。

图书馆

岗位聘任和工作部署大会 2月26日，在区图书馆召开了全馆职工大会。会议的主题是图书馆开展新一轮主任岗位聘任及部署2009年全馆工作任务。

“红读”活动表彰 4月7日，2008年度昌平区“红读”活动总结表彰暨2009年动员部署大会在图书馆多功能报告厅举行。

世界读书日活动 4月23日，区图书馆举办“书香伴我成长”纪念“世界读书日”活动，开展了“共享世界读书日”知识竞赛，百名读者参加了此次活动，评出了一等奖2名、二等奖4名、三等奖6名和纪念奖20名。

参加市“红读”比赛 5月17日，北七家小学代表昌平参加北京市红领巾读书活动——“走进科普”课本剧比赛，获得第三名。

“红读”活动科普剧比赛

图书馆服务宣传周 5月25日~31日，围绕宣传周主题，区图书馆每个部门都举办了不同形式的图书馆服务宣传活动。其间，展出宣传板报9块，发放各类宣传材料300份。

举办共享工程知识竞赛 8月10日，由昌平共享工程中心举办的2009年“文化共享杯”全国文化信息资源共享工程知识与技能竞赛在区图书馆八楼多功能厅举行。参加竞赛的选手包括昌平区15个镇45名基层中心和基层服务点管理员。城南代表队获比赛一等奖，南邵镇代表队、阳坊代表队获二等奖，兴寿代表队、十三陵代表队和长陵代表队获三等奖。

参加北京市共享工程知识与技能竞赛 9月1日，区图书馆组队到首都图书馆参加“文化共享杯”全国文化信息资源共享工程知识与技能竞赛，获得三等奖。

区政协委员参观图书馆 9月17日上午，区政协委员到区图书馆参观指导，在区文委领导的陪同下，委员们先后参观了少儿阅览室、图书借阅室、

电子阅览室。

通过全国公共图书馆一级馆评估　9月29日，由首都图书馆副馆长周心慧等20人组成的全国第四次公共图书馆评估定级检查组对昌平区图书馆创建国家一级馆工作进行了考评验收。副区长方炎、区文委主任陈玉起、区文委党委书记李志武等参加了本次评估汇报会。馆长周亚玲向专家组汇报了昌平区图书馆发展情况、为迎接评估定级所开展的一系列工作和评估定级各项具体工作进展情况。专家评估小组充分肯定了图书馆几年来所取得的成绩，肯定了图书馆在抓基础设施建设、业务建设等方面的成绩，同时，也指出了工作中存在的问题和需要改进的地方以及努力的方向。

新中国成立60周年庆祝活动　10月1日~3日，区图书馆各窗口部门举办了不同形式的庆祝活动："新中国成立六十周年大事记"网络答题活动、"喜迎新中国成立60周年有奖竞猜"活动、"庆国庆 迎中秋有奖知识竞猜"活动等。直接参与读者300余名，发放奖品100余份。

创建学习型城区评估检查　11月17日，北京市创建学习型城区专家组到区图书馆参观检查，区文委主任陈玉起向专家组汇报了文委系统创建学习型城区工作情况。随后，专家组到图书馆外借部、电子阅览部、报刊预览部、少儿阅览室等窗口部门参观检查，优质的服务和良好的环境，得到了专家们的肯定。

电影

"新春乐"主题放映走进农村新生活　1月1日~2月初，电影管理处开展了"新春乐"主题放映活动。活动涵盖了全区的17个镇、街道办事处和152个农村数字影厅。为更好地配合"新春乐"放映活动的开展，电影管理处还特别引进了一些新片和大片来满足农村观众的需要。

召开全区农村电影工作会　1月14日，电影管理处召开昌平区农村电影工作会。会上，区文委领导对于2008年电影放映工作给予了肯定，并提出"村级数字影厅的建设，是推进农村电影数字化发展的一个里程碑，是丰富农村文化生活的发展方向"。

迎"三八"电影放映活动　3月5日，为迎接"三八"妇女节的到来，电影管理处利用村级数字影厅为妇女放映电影。放映的影片有《大漠赤城》《金豆情缘》等，共放映电影152场，18000余名妇女观看了电影。

昌平区大学生电影节举办　4月9日，"昌平区大学生电影节"在北京工商管理专修学院拉开了序幕，400余名大学生观看了"大学生电影节"首场放映活动。本届"大学生电影节"至7月初结束。

庆"六一"放映公益电影　5月27日，电影管理处与团区委合作，庆祝"六一"为打工子弟学校放映公益数字电影。电影管理处为向上小学送去了深受广大师生好评的数字电影《儿子同志》等影片。同时，利用农村数字影厅开展了庆"六一"公益数字电影放映活动，共为少年儿童放映电影14场，2000余名儿童观看了电影。

为全区社区、居委会主任放映数字电影　7月28日，电影管理处到石油疗养院为在那里参加培训的社区、居委会主任放映了数字电影。

数字影厅安全检查　8月26日，昌平区电影管理处在国庆前夕，对昌平区数字影厅进行"国庆平安行动"安全检查，市广电总局、区文委以及电影管理处的领导参加了此次检查。经检查，昌平区农村数字影厅没有发现安全隐患，消防器材齐全、安全管理制度完备，数字影厅有专人负责。

举行普法宣传教育电影放映活动　9月17日，电影管理处以崔村镇和小汤山镇为流动放映的重点地区，精选了10部影片进行法制宣传。为了让法制宣传更好地走进广大人民群众，还以马池口镇和崔村镇为试点，让普法教育走进了农村数字影厅。昌平区200个数字影厅参加了此次普法宣传活动，共计放映普选宣传影片200余场。

《建国大业》主题放映活动　10月21日，为了庆祝新中国六十华诞，放映了优秀爱国主义教育影片《建国大业》。共有6个镇30个村级数字放映厅参加放映活动。

数字影厅放映员培训　2009年，电影管理处分三批对农村数字影厅放映员进行了培训。共培训了180个村的188名放映员。

非物质文化遗产保护工作

组织了昌平区级、北京市级和国家级的非物质文化遗产申报工作论证会。申报的"解连环"、"佟氏中医调肝"医术、"涧头村高跷"3项通过专家评审和论证，被纳入区级"非遗"保护名录。其中"涧头村高跷"已被北京市人民政府批准列入第三批市级"非遗"保护名录。昌平区非物质文化遗产国家级项目达到2项、市级项目5项、区级项目7项。

组织国家级项目"王麻子剪刀"参加全国传统

技艺大赛、组织国家级项目“后牛坊花钹大鼓”参加中央电视台节目的录制工作，完成了非物质文化遗产普查工作报告和北京市“非遗”保护年度发展报告等。

展陈

1月20日，在昌平区春节团拜会活动期间，区摄影协会展出照片60余张，反映了昌平日新月异的发展变化。

文化市场管理

召开安全生产工作会议　2月23日，市场科和执法队在文委报告厅召开了全区安全生产“迎两会、保安全”歌厅、网吧、印刷企业法人代表或负责人培训及年检工作会议，签订安全生产责任书323份。

成立文化市场管理工作领导小组　3月10日，在昌平区“扫黄打非”工作领导小组的基础上，成立了昌平区文化市场管理工作领导小组。区委常委、宣传部部长戴维，副区长方炎任组长，区委宣传部常务副部长杨春山、区文委主任陈玉起、区公安分局副局长周燕滨任副组长，26个单位主管领导为成员。领导小组办公室设在文委行政执法队。3月底，各镇、街道办事处成立了文化市场管理工作领导小组组织机构，确定了领导小组人员名单。

文化市场审批　2009年，共接待咨询2800余人次，电话咨询4600余次，年度审核文化企业900多家，办理行政许可事项211件，现场审核场地68家，举办听证会15次，装订各类文化企业档案120份。

组织安全生产应急演练　6月27日，区文委在北京“焰火之都”组织娱乐场所安全生产应急预案演练活动，全区45家歌厅观摩演练。

“保安全、促稳定”国庆平安行动　文化行政执法队全年执法检查1917人次；出动车辆451台次；检查演出单位13家次，歌舞娱乐场所309家次，电子游戏经营场所4家次，互联网上网服务营业场所739家次，电影发行放映场所10家次。案件举报89件，立案调查10件，办结案件10件，保障了文化市场规范运行。

获奖情况

集体

电影管理处　获北京市农村电影放映工程先进集体称号、北京市“五五普法”特殊贡献奖。

区文化馆　获首届北京乡村歌舞节歌舞大赛一等奖、三等奖；第7届“椿树杯”北京市社区京剧票友大赛优秀组织奖；“乡村放歌”北京市第8届乡村歌手大赛组织奖。

区图书馆　获全国公共图书馆一级馆称号；北京市文化共享知识竞赛三等奖；2009年红领巾读书活动优秀组织奖；2009年爱心快递活动优秀组织奖；北京市“全民阅读”活动优秀组织奖。

个人

李彦樵、刘士增　获2009年度首都国庆60周年群众游行优秀工作者称号。

朱　梅　获首都精神文明建设委员会“迎国庆 讲文明 树新风”先进个人称号。

肖玉生、范小东　获北京市农村电影放映工程先进个人称号。

张宇英　《香满霜林》获“放歌绿色北京”摄影大赛三等奖；《昔日雄风今犹在》等5幅作品在北京市郊区摄影精品展中，获佳作奖。

辛立华　《补拍婚纱照》获“中华颂”全国小戏小品曲艺作品大展一等奖；《中国人的手》获三等奖；《即将杀人》获第一届中国法制文学原创作品大赛短篇小说二等奖；《惊心动魄七昼夜》获第4届作家报“青菁顶杯”全国文学艺术大奖赛金奖。

董秀芳　获中图协会优秀会员称号。

陈丽娟　获首都科教、文体、法律、卫生“四进社区”先进个人称号。

昌平区文化委员会

书记	李志武
主任	杨富志（3月免）
	陈玉起（3月任）

（于新忠）

门头沟区

概　况

门头沟区位于北京城区正西偏南，总面积1455平方公里，山区面积占98.5%，2009年末常住人口28万人，户籍人口24.4万人。门头沟区辖9个镇、4个街道办事处、177个行政村、99个居委会。

门头沟区文化委员会（简称区文委）是门头沟区主管文化工作的职能部门，内设6个职能科室及1

个文化行政执法队，即办公室、文化科、文物科、文化市场科、计划财务科、政策法规科、文化行政执法队（含信息举报中心、行政执法一分队、行政执法二分队、行政执法三分队）。下辖5个事业单位：文化馆、博物馆、图书馆、影剧院、文物事业管理所。

2009年，区文委重点围绕国庆60周年，开展了系列文化活动，抓好基层公共文化服务建设及基层公共文化设施达标建设，搭建了文化活动平台，创造优越的文化活动环境；加大文化执法力度，确保了国庆期间文化市场的安全，完成了区委、区政府交办的各项任务。

2009年文化艺术发展

重要工作

完善公共文化服务制度建设　年内，制定了《门头沟区基层文化工作考核管理暂行办法》及《门头沟区基层文化工作管理考核细则（试行）》《门头沟区文化事业发展专项资金管理办法（试行）》《门头沟区文化事业划转事项及补助资金管理办法》，完善公共文化服务投入机制。贯彻执行文化部《乡镇综合文化站管理办法》，提高基层公共文化服务，提高基层公共文化设施达标率。

市文化局公共文化调研课题组调研　4月16日，市文化局公共文化调研课题组到区文委进行《北京市公共文化服务财政投入机制》调研座谈。区文化馆和图书馆、各镇街根据自身公共文化设施建设存在的问题进行了交流，以便于财政投入机制更加合理化，增强可实施性。

市文化局到区文委调研　5月14日，市文化局副巡视员阮兰玉、北京文化艺术活动中心主任王鸣铎到区文委调研。听取了区文委主任的汇报后，阮兰玉一行对门头沟区的文化工作和“非遗”扎根基层、普及与提高并举的工作给予了肯定，提出应加强两级文化部门的沟通，整合市级、本区域资源。还对第3届永定河文化节中的重点作品《永定河组歌》提出了建议。

庆祝新中国成立60周年文化活动

“走过60年”老照片展　9月24日，在门头沟区博物馆举办“走过60年”门头沟庆祝新中国成立60周年老照片展。展览展出了从全区征集的2409幅中遴选出的352幅珍贵照片。吸引了3000余名观众观看。

京西太平鼓参加国庆游行和联欢晚会　10月1日，门头沟区40名太平鼓队员参加了首都国庆60周年群众游行，走在群众游行第17方阵的首要位置。当晚，参加了在天安门广场上举行的首都国庆60周年联欢晚会各民族中心联欢区“和谐中国”的表演，并同国家领导人一起在广场联欢。从7月到10月，太平鼓表演队进行了80多天每日将近9个小时的高强度训练，区文委与表演队伍建立密切联系，每天交流情况，及时掌握训练进度，积极协调解决经费和各种后勤保障工作，确保了演出任务的圆满完成。

国庆游园活动　10月2日，门头沟区“热烈庆祝新中国成立60周年游园文艺演出活动”在滨河广场举行。由区文化馆民族管弦乐团和北京凤乐团联袂出演了《平湖秋月》《金蛇狂舞》等20余个节目。700余名群众观看了演出。

国庆观影活动　国庆期间，区影剧院集中放映《建国大业》《风声》《天安门》等国庆献礼片，仅《建国大业》就放映23场，观众9315人次。

文化活动

第19届门头沟文化艺术节　2008年12月26日～2009年2月12日举行。艺术节以“如歌三十年 京西构和谐”为主题，开展了“门头沟区春节团拜会”、“潭柘歌星”歌手大赛、“正月里唱大戏”京西山乡戏曲大巡演、“新风报春贺‘三农’”主题春联征集等6项区级重点活动、百余场基层文化活动，受益群众达15万人次。

门头沟区2009年新春团拜会　1月18日，举办了“腾飞门头沟，欢乐过大年”门头沟区春节团拜会。团拜会以舞蹈、声乐、器乐、曲艺、戏曲现场表演的形式宣传北京奥运成功举办、改革开放30周年、门头沟区生态新区建设发展等取得的巨大成就，及社会事业的快速发展，人民生活的喜人变化。区四大部门领导向全区人民拜年，并同近千名群众代表观看团拜会演出。区长刘云广致新春贺词。区电视台向全区人民进行了播放，北京台也做了相应的报道。团拜会由门头沟区委、区政府主办，由区委宣传部、区文委承办。

“潭柘歌星”歌手大赛　1月，区文委联手潭柘寺镇推出了“潭柘歌星”歌手大赛。200余人报名参加，113人参加预赛，44人进入复赛，21人挺进决赛。孙海龙折冠“潭柘歌星”，其他选手分获一、二、三等奖。

春节期间文化活动　门头沟区春节期间文化活动主要包含千军台庄户幡会、“正月里唱大戏”山乡戏曲巡演、“新风报春贺‘三农’”主题春联征集、春节团拜会4项重点文化活动，以及龙泉镇讲礼仪、“树新风”琉璃文化过大年，王平镇举办的花会串街表演，大峪办事处举办的戏曲票友专场演出，军庄镇举办的传统花会表演等丰富多彩的基层文化活动10余项，演出20余场，把传统的民俗文化与现代文化融会贯通。

山乡戏曲巡演　2月4日，在斋堂镇柏峪村举办了“正月里唱大戏”山乡戏曲巡演基层专场演出，参加巡演的有雁翅镇苇子水秧歌剧团、斋堂镇柏峪社员剧团、清水镇李家庄山梆子剧团等10余支山乡剧团。演出有秧歌戏、蹦蹦戏及山梆子戏，剧目有《大保国》《雷横上山》《小王打鸟》《打金枝》等。共演出10场独特的门头沟地方戏曲和经典剧目，并从中选出优秀节目参加山乡戏曲调演。此外，还邀请北京占旗豫剧团进行了专业戏曲演出。

社区居民才艺大赛　7月3日，门头沟区委宣传部、区文委、区社会办联合举办了“为祖国欢庆”社区居民才艺大赛。参赛的有来自各社区200余名选手，25人进入了决赛并分获一、二、三等奖。

第3届永定河文化节　7月17日~9月28日，举办第3届“中国·北京永定河文化节”。文化节在北京中山公园音乐堂以“碧水·乡情”大型原创民俗风情声乐作品《永定河组歌》音乐会拉开帷幕。第3届“中国·北京永定河文化节”以“相约永定河畔 体验文化古韵”为主题，举办了融文化、旅游、体育、娱乐、商务为一体的永定河组歌音乐会、永定河书馆、永定河古村探访等9项专题活动。组织区内传统戏曲、器乐、歌舞、手工技艺等，以展演、展示等形式，到景区、农家乐、茶苑表演、展示；开办“永定河书馆”，邀请市区级民俗专家、学者以“说书”、讲座、座谈等形式对永定河流域的地质资源、宗教文化、民间传说、历史故事、京西花会、古塔古道文化等进行讲解，使听众能够更加深刻地了解永定河。永定河文化大讲堂举办了20场，累计到场近1000人次。

第3届门头沟合唱节　8月~9月，区委宣传部、区文委、区文明办、区委农工委等9家单位联合举办了“为祖国放歌”门头沟庆祝新中国成立60周年群众歌咏比赛暨第3届门头沟合唱节。合唱节主要分为学唱《永定河组歌》、预赛、决赛三个阶段。全区54支参赛队伍通过传唱《永定河组歌》和红色爱国歌曲，展示了新中国成立60年来门头沟区文化建设成就，区四大部门领导出席了活动。有区长刘云广和区政府主要领导参加的区政府代表队演唱了《今天是你的生日，我的中国》和《我和我的祖国》。

第3届“中国·北京永定河文化节”开幕式——《永定河组歌》音乐会

京剧演出周　9月7日，由区文委、区文联共同主办，门头沟区文化馆、门头沟区戏剧家协会承办的“门头沟区庆祝新中国成立60周年”京剧演出周活动开幕。演出周上演了《贵妃醉酒》《苏三起解》等剧目，观众累计3000余人次。

送基层百场文艺演出　国庆期间，充分利用文化广场、社区文化中心等场所，推出“为祖国祝福”欢乐送基层百场文艺演出，重点利用乡村大舞台，在9个镇以文艺演出的形式营造欢乐、喜庆、祥和的节日氛围，专业、业余团队共演出百余场。

公共文化服务体系建设

公共文化服务体系基层设施建设　年内，为城子办事处、永定镇、大台办事处和龙泉镇4个镇街文化中心配置设备。为清水镇24个村和永定镇3个村建立了农家书屋，配备了图书、书柜、座椅、投影仪等。为区内15支业余团队发放太平鼓525面。

农村电影放映工程　年内，为70个村的数字电影厅安装了数字电影机、幕布、座椅等。为农村送数字电影16160场，其中固定数字电影厅放映电影14600场，数字放映队放映电影1560场。

送演出下基层　年内，在9个镇继续开展“农村文艺演出星火工程”。出台了《门头沟区农村“文艺演出星火工程”专项资金管理暂行办法》，参加“星火”演出的专业团队16个、业余团队30个。共完成演出518场。其中，专业团队177场，业余团队341场。

非物质文化遗产保护工作

清明节民俗文化活动 4月5日，清明节期间，邀请民俗专家在永定河书馆进行民俗讲座，讲述清明节的由来、传说、历史故事，让群众对中国的传统节日有了更深一层的了解。在清水镇李家庄村、田寺村、燕家台村举办了山梆子戏演出。

妙峰山庙会 农历四月初一和十五（4月25日、5月9日），妙峰山举行了传统的庙会活动，数百档民间花会参与了演出。

第三批非物质文化遗产代表作名录申报 5月20日，召开第三批申报区级、市级、国家级非物质文化遗产代表作名录专家论证会。经过专家论证，7个项目被推荐进入门头沟区级“非遗”名录，5个项目被推荐进入北京市级“非遗”名录，2个项目被推荐进入国家级“非遗”名录。

文化遗产日活动 6月12日，在区博物馆举办门头沟区非物质文化遗产保护成果展和“遗珍璀璨”京西下苇甸皮影保护成果展主题展览活动，庆祝第四个文化遗产日。

灵水秋粥节 8月7日，农历立秋节，在斋堂镇灵水村举办了灵水秋粥节，京西古幡乐及京西太平鼓参与了节会庆祝，10余种民间手工艺在会场上进行了展示。

其他有关民俗文化活动 9月，协助中央电视台《探秘》节目组到柏峪村拍摄燕歌戏专题节目。10月下旬，在区文化馆举行了古幡乐讲座和表演，首都师范大学60余位师生参加观摩。10月17日，京西太平鼓参加中国音乐学院举办的“中国音乐节”的狂欢表演。10月20日，区文委非物质文化遗产保护办公室为市级、国家级“非遗”项目颁发证书和标牌。10月23日，京西太平鼓参加了“北京市国际旅游节开幕式”盛装游行表演。10月24日，京西太平鼓在北京市大学生体育馆参加“台商杯”球类比赛开幕式表演。11月2日~11日，京西太平鼓赴台湾参加“第9届京味儿之旅”及“第12届京台论坛开幕式”表演。11月17日，为部分“非遗”项目购置6万余元的乐器、道具、服装等。11月，协助中国音乐学院研究生考察研究京西古幡乐等项目，准备为台湾和北京共创音乐文化论坛筹备节目。

出版

第5套系列文化丛书出版 年内，区文委、区文联与永定河研究会联合出版门头沟区第5套系列文化丛书，包括《京西山区民俗》《北京古村落记忆——门头沟》《北京山区文化寻珍》《楹联撮要》《门头沟民俗实用研究》5本。

展览

2008年12月27日~2009年3月，举办“京西巨变”门头沟改革开放30年成就展，展览分为8个部分，展出300多张图片。此外，全年共举办“北京老字号非物质文化遗产保护成果展”等展览10个。

艺术创作

年内，创作小品、相声、快板、歌曲、舞蹈、音乐等作品10余部。为潭柘寺公园新编创作了历史情景剧《千年古刹情满园》；创作了小品《神机妙算》《情系龙门口》，以棚户区改造为内容的小品《理解》；为冯村创作的《冯村村歌》和为区规划局创作了行业歌曲等。

《永定河组歌》 《永定河组歌》是门头沟区文化馆副馆长杜晓历经十年创作的一部吟咏永定河情怀的声乐作品，由10首声乐曲构成，以永定河为主线，充分融合多种音乐元素及京西地区特色戏曲。

文化馆

文化馆下基层演出 年内，文化馆艺术团深入斋堂镇、雁翅镇、王平镇、永定镇等9个乡镇进行文化下乡演出45场，到基层单位、部队和厂矿慰问演出5场，到社区演出18场。参演的演职人员1564人次，观众5500余人次。

文化活动培训 年内，区文化馆开展舞蹈、书法、智能等多类别、多形式基层文化培训。全年共举办少儿业余围棋培训班、少儿舞蹈培训班、中老年书画培训班、声乐提高培训班、电子钢琴培训班、合唱培训班、女子大鼓培训班等200余场，培训人数达500余人次。同时，派业务骨干深入基层进行专业技能辅导，分别到街道、社区、居委会等，辅导曲艺、舞蹈、小品爱好者百余人。深入黄岭西村、冯村、卧龙岗村、坎房子、石场等基层单位进行大合唱技能辅导，对300名基层文化爱好者进行合唱辅导。在军庄镇举办2期秧歌培训班，每期3天共75人参加。举办太平鼓短期辅导班，30名基层舞蹈骨干参加。为了鼓励、扶持各镇组织的文艺演出团

队，文化馆派业务骨干长期深入军庄镇，对镇内铜管乐队进行乐器使用、技法、吹奏等方面的辅导，提高了铜管乐队的整体演奏水平和整齐度。

图书馆

年内，图书馆购置图书64458册，订购期刊600种，报纸80种，基本满足了读者的需求。外借图书216334册，借阅达214180人次。改扩建旧房，增加书库面积120平方米。

文化信息共享工程 年内，实现了177个行政村的共享工程文化信息的全覆盖，累计为基层配备电脑、电视等设备180套，价值126000元。

农家书屋 年内，为清水镇24个村和永定镇3个村建立了农家书屋，并为新建的27个农家书屋配备了图书、书柜、座椅、投影仪等设备。

送书下基层 送书下基层80次，新建图书馆分馆6个，新建温馨家送书点2个，为基层配送图书1.5万册，杂志1200册。

读书活动 年内，图书馆以“弘扬爱国情 好书伴我行”为主题，举办了“我喜爱的书中人物”讲故事比赛、“走进科普”课本剧比赛、“读书小状元”评比活动、红领巾讲坛报告会、图书捐赠、格言卡制作、“红读”推荐图书展览等活动，13所小学1万余名学生参加了由学校、区图书馆、首都图书馆举办的各级读书竞赛活动。参加“四进社区”送文化活动，举办科普影片展播，举办“人类登上太空的第一次”、“八荣八耻”、“环境与健康”、科学认知甲型H1N1流感展览等活动9场，参与群众近万人次。

百场讲座活动 区图书馆将报告会、讲座送到学校、社区、农村。举办了永定河文化系列讲座，法律知识讲座、动植物保护讲座、消防安全知识讲座、摄影知识讲座共24场，拓展了服务面，受到了读者好评。

文化创意产业

制定产业扶持措施 年内，区文委完成了《北京市门头沟区文化创意产业扶持措施》初稿。内容包括门头沟区文化创意产业支持方向、税收和资金支持方式等。

完成调研课题 区文委派出一名专职人员进行文化创意产业发展调研，并与中国社科院专家合作《门头沟区文化创意产业发展战略研究报告》，初稿已完成。

文化创意产业集聚区申报 年内，已完成“门头沟斋堂古村落古道文化创意产业集聚区”规划的第二稿。

文化市场管理

国庆平安行动 3月~10月，区文委对全区文化娱乐场所、网吧等进行专项清理整治，成立了清理整治领导小组，制定详细的工作方案。对文化娱乐场所共检查217次，出动执法检查人员603人次，出动车辆229辆次，检查歌舞娱乐场所121家次、互联网服务营业场所388家次，受理举报25件。

文化娱乐场所安全生产专项整治行动

网吧监管工作 学生寒暑假期间，区文委执法队针对网吧接纳未成年人的问题进行专项治理，召开专题会议，并向社会公布举报电话和电子邮箱。与区工商分局执法队、公安局联合执法，打掉3个黑网吧，收缴电脑33台。

发挥市场监督员作用 年内，区文委行政执法队坚持严格把关聘用、全面系统培训、加强日常管理、定期考核淘汰的工作思路，共聘用了23名文化市场监督员。开展工作以来，文化市场监督员举报违法违规线索300余条，根据举报的线索查处非法经营行为案件2起，取缔黑网吧2家。

获奖情况

集体

门头沟区文化行政执法队 获得2009年北京市“扫黄打非”暨文化市场管理工作先进集体称号。

门头沟区图书馆 被评为2009年度首都文明单位。

门头沟区文化馆 获“乡村放歌”北京市第8届乡村歌手大赛优秀组织奖。

个人

门头沟区文化行政执法队王成 获2009年北京市“扫黄打非”暨文化市场管理工作先进个人称号。

门头沟区选手邓秀梅　其“蝶翅画”参加“乡村擂台——京郊农村首届民间绝活大赛”，摘取银奖。

歌手孙海龙　获北京市第8届乡村歌手大赛三等奖。

门头沟区文化委员会

书记　　陈世杰

主任　　陈世杰

（张　晨）

房　山　区

概　况

房山区位于北京西南部，总面积2019平方公里，常住人口90.5万人。辖28个乡、镇、街道办事处，120个社区居委会、462个村委会。

房山区文化委员会（简称区文委）是房山区政府管理文化工作的职能部门，下设办公室、文化科、文物科、市场科、行政执法队5个职能科、室、队，管理的文化事业单位有：周口店北京人遗址、房山区文化馆、房山区图书馆、房山区文物管理所、房山区电影发行放映中心。

2009年，区文委以推进文化大发展、大繁荣为方向，不断提高文化服务水平，切实保障群众的文化权益，使全区文化工作呈现出良好的发展态势。

2009年文化艺术发展

文化设施建设

筹建群众文化活动中心　年内，房山区群众文化活动中心建设工程通过了市发改委评审，完成了项目立项，并与国信招标集团有限公司等单位签订了《咨询服务合同书》《项目前期工作委托咨询、代理合同》，与3家设计所联系，做出了初步设计方案和效果图，项目建议书得到市发改委的正式批复。

农村数字影院建设　本年，为2008年建成的180家数字影院发放建设补助资金，共计1791万元。2009年新建农村数字影院216个。经过三年建设，农村数字影院已达到467个（包括447个行政村和20个社区），除整村搬迁的15个行政村外，全区基本实现了村村有影院的目标，并都配备了电影放映设备。

“益民书屋”建设　2009年，在房山区9个山区乡镇新建“益民书屋”64家，并为这64家“益民书屋”配发了图书96000册、音像制品128箱、杂志2020本、书架64个。至此，房山区山区乡镇的行政村“益民书屋”建有率达到100%，“益民书屋”总数达到280家，基本解决了群众看书难的问题。

文化活动

文化惠民工程　1月9日，房山区2009年文化惠民暨春节文化大餐进农家启动仪式在阎村文化广场举行。区委书记刘伟、区长祁红、区人大常委会主任郭先英、区政协主席范文彦、市文化局副巡视员阮兰玉等出席仪式并为382个行政村代表发放了总价值1500万元的文化、科技、体育等物资。2009年“文化惠民”工程为28个乡镇、街道发放了室外演出灯光、音响设备，为382个村发放了“文化信息资源共享”工程设备，为山区160个自然片（散居户）发放了电视机，向各乡镇发放了2008年“文艺演出星火工程”补助款。以上物品、资金总价值为2000余万元。

房山区2009年文化惠民工程启动

正月十五花会汇演　2月9日上午，房山区在西潞街道举行“新轻轨、新生活、新发展”房山区2009年正月十五花会汇演和花会走街活动。刘伟、祁红、郭先英、范文彦等领导出席了花会活动，区直机关各委办局、有关乡镇负责人和驻地群众观看和参与了活动。参加的花会有喜庆秧歌、霸王鞭、高跷、小车会、花车表演等。

文化周末大舞台　4月17日晚，房山区文化周

末大舞台系列活动开幕式在府前广场举行。2009年，新成立了10个乡镇文化周末大舞台，以府前广场文化周末大舞台为主，推出了金曲周末大家唱、文化周末大戏台和文化周末大课堂活动。共组织215场演出，涉及演员1万人次，观众30万人次。

第15届房山旅游文化节开幕式 5月17日，2009春季北京国际长走大会暨第15届房山旅游文化节开幕式在长沟镇举办。近万名“长走”爱好者参与了全程15.6公里的长走，区文委与长沟镇在途中安排了太平鼓、舞龙、舞狮等众多颇具特色的民间艺术表演。

庆祝新中国成立60周年系列活动 9月23日上午，为庆祝新中国60华诞，由房山区委、区政府主办，区委宣传部、区文委承办的“激情欢舞 祝福祖国”房山区庆祝新中国成立60周年大型群众文艺汇演在房山体育场举行，刘伟、祁红、郭先英、范文彦等领导及各乡镇、委办局领导出席。此次汇演是房山区近几年演出规模最大的一次活动，来自区直机关部分委办局和城关街道组成的合唱队、燕山大鼓队、房山区职业学校的学生，以及准备参加天安门广场联欢晚会的全体人员和部分群众游行队伍都参加了表演。此次活动演出人员达到6000余人，有近万名群众参加。9月25日，房山区委、区政府举办“祖国颂”房山区庆祝新中国成立60周年文艺演出活动。首都文明办主任舒小峰、北京工商大学党委书记孙尧东，刘伟、祁红、郭先英等领导以及英雄模范人物薛立生、张祥武、高金出席。演出在配乐诗朗诵《红旗颂》和大合唱《五月的鲜花》《保卫黄河》中拉开帷幕，分为“崛起的中国、奋进的中国、腾飞的中国”三大篇章，通过大型舞蹈、诗歌朗诵、合唱等多种艺术形式，唱响“共产党好、社会主义好、改革开放好、伟大祖国好、各族人民好”的时代主旋律。演出在《歌唱祖国》的歌声中结束。区直委办局、乡镇街道以及社会各界人士代表2000余人参加活动。10月1日晚，根据首都国庆60周年联欢指挥部的统一部署，房山区作为全国的农民代表队之一，参加了在天安门广场举行的联欢晚会。参加活动的有2788人，包括从18个乡镇（街道）选拔的群众演员、标兵、特色文化展示人员和优秀农民代表，以及从成人教育职业学校选调的组成“青春圆舞曲”演示方队的学生。

文艺创作

为迎接国庆60周年，区文委与阎村镇、霞云岭乡及蒲洼乡政府联合，推出了三首具有浓郁房山文化特色的原创音乐作品《为祖国祝寿》《赞歌来自咱家乡》和《大山里的小姑娘》。其中，《大山里的小姑娘》为“全国第14届群星奖”获奖作品，被制作成MTV；《为祖国祝寿》由阎维文演唱，在央视八台《影视金曲》中连播一周；《赞歌来自咱家乡》讲述经典歌曲《没有共产党就没有新中国》的创作故事。2009年创作的歌曲还有《欢歌共和国》《起点》《爷爷的茅屋》等20余首，其中《追求圆满》在中国音协、陕西省文联主办的全国大赛中获一等奖；歌曲《老师妈妈》在文化部、中国大众音乐协会主办的活动中获三等奖；《为家乡做点事》等16首歌曲被录入《为祖国祝寿——陈光音乐作品选》中，以CD盘发行。新创作舞蹈节目10余个，包括参加房山旅游文化节的舞蹈《快乐长走》《京南水乡》，参加首都国庆60周年演出的4个集体舞《爱我中华》《在一起》《青年友谊圆舞曲》和《阳光路上》以及文化特色展示“房山中幡”等。

非物质文化遗产保护

区文委对河北镇的音乐会、太平鼓会、青石砚等10余项报告的历史渊源、传承关系、项目特色、主要价值及特色做了进一步整理，并撰写了报告；对琉璃河镇的“非遗”项目“京绣”进行了调研，组织“京绣”参加了北京市第19届农民艺术节，在乡村擂台——首届京郊民间技艺大赛（决赛）中获三等奖；到佛子庄对龙神庙会进行调研，对庙会的流程、现场情况、活动内容、群众参与情况进行了详细记录，形成完整资料；到窦店考察“芦村少林会”，进行了录音、录像等采集。对2009年部分“非遗”项目进行了申报片拍摄和编辑工作。

农村电影放映

电影放映员培训 1月14日、3月5日~6日，举办了3期农村数字影院放映员培训班。第一批为50个农村数字影院的电影放映员及各乡镇文体中心工作人员，共计90余人；第二、第三期为2009年新批准建成的数字影院的放映员及各乡镇文体中心工作人员，共计140余人，3期培训的放映员全部取得数字电影放映资格。

主题电影展映年 2009年，房山区继续开展“同在一片蓝天下，人人享有观影权”主题电影展映年活动。4月18日晚，活动正式启动。当晚全区26个固定放映点同时开机，播放了《叶问》《速度与激情》《精舞门》等影片，参加活动的观众约4000多

人次。全年共放映电影32488场，观众达212.2万人次，其中流动放映4938场，固定影院放映27550场。

展览

庆祝新中国成立60周年书画展 9月16日，房山区老年书画研究会“庆祝新中国成立60周年”书画展在房山区文化馆开幕，展出书画作品共126幅。9月25日，房山区“庆祝新中国成立60周年”书画展在房山区文化馆举行，区政协副主席李惠英出席开幕仪式，展出书画作品共128幅，展期为5天，仅开展当天观展人数就达到1000余人。

文化馆

下基层辅导群众文化活动4000余次，辅导文艺骨干5万余人。在广泛调研的基础上，对部分条件成熟的社区进行工作细化，重点打造、建立了45支基层优秀团队，包括房山职业学校舞蹈队、防化四团文艺团队、启航幼教学校文艺团队、阎村镇5个社区的文艺团队等。成立了3支馆办文艺团队：合唱团、京剧票友团、诗歌朗诵团，共有队员300余人。合唱团排练了《可爱的家》等合唱作品，在12月举办的全市合唱比赛中获得银奖；京剧票友团在文化馆小剧场开办了“文化周末京剧大舞台”演出活动，每周五举办一场，成为房山京剧票友和京剧爱好者之家；诗歌朗诵团由打工子弟的民仁学校150名学生组成，参加了全区许多大型活动的演出，成为一支优秀的校园文艺队伍。

图书馆

为2008年建设的27个“益民书屋”补充图书近万册，为2009新建的“益民书屋”挂牌并配发了物品，共计发放图书83200册、音像制品6400盘、期刊1920册、报刊架64个。协调房山歌华公司免除了全区462个行政村和160个自然村的图书室有线电视收视费。对已建设的文化信息资源共享工程基层点等做好技术指导和设备维护工作；开展共享工程人员培训，年内，到基层辅导60次，培训10次。办理读者借阅证2666个，流通66642人次、图书202381册次；送书下乡100多次，行程2万多公里，为基层图书室实现图书轮换10万余册；开展各类讲座、报告会40次，参加活动人数18000余人次；开展“红读”系列活动16次，区内10次，市里6次，全区28所中心小学和直属学校的8199名学生参加，200余名小选手分别获得市级和区级奖项；为全区党政机关、学校、企事业单位提供二次、三次文献服务，编制了《决策参考》《农业科技信息》各6期，《石文化》《教育信息纵横》各6期，《房山新闻报道集锦》3期；继续编辑整理了2002年～2008年度农业科技信息资料，归类种植信息汇总、养殖信息汇总。

世界读书日宣传活动 4月23日，区图书馆在河北中心校举办了以“落实科学发展观 推进全民阅读——房山区小学生读书成果展示”为主题的“世界读书日”宣传活动。全区20所学校400余人参加。

图书捐赠活动 11月18日，区图书馆举办了2009年“爱心快递”图书捐赠仪式。全区13所小学9764名学生，向民仁、希望、京廖三所打工子弟学校捐赠图书15811册。

2009年房山区图书馆“爱心快递”图书捐赠仪式

文化市场管理

举办消防宣传文艺演出 6月19日下午，房山消防支队和区文委联合举办了“祝你平安消防宣传进万家”文艺汇演。市公安消防总队副总队长骆原，房山区委常委、副区长高言杰和区防火安全委员会成员单位领导出席。整场节目紧贴新《中华人民共和国消防法》的宣传，演出在歌舞《好运来》中拉开序幕。良乡第二小学自编自演的节目《穿越火焰的青春》等体现对关爱生命的呼唤，女声独唱《平安是福》让人感悟到“平安”在一生中所占据的重要位置。观众通过舞蹈、相声、诗歌和歌声感受、学习到了新《消防法》和消防知识。演出中还穿插了有奖问答、赠送《消防法》读本等互动节目。文化场所法人代表、负责人及区内消防安全重点单位代表、大学生代表近3000人观看了演出。

消防安全应急演练 6月24日，区文委、区安监局、房山消防支队、房山公安分局、拱辰街道办事处联合在北京金天乐娱乐有限公司，组织开展了“房山区人员密集文化场所公共安全消防疏散演练观摩活动”。副区长卢国懿、区应急办主任王波等领导到场观看演练，区内人员密集文化场所法人代表、负责人近百人参加了演练观摩。9月11日，区文委和房山公安分局在北京金天乐有限公司，组织了房山区人员密集文化场所应急疏散演练观摩和房山区娱乐场所点歌系统开机提示宣传片安装启动仪式，区内网吧、歌厅、电影放映场所的法人代表、负责人参加了活动。

签订战略合作协议 9月4日，房山区文委、河北省保定市文化局、涿州市文体局、涞水县文教局主管文化执法工作的领导在北京市房山区文化委员会签订了《北京市房山区文化委员会、河北省保定市文化局、保定涿州市文化体育局、保定涞水县文化教育局文化市场行政执法工作战略合作协议》。协议中包括建立组织领导机制、联络员制度、信息通报会商制度和执法工作联席会议制度。

国庆平安行动 组织开展“国庆平安行动”、安全生产“雷霆”行动、“护航”行动和安全生产等专项治理行动。共组织、参与对文化市场的检查417人次，检查服务对象414家次，受理举报66件，执法立、结案5起，取缔非法经营场所、摊点14家次，督促整改安全隐患12处。全年无一例行政复议及行政诉讼案件。

安全工作培训 年内，对全区90家文化经营单位的法人代表或负责人进行了法律法规及安全工作培训；与企业签订了《安全生产经营责任书》，自行对场所进行“两检”，即消防设施检测和电器设施检测，共组织、参与安全生产检查412家次，排查安全生产隐患7处（起）；对经营单位进行换发2009年经营许可证工作；普查企业525家，涉及15个乡镇街道；办理审批事项57起。

燕山地区文化工作

燕山地区是中国特大型石油化工联合企业——北京燕山石油化工（集团）有限公司的所在地，位于房山区境内。辖区内设4个街道办事处，常住城市居民人口近10万人。燕山文化卫生分局是燕山地区管理文化工作的职能部门，其直属事业单位有文化馆、图书馆。

群众文化活动 2009年春节期间，举办了“辉煌中国、跃动燕山”元宵节灯会、“盛世欢歌”春节团拜文艺演出、非物质文化遗产成果展览、书画笔会等活动。欢乐喜庆的春节元宵系列活动在北京市文化局组织的第4届北京春节庙会·灯会文化活动中获得了“最具人气奖”。6月23日~9月11日，2009年夏日文化广场系列活动在燕山夏日文化广场共进行了11场演出。7月10日，举办了燕山地区第2届艺术节，进行了诗歌朗诵、舞蹈、才艺和戏曲四个大项的比赛。9月27日，举办了“喜迎盛世华诞、共建和谐燕山”燕山地区庆祝新中国成立60周年文艺演出。10月1日，燕山地区东风、迎风、向阳、星城四个街道的264名群众参加了国庆天安门广场联欢集体舞《爱我中华》《自豪的建设者》《阳光路上》《青春圆舞曲》等表演。

非物质文化遗产保护 2009年，燕山地区组织人员历时一年，行程几千公里，走访了田氏阴阳八卦掌故地，采集了大量有关田氏阴阳八封掌发展、传承情况的文字、图片和影视资料，为该项目的申报提供了大量珍贵的历史佐证。该项目已经被专家委员会初评为北京市非物质文化遗产保护项目。

文化馆 年内，燕山文化馆共组织文艺活动200多次，到社区进行专业辅导百余次，招募文化志愿者200余人次，参与演出、咨询、慰问等文化志愿服务百余次。

图书馆 举办“读书小状元”评选活动、“爱心快递”捐书活动、“读书方法”讲座、“送书下社区”等活动。全年共接待读者约10万人次，外借书刊26万余册，办理借书证近1000个。在燕山驻区武警部队、62350部队、燕山公安分局看守所等35个单位建立了图书室，全年送书100多次、图书杂志2万多册。

影剧院 2009年周末场演出，共演出54场，数字电影放映全年共480场，接待观众9万多人次。

文化市场管理 在各类文化场所中实施“安全例会每月一次、教育培训每季度一次、应急演练每半年一次”的“三个一”措施。利用以会代训、脱产培训、知识答题、专题讨论等形式对各类场所的负责人进行安全生产教育培训。9月14日，联合公安、消防、安监、工商等职能部门举办了2009年燕山地区文化场所安全应急演练，燕山地区各类文化场所的经营管理者参加演练。全年共组织文化检查30余次，出动执法人员300多人，检查场所280余家。全年共办理行政许可9项，包括新设文化娱乐场所等。

获奖情况

房山区文化委员会　被首都精神文明建设委员会评为2008年度首都文明单位；被评为首都“迎国庆 讲文明 树新风”活动先进单位。

房山区文化委员会行政执法队　被北京市文化市场管理工作领导小组办公室、北京市“扫黄打非”工作领导小组办公室、北京市人事局评为北京市2008年“扫黄打非”暨文化市场管理工作先进单位；被北京市防火安全委员会评为北京市2009年度消防工作先进单位；被北京市文化市场管理工作领导小组办公室、北京市“扫黄打非”工作领导小组办公室、北京市人力资源和社会保障局评为2009年“扫黄打非”暨文化市场管理工作先进集体。

房山区电影发行放映中心　被北京市司法局、北京市法制宣传教育领导小组办公室、北京市电影股份有限公司授予2009年“五五普法”电影加片优秀组织奖。

房山区文化委员会

主任　　李立新

（金　超）

概　况

大兴区位于北京南部，距离市区不足10公里，面积1036.41平方公里。总人口68.7万人，辖14个镇、527个行政村，5个街道办事处。

大兴区文化委员会（简称区文委）是大兴区政府管理文化的职能部门，下设办公室、人事教育科、文化市场管理科（社会文化管理所）、文化文物科、行政执法队。实有人数36人。所属企事业单位有图书馆、文化馆、文物管理所、影剧院（大兴区电影发行放映管理中心）、新华书店、北京万兴歌舞团。

2009年，区文委突出“文化兴区”主线，把满足群众日益提高文化生活需求、不断提升文化品质作为工作目标，完善公共文化服务体系，丰富群众文化活动，引导促进文化产业发展，努力实现文化对区域发展的推动作用。

2009年文化艺术发展

重要活动

“为伟大祖国骄傲”专场慰问演出　8月6日，大兴区庆祝新中国成立60周年系列文化活动“为伟大祖国骄傲——向地铁大兴线建设者致敬”专场慰问演出在地铁大兴线高米店北站项目部广场举行。市委宣传部副巡视员陈建文、市文化局巡视员叶重辉、市文联党组副书记索谦和大兴区委宣传部、区文委有关领导出席活动。文艺演出之后，放映了电影。

“为伟大祖国骄傲”慰问演出活动

国庆游园活动　9月30日，在康庄公园举行大兴区国庆游园开园仪式。区委副书记孟令华，区委常委、宣传部部长戴明超，副区长潘新胜，大兴区政协副主席刘志茹、路志权以及各委办局负责人参加。此次游园活动被列为北京市“百园展示”点之一。园内有舞台演出区、展览展示区、节日物品展示展卖区，开展了丰富多彩的演出、展览等活动。区儿童乐园、团河公园、街心公园、旺兴湖郊野公园也被列入“千园添彩”。国庆期间，游客约6万人次。

国庆联欢　10月1日晚，在天安门广场，大兴区作为全国农民的代表队之一，由2167人组成农民联欢区，在长安街西人民大会堂北侧5740平方米的区域进行联欢。表演1小时，为20分钟集体舞和40分钟的节目表演（有广场舞蹈、大兴武吵子和现代舞等）。

文化设施建设

区文化中心建设　2009年，充分发挥电影院的作用，建设 LED 电子屏幕一块，定期将电影档期、影片花絮、区文委举办的各类培训会、大型特色文化活动以及执法检查等工作内容以信息快讯形式在屏幕上播放，让群众能够及时了解全区文化工作情况。同时，区文委加大对文化中心的安全管理力度，制定明确、有效的安全措施和公共场所突发事件应急预案，并对影剧院、停车场等进行维护和修缮。

地铁文化建设　年初，区文委接受地铁大兴线文化艺术设计任务，组建专家顾问团，召开地铁文化建设专家研讨会，研讨地铁整体设计思路和装修设计方案。已完成地铁艺术品设计的策划草案。

新农村文化大院建设　7月，区文委副主任颜淑敏会同区新农村办公室，完成已建成新农村文化大院的验收工作，以及庞各庄镇等新农村规划文化设施用地的审核工作。进一步完善基层文化活动经费、数字影厅、数字共享工程等的管理和使用办法，落实农民“四不出”（看电影、看戏、图书借阅、上网不出村）工程。

“数字影厅”建设　年内，抽查了已建成的农村数字影厅的使用和维护情况；完成已有影厅的影片更新、报表汇总、设备安装等工作；更新硬盘 348 块，影片 4230 部。新安装固定放映设备 242 台，还完成了 170 个农村数字影厅 2000 万元内部配套设施的采购工作。

群众文化活动

第19届农民艺术节　2008 年 12 月～2009 年 3 月举办了大兴区第 19 届农民艺术节。其间，举办了大兴区第 19 届农民艺术节开幕式暨“三下乡”活动启动式、全区合唱大赛、大兴区新春音乐会、第 2 届“美丽大兴我的家”合唱大赛、“风雨兼程 铸就辉煌”书画作品展和摄影艺术展、秧歌花会调演、元宵节电影音乐会等 11 项大型群众文化活动。约 10 万群众参加。

秧歌花会调演　2 月 2 日（正月初八），“盛世欢歌”大兴区第 25 届初八花会调演大型秧歌花会、戏剧展演活动在大兴区兴城文化广场举行，共有 50 支队伍参加。本届活动改变以传统花会表演为主的单一形式，增添了新秧歌、“非遗”项目、评剧、京剧等。利用奥运文化广场，将本区的 15 项“非遗”项目（国家级 1 项、市级 4 项、区级 10 项）进行宣传展示。北京市文化局、区委区政府四套班子的领导参与活动。参加群众 8 万人次。

新农村元宵灯展　元宵节期间，区文委与新农村巴园子村举办了以“赏千盏花灯、品满族美食、摘绿色蔬菜”为主题的庆元宵节活动。灯展共展出满族花灯 1080 盏，观灯同时还可以感受满族文化，品尝到满族风情宴席“八碟八碗”，并买到具有满族特色的农产品。灯展共接待游客 4800 人次，并在北京市第 4 届春节庙会·灯会评选活动中获最佳社区灯会奖。

“文艺演出星火工程”　4 月中旬，完成对 43 支业余团队的复审，经市文化局、北京文化艺术活动中心等的评审，确定 39 支团队参加 2009 年大兴区“文艺演出星火工程”。5 月，星火工程全面启动，到 9 月底演出结束，共完成市属专业院团演出 527 场，业余团队演出 1054 场，新编原创节目 200 多个。

“五月放歌”大兴区原创精品文艺节目展演　5 月 29 日，“五月放歌”大兴区原创精品文艺节目展演在文化馆小剧场举行。这是由专家评议、遴选，从 80 余个节目中挑选出 16 个组成一台诉说身边的故事、歌唱家乡热土的原创精品文艺节目专场演出。

“美丽大兴我的家”大兴区第 3 届合唱节　6 月 2 日，“美丽大兴我的家”大兴区第 3 届合唱节在大兴剧院举行。来自全区各委办局、街道、镇的 35 支合唱团选出 11 支优秀合唱团演唱了经典及优秀原创歌曲，千余名观众及合唱队员参与了此次活动。

周末剧场演出　全年共完成演出 85 场。观众累计近 6 万人次，收入近 40 万元。演出包括音乐会、京剧、评剧、豫剧、木偶剧等。

瓜节文化系列活动

大兴区第 2 届群众广场交谊舞大赛　5 月 23 日，“舞动大兴”大兴区第 2 届群众广场交谊舞大赛在西红门兴海公园举行，拉开了大兴区欢庆瓜节系列文化活动的序幕。全区 50 余对选手按照平四、慢三、伦巴、探戈四个组别进行了决赛。评出一等奖 1 对，二等奖 2 对，三等奖 3 对，优秀奖 5 对。8000 余名群众观看了精彩表演。

大兴第 21 届西瓜节大型综艺晚会　5 月 27 日晚，大兴区文委举办的“庆祝北京大兴第 21 届西瓜节大型综艺晚会”在大兴剧院举行。晚会邀请了于魁智、小香玉、孙浩和北京杂技团、中央民族大学舞蹈学院、北京万兴歌舞团等表演了精彩节目。1200 名观众观看了晚会。

“激情五月”广场群众舞蹈展演　5 月 31 日，瓜节系列文化活动之一的“激情五月”广场群众舞蹈展演在大兴区兴城奥运文化广场举行。展演分为群众舞蹈展演，来自基层单位近千名群众表演了健身舞蹈秧歌；“非遗”项目展示，进行武吵子、满族秧歌表演。黄村镇、西红门镇及3个街道办事处共组织了千余名群众将自己的特色表演呈献给观众，2000名群众观看了演出。

广场文化活动

喜迎新中国60年华诞配乐诗歌朗诵会　6月1日，“我与瓜节同行、瓜节伴我20年”喜迎新中国60年华诞配乐诗歌朗诵会在文化馆小剧场举行。活动面向全区征集以“歌颂祖国”“瓜节伴我20年”“我与瓜节同行”为主题的诗歌作品，对遴选出的15篇优秀作品进行配乐朗诵，并评出一、二、三等及优秀创作奖。大兴区委宣传部及区文委领导和全区基层单位500余名群众代表一起观看了节目。

“瓜节喜洋洋”喜剧专场　6月1日，“瓜节喜洋洋”喜剧大舞台精彩文艺节目专场演出在文化馆小剧场举行。演出以二人转精品片段为主，穿插歌舞、杂技、魔术等。500余名观众观看了演出。

“大兴之夜”中外经典电影音乐会　6月3日晚，“大兴之夜”中外经典电影音乐会在大兴剧院大剧场举行，作为瓜节系列文化活动闭幕式的表演活动。中国广播电影交响乐团带来了《上甘岭》《叶塞尼亚》《泰坦尼克号》《开国大典》等14部经典电影音乐和电影场景。该活动为瓜节系列文化活动画上圆满的句号。1200名观众欣赏了演出。

展览

“颂歌”摄影艺术展　2月24日，由区委宣传部、区文委、区文联联合主办，区摄影家协会承办的“颂歌”大兴区纪念改革开放30年、新中国成立60年摄影展在大兴区文化活动中心文化馆展厅举行。270余位摄影爱好者参与，共征集作品2500余幅，并编辑出版了摄影集。北京市摄影家协会主席叶用才，副主席王越、迟玉洁，区委宣传部、区文委、区文联领导和入围摄影作品作者100余人出席剪彩仪式。

杨景波小人书收藏展　12月17日，由北京文化艺术活动中心、大兴区文委主办，大兴区文化馆承办的第4届百姓博览会“小人书，大快乐——农家汉杨景波和他的3000本连环画”在区文化馆展厅展出。农民杨景波从80年代开始，就收集连环画、年画、宣传画等纸质收藏品，共收藏连环画3000多本。市文化局副局长王珠、北京文化艺术活动中心主任路斌、大兴区有关领导及群众300余人参加了开幕式。

年内，举办的展览还有：迎国庆暨改革开放30周年摄影展和书画展、瀛海镇迎国庆书画工艺品展览、南海画院师生作品展、中华人民共和国60周年书画作品展、全国名山名水作品展、大兴区爱卫会摄影作品展、文化馆美术干部作品展、中国水墨研究院院士精品展、大兴区青少年书画影及工艺美术作品展等。

电影放映

全年累计放映影片55133场，观众达1627211人次。其中流动放映2434场，观众154237人次；固定放映52699场，观众1472974人次。更新硬盘325块，流动播放器16台，共计更新影片5500部。在新影联2009年工作总结大会上，大兴区影剧院获得“首超400万奖”。

非物质文化遗产保护工作

非物质文化遗产业务人员培训　11月，区文委、区文化馆举办了基层“非遗”人员业务培训，请赵书等3位专家为76名来自镇、村的学员授课。

非物质文化遗产项目申报与论证　年内，推荐北派吴氏太极拳、道教北京韵、杨氏脏腑指针理疗技艺和梁式八卦掌为大兴区第二批非物质文化遗产保护项目，已通过专家论证，并有3项被推荐申报市级非物质文化遗产保护项目。

非物质文化遗产展览厅　2009年，充实了部分展品，常年对外开放，一年来累计接待观众20000余人次。

队伍建设

全市群文干部文学培训班　4月18日～20日，大兴区文化馆与北京市群众艺术馆共同举办“全市群文干部文学培训班”，作家邱华栋、诗人韩作荣等授课。来自全市各文化馆的文学干部和区内文学骨干70余人参加学习。

文化馆基层辅导 区文化馆全年下乡进行各类辅导300余次，辅导群众3500余人次。被辅导的评剧团，5月5日~6日在文化馆小剧场演出了《秦香莲》和原创剧目《村官》。该评剧团还下乡为群众演出30余场，观众累计达1万余人次。

文化大院管理人员岗位培训班 11月10日~13日，大兴区新农村公共文化服务中心（文化大院）专（兼）职管理人员岗位培训班在区文化活动中心举行。分两批对全区527个行政村的500余名新农村公共文化服务中心专兼职管理人员进行两天的岗位业务培训，设置了图书室建设、文化信息共享工程的建设管理、网络管理及应用、全区数字影厅管理以及如何策划群众文化活动等课程。

灯光音响培训班 11月17日~18日，大兴区新农村公共文化服务中心灯光音响培训班在区文化馆举办，对14个镇新农村公共文化服务中心灯光音响使用人员进行为期两天的设备理论知识及实际操作课程培训。学员100余名。

北京万兴歌舞团 作为北京市品牌团队的万兴歌舞团，2009年除继续参加中央电视台星光大道栏目的录制外，还成为大兴区参加国庆联欢、国庆游园等大型活动的主力军。

图书馆

2009年，区图书馆共办理读者卡5024个，接待读者19.3万人次，外借图书36.9万册次。送书下基层132次，送书达到12.9万册。

图书馆评估定级 9月15日，北京市公共图书馆评估定级专家组12人莅临区图书馆，对馆内各项工作进行全面评估。区图书馆晋级为地市级一级图书馆。

“益民书屋”建设 市新闻出版局、大兴区委宣传部为青云店镇、长子营镇、采育镇、西红门镇新建的69家益民书屋，各赠价值5万元的图书及书架等。榆垡镇辛安庄村和北臧村镇巴园子村益民书屋获“三星级”书屋和“二星级”书屋称号。截至2009年底，大兴区益民书屋共147个。区图书馆对新建服务点加强业务指导，全年送书12.9万册；与长子营镇、黄村镇温馨家园设立图书室，并联合举办“放漂爱心图书”活动。

“全国文化信息资源共享工程”建设 截至11月底，全区526个行政村共享工程建设已全部完成，累计发放共享工程设备328套。同时，制定了2009年文化信息资源共享工程运行费用使用办法，强化信息资源共享工程的正常运行、后期管理与服务工作。

为弱势群体服务 图书馆举办了老年电脑免费培训2期，30位老人参加培训。暑期举办了为期一周的“少儿PPT制作”活动，40多小读者参加。“九九重阳节”前夕，图书馆为青云店镇敬老院更新200册新书并赠送价值2000元的生活用品。向全区残疾儿童特教中心赠送了价值4000余元的260余册精品图书。

讲座 结合节日，聘请了民俗学家崔普权等主讲了清明文化、端午习俗、七夕传说等。还利用多媒体设备为读者播放了健康知识讲座。

红领巾读书活动 2009年，大兴区红领巾系列读书活动举办了“走进科普”课本剧比赛、“我喜爱的书中人物”讲故事比赛、“精彩记忆”格言卡制作等，共有26所中小学的21644名学生参与。

国庆60周年系列活动 活动包括新中国成立60周年图片展、“爱祖国、爱北京、爱家乡”活动启动式暨“我与瓜节同行、瓜节伴我二十年”诗歌朗诵会、“祖国，让我们为您喝彩”演讲比赛、“辉煌60年”主题征文及“我看大阅兵”征文等，参与读者达到4600人次。

共享工程、图书室管理员培训 图书馆对已建的全国文化共享工程基层服务点、基层图书馆（室）及益民书屋，以镇为单位分别进行了培训。全年共计520人次接受了系统、专业知识的培训。

文化市场管理

行政许可 年内，再次对行政许可事项进行清理，并在网站上及时进行调整。对歌舞娱乐场所、网吧经营场所的审批、变更程序进行细化，进一步规范在审批、变更过程中涉及经营场所的产权手续问题，明确娱乐场所的安全主体责任。

窗口受理 优化工作流程，把材料审核、事项受理、场所验收等环节适当整合，有效缩短审批时间，提高了工作效率。区文委行政许可窗口共受理行政许可事项149件，办理即办事项75件，接待群众咨询1691人次。服务质量、工作效率均得到社会的好评。两名工作人员被行政服务中心评为服务标兵，受理窗口被评为红旗窗口。

市场监管 本着“安全第一、预防为主”，多次召开各文化生产、经营、娱乐场所安全生产工作

例会，学习相关法律法规，下发安全生产的相关文件，签订《2009年安全生产责任书》，下发《关于开展应急演练工作的通知》，组织各经营场所进行为期一个月的针对性选择应急演练。完善安全生产管理制度，加强各文化娱乐经营场所安全生产自查记录和安全生产例会记录，全年未发生一起安全事故。

文化执法基础工作　建立文化行政执法档案室，完善文化经营单位基本情况台账。充分运用新闻媒体，加强“文化市场”管理宣传，及时刊登市场检查信息和动态，公布举报电话，严格执行举报电话受理工作制度。聘请市场监督员对歌舞娱乐场所、网吧等的安全工作进行监督。2009年，执法队共接办举报案件151起，执法队及时查处，并按时进行了回复。

联合执法　区文委执法队配合公安部门的“雷霆行动”，协调区消防、安监、公安等部门，对全区文化娱乐场所进行多次突击检查，加大安全生产检查力度。共检查文化娱乐场所23家，发现其中4家文化娱乐场所出现安全生产问题，责令其立即整改。

专项整治活动　2009年，重点对黄村镇、西红门镇、旧宫镇、学校周边、黄亦路、城乡结合部等地区，开展文化娱乐场所安全生产、网吧等5项专项整治活动，共出动执法人员2102人次，执法车辆239辆次，检查各类文化经营单位582家次，其中：检查网吧284家、歌舞娱乐场所88家、电子游艺场所7家、演出单位11家；纠正违规149家、取缔无证经营场所7家；收缴功放机1台、赌博机2台、赌博机主板19块；对17家违法经营的文化单位进行了行政处罚，罚款49000元。

获奖情况

区图书馆　获2009年北京市红领巾读书活动先进单位称号，全民读书活动优秀组织奖、北京市“文化共享杯”知识竞赛三等奖。

北京万兴歌舞团　获2009年第5届CCTV电视舞蹈大赛优秀奖。

大兴区文化委员会

书记	许玉增
主任	许玉增

（胡广文）

密　云　县

概　况

密云县位于北京东北部，县域面积2229.45平方公里，户籍人口43.1万人，常住人口45万人。辖17个镇、2个街道、1个地区办事处，共334个行政村和69个居委会。

密云县文化委员会（简称县文委）是主管全县文化、文物、新闻出版和广播电影电视工作的政府工作部门。设党政办公室、文化活动指导科、文化市场管理科、法制科4个职能科室和文化行政执法队。下辖6个单位：文化馆、图书馆、文物管理所、大剧院、电影发行放映管理中心（简称电影中心）和新华书店。

2009年，县文委扎实推进公共文化服务设施建设，广泛开展群众文化活动，进一步加强文化市场管理和文化安全管理，文化工作成绩显著。在文化部“全国文化先进单位”评选工作中，密云县成为“全国先进文化县”标准修订后全市第一个获得“全国文化先进单位”光荣称号的区县。

2009年文化艺术发展

文化工作

文化工作会议　3月2日上午，密云县召开2009年文化工作会议。会议总结了密云县2008年文化工作，部署了2009年文化工作。县委常委、宣传部部长向德春，副县长程文华出席会议。县直相关单位、镇、街道主管领导和文化中心主任参加了会议。程文华与各镇、街道代表签订了2009年度文化工作目标管理责任书。

文化设施建设　2009年，密云县建成了158个农村数字影厅，实现了全县334个行政村农村数字影厅建设全覆盖。为334个行政村级文化信息资源共享工程服务点发放了电脑等设备，签订了“共享工程”使用责任制。新建村级“农家书屋”77个，为每个“农家书屋”配送了3万元图书、报刊、音像制品等。协调冯家峪镇西口外村和大城子镇庄头峪村文化活动室建设批准立项。图书馆新馆建设工程主体完工。

重要活动

春节文化活动 主题为“建设生态文明，创造美好生活”的密云县第19届艺术节暨春节文化活动历时54天，共举办县级大型活动32场，各工委、镇、街道举办活动29场，村、社区举办小型活动近3000场，新创作节目20多个，参与团队500多支，累计参与群众32万人次。密云县第19届艺术节开幕式暨“乡村擂台”密云县民间技艺绝活展示、“乡村祝福——新农村、新生活楹联征集”、改革开放30周年“感动密云”人物评选、“乡村放歌”密云县乡村歌手大赛、“春风伴我铸辉煌”纪念改革开放30周年专场文艺演出、“乡村贺岁”送文化下乡、百名文化志愿者“送福下乡、送书下乡引百姓走致富路”等活动，丰富了基层群众文化生活。县图书馆为各村图书室送去农民亟须的种植、养殖类科技书及文学书籍；县电影中心在全县放映数字电影1220场，观众达73200人次。县文委积极组织参加北京市2009春节文化庙会、灯会评选等市艺术节各项活动，密云县社区灯会获北京市最佳社区灯会奖。

1月16日上午，密云县第19届艺术节开幕式暨民间技艺绝活展示演出在县总工会工人俱乐部隆重举行。县委常委、宣传部部长向德春，副县长程文华出席并观看了演出。程文华为开幕式致辞。民间技艺绝活展示演出分为争奇斗艳、巧手百变、独具慧眼、食全食美、妙笔天工、技艺生花六部分，每部分的绝活都来自本县基层群众的生产生活。舞狮表演、抖空竹、剪纸技艺现场展示等，深受广大观众的欢迎。向德春、程文华等领导为获得技艺绝活大赛一等奖、二等奖的选手颁发了获奖证书。

2月9日（正月十五）上午，密云县鼓楼街道文化广场和果园街道文化广场上彩旗飘扬、锣鼓喧天，社区庆元宵专场文艺演出和猜灯谜活动同时进行，县委书记汪先永、县人大常委会主任陈天立、县政协主席杜雨田等县委、县人大、县政府、县政协的主要领导及县委宣传部、县文委、鼓楼街道、果园街道的有关领导和近4000名社区群众一起观看了精彩的文艺演出，共度元宵佳节。鼓楼街道专场文艺演出的主题是“元宵明月庆团圆 建设和谐新鼓楼”，果园街道专场文艺演出的主题是“共建生态文明社区 共享美好生活庆元宵佳节”，两场演出同时进行。舞蹈《好运来》《红红的中国》、相声《牛年说牛》、双簧《闹元宵》及三句半、戏曲清唱、男女声独唱等节目，表达了群众对密云改革开放30年辉煌成就的讴歌和对美好生活的向往。社区元宵节文艺演出标志着密云县第19届艺术节暨2009年春节文化活动圆满落下帷幕。

密云县鼓楼街道庆元宵文艺演出

“迎国庆五月的鲜花”群众歌咏活动 以“唱响红五月 繁荣新密云”为主题，各工委、镇、街道举办选拔赛26场，各村、社区等基层单位举办演唱活动200多场，新创作节目9个，参与演职人员3000多人，累计参与群众15万余人次。全县范围选拔优秀节目，举办了库南赛区、库北赛区、城口赛区三场汇演。经过评委会的认真评选，评出一等奖6名、二等奖12名、三等奖16名、优秀节目奖16名；最佳合唱奖6名、优秀合唱奖8名、创作节目奖4名；优秀组织奖10名、组织奖18名。活动期间，红歌赛、演唱会、文艺汇演、文艺联欢等形式的活动好戏连台，形成了活动有主题、处处歌声亮、红歌迎国庆、人人心向党的喜人局面。

庆祝新中国成立60周年系列文化活动 系列文化活动期间，第5届网络音乐节、“庆七一，迎国庆”主题晚会、“迎国庆，创和谐”外来务工人员主题晚会和戏曲专题互动晚会、庆祝新中国成立60周年专场演出、“爱国歌曲大家唱”、《同一首歌》携手中国农大走进生态密云大型公益演出、参加市农家书屋纪念新中国成立60周年主题征文等活动掀起了群众文化活动的高潮。各镇、街道、机关企事业单位充分展示区域文化特色，利用奥运文化广场等各类公共文化设施，积极开展形式多样、群众喜闻乐见的文化活动。

6月10日，中国网络音乐之旅——第5届网络音乐节暨北京赛区启动仪式在云佛山度假村举行。第5届网络音乐节是由文化部文化市场司主办，密云为北京赛区的主场。活动期间，举办了音乐进社区、文化广场狂欢节、音乐嘉年华等活动，内容包括在密云地区开展歌唱新中国60年优秀音乐作品、诗歌朗诵作品的征集和展演活动，组织社区儿童器乐大赛，以网络音乐节为平台，邀请专家评委，深入社区和学校进行艺术指导，进一步丰富了群众文化生活，展示了密云经济、文化和各项事业的发展成果。

8月8日晚，“迎国庆 促和谐”外来务工人员主题晚会在鼓楼街道文化广场举行，外来务工人员与鼓楼街道广大干部群众2000余人观看了此次演出。晚会以“让文化服务社会经济，让艺术促进社会和睦；让音乐点燃夏日激情，让歌声祝福祖国吉祥”为出发点，突出了“团结和睦、共祝新中国60华诞，激情唱响、祈盼和谐兴旺”这一活动主题，来自鼓楼街道的外来务工人员与专业演员一起表演了二人转《游密云》、唢呐独奏《爱拼才会赢》、男声独唱《中华情》、女声小合唱《我爱这蓝色的海洋》、舞蹈《七月的火把节》等精彩的文艺节目，为广大居民送上了一场听觉和视觉盛宴。

8月28日，《同一首歌》携手中国农大走进生态密云大型公益演出在穆家峪镇前栗园村举行，演出以绿色希望为主题，由中央电视台《同一首歌》栏目、中国农业大学和密云县人民政府联合主办，表达了广大人民群众对于新中国成立60周年的诚挚祝福。演出汇集了大量的演艺界名人和社会名人。殷秀梅、李谷一、毛阿敏、羽泉、高明骏、李玉刚等的演唱，博得观众热烈的掌声；王姬、侯勇、王馥荔、杨立新、凯丽等以诗朗诵、戏剧等形式表达了对祖国的祝福、对生态密云的展望。来自中国农大的十几名大学生与青年歌手何洁共同演唱了《我的未来不是梦》；五十年前修建密云水库时任指导员的王敬魁老师的深情讲述，更是掀起了本次演出的一个高潮。社会各界名人如搜狐CEO张朝阳、中国登山队队长王勇峰、中国青年报业集团中青在线总经理刘学红等人的出场，使得本次演出显得更加丰富多彩。

团县委、县文明办、县文委、县广电中心联合举办庆祝新中国成立60周年“红歌英雄汇　唱响新密云”2009密云红歌会。9月18日，“红歌会”总决赛正式举行，10强选手在舞台上尽情表达着对祖国母亲的热爱，通过咏唱红色经典歌曲的形式，庆祝新中国60华诞。经过五轮激烈的比拼，冠亚季军以及“最上镜奖”“最具舞台风采奖”“最具潜质奖”三个单项奖依次产生。

参加市农家书屋纪念新中国成立60周年主题征文活动。在“辉煌60年——我的祖国”主题征文活动中，收到36篇作品，选择15篇优秀作品报市农家书屋办公室参加征文评选；在“对我帮助最大的一本书”读书征文活动中，收到征文46篇，选择15篇优秀作品报市农家书屋办公室参加征文评选。其中2篇获优秀征文奖。

公益演出活动　2009年，开展了“文艺演出星火工程”。在“文艺演出星火工程”中，组织20支市级、国家级专业艺术院团和19支县级艺术团队为334个行政村的群众送文艺演出1002场，表演节目1万多个，观众达12万人次。“周末场演出”邀请中国评剧院等市级以上专业院团，到密云县演出66场，观众5万人次。举办了“生态富民村村行”送文艺下乡活动，演出6场，观众达2000多人次。

“星火工程”文艺演出

电影

“银幕上看祖国”电影放映活动　2009年，举办了“银幕上看祖国”电影放映活动。全县累计放映爱国主义教育影片4653场，观众289600人次。密云大剧院利用电影放映、电影幻灯、周末场演出、广场群众文化活动等形式，开展爱国主义教育活动。为纪念中国共产党成立88周年、新中国成立60周年，放映爱国主义教育影片《南京！南京!》《拉贝日记》等。

农村电影放映　以“乡村贺岁——送电影下乡”、纪念改革开放30周年优秀影片展映、2009年密云生态科技电影节、2009年夏季定点露天公益放映活动、“弘扬安全文化、服务科学发展、喜迎新中国成立60周年”安全生产影片集中展映、密云县安

全生产月百场电影进工地活动、“庆祝中国共产党建党88周年”主题放映活动等为重点，积极组织影片，开展多种形式的放映活动，放映农村电影22879场，观众达163万人次。密云县电影中心获“北京市农村电影放映工程”先进集体、“五五普法”电影佳片2009年特殊贡献奖等荣誉称号。

图书馆

县图书馆送书下乡132次、10万余册次，图书流通13万册次，累计办证21336个。收集整理地方文献307种，采购入藏生态保护专题图书资料4500多种、7000多册。举办科技周、宣传服务周活动，组织科普报告会、讲座21场，下乡发放宣传资料3000余份，参与群众达20000多人次。开展“红领巾读书活动”，举办了科普少儿剧比赛、“精彩记忆”格言卡制作比赛和第10届“读书小状元”评比活动。开展“陪你走过快乐假期”系列读书活动，与县关心下一代协会合作，举办国庆60周年征文、“成语接龙——对对碰”、“小小寓言家”等活动，直接参与活动人员达21200人次。

基层文化队伍建设

成立了北京市文化志愿者——密云分中心，成功举办了密云县文化馆第一季度文艺培训班结业仪式暨成果展演，进一步促进了文化志愿者之间的相互交流，为激发文化工作者和文艺爱好者的创造力搭建了广阔平台。承办2009北京市文艺演出音响操作培训班，举办文博鉴赏、少儿舞蹈、曲艺创作、国标舞等17个项目的培训班，培训骨干3390人，共培训19099人次。举办戏曲票友活动121场，参与活动的票友1396人次。业务干部深入各镇、街道，各村、社区等基层单位开展舞蹈、器乐、新秧歌等文艺培训123次，共培训文艺骨干2822人次。举办放映员培训班4期，培训放映员268名，全县放映队伍达到368支、专兼职放映员640名。

非物质文化遗产保护工作

纸牌、密云烧饼制作技艺、布艺堆绣画、密云剪纸、烙画5个项目被列入第二批密云县级非物质文化遗产名录，其中“纸牌”“密云烧饼制作技艺”项目推荐申报北京市级非物质文化遗产名录，“纸牌”项目申报国家级非物质文化遗产名录。举办了“弘扬民族文化，延续中华文脉”文化遗产日宣传活动，在文化馆举办了非物质文化遗产展览。

文化市场管理

行政审批工作　进一步完善政府行政服务大厅审批项目服务工作，按照县政府行政审批绿色通道工作要求，加强制度建设，强化服务措施，提高办事效率，保证服务优质、快捷、高效。受理并办结许可31家，全县文化场所达到401家。完成了383家次文化场所年审换证及文化统计工作。

“国庆平安行动”文化市场整治　按照“迎接新中国成立60周年、净化首都文化市场环境”专项整治行动工作要求，结合密云县文化市场实际，一是组织各类文化场所法人代表、负责人等300多人参加的法律法规培训，邀请县公安、消防、工商、安监等部门领导授课；召开全县文化场所法人代表和负责人“国庆平安行动”大会，部署国庆期间文化市场监管工作。二是开展“迎全国两会胜利召开，加大各类场所执法检查力度，严厉打击各类违法违规行为”活动。三是加大对网吧和娱乐场所的监管，开展网吧、娱乐场所安全大检查，集中组织文化娱乐场所安全生产隐患排查治理和督促检查工作，指导文化娱乐场所整治各类安全隐患，开展安全疏散演练。开展暑期网吧专项整治行动，加大对网吧接纳未成年人进入行为的查处力度。四是开展了文化娱乐场所执法检查周行动，对网吧、歌舞厅、游艺娱乐场所进行联合执法检查。五是完成了全县文化娱乐场所风险识别与评估、风险控制、风险监测与应急准备三个阶段的工作任务。六是开展动漫市场专项整治行动，规范动漫市场经营秩序。七是积极发挥文化市场监督员的作用，为25名文化市场监督员划分了监督责任、检查联系区域。国庆期间，文化市场监督员穿戴统一服装，佩戴统一标识，对文化市场进行监管，实施对每个场所、每个地区监控并及时上报市场信息，确保了国庆期间文化市场的安全稳定。

安全生产监管　县文委配合消防部门开展公众场所易燃可燃装饰材料消防安全专项整治、火灾隐患排查“雷霆行动”、文化娱乐场所防火“合围攻坚”行动、新中国成立60周年安全生产执法“护航行动”，积极开展安全治理、检查、宣传教育“三项行动”，指导文化场所健全完善安全生产规章制度、修订应急预案、进行安全演练。联合公安、消防、安监等部门对人员密集场所开展了安全大检查。开展安全生产隐患集中排查治理工作周行动，制订方案，召开会议，认真部署，重点检查了安全生产制度措施、隐患排查、突发事件应急处置和安全设施设备运行情况。在“安全生产月”活动中，组织各单位法人代表、安全生产负责人的培训、咨询、宣传等活动。加大对网吧等互联网上网服务场所、歌舞娱乐场所、电子游戏经营场所、影院、剧院以及其他文化经营场所的监管力度，强化安全生产基层和基础的“双基”管理，构建安全生产长效机制。镇、街道按照“属地管理”的原则，根据“国庆平安行动”的要求，加大辖区内文化娱乐场所的检查，鼓楼、果园街道，十里堡、太师屯等乡镇联合公安、工商、城管以及镇政府有关部门，每季度对辖区内各类场所、经营单位进行检查，确保了文化市场的安全稳定。

文艺创作获奖情况

东邵渠镇石峨村的京东石峨少林花会　获第7届北京市“赵全营杯”民间花会大赛特等奖。

李　茵、孙萍萍　在北京市第8届“乡村歌手大赛”中分获二等奖和优秀奖。

王广才　获北京市社区相声鼓曲大赛优秀奖。

穆瑞森　获第5届“天桥杯”北京鼓曲擂台赛银奖。

张　卫　书法作品获“中华颂”国庆60周年全国群众文化美术书法大展铜奖，在北京市第7届“陶然杯”地书邀请赛中获一等奖。

郑宝永、李雪　摄影作品在由北京摄影家协会、司马台长城风景区、密云摄影家协会主办的“司马台长城杯”风光摄影大赛中均获优秀奖。

张永红　摄影作品在“司马台长城杯”风光摄影大赛中获优秀奖；摄影作品《密云文化馆的变迁》在“我眼中的祖国——镜头记忆共和国60年发展与变迁”数码摄影竞赛中获优秀奖。

密云县文化委员会

书记	李洪仕
主任	李洪仕

（李红生）

延　庆　县

概　况

延庆地处北京市西北部，总面积1993.75平方公里，其中，山区面积占72.8%，平原面积占26.2%。延庆辖11镇4乡、376个行政村、3个街道办事处、29个社区，常住人口28.6万人。

延庆县文化委员会（简称县文委）是负责全县文化、文物、广播电视、新闻出版、版权执法与监管的政府文化行政主管部门。机关设文化科、文物科、市场科、行政执法队、政办室、财务审计科6个科室，下属有文化馆、图书馆、文物管理所、文化中心后勤服务中心、电影管理处、新华书店6个单位，共有在编职工140余人。

2009年，县文委深入落实科学发展观，按照首都生态休闲商务区的奋斗目标和“人文延庆”的建设要求，解放思想，开拓创新，真抓实干，攻坚克难，不断强化公共文化服务能力，努力保障群众文化权益，圆满完成了年初确定的各项任务。全县文化事业继续朝着大发展、大繁荣的目标稳步推进。

2009年文化艺术发展

调查研究

《北京市居委会社区和行政村文化活动室运营管理规范》工作调研　6月16日，市文化局巡视员叶重辉到延庆县进行《北京市居委会社区和行政村文化活动室运营管理规范》的工作调研，在调研了3个行政村、3个居委会社区文化活动室后对县基层文化设施建设给予了肯定，并表示市局将继续加大对农村及社区文化活动室建设力度，保障群众基本文化权益。

重要会议

延庆县2009年文化工作会议　2月20日，延庆县2009年文化工作会议召开。会议回顾2008年文化工作，重点分析2009年文化工作形势，安排部署2009年文化工作任务。参加会议的领导有县委常委、宣传部部长盛桂荣，副县长赵志萍，县委宣传部常务副部长许新文，以及全县各委办局、各乡镇主管文化工作的领导、文化站站长、文联各协会会长和文委系统全体干部职工。会上，盛桂荣、赵志萍发表讲话。

春节期间安全工作会议　春节前期，县文委主任张素枝、书记马健壮主持召开春节期间安全工作会议。在会议上就春季期间应注意的安全事项做了相关的部署，明确预防重点，责任落实到人。

县文委系统宣传工作会　4月24日，马健壮主持召开了延庆县文委2009年宣传工作会。参加会议的有“两办”（县委办公室、县政府办公室）信息科、报社、广电部门的有关领导，以及县文委各科

室和基层单位的信息员。会议对文委2008年的宣传工作做了总结，布置了2009年的宣传工作任务。“两办”信息科、报社和广电部门的领导与信息员作了交流。

县文委2009年年终文化工作会议　12月25日，县文委2009年年终文化工作会议召开，县文委各科室及下属单位就2009年工作进行了详细的总结。张素枝就2010年各项工作作了部署。

文化设施建设

2009年，县文委把设施建设的重点转向了农村，在广大农村地区实行公共文化设施全覆盖工程。一年来，完成了县级支中心、乡镇基层服务点、行政村基层服务点三级共享工程服务网络建设，实现了共享工程基层服务点覆盖率100%的目标；完成了7个乡镇图书室、5个图书配送点和图书馆少儿科普分中心的建设，使乡镇图书配送覆盖率达到了100%；完成了136家农村数字影厅的新建工程，使农村数字影厅建设实现全覆盖。启动了44个村级文化活动室建设工程，这批文化活动室建成后将大大提升延庆县农村文化活动室的规模和档次水平。农村基础文化设施全覆盖工程，有力地增强了农村开展文化活动的能力，推进了新农村文化的繁荣发展。

延庆县少儿科普阅览分中心　5月19日，延庆县科普分中心正式揭牌开馆。延庆县少儿科普阅览分中心以“湿地生态保护”为主题，建设面积360平方米，藏书2万册，设有阅览坐席40余个，分“科普之旅”和“科普加油站”两个区域。

共享工程建设　全年共享工程播放108次，另外，图书馆支中心、刘斌堡乡、康庄镇共享工程接收器还安装了避雷装置，并对共享工程计算机进行了维护、设备调试。

重要活动

北京文化志愿者活动　1月18日，“北京文化志愿者在行动”百名志愿者送福下乡活动在延庆县千家店镇举行，市文化局副巡视员阮兰玉，延庆县县委常委、宣传部部长盛桂荣出席活动。

2009年春节团拜会　1月22日，延庆县举办了“颂改革 唱和谐”2009年春节团拜会。侯君舒、孙文锴、赵淑君、赵双利等县四套班子领导出席团拜会并观看演出。盛桂荣致开幕词及新年贺词。

元宵节踩街活动　2月9日，作为市级“非遗”项目，永宁镇利民街旱船队应市文化局邀请，代表延庆县到北京前门大街参加了由文化部和市政府等部门主办的元宵节民俗踩街活动。

2009年元宵节花会展演活动　2月9日，延庆县2009年元宵节花会展演活动在县城会展中心环形路段举行。展演内容包括秧歌、高跷、旱船、舞龙、舞狮、竹马、小车等。从全县300余档花会中精选的45档民间花会进行展演，1300名演员参加演出，观众达到5万人。盛桂荣、赵志萍现场进行指挥。

元宵节花会展演

非物质文化遗产进校园系列活动　3月6日，延庆县非物质文化遗产进校园系列活动在永宁中学举行。活动中，广大师生观看了《八达岭长城传说》《南关竹马》项目短片，听取了“非遗”工作人员的讲座，并在老艺人的指导下排练了竹马套路。

第2届延庆乡村欢乐节　3月27日，第2届延庆乡村欢乐节闭幕式在文化馆小剧场举行。活动历时4个月，涵盖了培训类、演出类、比赛类、作品征集类、评优类共5大类14项活动，涉及行政村300余个，受益农民20余万人次。盛桂荣、赵志萍出席闭幕式。

延庆县首届“次仲杯”风筝大赛　4月3日，延庆县首届“次仲杯”风筝大赛圆满结束。30余位选手进行了角逐。

延庆县退休干部文化节　4月22日，文化馆举办了“我与祖国是同龄 恰逢盛世展新容”延庆县退休干部文化活动。老干部们通过多种文艺形式追溯往昔，展望未来，对新中国的60岁华诞送上自己的祝福。

首届北京端午文化节　5月28日~30日，在延庆县举办首届北京端午文化节。活动由中共北京市委宣传部、首都精神文明建设委员会办公室、市文化局、市体育局、中共延庆县委员会、延庆县人民政府联合主办。内容包括2009年北京市龙舟大赛、包粽子比赛、非物质文化遗产展演、第9届“相约北京”中外文艺联欢活动、手工艺品展示、端午传统文化知识展览、“走邮驿之路，品古塞风情”汽车集结赛、端午古诗文咏诵大赛、“庆端午·赏生态”等33项群众性文体活动。其中，来自6个区县的20支代表队参加了在延庆妫水公园举办的龙舟大赛；来自四大洲9个国家的150余名演员参加了在延庆会展中心广场、文化中心广场举办的第9届“相约北京”中外文艺联欢活动。市委宣传部副部长常卫，首都文明办主任舒小峰，市文化局局长降巩民、副巡视员阮兰玉，市体育局局长孙康林、副局长李丽莉，延庆县四套班子领导出席开幕式。文化部副部长赵少华、市委宣传部常务副部长陈启刚、文化部外联局副局长于兴义、市文化局副巡视员阮兰玉、延庆县委书记佟君舒、县长孙文锴等领导出席闭幕式。首届北京端午文化节是北京市庆祝新中国成立60周年开展的群众性爱国主义教育活动重要内容之一，参与的市民达到40万余人次。

延庆县第9届“相约北京”联欢活动暨首届北京端午文化节闭幕式

延庆县第2届农民合唱节　6月12日，“没有共产党就没有新中国”暨延庆县第2届农民合唱节闭幕，盛桂荣、赵志萍出席。合唱节由县文委和县总工会联合主办，历时三个月，延庆县15支乡镇农民合唱队、745名村民参加了决赛。张山营镇和延庆镇获得一等奖，大榆树等4个乡镇分获二等奖。

2009年延庆县夏日文化广场　6月30日，2009年延庆县夏日文化广场活动开幕。本次活动以“热烈庆祝新中国成立60周年”为主题，时间为6月23日~9月15日，共组织各类演出440场。活动以会展中心广场为演出主阵地，以15个乡镇文化广场演出与社区演出为补充。其中，会展中心广场25场精彩的专场演出，除传统的歌舞、评剧、京剧、河北梆子演出外，还新增加了越剧和云南少数民族歌舞表演。15个乡镇也根据本乡镇特色，开展了合唱比赛、爱国爱党爱家乡——百首歌曲大家唱、“庆国庆”文艺演出、戏曲演出等活动。参与观众达14万人次。郭振清、盛桂荣、赵志萍出席活动。

第4届延庆戏曲艺术节　由县文委主办，于7月20日拉开序幕，持续到9月12日。活动时间为每周五、周六晚7：30。绍兴诸暨市越剧团、北京凌空评剧团、河北省衡水市河北梆子剧团等专业剧团献上《双错遗恨》《卷席筒》《红鬃烈马》等12场戏曲演出，吸引观众3万余人次。

“盛世颂”书画作品展览　9月30日，延庆县“盛世颂”书画作品展览开幕，共展出延庆县书画爱好者108幅作品。这些作品热情讴歌了延庆县改革开放30年来取得的丰硕成果，表达了延庆县人民对北京奥运会圆满成功的喜悦以及对文化馆喜迁新址的衷心祝贺之情。

国庆游园活动　10月2日，在会展中心广场举行了以“盛世中华，欢歌国庆”为主题的国庆游园活动。活动包括国庆文艺汇演和花会表演。演出形式包括歌舞、戏曲、快板、乐器表演等，演出了《我属于你，中国》《六十年华诞把礼献》《将军的往事》《领航中国》《欢迎您到延庆来》《今天是你的生日，我的中国》等节目。参与综艺演出的演员100人，观众2100人。

文艺演出星火工程　2009年星火演出于11月全部进行完毕。共计演出1504场，其中国家级、市级专业院团演出376场，县内非专业演出团队演出1128场。

“周末剧场”演出　11月22日，2009年“周末剧场”演出活动在县影剧院落下帷幕。全年共演出50场，观众3万余人次，演出单位全部来自国家级、市级专业演出团队。北京心灵呼唤残疾人艺术团参加了最后一场演出。

文化馆

2009年县文化馆策划、举办了夏日文化广场演出、戏曲艺术节、北京市首届端午文化节、延庆县首届“次仲杯”风筝大赛、国庆60周年文艺演出、“延庆县庆祝新中国成立60周年书画、摄影展暨老照片、新照片图片展”及延庆县第2届冬季文化节等大型文化活动；加强非物质文化遗产保护工作；推进益民工程；出版《延庆县庆祝新中国成立60周年书画、摄影作品集》；完成“文化志愿者在行动”启动仪式，10月成立北京市文化志愿者服务中心延庆分中心。

非物质文化遗产保护工作 南关竹马入选北京市第三批国家级非物质文化遗产保护名录；开展“非物质文化遗产进校园”展览展示宣传活动；完成北京市文化局关于“开展非物质文化遗产普查验收工作”；组织人员对延庆县国家级“非遗”项目《八达岭长城传说》进行普查、编辑、出版工作。

惠民工程 圆满完成“星火工程”下乡演出和阵地辅导培训工作，县文化馆2009年阵地辅导培训活动约1万人次，少儿舞蹈学校及琴琦汇舞学校培训近2万人次。

“如何组织开展大型文化活动”专题讲座 1月9日，文化馆请北京市文化艺术活动中心王刚建主讲“如何组织开展大型文化活动”，15个乡镇的文化站站长聆听了讲课。

指挥合唱培训班 3月18日，延庆县文化馆主办的指挥合唱培训班结束。培训班培训了15个乡镇文化站、22个社区居委会的文艺骨干。

延庆县“1+1+X工程”农村文化人才专题讲座 “1+1+X工程”由延庆县委组织实施。县文委负责文化类的农村实用人才新开发培养和帮带任务，或进行一对一辅导。2009年进行的辅导有音乐、舞蹈、戏曲、曲艺等。5月12日，文化馆邀请中国快板文化委员会秘书长李世儒讲课。基层乡镇的100多名文艺爱好者学习了中国传统快板艺术在表演、创作、演出等方面的技巧和理论。

图书馆

在村级文化信息共享工程建设工作中，县图书馆完成了全县县级支中心、乡镇基层服务点、行政村基层服务点三级共享工程服务网络建设，实现了共享工程基层服务点100%覆盖；全年下基层进行指导98次；按标准，建设完成了7个乡镇图书室、5个图书配送点，使得乡镇图书配送覆盖率达到100%。在镇级文化信息共享网络管理工作中，县级支中心负责制定了基层点培训计划、方案，参加培训614人次，使得培训覆盖率也达到了100%。

集体书库在完成全年图书配送的同时，还编写了6期科技资料，并及时随图书配送分发到了各个图书配送点。

“红领巾读书”活动 2009年“红领巾读书”活动，围绕“喜迎60华诞 阅读激励成长”主题开展了7项内容，举办活动43场，参加活动达21213人次。在“爱心传递总动员”活动中，图书馆少儿部收到延庆四中475人捐赠的图书746册，少儿部将书送到爱心图书室。

“妫川文化大讲堂”活动 全年共组织此项活动12次。图书馆组织、筛选全县读者进行讲坛活动、联系知名人士到馆讲课，如鲁书华讲解《数码相机与摄影技术》、央视著名节目主持人陈大惠主讲《幸福人生》等，受到各界人士的一致好评。

文化交流

2月，延庆星空艺术团准备了10场优秀节目和昌平进行文化交流，拉开了“文艺演出星火工程”交流演出的序幕。延庆县和昌平区结对子形式的交流演出，搭建了两个区县相互学习与展示的平台。

9月，县文委就如何促进业余文艺团队的运营和发展赴绍兴嵊州市进行交流学习。

电影放映

2009年，共完成放映1.53万场，超额完成了市电影协会分配的放映任务。完成县数字影厅建设的全覆盖。安排人员到各乡镇数字影厅进行数字放映员技术培训，使放映员全面学习、掌握数字放映设备、放映流程、安全操作规程等专业知识。全年共培训放映员800人次。

文化市场管理

文化市场健康稳步发展 2009年，共审批文化经营单位29家。其中：歌舞娱乐场所3家；审批营业性演出28场，接受各种业务咨询300余人次。全年实现了“群众投诉举报为零，群众满意率达到100%”的工作目标，取得了较好的社会效果。同时开展大型文化法律、法规宣传活动3次，共发放《文化娱乐场所管理条例》等法规读本500余册，接待有关文化咨询100余人次。

执法监督安全有序 2009年，共组织开展检查活动321次，出动执法人员1225人次，开展了以“国庆平安行动”为重点的10余项专项治理行动，共检查各类文化场所732家次。全县网吧24家，营业的23家，网吧检查118家次，平均每家检查至少5次；歌厅24家，营业的15家，检查77家次，平均每家检查至少5次。共受理举报19起，比2008年同期降低了47%，举报办结率、满意率100%，立案

查处3起，罚款6000元，与工商部门联合查处黑电子游艺场所1家，暂扣了场所内的游艺机30台。没有行政复议和行政诉讼的案件。

获奖情况

集体

县文委　被国庆社会治安与安全警卫指挥部、北京市“国庆平安行动”指挥协调小组授予国庆安保工作先进集体称号；被北京市防火安全委员会授予北京市2009年度消防安全工作先进单位称号。

县文委执法队　被国庆社会治安与安全警卫指挥部、北京市“国庆平安行动”指挥协调小组授予60周年国庆安保工作先进集体称号；被北京市文化市场行政执法总队授予“扫黄打非”暨文化市场管理工作先进集体称号。

县文化馆　获“乡村放歌”北京市第8届乡村歌手大赛组织奖。

县图书馆　获2009年北京市红领巾读书活动优秀组织奖；获2009年北京市红领巾读书活动“爱心快递图书捐赠”优秀组织奖；获2009年度北京市图书馆“全民阅读”活动组织奖。

县图书馆少儿部　获2009年北京市红领巾读书活动优秀组织奖。

个人

刘兴忠　被北京市文化市场行政执法总队授予北京市“扫黄打非”暨文化市场管理工作先进个人称号。

王洪星　被北京市文化市场行政执法总队授予北京市文化执法宣传工作先进个人称号。

马洁萍、高建华　获2009年北京市红领巾读书活动优秀辅导员称号。

张　义　获中国群文学会等主办的“群众文化30年征文比赛”三等奖。

延庆县文化委员会

书记	马健壮
主任	张素枝

（董向阳）

区委书记杨柳荫到文委调研指导工作

区长杨艺文到文化馆调研考察

东城区新年音乐会

区文化馆第19届新春游乐会

国庆之夜天安门广场文艺演出东城区板块

区文化馆周末手风琴俱乐部演出

东城区庆祝新中国成立60周年

“千秋不改炎黄韵”经典诗文朗诵会

文化部副部长周和平在西城区文化馆调研

西城区迎新春双拥晚会

西城区职工“五月的鲜花”合唱比赛

“社区群星大舞台”新街口街道专场

2009年景山合唱节决赛

金融街“金声国乐团”专场音乐会暨访美演出成果汇报

纪念毛泽东诞辰116年交响朗诵演唱会

区文化馆赴西藏交流演出

区委书记夏强、区长牛青山、副区长高桂强等观看“非遗”项目传承人技艺展示

天坛公园“十一”游园活动

国庆之夜天安门广场文艺演出崇文区板块

夏日文化广场演出

庆祝永定门南广场落成文艺演出

“刘老根大舞台”首场演出

区图书馆举办“老报纸回望共和国60周年”展览

清明节风筝放飞活动

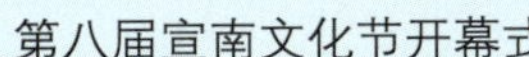

第八届宣南文化节开幕式

马连道茶文化节演出

北京空竹博物馆开馆仪式

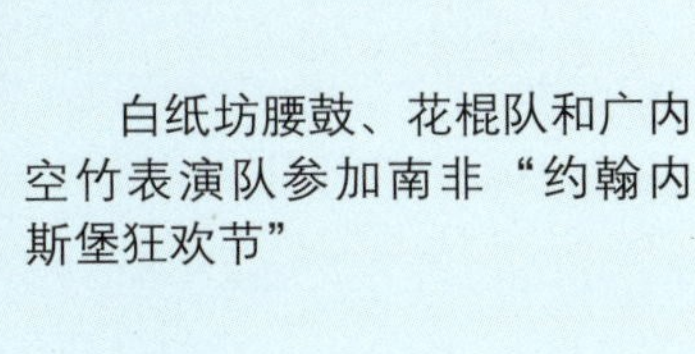

白纸坊腰鼓、花棍队和广内空竹表演队参加南非“约翰内斯堡狂欢节”

宣武区公共文化工作会议

北京市演出行业协会宣武分会成立大会

宣武区网吧义务监督员成立五周年座谈会

宣武区网吧协会工作会议

朝阳区新年音乐会

国庆60周年文艺演出

小剧场话剧《等到戈多》上海外国语大学飞那儿剧社

“社区一家亲”文化遗产日专题活动

区文委执法工作培训会

文化市场管理工作会

区图书馆为阅兵村女兵方队送书

法国哑剧大师走进文化大院

世纪金源新燕莎春节庙会

世纪坛春节文化庙会

海淀区“五月的鲜花”开幕式演出

区文委墨缘书画会成立

区文化娱乐行业歌唱祖国文艺汇演

圆明园公园国庆60周年群众游园活动

国庆之夜天安门广场文艺演出海淀区板块

己丑年“食粥度立夏”民俗活动

2009年群众文化工作会

国庆60周年群众联欢彩排

周末相声乐苑演出

周末百姓大舞台民间艺人魔术表演

区直机关领导参加广场舞蹈大赛

庆祝新中国成立60周年
千人合唱大赛

丰台区首届社区文艺汇演

区图书馆向驻军部队赠送
科技杂志

军民春节联欢晚会

石景山区千人歌咏会

基层社区迎国庆文艺演出

群众广场健身舞比赛

周末剧场北京良宵竹乐团演出

京西摄影双月赛评审现场

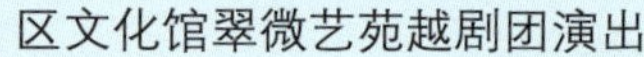

区文化馆翠微艺苑越剧团演出

美国杨百翰大学国际民族歌舞团在石景山区参加“相约北京”广场联欢活动

区委副书记张文山在运河艺术节开幕式上讲话

国庆60周年通州游园文化活动

四川省灾区少数民族儿童在通州区新春团拜会上表演歌舞

“我家住在运河旁”公共文化服务赛事活动优秀节目汇演

“五月的鲜花”文艺演出

“我家住在运河旁”公共文化服务赛事活动舞蹈决赛

“三八”妇女节文艺演出

“星火工程”演出

第七届中国花博会北京展区歌曲征集活动颁奖典礼演出

“二月新春”民间花会表演

李遂镇“五月的鲜花”文化活动

第五届北京市“高丽营杯”戏曲票友邀请赛

“北京联通杯”健身腰鼓红绸操舞比赛

第十八届燕京啤酒节开幕式演出

“唱响安全发展 建设平安顺义”文艺创作作品比赛

市级“非遗”项目曾庄大鼓舞表演

庆祝新中国成立60周年红色经典歌曲演唱会

怀柔区第十九届群众艺术节开幕式

端午节戏曲专场晚会

2009年“三下乡”启动暨贴心服务队成立仪式

全民读书活动决赛暨颁奖仪式

怀柔区红领巾读书活动

汤河川满族民族风情节

“星火工程”北京栖湖艺术团下乡演出

平谷区国庆60周年庆祝活动

平谷区国庆60周年文艺晚会演出

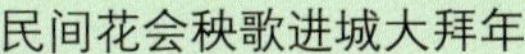

民间花会秧歌进城大拜年

民间花会秧歌进城大拜年

红歌会《祖国万岁》

桃花节开幕式文艺演出

平谷大集进京城活动大舞台演出

小评戏《十二尺巷》

昌平春节团拜会

“爱国歌曲大家唱”活动启动仪式

“正月十五闹元宵”民间花会表演

健身秧歌比赛

“星火工程”北京保安艺术团在昌平演出

“星火工程”北京市京昆艺术培训学校在昌平演出

“星火工程”演出活动

昌平区广场舞蹈大赛

大型原创民俗风情声乐作品“永定河组歌”音乐会

国庆60周年老年书画展

纪念中国楹联协会成立25周年楹联展

迎新春有奖猜谜

民间剪纸、烙画技艺表演

送电影进社区

京西下苇甸皮影抢救保护成果展

周末场演出《宰相胡同》

庆祝新中国成立60周年文艺演出

燕山地区庆祝新中国成立60周年文艺演出

新中国成立60周年大型群众文艺汇演

燕山地区第二届文化节舞蹈大赛

“唱响红歌颂党情，为伟大祖国骄傲”文艺演出

文化周末大舞台系列活动启动仪式

世界读书日宣传活动

“祝你平安大型消防宣传进万家”文艺汇演

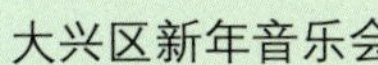
大兴区新年音乐会

国庆之夜天安门广场文艺演出大兴区板块

“美丽大兴我的家”群众合唱大赛

第19届农民艺术节演出

首届大兴区乡村原创歌舞大赛

乡村戏迷、票友大赛

诗歌朗诵晚会

正月初八秧歌花会

县政府2009年文化工作会议

夏日文化广场演出

春节送文化下乡演出

迎新春歌手大赛

“五月的鲜花”群众歌咏活动

中央电视台“同一首歌”
携手中国农业大学走进密云

县文化馆文艺培训班结业仪式
暨成果展演

第十九届艺术节民间技艺
绝活展示演出

延庆县文化工作会

国庆60周年游园活动

第9届相约北京暨北京
首届端午文化节交流演出

延庆县文化委员会周末场演出

第二届农民合唱节

第二届延庆“乡村欢乐节”活动闭幕式

延庆县戏曲艺术节

“星火工程” 文艺演出

索　引

笔画索引

一画

二画

三画

四画

五画

六画

七画

八画

九画

十画

十一画

十二画

十三画

十四画

十五画

十六画及以上

拼音索引

A

B

C

D

E

F

G

H

J

K

L

M

N

O

P

Q

R

S

T

W

X

Y

Z